朱希祖先生年譜長編

朱元曙　朱樂川　撰

中華書局

圖書在版編目(CIP)數據

朱希祖先生年譜長編/朱元曙,朱樂川撰.—北京:中華書局,2013.11

ISBN 978-7-101-09687-3

Ⅰ.朱… Ⅱ.①朱…②朱… Ⅲ.朱希祖(1879～1944)-年譜 Ⅳ.K825.81

中國版本圖書館CIP數據核字(2013)第232431號

書　　名	朱希祖先生年譜長編
撰　　者	朱元曙　朱樂川
責任編輯	俞國林　郁震宏
出版發行	中華書局
	(北京市豐臺區太平橋西里38號　100073)
	http://www.zhbc.com.cn
	E-mail:zhbc@zhbc.com.cn
印　　刷	北京市白帆印務有限公司
版　　次	2013年11月北京第1版
	2013年11月北京第1次印刷
規　　格	開本/787×1092毫米　1/16
	印張44¼　插頁16　字數760千字
印　　數	1-1500册
國際書號	ISBN 978-7-101-09687-3
定　　價	156.00元

朱希祖先生

留學日本前在家鄉浙江海鹽留影

朱希祖先生

1926年在北京留影

朱希祖先生五十九歲生日時與夫人張維合影（南京）

朱希祖先生六十歲生日時留影（重慶）

1928 年 12 月 16 日全家合影

坐者爲朱希祖先生與夫人張維，站者左起：四子朱倞、二子朱侃、女兒朱倓、長子朱偰、三子朱僑

游北海公園留影

左起：朱倓、張維、朱希祖、朱偰、朱倞、朱僑

與鄧秉均（左一）、葉瀚（左三）合影

1917 年夏北京大學文科英文學門第一次畢業攝影

中坐者左起：朱希祖、蔡元培、威爾遜

1924年9月北京大學國學季刊編委會同人合影

左起：徐炳昶、沈兼士、馬衡、胡適、顧頡剛、朱希祖、陳垣

1918 年 6 月北京大學文科國文門第四次畢業攝影

前排坐者左起：朱希祖、錢玄同、蔡元培、陳獨秀、黃侃

1928 年北京大學史學系四年級師生聯歡會紀念攝影

前排左一陳大齊、左三朱希祖、左五馬裕藻、左六馬衡；

後排左起：李謙、胡應連、陳元柱、傅世璵

1936 年 9 月 4 日北平章太炎追悼會章門弟子合影于孔德學校

左起：朱鐸民、沈兼士、朱希祖、馬裕藻、許壽裳、周作人、錢玄同、劉文典

安徽隆阜戴震藏書樓，抗戰中鄦亭藏書寄存于此

梁元帝金樓子係僞書攷

桐鄉陸以湉冷廬雜識卷二
梁元帝於甲戌歲被害年四十七所著金樓子
自言於丙申歲婚則是年方九歲耳何其早也
又言余年十四苦眼疾沈痼比來轉暗不復
能自讀書三十六年來恒令左右唱之計自
年十四迄于末年未及三十六之數疑必有誤
案金樓子疑僞撰非元帝原著陸先生
所疑已無可辯余向讀金樓子聚書篇

梁元帝金樓子係僞書攷

金陵古蹟圖考序

金陵古蹟，日就摧毀。近代以來，凡有四次：洪武繕造京城，六朝古碑，毀砌街道；洪楊草創宮室，四郊古墓寺院，碑碣坊表，運載砌室；端方總督兩江，金陵古代金石，半歸私室；近自國都南遷，公私營造，毀壞尤多。夫古蹟者，國家歷史之所寄，民族精神之所繫，苟非萬不得已，必當百計保存。今者保存古物，已有專員，然當局之耳目有限，群眾之蒙昧孔多，毀棄之事，層出不窮，良由群眾之無知，不知古物之何以可貴，不識古蹟之何以當保，此其原因也。由是古蹟圖考尚焉，所以啟導群眾，共知保護，厥功非淺鮮。余負笈德國，習經濟財計，回國以來，教授於中央大學，目睹金陵之佳麗，古蹟之淪亡，發憤出其緒餘，抽其暇晷，從事考察，兼以攝影，隨時記述，積有二載，遂成金陵古蹟圖考。金雖

金陵古蹟圖考序

會稽諸越

諸稽考質疑

此篇純以雙聲疊韻聲音通轉之理推測古史，臆說多而確證少，其方法似未盡善。如以諸稽為會稽 [illegible] 於越為諸越 [illegible]

[illegible]

[illegible]

[illegible]

[illegible] 此說根本已屬虛無憑據，其他可不攻而破矣。

蓋純以聲音通轉之理考史，易啟附會。昔蔡孑民先生釋孟子楊朱墨翟之言盈天下，謂楊朱即莊周 [illegible]

諸稽考質疑

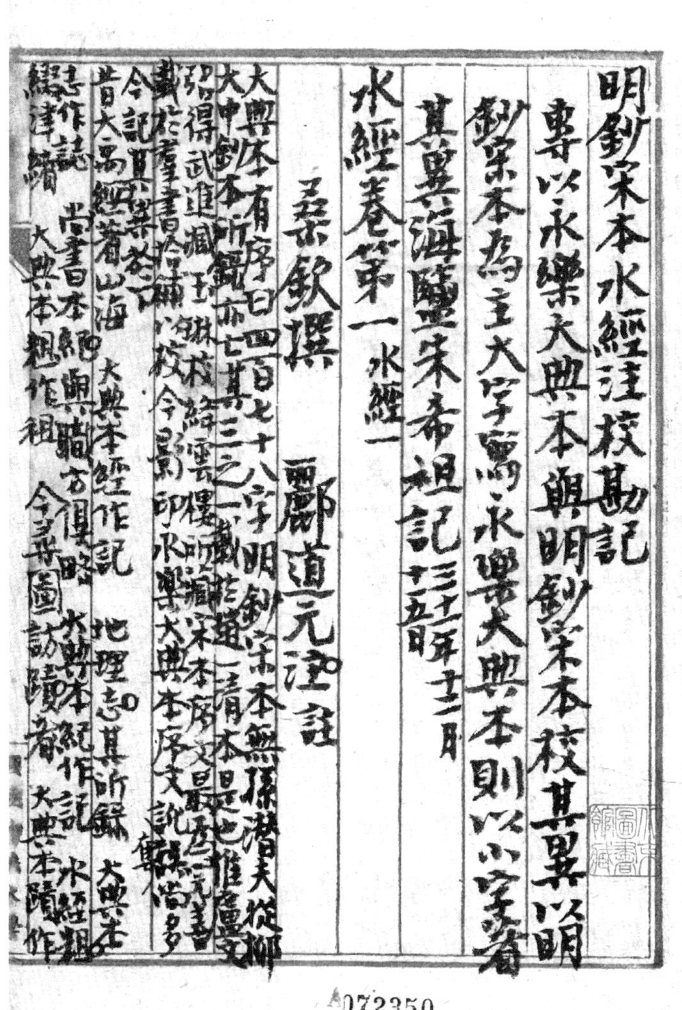

明鈔宋本水經注校勘記

專以永樂大典本與明鈔宋本校其異同以明鈔宋本為主大字寫永樂大典本則以小字書其異　海鹽朱希祖記　三十七年十二月十五日

水經卷第一　水經一

桑欽撰　酈道元注

明鈔宋本水經注校勘記

校本翁山詩外跋

朱希祖

翁山詩外十九卷，內詩十七卷，詞二卷，番禺屈大均撰。清宣統二年上海國學扶輪社活字本，據歸安王文濡跋，謂借江南圖書館所藏鈔本付印。前有黃廷璋序，後余簡稱黃本。民國二十二年春，余為廣州中山大學文史研究所主任，所中藏有康熙刻本翁山詩外十九卷，內詩十七卷，詞二卷，前有凌鳳翔序，余稱為凌本。又購得康熙刻本翁山詩外殘本，亦為十九卷，而行款與凌本略異，存卷四七古一卷，卷五六七八五律四卷，卷十一

校本翁山詩外跋

南明惠州殉國諸王考

朱希祖

屈大均二妃傳滋陽王妃篇序云：滋陽王嘗與銅陵、興化、永豐、益陽、信、永安四五王客惠州，庚寅（永曆四年，清順治七年）夏六月，廣州圍急，有奉化伯黃應傑者，副使李士璉誘執王及五王，以惠州先降。既而悉殺之，以媚敵。諸王子在襁褓及室宗女已嫁者，皆死。滋陽王既薨，妃某氏色美，應傑將辱犯之，不從，飄其上衣，閉室中。妃乘間拆下衣纓，縊死。（翁山詩外卷十七）案屈此事亦載廣東新語及鈕琇

南明惠州殉國諸王考

中國古代民族社會研究計畫書

三月四日上午九時乘工校車進城略購物即渡江回家已十一時三十分午後及夜閱先秦諸子繫年

三月五日來復日舊曆元宵日撰竹書紀年雜記三篇

三月六日上午補寫日記及家用簿記午後及夜撰秦大事年表以秦本紀始皇本紀附錄秦記六國表古本竹書紀年爲據以他書參攷本日接繩先族孫寄來監察院印刷建立檔案總庫叢書設國

重慶日記

答錢玄同書

承詢明永曆帝謚曰昭宗匡皇帝見越縵堂筆記不知李氏何所據弟近涉略南明史籍亦未見此記載兄謂此謚殆為鄭成功所上甚是李氏跋王夫之永曆實錄云紀一卷題曰大行皇帝注云鄭成功在臺灣上謚號曰昭宗匡皇帝王氏遠隔楚南故未知也則李氏亦明言為鄭氏所上矣李氏曾得野史無文一書自題泗水奈村農夫輯存十三卷至十六卷第十三卷為鄭成功鄭經鄭克塽鄭鴻逵傳所載鄭氏事多有他書所不詳者云云亦見於越縵堂筆記所上之謚或出於此

答錢玄同書（鈔件）

啟明學長兄惠鑒：住宅事承
大力保全，不勝感謝。本擬遵　命使內人
回粟居住，因此間限制家眷出境甚
嚴，江浙交界非有兩種證書不能通過，
遂不能成行。現已有舍妹朱福嬺住於
敝宅內，已可作為房主，煩再設法懇請
道融兄至禱至禱。專此敬頌
撰安
弟朱希祖敬啟　二月廿七日

與周作人書

委員長麾下竊觀日寇自侵略吾國以
來始則特立僞滿而德國承認之繼則特
立僞汪而德國又承認之於是吾國對德
絶交。今則日寇南進直接將危害吾反
侵略各友邦間接將杜絶吾國際之通
路於是吾國對德義日宣戰與英美
澳荷蘇聯等國共同對抗三國同盟
侵略之暴行見日寇陷於重圍必將自斃。
吾國自積弱垂危之國將一躍而為獨立
自主之國。此皆由於

與蔣介石書

論文勢

韓文積勢遒辭近自燕許來宋世效韓氏爲文章者宋子京得其辭歐陽永叔得其勢章太炎先生天放樓文言序

文之邁往莫御如雲驅飆馳如馬之行空一往無前者氣也其提振轉折關鎖飛渡處以一語發動機牙便起下面數行數十行一齊俱動所謂筆所未到氣已吞者勢也氣欲前而勢欲逆必處處取逆勢而氣乃盛二者交相爲用也機得而後勢勝勢勝而後氣盛

録章太炎《論文勢》

逖先足下：得書問古文雜事，今舉所對一言。老子徵藏故書，爲孔子所訪取者，此非肊言也。問禮事見曾子問及孔子世家，是時禮經雖在侯國不能全見，魯秉周禮，書府爲備，然恤由之喪，而令孺悲問士喪禮于孔子，則魯藏士喪禮一篇也，其餘諸篇闕者雖亦不少，非周室徵藏無由得也。樂經雖亡，其書必備六代之樂，魯樂惟有四代，雲門咸池不毀焉用此？又非周室徵藏無由得也。詩書爲士大夫常誦之文，然季札觀樂，目次與今詩不同，孔子言雅頌各得其所，即謂正其篇第。昔正考父校商名頌，尚就周大史謀之，商頌本宋人所守，然校定篇第尚賴周室故書，況乎偏及雅頌？此又非周室徵藏無由得其定本也。尚書，墨翟亦多引之，此蓋出自史角之傳。茲自史角下逮墨子已三百年，下逮孔子亦幾二百餘年（史角，魯惠公時人），其傳譌

章太炎來書

啓者　關于審查清史稿工作　鄙人担任列傳一部分計共十九本現已閱訖查其中尚無甚悖謬之處除將原書十九本繳還故宮博物院外特將審查結果奉聞專此上

逷先先生台鑒

八月二日　周作人啓

周作人來書

幼漁，士遠，君默，啟明，玄同，逷先諸位先生：

別來已經半年多了，想諸位先生一切均好。

我一路的事用不着說。平伯回國一件事，想諸位先生已是知道詳情，也不消說了。總而言之，平伯一誤於家庭，一成"大少爺"便沒有與環境抵抗的力量，二誤於倒運晦氣的"國文學"，一經濡染這種趣味，便要有一種暮氣的人生觀，風塵倦厭的情感，況且他們夫婦的感情太篤了。但平伯回國未必就從此枯寂。他的性情本真摯，感情重，又最聰明。他在馬賽告我說"回國還要繼續的學，在倫敦當以心緒不寧而無從學起"。這是實話，天地間的人原不是一個法子造就的。我到歐後對於"留學的普及主義"已很懷疑，很後悔已到英後所作一文之孟浪。平伯果能將錯就錯，一面讀些書，一面做一些整理國故的事業，倒也不差，也是一種有用而真實的事業。平情而論，受國文的毒的深悔不該受此毒；但不曾受國文的毒的於國故的見解必然有些隔膜。這一類事還只好請這些中毒的先生們去做。所以我勸平伯就此以新方法參攷西

傅斯年來書

前　言

先祖父朱希祖先生(1879—1944),我國現代著名史學家、藏書家,也是我國現代史學教育的奠基人之一。他治學一生,筆耕不輟,著述豐贍,在國語運動、新文化運動、建構史學教育體系、建立學術團體、歷史檔案整理、歷史遺蹟調查以及史館修史、南明史研究等方面,貢獻巨大。這在中華書局的出版説明中,有詳細闡述,在此不贅。

祖父一生,經歷甚富,辛亥革命、洪憲帝制、軍閥混戰、北伐戰爭、抗日戰爭,以及大大小小的政潮、學潮,他均親身經歷。祖父一生,活動甚廣,凡中國現代史上的重大學術活動,他幾乎都有不同程度的參與。祖父一生,交游甚衆,凡中國現代學術史上之重要人物,均有不同程度的交往。他的一生幾乎就是一部濃縮了的中國現代學術史。

先父朱偰先生曾説:"先君一代學者,名動中外……豈可不輯其學問事蹟,作爲年譜,以傳諸後世者哉!"父親的願望,我也一樣有。

其實,在祖父逝世當年,先父朱偰先生就爲他編了一部年譜,名曰《先君逖先先生年譜》。但其時抗戰方急,國難深重,祖父中年以前所作日記、文稿、隨筆等都寄存安徽休寧隆阜,先父倉猝修譜,未能一一加以印證,故有疏漏,也正因如此,該年譜當時並未公之於衆。1959 年,中華書局有彙印先祖父文稿之議,委先父總其成,先父乃整理先祖父所有日記、信札、文稿、筆記、隨録,並將舊時所輯年譜,加以補充,重新排列事實,以修補疏漏。但因上世紀五十年代末至六十年代的特殊政治氣候,這份《年譜》,不論是抗戰期間的初訂本,還是 1959 年的修訂本,都未能出版;加之"文革"動亂,文稿散失,這兩份底稿,我均未曾一覩,僅見先父 1959 年所寫《先君年譜序》。最初見到先父所編《先君逖先先生年譜》是在臺灣九思出版有限公司 1979 年出版的《朱希祖先生文集》中,該文集爲先姑父羅香林所編,但從該《年譜》所用語言來看,仍是抗戰中先父所編的初訂本,其中疏漏一仍其舊。

2006 年,中華書局又重新啟動彙印先祖父朱希祖先生文稿事,委余整理先祖父著述目録、日記、信札、詩稿。隨着整理的深入,對祖父的生平行狀也日漸瞭解,心想既不見先父所編之《年譜》修訂本,何不在其初稿的基礎上,另編一部,以使祖父的學問事蹟傳諸後世? 於是便有了現在這本《朱希祖先生年譜長編》。

年譜之編纂，首在資料之收集。本《年譜長編》資料之難，難在1932年之前。因爲祖父1932年之前的日記全部散失。爲搜集祖父1932年之前的行狀，我在南京圖書館將1917至1931年的《北京大學日刊》一天一天的翻過，摘録其中每一條與祖父有關的記載；再在與他有過交往的學人的日記或回憶録或文集中去搜尋，先後查閱過《魯迅日記》、《周作人日記》、《錢玄同日記》、《黄侃日記》、《張元濟日記》、《胡適日記》、《吴虞日記》以及金毓黻的《静晤室日記》，還查閱過《蔡元培全集》、《傅斯年全集》、《沈兼士學術論文集》以及周作人《知堂回想録》等；還托人從北京大學鈔録《評議會議事録》中與祖父有關的記録，從臺北中研院史語所傅斯年圖書館鈔録傅斯年檔案中與祖父有關的信件資料。上述僅舉其大者，至於零星的散見於他人的文章以及報刊雜誌上的記載，又不知其幾。就這樣，漸漸梳理出了祖父1932年之前的行狀。

現在爲祖父編纂年譜，其資料來源與父親當年相比要豐富得多。僅就日記而言，收藏在國家圖書館的祖父《留日日記》（1906年、1908年）、《癸丑日記》（1913年2月5日至4月15日）、《十八年日記》（1929年1月1日至3月25日），這是父親未曾見過的；再加上列魯迅等人的日記，以及各種回憶録、文集、後人的研究論文、新發現的信札、陸續公開的檔案等。這些資料大大地豐富了本《年譜長編》的内容。

年譜爲編年性質，逐年、逐月、逐日地寫，其好處是讓讀者對譜主的生平行狀有一個綫性的瞭解，缺點是可讀性不强。爲彌補這一缺憾，本《年譜長編》在編年的基礎上，對某些重要事件採用“紀事本末”的寫法，跨月甚至跨年，將一件事完整地叙出，以突出“事”字，當然得當與否，還有待專家評説。另外，年譜對譜主的行狀也少不了考證，本《年譜長編》用“編者按”的形式，對某些事件進行考證或補充説明，至於考證準確與否，也有待專家評説。

本《年譜長編》從最初起草到如今已歷七年，七年中，徹底推倒重來就有四次，至於小的增補、修改更不計其數。這其中得到了許多人的幫助，應該向他們致以衷心的感謝。

首先要感謝的是我的姐姐朱元春，她幫我搜集了許多資料，祖父的《留日日記》就是她從國家圖書館一字一字鈔來的，還有祖父的《癸丑日記》、《十八年日記》也是她從國家圖書館複印來的，凡是她看到與祖父有關的資料，都會爲我留下，甚至打好字電傳給我。

還要感謝許多關心這本《年譜長編》的朋友。北京師範大學的周文玖教授、臺灣東海大學的陳以愛教授、中央戲劇學院的沈寧先生、周作人的哲孫周吉仲先生、中國北方車輛研究所魏德孟先生，他們爲我提供了許多珍貴的資料。尤其是魏先生，生平未謀一面，竟爲我搜集了我祖父生前發表的近百篇論文的電子掃描件。朋友們的熱心,使本《年譜長編》大爲增色。

還要感謝中華書局的俞國林先生、郁震宏先生,他們以其豐富的學識、敏鋭的眼光,爲本《年譜長編》修訂凡例,改正謬誤,使本《年譜長編》更趨科學,更顯合理,更符合學術規範。

《朱希祖先生年譜長編》,從1944年先父朱偰先生初編《先君逖先先生年譜》,至今已六十九年;1959年先父修訂該《年譜》,至今已五十四年;2006年,在先父所編《年譜》基礎上,草擬本《年譜長編》,至今已七年。這次編纂先祖父的《年譜長編》,吾兒朱樂川也參與其中,他現在南京師範大學攻讀博士學位,專業是漢語史,其學位論文爲《章太炎語源學理論研究》,似乎在繼承太炎衣缽。這樣説來,本《年譜長編》凝聚了我家三代人的心血,無論學界功我罪我,均可告無愧於先祖父之靈前矣。

我們學殖淺陋,此書定有舛誤,懇望方家指正。

2013年7月17日,朱元曙謹識。

凡　例

一、本《譜》紀年採用公曆。公曆紀年後注明干支,1912 年以前注明清朝年號及紀年,1912 年以後注明民國紀年。

二、本《譜》紀月採用陽曆,用阿拉伯數字表示,引文除外。如是陰曆則專門説明,用漢字表示。

三、本《譜》譜主年齡按中國傳統方法(虛歲)計算。

四、本《譜》譜主行狀,1906 年、1908 年以及 1932 年 10 月以後,主要依據譜主日記,凡不注明出處者均來自日記。所引其他資料均在文中注明出處。

五、本《譜》譜主行狀按年、月、日次序編寫,每年之後復撮本年要事列爲專題。

六、本《譜》譜主行狀,凡無日可考者繫月,標明月份或稱"是月";凡無月可考者繫年,標明年份或稱"是年",各列於相應月、年之末。

七、本《譜》文字分三類:一爲正文,即編纂者叙述譜主行狀及與行狀有關的文字;二爲引文,即引用有關資料證明正文和豐富譜主行狀的文字;三爲對某些事件進行考證或補充説明的文字,以"編者按"的形式出現。

八、本《譜》在正文中對譜主稱"先生";在引文中,凡屬譜主自己的文章、日記,在不產生誤解的情況下,不再標明譜主姓名,如會產生誤解,則在文題或日期前用"先生"標明,以示該文或日記作者爲譜主。

九、本《譜》所涉譜主著述,按撰寫時間編排;撰寫日期無考者,按發表日期編排。對某些重要論著或重要學術研究,擇要列爲專題,附於該年行狀之後。

十、本《譜》所引資料根據原件或原書校核;原件無標點者,或原書標點不符合現代規定者,按《常用標點符號用法》標點;原件字蹟無法辨認者用"□"表示。

十一、本《譜》所涉人物姓名,一般以名行文(引文除外);如以字或筆名、别號行世者,則以衆所熟知者行文。

目　録

朱希祖先生年譜長編卷二

朱希祖先生年譜長編卷三

朱希祖先生年譜長編卷四

朱希祖先生年譜長編卷五

朱希祖先生年譜長編卷六

朱希祖先生年譜長編卷七

朱希祖先生年譜長編卷一

一八七九年(清光緒五年己卯)　先生一歲

先生諱希祖,字逖先,又作逷先、迪先,清光緒五年己卯正月十一日寅時,公元1879年2月1日,生於浙江省海鹽縣尚胥里上水村得月樓本宅,行次第二。

先生長子朱偰《先君逖先先生年譜》(《文史大家朱希祖》,學林出版社,2002年,151頁。下簡稱《年譜》):

> 民國紀元前三十三年清光緒五年己卯,公年一歲,正月十一日寅時,公生於海鹽上水村得月樓本宅。

又云:

> 曾祖彥山公,諱美鏐,歷官雲南蒙化廳經歷,浙江泰順縣知事。祖達莊公,諱衢康,邑庠生。父子莊公,名永橥,邑庠生。
>
> 公兄弟六人,長兄恒,早夭;三弟本,早逝;四弟華祖,字桀先;五弟承祖,字守先;季弟虎,早逝。

先生初名同祖,字吉甫。

朱丙壽《朱氏宗譜(海鹽尚胥里派)》卷十八(光緒十七年編,藏上海圖書館):

> 同祖,永橥次子,字吉甫,號逖先,生光緒己卯。

朱氏系出吴郡,一遷於歙之黄墩,再遷於婺源。朱家代有聞人。先生高叔祖虹舫公(朱方增),嘉慶辛酉進士,授翰林院編修。曾叔祖朵山公(朱昌頤),道光丙戌狀元,授翰林院修撰。明清兩代,先生先祖中共有進士十三人。

先生《朱氏源流考》(《朱希祖文集》,臺灣九思出版有限公司,1979年,第五册,2933頁):

> 吾族海鹽朱氏,始於婺源,與宋徽國公同宗。文公作家譜稱自吴郡遷於歙之黄墩。唐天佑中,至茶院環公以朝命領兵鎮撫婺源,因家焉。

朱偰《朱逖先先生訃告》(1944年朱氏家印本):

朱氏系出吴郡,一遷於歙,再遷於婺源。當宋季世,始祖勉軒公爲海鹽主簿,始居城東,遂占籍焉。三世祖悦山公,於元後至元年間,始遷尚胥里上水村,邇來已六百餘年矣。胥溪派衍,代有聞人,先嚴高叔祖虹舫公,嘉慶辛酉進士,翰林院編修;曾叔祖朵山公,道光丙戌進士,殿試一甲一名,授翰林院修撰。蓋自明以迄清季,吾家凡有進士十三人,翰林一人,狀元一人,故朱氏爲浙西望族,詩禮傳家,久而不衰。

本年,章太炎十二歲(虚歲),從外祖父朱左卿讀經。朱左卿爲海鹽朱氏,與先生曾祖同輩。

先生1936年4月28日日記(朱希祖《南京日記》,手稿本,未刊。有關朱希祖日記,詳見本書附録《參考資料》,下引不再注明出處):

章師外祖左卿爲余叔祖。

1936年8月26日日記:

旭辰叔祖來,談及先師章太炎先生之父名浚,字楞香,爲浙江藩司幕賓,頗有學問,字甚好,曾爲旭辰叔祖題《五十學易圖》,太炎先生亦續爲題跋。楞香先生繼娶旭辰叔祖之從姊,即太炎先生之母也。太炎先生之外祖名有虔,字秉如,號左卿,貢生,住大瞥街,高尚不仕,四十餘年不下樓,八十餘歲乃卒。

編者按:先生上述兩説有矛盾,朱左卿與先生之間的輩分關係,後一則當更爲準確。章太炎的母親爲先生叔祖的堂姐,即爲先生的叔祖姑母,故朱左卿與先生曾祖同輩。

先生《本師章太炎先生口授少年事蹟筆記》(《制言》半月刊第25期,1936年9月)記録了太炎先生自述從外祖父讀經的往事:

余十一二歲時,外祖朱左卿授余讀經,偶讀蔣氏《東華録》曾静案,外祖謂:"夷夏之防,同於君臣之義。"余問:"前人有此語否?"外祖曰:"王船山、顧亭林已言之,尤以王氏之言爲甚。謂歷代亡國,無足輕重,惟南宋之亡,則衣冠文物,亦與之俱亡。"余曰:"明亡於清,反不如亡於李闖。"外祖曰:"今不必作此論,若果李闖得明天下,闖雖不善,其子孫未必不善,惟今不必作此論耳。"余之革命思想伏根於此。依外祖之言觀之,可見種族革命思想原在漢人心中,惟隱而不顯耳。

本年,陳獨秀誕生。陳因與先生同屬兔,故爲日後北京大學文科"卯字號"名人中的兩隻老兔子。另四隻小一輪的兔子爲胡適、劉半農、劉文典、林公鐸。

先生1934年10月11日日記:

> 憶民國六年夏秋之際,蔡孑民長校,余等在教員休息室戲談,謂余與陳獨秀爲老兔,胡適之、劉叔雅、林公濆、劉半農爲小兔,蓋余與獨秀皆大胡等十二歲,均卯年生也。

周作人《知堂回想録》(香港三育圖書有限公司,1980年11月,352頁):

> 卯字號的最有名的逸事,便是這裏所謂兩個老兔子和三個小兔子的事,這件事説明了極是平常,卻很有考據的價值,因爲文科有陳獨秀與朱希祖是己卯年生的,又有三人則是辛卯年生,那時胡適之、劉半農和劉文典,在民六才只二十七歲,過了四十多年之後再提起來説,陳朱二劉已早歸了道山,就是當時翩翩年少的胡君,也已成了十足古稀的老博士了。(胡氏亦已逝世)

一八八一年(清光緒七年辛巳)　先生三歲

本年,周樹人(魯迅)生。魯迅先生在日本與先生等人同受業太炎先生門下。

一八八三年(清光緒九年癸未)　先生五歲

本年,許壽裳生。許壽裳先生在日本與先生等人同受業太炎先生門下。

一八八四年(清光緒十年甲申)　先生六歲

始入家塾,父子莊公親自課讀。(《年譜》)

本年,吴承仕生。1915年,吴承仕先生在北京受業太炎先生門下。

一八八五年(清光緒十一年乙酉)　先生七歲

本年,周作人生。周作人先生在日本與先生等人同受業太炎先生門下。

一八八六年(清光緒十二年丙戌)　先生八歲

本年,始改名希祖,字逖先。

朱偰《年譜》:

公年八歲,讀書穎異,父子莊公賦詩記之,有"早著祖生鞭"之句,因賜名希祖,字逖先。

編者按:《年譜》此説有誤。據先生1941年7月22日《答旭初和詠松詩並謝贈雙松畫》詩後小注云:"余幼時先叔祖紫仙公繪松柏於扇,題詩賜余,其詩云:'努力讀書正少年,願伊早著祖生鞭。勉爲大器成松柏,期望深心畫裏傳。'"(《文史大家朱希祖》,學林出版社,2002年,137頁)據此"早著祖生鞭"當爲先生叔祖紫仙公的詩句。

本年,黄侃生。黄侃先生在日本與先生等人同受業太炎先生門下。

一八八七年(清光緒十三年丁亥) 先生九歲

本年,錢玄同生。錢玄同先生在日本與先生等人同受業太炎先生門下。

一八九〇年(清光緒十六年庚寅) 先生十二歲

本年,汪東生。汪東先生在日本與先生等人同受業太炎先生門下。

一八九一年(清光緒十七年辛卯) 先生十三歲

本年,日後爲北大文科"卯字號"名人中的四隻小兔子胡適、劉半農、劉文典、林公鐸出生。劉文典先生也曾受業太炎先生門下。

一八九二年(清光緒十八年壬辰) 先生十四歲

本年受讀《左傳》。夏,父子莊公病,至陰曆七月末逝世。先生六十歲時回憶少年從父讀《左傳》事,感慨繫之。

先生1938年3月28日日記:

竟日録《左傳》姓氏,至襄公十五年。憶余十四歲上半年,先君授余《左傳》,詳細講解,甚有興味。其年夏,先君得病,至七月末竟棄養,以致余不克卒業《左傳》,抱恨終天,常不忍温讀《左傳》。今録《左傳·襄公十年》,以前幼時所讀如舊相識。每聯憶舊日家庭狀況,及鄉里故人情好,漢高祖所謂"吾魂魄猶思故鄉",誠至情之語也。

一八九四年(清光緒二十年甲午) 先生十六歲

本年,中日甲午海戰,中國戰敗。

一八九五年（清光緒二十一年乙未）　先生十七歲

春，有嘉興落帆亭之游，作五絶一首。

先生長女朱倩 1917 年 11 月 6 日日記（《孟婴日記》，《魯迅研究月刊》2010 年 9 月）：

家君於光緒乙未春游嘉興落帆亭，作五言絶句云："擊楫快中流，壯心本未已。暫落此間帆，前程猶萬里。"

本年，因甲午戰敗，康有爲在京聯合各省應試舉子一千三百人"公車上書"，拒絶求和。

一八九六年（清光緒二十二年丙申）　先生十八歲

本年，舉秀才。（《年譜》）

一八九七年（清光緒二十三年丁酉）　先生十九歲

開始就館授徒，奔走衣食。

朱偰《朱逖先先生訃告》：

先王父既卒，家道中落，先嚴自十九歲起，即奔走衣食，就館他邑。

一八九八年（清光緒二十四年戊戌）　先生二十歲

本年，戊戌變法失敗，六君子犧牲，康、梁流亡日本。

一九〇〇年（清光緒二十六年庚子）　先生二十二歲

本年，義和團運動失敗，八國聯軍佔領北京。

一九〇一年（清光緒二十七年辛丑）　先生二十三歲

本年，舉廪生。（《年譜》）

清廷與八國簽訂《辛丑合約》，國勢日蹙。

一九〇二年（清光緒二十八年壬寅）　先生二十四歲

春，至蘇州沈潔齋家課徒。陰曆二月初十，母沈太夫人卒。時先生就館在外，而家中諸弟尚幼，因從地方風俗，提早結婚。陰曆三月十二日，假小虹橋坤宅，與邑紳張小廷之三女公子玉瑱結婚，居南門外紅木橋陳宅。

陰曆八月,蘇州霍亂流行,先生辭館歸鄉。(《年譜》)

編者按:先生夫人張玉塡,又寫作玉貞,字道韞,後改名張維。曾編有《漢魏六朝女子文選》行世。先生1926年6月24日致張元濟(先生夫人堂兄)信曰:"《漢魏六朝女子文鈔(選)》係内子在杭州、嘉興時選讀,因以付梓,冀供同好,時在辛亥之春,刊於嘉興,今版捐於浙江圖書館。時守舊心甚,且選例不精,分類瑣細,所作序文繁蕪特甚。内子原名玉貞,時改名維,及今思之,頗蹈明人姓名相連有義之陋習,早已不用此名,種種不滿,故不以告人,不料尊處亦得一册,衹好以此一段陋史相告,幸勿見哂爲幸。"張元濟同年7月2日回信曰:"《漢魏六朝女子文選》乃必吾妹所輯,吾家道韞於家乘中可添一佳話矣。"(先生致張元濟信,載上海圖書館《歷史文獻》第7、8、9輯,王翠蘭整理;張元濟致先生信,載商務印書館1997年《張元濟書札(增訂本)》,張樹年、張人鳳整理。下引二人書札不注明出處者,均出於上述兩處。)

一九〇三年(清光緒二十九年癸卯)　先生二十五歲

正月,至新篁程宅課徒。本年,赴杭州鄉試不第。冬,解館歸里。(《年譜》)
閏五月初四,長女倩生。(《年譜》)

一九〇四年(清光緒三十年甲辰)　先生二十六歲

陰曆二月,自南門外紅木橋遷居南河灘王宅。本年,邑人設小學堂於戚竇橋黄宅,先生受聘爲教員。(《年譜》)

一九〇五年(清光緒三十一年乙巳)　先生二十七歲

春,擬出洋留學,在邑補習英文。夏,應浙江省官費留日考試,名列前茅。準備出國,遷居小虹橋筠心堂張宅,託外家照應。(《年譜》)
陰曆七月,與邑人徐冕伯、陳讓旃赴日本,入早稻田大學師範科預科(一年後轉爲本科)。寓東京牛込區鶴卷町早稻田大學清國留學生第一宿舍樓上第八號。

朱倩1917年11月16日日記(《孟婜日記》,《魯迅研究月刊》2010年9月):

家君自清光緒三十一年乙巳之秋,東渡日本,留學早稻田大學師範科。

先生1906年《留日日記》(該日記手稿藏國家圖書館)前《小叙》:

曾文正公《求闕齋日記》，湘潭王啟原爲之類抄，分爲十類：曰問學、曰省克、曰治道、曰軍謀、曰倫理，此上卷也；曰文藝、曰鑒賞、曰品藻、曰頤養、曰游覽，此下卷也。而余即倣之爲日記。惟世界進化範圍日擴，故所見、所聞、所志、所意、所行、所至皆宜記之。又刺取曾文正公語謂："自此日日作日記，誓終生不間斷。"司馬温公語謂："事無不可對人言。"秉此二誼，庶幾得成余將來之歷史，而爲終身之實録也夫。尚其勉之毋怠。孔子降生二千四百五十六年，即光緒三十一年十二月十八日（按：公元1906年1月12日），書於日本東京牛込區鶴卷町早稻田大學清國留學生第一宿舍樓上第八號之西窗下，浙江海鹽朱希祖識。

編者按：先生赴日本留學的時間，據其《本師章太炎先生口授少年事蹟筆記》一文是1906年（丙午年），該文云："希祖於丙午秋至日本留學早稻田大學。"但先生1906年1月1日日記云："此時留學日本早稻田大學師範科已四閱月。"顯然，《本師章太炎先生口授少年事蹟筆記》一文所記有誤，根據日記，先生赴日留學的準確時間當爲1905年8月（陰曆七月）。

本年11月2日（陰曆十月初六），日本文部省發佈《關於許清國留學生入學之公私立學校之規程》，該規程又稱《取締規則》，簡稱《規程》。該《規程》中規定：留學生在日本公、私立學校入學或轉學時，必須持有清廷公使館的介紹書方准入學；中國留學生必須居住學校宿舍；凡因"性行不良"而被開除的中國留學生，各校不得使之復學。此《規程》係日本政府應清廷要求而制定，帶有壓制反清學生的目的，遂引起留日學生的抵制，留日名人紛紛發表談話，最後釀成政治事件。12月4日後，全體留日學生陸續罷課，12月8日，陳天華投海而死，更加激起留日學生的反抗激情。

先生與早稻田大學所有住校留學生，於12月11日搬離原所居住的早稻田大學清國留學生宿舍，暫居鞠町二丁目二十六番地錦松館。

1906年1月1日日記：

回鞠町二丁目二十六番地錦松館。是時爲文部《規則》，留學界停課已二十日矣。

1906年1月4日日記：

傍晚自錦松館還回早稻田大學第一寄宿舍。時舍中已有五十餘人先回。計住錦松館二十四日。

陰曆九月二十五日,次女倓生。(《年譜》)

一九〇六年(清光緒三十二年丙午)　先生二十八歲

(本年資料均來自《朱希祖日記》)

1月1日,因參加罷課,暫居鞠町二丁目二十六番地錦松館。上午閱讀《紅樓夢》。下午偕徐冕百、鄒鴻斌、朱叔麟、董竹香、錢澤存五人至淺草公園。

1906年1月1日日記:

> 上午閱《紅樓夢》至薛寶釵撲蝶一節,觀其嫁怨黛玉,厚結襲人,以爲干進之基。始歎胸中太無城府如黛玉者,則必賈禍;而城府太深如寶釵,則又近於奸矣,爲人之道顧不難哉?

1月3日,與陳仲權至九段坂觀日俄戰爭之電影。

1月4日,自錦松館遷回早稻田大學清國留學生第一宿舍。是日晚,與陳仲權、吴鳳章二人至神樂坂看電影。

1906年1月4日日記:

> 燈下偕陳仲權、吴鳳章二君至神樂坂觀電光影戲,中有日俄海陸戰爭,頗足壯觀。計余上年正月在上海觀影戲,至此僅乃兩回。

1月5日,至清國公使館,謁浙江留學生監督王克敏領月費。

1月7日,閱林紓翻譯之《巴黎茶花女遺事》。

1906年1月7日日記:

> 此書係曉齋主人自法國歸口述其事,冷紅生記之,新出小說中,譯筆之最佳者也。其情甚悽惋,閱竟,竟激動我之至性至情而竟夜爲之不懌。
>
> 《茶花女》馬克臨終時之日記,亦日記中獨創一格者,纏綿悱惻,令人不忍卒讀。

1月8日,閱陸善祥譯法國小說《紅茶花》。

1906年1月8日日記:

> 下午閱《紅茶花》一册。此書係爲任俠寫生,原本係法國朱保高比著,而三水陸善祥譯意,新會陳紹枚潤文,文筆頗有古致,尤擅寫景,其佈置及弄機勢之處全學《水滸傳》。

1月9日,繼續閱讀《紅茶花》。燈下賦《寄内詩》四首。

1906年1月9日日記：

燈下賦《寄内詩》七絶四首，中有“牆花路草章臺柳，一例揮除心上來”二句，誓終身守之。

1月10日，日記云：“連日閲小説，雖有益於性情及閲歷，然究荒正學，切宜節制。”晚閲蔣觀雲所譯法國維朗氏《詩法論》。

1906年1月10日日記：

夜閲蔣觀雲所譯法國維朗氏《詩法論》，其要點有四：（一）蓄感慨之情須深厚，（二）寫感慨之狀須明瞭，（三）具怪僻之感情不足以成大家，（四）不能寫一代之人心風俗，而鼓吹之使其進步高尚，不足以成大家。誠詩家所宜深喻也。

1月12日，閲歐陽修《六一居士詩話》。下午偕鄒鴻濱參觀日本女子大學校附設女子高等學校。

1906年1月12日日記：

歐陽永叔《六一居士詩話》謂：“嘗愛唐人詩云‘雞聲茅店月，人蹟板橋霜’，則天寒歲暮，風淒木落，羈旅之愁，如身履之。至其曰‘柳塘春水慢，花塢夕陽遲’，則風酣日煦，萬物駘蕩，天人之意，相與融怡。讀之便覺欣然感發。謂此四句可以坐變寒暑。詩之爲巧，猶畫工小筆爾。以此知文章與造化爭巧云云。”余謂此即可以當維朗氏“明瞭”二字。

1月13日，夜閲梁啟超《德育鑒》。

1月15日，清國留學生開始復課，早稻田大學留學生亦於是日復課。夜接梁啟超《關於留學生停課意見書》一册。

1906年1月15日日記：

清國留學生咸於是日上課，早稻田大學師範生亦於是日開班……接梁任公《關於留學生停課意見書》一册。

1月24日，陰曆除夕，與汪京伯、董竹香、陳讓旃、陸輔周、徐冕百、鄒鴻賓、李右銘共八人吃年夜飯。

1906年1月24日日記：

三句半鐘至神田同興館支那料理店，與汪君京伯、董君竹香、陳君讓旃、陸君輔周、徐君冕百、鄒君鴻賓、李君右銘共八人共叙鄉情，吃年夜飯，頗有興味。至九句鐘回舍。

下午憶虎弟及夢蘭舊友之亡,不禁下淚。思塵世之無趣,彼皆一瞑而不復顧,我獨何心,又將增其馬齒。回顧當年游釣之地,不禁歎中年哀樂之侵人也。

1月25日,陰曆正月初一,是日浙江百名師範生共進午餐。同日,致信海鹽族中少虞叔祖,談義莊辦高等小學事並上蒙學章程。

1906年1月25日日記:

午餐浙江師範生百人同會飯堂(先由王叔魯監督先生送紹酒四十斤,每人膳資洋五角)。早稻田大學清國留學生部主事青柳篤恒與兩舍正副舍長、書記同食。酒三巡,青柳致賀,並呼大清國萬歲者三,衆皆拍掌歡呼以應。正舍長呼早稻田清國留學生部萬歲者三,衆亦如之。其後,師範生同聲亦呼早稻田大學清國留學生部萬歲者三,衆皆歡和,盡樂而散。

2月6日,日本盛傳將有大地震。

2月7日,清廷特派考察各國政治大臣載澤來早稻田大學考察學務,清國公使及公使館日本留學生監督隨行,大隈伯爵出迎,先生偕同學生排隊歡迎。

2月12日,浙江師範生中有吴文濱及陳滋鎬二人,因讀書用心過度吐血,先生“爲之寒心。”

2月15日,閱報,知美國將發兵艦來攻我國,心甚憂念。

1906年2月15日日記:

午中閱日本報,知美國將發兵艦來攻我國,爲我禁用美貨事件。國之不强,受人侮弄,不知將來我身置於何地,心甚憂念。

子良及家中無來信,女學事件未知如願否,心甚掛念。家國之憂,齊煎余心,哀哉。

2月24日,下午三點鐘,日本盛傳即刻將發生大地震,人皆走避空場,閱五六小時之久。

3月3日,成立同窗會。

3月11日,開同窗會。

1906年3月11日日記:

上午開同窗會,郁曼陀、蔣恩壽二君演説甚善。

郁君演説中有浙江爲宋明兩代亡國結局之地,由於浙江爲文學淵藪地,人文蔚起,圖存保殘喘於是,然則從前浙江之文學不過爲亡國之文學,及今時勢去此不遠,當力圖强國文學,此其大旨也。

浙江師範生百人,佈滿浙江各府州縣,若團結而圖振興百事,則百人一動而浙江皆動,浙江一動而全國皆動,其前途甚遼遠而可寶貴哉。

編者按:郁曼陀,郁達夫之兄。

3月16日,聆大隈伯爵在早稻田大學大講堂之演説。

1906年3月16日日記:

下午大隈伯爵在早稻田大學大講堂演説,青柳篤恒翻譯,題爲《對於清國留學生之希望》,其言甚懇切,誠不愧爲大政治家。

4月6日至10日,因櫻花盛開,放假五日,翻譯《植物界》一書。

4月8日,觀看早稻田大學運動會。

4月16日,早稻田大學清國留學生五百人去飛鳥山旅行,先生留校譯《植物界》。

4月17日,至上野公園,參加浙江百名師範生大會。

4月22日,至清風亭開嘉興府同鄉會。

4月28日,觀看日本大閲兵。下午,參觀日本教育博物館。晚觀日美球賽。

1906年4月28日日記:

日本大觀兵式。本日演習於青山操場,早稻田清國留學生五百人均偕校中執事排隊參觀。是日陸軍共有五萬餘,馬隊、步隊、砲隊,皆整齊可觀。

下午偕仲權、子才、鳳章三君至日本教育博物館,其中二所陳列場,一爲幼稚園及小學、中學堂教育器械圖畫,一爲高等學堂教育器械,其中分理科爲八科,又有圖畫科、體操科、音樂科、圖書館,頗可觀。

5月1日,閲《民報》及梁啟超《駁中國存亡一大問題》。

5月5日,晚至靖國神社觀日本歡迎日俄戰爭凱旋之軍隊。

1906年5月5日日記:

有凱旋門四座,一以所得俄軍之槍爲門,一以所得俄軍之刀爲門,而皆環之以電燈,中嵌"國威宣揚"等頌揚大字,以電燈顯出。

5月19日,參加夏季同窗會例會。

5月23日,因預科即將結束,決定本科選擇歷史地理科。

1906年5月23日日記:

今日始決定入歷史地理科。

5月30日,閱嚴復《論南昌教案及耶穌軍之歷史》。

5月31日,閱梁啟超《中國國債史》。

6月13日,閱報章所登西人論中國不振之原因。

1906年6月13日日記:

西報論中國不振之原因,述總税務司赫德有言曰:中國若改良徵收賦税法,得確實歸公,則官吏之俸薪,海陸之軍費,一切公益之事業取足於此而已足,以中國賦税五分之四入官吏私囊也。又貨幣不統一,則商務有不便,而阻滯征賦,則官吏易於舞弊。又今日欲救中國,不在政治之改良,而在公德之輸灌。

6月28日,在大隈伯花園,清國留學生五百人預科畢業攝影。

1906年6月28日日記:

八時至大隈伯花園,因清國留學生五百人預科卒業攝影。大隈伯及夫人及總理、學監、教習、主事等同攝。

夏,因暑假自日本歸國。秋,赴日本繼續留學。(《年譜》)

6月29日,章太炎先生出獄,孫中山先生派人來迎,東渡日本,主《民報》筆政。7月15日,留日學生在東京神田區錦輝館開歡迎會,太炎先生即席演講。在東京,太炎先生一面主編《民報》,一面講學。本年8月,國學講習會成立,章太炎爲主講人。

12月10日,往錦輝館聽孫中山、章太炎演説。

1906年12月10日日記:

至神田錦輝館觀章炳麟及孫文演説。

朱偰《年譜》:

本年孫中山在日本鼓吹革命,講演三民主義,公躬往聽講,深爲服膺,因開始剪辮以爲提倡。

本年,開始留意搜求南明史籍。

先生《晚明史籍考序》(1931年):

> 余自二十五年前游學日本,初留意於晚明史籍。

關於鼓勵並幫助夫人張維入上海務本女學求學事

赴日本留學,積極鼓勵並幫助夫人張維至上海務本女學學習,力籌學費,爲此家中頗有矛盾。

1月3日日記:

> 託陳仲權匯寄墨洋七十二元由程子良手交至舍間,爲明年上半載女學之經費。

> 編者按:此處"明年"指陰曆的"明年",按陽曆仍爲1906年。

1月4日日記:

> 上午寫家信,附去丙午年家中預算表及至務本女學經費一覽表。

1月6日日記:

> 榮先弟來信,勸止女學一節,以三難事相詰,大旨謂家中老幼祭祀乏人照料,頗近於理。特今吾中國前途勢殊岌岌,正爲國忘家之日,況治國先期治家,興家必從女學入手,將來開通風氣,振興人材,正賴此事,故作信卻之,並喻其理。

1月13日,寫家信,論女學生之人格及在世界之位置,約二千餘言。1月14日,致信夫人解釋務本女學章程要點並示擇友之法。並致信"家大人"稟報夫人入務本女學事。

> 編者按:此處"家大人"實指先生的伯父,先生從小名義上出嗣給伯父小莊公,而實由親生父母撫養,所以,先生日記中所謂"家大人"、"家嚴"、"家慈"均指伯父、伯母。先生生父子莊公逝世時,先生十四歲;生母逝世時先生二十四歲。

1月20日,再次致信"家大人"稟報夫人入務本女學事。1月24日,寄《務本女學章程》與夫人。1月26日,致信夫人,附《矢志詩》四首,並作解釋。因家信久不來,心甚懸念。

2月8日日記：

家中及程子良、小峰兄不來信，未知女學事若何成敗，心甚憂念，而家中及小峰二處不來信，心尤切念悲憤。

2月10日日記：

辰刻，接家信與小峰哥信，心中甚喜，惟子良尚未來信，未知女學款項交來否，抑竟失信而敗大事，尚未知也，故心中仍憂念。

2月15日日記：

子良及家中無來信，女學未知如願否，心甚掛念。家國之憂，齊煎余心，哀哉。

2月15日，得知託陳仲權所寄墨洋七十二元，程子良竟未匯至家中，驚恨不已。

2月15日日記：

是夜，陳仲權接子良來信，女學費竟未匯至舍間，貽誤大事一至於此，驚恨不已，子良之肉狗彘勿食矣。

2月16日，陳仲權再幫先生籌款八十元匯寄家中，作爲夫人女學學費。

2月16日日記：

本日因子良誤我大事，終日愁恨，休課一日。

上午寫富敏安先生信，寫小峰並華弟信及家信第二十三號。幸仲權仍籌到洋捌拾元，尚稱不負前約。

下午至上野下谷谷中町九番地訪陳逖先，託他同至正金銀行匯洋八十元至上海小峰家兄處，託他代交華弟轉交内子，作爲學費。適逖先外出，又至本鄉三丁目北辰館龔薇生處，而逖先又回去矣。於是又至其寓，然後相遇，然寄款已不及，乃託他明日寄。夜餐而歸。途中暗黑失路，心甚苦楚，後幸得歸。

2月23日，接家信，知夫人已入務本女學。

2月23日日記：

是夜接家信及富敏安先生信，知内子已進務本女學，十九日進寄宿舍，二十二日上課。

但是不知什麼原因,夫人張氏又隨富女士進了清心書院,先生極爲不滿。

3月21日日記:

傍晚接富敏安先生信,始知内子已於上禮拜隨富女士改入清心書院,余心甚不樂。蓋一則該書院爲教會所設,束脩半爲其幫助,名不正言不順,余所最惡;一則潛移默化,婦女家尚無見識,恐終入其教,則余大失所望矣。心甚不樂之至。且該書院拆人書信,剥奪人權,更何居心!燈下寫富敏安先生信。……此夜因憂内人讀書,夜不能寐,至四更乃睡。

編者按:夫人改入清心書院的事,最後如何處置,不得而知,現存日記中没有交代,但本年暑假,先生回國探親,秋天回日本時,仍攜夫人至上海,讓夫人繼續務本女學的學業。冬,夫人輟學回海鹽。(《年譜》)

關於對語言學、地理學、植物學、心理學的研究

本年,對語言學、地理學、植物學、心理學都有着濃厚的興趣。

1906年1月11日日記:

中國無文典教科書(《馬氏文通》專家之書,不能爲教科書),而又無字典如泰西、日本之以九品詞分類,且無字音教科書如英文之司配林者(《切韻指掌》等皆不能爲教科書),又無各種專門學詞典(今僅有譯本《泰西地名人名》一種),此中國讀書通文之所以難,而讀書人之所以少也。苟有人出全力以成此四種書以振興文學,亦一興國之大業也。又宜編國語教科書及國語典(用北京語)。若作文典,宜以《馬氏文通》爲藍本,字典宜以《經籍纂詁》爲藍本,字音宜以《切韻指掌》、《唐韻》及《説文聲系表》爲藍本,然各宜參酌東西教科書及各種字典詞典。

本年還想編輯一部地理教科書。

1906年2月11日日記:

閲地理書,甚感中國無地理教科書以發人愛國之心,頗思編輯,而既無材料可調查,又無才思以組織,且無暇晷以研究,甚感喟也。

本年,翻譯了一本《植物界》。

3月4日,始譯《植物界》。

1906年3月4日日記:

終日譯《植物界》。

4月5日,《植物界》譯畢。

1906年4月5日日記:

夜譯《植物界》,終。

5月6日,將譯稿謄寫修改完畢。

1906年5月6日日記:

謄《植物界》,下午三句謄畢。出外剃頭。下午作凡例四條,燈下作叙。

5月8日,完成《植物界序》。

1906年5月8日日記:

燈下《〈植物界〉序》成。

5月16日,將譯稿寄上海商務印書館富敏安先生處,準備出版。

1906年5月16日日記:

《植物界》裝訂成。是晚寄至上海富敏安先生處。

編者按:《植物界》下文如何,不得而知。

本年還翻譯過《記憶法》。

1906年陰曆十月初三日記:

初譯《記憶法》。

編者按:1906年此日之後和1907年的日記,全部散失,《記憶法》下文如何,亦不得而知。

一九〇七年(清光緒三十三年丁未)　先生二十九歲

繼續在日本求學,並翻譯了三種女子教科書,具體書名不詳。

1908年1月4日日記:

託錢德潛君代寄女子教科書三種譯稿至上海務本湯濟滄君代銷。

陰曆三月初三日,長子偰生。(《年譜》)

陰曆十一月二十三日,伯母余太夫人卒,先生因從小出嗣長房,於寒假奔喪歸里。其時,已是1908年初。

一九〇八年(清光緒三十四年戊申)　先生三十歲

(本年資料主要來自《朱希祖日記》,其他加注説明)

1 月 1 日,與錢玄同、錢稻孫叔侄二人談天。

1908 年 1 月 1 日日記:

終日談天。晚與錢德潛君叔侄二人至太和館小酌。

1 月 2 日至 4 日,翻譯《心理學》。

1 月 5 日,海寧朱宗萊(蓬仙)來訪。

1908 年 1 月 5 日日記:

午後海寧朱蓬先來寓談天。

1 月 6 日,接家信,知伯母余太夫人病重,心甚憂念。

1 月 7 日,接陳百年來信。

1908 年 1 月 7 日日記:

接陳百年大齊自仙台來信,贊成絶生之説,以爲至理。此答我 1907 年除夕之信也。

1 月 8 日,陶成章、龔寶銓來訪。傍晚訪葉正度(曉南),作詩二首。

1908 年 1 月 8 日日記:

午刻陶焕卿、龔未生來寓,留便飯焉。

傍晚訪葉君正度,讀其詩集,頓起詩興,乃賦七律二首,即贈葉君。詩録於左:

一

同是天涯逆旅身,山河大地又逢春。放懷竹葉澆新酒,轉眼櫻花戀故人。三十功名羞虎步,八千童女起鷹瞵。可憐世界銷兵日,須待沙蟲化戰塵。

二

靜裏吟成寄恨詩,危樓一角夕陽遲。文章千古餘歌哭,因果三生掃信疑。天地無情芻狗我,繁華有夢弁髦誰。憑君獨立昆侖頂,放眼山殘水賸時。

1 月 11 日,作詩二首贈葉曉南。

1908 年 1 月 11 日日記:

午前賦七律二首述懷,即贈曉南同學。詩録於後:

一

春入東風楊柳條,愁心如夢又如潮。霜封苔蘚埋金簡,香送蘪蕪怨玉簫。王粲樓頭天地窄,莊周枕底髑髏驕。寒窗瑣碎家人淚,收拾區區付酒瓢。

二

群龍有首孰胚胎,不斷爭塵滾滾來。文士壇場多壁壘,騷人旗鼓起風雷。黄金世界如天遠,黑月箏琶動地哀。且把良朋詩句和,好隨仙夢逐蓬萊。

是日,接家信,驚悉伯母余太夫人於陰曆丙午年十一月二十三日逝世。

1月12日,至社會學講習會,聽章太炎講《齊物論》、山川筠演説代議政治與革命。傍晚與錢玄同共餐。

1908年1月12日日記:

至社會學講習會。山川筠演説代議政治與革命。傍晚與德潛君至太和館吃飯。燈下觀史。

錢玄同1908年1月12日日記(北京魯迅博物館編《錢玄同日記》第二册,481頁,福建教育出版社,2002年。下引不再注明出處。《錢玄同日記》爲原件影印,許多字難以辨識,凡不識者用"□"代替):

午後社講習會開會於清風亭(一時三刻)。先太炎講《齊物論》之理意,謂平等必難做到十全,□任自然,不於强迫,斯爲得之。又謂天下無極端之真自由,亦無極端之真不自由。次某君(不知其何人)演説排滿爲革命之始求。日人山川筠演説代議政體與革命……

1月13日,讀法國革命史。

1月14日,讀法國革命史、《張蒼水集》、錢謙益《投筆集》。

1月15日至19日,作《法蘭西革命史論》。

1908年1月18日日記:

燈下與錢君德潛論世界大勢及中國前途,頗暢快。作《法蘭西革命史論》至二時睡。

1月16日,閲《社會主義党略史》,及章學誠《文史通義》中《繁稱》、《詩論》兩篇。

1月17日,贈葉曉南詩三首。

1908 年 1 月 17 日日記：

> 上午，詠雪詩三章（七絶）和葉曉南君，録其二如下。下午上課，經濟學。燈下，至葉君寓談天。
>
> 一
>
> 三年幻夢此低回，又見菲菲雪色皚。難得繁華收拾盡，一抔淨土現蓬萊。
>
> 二
>
> 白遍江山一色中，人間畢竟尚雷同。梅花不作尋常態，偏向天涯别樣紅。

1 月 19 日，閱《書目答問》及《螢雪軒叢書》。
1 月 20 日，接家信，知因伯母逝世，家中不安，先生因從小出嗣長房，決計請假四十日奔喪歸里。
1 月 21 日，至公使館請假四十日，同日從日本啟程回國。
1 月 27 日，抵達海鹽，雪頗大。
1 月 28 日，叩拜伯母靈柩。
1 月 29 日，在家中整理先人書籍。
1 月 30 日，伯母五七之日，至伯母家成服，伯父小莊公不悦，口出無理之言。
1 月 31 日，繼續在家中整理先人書籍。
2 月 2 日，至海鹽天寧寺觀《北藏經》，並借其目録抄録，至 21 日録完。
2 月 22 日，至談鳳威家，觀《漢魏叢書》等古籍並録其目録。同日，夫人張維所設嬰英女學所招女生十餘人前來考試，以爲分班。

1908 年 2 月 22 日日記：

> 下午，内人因開設女塾，招女生來考試，以分班次。來者十餘人，分甲、乙、丙、丁四班，甲、乙二班授以國文、算術、歷史、地理、手工五門。

2 月 23 日，嬰英女學開學，甲班二人，乙班四人，丙班三人，丁班三人，此爲海鹽首創。

1908 年 2 月 23 日日記：

> 内人所設女學開學，甲班二人，乙班四人，丙班三人，丁班三人。

朱巖《海鹽　嬴政二十五年——以事件爲線索的海鹽歷史文化叙述》（北京大學出版社，2010 年 10 月，108 頁）：

就在海鹽開設第一所高等小學校的六年後，光緒三十四年（公元1908年）一位叫張維的女子，開風氣之先，在海鹽縣城，創辦了海鹽歷史上第一所女子學校。這位敢爲天下先的張女士，與海鹽近代史上兩位重要人物有着非常親密的關係，她是張元濟先生的堂妹，後來又與朱希祖先生結爲伉儷，張元濟與朱希祖都是近代史上著名的社會活動家、學者。張維家學淵源，受到良好的教育，後來又受到西方民主、女權思想的影響，創辦這所女子學校自然受到了兩位先生的支持。在創辦女子學校三年後，張維親自輯録的一部《漢魏六朝女子文選》於宣統三年（公元1911年）出版，此書在清末和民國時期曾幾次出版、再版，在當時影響頗深。

2月27日，女學又添二人，一入甲班，一入乙班。先生利用假期爲學生上課，授課内容爲唐代古詩、全球大勢及中國各部區劃、歷史朝代大略及其曆數。

1908年2月28日日記：

下午，因女生等讀書不知趣味，擬授詩歌以導之。乃先授以《烏鵲歌》（韓憑妻何氏作）二首，其詞曰：

南山有烏，北山張羅。烏自高飛，羅當奈何。

烏鵲雙飛，不樂鳳凰。妾是庶人，不樂宋王。

1908年3月2日日記：

上午，爲甲、乙班女生讀講全球大勢及中國各部區劃。下午，爲甲、乙班女生講歷史朝代大略，及其曆數。餘晷爲内人上書。

1908年3月3日日記：

上午，爲甲、乙班女生講《長恨歌》地理（華清池、驪宫、太液池、未央殿、昭陽殿、西宫、南苑、長生殿、馬嵬坡、峨眉山、漁陽棧道、劍閣、梨園、臨邛、長安），皆確指今地理以證之。

下午，爲甲、乙班女生講《長恨歌》歷史（陳鴻《長恨歌傳》及佐以洪氏昉思《長生殿傳奇》），女生等頗喜聽，蓋引進讀書趣味也。使知國文一道，無不與歷史、地理相關者，讀此，然後知歷史、地理之不可緩，況猶有其深於此者乎。即令諸生熟讀《長恨歌》。

編者按：據先生日記，1908年2月28日至3月7日，均有爲女學學生授課記録。

3月8日，啟程赴日本繼續留學。

1908年3月8日日記：

食飯後與家人作別赴輪船局。送行者有張叔範內侄、小峰哥、守先弟。九時開船。

3月16日，抵達東京，數日中閱《書目答問》解悶。晚訪范古農。

3月18日，參觀英國教育品博覽會。晚爲夫人張維所辦女學出試題。

1908年3月18日日記：

下午隨學堂教員及全班同學至日本文部省所陳列英國教育品博覽所，中多小學、中學及實業學校、盲啞學校、感化學校、矯正學校教育品……寫家中女學校考試題目及答案格式。

3月19日，以家鄉帶來之特產饗錢玄同等浙江同鄉。

1908年3月19日日記：

傍晚捐料理及沙虎與人飲酒。

錢玄同1908年3月19日日記（《錢玄同日記》第二册，531頁）：

晚餐逖先以海鹽土産之海貨曰"沙虎"者（形似小□□）饗客也，物初□浸諸糟中者，取置熱酒内，浸許時，以吮其腹，中爲流質，甚鮮美。予因之飲酒過多，頗覺頭眩不適。

3月21日，以家鄉帶出之火腿等饗客。

錢玄同1908年3月21日日記（《錢玄同日記》第二册，533頁）：

今日午餐，逖先、冕伯以家鄉帶出來之火腿、醬肘子等饗大衆，在太和館食之，余亦與焉。

3月22日，至清風亭聆宫崎明藏、劉申叔、章太炎等人講演。

1908年3月22日日記：

下午，偕屈君至清風亭聆宫崎明藏講社會主義及無政府主義派別；劉申叔講法律出於宗教説；太炎講人之根性惡，以其具好勝心，二物不能同在一處，即排斥性也，而斷定愈文明人之愈惡，愈野愈蠻其惡愈減。蒙古游牧，數千年歷史至今不變，然猶不若臺灣之生番，然生番猶具淫殺性，惟其爲原人之漁獵，以石投獸，生涯獨立，此其稍自由耳，然終不若猿之爲善。吾輩擬猿可也。

錢玄同1908年3月22日日記(《錢玄同日記》第二册,534頁):

午後至講習會,今日請宫崎民藏到會演説農業與平民之關係。宫崎氏在日本創土地復權同志會,彼係主張共産主義者。後又演述運動農民之方法,申叔演述法律之害人。太炎言人之惡起於有知識,誠欲盡美,然使人野蠻不辦。

3月28日,參觀女子美術學校。

1908年3月28日日記:

下午偕冕百至本鄉觀日本女子美術學校,陳列品中以日本畫及刺繡(山水花鳥)爲最佳。

4月2日,與錢玄同小聚餐飲。

4月4日,至清風亭請章太炎講《段注説文》。至此,正式師從章太炎先生。(先生師從章太炎先生事詳見下文)

4月15日,第一次見到王念孫先生遺像。

1908年4月15日日記:

於《國粹學報》第三週年報中得瞻王念孫先生遺像,先生之《廣雅疏證》《讀書雜誌》鴻博絶倫,希祖携行至東,最所喜讀,今得瞻遺像,不啻親承訓誨也。

4月16日,與錢玄同談天,聽錢玄同聊張繼(溥泉)軼事。

1908年4月16日日記:

聆友人錢德潛述張溥泉受業於吴摯甫先生,不得其文學而得其衛生之道。摯甫先生爲曾文正公弟子,治桐城派古文,頗有名。每朝起必散步城外一時許,今日出東門,明日出西門,後日出南門、北門,循環不斷。張君每朝隨行,故吴先生終身强健,張君亦大得其益。希祖近日有胃病,友人多謂少運動之故,亦擬行之。

4月22日,因患腸胃病,至公使館領住院介紹書。

4月23日至5月6日入院醫療。

1908年4月23日日記:

九時入腸胃病院(麴町内幸町一丁目三番地)一等室十七番。冕百兄送入院。因胃病起已二十日矣,至此更甚。

錢玄同1908年4月23日日記(《錢玄同日記》第二册,566頁):

逖先患胃病,今日赴胃腸病醫院療治。

1908年5月6日日記:

五時半起,六時洗胃。十時退院。

錢玄同1908年5月6日日記(《錢玄同日記》第二册,576頁):

今日逖先出病院矣。

5月12日,錢玄同爲先生書《别賦》一篇。

錢玄同1908年5月12日日記(《錢玄同日記》第二册,580頁):

晚爲逖先録《别賦》一通。

5月15日,錢玄同爲先生書《五柳先生傳》等。

錢玄同1908年5月15日日記(《錢玄同日記》第二册,583頁):

午後爲逖先書《五柳先生傳》、《□□□傳》、《老萊子傳》。

6月3日,中國端午節,與錢玄同聚飲。接家信知伯父病重,即復家信。

1908年6月3日日記:

此日乃中國五月五日。學堂上午與德潛談桐城派古文戒律。即偕至新館吃黄魚及蒜糊白肉,乃中國端午風味也。

接家信知承繼父病甚劇,夜十二時至一時寫家信。

錢玄同1908年6月3日日記(《錢玄同日記》第二册,588頁):

上午偕逖先同出外至時新號料理粽子店食□,賞端昜也。

6月4日,錢玄同爲先生書《長恨歌》。

錢玄同1908年6月4日日記(《錢玄同日記》第二册,589頁):

爲逖先寫《長恨歌》一篇。

6月8日,致信朱芷青、談鳳蔚、陳百年、富敏安,各贈章太炎所著《駁中國用萬國新語説》一書。

6月15日,接家信,知伯父於陰曆五月初六日逝世。

1908年6月15日日記:

燈下接家信及調生叔信,驚悉家嚴棄養(五月初六日未時,初八入木),嗚呼痛哉!寫家信一封,調生、吉生二叔一封。

6月19日,龔寶銓代購到《閱藏知津》一部。

7月1日,參觀東京高等女子師範學校附屬幼稚園。

1908年7月1日日記:

上午九時至東京高等女子師範學校附屬幼稚園參觀二小時。一唱歌,一游戲、體操。幼稚園無論授何課,皆用音樂,教師皆用女。

7月2日,參觀東京府立中學校。

1908年7月2日日記:

至上野參觀東京府立中學校。此校精神頗整齊嚴肅。各班有班長,下堂之時,班長率領各班生按隊整步齊行至雨中體操場外,乃散而游戲。庭中有園藝及各草木。及將上堂時鐘一鳴,各班長率各班生整齊排列入雨中體操場,按進軍式,由總司令官指揮,兩邊分隊進行,排列不亂,以次各整步魚貫而入講堂。

7月3日,參觀東京府立第一女子高等學校及平民學校。

1908年7月3日日記:

至淺草區東京府立第一女子高等學校,校舍頗宏暢。據校長云,此校目的在養成高尚思想可爲模範之女子,非於卒業汲汲謀利者。此次將届第二十二回卒業期,學期五年。本校建築金十七萬元,常年費二萬元,教習三十人,學生六百餘人。教習用男,惟裁縫、唱歌、游戲、體操用女。

又,十二時至下谷萬年小學校,又名平民學校,專收貧窮之子弟,用半日學堂法。校長率領參觀後,爲之評論本校教習及建築之缺點,頗切實精明。以上二學校皆送詳章本。

7月12日,與錢玄同、龔寶銓談天。午後鈔烏程汪曰楨《補〈四聲切韻表〉》八頁。

7月17日,陳百年來同宿。

7月18日,與陳百年談天,中午與陳百年、錢玄同、龔寶銓等餐飲。

7月19日,與龔寶銓至上野帝國圖書館閱書。

1908年7月19日日記：

偕龔君至上野帝國圖書館特別室，觀《安吴四種》中《藝舟雙楫·論書》一卷，《論文》半卷，至十一時回，買《和漢分類書目》一册。下午，看《書目》中《叢書目録》一卷。

7月21日，閱帝國圖書館從書目及《秘史》中莊廷鑨、戴名世等文字獄史。
7月25日，至上野公園帝國圖書館看音韻學各書。
7月26日，至上野圖書館看《音學五書》中《音論》三卷，及《唐韻正》半卷。
7月28日，與錢玄同至上野圖書館看《詩聲類》。
7月29日，請錢玄同、錢毬孫叔侄二人至太和館餐飲。
12月7日，回國度假。
12月13日，抵達海鹽。

關於師從章太炎事

本年，始正式受業章太炎先生門下。

編者按：先生《本師章太炎先生口授少年事蹟筆記》云："丁未，始與錢玄同、馬幼漁、沈兼士、周豫才、周啟明、許季黻等受業於本師，常至民報社，别在大成學校請本師講授經子及音韻訓詁之學，常至師寓請益。"丁未年是1907年。但在能見到的日記中，其從章太炎先生受業的最早記録是1908年3月22日，且據許壽裳《紀念先師章太炎先生》(1936年9月《制言》半月刊第25期)、周作人《知堂回想録》，至民報社從太炎先生問學也是1908年。所以，先生"始與錢玄同、馬幼漁、沈兼士、周豫才、周啟明、許季黻等受業於本師，常至民報社，别在大成學校請本師講授經子及音韻訓詁之學，常至師寓請益"的事，當在1908年，所謂"丁未"，當是誤記。

1908年，從4月11日至7月25日，在大成中學，章太炎分20多次，分部講解《説文》，7月11日又開始在民報社寓所爲先生等八人開設特别班，據許壽裳回憶，該班共八人：朱希祖、朱蓬仙、龔寶銓、錢玄同、周樹人(魯迅)、周作人、許壽裳、錢家治。

許壽裳《亡友魯迅印象記》(陳漱渝《現代賢儒》，臺海出版社，1998年，第22-24頁)：

章先生出獄後，東渡日本，一面爲《民報》撰文，一面爲青年講學，其講學之地，是在大成中學里一間教室。我和魯迅極愿往聽，而苦與學課時間相衝突,因託龔未生(名寶銓)轉達,希望另設一班,蒙先生慨然允許。地址就在先生的寓所——牛込區二丁目八番地《民報》社。每星期日清晨,我們前往受業,在一間陋室之内,師生環繞一張矮矮的小桌,席地而坐。先生講段氏《説文解字注》,郝氏《爾雅義疏》等,神解聰察,精力過人,逐字講解,滔滔不絶,或則闡明語原,或則推見本字,或則旁證以各處方言。自八時至正午,歷四小時毫無倦意,真所謂"誨人不倦"。

……

章先生講書這樣活潑,所以新誼創見層出不窮。就是有時隨便談天,也復詼諧間作,妙語解頤。其《新方言》及《小學答問》兩書,都是課餘寫成的,其體大思精的《文始》,初稿也起於此時。我們同班聽講的,是朱蓬仙(名宗萊)、龔未生、錢玄同(夏)、朱逷先(希祖)、周豫才(樹人,即魯迅)、周起孟(作人)、錢均夫(家治),和我共八人。前四人是由大成再來聽講的。聽講時,以逷先筆記爲最勤;談天時以玄同説話爲最多,而且在席上爬來爬去,所以魯迅給玄同的綽號曰"爬來爬去"。

周作人《知堂回想録》(香港三育圖書有限公司,1980 年 11 月,215 頁):

往《民報》社聽講,聽章太炎先生講《説文》,是一九〇八年至九年的事,大約持續了有一年少的光景。這件事由龔未生發起的,太炎當時在東京一面主持同盟會的機關報《民報》,一面辦國學講習會,借神田地方的大成中學講堂定期講學,在留學界很有影響。魯迅與許季茀和龔未生談起,想聽章先生講書,怕大班太雜沓,未生去對太炎説了,請他可否於星期日午前在民報社另開一班,他便答應了。伍舍方面去了四人,即許季茀和錢家治,還有我們兩人。未生和錢夏(後改名玄同)、朱希祖、朱宗萊,都是原來在大成的,也跑來參加,一總是八個聽講的人。民報社在小石川區新小川町……

以下是先生 1908 年從太炎先生受業日記,並引錢玄同日記以補之。

4 月 4 日:

下午,至清風亭請章先生講《段注説文》。先講《六書音均表》,爲立古合音之旁轉、對轉、雙聲諸例。夜閱《六書音均表》,仿章先生例,立古音二十二部表目録。

錢玄同 4 月 4 日日記(《錢玄同日記》第二册,547 頁):

午後國學講習會開會於清風亭。今日太炎所講爲古音旁轉對轉諸端。商議定爲以後禮拜三、六兩日開會於帝國教育會，一星期共五小時。

三：三至五。

六：二至五。

編者按：先是，錢玄同3月29日云："午後至太炎處詢講小學事，定時日□□人。業已擬定：場所　帝國教育會；日期　水、土、曜；時間　二時至四時。先講小學，繼文學。此事告成。□□□□浙人凡五：1、余，2、逖，3、□，4、□□，5、未生。"（《錢玄同日記》第二册，541頁）

4月8日：

天雨。上午閱《説文序》段注。下午，至帝國教育會聆章先生講《説文序》。先生之講轉注、假借與許稍異，因舉例數條。燈下，閱章先生所著《論語言文字學》一篇。

4月11日：

下午至神田大成中學聆講《説文》，講至五篇部首完。

錢玄同4月11日日記（《錢玄同日記》第二册，554頁）：

午後至太炎處，告以已定大成中學校事。旋董君來，與同至大成。今日自二至五點，共教三點。教部首，始"一"終"桀"（五篇止），始知部首諸字，今不用者，往往即爲某俗字之正體，如"受"即"拋"，"丫"即"拐"，"雔"即"儔"之類。余别以小册識之。課畢，與逖先同至范拱薇處，旋歸。

4月15日：

下午至大成中學校，聆講《説文》自"木"部至"象"部之部首。燈下重閱所受之部首講義。傍晚，於《國粹學報》第三週年報中得瞻王念孫先生遺像，先生之《廣雅疏證》《讀書雜誌》鴻博絶倫，希祖攜行至東，最所喜讀，今得瞻遺像，不啻親承訓誨也。

4月18日：

下午至大成中學校聆講《説文》部首完。講至"王"部。

4月22日：

下午……二句鐘至大成中學校聆講《説文》。

錢玄同4月22日日記(《錢玄同日記》第二册,565頁):

午後先至太炎處。太炎出一篇曰《駁中國用萬國新語説》,將《新世紀》"萬國新語之進步"一篇駁盡,且中多精義。又將神□三十六字母改用小篆,取最簡單者用之,將《廣韻》二百六韻併爲二十二文(上去入規以○),亦用小篆最簡單者改之,定反切上一字字母下一字韻母所成,僅用韻母字母即可相切,故作此形,期可如日本カナ(假名)之注旁,法甚善也。因交我,令印出。與太炎同至神田。余歸,先寫一□,明日擬用□□板試之。今日教"玉"部至"屮"部。

編者按:"萬國新語"即世界語,爲中國當時一批留學法國的學者所提倡,其主倡者爲吴稚暉。太炎先生在文中一方面駁斥對方的觀點,一方面提出了自己改造中國語言文字的方案,要點有三:一爲審音正音,猶如今之推廣普通話;二爲推行注音字母,即可識字,又可正音;三爲推行標準草書,可視爲簡化漢字的一條途徑(姚奠中、董國炎《章太炎學術年譜》,山西古籍出版社,1996年,124頁)。這個方案,爲我國民國後採用的注音符號奠定了基礎,1913年朱希祖、周樹人、胡以魯、許壽裳、馬裕藻、陳睿等六位太炎弟子在讀音統一會上提出並日後通行全國的注音字母方案,正是以此爲基礎的。

4月25日:

午後……余獨至大成中學校聆講《説文》,"艸"部講完。

4月29日:

下午至大成中學校聆講《説文》。上午閲《訄書》三篇。

5月2日:

下午至大成中學校聆講《説文》。

5月6日:

下午至大成中學校聆講《説文》。

5月9日:

下午至大成中學校聆講《説文》至四篇上“眉”部。

5月13日:

下午二時起至大成中學校聆講《説文》。

5月16日:

下午至神田大成中學校聆講《説文》。

5月20日:

午後至大成中學校聆講《説文》至五篇上。

5月23日:

下午……至大成中學校聆講《説文》至六篇。傍晚偕德潛至太和館吃飯。

5月30日:

下午至大成中學校聆講《説文》。

6月3日:

下午至大成中學校聆講《説文》。

6月6日:

下午至大成中學校聆講《説文》。

6月10日:

二時至大成中學校聆講《説文》。

6月20日:

至大成中學聆講《説文》。

7月1日:

午後、燈下觀《説文》。午後至大成中學校聆講《説文》。

錢玄同7月2日日記(《錢玄同日記》第二册,595頁):

將《説文》札記"玉"部至"丨"部、又"正"部至"行"部録出一篇,不明者多,一則積日太久,胸中彌覺糊塗,一則初抄時頁外□也。好在不久尚要聽第二遍,再板再訂正矣。有許季茀、周……等要聽講,先生暑假在民報社另班開講,余與龔、逖二人擬再去聽。

7月11日:

八時起,至太炎先生處聽講音韻之學,同學者七人。先講三十六字母及二十二部古音大略。先生云:音韻之繁簡遞嬗,其現象頗背於進化之理,古音大略有二十二部,至漢則僅有六七部,至隋唐則忽多至二百六十部,唐以後,變爲百七部,至今韻亦如之,而方音僅與古音相類,不過二十餘部。又北方紐正,南方韻正,漢口等處則當十八省之中樞,故其紐韻皆正。

午後,至大成中學校聆講《説文》,至"女"部完。

7月14日:

八時,至太炎先生寓,聆講江氏《四聲切韻表》,謂江氏分等多不可解,誤處甚多,分等之法,宜限於同韻中之音有大小者分之。下午及燈下抄錢竹汀《舌音類隔之説不可信》一篇。

7月16日:

上午看《説文》部首。下午大雨,至大成中學校聆講《説文》。傍晚,閲五言律數首。燈下,閲《説文》部首。

7月17日:

上午,至太炎先生寓,聆講音韻之學,所講爲錢竹汀《舌音類隔之説不可信》,説章氏《古音損益説》、《古娘日二紐歸於泥紐説》、《古雙聲説》。下午,與龔君待百年兄。閲《民報》二十二册。燈下,百年兄來,宿於寓。

7月18日:

上午與陳百年等談天。十一時,陳仲權及汪心田爲東道主,請陳百年等至太和館飲酒,錢、龔兩君亦在席。午後,至大成中學校聆講《説文》。

7月21日:

上午,至餘杭先生寓,聆講音韻及《新方言·釋詞》一篇。下午看音韻書。

7月25日：

六時至上野公園帝國圖書館看音韻學各書，如《説文聲系》、《詩聲類》等。下午，至大成中學校聆講《説文》，至"亥"部完畢。燈下看音韻書。

7月28日：

上午，至太炎先生寓，重上《説文》，自"一"部講起。下午，看《説文》。

7月29日：

午後，至大成學校聆講音韻（錢大昕《答問》二篇）。

7月31日：

上午，上《説文》，十二時回。下午，閱王念孫先生《讀書雜誌》中《莊子》三十五條。燈下，閱《説文》部首數條。

8月1日：

上个，至人成學校聆講音韻。

錢玄同8月1日日記（《錢玄同日記》第二册，596頁）：

自今日始，大成課改上午，每星期四點，冀避下午之酷熱也。
今日講王氏廿一部説。《莊子・逍》至《人間世》。

8月5日：

上午，講《莊子》第一次。

錢玄同8月5日日記（《錢玄同日記》第二册，598頁）：

上午至大成上《莊子》課，因炎師來遲，學生均去，不克上。

8月8日：

上午，講《莊子》第二次。

8月12日：

上午，講《莊子》第三次。

8月15日:

上午,講《莊子》第四次。

8月19日:

上午,講《莊子》第五次。

8月22日:

上午,講《莊子》畢。

錢玄同8月22日日記(《錢玄同日記》第二册,602頁):

本日《莊子》講完,下次當講《離騷》矣。

8月26日:

上午,講《楚辭》第一次。

錢玄同8月26日日記(《錢玄同日記》第二册,603頁):

今日講《離騷經》、《九歌》。

8月29日:

上午,講《楚辭》第二次。

9月2日:

上午,講《楚辭》第三次。

9月5日:

上午,講《楚辭》畢。

9月9日:

午後,第一次上《爾雅義疏》,在大成學校。

9月12日:

下午二時起至五時,第二次上《爾雅義疏》。

9月23日：

下午，上《爾雅》及新制《説文》部首韻語。

9月26日：

下午，至大成中學聆講《爾雅》。

9月27日：

上午至《民報》社聆講《説文》。

10月21日：

午後至文求堂買書。又至大成學校聆講《爾雅》。聞章報二十七號禁止發行。

10月28日：

午後，《爾雅》疏證、義疏講畢。

10月31日：

午後起，講《廣雅疏證》。

此時章太炎門下弟子，日後著名者還有黄侃、汪東等。

章太炎《自定年譜》宣統二年條：

弟子成就者，蘄黄侃季剛、歸安錢夏季中、海鹽朱希祖逖先。季剛、季中皆明小學，季剛尤善音韻文辭。逖先博覽，能知條理。其他修士甚衆，不備書也。恨歲月短淺，他學未盡宣耳。

章太炎晚年曾仿太平天國諸王戲封門下諸子，黄侃爲天王，汪東爲東王，吴承仕爲北王，錢玄同爲翼王，先生爲西王。

汪東《寄庵談薈》（莊華峰編纂《吴承仕研究資料》，黄山書社，1990年，第294頁）：

先生晚年居吴，余寒暑假歸，必侍側。一日，戲言余門下當賜四王，問其人，曰："季剛（黄侃）嘗節老子語'天大地大道亦大'，丐余作書，是其所自命也，宜爲天王；汝爲東王，吴承仕爲北王，錢玄同爲翼王。"余問錢何以獨爲翼王？先生笑曰："以其嘗造反耳。"越半載，先生忽言，以朱逖先爲西王。

1935年1月30日日記：

> 夜赴金陵大學文學院長劉國鈞讌,與黄季剛同席……季剛又言:“章太炎師對人言,‘余有五弟子,黄侃可比太平天國天王,汪東爲東王,錢玄同爲南王,朱希祖爲西王,吴承仕爲北王。’”蓋以余與玄同傾向新文學,乃以早死之南王、西王相比也。

本年,章太炎著有《駁中國用萬國新語説》。“萬國新語”即世界語,爲中國當時一批留學法國的學者所提倡,其主倡者爲吴稚暉。太炎先生在文中一方面駁斥對方的觀點,一方面提出了自己改造中國語言文字的方案,要點有三:一爲審音正音,猶如今之推廣普通話;二爲推行注音字母,即可識字,又可正音;三爲推行標準草書,可視爲簡化漢字的一條途徑(姚奠中、董國炎《章太炎學術年譜》,山西古籍出版社,1996 年,124 頁)。這個方案,爲我國民國後採用的注音符號奠定了基礎,1913 年先生與周樹人、胡以魯、許壽裳、馬裕藻、陳睿等六位太炎弟子在讀音統一會上提出的並日後通行全國的注音字母方案,正是以此爲基礎的。

關於日本遇張元濟事

本年,在日本巧遇張元濟先生。

1908 年 7 月 11 日至 10 月 1 日,張元濟先生在日本考察。(《張元濟年譜》,張樹年編,商務印書館,1991 年)

7 月 26 日,遇張元濟於上野圖書館。

1908 年 7 月 26 日日記:

> 七時半偕張鏡明至上野圖書館看《音學五書》中《音論》三卷及《唐韻正》半卷。遇同鄉張菊生。四時出館,至精養軒二號訪菊生,不晤。

8 月 2 日,張元濟離開東京,前往日光等地考察,直到 8 月下旬才回到東京。

9 月 28 日,先生等海鹽籍留學生訪張元濟。

1908 年 9 月 28 日日記:

> 三時頃,偕冕百、讓旃至上野精養軒訪張菊生,六時回。

9 月 30 日,先生等海鹽籍留學生送張元濟回國。

1908 年 9 月 30 日日記:

> 下午偕冕百、心田至新橋送張君菊生回國,同送者爲陳讓旃、李家駒。

關於翻譯《心理學》事

先生從1907年尾至本年3月，斷斷續續編譯了一部《心理學》教科書。1908年3月10日日記：

校《心理學》完。八時半至編譯所託富敏安君代銷《心理學》教科書一册，計四萬一千三百零五字。

一九〇九年(清宣統元年己酉)　先生三十一歲

本年，繼續從太炎先生學，所授者爲《漢書》、《詩經》、《文心雕龍》。

3月1日，與錢玄同至章太炎處，擬往橫濱接黄侃。

錢玄同1909年3月1日日記(《錢玄同日記》第二册，667頁)：

晨偕逖先同至炎处，擬同往ヨコハマ(横濱)接季剛，云已知未生去探聽，知船尚未到。午後歸館。晚又得季剛長崎片，知明日或後日可到横濱。

編者按：錢玄同云"午後歸館"之"館"指中村館，先生與錢玄同均住中村館，詳見本《年譜長編》"1909年6月29日"條。

3月3日，與錢玄同至章太炎處，聽講《漢書・食貨志》。

錢玄同1909年3月3日日記(《錢玄同日記》第二册，669頁)：

因季剛今日要到，故至炎處促未生速至ヨコハマ(横濱)去接，而季剛早至□□□。午後與逖先同來炎處，午後講《漢書・食貨志》，未畢。

3月6日，與錢玄同談論高等小學宜選之古文。

錢玄同1909年3月6日日記(《錢玄同日記》第二册，670頁)：

晚與逖先論高等小學宜選之古文，計共四年，年以四十禮拜計，每禮拜讀二篇，應得三百廿篇，殊難其選。蓋又宜以記事、書傳、信札等文爲合也。

3月11日，章太炎開講《文心雕龍》，至4月8日講完。同聽講者爲先生及錢玄同、龔寶銓、沈兼士、張卓身、朱宗萊等人。

錢玄同1909年3月11日日記(《錢玄同日記》第二册，671頁)：

今日講《文心雕龍》八篇，講畢即歸。午後未生來，逖先待酒，大醉而歸。

錢玄同1909年3月18日日記(《錢玄同日記》第二册,678頁):

是日,《文心雕龍》講了九篇,九至十七。在炎師處午餐。傍晚時歸,與季剛同行,彼走得甚快,余追不上,不知其去向。

錢玄同1909年3月22日日記(《錢玄同日記》第二册,682頁):

下午借取逖先、未生、卓身、兼士及余自己五本《文心雕龍》札記,草録一通。

童嶺《章太炎先生〈文心雕龍〉講録兩種·題記》(章太炎講演,朱希祖等記録,童嶺點校,《歷史文獻》第九輯):

甲申孟夏,余於上海圖書館獲見此稿本。書分甲、乙兩册,稿本甲爲綫裝,藍印,白口,單魚尾,四周單邊,共七頁,半頁十行,各行所録字數不等。書封正面題"錢東潛記　文心雕龍札記　稿本"等字,反面題"藍本五人:錢東潛、朱逖先、朱蓬先、沈兼士、張卓身",正文爲行草。稿本乙則以鐵書釘裝訂,藍印,白口,單魚尾,四周雙邊,共八頁,半頁十行,各行字數亦不等,正文爲行楷。

編者按:童嶺所點校之《章太炎先生〈文心雕龍〉講録兩種》,其稿本不知是否爲錢玄同日記中所説"草録一通"之本,但觀該稿本照片,又確爲錢玄同親筆。

錢玄同1909年3月25日日記(《錢玄同日記》第二册,685頁):

《文心雕龍》今日講至廿九篇。

錢玄同1909年4月8日日記(《錢玄同日記》第二册,699頁):

上午去上《文心雕龍》課,今日恰好講完了。

3月19日,與錢玄同談"大同時之情形"。

錢玄同1909年3月19日日記(《錢玄同日記》第二册,679頁):

晚間與逖先談論大同時之情形,逖先總以物質文明發達爲詞,甚矣。

3月23日,錢玄同爲先生書《後漢書·郭太傳》。

錢玄同1909年3月23日日記(《錢玄同日記》第二册,683頁):

午後爲逖先篆書《後漢書·郭太傳》一通。

3月27日，至章太炎處聽講《漢書》。

錢玄同1909年3月27日日記（《錢玄同日記》第二册，687頁）：

午後《漢書》課又未上。逖先歸，聞後須講《詩經》云。

3月31日，錢玄同爲先生書《古詩十九首》。章太炎本日開講《詩經》。

錢玄同1909年3月31日日記（《錢玄同日記》第二册，691頁）：

爲逖先書□□《古詩十九首》一紙，未畢。……下午始講《毛詩》，余以心緒惡劣，未往聽。

4月初，盛傳地震，與錢玄同至□原避之。

錢玄同1909年4月1日日記（《錢玄同日記》第二册，692頁）：

地震之説，愈聽愈真，午後冕百來，群議離避之策。冕百等均主看看……故宜早避爲是。

錢玄同1909年4月2日日記（《錢玄同日記》第二册，693頁）：

今日與逖先決行，至□原處，因彼處無山，離火山稍遠。

錢玄同1909年4月4日日記（《錢玄同日記》第二册，695頁）：

日間與逖先同出至郊外田間避震，蓋在郊地，無屋可傾……晚間熱甚，竟不震。

4月8日，章太炎爲先生書《説文序》。

錢玄同1909年4月8日日記（《錢玄同日記》第二册，699頁）：

章師爲逖先篆書《説文序》一通，頗改本字，予詢之："古人書胡可意改？"彼言：作書不可獨許氏書，彼既以正不得，何不應俗借雜□，故可代其改本字。□□此説甚是。若自己做字典□□□□□□□□□□□□□本字也。

4月10日，錢玄同爲先生書《古詩十九首》。

錢玄同1909年4月10日日記（《錢玄同日記》第二册，701頁）：

上午爲逖先書《古詩十九首》二紙半。

5月1日，先生因胃病再次入院。

錢玄同1909年5月1日日記（《錢玄同日記》第二册，716頁）：

今日逖先進胃腸病院。

6月22日,端午節,與錢玄同、徐冕伯等聚餐。

錢玄同1909年6月22日日記(《錢玄同日記》第二册,749頁):

晨蓬仙來,午間偕逖先、叔美、冕伯同至時新吃酒,賞端昜也。

本年夏,先生卒業於早稻田大學,準備歸國。

6月26日,購得7月15日歸國船票,錢玄同因回國探親,與之同行。

錢玄同1909年6月26日日記(《錢玄同日記》第二册,753頁):

叔美爲我購得特别三等(十五,英舟),甚快。叔美、逖先亦購得矣。價二十二元五角。

6月29日,因先生即將歸國,其所住中村館之房間空出,錢玄同請朱宗萊遷入,朱宗萊暫不能定。

錢玄同1909年6月29日日記(《錢玄同日記》第二册,756頁):

上午至蓬仙處,擬請其下半年住中村館,仍居逖先房内。蓬不能定。

編者按:由錢玄同日記可以看出,本年7月15日之前,先生與錢玄同同住於中村館。至於何時遷入,則不可知。

7月15日,啟程回國,錢玄同同行。

錢玄同1909年7月15日日記(《錢玄同日記》第二册,758頁):

晨九時頃與叔美同至新橋,購二等□往濱……十時頃上船,見逖先,房間已□好,與□□同間。

7月19日,抵上海。

錢玄同1909年7月19日日記(《錢玄同日記》第二册,759頁):

黎明四時頃抵上海……午後至中國旅館訪逷先,伊購得摹宋拓本《嶧山碑》一部。

8月23日,與錢玄同、單不厂會於海寧硤石審山。

錢玄同1909年8月23日日記(《錢玄同日記》第二册,765頁):

不厂邀我游審山,山巔一廟,甚小巧精緻。登廟中一屋,清談竟日。月餘以來,與市儈學究相處,恨極矣,得此殊足一滌塵襟也。午後雨,逷先忽來見訪,誠不速之客矣。是晚逷先亦宿不厂處。

秋,先生應杭州兩級師範學堂監督沈鈞儒之聘,爲教員。遂攜眷赴杭,外姑張太夫人隨往。(《年譜》)

許世瑛《先君許壽裳年譜》(陳漱渝《現代賢儒》,臺海出版社,1998年,329頁)1909年條:

初春,先君以留歐學生監督蒯禮卿先生辭職,學費無着落,不果去德國。乃於四月自日本返國,任浙江兩級師範學堂教務長兼優級地理學心理學教員,協助新任監督沈衡山(鈞儒)先生,招生延師,籌備開學。所聘教師皆一時之俊,如魯迅、朱逷先、夏丏尊、章嶔、張冷僧(宗祥)、錢均夫、張邦華、馮祖荀、胡浚濟、楊乃康、沈朗齋諸先生。

先生在浙江兩級師範學堂所教課程爲文學史,其常致信日本向章太炎請益。

錢玄同1909年9月9日日記(《錢玄同日記》第二册,773頁):

以昨晚得逷先信,言彼在校中教文學史,囑我請益於先生,今晨因往。先生作函告逷先。……午後作致逷書,即以師信寄去。

錢玄同1909年9月28日日記(《錢玄同日記》第二册,806頁):

抄先生與朱希祖書,亦未畢。

錢玄同1909年9月30日日記(《錢玄同日記》第二册,807頁):

取師與朱希祖書抄畢之。

本年,太炎先生另有《與朱逖先論小學書》、《答朱逖先言六書條例非造字人勒定乃後人所部署書》、《答朱逖先論形聲字聲母本音書》(潘承弼、沈延國、朱季海、徐復編《太炎先生著述目録後編初稿》,《制言》第三十四期,1937年2月1日)。

先生在教書之暇,參與編輯《教育雜誌》,並致書日本,向章太炎先生約稿,太炎先生作"定師"一篇,託錢玄同轉寄。

錢玄同1909年11月22日日記(《錢玄同日記》第二册,865頁):

晨至師處,取得"定師"一篇,乃師新作(爲萍青所辦教育會雜誌而作也),囑我迻寫寄逖先。

章太炎1909年11月21日致錢玄同(馬勇編《章太炎書信集》,河北人民出版社,2003年,104頁):

> 逖先求作文,今爲"定師",苦無暇晷,難以疏寫,足下暇即宜來,此篇請足下移寄逖先可也。

章太炎1909年11月26日致錢玄同(同上):

> "程師"一篇未知寫好否?如寫好,僕當作信一械,寄與逖先。彼既欲文字通俗,似亦不必寫《説文》正篆也。

本年冬,沈鈞儒先生任浙江省諮議局副議長。12月22日,新任兩級師範學堂監督夏震武到校。此人以道學自命,宣揚程朱理學,堅守舊道德,對教員傲慢無禮,教員大嘩,先生與許壽裳、魯迅、錢家治、夏丏尊等十餘位教員宣佈辭職,搬出校舍。全浙震動,聲援驅夏,浙江提學使袁嘉穀只好勸夏辭職,並宣佈任命浙江高等學堂(求是書院後身)監督孫智敏暫代兩級師範學堂監督一職。教員們宣佈勝利,返回學校,人稱"木瓜之役"。

許壽裳《亡友魯迅印象記》(陳漱渝《現代賢儒》,臺海出版社,1998年,28頁):

> 到了冬天,學校里忽然起了一個風潮,原因由於監督易人:衡山先生被選爲諮議局副議長了,繼任者是一位以道學自命的夏震武,我們名之爲"夏木瓜"。到校的一天,他要我陪同謁聖,我拒絶了,説開學時已經拜過孔子,恕不奉陪。他很不高興,我也如此。接着因爲他對於住堂的教員們,僅僅差送一張名片,並不親自拜會,教員們大嘩,立刻集會於議廳,請他出席,他還擺臭架子,於是教員們一哄而散。我因爲新舊監督接替未了,即向舊監督辭職,不料教員們也陸續辭職,魯迅便是其中之一。教員計有朱希祖、夏丏尊、章嶔、張宗祥、錢家治、張邦華、馮祖荀、胡俊濟、楊乃康、沈朗齋……,統統搬出了校舍,表示決絶。夏震武來信駡我們是"離經叛道,非聖侮法",簡直是砍頭的罪名,我便報以"理學欺人,大言誣實"。使得他只好勉强辭職,我們便回校,回校後開了一個"木瓜紀念會"。

章太炎1910年1月5日致錢玄同信(馬勇編《章太炎書信集》,河北人民出版社,2003年,第105頁):

> 夏震武本治程朱之學,其侮辱教員,亦道學之常態也。浙生反對,至於退學,逖先亦振袂去,以其所學,施之鄉里,或當勝於官立學校也。……逖先既退,《教育雜誌》想亦不辦。

張直心、王平《魯迅在浙江兩級師範學堂史實探微》(《杭州師範大學學報》2008年第4期):

1909年冬,監督沈鈞儒因被選爲浙江諮議局副議長而去職,繼任者夏震武曾任京師大學堂教習,1909年10月17日被選爲浙江教育總會會長。夏治理學,宗程朱,素以經師自負,當選教育總會會長後即發表意見書,倡導"廉恥教育"。

12月22日一到校接事,便要許壽裳陪同謁聖,許推説開學時已拜過孔子而拒絶;夏又率學生去謁聖,對學生鼓吹"廉恥教育",所謂"廉恥教育無古今,無中外。有廉恥以爲之本,則中學可也,西學可也;無廉恥以爲之本,則中學、西學皆亡國之具。震武不敢不兢兢焉以廉恥告諸生,則亦不敢不兢兢焉以廉恥反身自問。坐受薪水而無所事事,謂之無廉恥可也;高談平等、自由,蔑倫亂紀,誑惑學生,謂之無廉恥可也;受地方教育之責,學成而不爲地方盡義務,謂之無廉恥可也;變服任事,棄親喪以爲利,謂之無廉恥可也;以教員、職員位置私人,而不問其能,謂之無廉恥可也;植黨爭權,以公益爲私利,謂之無廉恥可也。"鋒芒直指許壽裳等"變服任事"、"高談平等、自由"的新派教員。夏還對山雨欲來的革命風暴痛心疾首,哀歎:"神州危矣,立憲哄於庭,革命嘩於野,邪説滔天,正學掃地,髡首易服,將有晉天爲夷之懼。"夏震武企圖以"廉恥教育"空論,取代學校新學"邪説",力挽世風,可悲抑或可笑?

接着,夏震武又不按一師慣例先去拜會住校教員,反要教員們各按品級穿着禮服去禮堂參見他。見教員三三兩兩,衣冠隨意,隊列不齊,且大都剪去了辮子。猶留着豬尾巴似的小辮子的夏震武開口便訓斥道:"學校名譽甚壞,理應調查,理應整頓。"漸次群情大嘩,教員們怒目以對。夏不得不在隨從的保護下,奪門而去。

1909年12月23日,夏致書教務長許壽裳,稱:"足下所以反對監督者有三:一謁聖,二禮堂相見,三驗收校具、款項。"責其"離經叛道,非聖侮法"、"蔑禮"、"侵權","有此三者,已足以辱我師範,而加之以連日開會,相約停課,頓足謾駡,則直頑悖無恥者之所爲,我師範學生夙重禮教,必不容一日立於學堂之上矣",要許立即辭職。許壽裳一面回敬夏震武"理學欺人,大言誣實",一面即向原監督沈鈞儒遞交辭呈。"教員們主張一同進退,魯迅持之尤力。"亦有教員提出折中調和意見,魯迅卻明示與夏水火不容,姿態激烈決絶,夏黨便因是移用梁山泊諢名,稱其爲"拼命三郎"。於是,夏丏尊、朱希祖、張宗祥、錢家治、張邦華、馮祖荀、胡浚濟、楊莘士、沈朗齋等十餘名住校教員,相繼離開學校,搬到黄醋園湖州同鄉會館,以示決絶。

中國教師罷教後,夏震武曾提出由日本教員先行上課,但遭到學生拒絕。頑固的夏震武便使出到任前曾要求浙江巡撫增韞特許的權力,即"始終堅持,不爲浮議所摇,教員反抗則辭教員,學生反抗則黜學生"。夏震武的一意孤行、逆勢而動,遂激起學生向浙江提學使請願的風潮。學潮持續了兩個多星期,已波及整個浙江教育界,各校教員紛紛聲援驅夏。提學袁嘉穀無可奈何,便勸説夏震武辭職,夏依然木强,稱:"兄弟不肯放鬆,兄弟堅持到底!"袁嘉穀只得單方面地任命浙江高等學堂(求是書院後身)監督孫智敏暫行兼代監督一職。

夏震武辭校之際,心有不甘地發表了一通《告兩浙父老書》,稱自己"不能與時俯仰",並指責支持許壽裳、魯迅等教員的輿論"誣及先朝,且污蔑先朝官闈",試圖引出朝廷鎮壓。然而,此時的清政府早已自身難保,鞭長莫及了。辛亥革命後,夏震武猶束髮古裝,以遺老自居。

因着夏震武的頑固木强,魯迅等便戲稱其爲"木瓜",而這場驅夏風潮亦因是得名爲"木瓜之役"。

一九一〇年(清宣統二年庚戌) 先生三十二歲

春,應嘉興中學監督范古農之邀,至嘉興中學任教。全家自杭遷居嘉興南門徐家埭朱宅。

朱倩1918年12月1日日記:

范拱薇先生名古農,與家君同至日本留學,而畢業於物理學校數學科。暇時常共家君受業於章太炎先生研究小學。回國之後專精佛經。宣統二年春爲嘉興中學堂監督,招家君,家君乃辭浙江兩級師範學堂教習之職就之。時歸安錢先生德潛、鄞縣馬先生幼漁、海寧朱先生蓬仙,先後來嘉興同爲國文教習,辛亥後乃各星散。

朱偰《年譜》:

春,兩級師範學堂發生風潮,公乃改就嘉興第二中學教授,自杭遷居嘉興南門徐家埭朱宅。

茅盾《我走過的道路》(人民文學出版社,1997年):

國文教師有四:朱希祖、馬裕藻、朱蓬仙、朱仲璋。最後這位朱老師是舉人,是盧鑒泉表叔的同年,我確知他不是革命黨,其他三位都是革命黨。但他們教的是古書。朱希祖教《周官·考工記》和阮元《車制考》,這可説專門到冷僻的程度。馬老師教《春秋左氏傳》。只有朱蓬先教"修身",自編講義,通篇是集句,最愛用《顏氏家訓》,似乎寓有深意。總而言之,這些革命老師是真人不露相。

陰曆三月二十一日,二子偘生。(《年譜》)

5月,介紹錢玄同至海寧中學堂任國文教員。

曹述敬《錢玄同年譜》1910年條(齊魯書社,1986年,15頁):

這年五月,錢玄同從日本回國,經朱希祖介紹,在浙江省海寧中學堂任國文教員。

夏,因太炎先生長女𢒰來與龔未生結婚,太炎先生來信,委託先生送𢒰來及幼女𡍡君至日本。遂有日本之行。

章太炎1914年6月26日致湯國梨(馬勇編《章太炎書信集》,河北人民出版社,2003年,547頁):

今屬朱逖先前來迎致,願弗淹滯。逖先乃學生中最老成者,前在日本招兩女東來,亦由逖先攜致,途中照料可以無憂爾。

朱倩1917年11月16日日記:

宣統元年家君歸國,而先生(按:指章太炎)仍以國事逃竄留居海東。二年夏先生來書委家君送其二女公子至日本,其長女時許配龔未生先生也。

本年,向太炎先生書信問學,章太炎先生有《答朱逖先問老子徵藏故書書》、《答朱逖先問古文疑義書》、《答朱逖先問毛詩傳授徐整陸璣二説互有異同書》、《答朱逖先論漢官禄秩尊卑不能定長屬書》、《與朱逖先論教授初學文學書》(潘承弼、沈延國、朱季海、徐復編《太炎先生著述目録後編初稿》,《制言》第三十四期,1937年2月1日)。

編者按:嘉德拍賣公司2010年秋拍有章太炎《答朱逖先問古文疑義書》原件,從原件看,内容涵蓋潘承弼、沈延國、朱季海、徐復所編《太炎先生著述目録後編初稿》中的《答朱逖先問老子徵藏故書書》、《答朱逖先問古文疑義書》、《答朱逖先問毛詩傳授徐整陸璣二説互有異同書》,並有上述三信所無之内容。《答朱逖先問古文疑義書》寫於1910年5月24日,時章太炎在日本,先生在浙江嘉興第二中學任教。章太炎逝世後,1937年1月19日先生整理章太炎自日本寄杭州、嘉興的論學書札八通,編制目録,並抄録一通寄給《制言》半月刊(見先生當日日記)。後《制言》(第三十五期,1937年2月16日)只登載了《答朱逖先問老子徵藏故書書》,即《答朱逖先問古文疑義書》的第一部份。不知是先生在抄録章太炎此信時將原信分爲幾段再分别加以標題,還是潘承弼等人編《太炎先生著述目録後編初稿》時將原信分爲幾段再分别加以標題,抑或先生只抄録了章太炎《答朱逖先問古文疑義書》的第一部份寄給《制言》,已不得而知。先生逝世後,此信原件由其女婿羅香林收藏,本次嘉德秋拍圖片上有羅香林收藏印。現根據《答朱逖先問古文疑義書》原件照片,整理如下。

答朱逖先問古文疑義書:

逖先足下:得書問古文難事,今舉以對。

一、言老子徵藏故書爲孔子所詐取者,此非臆言之也。問禮事見《曾子問》及《孔子世家》。是時《禮》經雖在侯國,不能全具。魯秉周禮,書府爲備,然恤由之喪,尚令孺悲問《士喪禮》于孔子,則魯無《士喪禮》一篇也。其餘諸篇闕者疑亦不少,非周室徵藏無由得也。《樂經》雖亡,其書必備六代之樂,魯樂惟有四代,《雲門》、《咸池》不與焉,此又非周室徵藏無由得也。《詩》、《書》爲士大夫常誦之文,然季札觀樂,目次與今《詩》不同。孔子言"《雅》、《頌》各得其所",即謂正其篇第。昔正考父校商各頌,尚就周大史謀之。《商頌》本宋人所守,然校定篇第,尚賴周室故書,況乎徧及《雅》、《頌》,此又非周室徵藏無由得其定本也。《尚書》墨翟亦多引之,此蓋出自史角之傳,然自史角下逮墨子已三百年,下逮孔子幾二百餘年(史角,魯惠公時人),其傳譌蓋已多矣,是以《甘誓》一篇,墨子稱曰《禹誓》,而《書序》歸之于啟,《尚書》本直稱王,爲禹爲啟,非有明徵。若斯之類,當正之以《書傳》。《國語》引《大誓》,故《孔子世家》云"《書傳》、《禮記》自孔氏",又云"序《書傳》",明孔子序《書》,非獨專序其經,乃亦序其傳矣。《尚書》雖爲侯國所有,不證之以《書傳》,則事蹟無由明,《書傳》非周室徵藏又不可得也。魯大史氏舊有《易象》與《魯春秋》,然孔子獨贊《周易》,若無《連山》、《歸藏》以相比況,何以知《周易》獨妙邪?《坤》、《乾》雖得之宋,《連山》非周室徵藏何由得之?《魯春秋》所記魯事詳矣,其于他國事狀無由盡明,《嚴氏春秋》稱:孔子將修《春秋》,與左丘明乘如周,觀書于周史(嚴氏引《觀周篇》不知何書,是否真《家語》,或是别書無可曉)。是時老子尚在否不可知。要之,《易象》、《春秋》必參之周室故書矣。然則子朝奔楚,周之典籍亦有流入南方者。夫子無常師,寧知不受之尹氏?今必云取自徵藏者,固以"問禮老聃"、"觀書周史"。諸書既有明文,"求之于楚"則臆決之事,非有實徵也。此則徵藏書爲孔子迻寫斷無可疑。國史及天子、諸侯禮非私家所得藏,從而迻寫亦猶諸吕之盗兵書。故一則曰"竊取"(竊即盗竊義即其例),再則曰"罪我者其惟《春秋》"。夫子自道,固然,但言"詐",則文致其罪耳。

二、《説文敍》言北平侯張蒼獻《春秋左氏傳》,不言出于壁中,則壁中但有《春秋》經,有《傳》與否無文可知。然古人言事多略,《藝文志》言魯共王得古文《尚書》、《禮記》、《論語》、《孝經》,而劉向校《易》,更有中古文《易經》,不知得自何處。諸書皆言共王得《尚書》,不言得《書傳》,而《孔子世家》言"《書傳》、《禮記》自孔氏"(《書》必有傳,故孔安國不自作傳,而古文説爲大史公所聞者。若本無傳,安國、馬遷何能獨創異説?)。然則詳略互見不可以一耑盡也。孔壁既有《禮記》(即七十子後學所記百三十一篇,非今所謂《大戴禮記》、《小戴禮記》,今之《禮記》盧植以爲特多回遹,大半出于漢人可知),《春秋》容亦有傳,縱令無傳,張蒼所獻亦必有經,何者?《左氏》家非獨《傳》異齊魯,經中文字亦有差殊,至如《莊》、《閔》分篇,與十一卷者有别,則篇題固大殊矣(劉逢禄以《閔》附《莊》篇,傅會"三年無改"之義,曲説可笑)。以《左氏傳》中所説與古文經十二篇文字義理相應,故無不傳《春秋》之疑。劉公《移讓大常博士》不舉壁中《春秋》者,以經必有傳,傳必有師,乃可置立博士(博士者必素明其學,非臨時習學者也,若無其師,何能立其學邪?)。而《左氏》傳授始自張蒼,以至賈誼、貫公不待壁中得書以後始有師承,此其異于古文《尚書》者,故不舉壁中經也。至云張蒼、孔壁各有其經,疑于经有二本。此可毋庸疑者。《七略》云:外有大常、大史、博士之藏,内有延閣、廣内、祕室之府。所謂"中古文"者即指"内"言。内有三處,何必經無二本。二本既不見有同異,即猶一本而已。若《匡謬正俗》引董勛説"諸奇書《周禮》、《左傳》之屬,悉從河間獻王所得",河間獻《左氏傳》舊無其徵,不知董勛何據,然總之亦有其事。張蒼所獻惟是古文篆書之本,《左氏》多古字古言,非訓故則不可讀。蒼雖獻書,其説未有也。復以是傳之賈生,次及貫公。貫公爲河間博士,則《左氏》解詁之書盡在河間矣。既有訓故,則亦改古文爲隸古矣。獻王蓋獻隸古之本及其訓説,故《左氏微》、《張氏微》等亦見録于《七略》也。又《藝文志》云:"孝武建藏書之策,置寫書之官;成帝復使謁者陳農求遺書于天下。"下之所獻不皆上之所無,但見爲珍奇即詣闕陳之耳,其有重復固宜。

三、《周禮》爲河間獻王所獻,始見《經典釋文》引《六藝論》,云:"後得孔氏壁中、河間獻王古文《禮》五十六篇、《記》百三十一篇、《周禮》六篇。"其云孔氏壁中者,指古文《禮》及《記》也,其云河間獻王者,指《周禮》也,本不自董勛始言之。《景十三王傳》云:"獻王從民得善書,必爲好寫與之,留其真……所得書皆古文先秦舊書,《周官》、《尚書》、《禮》、《禮記》、《孟子》、《老子》之屬,皆經傳説記,七十子之徒所論。"是則河間亦有古文《書》、《禮》,蓋真本不必盡在壁中,但是先秦古文之本則其可寶貴一也。惟河間古文《尚書》與壁中篇第或具或闕,今不可知。尋《嘉禾篇》壁中已闕(鄭云:《嘉禾》亡),而《王莽傳》群臣上奏引《書》逸《嘉禾篇》云:"周公奉鬯,立于阼階,延登,贊曰,'假王莅政,勤和天下'。"《畢命篇》壁中亦闕(鄭云:《畢命》亡),而《律曆志》亦引《畢命豐刑》曰:"惟十有二年六月庚午朏,王命作策《豐刑》。"鄭亦云:"今其逸篇有册命霍侯之事。"既云亡,又云逸,蓋《嘉禾》、《畢命》皆壁中所無而河間所有也。(此事學者向不議及,故《莽傳》引《嘉禾》,妄者疑爲僞作;《畢命》見《律曆志》稱引,惠定宇亦疑逸書《冏命》當作《畢命》,段懋德欲改"《畢命》亡"爲"《畢命》逸"。)其《周禮》惟有河間得之,則自爲河間所獻矣。馬季長謂《周禮》出于山巖屋壁者,此據河間始得時言也;其云入于祕府者,此據河間獻書後言也。馬、鄭各有詳略,校以《景十三王傳》,鄭説必非虚誣。

四、古文本倉頡所造之字,而大篆亦通稱古文,《景十三王傳》、《孟子》、《老子》亦稱古文,及大史公言"十歲誦古文",言"古文咸不同乖異",此自指先秦真本而言,不盡在事義也。然漢世傳書至難,既無槧板,帛書迻寫其費亦重,故有先秦古書所有而隸書迻寫所無者,經典中如《周禮》蓋其一也。《左氏》、古文《尚書》已有傳授,既作隸古猶謂之古文者,一以文字有異,非直古文、隸書之殊也;二以事蹟有異,《左氏》則明據其傳,異于二家,《尚書》則壁中《書傳》與伏生《大傳》異指也。其他若費氏《易》與施、孟、梁丘有古今之異者,以費氏本與中古文同,無有奪句遺字,非必字體盡合于古文,亦非所説典禮獨合于《周官》也。《毛詩》與齊、魯、韓有古今之異者,以其《笙詩》六篇爲三家所無,合于《禮经》,故訓合于《爾雅》,數典合于《周官》,説事合于《左氏》。轉相比況,謂之古文,非《毛詩》獨用隸古,而三家用通俗隸書也。然則古文本指字形,後則章句無缺,合于真本者亦曰古文(費氏《易》是),其後則典禮事蹟與周時見行之書相合者亦曰古文(《毛詩》是)。是以言古文者,其有數義,不得以一説爲衡,然本義自謂古文篆書,非得古文篆書之本無以信其作在周時(今文所有之書,雖無古文真本,亦可信其本有,如《尚書》二十八篇、《士禮》十七篇是也。今文所無之書,如《周官經》、《左氏傳》,非有古文篆書真本,何以知其爲周時之書?及二書既出,以其典禮事蹟考之,于是有今文説、古文説之異,如《五經異義》所言是也),無以信其文無闕奪。故探其原本,通以古文爲説,若專以文字古今爲分,則大史公所謂"古文不同乖異”，所謂“余讀春秋古文知荆蠻句吴與中國之吴兄弟”者，豈專指古文、隸書之異言哉。

五、《賈生傳》言“賈嘉……與余通書”，此自史公原文，非後人所能妄加；惟言“至孝昭時列爲九卿”此八字當是褚少孫所增。然史公殁于何時今不可曉，其爲太史令在元封三年。司馬貞據《博物志》“大史令茂陵顯武里大夫司馬年二十八，三年六月乙卯除六百石”，此張華所述漢時官簿舊文也，然則天漢二年下蠶室，時年三十七，後元二年武帝崩，還時年四十九，盡孝昭十三年，年六十二，無以明其不至孝宣世也。此八字尚不可疑，況“賈嘉通書”之語乎？今文家不考史公年代，輒謂後八字爲妄增，已不盡合事實，更疑“賈嘉通書”爲後增。然則雖謂《賈生傳》非史公作亦何不可？

六、《毛詩》傳授之蹟爲《别録》所無，《漢書》所言毛生即小毛公，竝不記大毛公事。其云出于子夏，則《藝文志》已言之，而中間數傳無聞。徐整、陸璣互有同異，據徐整則毛詩傳授不關孫卿，以《魯詩》出孫卿考之，若果詩傳無異，不應毛、魯絶殊。然毛公説《詩》與孫卿同者甚衆，又疑陸説是也。若欲明爲古文與否，不須以傳授爲斷，但以訓故合于《爾雅》，數典合于《周官》，説事合于《左氏》，明爲古文實説而已。若專計傳授者，大毛公祇與浮丘公同時，小毛公亦與轅固、韓嬰同時。同此隸書經傳，何必毛爲古文，三家爲今文邪？縱復遠承子夏，其傳已非子夏所作。古文、今文之異，寧在此乎？

七、《史記》十篇不傳，固應除去；即《世表》諸篇所附褚少孫語亦當削之。然非特《史記》也，經典中如《儀禮》之《記》、《周官》之《考工記》尚應分别觀之。至謂“傳授學子，秦以後事當據《漢書》”，此實至論。裴解簡而少義，司馬貞、張守節尤復淺陋，其不如服、孟、晉、如，無待智者知之，況其文多闕奪，深賴校讎，何能使學子誦習邪？

此數條皆未録稿，覽後望迻寫寄回。

《小學答問》若用美濃紙印，自校完善。然今求之者多，望速印二三十部，即用連史可也。

幼漁近況何似？前託鈔《碧雲騢》，天一暴書之期已近，望速謀之。又欲求《甲乙經》、《太素經》二種，若單行本難得，更求明吴勉學所刻《古今醫統》。《學林》下月可出，《文始》亦分期刻入。

商賓白。陽五月二十四日。

拱薇亦問好。

一九一一年（清宣統三年辛亥）　先生三十三歲

繼續在嘉興第二中學任教。時錢玄同、馬裕藻、沈兼士均在嘉興中學任教。

是年春,夫人張維所編《漢魏六朝女子文選》刊版印行。

1926 年 6 月 24 日致張元濟信:

《漢魏六朝女子文鈔(選)》係内子在杭州、嘉興時選讀,因以付梓,冀供同好,時在辛亥之春,刊於嘉興,今版捐於浙江圖書館。

陰曆四月,三子鼎生,時先生正編《太史公年表》至元鼎三年,故以鼎名之。秋,鼎病篤,攜至嘉興、平湖及上海醫治,陰曆十一月,鼎殤。(《年譜》)

3 月,出面集資刊刻章太炎《小學答問》一書。

章太炎 1909 年 5 月 24 日《答朱逖先問古文疑義書》:

《小學答問》若用美濃紙印,自校完善。然今求之者多,望速印二三十部,用連史可也。

魯迅 1911 年 3 月 14 日《致許壽裳書》(《魯迅書信集》,人民文學出版社,1976 年,10 頁):

《小學答問》刊資已寄去,計十五元,與僕相等。聞版已刻成,然方寄日本自校,故未墨印。此款今可不必寄還,近方售盡土地,尚有數文在手。

同年閏六月初六日魯迅又致信許壽裳(同上,12 頁):

昨又得逷先書並《小學答問》一大縛,君應得十五部,因即以一册郵上,其他暫存僕所,如何處置,尚俟來命。逷先云:刻資共百五十金,印三百部計五十金,奉先生一百部,其二百部則分與出資者,計一金適得一部。

編者按:此書錢玄同寫刻於 1909 年(己酉年),但正式刊印卻在 1911 年,出資者大多爲章門弟子。

本年秋,與朱蓬仙校勘《洛陽伽藍記》。

朱倩 1917 年 11 月 8 日日記(《孟婜日記》,《魯迅研究月刊》2010 年 9 月):

家君於宣統三年秋與海寧朱蓬仙共以《太平御覽》、《太平廣記》校此書(按:指《洛陽伽藍記》),成《校勘記》一卷。

10 月 10 日,武昌起義,是爲辛亥革命,各省響應。11 月 5 日,杭州起義,浙江軍政府成立,以湯壽潛爲都督。11 月 7 日,浙江嘉興軍政分府成立。11 月 9 日,海鹽等嘉屬各縣光復。先生被推爲海鹽縣民政長,後改稱爲民事長、知事(即縣長)。

先生《癸丑日記·叙》:

自辛亥九月十四日杭州光復,十七日海鹽繼之,余被舉爲民政長,後改爲民事長,又改爲知事。

茅盾《我走過的道路》:

(光復)以後學校來信通知開學了。我到校時,才知道幾位老革命黨其中有計仰先和三位國文教員(朱仲璋不在内)都另有高就。

編者按:所謂"三位國文教員"即前引該文中的朱希祖、馬裕藻、朱蓬仙。

朱偰《年譜》:

八月(陽曆十月十日)武昌起義,各省響應,公携眷歸里,仍住小虹橋張宅。時浙江獨立,公爲一邑之望,遂被推戴爲海鹽縣知事。

朱巖《海鹽　嬴政二十五年——以事件爲線索的海鹽歷史文化叙述》:

宣統三年九月十九日,即公元1911年11月9日,成立不久的嘉興軍政分府,派國民革命軍光復了海鹽等嘉屬各縣。各地因原清朝官吏四散,因此以團體公舉的方式推選領導人。經公舉並報嘉興軍政分府批准,委任朱希祖爲海鹽縣民事長。……

在職期間,他推行新政,積極投身於剪辮放足、禁斷鴉片、興辦學校等工作中。

朱希祖先生年譜長編卷二

一九一二年（民國元年壬子）　先生三十四歲

2月，與馬裕藻、錢玄同、朱宗萊、沈兼士、龔未生、范古農、許壽裳、沈鈞業等章門弟子發起成立“國學會”，請章太炎先生擔任會長，會址暫設杭州方谷園。

《國學會緣起》（《民立報》1912年2月28日，引自湯志鈞《章太炎年譜長編》，中華書局1979年，第390—392頁）：

先民不作，國學日微，諸言治興學，以逮藝術之微者，罔不圭臬異國，引爲上第。古制淪於草莽，故籍鬻爲敗紙，十數稔於茲矣。……語曰：“國將亡，本必先顛。”典章制度、名物訓詁、玄理道德之源，粲然莫不備於經子，國本在是矣。今言者他不悉知，惟欲廢絶經籍，自詡上制，何其樂率中國而化附於人也。方當匡復區夏，謂宜興廢繼絶，昭明固有，安所得此亡國之言，以爲不祥之徵耶？劉子政有言，歷山之田者善侵畔而舜耕焉，雷澤之漁者善爭陂而舜漁焉，東夷之陶器窳而舜陶焉，故耕漁與陶，非舜之事，而舜爲之以救敗也。學術之敗，於今爲烈，補偏救弊，化民成俗，非先知先覺莫能爲，爲亦莫能舉其效。餘杭章先生以命世之材，爲學者宗，魏晉以來大儒，罔有逮者。昔遭憂患，旅居日本，睹國學之淪胥以亡，赫然振董，思進二三學子，與之適道。裕藻等材知駑下，未能昭徹所諭教，然海内學校之稍稍知重國故，實自先生始之。流風所被，不其遠乎？虜廷克滅，先生亦返國，昌言至論，既彰彰在人耳目，同人復以學會請，庶盡其廣博，以貽後昆。先生許諾。且言今之所亟，亦使人知凡要，凡要微矣，誠得其故，如日星河嶽然，雖月三數會，不病寡也。既獲命，敢告海内賢士大夫。莫莫葛藟，施於條枝，豈第君子，求福不回。文武之道，未墜於地，十室之邑，必有忠信。宣揚而光大之，是在篤志自信者，可以固國，可以立，可以詔後生，可以儀型萬世。凡百君子，其亦樂乎此也。學會規約別録如左：

一，定名曰國學會。

二，請章太炎先生爲國學會會長，並隨時延請耆儒碩彦，分科講授。

三，講授科目大別有六：甲，文，小學（音韻訓詁，字原屬焉）、文章（文章流别，文學史屬焉）；乙，經（群經通義）；丙，子（諸子異議）；丁，史（典章制度，史評）；戊，學術流别；己，釋典。

四，講授期以壬午［子］陽曆四月七日、陰曆二月二十日房日始，自後凡房、虚、昴、星日即爲會期。

五，愿入會者，以得會員三人以上介紹而學長允許爲準。

六，凡會員暫定月納會費銀二元。

七，凡所講授，由會員分任，隨爲國學講義，隨時印行，以餉學者。刊行講義，别有詳章。

發起人：馬裕藻、錢夏、朱宗萊、沈堅、龔寶銓、范古農、朱希祖、沈鈞業、張傳梓、張傳瓚

編者按：1912年3月4日《大共和日報》載有《國學會廣告》，謂會址暫設於杭州方谷園。

3月20日，先生以學人出而理民政，甚非夙願，辭海鹽知事。時沈鈞儒先生任浙江教育司（後稱教育廳）司長，聘先生任教育司第三科科長，自海鹽攜眷還居杭州黄醋園巷壽宅。

先生《癸丑日記·叙》：

余於民國元年三月二十日辭知事職，就浙江教育司第三科科長職。時司長爲沈君衡山名鈞儒，余舊時浙江兩級師範學堂同事也，衡山爲堂長，余爲國文教員。

朱偰《年譜》：

公以學人出而理民社，甚非素願，是年春暮，辭海鹽知事。時沈衡山先生任浙江教育廳廳長，聘公往教育廳任職，公乃自海鹽攜眷還居杭州黄醋園巷壽宅。去職之日，邑人扶老攜幼，遮道請留，公温諭辭去，然對故鄉父老親友情好，終念念不捨也。

同月，介紹周作人於教育司任職。時錢玄同任教育司第三科科員，周作人任浙江省視學。

周作人《知堂回想録》（安徽教育出版社，2008年，上册184頁）：

壬子元旦臨時政府成立，浙江軍政府的教育司由沈鈞儒當司長，以前他當兩級師範學堂校長時代在那裏任教的一班人，便都轉到這邊來了，一部分是從前在民報社聽過章太炎講《説文解字》的學生，其中有朱逖先、錢玄同（其時他還叫錢夏，號中季）。這就是朱逖先，他介紹我到教育司

去的。起初是委任我當第幾科的科長，但不久又改任了本省視學，這時期大概是三月裏的事情。

夏初，開始籌劃刻印太炎先生《文始》一書。

章太炎先生1912年5月25日致先生及范古農、錢玄同、朱宗萊（馬勇編《章太炎書信集》，河北人民出版社，2003年，290頁）：

《文始》舊稿尚在杭州，一時既未能印行，今以五十元付逖先，求善書者移録兩份。（二百錢一千字，原書十二萬餘字，需二十五元，五十元可鈔兩份。）爲他日印行計，原稿仍覓妥人送來可也。

6月25日，章太炎先生致先生及范古農（同上，470頁）：

《文始》如可移寫，刻木上石皆宜。作篆龔父最佳，然聞其還滬已久，未知曾否歸杭耳。

本年夏，章太炎曾託先生裝裱《琅琊臺刻石》拓本。

章太炎1912年9月7日致錢玄同（馬勇編《章太炎書信集》，河北人民出版社，2003年，147頁）

前寄《文始》二册，未審何時移寫成就。又《琅琊臺刻石》一事，前屬逖先裝潢，成後並望見寄。

陰曆九月十二日，四子僑生。（《年譜》）

編者按：朱僑爲先生第四子，但因第三子鼎僅七個月即早殤，故先生日記中一直稱朱僑爲三子。爲與日記保持一致，本《年譜長編》後文提到朱僑即稱"三子"。

陰曆十一月，浙江省圖書館館長錢念劬因事去職，先生代理館長半月，旋被派爲"讀音統一會"代表。

先生《癸丑日記·叙》：

就科長職半載，適浙江圖書館館長錢念劬先生因事去職，余代理館長半月，時壬子舊曆十一月也。衡山辭職，司長爲紹興沈君復聲名鈞業，與余同受業於章太炎先生者也。余是時已派爲讀音統一會浙江省代表，同派者爲胡君仰曾名以魯，與余同畢業於日本早稻田大學師範科，同受業於章太炎先生者也。胡君後又畢業於日本帝國大學文科，專習博言學，得學士位，故教育部亦請之。浙江乃改派馬君幼漁爲代表，幼漁名裕藻，與余同學與仰曾同。先是壬子六月中央教育部會議議決,未統一國語以前,先統一讀書字音。故教育部設讀音統一會,請吴稚暉爲會長。

一九一三年(民國二年癸丑) 先生三十五歲

(本年資料主要來自《朱希祖日記》,其他加注説明)

被派爲讀音統一會浙江代表。

先生《癸丑日記·叙》:

余在杭州師友多至京師,故欣然允爲代表,一則擴充方言知識,一則聊省師友耳。會期定於新曆二年二月十五日。

羅香林《朱希祖小傳》(《朱逷先先生紀念專號》,《文史雜誌》第5卷第11、12合刊,1945年):

民國二年正月,教育部召集國語統一會於北京,延專家若干人,各省選派二人,蒙藏代表一人,華僑代表一人,出席會議。嚴限資格:一須精通小學,二須旁通一種或二種以上外國文,三須諳曉多處方言。使審定一切字音,頒爲國音,復將國音析爲單純音素,歸納音素總類,從而采定字母,每一字音,以一字母表之。先生奉派出席,共推吴稚暉先生敬恒爲議長。

編者按:據黎錦熙《國語運動史綱》卷一(商務印書館,1935年1月再版,50頁),參加"讀音統一會"的浙江籍人士共九人:朱希祖、馬幼漁、胡仰曾、杜亞泉、汪怡安、錢稻孫、許壽裳、楊麴、陳睿。前二人爲浙江省派出代表,後七人爲教育部延聘員。

1月,作赴京出席會議準備。

2月1日,至海寧硤石鎮訪單不庵,並寓其家。

先生《癸丑日記·補記〈硤石旅行記〉》:

壬子舊曆十二月二十六日至硤石,寓單不广君家,其夜卧於顧宅。

編者按:壬子舊曆十二月二十六日爲陽曆1913年2月1日。

2月2、3兩日,至蔣謹旃家,觀其家藏書。

先生《癸丑日記·補記〈硤石旅行記〉》:

(壬子舊曆十二月)二十七日詣蔣謹旃君家,謹旃名欽頊,三世藏書,多宋元舊版,《别下齋叢書》即其族祖所刻也。出其所訂《鹽官蔣氏衍芬草堂藏書目》六册,盡二日之長,按所載宋元明及鈔本書目一一觀覽。……蔣氏藏書多海寧陳仲魚先生舊藏,本中有"圖記",記上曰:"得此書,費辛苦,後之人,其鑒我。"下曰:"仲魚。"圖像並列於小象上,而陳氏書不免於後人之變賣。藏書之人能自籀讀以終其身可矣,子孫能繼起則遺子孫,否則,可送存圖書館,猶得貽令名於不朽也。

2月5日,訪沈鈞儒,不遇。同日,訪浙江圖書館館長龔未生,龔爲太炎先生長婿,因先生將至北京參加讀音統一會,龔託代信札及物件給章太炎。又至戴螺舲家,戴時爲教育部主事,約先生同行。

1913年2月5日日記:

上午訪沈君衡山不遇。……又至西湖劉莊龔未生君寓,龔君繼錢念劬爲浙江圖書館館長,請余爲編輯員。余將至京師,章先生爲龔君外舅,在京,託余帶信札等入京,余即辭行。又至戴螺舲君家,螺舲名克讓,戴文節公之曾孫,時爲教育部主事,約余同行,時晚未遇。

2月6日,訪沈尹默,約其同行至京,時沈尹默將就北京大學預科史學教員。

1913年2月6日日記:

整理書籍及行李。午刻至教育司領旅費,川資洋三百五十元,以三十元添衣。下午至沈尹默君家,約同行至京,尹默將就北京大學預科史學教員之聘也。

2月7日,與沈尹默、戴螺舲同行,同日抵滬,訪馬裕藻。

1913年2月7日日記:

晨,偕沈尹默、戴螺舲二君乘杭滬火車至滬。午後三點鐘抵福興棧,訪曹慕管、張亦飛二同學於澄衷學堂。又至馬幼漁君寓,約至京代表事。

2月8日,自滬赴南京。

2月9日,晨渡江至浦口登津浦車。

2月10日,晚七點抵北京,與沈尹默暫寓西打磨場旅店。

2月11日,與沈尹默訪胡仰曾,三人同訪錢念劬先生,並晤錢念劬先生長子、教育部主事錢稻孫,女婿、教育部次長兼代理總長董鴻禕。上午,與錢念劬、錢稻孫、董鴻禕、胡仰曾、沈尹默同游琉璃廠,此爲先生第一次至琉璃廠。中午,錢念劬宴先生及沈尹默、胡仰曾。晚,偕沈尹默移住海昌會館,與戴螺舲同寓。

1913年2月11日日記:

晨,自旅店乘洋車至堂子胡同北京法政學校訪胡仰曾,即同行至闢才胡同訪錢念劬先生,並晤稻孫及董君恂士。恂士名鴻禕,時爲教育部次長兼總長,念劬先生之婿也。稻孫爲念劬先生長子,教育部主事,次子穟孫尚在日本北海道農科大學留學。余在日本時,與穟孫及念劬先生之弟德潛相處最久。德潛名夏,與余同受業於章先生,遂於小學相交最契,然論小學、經學,途徑稍有不同。玩世不恭,人皆遠之,余則與之莫逆也。歸國後又同爲嘉興中學教員,壬子後又同寅於浙江教育司第三科。念劬先生、稻孫、恂士則皆因德潛而相識者也。十點鐘,錢、董、胡、沈及余六人同行至琉璃廠。京師舊俗自正月六日起至十六日止,琉璃廠一帶,書畫古玩,陳列滿市,士女駢臻,王侯畢集,競易所嗜,歡欣而歸。余亦購得顧千里校刊明吴元恭本《爾雅》一册,江都沈齡撰《續方言疏證》二册,合洋一元。午刻,念劬先生燕觴余於酒樓,又送至西草場胡同敫家坑海昌會館,因寓焉。同寓者仍爲沈尹默、戴螺舲,又有舊同事張錫五君亦同寓(時爲教育部僉事)。傍晚,又至念劬先生家,觀稻孫書案上有法國考古家攝影中國唐以前畫像數十種,如武梁石刻、雲岡佛像等,皆在其列,内有多種不見於中國金石書者。竊謂中國唐以前古畫不可得而見矣,賴兹石刻猶可考見源流,而金石學家專講文字,圖畫不甚措意,宜著一唐以前圖畫考,源流派别,分别部居,亦一不朽之作也,不獨歷史畫之賴以考見已也。飯後歸寓,寫家信。

2月12日,偕沈尹默、戴螺舲訪錢念劬,談時事。下午,再至琉璃廠,購得《古泉叢話》等書,晚作《跋〈古泉叢話〉》。

跋《古泉叢話》(引自先生當日日記):

此册爲同治壬申滂喜齋刻,坿沙南侯獲刻石釋文序,前有隸書跋文云:"戴文節公《古泉叢話》三卷,吴縣潘氏刻本,光緒庚寅季秋,南海梁心海翰林見贈於滬上。紹寅誌各卷端皆有疏證語,想亦爲紹寅所題,惟不知其姓。梁心海名鼎芬,甚爲張文襄公所重,其友亦必非空疏無學者也。"余獲得此本,以示戴螺舲主事克讓,螺舲爲文節曾孫,據云此册墨蹟今尚在其家,錢文亦以墨摹,全非若此本僅存字形。且有家刻本,惟不及此本之工。此本有潘祖蔭後跋,謂道光戊申,季文□旨從借觀,墨本皆手自椎拓。案語以瘦金體小行書録之,精甚。此與螺舲之言相合。又謂亂後恐未必存,則未確也。又云,今此本以鮑丈子年、胡石查農部兩家手鈔本合校,吴清卿編修欣然願爲手録，則此本非以原大墨本摹刊也，他日當借得螺舲所藏墨本以精校之也。

編者按：此篇跋文是現在能見到的先生最早的題跋。

2月13日，與沈尹默再訪錢念劬。下午至手帕胡同讀音統一會報到。

2月14日，訪叔祖朱彭壽，未遇。訪章太炎先生，未遇，時太炎先生已至吉林任東三省籌邊使。再至琉璃廠購書。

2月15日，訪族叔朱芷青，未遇。晚朱芷青來。朱芷青名聯沅，時爲國務院法制局編纂員，高等師範國文教員。是日讀音統一會正式開會。（有關讀音統一會事詳見下文）

2月16日，訪魯迅、許壽裳。

1913年2月16日日記：

星期停會。上午至半截胡同訪周豫才、許季紱，皆舊時同受業於章師者，又在浙江兩級師範同事，二君皆爲教育部僉事。

是日，訪旭辰叔祖，未遇。朱旭辰，又作旭臣，章太炎之表舅。

2月18日，錢念劬、朱旭辰來談天。下午會後，偕王維忱同至王寓談天，沈尹默亦來。

2月19日，偕朱芷青至高等師範學校，閲袁世凱《圭塘唱和詩》。

1913年2月19日日記：

偕芷青叔至高等師範學校，閲袁總統《圭塘唱和詩》一卷，袁次公子克文與芷青叔唱和詩及書芷青叔扇字。據芷青叔云，袁克文頗有文才，袁氏之子建云。

2月20日，至法政學校訪胡仰曾，並訪該校校長邵伯絅先生，邵伯絅贈《位西先生文集》二册，位西先生爲邵伯絅先祖。

2月21日，錢念劬來索先生簡歷，預備舉薦至北京大學。夜與沈尹默飲酒談天。

2月22日，再至法政學校，邵伯絅贈位西先生《半岩廬遺集》一册。同日，與馬裕藻、陳睿訪魯迅，魯迅邀宴於廣和居。

1913年2月22日日記：

三點鐘偕陳子英、馬幼漁至山會邑館訪周豫才君，豫才名樹人，前同受業太炎先生，又同事師範。傍晚，周君請吃飯，十點鐘回寓。

魯迅1913年2月22日日記(《魯迅全集·魯迅日記》,人民文學出版社,1981年,下引魯迅日記不再注明出處):

下午朱迪先、馬幼輿、陳子英來談,至晚幼輿先去,遂邀迪先、子英飯於廣和居。

2月23日,赴錢念劬宴,同席者有夏曾佑等。

1913年2月23日日記:

十點鐘念劬先生召飲,即乘車至闢才胡同,同席者夏穟卿先生(名曾佑,錢塘人,教育部第三司司長)、錢念劬先生、董恂士君、沈尹默君、錢稻孫君、戴螺舲君、徐□□君。……是日席間談話之可記者頗多。穟卿先生談小説,謂《儒林外史》小説中之儒教,《西游記》小説中之僧教,《封神傳》小説中之道教。又謂滿洲人以《三國志》治國,以《金瓶梅》齊家。《金瓶梅》有殿版,滿漢文字合璧,加以仇十洲繪圖,蓋十洲長於畫春宫也。日本刻四大奇書,皆中國著名小説,螺舲謂指奸、盜、淫、怪四大奇也,奸謂《三國志》,盜謂《水滸傳》,淫謂《金瓶梅》,怪謂《西游記》。

2月25日,上午,寫錢玄同、沈兼士、單不庵信。下午,訪邵伯絅先生,借觀位西先生《半岩廬所見書目》及董康傳鈔本書目。又至琉璃廠,購得莫子偲所著、董康傳鈔《郘亭知見傳本書目》十册,此書與《半岩廬所見書目》互有詳略。故先生不惜重價購得,以兩書相校,並將《半岩廬所見書目》抄録留存。

2月26日,陳百年自上海來,偕陳百年、胡仰曾游琉璃廠。是日,馬裕藻來,據云杭州報已發表教育司官制,第一科科長爲洪彦遠,第二科科長爲范承佑,第三科科長爲馮巽占。

1913年2月26日日記:

余本爲第三科科長,今則降爲一等科員矣……據云大學校長何燏時君欲延余爲文科大學教授,曾爲錢念劬、董恂士二公所揄揚故也。又據幼漁言,法政校長邵伯絅先生亦有延余爲教員之意。然希祖自問學殖淺陋,不敢當此,而杭州之事亦不願蟬聯,則混蹟京華亦計之得者耳。

2月27日,寫朱宗萊信。叔祖朱彭壽來訪。

2月28日,與馬裕藻訪汪榮寶;又至政法學校訪陳百年、胡仰曾;再訪錢念劬,是日錢念劬談清宫舊事甚多。

3月1日,許壽裳邀宴。

1913年3月1日日記:

偕尹默、幼漁至廊房胡同勸業場,許君季茀請酒,同席九人,季茀主席,家芷青叔、王維忱、周豫才、陳子英、錢稻孫、馬幼漁、沈尹默及余也。

魯迅當日日記:

晚季市宴友於玉春樓,爲之作陪,同席者朱逖先、芷青、沈尹默、陳子英、王維忱、錢稻孫、戴蘆舲。

3月2日,與戴螺舲、沈尹默訪魯迅。

1913年3月2日日記:

午後偕尹默、螺舲至山會邑館訪周豫才君,得睹其重輯謝承《後漢書》二種:一爲姚之駰輯本(不著所輯原書),□□□補輯,且注原書;一爲汪文臺所輯七家《後漢書》本。豫才又補十數條,校正誤注者十數條。他日擬藉以校録。

魯迅當日日記:

午後,陳子英來。戴蘆舲、朱逿先、沈尹默來。

3月3日,魯迅、陳睿來訪,並閲先生近來所購之書,馬夷初亦來。

1913年3月3日日記:

周君豫才、陳君子英來寓,閲余所購書籍。……是晚馬夷初君來談天。

魯迅當日日記:

下午歸途遇子英、逿先、幼輿,遂同至逿先寓小坐,並觀其所買書。

3月4日,晚與馬裕藻訪錢念劬,並與沈尹默訪馬夷初。

3月5日,接錢玄同信,言"杭州教育司苛待科員,不可一朝居"。先生乃與錢念劬商,擬請錢玄同亦來北京。是晚,與錢念劬、夏曾佑等宴叙,席間聆錢、夏二先生談戊戌政變遺事,及辛亥革命後京中聞革命軍恐懼情形。

1913年3月5日日記:

至念劬先生家。尹默先在,接得中季信,知杭州教育司苛待科員,不可一朝居。乃與念劬先生商酌,擬請中季亦來北京。蓋大學校校長正有請中季任文科教員之意矣。傍晚夏穟卿先生來,念劬先生即邀飲酒。同席者二先生外,董君恂士、錢君稻孫、沈君尹默及余也。席間聆二先生談戊戌政變遺事,及辛亥八月十九日後京中聞革命軍恐懼情形。

3月6日,錢念劬來訪。邵伯絅先生所借《半岩廬書目》至今日抄完,前後共十日,下午與沈尹默、馬裕藻赴法政學校還書,晤邵裴子、伯絅、陳百年、胡仰曾,談天至晚回寓。晚寫錢玄同、單不庵信。

3月7日,訪叔祖朱彭壽。晚與戴蘆舲聽戲。

3月8日,馬夷初來寓談天。

3月9日,偕沈尹默至法政學校訪陳百年、胡仰曾、邵裴子。下午至錢念劬處談天,並同至四海春小酌。傍晚,接家信知二月份教育司薪水不送至家。作家書並寫錢玄同、陳讓旃信。

3月10日,託錢念劬匯款杭州以應家中急需。

1913年3月10日日記:

上午至四川營口寄快信至杭,即家書第五號,並錢、陳二信也。回寓取洋五十元,送至念劬先生處,託其匯至杭州鐵路公司朱壽門君處,託其轉送至吾家以應急需。

3月16日,與朱芷青、陳百年訪梁章鉅之孫梁鴻志,並同至湖廣會館看演催眠術。下午,與朱芷青訪陳石遺先生,陳石遺名衍,北京大學經學教授。

1913年3月16日日記:

上午至高等師校訪芷青叔,得到福建陳石遺先生轉贈其夫人所著《説文重文管見》一册。石遺先生名衍,北京大學經學教員,著有《考工記補注》,已見贈一册,又有《説文疏證》等書尚未刊。其夫人尚有《列女傳集解》,芷青叔許贈一部。十點鐘偕往陳百年處談大學校文科課程編制之不通,又偕往梁衆異家吃午飯。衆異名鴻志,福建長樂人,梁章鉅先生之孫也,(因瞻仰先生遺像),善詩文。……午後四人同往湖廣會館看演催眠術。四點鐘,偕芷青叔至江西陳仲甃寓。又至陳石遺先生寓,謝其所贈書,得睹戴南山(名世)先生遺詩墨蹟,石遺先生爲之題跋。時石遺先生將歸福建,匆匆不得領教。

3月17日,錢念劬將回浙江一行,先生託其帶物件回浙,並託帶殿本仿宋

《春秋左氏傳》送單不庵。是日接錢玄同信,知其亦將來京。

3月22日,聞魯迅病,與馬裕藻往訪探問,未遇。

1913年3月22日日記:

> 聞周豫才有病,因與尹默往省,不遇。

魯迅當日日記:

> 上午沈尹默、朱逷先見訪,未遇。

3月23日,游北海與中南海。

3月27日,與馬裕藻、沈尹默至天樂園看戲。

1913年3月27日日記:

> 因此夜起,譚鑫培、王瑶卿、路三寶等名角來演四天,人因此頓衆。其中最幽靜豔逸,唱演均佳者,惟梅蘭芳一人而已,觀者人人爲之傾倒云。回寓已一點鐘矣。

3月30日,助沈尹默閱北京大學國文試卷。

1913年3月30日日記:

> 午後助尹默閱大學校國文考卷,至夜十一點鐘畢。總觀南北各生考卷共五百五十餘卷,而全篇通順、意境尚佳者,不過五六卷,餘皆支離不可通。吾國中校國文如此,可歎可歎。至南北比較,則南勝於北,北方國文尚不離八股氣云。

3月31日,接錢玄同致先生及許壽裳、魯迅、陳百年、胡仰曾公信。

4月1日,與沈尹默游頤和園,遇許壽裳、陳睿。

4月3日,錢稻孫來,與商電招錢玄同來京爲北京大學預科國文教員事。

1913年4月3日日記:

> 初尹默議與余同爲大學預科國文教員,商之胡次珊學長、何錫侯校長,均已允。既而稻孫又介紹中季,錫侯乃允中季與尹默教國文,故有此電。余決計讓賢且全友誼,别謀他事矣。且擬不日回杭,以全中季之事。發中季及不厂信。
>
> 編者按:中季,即錢玄同。其時,錢玄同,名夏,字中季,又字德潛。

4月6日,途遇十年前之英文教師包培之先生,時包先生爲明德大學教員。

4月9日,沈鈞儒來訪。下午,至明德大學謁包培之先生。

4月10日,與沈尹默、馬夷初訪朱仲我先生及其子朱師轍。朱仲我,朱駿聲之子,時爲讀音統一會安徽代表。

1913年4月10日日記:

> 上午偕尹默至醫校訪馬夷初君,並還其書一册,書洋四元。即偕二君同至興升店謁朱仲我先生,並見其第二子少濱(名師轍),三子少臣(名師鼎)。先生名孔彰,長洲朱駿聲先生之子也,今居安徽黟縣,時爲讀音統一會安徽代表。著有《説文萃》,方刊未竟,年已七十餘矣。談移時,回寓。

是日,錢念劬從湖州來電,謂:“大預儘先逷而後德。”

> 編者按:錢念劬電文意爲:北京大學預科先考慮朱希祖(逷先),後考慮錢玄同(德潛)。

是日晚,與馬裕藻、錢稻孫小酌,微醉。

4月11日,致信錢念劬、錢玄同、單不庵。草致章太炎信。是日,接北京大學信,請爲預科國文教授。

4月12日,謄正致章太炎信。是日,北京大學校長何燏時訪先生,聘其爲北大預科教授。

4月13日,與沈尹默游萬牲園。魯迅、楊莘耜、郁曼陀來訪,未遇。寫錢玄同信。

4月14日,至北京大學,見預科學長胡仁源,接洽預科國文事。

4月15日,至北京大學,見校長何燏時、預科學長胡仁源。作《章師文學總論集釋》。本日起,包鐵皮洋車一部。

> 編者按:先生《癸丑日記》至本日結束。先生在該日日記最後云:“讀音統一會事告終,而大學校教授事方始。其日記録於别册。”惜此“録於别册”的日記均已散佚。

4月19日,與馬裕藻訪魯迅。

魯迅當日日記:

> 晚朱逷先、馬幼輿來。

4月25日,許壽裳邀宴於廣和居,同席者有先生及魯迅、沈尹默、馬裕藻、錢稻孫等。

魯迅當日日記：

> 晚季市邀同飯於廣和居。朱逷先、沈君默、馬幼輿、錢稻孫來。

4月26日，魯迅來訪。

魯迅當日日記：

> 往海昌會館訪戴蘆舲，見沈君默、朱逷先，而馬幼輿亦在。

5月7日，錢稻孫邀宴於廣和居，同席者有先生及魯迅、沈尹默、戴螺舲、張稼庭。

魯迅當日日記：

> 晚稻孫以柬來招飯於廣和居，赴之，惟不飲酒，同坐有朱逷先、沈君默、張稼庭、戴蘆舲。夜小雨。

6月，北京大學放暑假，回杭州接眷。

8月，由滬取海道北上，住北京吉兆胡同徐宅。(《年譜》)

去年籌劃爲太炎先生刻印《文始》事，本年秋告成。

魯迅1913年9月4日日記：

> 上午，從錢稻孫處索得《文始》一册，是照原稿石印者。

9月23日，訪魯迅，送《文始》一册。

魯迅當日日記：

> 朱逷先送《文始》一册。

9月27日，錢稻孫邀宴於廣和居，同席者先生及錢玄同、張稼庭、馬裕藻、沈尹默、徐莘士、王維忱、魯迅、何燏時。此宴當是爲錢玄同至北京接風。

魯迅當日日記：

> 赴廣和居，稻孫招飲也，同席燮侯、中季、稼庭、逷先、幼漁、莘士、君默、維忱，又有一人未問其名，季市不至。

11月16日，訪魯迅，以《南宋畫院録》一部四册相贈。

魯迅當日日記：

> 朱逷先來，贈《南宋院畫録》一部四册，過午去。

本年，張元濟將其所刻海鹽張氏《涉園叢刻》八册贈於先生。

朱倩1917年12月2日日記(《孟婜日記》,《魯迅研究月刊》,2010年9月):

民國二年舅氏行張菊生先生貽家君海鹽張氏《涉園叢刻》八册……菊生先生名元濟,清光緒壬辰翰林,授刑部主事,戊戌政變因康有爲、梁啟超事牽累落職,宣統末復官參議。平時搜輯先人著述,故有此刻。

本年,馬裕藻、沈兼士、錢玄同繼先生之後陸續進入北京大學。

關於讀音統一會事

2月15日,讀音統一會正式開會。

1913年2月15日日記:

午後一時至教育部讀音統一會,一點鐘開會,余排在第三十二席。是日到會者共四十四人。有開會秩序單一紙,議事規則一份,别單一紙。是日演説,公舉議長,正議長吴敬恒,副議長王照。散會攝影。教育部次長董鴻禕亦出席演説。

2月17日。讀音統一會繼續開會。

1913年2月17日日記:

下午一點鐘至讀音統一會,發會員席次表,由議長推舉馬體乾(直隸人)、汪怡安(浙江杭州人)、胡以魯(浙江定海人)、蔡璋(福建人)爲記音員。試驗記音法數小時後,議決:先立各家所定聲母對照表,然後再求音素。……是日得浙江鎮海張氏《簡字字音録》一紙,西人丁義華製《中華民國切音新字母》二紙。

2月18日,王照、陳遂意分别發出字母表,並實驗讀音。

2月19日,發王照字母表一份,重定會員席次表一份。審查湖南陳遂意字母表畢。

2月20日,陳遂意、吴稚暉分别發出讀音表。

2月21日,由厦門某君,按吴稚暉讀音表試驗發音。

2月22日,發出厦門盧戇章音韻表一份,紹興杜亞泉試驗音讀。

2月24日,讀音統一會爲讀音問題稍起風波。

1913年2月24日日記:

午後至讀音統一會,發出紹興杜亞泉、保定王儀型音韻表一份。是日,吴議長敬恒决定用《廣韻》及《音韻闡微》開讀,杜亞泉、馬體乾等大反對,余與汪榮寶、馬裕藻等説明理由,贊成議長説,先審定聲母、韻母,以定反切之標準,衆多默認。

2月25日,發出馬體乾音韻表、汪怡安《發音學舉要》各一份。

2月28日,與馬裕藻訪汪榮寶,談讀音問題。

1913年2月28日日記:

上午至小甜水井鎮海會館訪馬君幼漁,即偕幼漁訪汪衮甫君於石大人胡同。衮甫名榮寶,江蘇人,時爲參議院議員,清帝遜位詔書即汪君所擬,時同爲讀音統一會會員。所講讀音辦法大略於余相合,而反切用減筆字余所不敢贊同,教科書等用注音字母亦不贊成,因久之必漢文及減筆文字並用,演成日本文形,大失文字獨立之體統。衮甫因余言,亦決定教科書不用注音字母,但編成字典以便統一讀法,即爲完事。至減筆字母或改爲草字亦無不可,所讀音韻決定用《佩文詩韻》所用反切,其分類法寧存古法,不濫從方音。此等議論雖屬凡庸,然求之會員中已不可多得。談一小時即回鎮海館午餐。

3月1日,發出蔡璋、汪榮寶、汪怡安、鄭藻裳音韻表一份,又劉繼善拼音字母稿一紙。是日議用字母,有主全用三十六母,有主合併若干,未決定而散。

3月3日,讀音統一會爲讀音問題又起波瀾,王照欲以北音統一讀音,字母去濁聲,韻母廢入聲。先生與王照辯論,會場幾亂秩序。

1913年3月3日日記:

午後至讀音統一會,直隸人王照欲以北音統一讀音,字母廢去濁聲,韻母廢去入聲。苟如其説,則一切書籍讀法,詩詞歌曲等韻文,皆一掃而空。彼等謬見,蓋專爲中小學便利説法,不知中小學校畢業以後,欲流覽文學,必别讀一種舊音韻。不可使一人所讀文字前後變成兩種。欲統一而反分離,荒謬絶倫矣。故與王照大起辯難,幾亂秩序。

3月4日,擬撰《讀音標準及反切字母議案》。是日王照聯絡各省代表,通過其議案。

1913年3月4日日記:

回寓擬撰《讀音標準及反切字母議案》稿。午後至讀音統一會,王照勾結各省不學無術之代表及延聘員通過其議案。汪君榮寶大反對之,幾與王照鬥毆,余與馬君幼漁亦大呼斥之,然無可救矣。此等辦法不如不統一之爲妙。

黎錦熙《國語運動史綱》卷一(商務印書館,1935年1月再版,60頁):

一日,榮寶與照爭辯,已而與同座用蘇白閒話及"黄包車",照聞之,大怒,攘臂離席,"你罵我王八蛋,我就來揍你這個王八蛋。"榮寶避趨之。

3月5日,讀音統一會爲讀音問題繼續爭吵,湖北代表聲明不願爲代表。

1913年3月5日日記:

午後至讀音統一會,聞會員多數主張廢韻書而從多數方音爲讀音,湖北代表聲明不願爲代表。余亦恐將來中國文字變成兩種讀法反不統一,不願提出議案,即出會至念劬先生家。

3月10日,作議案一份。

1913年3月10日日記:

作讀音統一會提議案一篇,五點鐘謄清。偕馬幼漁同至許季黻、周豫才處,皆允簽名。

編者按:先生的議案是在其師章太炎由古文籀篆徑省之形所創制的三十六個紐文(聲母)、二十二個韻文(韻母)中選出三十九個,作爲標音符號,寫出議案,並聯絡馬裕藻、魯迅、許壽裳、錢稻孫、陳睿共同具名。

3月11日,交議案於議長吴稚暉,此議案六人具名:朱希祖、馬裕藻、陳睿、許壽裳、周樹人、錢稻孫。

1913年3月11日日記:

上午至許季紱處,託其將議案並紐文、韻文之篆母(係章太炎師所定者)與錢稻孫一閱,即送至議長處。此議案六人具名:朱希祖、馬裕藻、陳睿、許壽裳、周樹人、錢稻孫。議案大意:反切音標須用簡單之漢字,不用新造之簡字,一也。讀音須依最近韻書之有反切者,從其是,不從多數少數,所讀合乎舊反切,雖少數必從也;不合,雖多數不從也,二也。合則爲正音,統一全國,不合則爲閏音,亦須記於表,以爲各省比擬聲音之所用,並供古韻學家、博言學家參考之用,三也。總言之,一國不許二種文字,如日本、朝鮮,此其最要關鍵也。許君既允……幼漁來,午餐後即偕至讀音統一會。余所提議贊成者頗多,惟杭人汪怡安大加反對,討論甚久。余與幼漁、季紱、稻孫力辯駁之,未議決即散會。是夜草辯難語數條,以備明日辯駁。

3月12日,議案同具名之六人,均到場,並與汪怡安等論辯。最後,會議通過先生所提議案。

1913 年 3 月 12 日日記：

至汪怡安家，與之辯難昨日未盡之餘意。午後至讀音統一會提出余之議案，同具名之六人均到。討論至四點四十分，皆與汪怡安等辯難。汪崇拜日本，事事摹仿日本，字母亦然，人多鄙之。故付表決時，到會會員共四十五人，贊成余説者二十九人，得多數通過。議決：以整個獨體漢字爲反切，其餘二十餘家所造之字母均廢棄。從此簡字不能通行於中國，希祖與有微力也。回寓與尹默小酌。燈下覓簡單之漢字，以備作反切之用。

編者按：日記中所謂“簡字”，是指模仿日本假名所造的一種字體。

3 月 14 日，又對議案作了部分修改。一爲將三反音改爲雙切音，二爲在所採紐文、韻文中改正三字，是爲最後定案。

1913 年 3 月 14 日日記：

將議案面呈吴議長稚暉。吴勸不必提出，允改刂字爲ㄌ字。午後開會，即修正數字。議定紐文二十四：ㄍ、ㄎ、ㄫ、ㄐ、ㄑ、ㄬ、ㄉ、ㄊ、ㄋ、ㄅ、ㄆ、ㄇ、ㄈ、ㄪ、ㄗ、ㄘ、ㄙ、ㄓ、ㄔ、ㄕ、ㄏ、ㄒ、ㄌ、ㄖ，浊聲附加記號ㄍ⁚、ㄎ⁚、ㄐ⁚、ㄉ⁚、ㄊ⁚、ㄅ⁚、ㄆ⁚、ㄈ⁚、ㄗ⁚、ㄘ⁚、ㄙ⁚、ㄓ⁚、ㄔ⁚、ㄕ⁚、ㄏ⁚、ㄒ⁚、ㄧ⁚、ㄨ⁚、ㄩ⁚；韻十五：ㄧ、ㄨ、ㄩ、ㄚ、ㄛ、ㄝ、ㄏ、乃、ㄠ、ㄡ、ㄢ、ㄤ、ㄣ、ㄥ、ㄦ。余之原議本爲雙切紐文，分等，韻文分四聲，除本在其等其韻不加記號外，餘各仿舊法加圈識别。今仍用三切，惟分等處加一、ㄨ、ㄩ三字以識齊、合、撮而已。

3 月 15 日，因四聲問題，對吴稚暉心生誤會。

1913 年 3 月 15 日日記：

幼漁來共食午餐，偕至讀音統一會。會員中頗以吴稚暉不將平、上、去、入加識别爲非，大起爭論，並怨及余提議以漢字爲紐文、韻文案。此次讀音統一會，吴稚暉之意擬用羅馬字母爲拼音，後因會中否决，會員中所製拼音簡字皆仿西文或日文，無一能獨立者，吴乃惡之。勉强贊成以漢文爲字母，以抵制造簡字者。而漢字母究非吴所喜，乃故意演成三切音以使人覺其不便，難看，又不分平、上、去、入，使不能通行全國。且其不分四聲又有二種手段，一以塞北人無入聲之口，不必爭廢入聲也。（紐文中無濁聲音字亦敷衍北人。）一以塞讀音必以韻書之反切爲標準之口，敷衍了事。行之外省，如欲歸罪，議長不負責任，乃會員之罪也，其居心不良如此。總之，讀音統一會，名詞既不通，又欲借此而造新字以蔑棄國文，所謂妄人也已矣。

3 月 17 日,議定注音規則,四聲仍舊,惟或記於本字或記於字母不拘。

3 月 18、20、21 日,至讀音統一會注音。

3 月 22 日,與吳稚暉的誤會消除。

1913 年 3 月 22 日日記:

午後至讀音統一會,舉代表討論已經審出之音,浙舉馬君幼漁。議長之意實暗行余之議案,濁音入聲委曲保存,並默照《音韻闡微》讀法,四聲並不移易。始知前日之錯怪也。

3 月 24、25、26、27、28 日,至讀音統一會注音。

3 月 31 日,接章太炎先生自長春來信。

1913 年 3 月 31 日日記:

接到章師自長春籌邊署來信,由教育部董次長轉交。略云:聞以讀音統一會事入京,果爲吾道張目,不勝欣躍,彼主張拉丁字母者無論矣。主北音者乃以南音雀舌爲誚,然試問《廣韻》非北人所作乎?何以入聲濁音宛然俱在?此可以鬨其口矣。今時欲復《廣韻》正音固非容易,就各省語中取其多數相合者以爲典型,則武昌其首矣。

4 月 2 日、7 日、10 日,至讀音統一會注音。

4 月 12 日,至讀音統一會討論。

編者按:讀音統一會至 5 月 22 日結束,先生《癸卯日記》4 月 15 日後散佚。

有關章太炎軟禁於北京事

本年 3 月 20 日,宋教仁被刺殺於上海,袁世凱倒行逆施愈演愈烈。4 月,章太炎辭去東三省籌邊使之職南行。7 月,二次革命爆發。8 月底,二次革命失敗。

8 月,章太炎入北京,準備領導共和黨進行議會性質的鬥爭,擁戴黎元洪與袁世凱對抗,入京後,即被袁世凱軟禁。

9 月 28 日,偕錢玄同探望章太炎,遇黃侃。

司馬朝軍、王文暉《黃侃年譜》1913 年條(湖北人民出版社,2005 年,80 頁):

(9 月 28 日)訪章太炎,遇錢玄同、朱希祖。

章太炎先生在軟禁中,欲籌劃成立弘文館,從事講學,定先生等人爲館員,後未果。

徐一士《章炳麟被羈北京軼事雜記》(陳平原 杜玲玲編《追憶章太炎》,中國廣播電視出版社,1997年,537頁):

(章)在京之門人錢玄同等,時往探視,見其憂恚之狀,因謀有以慰藉之。玄同之兄恂(按:即錢念劬),時爲總統府顧問,與政界不無關係,玄同與商此問題,擬爲章謀特設一文化機關,由政府給以相當經費,俾領其事,超然政潮之外,不失治學之本色,庶精神上有所慰藉,較勝不自由之閒居。恂本與章有舊,(張之洞之延致章氏,係屬恂代爲招邀,有此一段因緣。)願爲盡力,惟不居要津,與袁氏亦無深交,不便直接進言,乃轉託張謇(時爲農商總長)言之,並先與章氏商談,章以無憀之甚,亦頗贊成。章本有設"考文苑"之主張,兹以規模較大,恐難即就,此機關名稱擬定爲"弘文館",作小規模之進行,其工作則爲編字典及其他,館選人員,預定有門人錢玄同、馬裕藻、沈兼士、朱希祖等,蓋猶師生講學之性質也。當玄同等以馬車迎章往西城石老娘胡同錢宅與恂面談此事時,軍警及偵探多人乘自行車簇擁於車之前後左右云。

1913年2月北京購書一覽表

至北京後,先生購書驚人,下表爲其本年2月份購書情況。

日期	書名	册數	價格
2月5日	《白孔六帖》	64册	30元
	《古今錢録》	14册	5元
	明吴管校刊《水經注》	6册	1.5元
	《蜀石經》雙鉤本	1册	2元
	《華山碑碣石頌》雙鉤本	1册	
2月6日	仿宋本《錦繡萬花谷》殘本	33册	5元
2月11日	顧千里校刊明吴元恭本《爾雅》	1册	1元
	江都沈齡撰《續方言疏證》	2册	
2月12日	明吴管刊《洛陽伽藍記》	4册	8元
	蔣刻陸游《南唐書》	4册	
	武英殿聚珍版《文苑英華辨證》	1册	0.6元
	桐城吴汝綸寫定本石印《尚書》	1册	
	陳逢衡補注《穆天子傳》	4册	0.8元
	揚州汪氏仿宋紹熙本《公羊傳注》	4册	2元
	滂喜齋刻《古泉叢話》	1册	

續表

日期	書名	册數	價格
2 月 13 日	瞿雲叔校《穆天子傳》	10 册	4 元
	瞿雲叔校《易林》		
	瞿雲叔校《古今人表》		
	謝啟昆《西魏書》	6 册	
2 月 14 日	莊刻《淮南子》	6 册	6 元
	莫友芝原刊《宋元舊本經眼録》	4 册	
	朱右曾《汲冢紀年存真》	2 册	
	經訓堂本《山海經》	12 册	
	經訓堂本《道德經考異》		
	經訓堂本《三輔黄圖》		
	經訓堂本晉太康三年《地記》		
	經訓堂本《晉書・地道記》		
	經訓堂本《晉書・地理志》		
	經訓堂本《新補正文字辨證》		
	經訓堂本《音同義異辨》		
	經訓堂本《説文解字舊音》		
	經訓堂本《夏小正考》		
	經訓堂本《吕氏春秋》		
2 月 15 日	福禮本《周禮》	6 册	2 元
	明刊韓道昭《五音集韻》	5 册	3 元
	王紹蘭《説文段注訂補》	8 册	
2 月 16 日	張子簡先生刊袖珍本《正續疇人傳》	12 册	5 元
	王先謙《荀子集解》	6 册	
	邵氏原刻《爾雅正義》	8 册	
	苗夔《説文聲讀表》	2 册	
	李文田《撼龍經注》	1 册	
	《説文部首韻言》	1 册	
	明刻周伯琦《説文字原》	1 册	
	《精刻四書正文》	3 册	
	《瞿忠宣公集》	4 册	
	殘本《朱笥河文集》	8 册	
2 月 17 日	明刻本《説文解字》	8 册	3 元
2 月 19 日	海源閣《助詞辨略》	4 册	1 元

續表

日期	書名	册數	價格
	《小腆紀傳》五十六卷、《補遺》五卷	18 册	3 元
	仿宋本盛宏之《荆州記》	1 册	
	吴昌瑩《經詞衍釋》十卷	2 册	
	同治修蔣氏合刻《南唐書》(馬、陸二書均全)	6 册	2 元
2 月 20 日	盱眙吴增僅《三國郡縣表》	4 册	3.5 元
	《一隅草堂初印本汗簡》	2 册	
2 月 21 日	淮南局刻《説文斠詮》	6 册	2 元
2 月 24 日	宜稼堂叢書本蕭常《續漢書》	5 册	10 元
	《剡源集》	8 册	
	《清容居士集》	12 册	
	明南監余有丁等校刊本《梁書》	6 册	
	殿版仿宋本《左傳》	8 册	
	宋版鄭康成《周易注》(疑元版)	1 册	
	宋版《春秋集傳大全》(内缺一册,無刊刻年月)	9 册	
	宋版賈昌朝《群音辨》(存五卷,抄補二卷)	3 册	
2 月 25 日	《郘亭知見傳本書目》	10 册	9 元
2 月 26 日	康刻《玉海》並附刻十三種	100 册	5.5 元
2 月 27 日	問經堂輯本《本草經》三卷	1 册	1.2 元
	明《九邊論》	1 册	
	武英殿聚珍版《五代史刊誤》	1 册	
合計		462 册	115.1 元

一九一四年(民國三年甲寅)　先生三十六歲

1 月 1 日,與沈鈞儒相約留須。日後連鬢大胡,有美髯之稱。

先生《薙鬚·序》(《文史大家朱希祖》,學林出版社,2002 年,102 頁):

中華建國之三年,余年三十有六,時爲北京大學教授。其年一月一日,與沈衡山鈞儒約同留鬚,其後皆連鬢大胡,頗有美髯之目。

周作人《知堂回想録·北大感舊録》(香港三育圖書有限公司,1980 年 11 月,495 頁):

朱逷先名希祖,《北京大學日刊》曾經誤將他的姓氏刊爲"米遇光",所以有一個時候友人們便叫他作"米遇光",但是他的普遍的綽號乃是"朱鬍子",這是上下皆知的,尤其是在舊書業的人們中間,提起"朱鬍子"來,幾乎無人不知,而且有點敬遠的神氣。因爲朱君多收藏古書,對於此道很是精明,聽見人説珍本舊鈔,便揎袖攘臂,連説"吾要",連書業專門的人也有時弄不過他。所以朋友們有時也叫他作"吾要",這是浙西的方言,裏面也含有幽默的意思。不過北大同人包括舊時同學在内普通多稱他爲"而翁",這其實即是朱鬍子的文言譯,因爲《説文解字》上説:"而,頰毛也。"當面不好意思叫他作朱鬍子,但是稱"而翁",便無妨礙,這可以説是文言的好處了。因爲他向來就留了一部大鬍子,這從什麽時候起的呢?記得在民報社從太炎先生聽《説文》的時候,總還是學生模樣,不曾留鬚,恐怕是在民國初年以後吧。在元年(一九一二)的夏天,他介紹我到浙江教育司當課長,我因家事不及去,後來又改任省視學,這我也只當了一個月,就因患瘧疾回家了。那時見面的印象有點麻胡記不清了,但總之似乎還没有那古巴英雄似的大鬍子,及民六(一九一七)在北京相見,卻完全改觀了。……

這樣的過了將近二十年,大家都已看慣了,但大約在民國二十三四年的時候,在北京卻不見了朱鬍子,大概是因了他的女婿的關係轉到廣州的中山大學去了。以後的一年暑假裏,似乎是在民國二十五年(一九三六年),這時正值北大招考閲卷的日子,大家聚在校長室裏,忽然開門進來了一個小伙子,没有人認得他,等到他開口説話,這才知道是朱逷先,原來他的鬍子剃得光光的,所以似乎换了一個人了。大家這才哄然大笑。這時的逷先在我這裏恰好留著一個照相,這照片原是在中央公園所照,便是許季茀、沈兼士、朱逷先、沈士遠、錢玄同、馬幼漁和我,一共七個人,這裏邊的朱逷先就是光下巴的。逷先是老北大,又是太炎同門中的老大哥,可是在北大的同人中間似乎缺少聯絡,民國元年是他介紹我到浙江教育司的,隨後又在北京問我願不願來北大教英文,見於魯迅日記,他的好意我是十分感謝的,雖然最後民六(一九一七)的一次是不是他發起的,日記上没有記載,説不清楚了。

編者按:周作人此文中有幾點是不確的。一、"大約在民國二十三四年的時候,在北京卻不見了朱鬍子,大概是因了他的女婿的關係轉到廣州的中山大學去了"。先生在廣州中山大學任教是民國二十一年十月至二十三年一月(1932年10月—1934年1月),其時還没有女婿。先生到中山大學的原因,詳見本《年譜長編》1931年、

1932年條。二、"以後的一年暑假裏,似乎是在民國二十五年(一九三六年),這時正值北大招考閱卷的日子",準確時間是1933年暑假,先生爲中山大學招考研究生事赴北京,並託北大代爲報名、考試。詳見本《年譜長编》1933年條。

1月3日,與錢玄同、沈尹默同游廠甸,遇魯迅。

魯迅當日日記:

午後同徐吉軒游廠甸,遇朱逷先、錢中季、沈君墨。

2月8日,訪魯迅,並同至琉璃廠觀舊書。

魯迅當日日記:

午前朱逷先來談,至午食餡兒餅訖,同至琉璃廠觀舊書,價貴不可買,遇相識甚多。

2月22日晚,與馬裕藻同訪魯迅。

魯迅當日日記:

晚馬幼輿、朱逷先來。

8月11日,致信魯迅,欲引薦周作人爲北大英文教授。

魯迅當日日記:

下午得朱逷先信,問啟孟願至太學教英文學不。夜大風雨。

8月12日,魯迅回信,謝絶先生的引薦。

魯迅當日日記:

晚覆朱逷先信。

周作人《知堂回想録·去鄉的途中》(香港三育圖書有限公司,1980年11月,292頁):

大概是在紹興住得有點煩膩了,想到外邊,其實是北京方面,找點别的事情做做看,也就是什麽科員之類,這不記得是哪年的事了,總之是袁世凱勢力很旺盛時候吧,所以這事就一直擱下來了。查魯迅的甲寅日記,在八月項下有記録道:

十一日下午,得朱逷先信,問啟孟愿到大學教英文學不。

十二日晚,覆朱逷先信。

這事在我的日記上没有什麽記載,大概魯迅也不曾寫信告訴我,因爲他知道我自揣没有能力到大學去教英文學,也無此興趣的,所以也不用問我的意思怎樣,便逕自謝絶了。朱逷先是在東京民報社聽章太炎先生講《説文》的同學八人之一,平常雖然不常往來,卻都是很承他的關切,壬子年的在浙江教育司的位置,當初是課長隨後改爲視學,也是由他的介紹;這一回的事雖未成,但是其好意總是很可感謝的。其後過了兩年,洪憲帝制既然明令取消,袁世凱本人也已不久去世,北京人心安定了下來,於是我轉業的問題乃重新提起來了。這回的事卻不知道是誰的主動,大約不是朱逷先,總是許季茀吧……

8月28日,訪魯迅。

魯迅當日日記:

晚朱逷先來。

8月,薦黄侃爲北大教授。9月初,黄侃應北大教授之聘抵達北京。

9月27日,北京章門弟子聚宴於瑞記飯店,此次聚宴當是爲黄侃接風。

魯迅當日日記:

上午得沈尹默、叚士、錢中季、馬幼漁、朱逷先函招午飯於瑞記飯店,正午赴之,又有黄季剛、康性夫、曾不識字等,共九人。

本年陰曆十月十九日,三女僖生。

關於章太炎幽禁北京事

本年1月7日,章太炎以大勳章作扇墜,臨總統府之門,大詬袁世凱包藏禍心。1月12日,章太炎被監禁於龍泉寺。5月下旬,開始絶食,以死抗爭。6月上旬,堅持絶食,生命垂危。袁世凱害怕輿論不利,才解除監禁,讓太炎先生移居東四牌樓本司胡同鐵如意軒醫院,由該院主人、警察總監吴炳湘之親信徐某負責照管,實則監護。

6月下旬,章太炎派先生赴上海接眷赴京。

徐一士《章炳麟被羈北京軼事雜記》(陳平原 杜玲玲編《追憶章太炎》,中國廣播電視出版社,1997年,537頁):

在徐寓(按:即本司胡同鐵如意軒醫院)小住,本暫時辦法,善後尚須計議也。袁世凱仍堅持不許其出京,至待遇方面,則願酌供在京之費用,而希望其接眷來京,作久居之計。經黎元洪斡旋期間,遂定議付以五百元之接眷費用，並按月付五百元，俾作家用。（其後僅月得三百元，聞有人中飽。或謂中飽者即徐，未知確否。）章以出京既屬絶望，乃從黎元洪等之勸告，屬門人朱希祖赴滬代表其迎其妻湯國梨女士北來，一面經人代爲覓房，俾移居，旋租得東城錢糧胡同房一所。

章太炎1914年6月26日致湯國梨（馬勇編《章太炎書信集》，河北人民出版社，2003年，547頁）：

今屬朱逖先前來迎致，願弗淹滯。逖先乃學生中最老成者，前在日本招兩女東來，亦由逖先攜致，途中照料可以無憂爾。後家通之理聰之於天，種瓜灌菜，亦可以爲生耳。摯公、未生恐尚未知内容虚實，如聽逖先口語，自可知之也。

編者按：馬勇編《章太炎書信集》所録此信中“後家通之理聰之於天”中“聰”字恐爲“聽”字之誤。

6月30日，先生抵達上海。

章太炎1914年7月4日致湯國梨（同上，548頁）：

知逖先30日到滬，君意尚有遲回，借名殺人之術，誠不無可慮。……

在這封信的最後，章太炎特意囑咐道：

此信但令未生、摯仙、逖先知之，勿示旁人。回信不須經摯公。

章太炎租住錢糧胡同後，先生常往探視。

馬叙倫《章太炎》（陳平原、杜玲玲編《追憶章太炎》，22頁）：

（章太炎）及居錢糧胡同，一切皆由京師員警總監吴炳湘遣人爲之經理，司門以至司庖，皆警廳之偵吏，太炎懼爲所毒，食必爲銀碗銀箸銀匕；蓋據《洗冤録》謂銀可以驗毒也。其賓客往來者皆必得警廳之許然後得見，其弟子中唯朱逖先可出入無阻，余初往亦不得入，其後乃自如。蓋偵吏知余與太炎所言不及時事也。

馬叙倫《我在六十歲以前》（陳平原、杜玲玲編《追憶章太炎》，290頁）：

章炳麟先生被袁世凱軟禁在北平東四牌樓的錢糧胡同，住宅是前清小貴族的遺産，着實堂皇。……客人呢，起初只許兩個人進去，一個是清史館纂修、北京大學教授朱希祖，是章先生的弟子；别一個我忘記了。後來馬裕藻、錢玄同、吴承仕和我都陸續可以進去了。

8 月 22 日,至錢糧胡同謁章太炎先生,魯迅、許壽裳亦至。

魯迅當日日記:

午後許季市來,同至錢糧胡同謁章師,朱逿先亦在,坐至傍晚歸。

黄侃抵京後與太炎先生同住。黄侃好議國事,常於太炎先生前是非時政,是年冬當局迫其搬出。太炎先生再次絶食。

朱倩 1917 年 11 月 16 日日記(《孟婴日記》,《魯迅研究月刊》,2010 年 9 月):

八月,先生(按:指章太炎)仍卜居錢糧胡同。時家君薦同學黄君季剛爲北京大學文科教授,與先生同居……冬黄君季剛不慎於言,常於先生前是非時政,而先生左右頗有偵者。吴炳湘聞之,夜半遣員警迫黄君遷去,並守先生之門,杜絶賓客。先生聞之,不食者又十餘日。家君爲之奔走連旬。四年正月乃撤警通客。又請先生之女公子來京相勸,於是進食。自是厥後,先生之事皆家君爲之調護矣。

馬叙倫《章太炎》(陳平原、杜玲玲編《追憶章太炎》,22 頁):

太炎復以鬱居絶食,逖先私袖餅餌以進,太炎斥之,擲其物。

本年冬,章太炎先生絶食後,先生等章門弟子竭力營救。

12 月 8 日,魯迅致函先生。12 月 12 日,先生致函魯迅。12 月 13 日,與魯迅、許壽裳、沈尹默、沈兼士、錢玄同會於馬裕藻家。

魯迅 1914 年 12 月 8 日日記:

上午寄朱逿先函。

魯迅 1914 年 12 月 12 日日記:

得朱逿先信,本日發。

魯迅 1914 年 12 月 13 日日記:

午後季市來,又同至馬幼漁寓,見君默、叚士、逿先、中季。

12 月 31 日,與魯迅、沈尹默、沈兼士、錢玄同、汪東、胡仰曾、許壽裳再會於馬裕藻家。

魯迅當日日記:

上午往馬幼輿寓,見朱逿先、沈尹默、叚士、錢中季、汪旭初、吴(胡)

仰曾、許季市,午飯後歸。

編者按:這幾次書信往來及聚會,當是商討營救章太炎事。

朱偰《我家的座上客》(《天風海濤樓札記》,中華書局,2009 年,15 頁):

章先生一連好幾天不見客人前來,知道是遭到禁閉,絶食表示抗議。章門弟子竭力營救,内中有一個汪東,在内政部做事,寫了一封懇切的信給總統府機要局長張仲仁,説章先生絶食已經好幾天,恐有不測,政府將有"殺士"的責任,請他設法解救。張氏把這封信給袁世凱看了,親筆批了"交辦"兩字,這自然是交員警廳的,既有了批,便好説話。於是章門弟子,開了一個會,當即推舉代表,我父親也在内,跟員警廳長吴炳湘接洽,議定一張名單,共十二人,錢玄同、馬裕藻、沈兼士、汪東等都在内,這十二人,是可以隨時自由往見的。一面報告章先生,已經解禁。只要每天有人輪流去談,章先生也不至感覺寂寞。在這個時期,我父親常常去錢糧胡同照料,勸他復食。

編者按:汪東所供職的部門應爲"内務部";吴炳湘應爲"警察總監"。袁世凱對章太炎撤警通客,在下年正月。

本年冬,章太炎絶食時,曾呼先生至榻前,指示學術門徑,並授以生平著述草稿。

先生 1936 年 7 月 20 日致潘景鄭(載該日日記):

先師嘗言經史小學傳者有人,光昌之期,庶幾可待,文章各有造詣,無待傳薪,惟示之格律,免入歧途可矣。惟諸子哲理,恐將成廣陵散耳。此二十年前在故都絶粒時之言也,至今思之,仍不能愈於斯言。

朱倩 1917 年 11 月 16 日日記(《孟婜日記》,《魯迅研究月刊》,2010 年 9 月):

先生(按:指章太炎)羈拘三載,誓死三次。方三年冬之絶粒也,呼家君至榻前,授以生平著述草稿,曰:"吾以是傳之也。"其後進食,家君悉以草稿檢還,先生乃以此自寫韻文一册賜家君,以志患難相依之感云。

編者按:此韻文一册中不知有幾篇,今只見《木樨賦》一篇,原件保存完好。此《木樨賦》章太炎也曾寫贈黄侃(司馬朝軍、王文暉編《黄侃年譜》,湖北人民出版社,2005 年,80 頁)

朱倩 1917 年 11 月 16 日日記(《孟婜日記》,《魯迅研究月刊》,2010 年 9 月):

檢書笥,展觀章太炎先生自寫韻文一册,其叙云:"昔王澤竭而詩不作,《春秋》經世,稱道行事始詳,定、哀多隱,褒譏亦晦。由是屈原、孫卿之賦,亦有譎諫遺風。下逮曹、阮、左、郭諸家,五言始盛。苟别以六義,其致一也。余生殘清之季,逃竄東隅,躬執大象,幸而有功。餘烈未殄,復遭姍議。險阻艱難,倍嘗之矣。既抑鬱無與語,時假聲韻以寄悲憤。躬自迻録,不敢比於古人。采之夜誦,抑可以見世盛衰。"

有關清史館事

本年3月9日,袁世凱批准設立清史館。8月,正式開館(鄒愛蓮《清史稿撰修始末研究》,《清史研究》,2007年第1期)。9月被聘爲清史館協修。爲《清史稿》體例,作《擬〈清史〉宜先修志表後紀傳議》。

朱倩1917年11月16日日記(《孟娶日記》,《魯迅研究月刊》,2010年9月):

(三年)九月,清史館長趙爾巽聘家君爲協修,乃與先生(按:指章太炎)商榷史例,頗以總纂繆荃孫例爲非,故家君時有辭意。

金梁《〈清史稿〉校刻記》(《清史稿·後記》):

開館之初,首商義例。館内外同人,如于君式枚、梁君啟超、吴君士鑒、吴君廷燮、姚君永朴、繆君荃孫、陶君葆廉、金君兆蕃、朱君希祖、袁君勵準、王君桐齡等,皆多建議。參酌衆見,後乃議定用《明史》體裁,略加通變。

朱師轍《清史述聞》卷一《討論體例第一》(上海書店出版社,2009年1月,2頁):

當開館之始首以討論體例爲要,其時建議者有:

于式枚、繆荃孫、秦樹聲、吴士鑒、楊鍾羲、陶葆廉六人合上僅擬開館辦法九條

梁啟超清史商例第一書、第二書

吴廷燮上清史商例

金兆蕃擬修清史略例

吴士鑒陳纂修體例

袁嘉穀、陳敬第陳清史凡例商榷

朱鍾琪擬修清史目例

袁勵準、王桐齡上纂修清史管見書

張宗祥陳纂清史管見數則

朱希祖擬清史宜先修表志而後紀傳議

劉樹屏陳述“邦交志”意見書
盧彤條陳徵集書籍及分類纂修辦法

編者按:《擬〈清史〉宜先修志表後紀傳議》,是現在能見到的先生最早的史學論文,全文載朱師轍《清史述聞》卷十三(上海書店出版社,2009年1月,195—203頁)。

先生撰《選舉志・封蔭》一卷。

朱師轍《清史述聞》卷三《撰人變遷第六》(同上,44頁):

協修朱希祖逖先　張云後辭退。轍按:曾撰“選舉志”封蔭一卷。

編者按:所謂“張云”,指張爾田《〈清史稿〉纂修之經過》一文所云。“後辭退”指先生後辭去清史館史職,詳見本《年譜長編》1916年條。

金梁《〈清史稿〉校刻記》(《清史稿・後記》):

《選舉》爲張君啟後,朱君希祖、袁君勵準等分稿,張君書雲復輯。

王愛衛《朱希祖史學研究》(博士論文,未刊):

將朱希祖的《選舉志・封蔭》一文與《清史稿》中的《選舉志・封蔭》比對,發現二者主體線索一致,大體可以推測,張書雲在“復輯”時,很可能參考了朱希祖的稿子。

一九一五年(民國四年乙卯)　先生三十七歲

2月9日,致函魯迅,並借給其《類説》十册。

魯迅當日日記:

得朱迪先函並《類説》十册。

2月14日,陰曆乙卯年正月初一,先生等章門弟子及好友給章太炎先生拜年。

魯迅當日日記:

舊曆乙卯元旦……午前往章師寓,君墨、中季、迪先、幼輿、季市、彝初皆至,夜歸。

2月,改任北京大學文本科教授,授中國文學史,編《中國古代文學史》,

常至太炎先生處請益。

金毓黻 1944 年 7 月 12 日日記(金毓黻《靜晤室日記》,遼瀋書社,1993 年,5599 頁):

民國三年,章先生被袁項城囚於北京,門弟子在側者僅有吴承仕檢齋,先生(按:指朱希祖)亦嘗侍側問業。當是時,先生膺北京大學聘,授中國文學史,撰《總論》二十首,每一首成,必以呈章先生,蓋不經章先生點定,則不即付油印。猶記先生授文學史二年,而講義不及百翻,蓋以送章先生鑒定,往返遲滯之故。然此《總論》二十首,實多精言明論,後來諸家所不及也。

編者按:金先生此段回憶,時間上當爲民國四年。民國三年(1914 年)章先生確實在軟禁中,但先生於民國四年(1915 年)才改任北大文科教授,開始講授中國文學史;吴承仕先生也是民國四年開始從章太炎先生問學的。

毛準《國故和科學的精神》(《新潮》第 1 卷第 5 號,1919 年):

錢、沈、朱諸君所編的《文字學》和朱逖先先生所編的《中國古代文學史》等,皆是用科學的精神研究國故的結果。

3 月 4 日,魯迅致函先生並還《類説》十册。

魯迅當日日記:

午後寄朱逷先信並還《類説》十本。

3 月 8 日,收魯迅函。

魯迅當日日記:

寄朱逷先函。

4 月,與何炳松、陶履恭、蔣夢麟、翁文灝等人共同參與發起成立北京高等師範學校史地學會。

查曉英《地質學與現代考古學知識在中國的傳播》(《歷史研究》2006 年第 4 期):

北京高等師範學校史地學會成立於 1915 年 4 月,會員有何炳松、陶履恭、王桐齡、白月恒、朱希祖、蔣夢麟、翁文灝、陳映璜等人,研究範圍包括歷史、社會、地理、地質、人類學等多個領域。

4月24日，章太炎來函，爲刻鈔《國故論衡》、《檢論》事。信如下(馬勇編《章太炎書信集》，河北人民出版社，2003年，291頁)：

逖先足下：

心孚處信想已寄去，彼此仍無復信，鈔寫無人，斷難於六月出版。刻《國故論衡》，改訂已了，正可鈔寫。《檢論》亦在改訂，正可遞鈔，而心孚急於出版，懈於移鈔，縱使印成，既不愜意，亦多誤字，似宜屬彼出版稍緩。若急急爲之，雖便貿易，終於拙著無與也。書此望爲轉達。

章炳麟白

四月二十四日

足下能來商榷更好。

6月20日，與錢玄同訪魯迅，魯迅贈先生《會稽雜集》一册，並以三册託分贈沈尹默、沈兼士、馬裕藻。

魯迅當日日記：

晚朱逷先、錢中季來，各遺《會稽雜集》一册，又以三册託分致沈尹默、臤士、馬幼漁。

6月24日，魯迅致函先生並贈《建初買地》、《永明照像》拓本各一張。

魯迅當日日記：

寄朱逷先信並《建初買地》、《永明造像》拓本各一枚。

本年，章太炎曾代明劉伯温後人請沈尹默書《誠意集序》，以爲刻石之用，沈尹默拖延一月尚未寫就，章太炎不悦，命先生索回原稿。

章太炎致先生(馬勇編《章太炎書信集》，河北人民出版社，2003年，291頁)：

前囑君默爲書《誠意集》序，本欲寄浙刻石，而交去一月尚未寫來，恐不能待，望向君默處將原稿取來，想劉氏後裔自能請人書丹耳。人情既如此，亦不□强□矣。此問

逖先近祉

章炳麟白

十二日

本年，吴承仕先生就學於章太炎，章爲吴説内典及諸子學，兼及小學，由吴承仕録爲《菿漢微言》。

《青年雜誌》在上海創刊，陳獨秀主編。

有關清史館事

本年冬，袁世凱爲復辟帝制，欲羅致名士，使爲已用，不持異議，特於議會中設碩學通儒一格，從清史館中延請先生等十人爲議員，先生等四人抗辭不就。

朱倩1917年11月18日日記(《孟婴日記》，《魯迅研究月刊》，2010年9月)：

> 張卿五先生來訪家君，張先生名書雲，前清翰林，與家君同爲清史館協修。四年冬帝制議起，政府欲羅致名士，使爲已用，不持異議，特於議會中設碩學通儒一格。而清史館中延請十人，其時家君與張先生皆在其列，首唱抗辭不就之議，趙世駿、藍鈺二先生尤烈，竟辭館職而去；而吴廷燮、秦樹聲、鄧邦述、夏孫桐、顧瑗、金兆豐六人或爲纂修或爲協修，竟靦然就之。

後作《自廣》詩隱諷此事："梨洲蹈海濱，季野隱冀北。一任彭朱輩，鴻博傾全國。"(《文史大家朱希祖》，2002年學林出版社，第145頁)

一九一六年(民國五年丙辰)　先生三十八歲

正月十六，五子倧生。

> 編者按：朱倧爲先生第五子，但因三子朱鼎僅七個月就早夭，故先生日記中稱朱倧爲四子。爲與日記一致，本《年譜長編》後文稱朱倧爲"四子"。

上年12月25日，唐繼堯、蔡鍔於雲南起義，組織護國軍討袁。1月1日雲南軍政府成立，全國討袁聲勢高漲，各省紛紛宣佈獨立。3月，袁世凱被迫撤銷帝制，取消洪憲年號。5月，孫中山發表第二次討袁宣言。時，章太炎先生仍在軟禁中。

6月6日，袁世凱病死於北京，先生走告章太炎先生。

6月7日，章太炎致書黎元洪，命先生轉呈。

章太炎先生《自定年譜》云：

> 六月六日，日將昏，朱逖先入告曰："公署、學校處處皆下旗，袁世凱必死矣，且秘之。"明日，知黎公繼任，即東廠胡同邸中爲行府。余欲往見，守門巡警尼之，乃書付逖先轉達公府。

附：章太炎1916年6月7日致黎元洪書(馬勇編《章太炎書信集》，河北人民出版

社,2003年,387頁):

大總統執事:

三歲以來,從公罹於憂患。自國體變革,欲一謁見,終爾遲回。天誘其衷,獨夫殞命,我公得以應天順人,正兹大位。而國基爲固,隱憂尚多,甚欲徑詣大庭,一陳芻議。所苦兇人作慝,群警守門,進止不得自便。感慨繫之,望宣明令,勒令警察退去,再定於何時謁見。不勝屏營待命之至。

章炳麟上

7月,辭去清史館職務,以示與帝制黨人決絶。

朱倩1917年11月16日日記(《孟婜日記》,《魯迅研究月刊》,2010年9月):

七月,先生(按:指章太炎)乃得南歸。家君亦辭清史館協修,以館中多帝制黨人也。

朱倩1917年11月18日日記(《孟婜日記》,《魯迅研究月刊》,2010年9月):

西南義師起,帝制歇,帝制黨人咸罷斥,思欲藏身史館,於是家君首上書館長辭職,以爲史者,首以誅絶二臣爲職,今若以趙孟頫、錢謙益輩任之,必顛到是非,何足爲伍,遂謝史職。

8月,内侄女張受采行納聘禮。與同邑徐蔚如先生作伐,嫁張受采於沈鈞儒先生長子沈謙(字汝兼)。

朱倩1917年12月19日日記(《孟婜日記》《魯迅研究月刊》,2010年9月):

民國五年八月,表姊張受采行納聘禮,時家君與同邑徐蔚如先生作伐。表姊丈爲沈衡山先生大郎,名謙字汝兼,肄業於上海德國醫學校。當時禮盤回物有海鹽張氏《涉園叢刻》八册。家君代吾母舅梅生先生各作跋語。

秋,兼高等師範教授,於北大和北高師同時講授中國文學史,編《中國文學史要略》,流傳頗廣。(《年譜》)

1920年10月版《〈中國文學史要略〉叙》(《朱希祖文集》第一册,臺灣九思出版有限公司,1979年,301頁):

《中國文學史要略》乃余於民國五年爲北京大學校所編之講義,與余今日之主張已大不相同。蓋此編所講乃廣義之文學,今則主張狹義之文學矣。以爲文學必須獨立,與哲學、史學及其它科學可以並立,所謂純文學也。此編所講,但述廣義文學之沿革興廢。今則以爲文學史必須述文學中之思想及藝術之變遷。其他不同點尚多,頗難縷陳,且其中疏誤漏略,可議必多,則此書直可以廢矣。惟新編文學史尚未蕆事,姑印次爲學生參考,講演時當别授新義也。

本年,曾將明汪士賢刊本《謝康樂集》校勘一過。

朱倩1917年11月10日日記(《孟婜日記》,《魯迅研究月刊》,2010年9月):

家君以明汪士賢刊本《謝康樂集》賜倩,誤字頗多。去歲家君曾以《文選》、《宋書》、《藝文類聚》、《初學記》、《弘明集》、《文苑英華》、《百三名家集》等善本書校勘一過。

12月26日,蔡元培被任命爲北京大學校長。

本年,陳獨秀改《青年雜誌》爲《新青年》,並將編輯部遷至北京。

一九一七年(民國六年丁巳)　先生三十九歲

1月4日,蔡元培正式就任北京大學校長。

《北京大學呈稿》呈字第二號,六年一月五日發(王學珍、郭建榮《北京大學史料》第二卷上册,北京大學出版社,2000年,243頁):

北京大學校長蔡元培呈　爲報明就職日期事:民國五年十二月二十六日奉大總統令,任命蔡　　爲北京大學校長,此令等因,奉此　　尊於六年一月四日到校就職,除報明大總統外,理合呈報

鈞部備案,謹呈

教育總長

北京大學校長蔡

中華民國六年一月

1月13日,陳獨秀被任命爲北大文科學長。

《教育部令》第三號(王學珍、郭建榮《北京大學史料》第二卷上册,327頁):

兹派陳獨秀爲北京大學文科學長。此令。

教育部印

教育總長范源濂

中華民國六年一月十三日

是月,蔡元培開始整頓北京大學,並提出大學改制方案。

2月,内侄女張受采與沈鈞儒先生長公子沈謙結婚。(《年譜》)

夏,張勛復辟,段祺瑞誓師馬場,戰事將作,先生先遣眷避居天津,自己則與二女倓、三女僖居於北京。戰後,赴津接回家眷。(《年譜》)

8月17日,周作人來訪,未遇。

周作人當日日記(《周作人日記》,大象出版社,1996年,上册,688頁):

上午往後門簾子庫胡同訪朱逷先君,不值。

8月18日,閱預科試卷,同閱者有沈尹默、劉文典、馬裕藻、周作人等。

周作人當日日記(同上,上册,688頁):

至校長室,見沈君默、劉叔雅、馬幼漁、朱逷先諸君,分閱預科卷。

8月25日,訪魯迅、周作人。

魯迅當日日記:

上午逷先來。

周作人當日日記(《周作人日記》,大象出版社,1996年,上册,690頁):

上午逷先來訪。

9月2日,在北大閱卷,同閱者有周作人、沈尹默、劉文典、錢玄同等。

周作人當日日記(同上,上册,691頁):

上午,雨。得蔡先生函,屬閱卷。即往大學,沈、劉、朱、錢四君已在。

秋,陳獨秀開始整頓中國文學門,並擬開設中國史學門。9月,北京大學正式設立中國史學門。

先生《北京大學史學系過去之略史與將來之希望》(《國立北京大學三十一週年紀念刊》,1929年):

北京大學於民國六年以前,初無所謂史學系也,民國五年秋至六年夏,此學年内,文本科中僅有中國哲學門、中國文學門、英國文學門三項而已。至六年秋,始於中國文學門内分出一部分教員及國史編撰處一部分編撰員,組織中國史學門。當時文科學長爲陳獨秀先生,竭力獎勵新文學,整頓中國文學門,本門教員於新文學有不慊者,大都改歸中國史學門。彼對於中國文學門,擬爲積極的建設,對於中國史學門,擬爲消極的安排,蓋具有不得已之苦衷也。然陳先生對於史學門,亦非無建設之意,曾勸希祖再至日本考察史學一二年,歸爲史學門主任,改革一切,希祖當時在中國文學門爲教授,方專研新文學,曾著《文學論》、《白話文之價值》等文,從事鼓吹,不願改入史學門,其時史學門尚無主任也。

沈兼士《近三十年來中國史學之趨勢》(葛信益、啟功整理《沈兼士學術論文集》,中華書局,1986年,372頁):

北大新文學運動,那是人所共曉的。至於史學的革新,卻爲一般人所忽視。民初蔡元培長北大,初設史學系,大家都不大重視,凡學生考不上國文學系的才入史學系,但這不能不算打定了史學獨立的基礎。

《北大史學系南遷記略》(《治史雜誌》,第2期,1939年):

國立北京大學史學系創始於民國六年,迄今已二十二年。

國立北京大學講師助教聯合會編《北大院系介紹》(北京大學出版,1948年,28頁):

北京大學史學系成立於民國六年,已經有三十一年歷史。

本年9月,胡適先生任教於北京大學。

10月2日,錢玄同向先生介紹了胡適的學術水準,並盛贊胡適的《墨經新詁》"做得非常之好"。先生始識胡適。

錢玄同1917年10月2日日記(北京魯迅博物館編《錢玄同日記》,第三册,福建教育出版社,1612頁):

晤逖先,談讀適之之《墨經新詁》,做得非常之好。

胡適《墨經新詁》原稿中有一胡適手寫的夾條(耿志雲編《胡適遺稿及秘藏書信》第七册,黄山書社,1994年,172頁):

書中夾箋皆歷年來友人朱逷先、張申府諸君所加,其語有是有非,其意皆至可感,故皆存之。適之。

胡適《中國哲學史大綱·再版自序》(1919年):

對於近人我最感謝章太炎先生。北京大學的同事裏面,錢玄同和朱逖先兩位先生對於這書都曾給我許多幫助。

10月27日,與家人游中央公園。

朱倩1917年10月27日日記(《孟婜日記》,《魯迅研究月刊》,2010年第9期):

家君攜母親及偉弟、復弟、菊妹出游中央公園。

10 月 30 日,代北大購得明臧晉叔原刻元人雜劇百種,共八十册。

朱倩 1917 年 10 月 30 日日記(《孟婜日記》,《魯迅研究月刊》,2010 年 9 月):

家君代北京大學購得明臧晉叔原刻元人雜劇百種,共八十册。

11 月 16 日,北京大學公佈《研究所通則》,並成立九個研究所。國文學研究所主任先爲沈尹默,後爲先生。

《研究所通則》(《北京大學日刊》1917 年 11 月 16 日):

(甲)各研究所之任務如左:

(一)研究學術。(二)研究教授法(本校及中小學校定教案、編教科書)。(三)特别問題研究。(四)中國舊學鉤沉。(五)審定譯名。(六)譯述名著。(七)介紹新書。(八)徵集通訊研究員。(九)發行雜誌。(十)懸賞徵文。

(乙)本學期所擬設之研究所凡七:

(一)國文學。(二)英文學。(三)哲　學。(以上文科)

(四)數　學。(五)物理學。(六)化　學。(以上理科)

(七)法律學。(八)政治學。(九)經濟學。(以上法科)

(丙)(1)法科各研究所設於法科。(2)文理兩科研究所暫設於二道橋之賃屋,俟新宿舍成後,於西齋設之。

(丁)研究所之方法

(1)主任教員指導研究員依《研究所簡章》第八條所規定而行之者:

在國文學門爲文字學、文學(古文辭詩詞等)。

在英文學門爲名家著述提要、名著研究等。

在哲學門擬先設心理學、論理學、中國哲學三種。

心理、論理兩門爲心理學史、論理學史、心理學實驗、名著研究、譯名審定、中國舊學鉤沉等。

在理科各門爲科學史、名著研究、譯名審定、中國舊學鉤沉等。

在法科法律門爲各國法律比較學説異同評、名著研究、譯名審定等。

(2)各教員及研究員共通研究者,《通則》中之三、四、五、六、七、八、九、十等皆屬之。(在國文學門更設國語部),得自由選擇種類,惟必經主任教員認可。

(戊)印行《北京大學月刊》,其稿件由九門研究所分任,每門所任自三千言以至七千言,候開會認定。

(己)研究所教授當自擇專題月作論文一首,或公開演講,或作《月刊》材料,或别刊小册,俱聽教授之便。

(庚)民國十年爲北京大學成立二十五週年紀念,擬出叢書三部:(一)大學各職教員著作,(二)教科書,(三)西文名著譯本。均由各研究所預備。

編者按:北京大學設各科研究所,是蔡元培大學學制改革的一部份。初北京大學分預科、本科二部,預科三年,本科三年,蔡元培擬將其改爲預科一年、本科三年、研究科二年,研究科屬研究所。《北京大學之改組》(《教育雜誌》第9卷第4號):"自蔡孑民任大學校長後,即主張就大學原有之學生,分别去留,專辦文、理二科,其他法、工二科學生,則分送北洋,以資深造。兹聞蔡君已邀集國立各專門校長會議一次,爲改設分科之準備,大體已有端緒。並改大學預科爲一年,本科爲三年,更添研究科爲二年,於教育部原定年限,不相背馳,於專門學校畢業年限,亦無出入。惟大學文理二科學生,不經研究科,則不能畢業。而分科學生,則準免入研究科,但僅予技師資格,不得授學位之榮譽。此項辦法,已呈教育部核定矣。"蔡元培此項改革方案,後有許多調整。

又按:在北京大學檔案資料中,國文學研究所或稱國文研究所、或稱國文門研究所,大多數情況下稱爲國文門研究所,但不可稱爲文科研究所,文科研究所是國文學研究所、英文學研究所、哲學研究所的總稱。與文科研究所相平行的是理科研究所、法科研究所。

又按:在現有資料中,未發現先生擔任國文學研究所主任之具體時間,但根據1918年10月3日《北京大學日刊》所載《研究所主任會議》,先生已爲該所主任。

11月18日,前清史館協修張書雲來訪。

朱倩1917年11月18日日記(《孟婴日記》,《魯迅研究月刊》,2010年9月):

張卿五先生來訪家君,張先生名書雲,前清翰林,與家君同爲清史館協修。

11月19日,馬夷初贈《籀亭述林》十卷。

朱倩1917年11月21日日記(《孟婴日記》,《魯迅研究月刊》,2010年9月):

前日,杭州馬夷初先生贈家君《籀亭述林》十卷,瑞安孫先生仲容所著。

11月20日,爲天津水災捐款。

《本校教職員捐助天津水災賑款清册》(《北京大學日刊》1917年11月20日):

蔡元培二十元、陳獨秀五元……錢玄同四元……胡適四元、朱宗萊四元、朱希祖四元、周作人四元、陳大齊四元、馬夷初四元……崔適二元、劉文典二元、馬裕藻四元、沈尹默四元……

11月27日,爲航空學校已故學員白永魁捐款。

《本校捐助航空學校白故學員永魁奠款一覽表》(《北京大學日刊》1917年11月27日):

蔡元培十八元、陳獨秀二元……黄侃一元……朱希祖一元、崔適一元……陳大齊一元……錢玄同一元……

12月4日,發佈《文科國文學研究所啟事》及《國文研究所研究科時間表》。

《文科國文學研究所啟事》(《北京大學日刊》1917年12月4日):

本門研究所定於本月五日在二道橋本所内開第一次演講。此白。

《國文研究所研究科時間表》(《北京大學日刊》1917年12月4日):

科目	擔任教員	會期次數及時間
文學史	朱逷先	每月一次,第一星期(三)三時至四時。十二月五日。

編者按:此表據《國文研究所研究科時間表》製定,其他教員所教科目及時間省略。

12月5日,於二道橋國文學研究所演講文學史。

12月11日,參加北大國文門研究所國語部教員與國語研究會聯合召開的國語討論會。

《國語討論會紀事》(《北京大學日刊》1917年12月13日):

星期二下午。本校國文門研究所國語部各教員與國語研究會諸君會於國史編纂處。國語研究會會員到者:陳頌平、董懋堂、劉資厚、陸雨庵、黎錦熙、沈商耆、朱造五諸君;本科職員與會者:蔡校長、沈尹默、錢玄同、朱逷先、劉半農、胡適之諸君。是日所討論者爲國語研究會與本校國語部研究所對於國語一事所應分工合作之辦法。討論結果。大致以一切關於此問題之學術上之研究如語言史、標準語之類皆屬之大學研究所,國語研究會及教育部之國語編纂處則惟辦理一切關於國語教育所急須進行之諸事。現該會擬以五年辦理此事:以二年爲調查用,以三年爲編纂國語教科書之用。黎錦熙君有詳細意見書商榷國語研究之具體進行方法,現此意見書已付繕印,以備下次會集時之討論云。

12 月 12 日,出席國文教授會第一次會議,選舉沈尹默爲國文教授會主任。

《國文教授會第一次開會紀事》(《北京大學日刊》1917 年 12 月 15 日):

十二日下午四時開第一次國文教授會,到會者:劉師培、吴梅、錢玄同、朱希祖、朱宗萊、劉三、劉文典、倫明、林損、沈尹默、沈頤、魏友枋、程演生、劉復。

選舉主任投票數如下:沈尹默十二票、劉師培一票、劉三一票、錢玄同一票。

沈尹默君以得票最多當選爲主任。

《國文部教授會成立紀事》(《北京大學日刊》1917 年 12 月 15 日):

國文部教授會於十二日下午四時在校長室開成立大會,本部教員到者十五人,由夏學長主席,由各教員投票選舉主任,沈尹默君以十二票當選,旋因時已薄暮,電燈又滅,沈君約改日再議,遂即散會。

編者按:北京大學設各學科教授會,亦是蔡元培大學學制改革的一部份。北京大學原先設有預科、本科二部,此二部各自爲政,常相衝突。《北京大學之改革》(《教育雜誌》第 9 卷第 5 號):"該校預科,名爲大學預備,而該科學長,素不願受大學校長指揮,凡事好與大學立異,甚至自稱預科大學,一切課程,均故意不與大學接洽,以致雖係預科,而功課與本科並不銜接。"爲糾此弊,蔡元培有設各部教授會之舉。國文部教授會由預、本科國文教授組成,主任統管預、本科之國文教學。後北大"廢除科門,設立學系"後,各教授會主任即爲系主任。

12 月 20 日,馬裕藻贈以明祝允明所著《九朝野史》四卷。

朱倩 1917 年 12 月 22 日日記(《孟婜日記》,《魯迅研究月刊》,2010 年 9 月):

前日,馬幼漁先生贈家君明祝允明所著《九朝野史》四卷,清同治甲戌元和祝氏所刻也。李文楷序云:"自有明開國,逮嘉靖之季,九朝往蹟,史不具載者,略見是編,而並及閭巷瑣屑事。”原版刻。

12 月 28 日,回函陳獨秀。

編者按:時北京大學評議會議決通過《減發講義案》,希望各教員在授課時,改用口授筆録或採用自編專著的方法以少印或不印講義,以減少開支。12 月 22 日,文科學長陳獨秀發布《致文科全體教員諸君公函》(《北京大學日刊》1917 年 12 月 22 日),函如下:

文科教員諸君鑒:減發講義案經評議會議決辦法六條,並通函乞復,諒均入覽。竊以評議會議決之辦法第二條當然可以實行,其第三條所以不易實行者,因本科各學科多無適當之教科書,故理科教員諸君多主張繼續發講義。鄙意大學印發講義實非正當辦法,文本科業已有數種學科由教員口授筆述未發講義,亦無十分困苦難行之處。自下學期起,預科倘能一律採用教科書,本科倘能一律改用口授筆述不發講義,固屬至善。如有窒礙難行之處,仍須繼續編講義者,希示以所編講義準於何時完結,以便由校中付印,作爲教科書或學生筆述時參考之用。何種講義完全出版後,即不續發何種講義,以後倘有增改,當可由學生筆録,不至難行也。尊見如何?希速賜復。專此,敬請教安!陳獨秀啟。

先生回函(《北京大學日刊》1918 年 1 月 1 日):

《中國上古文學史》,須至明年暑假前編完,故明年上半年仍須用講義。《中國文學史要略》,未修改之前,亦須用講義,明年暑假時,大加修改後付印,即可不用講義矣。十二月二十八日,朱希祖白。

12 月,孔德學校創立,蔡元培任校長,先生任該校教務評議會會員。

《孔德學校教務評議會簡則》(高叔平編《蔡元培全集》第三卷,中華書局,1984 年,160—163 頁):

《孔德學校教務評議會簡則》(一九一八年春)

(一)本會以改進孔德學校教務,使漸於同人理想之新教育爲宗旨。

(二)本會爲華法教育會會員,北京大學教員及學生之父兄中同志者所組織。

(三)本會會務如左:

甲　審定課程

乙　選定教科書

丙　選聘教員

丁　視察教務之進行

(四)本會每月於第一星期開常會一次,其有特別需要時,得開臨時會。

贊成者簽名如左:錢玄同、陳大齊、劉復、朱希祖、沈尹默、馬裕藻、馬鑒、蔡元培、顧兆麐、彭濟群。

附:孔德兩等小學教務評議會會員題名(以姓之畫數爲次)

姓　名	職　務
丁庶爲	北京大學教員
包玉英	同上
沈尹默	同上
朱逷先(希祖)	同上
李石曾(煜瀛)	同上
何伊榘(尚平)	同上
胡適之(適)	同上
陳獨秀	北京大學學長
陳百年(大齊)	北京大學教員
馬幼漁(裕藻)	同上
馬季明	協和醫學院教員
馬隅卿(廉)	浙江旅津公學教員
徐悲鴻	北京大學畫法研究會導師
張申府(崧年)	北京大學助教
賀培之(之才)	北京大學教員
彭志雲(濟群)	同上
劉半農(復)	同上
蔣夢麟	職業教育社書記長
蔡孑民(元培)	北京大學校長
穆穆齋(耀樞)	天津孔德學校校長
錢玄同	北京大學教員
錢秣陵(振春)	同上
顧夢漁(兆熊)	同上
顧石君(兆麐)	京師商務局科長

編者按:原表尚有地址一欄,略去。編者云上文"據蔡元培手稿"。

本學期,任文本科中國文學門一、三兩個年級的中國文學史課程,並於國文學研究所每星期開一次文學史講座。

《文本科現行課程》(《北京大學日刊》1917 年 11 月 29 日)：

第一年級

科目	每週時間	教員	擔任時間
中國古代文學史 (上古訖建安)	三	朱逷先	三

第三年級

科目	每週時間	教員	擔任時間
中國古代文學史	三	朱逷先 劉申叔	三

編者按：上述表格，據《北京大學日刊》製作，其他人員的科目省略。同時，先生還擔任英國文學門一、二年級中國文學史要略。

本年論著

《縱橫家出於道家説》(《中華新報》11 月 18、19、22 日)。

朱倩 1917 年 11 月 21 日日記(《孟娶日記》,《魯迅研究月刊》,2010 年 9 月)：

家君於今春作《縱横家出於道家説》一篇，郵寄章太炎先生就正，先生有覆書一通。今康君心孚索登於十一月十八日、十九日及二十日《中華新報》矣。

《日本國名考》。

朱倩 1917 年 11 月 17 日日記(《孟娶日記》,《魯迅研究月刊》,2010 年 9 月)：

鈔家君所作《日本國名考》一篇，大意謂日本之名始於唐武則天，隋以前史志皆稱爲倭或稱爲倭奴。《後漢書》以下皆有《倭國傳》可考也。《史記·夏本紀》張守節"正義"云："倭國，武皇後改曰日本國，在百濟南，隔海依島而居，凡百餘國。"張守節身仕武朝而又長於地理，必非妄言，其成《史記正義》則在開元時也。

一九一八年(民國七年戊午)　先生四十歲

1917—1918 學年第二學期，任中國文學門一、二年級中國古代文學史(上古訖建安)，英國文學門一年級中國文學史大綱。並於每月第一個星期三下午爲理預科第三年级乙班學生講演中國文學史。(《北京大學日刊》1918 年 1

月5日《文本科第二學期課程表》,《北京大學日刊》1918年1月9日《理預科本學期課程表》)

1月16日,與沈尹默、劉復、程演生、錢玄同、周作人、王星拱、馬裕藻、劉文典、陶履恭、陳獨秀、朱宗萊、朱家驊、陳百年等14人共同提出《擬請(一)組織大學俱樂部、(二)劃分大學區域、(三)制定教員學生制服案》。(1918年1月16日、17日《北京大學日刊》)

2月,加入"進德會",爲甲種會員。(2月27日《北京大學日刊》)

編者按:1月19日,蔡元培在北大發起"進德會"(蔡元培《北京大學進德會》,《北京大學日刊》1918年1月19日),5月28日,正式成立進德會(《北京大學日刊》1918年5月30日),師生均可參加。進德會會員分三種,甲種會員遵守三條基本戒約:不嫖、不賭、不娶妾;乙種會員於上三條戒約外,再加不作官吏,不當議員;丙等會員於上五項戒約外,再加不吸煙、不飲酒、不吃肉。後經"進德會"決議,於會員中廢除甲乙丙三種區別,該會共有戒約八條:不嫖、不賭、不納妾、不當官吏、不當議員、不食肉、不吸煙、不飲酒。凡入會者均得遵守該會"不嫖、不賭、不納妾"三條基本戒約,另外五條自由任之(1918年7月4日,7月30日《北京大學日刊》)。據7月30日《北京大學日刊》中《進德會啟事第七號》記載,蔡元培所願遵守者爲"本會基本戒約外加不作官吏、不作議員、不食肉"。朱希祖、沈兼士、胡適等五十四人爲"謹守本會三條戒約者"。

3月6日,下午三時至四時,在國文研究所講演中國文學史。(《集會一覽表(二月廿八——三月六日)》,《北京大學日刊》1918年2月28日)

編者按:據《北京大學日刊》,先生自3月至6月,在國文研究所,每月有一次中國文學史講座,時間分别是3月6日、4月10日、5月8日、6月5日。

3月21日,爲北大教授田北湖捐奠銀三元。

《本校教職員敬賻田北湖教授題名》(《北京大學日刊》1918年3月21日):

錢玄同二元、朱家驊二元、朱希祖三元、周作人二元、朱宗萊二元、……陳獨秀五元、……蔡元培十元、沈尹默五元、張相文十元、鄧之誠五元。

本年春,參加蔡元培發起組織的教育研究會,討論修改教科書,改文言爲白話等問題。

張樹年《張元濟年譜》(商務印書館,1991年,185頁):

1917年12月,華法教育會在北京創辦孔德學校,蔡元培任校長。1918年春,蔡與胡適、李石曾、朱希祖、徐悲鴻、錢玄同、沈尹默、沈兼士等組織教育研究會,討論修改教科書,内容之一爲改文言爲白話。(《蔡元培全集》第三卷)

4月,胡適發表《建設的文學革命論》,此文在章門弟子中引起了較大的共鳴,先生開始明確表態支持白話文。

陳以愛《中國現代學術機構的興起——以北京大學研究所國學門爲中心的探討》(臺灣政治大學歷史系,1999年,51頁):

當時朱希祖所以明確表態支持白話文,實與1918年4月胡適在《新青年》發表的一篇文章《建設的文學革命論》中,把文學革命與國語統一運動掛鈎,有着密切的關係。

這是因爲在《建設的文學革命論》中,胡適喊出了"國語的文學,文學的國語"這一口號,指出建立標準國語的方法,必須先用活的語言來做白話文學;而文學革命就是替中國創造出一種國語的文學。

……

就北大文科的情形來説,當時一批太炎弟子,像朱希祖、馬裕藻、錢玄同、周作人等幾位,全都是國語運動的熱心分子。在《建設的文學革命論》發表後,這些國語運動的倡議者,果然都對文學革命表現出積極支持的態度。而當1919年4月國語統一籌備會召開時,胡適和劉復兩位文學革命的急先鋒,乃與蔡元培、朱希祖、馬裕藻、錢玄同、周作人一同列名該會會員而代表北大參加會議,顯示出國語運動與文學革命陣營確已出現合流的趨勢。

編者按:胡適先生的文章,是先生積極支持新文化運動的一大動因。

6月初,北京大學組織入學試驗委員會,蔡元培爲會長,陳獨秀爲副會長,先生爲文本科國文科之命題及閲卷委員。

《本校入學試驗委員會組織業已就緒》(《北京大學日刊》1918年6月12日):

本校舉行入學試驗之期轉瞬將届,因事務紛繁,故組織一入學試驗委員會,業已就緒。兹將主事人員姓名録之於後:

會長 蔡元培

副會長　陳獨秀

命題及閱卷委員列左：

……

文本科國文科　朱希祖

文本科文字學科　錢玄同

……

文理法預科國文科　馬裕藻

……

文本科及文理法預科英文科　胡　適

7月9日,參加蔡元培召集的座談會,先與商務印書館張元濟商談編纂教科書等事,後與會人員共同倡議發起成立"世界圖書館"。

張樹年《張元濟年譜》(商務印書館,1991年,154頁):

7月9日,(張元濟)應蔡元培之邀赴北京大學座談。蔡元培、陳獨秀、馬幼漁、胡適、陳仲騫、沈尹默、朱希祖、李石曾、錢玄同等在座。談三事,一、世界圖書館擬在北大和上海商務印書館陳列各國圖書;二、編通俗教育書事,先生謂:"最好京中有能編此書之人,先成一二十種,本館甚願出版,……此等事本館不以營利爲目的";三、改定商務版教科書,蔡元培出示書單,請商務提供書籍,由同坐諸人改定。

《世界圖書館之發起》(《北京大學日刊》1918年8月17日):

七月九日午後四時,本校編譯會開茶話會,歡迎商務印書館總經理張菊生先生。是日蔡校長及本校講師李石曾君提出創辦一"世界圖書館"議案,因請張先生於午後二時到校。並約本校圖書館主任李守常君及京師圖書館遷移午門籌備員陳仲騫君到校會議。本校胡適之、沈尹默、朱逷先、錢玄同、馬幼漁諸教授皆在座。提議後,全體贊成。張先生遂函告上海商務印書館。頃已得來函,贊同。擬由華法教育會報告於巴黎會所,積極進行。大約半年以内,此事當有成議矣。

……

本年夏,將自己收藏的張家舊藏古籍《荆川先生精選批點漢書目録》贈予張元濟。

張樹年《張元濟年譜》(商務印書館,1991年,162頁):

本年夏,(張元濟)撰《〈荆川先生精選批點漢書目録〉跋》,謂:"戊午夏余至京師西山之游,遇朱逖先於大學,以此書爲余家舊物,因以歸余。書此以志不忘。”(原書藏上海圖書館)。

8月23日,張元濟至北大辭行回上海。

張元濟1918年8月23日日記(《張元濟日記》,商務印書館,1981年,434頁):

早赴大學堂,留刺與陳獨秀、胡適之、夏浮筠、秦景陽、沈尹默、朱逖先、馬幼漁諸君辭行。均未到堂,故未見也。

農曆七月廿六日,長女朱倩因肺結核逝世,時年16歲。

朱偰《從封建教育的桎梏中解放出來》(朱偰《回憶録》,手稿本,未刊):

這時我的家庭裏發生一件不幸的事故,我的大姊因患肺結核到了第三期,不治逝世。她死的時候才十六歲,引起了一家人的極大悲哀。她從小有“女神童”之目,七歲就能背誦“長恨歌”,十歲就能作古文。父親對她加意培養,親自教讀,一心一意想把她教成一個班昭、李清照一樣的女學者或女詩人。可是她從小用功過度,身體就吃了虧,每天晚上還要替父親抄寫《中國文學史》講義,到十點或十一點鐘才能睡覺,竟得了肺結核,從她十二歲那年起,就開始吐血。後來雖兩次進法國醫院治療,還是不能見效。她好像含苞待放的蓓蕾一樣,被無情的暴風雨摧折了。父親失去了愛女,非常傷心。經過這次打擊,他才覺得以前的家庭教育的方式方法是不對的;青少年兒童應該德育、智育、體育並重,不能關在書房裏讀死書,弄的死氣沉沉,甚至影響身體。於是他教我們搞體育運動,提倡打乒乓球、踢足球,並帶我們出去旅行,接觸大自然的美景,認識祖國壯麗的河山。

編者按:這之後,先生請了一位家庭教師(即後來北大校長室秘書兼文牘組主任朱洪),給子女補習科學和講授普通知識,準備讓朱倓和朱偰姐弟二人考入中學,受正規的現代教育。女兒的死,是先生積極支持新文化運動的又一大動因。

9月1日,發表文章《論古人的言文合一》(《尚志》第1卷第11號)。

文曰:

近世士夫又以遠西諸國文語無殊,故闓澤蒸黎,易臻庶富。臨睨諸夏,則文語分離,有字無語,有語無字,往往而有,遂欲遠同彼土,易我華風,此皆矯枉過正之談也。上推古始,文言本自合一。楚夏異地,古今異時,幅員之廣狹代殊,言語之流別遂異,語不相曉,文能通之,此則古今之變,非可以一概論也。

……

宋明以來,語録小説競用方言、勇操土語,地越千里,時隔百年,即有不相通曉者矣。憤時之士,遂欲執一方之言語,同四海之口耳,不加修飾之功,而遽期劃一。不契雅潔之妙,而惟事鄙倍;不撢方言之根株,以推求本字;不籀字學之源流,以合符今語,是使文言永相離耳。理而董之,是在達者矣。

9月14日,《北京大學日刊》公佈本學期課程表,先生於中國文學門任"古代文學史(上古至建安)"(必修),於英國文學門、法國文學門任"中國文學史大綱"(選修)。

9月28日,《北京大學日刊》刊登《北京大學出版部廣告》,中有先生《文學史要略》,定價0.34元。

9月30日,出席蔡元培召集的北京大學各學長及研究所主任會議,討論兩事,一、組織研究所聯合會事;二、編輯《北京大學月刊》事。第一事議決暫緩;第二事議決自1919年1月起,編輯發行《北京大學月刊》,第一期歸先生總編。時先生任國文學研究所主任。

《研究所主任會議》(《北京大學日刊》1918年10月3日):

九月三十日,由校長召集各學長、各研究所主任,提議照《研究所總章》第八條,組織研究所聯合會,互選會長。討論之結果,僉以現在各研究所之書報,均以彙集於圖書館,不必别籌便利交通之法。劃一辦法,一時亦未易着手。聯合會之舉,暫緩實行。遇必要聯絡時,仍由校長召集云。

次提議編輯月刊。議定每年一月至六月,及十月至十二月,月出一册。暑假中之七、八月停刊,九月出臨時增刊一册,共十册,每册十萬字。全校職員及學生均有供給稿件之義務。而分門編輯,則由各研究所主任任之。每門每月以供給一萬一千字左右爲至少之限。每册總編輯則各研究所主任迭任之,以姓之筆畫爲次第,規定如左:

一月朱逷先,二月俞星樞,三月馬寅初,四月胡適之,五月秦景陽,六月陳惺農,十月陶孟和,十一月張菊人,十二月黄黼馨。

其臨時增刊總編輯校長任之。

每月十五日出版,稿件於前一月之一日集成,十五日寄發。

《校長啟事》(《北京大學日刊》1918年10月7日):

全校同人公鑒:

本校定於明年一月起發行月刊，由各研究所主任教員認定分期編輯，業已佈諸《日刊》。第一期之稿，須於本年十二月一日集成。請諸君速以所作分別送至各研究所主任，以便審定後彙送朱逷先先生處。稿件均横寫並加各種符號。印有稿紙，存《日刊》處，可索取。

蔡元培謹啟

本年9月，偕夫人及長子偰赴西山静宜園，小住見心齋得月軒，繼遷暢風樓，並度中秋節，遍覽香山諸景，頗有卜築之志。

先生1935年8月21日日記：

余於民國七年時，相地一區，爲人所未經營者，前臨深溪，樹木蒼翠。玉泉雙塔，萬壽佛閣，正對峙於微波煙靄之前，坡左有溪有橋，坡右數百步有一泉可以汲飲，坡上高松數株，亭亭如蓋，而香山南北山址，如張兩翼，此坡適在正中。仰觀翠嶂，俯視青溪，遠眺玉泉，近覽玉華，擬築室避暑焉。已租定其地，製圖擬式，旋因事不果。

11月12日，發佈《文科國文學研究所啟事》，請該所研究員報送各自研究科目。

《文科國文學研究所啟事》（《北京大學日刊》1918年11月12日）：

本所研究員分任研究科目，業於前星期開會討論，當經開會諸君分别開列，其因事未能到會諸君，務希於本星期四前，將願所擔任研究學科開具送來，是所至盼。

12月9日，於《北京大學日刊》發佈《文科國文學研究所啟事》，邀集所中研究同人於12月14日開會，商討研究所"進行方法"。

《文科國文學研究所啟事》（《北京大學日刊》1918年12月9日）：

國文學門研究諸君鑒：兹定於星期六日（本月十四日）下午四時在研究室開會，討論進行方法，届時務祈畢到。此白。

本年，周作人於其日記（《周作人日記》，大象出版社，1996年，上册）中記有與先生交往事，録於下：

10月30日，以《新ラシキ村生活》借予逷先，約一月還。

11月9日，以《太宰佛文學史》借逷先，取來十月份《早稻田文學》一册。

11月23日，還逷先《早稻田文學》一本。

12 月 4 日，收逷先還《新ラシキ村生活》等二册，又借來《早稻田文學》一册。

12 月 9 日，還逷先《早稻田文學》，又借予《新シキ詩ノ作リ方》二册。

本年論著

本年，在《尚志》上發表的文章除上引之《論古人言文合一》外，尚有《文章封域論》（第 1 卷第 9 號，1918 年 7 月 1 日）、《論文字起源與集字成文之理》（第 1 卷第 10 號，1918 年 8 月 1 日）、《論譯異域書籍與本國文學之關係》（第 1 卷第 12 號，1918 年 10 月 1 日）、《論古人述作不同》（第 2 卷第 1 號，1918 年 12 月 1 日）。

朱希祖先生年譜長編卷三

一九一九年(民國八年己未)　先生四十一歲

1月11日,致信周作人,爲《北京大學月刊》第二期向周催搞。

啟明尊兄:《月刊》第二期文章國文門闕稿尚多,大作務祈從速擲下爲盼。敬頌健康!弟希祖再拜　一月十一日(周作人哲孫周吉仲提供)

周作人當日日記(《周作人日記》,大象出版社,1996年,中册,4頁):

晚得逷先函。

1月25日,周作人贈自著《歐洲文學史》一部。

周作人當日日記(《周作人日記》,大象出版社,1996年,中册,6頁):

以銀十元向編譯會購得《歐洲文學史》十部,贈君默、半農、逷先、幼漁、瞿安各一。

2月22日,還周作人書三本。

周作人當日日記(《周作人日記》,大象出版社,1996年,中册,12頁):

收逷先還書三本。

3月4日,民國政府發佈大總統令,授予先生四等嘉禾勳章。

《大總統令》八年三月四日(《教育公報》第六年第四期,1919年4月):

夏元瑮、馮祖荀均晉給三等嘉禾章,陳漢章、朱希祖、李景忠、趙天麟、熊元襄均給予四等嘉禾章,此令。

《訓令第一五五號》(《北京大學日刊》1919年4月18日):

令北京大學

案准銓叙局諮開案,奉國務院交教育總長請獎京外辦理學務著有勞績人員夏元瑮等勳章一案,業經本局核議具呈。於本年三月四日奉大總統令,夏元瑮、馮祖荀均晉給三等嘉禾章,陳漢章、朱希祖、李景忠、趙天麟、熊元襄均給予四等嘉禾章,此令。……

3月22日,與蔡元培、胡適、沈尹默等發佈啟事,爲馬寅初母喪募集賻儀。

《蔡元培、沈尹默、朱希祖、張祖訓、胡適、鄭壽人、徐寶璜啟事》(《北京大學日刊》1919年3月22日):

馬寅初先生現遭母喪,本校同人有擬贈賻儀者,請送交學生儲蓄銀行代收。

3月29日,與魯迅、周作人、陳百年、劉文典、沈士遠、沈尹默、劉復、錢玄同、馬裕藻等人於前門外西車站讌敘。

魯迅當日日記:

至前門外西車站飯,同坐陳百年、劉叔雅、朱逷先、沈士遠、尹默、劉半農、錢玄同、馬幼漁,共十人。

周作人當日日記(《周作人日記》,大象出版社,1996年,中册,19頁):

五時至教育部同大哥至廠甸一轉,步行至前門京漢站食堂赴宴,尹墨、士遠、逷先、幼漁、半農、百年、玄同、叔雅共十人,十時返。

本年春,嫁堂妹福嬿與同邑陶翰卿先生。(《年譜》)

5月4日,北京學界發起"五四運動",北京大學學生被捕者十餘人。

5月9日,蔡元培離校出京。

5月13日,評議會與教授會開聯席會議,組織委員會,以維持學校。

6月3日,北大法科被軍警圍佔,教職員和學生多人被拘。

6月4日,與胡適、馬寅初、馬叙倫、馬裕藻、沈士遠、高一涵、康寶忠、劉復、周作人、錢玄同、陳百年等20人作《致本校全體教職員諸君函》,請全體教職員於當日下午開會,磋商辦法,以謀解決。

《致本校全體教職員諸君函》(《北京大學日刊》1919年6月4日):

六月三日下午一時本校法科被軍警圍佔,教職員暨學生多人被拘在内,公議於四日下午二時在理科大講堂開教職員全體緊急大會,磋商辦法,伏希惠臨,不勝迫切。專此敬頌　　公祺

(公啟人姓名略)

6月7日,參加北京大學全體教職員大會。

周作人當日日記(《周作人日記》,大象出版社,1996年,中册,31頁):

下午赴教職員大會。

6月某日晚,從校歸寓,行至吉安胡同車翻而臂骨脱臼,醫治月餘始愈(《年譜》)。

9月,蔡元培以各方再三挽留電促,乃回長北大。

7月12日,北京大學公佈本學年入學試驗委員會出題及閱卷委員名單,先生爲國文本、預科國文、中國歷史出題及閱卷委員。

甲、《入學試驗委員會出題委員名録》(《北京大學日刊》1919年7月12日):

(民國八年七月)
國文(本、預科)　朱逷先
……
中國歷史(本、預科)　朱逷先
……

乙、《閱卷委員名録》:

國文:馬裕藻　劉　復　錢玄同　劉文典　朱希祖　吴　梅
沈尹默　沈士遠　林　損　陳　懷
……

8月16日,周作人送來在日本代購書籍一包。

周作人當日日記(《周作人日記》,大象出版社,1996年,中册,43頁):

下午往校,以書一包交逷先,六時返。

編者按:是年7月2日至8月9日,周作人赴日本接妻子及子女回國並順道考察日本的"新村運動"。周作人1919年7月17日記:"代逷先、志希買書。"7月31日日記:"又爲逷先買《生命ノ不思議》一部。"

9月13日,交周作人46日元,託其匯往日本訂購書籍。

周作人當日日記(《周作人日記》,大象出版社,1996年,中册,48頁):

小雨,下午霽。玄同、伏園先後來。收逷先定買書籍日金四十六元。

周作人1919年9月15日日記(同上):

代朱、錢、沈、馬寄款。

本年秋,黄侃辭去北大教席,往湖北任教。陳獨秀離開北大。

本年秋,長子偰入北京第四中學,次女倓入高等師範附屬中學,二子侃、三子僑入北京師範附屬小學。(《年譜》)

9月25日,與蔡元培、劉復、沈尹默、錢玄同、劉文典、馬寅初、李大釗、馬裕藻、沈士遠、陳百年、馬叙倫、康寶忠等20人發佈啟事,爲章門弟子朱宗萊教授徵募賻儀。

《蔡元培等啟事》(《北京大學日刊》1919年9月25日):

本校教職員諸先生公鑒:敬啟者,本校朱蓬仙(宗萊)教授因病逝世,生後蕭條。同人有欲致送賻儀者,請於十月十五日以前,送交本校會計課代收,以便彙送。

至紉　　公誼

(同啟者名略)

爲朱宗萊捐款四十元。

《會計課經收已故教授朱蓬仙賻款報告》(《北京大學日刊》1919年10月17日):

馮祖荀,票洋二元;楊昌濟,現洋二元;……沈士遠,票洋八元;……劉文典,現洋五元;周作人,票洋八元;……沈尹默,票洋八元;沈兼士,票洋八元;……朱希祖,票洋四十元;……

9月28日,至海昌會館赴朱蓬仙追悼會。(見《周作人日記》)

9月25日,開始代理國文教授會主任,即中國文學系主任。

《沈尹默啟事》(《北京大學日刊》1919年9月25日):

尹默現因眼疾須就醫醫治。自本學期起,國文教授會主任職務由朱逷先先生代理,所有功課歸馬幼漁先生代授。此啟。

10月6日,主持國文教授會,討論組織教員會之事項。

《國文教授會開會紀事》(《北京大學日刊》1919年10月17日):

十月六日(星期四)開國文之教授會,到會者十五人:楊遜齋、陳子存、倫哲如、程演生、劉半農、吴瞿安、錢玄同、馬幼漁、沈士遠、魏仲車、沈兼士、沈朵山、毛夷康、孟壽椿、朱希祖。

提議組織教員會。

本年九月二十一日,開國文教授會時,議決組織教員會。教員會之職務如下:

取自由集會但每次討論之結果,須有記載。所討論之事項:

(一)教材及單位多少之改變。

(二)教授法之改良。

討論之結果須提出於教授會。

教員會分五種:

(一)文學史教員會

(二)文學教員會(詩、文、詞、曲)

(三)文字學教員會

(四)文法教員會

(五)預科國文教員會

本日重加討論修訂如下:

教員會分甲乙丙丁戊五種

(一)甲部教員會(文學史及歐洲文學史教員屬之)

(二)乙部教員會(詩文詞曲等教員屬之)

(三)丙部教員會(文字學教員屬之)

(四)丁部教員會(文法語法教員屬之)

(五)戊部教員會(預科之國學概要及模範文教員屬之)

會期分兩種:

(一)常會,每月一次,在第四星期之星期六下午三時開會。

(二)臨時會,由各部教員中提出意見書,報告國文教授會主任,由主任發函召集。其僅關於一部者,止開一部教員會。關於數部或全部者,則開數部或全部教員會。

開會地點在國文研究所。

常會、臨時會各備記録簿,將提議各事詳細記録,存放於主任處備考。

同日,與馬叙倫、沈尹默、周作人、馬寅初、馬裕藻、沈士遠、李大釗、劉文典、徐寶璜等18人爲籌備雙十節紀念發表《啟事》。

《馬叙倫等啟事》(《北京大學日刊》1919年10月6日):

逕啟者,同人擬於雙十節舉行本校教職員全體公宴以申慶祝(時間地點再行決定),届時並有關於全體一二應商之事欲相討論爲荷。贊成即當籌備,否則請於七號以前賜函本校庶務處,同人當從多數意見以爲決定。此啟。

(同啟人名略)

10月15日,至北大國文學研究所開會,討論編纂語典方法。

《國文學研究所開會紀事》(《北京大學日刊》1919年10月18日):

十月十五日,在國文研究所開研究會,議□編語典方法。到會者如下:馬裕藻、周作人、劉復、錢玄同、沈尹默、沈兼士、毛常、常惠、毛準、沈頤、朱希祖。

國文研究所初定有研究語典一門,今春特請沈兼士先生爲語典總編輯。沈兼士先生乃提出《語法編纂大旨》一篇,其文録於後方(略)。

本日決議之事如下:

"語典"二字決定改爲"語法"。(國文研究所尚有研究辭典一門,亦決定將"辭典"二字改爲"辭書")

先編應用之語法,其關於古今之變遷,方土之差別,將來別行編纂。

編纂方法:(甲)依傍中國文法,編成假定的語法。依傍外國語法,編成假定的中國語法。(乙)編成之後再用近代小説及其他口語文以審其當否。

擔任編輯者如下:

沈先生頤,擔任依傍中國文法,編成假定的語法。

沈先生兼士,擔任依傍日本語法,編成假定的中國語法。

常先生惠,擔任依傍法國語法,編成假定的中國語法。

錢先生玄同主張語法中,應用語言,如現代普通語不敷用之處,可用古語(即自來文章中所通用者)及方言補之。

擔任編纂語法者,如有一部份已經成稿,先刷印分送於共同研究者,一星期後開會討論。

10月25日,北京大學全體教授舉行1919—1920學年度評議會評議員選舉,先生當選爲評議員。

《本校佈告》(《北京大學日刊》1919年10月27日):

二十五日午後二時開評議會選舉會,各教授選舉評議員之單送到者共六十八紙,由蔡校長及徐寶璜、陳振鈞二教授共同開檢。得票多數當選爲評議員者爲胡適、俞同奎、蔣夢麟、馬寅初、陶履恭、馬叙倫、陳大齊、張大椿、沈尹默、温宗禹、何育杰、朱希祖、賀之才、馬裕藻、黄振聲十五位教授,尚有一名因朱錫齡、沈士遠、康寶忠、馮祖荀四教授同得二十八票,須待各教授通訊決選而定之。兹將各教授被選票數全載於後(略)

10月,置産於北京德勝門内草廠大坑21號,凡三十餘間,自簾子庫劉宅遷入。(《年譜》)

11月1日,康寶忠病逝。

編者按:康寶忠,字心孚。1919年11月1日,康寶忠在北京法政專門學校授完課後,在休息室談笑未畢,突發疾病而逝,時年三十五歲。

11月5日,出席評議會第一次常會。議決七事,其中第六項爲"康心孚先生恤金"。

《評議會議事録·八年十一月五日》(王學珍、郭建榮《北京大學史料》第二卷上册,157頁):

(六)康心孚先生恤金。

(1)依國立工業專門學校先例,贈送半年薪俸。(自十二月起)

(2)追悼會開會時,本校停課一日。

11月7日,與蔡元培、陳百年等發佈啟事,聯名發起康寶忠追悼會,追悼會定於11月22日在北大法科講堂舉行。(11月7日《北京大學日刊》)

11月16日,與周作人、沈兼士、錢玄同赴康府弔唁。

周作人當日日記(《周作人日記》,大象出版社,1996年,中册,62頁):

赴孔德校務討論會,下午一時半散。至東安市場同朱、沈、錢三君午飯,至石燈庵康宅弔心孚喪。五時返。

11月22日,北大舉行康寶忠追悼會。

11月23日,中午,在草場大坑21號新宅與陳百年、沈尹默、錢稻孫、劉半農、馬裕藻、周作人等讌叙,讌後同至八道灣11號魯迅與周作人新居參觀。

周作人當日日記(《周作人日記》,大象出版社,1996年,中册,64頁):

午至草廠大坑赴逷先招飲,下午三時返。尹墨、逷先、幼漁、百年、半農及錢稻孫君來訪。

魯迅當日日記:

下午,陳百年、朱逷先、沈尹默、錢稻孫、劉半農、馬幼漁來。

編者按:魯迅、周作人昆仲於11月21日搬入八道灣新居。周作人11月21日日記:"上午移居八道灣十一號。"

11月30日,至八道灣訪魯迅、周作人。

魯迅當日日記:

午後朱逷先來。

周作人當日日記(《周作人日記》,大象出版社,1996年,中册,66頁):

下午逷先來。

12月9日,參加評議會臨時會議,並當選爲本届評議會入學試驗委員及圖書委員。

《評議會議事録·八年十二月九日》(王學珍、郭建榮《北京大學史料》第二卷上册,159頁):

下午五時臨時會議。

……

校長提出委員會名單徵求同意。略有修正。修正後全體通過。

委員會名單附後。

……

(四)入學試驗委員:馬寅初(教務長)(長)、馮祖荀(數)、何育杰(理)、俞同奎(化)、朱希祖(國文史學)、胡適(英文)、賀之才(法文)、顧兆熊(德文)、錢振椿(地理)、沈士遠(庶務主任)、鄭壽仁(註册主任)

……

(五)圖書委員:顧兆熊(長)、李大釗(當然)、陳世璋、葉瀚、宋春舫、陳啟修、朱希祖、孫國璋、馬衡。

12月10日,正式出任北京大學史學系主任,此爲蔡元培舉薦。仍兼任北京大學中國文學系代理主任。

《教務長佈告》(《北京大學日刊》1919年12月10日):

史學系主任選舉之結果，計朱（逖先）先生得三票，張蔚西先生得二票，王文伯先生、柴春霖先生各得一票，朱（逖先）先生得最多票數，當選爲史學系主任。

先生《北京大學史學系過去之略史與將來之希望》（《北京大學三十一週年紀念刊》，1929年）：

康先生逝世，蔡孑民校長力舉希祖爲史學系主任，希祖雖嘗留學日本，專習史學，然所得甚淺，萬不足以當此任，然斯時留學歐美專習史學者，尚無其人，不得已濫竽充數。

12月12日，周作人來借書架一個。

周作人當日日記（《周作人日記》，中册，69頁）：

向逷先借來書架一個。

12月，爲北大中國文學系學生急需之明馮惟訥《古詩紀》一書，致信張元濟，希商務印書館翻印此書。12月6日，張元濟回信。

張元濟1919年12月6日日記（《張元濟日記》，商務印書館，1981年，686頁）：

復朱逖先信，《古詩紀》如能預約二百部，毛邊六開，每部七元，先收四元。價款到後開印，約四個月可出書。如蕙定三百部，每部六元，仍先收四元。四百部，每部五元，先收三元。

12月11日，發佈啟事，建議學生購買。

《朱希祖啟事》（《北京大學日刊》1919年12月11日）：

明馮惟訥《古詩紀》一書，網羅唐以前詩幾無遺漏。計古逸十卷、兩漢十卷、魏九卷、吴一卷、兩晉二十四卷、宋十一卷、齊八卷、梁三十四卷、陳十卷、北魏二卷、北齊二卷、北周八卷、隋十一卷、共一百四十卷，附外集四卷、别集十二卷，嘉靖中刻於陜西，萬曆時吴管重刻於南京，惟訥之孫珣又重刻於陜西。世所通行惟此三本較善，清代不見有翻刻本。現在研究中國文學者，若欲得嘉靖本，非銀二百元不可，即欲得萬曆本，亦非銀三四十元不可。且其書甚罕見，雖欲購買，一時亦不可得。本校中國文學系及各外國文學系學生急須購備此書，以爲參考之資，所以特商商務印書館，將嘉靖初印本仿《元曲選》辦法翻印數百部，以共研究文學者參考。兹得商務印書館復書，須得賣出預約券二百部乃肯開印。伏望本校職教員及諸同學從速訂購，如欲購者請先至出版部報名（報名時須注明住址），俟滿二百部再收預約券銀四元,然後與商務印書館訂印,此啟。

關於“學餘俱樂部”事

1月25日,與蔡元培、吴梅、李大釗、胡適、馬衡、馬裕藻、黄侃、沈尹默等33人發起組織“學餘俱樂部”。

《學餘俱樂部發起簡章》(《北京大學日刊》1919年1月25日):

第一條、本部宗旨因本校同人求學餘閒藉以聯絡感情交換學識爲主,不涉校外之事,暫定名曰“學餘俱樂部”。

第二條、本部地點附設地學會内(東安門内北池子盔頭作)。

第三條、本部會員暫以本校爲限,如校外同人得本會會員介紹,皆可入會。

第四條、本部備有各種書報並隨時羅致有關考據之古物及美術品,專供本部同人展覽,此外次第組織游戲如檯球、投壺等類,文藝部如詩社、詞社等類。

第五條、本部會員月納會費一元,由本部按月派人徵收,其會員中現充學員者,會費得減爲每季一元,按四季繳納。

第六條、本部於年終及暑假時讌集各一次,愿與讌者届時另行組合。

第七條、本部職員應公推正副部長、常務幹事及評議員等,俱一年公舉一次。

第八條、本部事物及款項出納,應由幹事員按照議定會章時所定章程辦理報告,以備衆覽。

發起人:(略)

1月27日,參加學餘俱樂部發起人會議,與胡適、葉浩吾等人對《學餘俱樂部發起簡章》提出了修正意見。

《學餘俱樂部開會紀事》(《北京大學日刊》1919年1月29日):

一月二十七日午後三時,學餘俱樂部在北池子盔頭作開發起人會議。到會者三十人。首由葉浩吾先生説明發起旨趣及籌備情形。遂請蔡孑民先生主席,討論簡章。胡適之、徐伯軒、鄧文如、葉浩吾、朱逷先先生關於條文之修正互有申説……

(修正簡章略)

3月6日,爲學餘俱樂部捐款5元(3月6日《北京大學日刊》)。

3月16日,至北大理科第一教室,參加學餘俱樂部成立大會(3月18日《北京大學日刊》)。

關於《國故》編輯部事

1月26日,與劉師培、黄侃、陳漢章、馬叙倫、梁漱溟等支持學生發起成立《國故》月刊社。

《國故月刊社職員》(萬仕國《劉師培年譜》1919年條,廣陵書社,269頁。《北京大學月刊》1919年1月26日)

國故月刊社職員

編輯部					
總編輯	劉師培	黄 侃			
編 輯	陳漢章	朱希祖	馬叙倫	屠孝寔	梁漱溟
	康寶忠(尚擬請編輯數人,俟得同意後再布)				
	陳中凡	張 煊	馬志恒	許本裕	孟壽椿
	趙 健	王肇祥	伍一比	余士鎮	薛祥綏
幹事部					
總務主任	康寶忠				
總 務	楊湜生	顧 名	王保黄		
文 牘	胡文豹	區文雄	羅常培	張介麻	
庶 務	劉翰章	董 威	孫延杲	劉永聲	

1月27日,《國故》月刊社在劉師培宅召開成立大會,聘先生爲編輯,先生未克出席成立大會。

1月29日,發佈《朱希祖啟事》,婉拒編輯之職。

《朱希祖啟事》(《北京大學日刊》1919年1月29日):

《國故》月刊編輯部諸位先生左右:前日薛君祥綏、楊君湜生言《國故》月刊事,希祖贊成斯舉,以爲可以發揚國華。惟推希祖爲編輯,則因所任校事甚忙,無力兼顧,未表同意。故當日開成立會時,未造劉宅,甚爲抱歉。今日遇馬夷初先生,亦曾表白辭意。因希祖擔任國文研究所及大學月刊編輯,加以校中講義尚未編了,已覺顧此失彼,再任《國故》編輯,實覺力所不逮。與其掛名尸職,不如先自告退爲愈。敬請貴月刊出版時,勿加入賤名爲幸。區區之意,伏祈原宥。敬頌著安! 弟朱希祖再拜 一月二十八日

1月30日,《國故》月刊編輯部發佈啟事,表示尊重先生辭去編輯之職的意願。

《國故月刊編輯部啟事》(《北京大學日刊》1919 年 1 月 30 日):

前日本社曾託薛君祥綏、楊君湜生恭請朱逷先先生爲本社特别編輯,接洽結果朱先生對於本社宗旨甚表贊同,並允投稿,故本社將朱先生列於特别編輯之列。今接先生來函及《日刊》啟事,知先生公務紛繁,勢難兼顧,辭去編輯。謹遵來函辦理。特此公佈。

關於"國語統一籌備會"事

2 月 25 日,與馬裕藻、胡適、錢玄同、周作人、劉復被北大推選爲"國語統一籌備會"會員。

《國語統一籌備會會員本校推定六人》(《北京大學日刊》1919 年 2 月 25 日):

國語統一籌備會之規程,業經教育部公佈。本校照該規程第八條第二款所列會員資格,由校長於教員中推選朱希祖、馬裕藻、胡適、錢玄同、周作人、劉復教授爲該會會員。業已開具朱君等姓名、年齡、籍貫清單一份送　部鑒核。

3 月,國語統一籌備會召開第一次大會,與周作人、錢玄同、馬裕藻、胡適、劉復等人提交《國語統一進行方法》議案。

黎錦熙《國語運動史綱》(上海書店《民國叢書》第二編[52],109 頁):

到民八(一九一九)統一會第一次大會,劉復、周作人、胡適、朱希祖、錢玄同、馬裕藻提出《國語統一進行方法》的議案,其"第三件事"爲"改編小學課本",説明云:

> 統一國語既然要從小學校入手,就應當把小學校所用的各種課本看作傳播國語的大本營,其中國文一項尤爲重要,如今打算把《國文讀本》改作《國語讀本》,國民學校全用國語,不雜文言,高等小學酌加文言,仍以國語爲主體。"國語"科以外,别的科目的課本,也應該一致改用國語編輯。

此案通過,並組織委員會整理呈部施行。民九(一九二〇)一月,教育部遂訓令全國各國民學校先將一二年級國文改爲語體文。

盧毅《章門弟子與近代文化》(廣西師範大學出版社,2009 年,140 頁):

1919 年 3 月,在國語統一籌備會召開第一次大會的時候,周作人、朱希祖、錢玄同、馬裕藻等人就提交了《國語統一進行方法》議案……明確提出了將"國文"改爲"國語"的主張。這個議案在大會通過並呈交教育部。1920年1月,教育部正式通令全國:“自本年秋季起,凡國民學校一二年級,先改國文爲語體文,以期收言文一致之效。”並以部令修改學校有關法規。1920年4月,教育部又發出通告,規定截至1922年止,凡用文言文編的教科書一律廢止,要求各學校逐步採用經審定的語體文教科書,其他各科教科書也相應改用語體文。

4月,與馬裕藻、胡適、錢玄同、周作人、劉復六人在國語統一籌備會第一次大會期間,又提出《請頒行新式標點符號議案》,要求政府頒佈通行新式標點。

11月,胡適執筆對《請頒行新式標點符號議案》作了修正。1920年2月20日教育部頒佈第53號訓令《通令採用新式標點符號文》,全國正式啟用新式標點。

關於首開“史學史”事

8月,北京大學廢門設系,共設18個系,中國史學門改爲史學系,康寶忠爲主任。

《評議會佈告》(《北京大學日刊》1919年8月16日):

上星期評議會議決,舊有之中國史學門,依新制以後改稱史學系。此佈。

評議會書記胡適啟

廢門設系之後,公佈了《國立北京大學學科課程一覽(八年度至九年度)》,先生在中國文學系開設中國文學史要略、中國文學史(一)(欲專習中國文學者習之)、中國詩文名著選三科;在英文學系開設中國文學史要略、中國詩文名著選讀;在史學系本科三年級開設史學史。(王學珍、郭建榮《北京大學史料》第二卷中册,1081、1086、1087頁)

10月24日,《北京大學日刊》發佈《文本科史學系三二一學年課程時間表》,先生於每星期二上午九時至十時,爲史學系三年級學生開設“史學史”課程。

日	時間	科目	年級	教師
水	第二時 九時至十時	史學史 學術史 本國通史	三 二 一	朱 葉 陳

(據1919年10月24日《北京大學日刊》所載《文本科史學系三二一學

年課程時間表》製定)

編者按:這是中國史學界第一次提出“史學史”這一概念,先生的課堂講義《中國史學概論》則爲中國史學界第一本“史學史”講義。此講義後屢經修改,1943年於重慶由獨立出版社出版,名《中國史學通論》。對此講義,先生自認“稍有精義。”

1922年9月8日致張元濟(王翠蘭整理《朱希祖致張元濟書札》,上海圖書館歷史文獻研究所編《歷史文獻》第七輯):

年來爲大學所編者有《中國文學史要略》、《中國古代文學史》、《中國文學概論》,此三種係三四年前編成,爲文科講義,然陳義稍舊,不願發表……唯《中國史學概論》一書爲史學系所編,自謂稍有精義,且爲近時所作,已成三分之二,今年冬可以脱稿。

袁同禮《朱逖先先生與目録學》(《朱逖先先生紀念專號》,《文史雜誌》第5卷第11、12合刊,1945年):

近人研究史學,整理史籍,用新方法而爲史部之分類者,有三家焉:一爲梁任公先生,二爲柳翼謀先生,其三即逖先先生也。三家似以逖先先生之説爲最早。其論雖殊,而以科學方法董理舊籍,爲國學開一新紀元,有功中國史部目録學者,則一也。

……

民初,逖先先生主持北大史學系事,爲諸生講授《中國史學概論》。其書分三篇:一爲史學之起源;二爲史學之派别;三爲歷史哲學。第二篇分吾國史書爲記述主義及推理主義兩派;記述主義又分六大類,是即逖先先生部勒吾國史籍之科學方法。

……

此種分類法,雖稍重形式,但類别明顯,頗易瞭解,又易於檢查。圖書分類法,貴乎簡明通俗,便於檢尋。此種類别法深能合此原理也!第二篇於史書源流派别,更能分析精當,目録學之可貴,在於辯章學術,考鏡源流者,觀此篇之所論,深能達此功效矣。凡此者,皆逖先先生在中國史部目録學上之重大貢獻也。特表而出之,以稔當世學者。

金毓黻《靜晤室日記》(遼瀋書社,1993年,998頁):

朱逖先《史學概論》,其史書分類法……每類皆有綜合、單一兩目,分析至爲精密,執此以繩史籍,罔有或外者矣。

羅香林評論此講義云（朱希祖《〈中國史學通論〉自序》，周文玖編《朱希祖文存》，上海古籍出版社，2006 年，373 頁）：

此書駁正《史通》數十條，均爲精深之論。而尤以區分書記官之史與歷史官之史性質不同，破數千年歷史官起於黄帝之舊説，爲前人所未發現。又以科學方法治史，視人類之發展，與動植物發展相同，科學家不以低等動植物與高等動植物有所軒輊，有所愛惡，雖單細胞動植物，亦全力研究之。治史若以所愛者軒之，所惡者輊之，全以愛惡用事，而無正名之心，則諱飾與蔑棄多矣，世界安有真史哉。此書國别史篇，論史家因正統偏霸之成見，而蔑棄國内外史材多矣，此亦足破千古之謬見，蓋史學家應高自位置，不爲政治家之僕隸，方足以稱史職。他如今後之史學，不應專重國史，而須提倡民史，蓋國史決不能發露真情也。凡此諸端，已足矯正舊史鉅弊，可以丕變史風。況此書文簡義富，珍義如珠玉，絡繹不絶哉。

王愛衛《朱希祖史學研究·最早的中國史學史講義》（博士論文，未刊，63 頁）：

關於"史學史"由誰首創，出現於何時的問題，史學界目前還有多種説法。有人認爲是胡適最先提出來的，有人則以梁啟超爲最早，還有人指出由朱希祖首創。楊翼襄説："首先在大學課堂上講授中國史學史的，應推北京大學史學系主任朱希祖先生。他於 1919 年至 1920 年間開了《中國史學概論》一課，并編寫了約有三萬四千字的講稿，内容包括《中國史學之起源》與《中國史學之派别》兩大部份。"（寧泊《史學史研究的今與昔——訪楊翼襄先生》，《史學史研究》1994 年第 4 期）向燕南也認爲朱希祖"率先將中國史學史課程搬上大學講堂……"（向燕南《中國史學史還可以這樣寫》，中國圖書商報，2006 年 7 月 18 日）經過考證，發現這一説法確有道理。

朱希祖曾言，"《中國史學通論》，原名《中國史學概論》……此書本爲國立北京大學史學系講稿，編於民國八九年間"。（朱希祖《中國史學通論·序》，《中國史學通論》第 1 頁）也就是説，在 1919 年至 1920 年間，他就開始在北大史學系爲學生講授本國史學概論了。考察《1917—1937 年北京大學史學系教員名録》表，可以看到在 1919 年至 1927 年和 1929 年至 1931 年這兩個時間段裏，朱希祖在史學系講授過中國史學概論、戰國史、本國史學名著研究、宋史、清史、中國史學史和中國近百年史等課程。（郭衛東、牛大勇主編《北京大學史學系簡史》初稿，第 34 頁）爲了進一步確定上述課程開設的具體時間，查閲《北京大學日刊》有關史學系的課程設置，發現《文本科史學系三二一學年課程時間表》上赫然印有："史學史 朱；哲學史大綱 胡；本國通史 陳；……"（《文本科史學系三二一學年課程時間表》，《北京大學日刊》1919 年 10 月 24 日）由此可知，早在 1919 年朱氏就已經開始給學生講授史學史了。而這份"課程時間表"，也正好爲楊翼襄、向南燕的説法提供了證據。

將史學史作爲一門課程設置足以表明：朱希祖已經有了明確的史學史意識，並且認爲史學史完全可以成爲一門獨立的學科。由此，我們可以將"史學史"概念提出時間追溯到 1919 年。朱希祖是目前我們所知道的最早提出"史學史"的史家，他的《中國史學通論》應該是最早的中國史學史講義。

在反思和追溯史學史學科的起源時，史家們基本一致地認爲：明確提出中國史學史學科的是梁啟超，他在 1927 年的《中國歷史研究法補編》中，闡述了對撰寫中國史學史的看法。的確，梁啟超倡導建立史學史學科的影響是非常鉅大的。他最早設計了史學史學科體系的框架，在他的號召下和引導下，多部體現其設想的史學史論著如雨後春筍般紛紛出現，史學史遂發展成爲一門生機勃勃的學科。

但梁啟超是否受到了朱希祖的啟發呢？他提出史學史的做法時，朱希祖在北京大學開設史學史（或中國史學概論）課已經七八年了，在當時學術交流非常頻繁的情況下，梁氏對朱希祖的史學史課程不可能一無所知。拋開這一問題，僅就他所提出中國史學史的基本內容來看，"史官；史家；史學的成立與發展；最近史學的趨勢"等四個方面，朱希祖大都已經進行了初步探討。由於處於學科初創階段，他没有像梁氏那樣從理論上加以闡發，也没有給史學史提出清晰的研究輪廓。不過，單從時間上看，朱希祖對中國史學史的提出和創立就居功甚偉。

關於劉復留學法國事

11 月，劉半農擬赴歐洲留學，託先生向商務印書館接洽，在劉留學期間爲商務印書館編譯書稿以作學費。

張元濟 1919 年 11 月 20 日日記（《張元濟日記》，商務印書館，1981 年，677 頁）：

> 朱希祖代劉半農在外編譯，開來六款條件。一、月約萬字，費五十元。二、署名依原稿。三、材料爲文學、語言學及調查。四、稿件由作者負責。五、期限如留學期。六、稿不限按月寄，但求總數不離左右。

張元濟於 12 月 6 日致先生（張元濟 1919 年 11 月 20 日日記下附文）：

劉君如能將留歐中見聞所得，隨時見示，甚爲歡迎。似不必拘定時期字數，俟寄到時，如可代爲發表，當隨時酌定酬額。如此辦法，似較爲活動云云。

12月4日，與周作人、陳百年、馬裕藻做東，於東興樓爲劉復等二人赴法國留學餞行，同席者還有陳獨秀、馬夷初、沈士遠、沈尹默等。

周作人當日日記（《周作人日記》，大象出版社，1996年，中册，66頁）：

至東興樓爲力山、半農二君踐行，我與逷先、百年、幼漁爲主，外有仲甫、夷初、士遠、尹默、秣陵，共十一人。

12月7日，中午，至闢才胡同馬夷初寓午餐，同席者劉復、馬裕藻、錢玄同、周作人、沈尹默、沈士遠等。

周作人當日日記（《周作人日記》，大象出版社，1996年，中册，67頁）：

至闢才二條夷初宅午餐，同坐半農、逷先、幼漁、秣陵、飛青、士遠、尹默，共十人。下午三時出城一轉，五時返。

本年論著

1月，先生在其主編的《北京大學月刊》創刊號（第1卷第1號）上發表《駁中國先有苗種後有漢種説》、《文學論》兩文。在《尚志》第2卷第2號發表《論文章中訓詁音韻變遷》。

2月，於《北京大學月刊》第1卷第2號發表《研究孔子之文藝思想及其影響》、《論Religion之譯名》兩文。《研究孔子之文藝思想及其影響》，文較長，概要如下：

在《研究孔子的文藝思想及其影響》一文中，朱希祖認爲，世界知識的進步，可分爲"神"、"人"、"我"三個層次。所謂"神"的層次，就是以"神"爲全知全能，全以神的意志爲自己的意志。所謂"人"的時代，就是以聖賢豪傑之是非爲是非，稍有疑惑誹駁，即以非聖無法定罪，殺之無赦。所謂"我"的時代，就是信仰真理，就是自己解放自己，努力用自己的耳目，用自己的心思去辨别那真理。朱希祖認爲，孔子文藝思想的好處就在於他脱出"神"的層次，進入"人"的層次，專就"人"着想，不就"神"着想；專就人"生的"問題着想，不就人"死的"問題着想。朱希祖認爲，在孔子思想中"人"比"神"更重要，"生"比"死"更重要，故中國自孔子後二千年來宗教流入，凡讀過孔子書的人，皆不甚信仰，使得中國宗教思想不易發生。朱希祖認爲孔子文藝思想的壞處就是不能脱得"人"的層次，以進於

“我”的層次,而最大的壞處就在於“述而不作,信而好古”這八個字。這種好古重述而不重創作,極端信古,崇拜聖知,必使自己的創作才能、獨到智慧涸萎凋敝,使得人人盡失其我,造成社會退化。朱希祖認爲:“世界上創作的事物,大概都從古來所有的逐步進步,不全是突然發生的。就文藝而論,我們現在要創作新文藝,創造新思想,非把我們中國自古以來所有的文藝思想,及西洋自古以來的文藝思想整理研究,斷不能創作的,所以‘古’是並非不可研究的;只要知道有我,所重在作,雖中國古來學術何嘗不可推陳出新的。不知有我,不重在作,雖西洋最新學術,亦可變作古的。知道有我,所重在作,則中國古代學術,自有是非可棄取的,即西洋最新學術,亦有是非可棄取的。不知有我,不重在作,則從前盲從古的,以後就要盲從新的了。”朱希祖還對當時有人欲立孔教爲國教,欲尊孔子爲教祖的現象進行了抨擊。朱希祖説:“不料現在我們中國有一班人,想要拿孔子的學説爲專制的護符,遂造出所謂‘歐洲有教,所以富强;我們無教,所以貧弱’的話,硬拉孔子來爲教祖,一般的也要立教會,派教徒,傳教旨。甚且欲立孔教爲國教,什麽議會中也當做一件大事,爭執起來,一定要通過議案,立孔教爲國教,定入憲法,不許信教自由。孔教、耶教徒居然立於異教地位,也要試試那歐洲宗教戰爭及壓制學者的故事。哈哈! 此輩何嘗曉得宗教是什麽,並且未曾真正讀過孔子的書哩!”

錢玄同 1919 年 1 月 20 日日記(北京魯迅博物館編《錢玄同日記》,福建教育出版社):

逖先作了一篇《研究孔子之文學思想》,是口語體的,大意謂人之思想進化,初則信神,繼則信人(他人),繼則信我。歐洲古代信神,自文藝復興以來,信人思想大發達,而信我思想亦同時發生。中國自孔子以前,是信神時代,孔子之學説不信神而信人,在當時原是進步,但他以“信古尊聖”爲主,以使二千年來滯於信人的一時代,至今尚未跳到信我的時代,比到歐洲瞠乎後。看文中於復古尊聖大加抨擊,我以爲此文極有價值,替他圈點一過。

3 月,於《北京大學月刊》第 1 卷第 3 號發表《整理中國最古書籍之方法論》。

編者按:在《整理中國最古書籍之方法論》中,先生明確地提出了“就各項學術分治”、捐除“經學”的“學術平等”的主張。

先生説:

我們現在講學問,把古今書籍平等看待,也不是古非今,也不尊今非古;用治生物學、社會學的方法來治學問。換一句話講,就是用科學的方法來治學問。……我們中國古書中屬於歷史的、哲學的、文學的,以及各項政治、法律、禮教、風俗,與夫建築、製造等事,皆當由今日以前的古書中抽尋出來,用科學的方法,立於客觀地位整理整理,拿來與外國的學問比較比較,或供世人講科學的材料。……方今治科學的方法,最要者是分析、比較、綜合;而尤要者在乎經驗。

先生認爲:

經學之名何以必須捐除呢?因爲經之本義,是爲絲編,本無出奇的意義。但後人稱經,是有天經地義,不可移易的意義,是不許人違背的一種名詞。……所以經是永遠使人不許獨立進步的。我們治古書,卻不當作教主的經典看待。……總之,一概須平等看待。高文典册,與夫歌謡小説,一樣的重要。

編者按:這些主張,不僅是其日後任北大史學系主任,對北大史學系進行一系列改革的理論基礎,而且對日後北大的整理國故運動亦有一定的影響。

4月,於《新青年》第6卷第4號上發表《白話文的價值》、《非"折中派的文學"》兩文。

編者按:《白話文的價值》是先生的一篇重要論文,原文較長,現將其重要觀點摘録如下:

先生在《白話文的價值》一文中批判了三種錯誤觀點:甲、白話文太繁穢,不如文言文簡潔;白話文太刻露,不如文言文含蓄。乙、白話文今天看了,明天就丢掉了,斷不能垂諸久遠;文言文的色澤又美,聲音又好聽,使人日日讀之不厭。丙、白話文車夫走卒都能爲之;文言文非學士大夫不能爲。

針對上述三種觀點,先生認爲,這只是教人"製造僞的文章"、"製造'古'的文章"、"做貴族的文章"罷了。

先生説:

若説白話的文不能傳諸久遠,試問《尚書》中殷盤周誥,多是用古代的白話,何以能傳諸久遠呢?《水滸》、《紅樓夢》,我敢説再過數千年,也是不能磨滅的。況且最古的時代,文章本是代言的,我們做白話的文,實在是最古的法則。然而人家不要誤會,我們並不是因爲白話文是古的然後要做他的。

先生認爲:

文學最大的作用,在能描寫現代的社會,指導現代的人生。此二事,皆非用現代的語言不可……再進一步説,吾人之所以要創新文學,實不滿意於舊文學;吾人今日的新文學,過了百年千年,後人智慧日進,必不滿意於吾人所創的文學而視爲舊文學。所以一代自有一代的文學,離卻現代而欲預講千年百年後的將來,與離卻現代而欲實現千年百年前的過去同一謬見。

文章的最後,談到了白話文的兩個方面的價值,一是功用上的價值,一是本質上的價值。功用上的價值一是省時,二是方便,三是真實自然。先生説:

學文言的文,須以二十年成功;學白話的文,四五年即能成功,其餘十數年,可騰出來專學各項科學和哲學。

若作白話的文,不必用功於作文,只要用功於説話,演説談講,隨時隨地可以爲練習文章之用;所以有了思想,口可以達的,筆亦可以達的,説話與作文爲一件事的兩面,一舉而有兩利。

作白話的文,照他的口氣寫出來,句句是真話,確肖其爲人。作文言的文,雖寫村夫俗婦的説話,宛然是一個儒雅的人;寫外國人的説話,亦宛然是一個中國的詞章之士。

對白話文本質上的價值,先生説:

人事一日進化一日,思想一日復雜一日,若使新語不許用如文章,則思想即爲古人所蔽,一切新事業就被他無形消滅,阻礙進化,其力甚大。所以舉國皆用"夏正",則民國已無形取消;舉國皆崇古學,則新學亦無從輸入。……一代的文學總須表現一代社會的現象。文言的文只能僞飾貴族文人;至於社會全體的真相,非白話俗語不能傳神畢肖。

11 月,在《新青年》第 6 卷第 6 號上發表譯文《文藝的進化》。

12 月 20 日,作《敬告新的青年》(《新青年》第 7 卷第 3 號,1920 年 2 月)。

編者按:此文較長,摘要如下:

先生説:"我所以要告訴新的青年,有兩句最要緊的話:一,革命須從萬惡叢集的地方革起;一,革命需從自己革起。”先生認爲這萬惡叢集的地方就是“傳子孫的遺産”,“家的思想,國的思想,甚至戰爭的思想,都是由此而起”。先生希望人們“所積的餘財養老送死之外,都捐與人類公共教育及有益的事業。世界的人都如此,則家界國界,自然消滅,戰爭也無自而生。人人都有發揮能力的機會,互相扶助,以進於和平康樂的境界。如此則個人不失自由,社會也漸漸平等了”。所以先生希望新的青年“父母的財産,父母願意捐爲公共事業,子女固當樂從;就是父母不願意,爲子女的等到父母百年之後,也應代爲捐做公共事業”。

在文中,先生還談到男女平等問題。先生説:“現在我國男女不平等,講婦女問題的,要主張男女平分祖父遺産。這話雖然公平,然我以爲不如主張男女平等受完全教育,使男女都成有用的人才,都能將來自立;將來結婚以後,都能自食其力;出其餘資以教養子女。如此積累下去,男女真可以平等,女不必靠父母及丈夫的財産了。合全世界男女都成了生産的人,然後可以達到真正和平康樂的境界。”

12 月,於北京高師《教育叢刊》第一集(1919 年 12 月)發表譯作《西洋詩的趨向》。(原作者爲日本生田春月)

一九二〇年(民國九年庚申)　先生四十二歲

1 月 20 日,與胡適、陳百年、馬裕藻、李大釗、馬叙倫、周作人、馬寅初、沈尹默等 55 人發起成立教職員會。

《馬叙倫等啟事》(《北京大學日刊》1920 年 1 月 20 日):

我們大家在一個學校里作事,很應該有一個聯絡情誼的組織,依互助的精神,籌謀本校全體的發展,增益團體生活的趣味。我們曾把這個意思和許多同人談過,都認爲有組織一個北京大學教職員會的必要。現在定於本星期三(即二十一日)晚七時,在第二院(理科)大禮堂,開一教職員全體會,商量商量。請諸位先生預先把組織的大綱想一想。到了那時,務必到會,是我們很盼望的。

2 月 4 日,出席評議會常會。議決八事。第一項爲楊昌濟、劉師培教授身後恤金問題。

《評議會議事録·民國九年二月四日》(王學珍、郭建榮《北京大學史料》,第二卷上册,160 頁):

下午四時常會。

到會者:蔣、陶、何、馬寅初、温、朱繼庵、胡、朱逖先、張菊人、沈尹默、俞、馬幼漁。

(一)楊昌濟、劉師培教授身後恤金。決議:根據田北湖、朱蓬仙教授先例,各贈送兩月俸金。

……

3月3日,與蔡元培、蔣夢麟、胡適、馬敘倫、沈士遠等19人聯名發表啟事,爲已故教授龔文凱募集賻儀。

《蔡元培等啟事》(《北京大學日刊》1920年3月4日):

敬啟者,本大學教授兼數學門研究所教員龔文凱先生,績學厲行,誨人不倦,以此積勞,遂嬰痼疾,竟於二月十七日病歿京寓。龔先生家世寒素,端賴俸薪所入,勉支事蓄,一旦溘逝,後顧堪慮。現在旅櫬未歸,老弱靡託,感念逝者,能無傷懷。夙仰先生古道照人,情殷周急,如有賻贈,請於本月二十日以前,交由總務處會計課代收彙存,以作歸櫬恤孤之用。不勝公感。此布,即頌公綏。

3月6日,出席評議會特別會,討論本年度學校預算、追認收回北大送往北洋大學學生案以及收回北大送往北洋大學學生開設新班、暑假以前送薪臨時辦法等議案。(《評議會議事録·民國九年三月六日》,王學珍、郭建榮《北京大學史料》,第二卷上册,160頁)

3月20日,北大教職員會正式成立,先生以109票當選爲委員。

《本校教職員會委員選舉結果》(《北京大學日刊》1920年3月23日):

國立北京大學教職員會成立後,於上週舉行委員選舉。投票於上星期六下午截止,於上星期日上午在第三院大禮堂開票。計共收到選舉票二百八十四張,内有三張因無記名作廢,餘二百八十一票。由籌備選舉委員會與到場襄助諸教授共同檢點計算,今將選舉之結果詳記於下。因票數太多,故得票太少者皆從略。

教員當選爲委員者二十六人

胡　適	二四八票	陶履恭	二二六票	蔣夢麟	二二四票
馬敘倫	二一四票	俞同奎	二一三票	沈士遠	二〇六票
馮祖荀	一六四票	徐寶璜	一六一票	温宗禹	一五二票
何育杰	一五〇票	馬寅初	一四九票	……	
朱希祖	一〇九票	黄振聲	一〇九票	林　損	一〇〇票
沈尹默	九二票	馬裕藻	九一票		

職員當選爲委員者十五人

蔡元培　二四六票　李大釗　二四〇票　……

4月1日,出席評議會常會,討論李石曾提出的在法國里昂設立北京大學國外部等議案。

《評議會紀事》(《北京大學日刊》1920年4月13日):

四月一日,評議會開常會。到會者:陶孟和、沈尹默、馬夷初、賀培之、何吟苢、胡適之、黄伯希、朱逖先諸教授。又蔣夢麟、張菊人、馬幼漁、朱繼庵、陳百年五教授因事不能出席,各請列席會員代表。

是日決議案共三件:

一、里昂設立北京大學國外部一案。

由李石曾先生出席説明,繼以討論。原擬議案爲:

(一)由評議會決議,設北京大學里昂國外部,擬定常年經費二十五萬元,於大學現有經費以外另籌。

(二)惟蔡校長及李煜瀛君代表本校籌辦此事,一面擬定詳章,一面向政府及各機關接洽籌集經費。

討論的結果,評議員多數不贊成在里昂設北京大學國外部,原議遂取消。另胡適之教授擬一議案如下:

本校贊成在里昂設立中國大學的計劃,並請蔡校長及李石曾先生代表本校襄助籌款及一切進行事宜。

此議案由全體通過。

……

4月13日,不再兼任中國文學系代理主任。

《中國文學系教授會啟事》(《北京大學日刊》1920年4月14日):

茲届中國文學系教授會改選主任之期,特於四月十三日下午四時邀集本會教授十五人,選舉主任。到會者十三人。投票結果,馬裕藻君得十一票,朱希祖君得二票,馬君以多數當選爲主任。自十四日起,凡關於國文教授事宜,請與馬君接洽爲要。

九、四、十四

4月18日,與馬衡、馬裕藻、沈士遠訪魯迅,魯迅贈馬衡新疆石刻拓片三種。

魯迅當日日記:

下午馬叔平、幼漁、朱逷先、沈士遠來,贈叔平以新疆石刻拓片三種。

4月20日,續任史學系主任。

《校長通告》(《北京大學日刊》1920年4月20日):

本年四月間,教授會主任照章應改選二分之一,現除史學系、哲學系兩主任選定未久,毋庸改選……

4月25日,與陳百年、錢玄同、馬裕藻、馬衡、馬季明、馬夷初、沈士遠、周作人等在東興樓爲沈尹默赴日留學餞行。

周作人當日日記(《周作人日記》,中册,119頁):

傍晚至東興樓同百年、玄同爲君默餞行,同座幼漁、叔平、季明、夷初、逷先、士遠、共十人。

4月26日,陳獨秀致信先生等《新青年》同人,就《新青年》分辦問題徵求意見。

陳獨秀來函(《胡適往來書信選》,上册,中華書局,1979年,90頁):

守常、適之、申甫、玄同、孟餘、孟和、百年、尹默、慰慈、撫五、逷先、啟明諸兄公鑒:《新青年》七卷六號已齊(計四百面),上海方面五月一日可以出版,到京須在五日以後,本卷已有結束,以後如何辦法,尚請公同討論賜復:

(一)是否接續出版?

(二)倘續出,對發行部初次所定合同已滿期,有無應與交涉的事?

……

4月30日,出席評議會例會,討論"陳寅恪借款一千元,將來於北大服務時扣還"等案,陳案議決通過,時陳寅恪在美國留學。

《評議會議事録·1920年4月30日》(《評議會議事録》第二册,北京大學藏檔,館藏號BD1920001):

四月三十日,評議會紀事。

到者:馬幼漁、馬夷初、沈尹默、賀培之、朱逷先、陳百年、何吟苢、朱繼厂、胡適之、馬寅初、俞星樞、黄伯希(胡代)、張菊人(朱代)、蔣夢麟、陶孟和。

(一)……

……

（九）朱騮仙教授請展限留學一年。通過。

（十）陳寅恪君（陳伯嚴之子、師曾之弟）請本校藉助壹千元，將來於服務本校時扣還。議決："照行。"通過。

（十一）楊祖錫君（曾留學瑞士十年，專攻音樂）請資助川資五百元回國。議決："請校長商請教育部籌此款。"通過。

5月10日，晚，與馬夷初、陳百年、馬裕藻做東，邀周作人等人至香廠東方飯店宴叙。

周作人當日日記（《周作人日記》，中册，122頁）：

至香廠東方飯店晚餐，夷初、逷先、百年、幼漁爲主，共十八人，九時半回家。

5月11日，交《學藝雜誌》2卷1號與周作人。

周作人當日日記（同上）：

逷先交來《學藝》二卷一號。

5月12日，出席評議會例會，與馬裕藻提出《本校教務會議及各系教授會應訂定規則案》。

《評議會議事録·1920年5月12日》（《評議會議事録》第二册，北京大學藏檔，館藏號BD1920001）：

五月十二日，例會。

到者：朱逷先、馬夷初、陳百年、張菊人、陶孟和、蔣夢麟、胡適之、馬寅初（胡代）、沈尹默（馬幼漁代）、馬幼漁、朱繼厂（陶代）、何吟苢。

……

（4）馬幼漁、朱逷先提出《本校教務會議及各系教授會應訂定規則案》。

馬夷初提議："將此案移交……"

5月31日，爲林公鐸與學生孔嘉彰矛盾事，致信胡適。（耿志雲編《胡適遺稿及秘藏書信》第25册，黄山書社，1994年）

編者按：林公鐸（又作林攻瀆），名損，周作人先生對他的評價是："他對人的態度是相當的强韌（不是硬）的，其不客氣的地方也實在可以佩服。"（周作人《紅樓内外》，陳平原 夏曉虹編《北大舊事》，三聯書店，2003年，399頁）

適之先生：

今天接得你的信，知道林攻瀆先生因爲孔嘉彰事鬧得不休。這事都是我粗心不好，不該把孔生給你的信，給林先生看。但是我的初心，並不是把這封信給林先生看了，與孔生及先生爲難。我因爲學生中對於國文教員寫匿名信的很多，凡我可以與教員説得通的，我同他面説，不把信給他看；説不通的，只好把匿名信給他看，使他警悟。孔生給你的信，我僅把一二兩頁給林先生看，末頁具名的，不給他看。不料信中有升班的事，我起初只看罵人的地方，並不看到這件事，這是我粗心不好。林先生卻因這件事，查出孔嘉彰的名姓來。又誤以爲此事是先生辦的，或因此遷怒於先生。萬望先生海涵大量，勿介意爲幸。至於孔生升班的事，卻是一件公事，我也不能勸林先生不説。此事且係馬寅初先生所辦，今天聽寅初先生説，他只許孔生英文升班，其餘課程並未許他升班。所以這件事只好聽寅初先生怎樣辦理，公事公辦，不好再雜一點私情。如其該升，也不能聽林先生與他爲難；如不該升，也不能禁止林先生與他爲難，因爲林先生課程上與他有關係，不比旁人。況林先生處，我已勸他勿爲已甚；且對他説，此事與適之先生無關。不料他愈鬧愈甚，簡直使我難堪，使我蒙"撩人是非"之嫌，友誼上已説不過去，我也不願再與他交涉。這事，我對於先生開罪之處，或有見諒之一日；對於孔生，已遂他英文升班的願，也不算對不住。至於其餘升班的事，其中必有誤會之處，也只好不管他了。

朱希祖

九、五、三十一。

6月14日，至八道灣周作人處，並借《早稻田文學》三册。

周作人當日日記(《周作人日記》，中册，131頁)：

向逷先借銀四十元，自送來。借去《早稻田文學》三册。

6月下旬，任北京大學教職員會文書組委員。

《北京大學教職員會總務會議啟事》(《北京大學日刊》1920年6月24日)：

……

文書組委員

主席馬叙倫。朱希祖、李大釗、林損、周同煌、岳紹武、胡春林、陳翊忠、黄右昌。

……

7月1日，周作人來，並送《支那文學概論》一册。

周作人當日日記(《周作人日記》,中册,134頁):

逷先假五十元。交與《支那文學概論》一册。

7月8日,出席評議會特别會,討論《研究所簡章》等案。

《評議會議事録·1920年7月8日》(《評議會議事録》第二册,北京大學藏檔,館藏號BD1920001):

七月八日,特别會。

到會者:校長(蔣代)、蔣夢麟、朱希祖、朱繼厂、賀、黄、張(賀代)、何(朱繼厂代)、陶、胡、沈、馬夷初、馬幼漁。

……

(7)教務會議提交之《研究所簡章》

《研究所簡章》(九年七月六日教務會議通過)

(一)研究所仿德、美兩國大學之Semindr辦法,爲專攻一門知識之所。

(二)研究所暫分四門:

(1)國學研究所。凡研究中國文學、歷史、哲學之一種專門知識者屬之。

(2)外國文學研究所。凡研究德、法、英、俄及其他外國文學之一種專門知識者屬之。

(3)社會科學研究所。凡研究法律、政治、經濟、外國歷史、哲學之一種專門知識者屬之。

(4)自然科學研究所。凡研究物理、化學、數學、地質學之一種專門知識者屬之。

(三)研究所不另設主任,其研究課程故列入各系内。

(四)研究所之閲覽室併入圖書部。

(五)各學系之學課有專門研究之必要者,由教員指導學生研究之,名曰"某課研究",並規定單位數。例如:康德哲學研究、王守仁哲學研究、溶液電解狀研究、膠體研究、接觸劑研究。

(六)各種研究在圖書館或實驗室内舉行之。

(七)指導員授課時間與授他課同樣計算。

(八)三年級以上學生及畢業生,均得擇習研究課。

8月1日,傅斯年自伦敦来信。

編者按:傅斯年於1919年12月赴英國留學。8月1日,自倫敦致信馬裕藻、沈士遠、沈尹默、周作人、錢玄同、朱希祖，此信原件藏北京魯迅博物館，信封上開“請轉　朱逖先先生　斯年”。

幼漁、士遠、君默、啟明、玄同、遏先諸位先生：

別來已經半年了，想諸位先生一切均好。

我一路的事用不着説。平伯回國一件事，想諸位先生已具知其詳情，也不消説了。總而言之，平伯一誤於家庭，一成“大少爺”便没有與環境抵抗的力量；二誤於倒霉晦氣的“國文學”，一經濡染這種趣味，便要有一種浮雲的人生觀、風塵倦厭的情感，況且他們夫婦間感情太篤了。但平伯回國未必就從此枯寂。他的性情本真摯，感情重，又最聰明。他在馬賽告我説：“回國還能繼續所學，在倫敦當以心緒不寧而無從學起。”這是實話，天地間的人，原不是一個法子造就的。我到歐數月後，對於“留學的普及主義”已很懷疑，很後悔已到英後所作一文之孟浪。平伯果能將錯就錯，一面讀歐籍，一面做一些整理國故的事業，倒也不差，也是一種有用而真實的事業。平情而論，受國文的毒的，深悔不該受此毒；但不曾受國文的毒的，於國故的見解，必然有些隔膜。這一類的事還只好請這些中毒的先生們去做。所以我勸平伯就此以新方法參考西籍去整理國故，但這一半靠平伯的力量，一般靠諸位先生的導啟。《新潮》的朋友平伯所識者，自下半年散去很多了，所以我很希望諸位先生常與之游。

吴稚暉先生來英見過一次，談到請諸位先生往里昂大學去，據説君默先生已經答應了，並要力請玄同、遏先、幼漁三位先生去，我對此稍有些意見。我先説我近中對於“泛留學”意見。(1)我方到歐洲對於留學界很有些希望的意思和些希望的理由，做了一篇鼓吹泛留學主義的文。待現在仔細看去，彷佛那些希望的話，半不是事實，而有些事實幾乎做夢也想不到的。大致失望的方面有以下幾層現象：

(a)不能抵擋在歐洲硬性的生活，因此是成就反不如中國多。

(b)歐洲的環境，變化氣質的力量並不大，知識上容有進益，氣質上很少改變。

(c)而且單獨的孤立，其沉淪的可能性不減中國。

(d)一經爲留學生，其氣概便不可一世，“辭尊居卑，辭富居貧”的謙平心理掃地以盡。生活上無形中增高多倍，自負與自待上便發生若干不盡當的狀態。

我現在並不是反對“留學普及論”，但覺得其中待研究之點正多。此事詳致蔡先生信中。

(2)以上與諸位先生來歐事無涉。我所以願進一言者，乃諸位先生來歐與北大之關係。北大國文門,我們未嘗以他爲十分圓滿,但在北大各門中還算第一流的。如吴稚暉先生、諸公之意,盡移諸位於里昂,這種辦法簡直是拆臺。吴、李諸先生之毅力何嘗不是現在最難遇的,但凡事皆以留學爲歸,留學皆以法國爲歸,充其心理移北京大學於海外是最好的,這直是一種感情的見識了。

(3)總而言之,於北大之外另建設是最好的事,拆北大的材料去建設是最不好的事。

退一步而論,來里昂,也不必同時一致來。

我還有一句話,所謂移家等等,如何方便的話,以吴稚暉先生的心理去做去,是可以的。吴稚暉先生實在説得是實話。但大家的心理和吴先生不盡一致。如所謂"隱居"的生活,移家歐洲,一家"隱居"是可以的。如欲藉以教育家人,乃絶對難能之事(除非家庭□已最新式),而且反爲自己讀書之大累,因此便一年歐洲不及半年了。

我並不是□諸位行,我是以爲諸位對此,——尤要的是移家——不妨詳細考慮。

先生們有什麽新著述,有時,如寄給我一份是最要感謝的。

斯年近中讀書上之心境,似比前有些進步。做文的膽子極小,並且無此興趣,只覺讀書好。現入倫敦之University collcgc專習心理科。决意把以前所學的一律丢了他,一切從頭起。現在預備化學、物理學、數學等,下半年所選科目半在醫科、半在理科,卻都是心理學範圍中的。

前云《新潮》由啟明編輯一説,據説已實行了。極歡喜。此後《新潮》質實上必進於前。我個人投稿一事,實在不能説定。一來於科學上有些興味,望空而談的文章自然慚於下筆,二來讀書之興味一濃,作文之興味便減。所以講不定投稿期限。但果然真有心得,自然也要寫下。可是這心得很不多,我很懷疑自己的一切感想。所以凡事詞窮,只覺讀書有真味道。至於爲《晨報》投稿事,乃是迫於家累,所寫慚愧之極。

此刻心理,如沉大海,左也覺得不是,右也覺得不是。近接到《新潮》,覺得胡、周二位先生説我都懷疑,這可怎樣好。

傅斯年敬白

1—8—20

半農先生在此甚好,惟其夫人時常小病,因此或與諸位先生通信不勤。

上文的意思恐有誤會,我並不是絶對勸諸位不來,我是説(1)不可一致來,(2)移家上須熟慮。

8月11日,致函胡適,談聘陳衡哲至北大任教事。(耿志雲編《胡適遺稿及秘藏書信》第25册,黄山書社,1994年,312頁)

適之先生:

昨接到你的信,始知陳衡哲女士已到南京講演。他對於教西史的志願,我已明白。"西洋上古史"和"史學通論"姑且不强他教。現擬請他教"西洋近百年史",每星期三小時,如人數多,分爲兩班,用同樣講義教,須六小時,再請他在史學系研究課程中擔任"歐亞交通史"二小時。前一種須編中文講義,後一種緩編講義,先行講演,即至一年後再編成書亦可。"西洋中古史"和"西洋近世史",已有人擔任,中途不可更改。如陳女士願意教,明年再商量吧。我的意思請和陳女士商量,如得同意,望速賜復。

希祖　九、八、十一。

本年秋季新學年開始,先生分别聘請李大釗擔任史學系"唯物史觀研究"課程,何炳松擔任"歷史研究法"課程,陳衡哲擔任"西洋近百年史"和"歐亞交通史"課程。

《註册部通告》(《北京大學日刊》1920年10月1日):

李大釗先生擔任史學系唯物史觀研究,自來周始授課。此佈。

先生《〈新史學〉序》:

那時(按:1920年秋)史學系中又有《歷史研究法》一課,就請金華何炳松先生擔任,何先生用美國 Robinson 所著的《新史學》原本做課本,頗受學生歡迎。

《公牘事由·九月二日·發出文件一件》(《北京大學日刊》1920年9月13日):

請陳衡哲先生爲本校史學、英文系教授聘書。

9月9日,出席評議會特别會,討論《教務會議提出史學系選派學生出洋留學案》等案。

《評議會議事録·1920年9月9日》(《評議會議事録》第二册,北京大學藏檔,館藏號 BD1920001):

九月九日,特别會。

到者:蔡校長、陳大齊、馬幼漁、陶孟和、朱希祖、何育杰、張大椿(何代)、賀之才、朱錫齡、沈尹默、馬叙倫、胡適(蔣代)、俞同奎(陶代)。

(一)教務會議提出《史學系選派學生出洋留學史學案》。

議決：九月份起，每月提出三百元作派遣留學史學學生之用，至本年度預算終止爲止。選派辦法由教務會議定之。

校長提出

（一）國立北京大學現行章程。

（二）行政會議規則。

（三）學系教授會通則。

通過。

9月16日，與蔡元培、李大釗、胡適、蔣夢麟、馬夷初、馬裕藻等30人聯名發起“北京大學賑災會”，爲北方災民募捐。

《北京大學賑災會啟事》（《北京大學日刊》1920年9月23日）：

今年北方旱災，異常重大。災區有五六省之廣，災民有數千萬之衆。無衣無食，道殣相望。瞬屆寒冬，苦痛尤甚。竊思此等難民同屬國民份子，坐視不救，夫豈人情。同人等念責任之所在，用特組織斯會，仰祈本校全體贊助，慷慨認捐，以盡互助之誼，無任禱荷。此啟。九、九、一六。

9月20日，周作人贈其所著《點滴》一部。

周作人當日日記（《周作人日記》，中册，147頁）：

收《點滴》十部，分贈錢、毛、二沈、馬、陳、胡、朱各一部。

10月14日，當選北京大學1920—1921學年度評議會評議員。

《蔡元培啟事》（《北京大學日刊》1920年10月14日）：

本届評議會選舉，共收到選舉票四十三張，内廢票兩張（因所舉超過法定人數）。兹將各教授所得票數開列如下：

陶履恭三十一票，顧孟餘、蔣夢麟、俞同奎各三十票，胡適二十九票，朱希祖二十六票，王星拱二十四票，陳啟修二十三票，李大釗、馬叙倫各二十票，何育杰十九票，陳世璋、沈士遠、鄭壽仁、馮祖荀、張大椿各十八票。

以上十六人當選。

……

10月15日，張元濟來訪。

張元濟1920年10月15日日記（《張元濟日記》，商務印書館，1981年，767頁）：

本日雇汽車拜客，到……陳援庵、邵伯絅、戴螺舲、董懋堂、汪子健、顔韻伯、馬彝初、蔣夢麟、陶孟和、朱逖先、馬幼漁、叔平、陳百年……

10月16日,北大評議會決議,先生爲圖書委員會委員。

《評議會通告》(《北京大學日刊》1920年10月18日):

十月十六日評議會議決事件,應行公佈者如左:

(二)本届組織、預算、審計、出版、儀器、圖書、庶務、聘任各委員會委員,由校長推定提出名單,業經評議會通過如左:

……

圖書委員會:顧孟餘(長)、李大釗、陳世璋、葉瀚、陶履恭、陳啟修、朱希祖、孫國璋、馬衡。

……

10月19日,發佈《史學系課程説明書》。

《史學系課程説明書》(《北京大學日刊》1920年10月19日):

史學系分中國史學及外國史學兩部,中國史學屬於國學。

中國通史

史學系舊班用之,分三年講完。以分類法編纂,不以時代相次,此爲中國舊法。

中國上古史　中國中古史　中古近世史

史學系新班用之,分三年講完。蓋史學以時代相次,乃能明其原因、結果,此乃應用科學方法整理史學者。

西周史　戰國史　秦史

此爲研究課程。中國自漢以下,每朝各有斷代史,而秦以前則無。中國一切學術、政事、風俗皆淵源於周代,而周代僅春秋時有編年之《春秋左氏傳》首尾完具,事蹟詳備,西周、戰國並此無之,惟秦亦然。然西周之政治,戰國之學術,秦之改封建爲郡縣制,皆於後世有莫大之影響。故先整理此三史,以爲編纂上古史之基礎。蓋此三史頗與西洋之希臘史、羅馬史有同等之聲價,具獨立之資格焉。

中國學術史

史學系舊班用之。原定一年講完,後以學術範圍甚廣,展期至三年講完。新班已將中國學術史廢去,改授中國哲學史、文學史、美術史,蓋學術範圍甚廣,一人不能兼精,故分而爲三,使各專門家分任編纂。

中國哲學史　中國文學史　中國美術史

各一年講完。哲學史隸哲學系,文學史隸文學系,美術史隸史學系,惟史學系學生必須兼治此三種。

中國法制史　中國經濟史　中國財政史

各一年講完。法制史與法律學系合班講授,經濟史、財政史於經濟學系合班講授。

中國史學概論

一年講完。説明中國史學之源流、變遷及編纂方法,並評論其利弊。蓋擷《史通》、《文史通義》之精華,而組織稍有系統,並與西洋史學相比較,使研究史學者可有所取資焉。

金石學

一年講完。中國鐘鼎、彝器、甲骨、碑版文字大有裨補史學。此學浩如煙海,提綱挈領曾爲有系統之組織,以爲史學補助科學焉。

同日,訪張元濟。

張元濟1920年10月19日日記(《張元濟日記》,商務印書館,1981年,770頁):

……朱逖先(來)。……朱逖先,寓德勝門内草廠大坑二十一號,電話西二〇九八。

10月22日,張元濟來訪。

張元濟1920年10月22日日記(《張元濟日記》,商務印書館,1981年,772頁):

午後訪大學校各學校,見蔣夢麟、朱逖先二人。

12月5日,與馬裕藻訪魯迅。

魯迅當日日記:

晚朱逷先、馬幼漁來。

12月,參與籌備文學研究會。

編者按:《周作人日記》1920年11、12兩月中,有多次與鄭振鐸、朱希祖、耿濟之、孫伏園、郭紹虞等人的通信記録,當是爲籌備文學研究會事。

張菊香、張鐵榮編《周作人年譜》1920年11月28日(天津人民出版社,2000年,168頁):

28日,(周作人)作《文學研究會宣言》,交孫伏園。此《宣言》先後刊載於12月13日北京《晨報》,1920年12月19日上海《民國日報·覺悟》,1921年1月1日《新青年》第8卷第9號以及1921年1月10日《小説月報》第12卷第1號。《宣言》指出,發起文學研究會"有三種意思":

“一,是聯絡感情”;“二,是增進知識”;“三,是建立著作工會的基礎”。並以周作人、朱希祖、耿濟之、鄭振鐸、瞿世英、王統照、沈雁冰、蔣百里、葉紹均、郭紹虞、孫伏園、許地山等12人的名義發起成立文學研究會。

茅盾《我走過的道路》(人民文學出版社,1997年,184頁):

文學研究會發起人共十二人,名單如下:周作人、朱希祖、耿濟之、鄭振鐸、瞿世英、王統照、沈雁冰、蔣百里、葉紹鈞、郭紹虞、孫伏園、許地山。此十二人中,只我在上海,而且除了朱希祖、蔣百里,我都無一面之緣。朱希祖是我在浙江省立第二中學(嘉興)讀半年書時的教員。他當時教《周官・考工記》,以及阮元《車制考》。

本年冬,置別業於積水潭北岸,負郭面湖,風景頗佳。(《年譜》)
本年,介紹姨侄朱洪任北京大學工科國文教員。(《年譜》)

本年論著

1月1日,發表《文學的感想》(1920年1月1日《時事新報》增刊)。

文學的感想

大凡做一種事業,必有一種事業的功用。然同是一種事業,他的功用有大有小,這是什麽緣故呢?我以爲這有兩種緣故:一由各人的志趣才力不同,所以做同一種事業,他的效用就有大有小;一由事業的進化,前人所不能做到的,現在人很可以做得到。文學這件事,就是如此。試觀近兩年來陳獨秀提倡文學革命,胡適提倡白話文學,有力的分子幫助他們鼓吹,思想的傳佈就一日千里的進步。我想再過一二年,全國學子,思想必大爲一變,正如風起泉湧,將來應用到事實上去,必釀成一種極偉大的勢力,文學的功用,就是不小了。

現在新舊文學家,對於文學上最大的功用,恐怕還多未有瞭解的。文學上最大的功用在什麽地方呢?就是文學家能左右指揮政治家;不但如此,文學家能左右指揮一切社會。認清這個目的去做文學家,才有極大的功用發揮出來。我們中國的文學家,不但不能左右指揮政治家,反爲政治家所左右指揮的真不少哩!

我們中國的舊文學家,自秦漢以來,就腐敗得不堪。只曉得做皇帝的“言語侍從之臣”,只曉得做權貴富商的“清客”。他們平日的功用,只曉得如何如何,而後可以做“言語侍從之臣”;如何如何,而後可以做“清客”。試觀現在某某府要集《全清詩》,就有一班大詩家麕集蟻附去了;某某使處就有幾位桐城派的大文學家獻媚；某某議長處就有江西詩派的大詩家供奔走；做駢文是預備的做秘書的，作詩是預備公子敬愛客叨坐末席獻媚的。西洋的大戲曲家，是轉移社會思想的，我們中國的大戲曲家，是在權豪喜筵壽席上歌曲侑酒的。這種人方且以爲中國文學的正宗。不錯呵！原來是謬種流傳的。他們文過飾非，逢人之惡。無形之中，貽害於社會不淺！

現在又有少數新文學家，受了舊文學家的遺傳，不能把奴隸根性滌除的。試觀學界所深惡痛絶的某某部，平日口講指畫罵他的，一到他們部裏挪出幾萬銀錢來，就被他們收買了。辦報的替他辦報，做文章的替他做文章。見了權勢銀錢，就會生出感情來了，激烈的論調也就不敢説了。報紙是思想輿論所寄的，是最高尚最神聖的。一到這一類人的手中，總是被有權勢財力的人收買了去，顛倒是非混淆黑白，使社會上光明變得黑暗，都是這種人造的孽。

他們這種文學家，目的不出乎利己肥家，所以他們的文學功用，也不過如此。可是己果然利了，家果然肥了，社會卻被他們阻礙了。

新舊文學家多有一部分人正言讜論，可以左右社會的。在政治家看起來，隱然引以爲大敵。千方百計，明收暗買。果然有一部分人，被他吸收，受他豢養。不知第一流人物，斷不肯爲他吸收豢養的。所以吸收豢養的，大抵多是奴才，多是敲鑼擂鼓的吹手，掮旗打傘的走卒。

舊文學家何以也有正言讜論可以左右社會的呢？例如我國十五年前鼓吹種族革命的文學家，到了七八年前，就有左右指揮政治家的勢力了。西洋十九世紀的末年，有一部分人鼓吹人道主義，到了歐洲大戰的時候，就有左右指揮政治家的勢力了。不過社會時時進步，思想時時變化，文學家的眼光，總要比政治家先見到十年二十年。文學家左右指揮一切社會及政治的功用，總要在十年、二十年之後，方能見效。所以固執舊見的，是不行的；志趣卑陋的，是不行的；程效急速的，是不行的；没有科學知識的，是不行的；没有革命精神的，是不行的。

文學家的天職，是打破舊文學的誤謬思想，建立新文學的真確思想。思想是造成輿論的原料，輿論是造成法律的基礎，法律是指揮政治家的將帥。有了專制的思想，就造成專制的輿論，定爲專制的法律，於是生出專制的政治家，釀成專制國的社會。有了共和的思想，就造成共和的輿論，定爲共和的法律，於是生出共和的政治家，釀成共和國的社會。其他一切思想與政治的關係，都是如此。舊文學家的傑出人才，所以能左右指揮過去現在的舊政治家，正是爲此。新文學家的傑出人才，所以能左右指揮現在將來的新政治家，也是爲此。所以政治家是第二流，文學家是第一流。

政治家僅能支配外界的事物,文學家可以支配内界的心靈。内界的心靈,好像將帥,外界的事物,好像士卒。所以照理論上講來,只可文學家指揮政治家,不可政治家指揮文學家。要做文學家,非有第一流人物的才學識不可;非有偉大的胸襟,高尚的志趣,純潔的節操,不可。

2月2日,《晨報》登載先生1月20日於史學系學生談話會上的講話。

史學論緒

朱希祖講　東村記

北大史學系教授、主任朱逷先先生,日前(二十號)召集史學系一、二、三年級各班學生,假哲學系研究室開一談話會,對於大家發表了三個意見。

(一)希望大家自動,不要專靠教員。因爲史學教員,是很難兼全。東、西洋的留學生,對於中國史學,雖稍有條貫系統可尋,但對於考據一層,總具有欠缺的地方。老先生們考據雖富,每苦無條理系統。所以必要諸位持自動的態度,拿科學方法去研究。而加以精密的考據,爲吾國史學界開一新紀元。

(二)編國史無什麽價值,有價值者爲編民史(野史)。因爲編國史有許多事實,許多重要問題都不載的,而編民史則可詳細記之。蓋以編民史没有什麽忌諱,直辭去説,於社會情狀、民生苦樂,無不可以極力描寫。所以我希望大家將來編纂一部有價值的民史,不希望入國史編纂處,編纂一部無什麽價值的國史。

(三)史學的目的,是注重將來的。但將來之社會善惡,全根據於現在。現在社會之某某學派,應當加以推廣,或加以改良,於將來有莫大之關係。但現在之善惡,也不是突然而來,是根據於過去歷史的。於是又不得不研究過去之社會情狀,何以波波相續,以至於現在。故現在者是過去同將來之樞紐,是占一極重要之位置。吾國史學之最有價值者,莫如司馬遷《史記》。《史記》共一百三十卷,而約有七十卷是説由黄帝至楚漢相爭二千餘年的事。其他六十卷,盡是説漢朝自高祖至武帝百餘年中的事。乃此六十卷中,又約有三十卷是説武帝時的事,其注重現在之歷史之社會不可謂不極矣。所以然者,因爲現在歷史最親近最密切有最重大之關係也。

至於怎樣能達到此三種目的,第一,我們要開一史學會,無論校内外及各省的史學家,皆可隨意加入,隨意討論,隨意發表各人的意見,出一部史學雜誌。

第二,將我們中國關於史學最有價值的書籍,列一目録,印訂一册,以便檢察。再將東、西洋之有名的史學教科書,多購買些,以供我們參考的資料。

第三,希望諸位財力較充足不發生生計問題的,畢業後若大學院辦成時,可入大學院研究。若大學院未辦成,可就在本校内研究。總求對於史學上有一點發明,有一點貢獻纔好。前者有一位法國的博士,他説想代替我們去整頓我們四千年來未曾整頓之歷史,我以爲他們是難以整頓好的。爲什麽呢?因爲想去整頓中國歷史,非僅熟悉群書之記載,即能告厥成功,必要先精於音韻,深於考訂,然後再加上有條貫系統的科學方法,纔能作一部極有價值的中國通史。所以這件極優美的事物極重大的責任,非東、西人所可代替,亦在諸位加勉而已。

4 月,發表《論〈卿雲歌〉不宜爲國歌》。(《學藝雜誌》第 2 卷第 1 號)

編者按:民國二年(1913 年),教育部徵集《中華民國國歌》歌詞,汪榮寶以《尚書大傳》中《卿雲歌》進,民國五年(1916 年)12 月 15 日,吴稚暉於上海《中華新報》上發表《論國歌》一文,贊同以《卿雲歌》爲國歌歌詞。民國九年(1920 年)教育部於山西開會,再提國歌歌詞問題,先生故有是文。

5 月 4 日,作《五四運動週年紀念感言》(《晨報副刊》1920 年"五四紀念專號";《新教育》第 2 卷第 5 期,1920 年 5 月)。

編者按:此文較長,概述如下:

回顧一年來的學生運動,先生認爲有三點最可寶貴。第一,民衆運動漸漸發達了。第二,學生一致犧牲,堅忍持久,養成了團結奮鬥的精神。先生認爲,我國民衆的一線希望全仗這種精神。第三,在官吏軍警壓制手段愈演愈厲的情況之下,學生們"失敗愈甚,懷恨愈烈,動心忍性,增益不能",必然能擔起澄清中國將來一切的大任。

但是,先生不贊成學生動輒就採取罷課的舉動,認爲罷課"太單純,太不經濟,方面太少"。先生認爲罷課只是一種"興奮劑",只可偶爲,不可常行,它還不是"攻毒的猛力"。

先生勸告學生:"運動是仍舊要繼續的,一致犧牲的精神是仍舊要堅持到底的,失敗是不足爲恥的;不過運動的方法,要復雜,要經濟,要多方面。"

先生希望即將畢業的學生,畢業之後,斷不可爲政府考試所羈縻,政黨權利所籠絡,選舉所收買,政府及官僚的機關報所豢養。"可以做普及教育的事業,地方自治的聯絡,發展有益的實業,寫傳佈文化的文章,研究精深的科學,組織有力的團體,監督政府,指導社會"。還未畢業的學生,"一面恢復學業,永不罷課,爲積極的運動,儲根本的實力。一面多出報紙,傳佈思想,製造輿論,批評群治,轉移人心。政府朝禁一報,則學生夕出十報,又與各處學生及畢業生聯絡一致,勸告講演,多方並進"。先生認爲,如此,"成就較現在宏大"。

6月,於《史地叢刊》第1卷第1號發表《史記本紀起於黄帝説》。

一九二一年(民國十年辛酉)　先生四十三歲

1月4日,出席文學研究會在北京中央公園來今雨軒召開的成立大會,先生入會編號爲第一號,爲文學研究會讀書會詩歌組成員。

《文學研究會考録》(《文學研究會資料》上册,河南人民出版社,1985年,15頁):

入會號數	姓　名	字號	籍　貫
1	朱希祖	逷先	浙江海鹽
2	蔣方震	百里	浙江海寧
3	周作人	啟明	浙江紹興
……			
172	俞劍華	劍華	山東歷城

《文學研究會讀書會各組名單》(原載《小説月報》第12卷第6號,1921年6月10日,引自《文學研究會資料》上册,河南人民出版社,1985年,14頁):

(一)小説組

宋錫珠　劉嘉鎔　黄　英　王世英　許地山　耿濟之　李之常
劉廷藩　傅東華　孫伏園　耿式之　瞿世英　鄭振鐸　周作人
許光迪　白　鏞　謝六逸　范用餘　蘇驭群　沈雁冰　沈澤民
王統照

(二)詩歌組

楊偉業　宋錫珠　劉嘉鎔　金兆梓　李之常　劉廷芳　王星漢
周作人　朱希祖　蘇驭群　范用餘　李　晉　葉紹鈞　王統照

(三)戲劇組

許地山　耿式之　李之常　鄭振鐸　瞿世英　陳大悲　沈雁冰

(四)批評文學組

耿濟之　郭紹虞　鄭振鐸　蔣百里　傅東華　張毓桂

(五)雜文組(包含論文及傳記等)

劉廷芳　郭紹虞

1月26日，邀顧頡剛談話。

顧頡剛1921年1月26日日記（《顧頡剛日記》，臺灣聯經出版公司，2007年。下引顧頡剛日記不再注明出處）：

朱逖先邀谈。

同日，出席評議會常會，討論《職員待遇規劃草案》等議案，並與蔣夢麟、陶孟和、李大釗、馬裕藻一道被推舉爲修訂北大從前各種章程委員。

《評議會議事録·十年一月二十六日》（王學珍、郭建榮《北京大學史料》第二卷，上册，163頁）：

常會

出席人（略）

（一）職員待遇規則草案

決議：保留至下次常會時再議，並由評議會推定委員五人調查部定章程及本校從前各種章程修正之。即刻推定蔣夢麟、陶孟和、朱希祖、李大釗、馬裕藻五君爲委員。修正之方針如左：

（1）恢復教部從前所允之權利。

（2）加入職員在内。

（3）留學及請假規則另定之。

……

2月1日，發佈《史學系派遣學生學習史學地理學辦法》。

《教務長佈告》（《北京大學日刊》1921年2月1日）：

本校史學系派遣學生留學外國研究史學、地理學案，自經評議會通過後，教務會議及考試委員會已將派遣約章、留學科目暨考試章程先後議決，兹特佈告於後，望本校畢業諸生注意。

史學系派遣學生學習史學、地理學辦法

甲、約章

一、留學年限三到四年，歸國後在本校服務；

二、留學費用及川資，由本校發給，其數目由本校隨時規定之；

三、本校指定之留學地方及認定之科目，學生不得中途更改；

四、每學期須作詳細之留學報告，寄呈本校史學系教授會；

五、學生如不遵守約章時，本校得停止其學費，並追繳已付之學費川資。

乙、科目

一、歷史學一人；

二、歷史兼考古學一人;

三、地理學(包括地理全部,數學地理學,物理地理學,生物地理學,人地學及其他各支部)一人;

但考試結果,如無相當成績,本校得臨時減少派遣額數。

丙、考試章程

一、應考資格:(一)(二)兩項須本校第三、四、五組畢業;(三)一項須本校第一、二、四、五組畢業;

二、考試科目:

A 外國文(英法德文或報考一種,或報考數種)(一)默寫,(二)誦讀,(三)會話,(四)翻譯,(五)作文。

B 國文:(一)作文

C 歷史:(一)中國歷史,(二)外國歷史。

D 地理:(一)中國地理,(二)外國地理。

E 志願學地理學者,須選考以下三種之一:社會學,政治學,經濟學。

F 檢驗體格:於考試前舉行。

三、報名:自佈告之日起至六月二十五日止,在本校第一院註册部報名。

四、考期:七月一日起。

十年二月一日

2月20日,北大在《晨報》上發佈《北京大學招考本校畢業生赴德學習史學地理學廣告》,內容與《北京大學日刊》所載完全相同。派遣留學生後因事未果。

3月2日,出席評議會常會,討論設立音樂系問題以及沈尹默續假兩年以便在京都大學繼續研究等問題。

《評議會議事録·三月二日》(王學珍、郭建榮《北京大學史料》第二卷上册,163頁):

常會(二月、三月合開)

出席人(略)

(一)音樂系之設立。

由教育部每月給二百八十元爲籌備費;本校即以此費資送趙元任博士往歐美留學,兩年之後,始實行開辦。開辦費及常年費,届時請部增加預算。

通過。

(二)沈尹默教授請續假兩年,以便在京都大學繼續研究。

函中並言辭去本校所給津貼。

決議:續假兩年。通過。

(三)夏浮筠教授函稱無款買船票,請續假半年。

決議:夏先生已延長一年,今已逾限,不得續假。請大學即寄回國川資,促其回國。

通過。

4月,北京大學公佈各系主任名單,先生續任史學系主任。

《北京大學教務會議記事録》(王學珍、郭建榮《北京大學史料》第二卷中册,1836頁):

本校各系主任名單:
數學系　　馮祖荀(漢叔)
物理學系　顔任光(任光)(新改選)
化學系　　陳世璋(聘丞)
地質學系　何　傑(孟綽)
哲學系　　陶履恭(孟和)
中國文學系　馬裕藻(幼漁)(新改選)
英文學系　胡　適(適之)(新改選)
法文學系　李景忠(泫生)(新改選)
德文學系　楊震文(丙辰)
史學系　　朱希祖(逖先)
法律學系　何基鴻(海秋)(新改選)
政治學系　陳啟修(惺儂)(新改選)
經濟學系　顧孟餘(孟餘)

5月9日,晚,魯迅來,還書架一個。

魯迅當日日記:

九日,晴。晚以書架一個還逷先。

7月8日,作《中國古代文學上的社會心理》。

7月29日,北京大學考試委員會公佈出題人員名單,先生爲本年新生入學考試歷史本國史出題人。

《入學考試委員會啟事》(王學珍、郭建榮《北京大學史料》第二卷中册,851頁):

致各出題人

敬啟者,兹經本會公推先生爲本年新生入學考試出題人,敬祈按照左表科目製就題目(京滬同題),於八月七日以前送交遂安伯胡同顧孟餘先生彙收爲禱(本年本預科考試科目與去年同,招生簡章即行奉寄)。

北京大學入學考試委員會啟

十年七月二十九日

附入學考試出題科目人名單

國文:錢玄同　沈兼士

英文:楊子餘　郭汝熙

數學:程振鈞　丁燮林

物理:丁燮林

化學:王撫五　丁庶爲

博物:譚仲逵　李仲揆

德文:楊丙辰

倫理:胡適之

歷史:柴東生(外國史)　朱逖先(本國史)

地理:錢秣陵

法文:李景忠　賀培之

考試新生初試監場人名即科目時間表

十年九月五日起　地點在本校第三院

五日(星期一)

上午八時至十時　本預科國文

錢玄同　劉叔雅　沈兼士　馬幼漁　朱逖先　沈士遠　沈朵山　錢秣陵　黄晦聞　倫哲如　毛夷庚　吴又陵　單不庵　吴瞿安　楊適夷　黄伯珣　何柏臣　鄭介石　毛子水　馬叔平　丁燮林　燕樹棠　羅東里　王撫五　黄國聰

下午二時至四時　本科歷史

朱逖先　楊適夷　何柏臣

……

本年開始新生第一次初試閱卷人名及科目時間表

地點在第三院教員休息室

本預科國文　五日下午二時起

錢玄同　沈兼士　沈士遠　單不庵　馬幼漁　鄭介石　毛夷庚　朱逖先　吴又陵　馬叔平

本科歷史　六日上午七時起

楊適夷　朱逖先　何柏臣

8月10日，爲何炳松譯魯濱遜《新史學》作序。

《〈新史學〉序》(《何炳松文集》第三卷，商務印書館，1996年)：

民國九年的夏天，我擔任北京大學史學系主任，那時我看了德國Lamprecht的《近代歷史學》。他的最要緊的話就是："近代的歷史學，是社會心理學的學問。現代歷史學新舊的論爭，就是研究歷史，本於社會心的要素，還是本於個人心的要素？稍嚴密一點説起來，就是歷史進程原動力在全體社會呢，還是在少數英雄？"Lamprecht的意思，以爲歷史進程的原動力，自然在全體社會；研究歷史，應當本於社會心的要素。所以研究歷史，應當以社會科學爲基本科學。我那時就把北京大學史學系的課程，大加更改。本科第一二年級，先把社會科學學習，做一種基礎——如政治學、經濟學、法律學、社會學等——再輔之以生物學、人類學及人種學、古物學等。特別注重的，就推社會心理學。然後把全世界的史做綜合研究，希望我們中國也有史學的發展。那時史學系中又有《歷史研究法》一課，就請金華何炳松先生擔任，何先生用美國Robinson所著的《新史學》原本做課本，頗受學生歡迎。我那時就請何先生把《新史學》譯做中文，使吾國學界知道新史學的原理。不到一年，《新史學》一書果然譯成，何先生就叫吾做一序。

我看《新史學》全書，共分八篇，其中一、新史學，二、歷史的歷史，三、歷史的新同盟，八、史光下的守舊精神。這四篇最重要。四、思想史的回顧，五、普通人應讀的歷史。這兩篇次之。六、"羅馬的滅亡"，七、一七八九年的原理。這兩篇又次之。他最要緊的話，在第一篇裏，他説："《新史學》這樣東西，總可以應付我們日常的需要，他一定能够利用人類學家、經濟學家、心理學家、社會學家關於人類的種種發明。……這部書所以叫做《新史學》的緣故，就是特别要使大家知道……歷史的觀念同目的，應該跟着社會同社會科學同時變更的。"在第二篇裏，他説："歷史家始終是社會科學的批評者同指導者，他應該將社會科學的結果綜合起來，用過去人類的實在生活去試驗他們一下。"我看Robinson這部書，都是消極的話——都是破壞舊史學思想的説話。他積極的話——建設新史學方法的説話——就是第三篇全篇和我上面所舉的那幾句話。其中尤以"應該將社會科學的結果綜合起來，用過去人類的實在生活去試驗他們一下"這句話最簡括切實。我讀了這幾句話，差幸對於北京大學校史學系的課程，改革的尚不算錯。

Robinson在他的《新史學》第二篇裏，還説："德國Hegel的《歷史哲學》，將人類最高的地位給與他的同胞，所以德國人異常傲慢。……因此歷史的研究同著作,就有一種民族的同愛國的精神貫注在裏面。”又說:“從古代到十九世紀初年,歷史家研究歷史,很是用心的批評的以教訓或娱樂讀者爲目的。但是没有一個可以説是科學的。在歷史裏面,要想發見政治家或軍事家的模範,要想推翻異端的神道,要想説明舊教徒是對的,或者新教徒是對的,要想説明世界精神實現自己的步驟,或者要想説明自由是從德國森林裏面出來的,永遠不回去——這幾種目的,雖然有時研究得很深奥,卻是非科學的。”Hegel 的《歷史哲學》有一種民族的和愛國的見解,自然和從前的舊史學一樣,都應當排斥的。但是 Hegel 的《歷史哲學》雖然應當排斥,歷史哲學一科和别種科學一樣,常常進步的,是不應當排斥! 有人説:“德國自 Hegel 以後,没有歷史哲學,所以歷史哲學是没有什麽價值的。”不知道德國自 Hegel 以後,還有幾個歷史哲學的大家。一九一二年美國 Robinson《新史學》出版以後,德國 Mehlis 就有一大部《歷史哲學》出版。Hegel 是浪漫主義的歷史哲學,Mehlis 是新理想主義的歷史哲學,它們的主義是很不相同的。

Mehlis 的《歷史哲學》分爲三部分,第一部,歷史哲學的問題,即歷史和普通史的理論。其中一、歷史哲學及其問題一般的性質;二、哲學的概念;三、歷史的概念,四、歷史論理學問題;五、歷史的價值論問題,六、普遍史問題。第二部,歷史哲學的歷史。第三部,歷史哲學的體系,即普遍史内容上的構造。其中一、歷史的事象意義;二、普遍史的過程上的一般構造;三、宗教的發達,四、藝術的發達;五、哲學的發達;六、道德的國家的發達。這部書實在是科學的。雖然是歷史哲學,它的實質,實在是一種社會哲學。這部書的内容,都是積極的説話,於研究史學的人,很有實際的利益。不過這部書説理很深,未曾研究過社會學哲學,不能領會的。

我國現在的史學界,實在是陳腐極了,没有一番破壞,斷然不能建設。何先生譯了 Robinson 的這部書,是很合我國史學界的程度,先把消極的方面多説一些,把史學界陳腐不堪的地方摧陷擴清了,然後慢慢的想到積極的建設方面去。所以何先生譯了這部書,是很有功於我國史學界的。

還有一層,Robinson 的《新史學》第六篇,主張歷史是連續的,説明斷代的不妥,把歷史的時間須連貫;Lamprecht 和 Mehlis 都主張歷史是全人類的,國别史斷不能完善歷史的功能,所以二人都歸宿到世界史或普遍史,把歷史的空間須連貫。照這樣看來,美國的學説和德國的學説兼收並蓄,那末可以達到史學完善目的;而且他們的學説,殊途同歸,都歸到社會科學那方面去,可見學問是斷不可分國界的。我國史學界總應該虚懷納善,無論哪一國的史學學説,都應當介紹進來。何先生譯了這部書,爲我國史學界的首唱者,我很望留學各國回來的學者,多譯這種書,指導吾國史學界，庶幾不負何先生的苦心呵！

民國十年八月十日海鹽朱希祖謹序。

9月6日，閲北京大學入學試驗國文卷，同閲者有馬幼漁、單不庵、錢玄同、沈兼士、沈士遠、顧頡剛等。

顧頡剛1921年9月6日日記：

到第三院，閲本届北京（大學）入學試驗國文試卷，約閲百册。同座有幼漁、不庵、玄同、兼士、士遠、又陵、夷庚、逖先諸先生。

9月13日，北京大學考試委員會公佈本年第二次新生入學考試出題者名單，先生爲歷史本國史出題人。

《北京大學考試委員會啟事》（王學珍、郭建榮《北京大學史料》第二卷中册，852頁）：

敬啟者：

本年第二次新生入學考試，已定自本月十□日起舉行，敬祈查照左表科目製就題目，務請於本月十六日以前送交遂安伯胡同四號顧孟餘先生彙收爲禱。

北京大學考試委員會啟

十年九月十三日

附入學考試出題科目人名表

科目	出題人
國文（本預科）	錢玄同　沈兼士
英文（本預科）	楊子餘　郭汝熙
數學（本預科）	程振鈞　顏任光
物理（預科）	顏任光
化學（預科）	王撫五　丁庶爲
博物（預科）	譚仲逵
德文（本預科）	楊丙辰
倫理（本科）	胡適之
歷史（本預科）	何柏臣（外國史）　朱逖先（本國史）
地理（本預科）	錢秣陵
法文（本預科）	李景忠　賀培之

民國十一年入學試驗閲卷及監場人員名單

（本預）國文　馬裕藻　沈尹默　沈兼士　單不庵　錢玄同

沈士遠　劉文典　朱希祖

……

(本預)歷史(中外) 朱逖先 楊棟林(中) 李秦棻 何炳松(外)

……

9月23日,《北京大學日刊》公佈各系主任改選結果,先生繼續當選爲史學系主任。

《校長通告(一)》(《北京大學日刊》1921年9月23日):

數學、化學、地質學、哲學、德文學、史學、經濟學七系改選主任,業於昨日(二十二日)下午六時開票。兹將選舉結果宣佈於下:

數學系

馮祖荀三票(當選) 王仁輔一票 (羅惠僑未投票)

化學系

陳世璋四票(當選) 俞同奎、丁續賢、王星拱各一票

地質學系

何傑三票(當選) 温宗禹、王烈各一票 (王烈未投票)

哲學系

陶履恭一票,校長加一票(當選) 胡適、蔣夢麟各一票

德文學系

德文學系教授二人,照章應由楊震文先生接替。

史學系

朱希祖三票(當選) 李大釗、葉瀚各一票 (陳懷不在京,柴春霖未投票)

經濟系

顧孟餘二票,校長加一票(當選) 黄振聲二票,馬寅初一票 (徐寶璜、馬寅初不在京)

蔡元培 十年九月二十三日

9月24日,作《與胡適論曹寅及〈全唐詩〉書》(耿志雲編《胡適遺稿及秘藏書信》第25册,黄山書社,1994年,315頁)。

適之先生:

近日讀了你的《紅樓夢考證》,説曹寅生平的事蹟很詳,快慰的很。但是曹寅生平尚有一件最大的事業,卻失落未載。現在,我想把這件事告訴你,將來再版時可以補入。

曹寅生平最大的事業,影響我們文學界的,就是刊《全唐詩》一事。

康熙四十六年刻《全唐詩》,四十五年曹寅特上進書表,略云:"通政使司通政使臣曹寅……等上言,康熙四十四年三月十九日,奉旨頒發《全唐詩》一部,命臣寅刊刻。……於康熙四十五年十月初一日書成,謹裝潢成帙,進呈御覽者。"這書刊於康熙四十六年,設局於揚州開刻,當時稱爲揚州詩局本,後來江寧、廣州,各有翻刻本。

《全唐詩》雖自内府頒發,他的原本實在是明海鹽胡震亨輯的,起初名爲《唐音統籤》,共一千二十四卷(據《嘉興府志》),自甲至癸分爲十籤。後來刻出的只有戊籤、癸籤兩種。他的全部稿本,似曾入於徐乾學的傳是樓,《傳是樓書目》云:"《唐音統籤》甲籤帝王詩凡七卷;乙籤初唐詩七十九卷;丙籤盛唐詩一百二十五卷;丁籤中唐詩三百四十一卷;戊籤晚唐詩二百一卷,又閏餘六十四卷;己籤五代雜詩四十六卷;庚籤僧詩三十八卷,道士詩六卷,宫閨詩九卷,外國詩一卷;辛籤樂章十卷,雜曲五卷,填詞十卷,歌一卷,謡一卷,諧謔一卷,諺一卷,語一卷,酒令一卷,題語判語一卷,讖記一卷,占辭一卷,蒙術一卷,章咒一卷,偈頌二十四卷;壬籤仙詩三卷,神詩一卷,鬼詩二卷,夢詩一卷,物怪詩一卷;癸籤體凡、發微、評彙、樂通、詁箋、談叢、集録凡三十六卷。"

胡震亨的《唐音統籤》後來購入内府。王漁洋《分甘餘話》云:"海鹽胡孝轅(震亨的字)輯《唐音統籤》自甲迄癸,凡千餘卷,卷帙浩汗,久未版行。余僅見其癸籤一部耳。康熙四十四年,上命購其全書,命織造府兼理鹽通政使曹寅鳩工刻於廣陵(就是揚州),胡氏遺書,幸不湮没。然版藏内府,人間亦無從而見之也。"《四庫全書總目》亦云:"《全唐詩》九百卷以明海鹽胡震亨《唐音統籤》爲稿本。"陳田《明詩紀事》亦云:"康熙中聖祖命輯《全唐詩》,以孝轅《唐音統籤》爲底本。《統籤》凡一千二十七卷(較《嘉興府志》所載卷數多三卷)。《全唐詩》僅九百卷,蓋《統籤》收道家章咒、釋氏偈頌多至數十卷,傷於冗雜,《全唐詩》芟除之;癸籤皆論詩之語,亦去而不録,故爲卷止此。又考其僞誤,補其缺失,始爲完帙。"

《全唐詩》刊刻特開局於揚州,當時考誤補缺的人與曹寅共事,大約也在局中。據《進書表》所載,有彭定求、楊中訥、沈三曾、潘從律、汪士鋐、徐樹本、車鼎晉、汪繹、查嗣瑮這班人。

《全唐詩》刻成以後,康熙四十八年,又在揚州詩局刻《四朝詩》三百一十二卷,内宋七十八卷,金二十五卷,元八十一卷,明一百二十八卷。康熙五十年,又在揚州詩局刻《全金詩》七十四卷。這兩部書是不是曹寅經手,我卻没有考定。但是揚州詩局是曹寅開創的,這件功勞是不可没的了。

我想曹寅在詩學上做了如許功績,他的兒子曹雪芹又在小說上做了一代能手,在清代文學史上皆有很大影響,是不可不表彰的。

十年九月二十四日　朱希祖

編者按:未幾,先生在其讀書札記《〈丙辰札記〉載楝亭刻書事》(《朱希祖文稿》第一册,鳳凰出版社,2010年4月,第15頁)中云:

余前與胡適之書,歷舉曹寅所刻之書而猶有未盡者。章實齋《丙辰札記》云:曹寅爲兩淮巡鹽御史,刻書凡十五種,世稱"曹楝亭本"是也,康熙四十三年、四十五年、四十七年、四十九年間年一任,與同旗李煦互相番代,李於四十四年、四十六年、四十八年與曹互代,五十一年、五十二年,五十五年、五十六年又連任,較曹用事爲久矣,然曹至今爲學士大夫所稱,而李無聞焉。注云:《施愚山集》四十七年所刻。希祖案,楝亭刻書有五種及十二種最爲著名,而《全唐詩》等又在此二部之外,不知實齋所云十五種何所指。

編者又按:1936年8月29日,先生於北京故宫博物院圖書館,意外得見胡震亨《唐音統籤》全部,共一千三十三卷,一百二十册。先生致信張元濟,建議其影印發行。詳見本《年譜長編》1936年條。

同日,張元濟來訪,後又與張遇於有益堂書肆。

張元濟1921年9月24日日記(《張元濟日記》,商務印書館,1981年,801頁):

往訪……胡適之、陶孟和、馬幼漁、顔任光、朱逖先。……晤朱逖先於有益堂,稱有友有衢州本明補《三國志》,余託商借。

9月25日,訪張元濟。

張元濟1921年9月25日日記(《張元濟日記》,商務印書館,1981年,803頁):

朱逖先、王嶧山來。

9月28日,沈兼士邀去騾馬市通商號夜飯,同座有馬裕藻、沈尹默、沈士遠、鄭奠、顧頡剛等。

顧頡剛1921年9月28日日記:

兼士先生來,邀去騾馬市通商號夜飯,即同去。同座有逷先、幼漁、又陵、君默、士遠、介石諸先生。

10月2日,與馬裕藻訪魯迅、周作人,時周作人因病,在香山碧雲寺養病三月新回。

魯迅當日日記：

二日，曇。星期，休息。上午馬幼漁、朱逷先來。

周作人當日日記：

二日，陰，後晴。上午幼漁、逷先來。

10月3日，在北大研究所與顧頡剛發生矛盾。

顧頡剛1921年10月3日日記：

到研究所，與朱希祖撞頂子，憤極，歸寫兼士、幼漁兩先生函，即謄清。日間事有餘憤，未作事，得眠頗遲。

今日寫的一封信，頗爽快，這是我生平的一篇好文章。

編者按：顧頡剛先生在這之後的幾天日記中，仍有與此有關的記録，摘録於下：

一九二一年十月五日星期三（九月初五）

兼士先生到研究所來，謂擬任我爲研究所秘書，可以管理全部事務。又言朱逷先向來憨頭憨腦，我們若把文哲和歷史分開如何？此事我不贊成，以如此則研究所各自爲政，無益也。

一九二一年十月六日星期四（九月初六）

冰如來所，範之來寓，在四層樓發現空屋三間，喜其可擴充爲研究所，即走告守常先生。他回答我的話頭，頗有朱希祖不滿意於我之意。憤甚，即寫寄兼士先生信，主張國文系分立。

未作事，九點三刻即睡。

日來屢屢受氣，使我夜中無興味做事。

10月10日，撰《鄧析子考證序》。（未刊）

編者按：《鄧析子考異》一書爲先生所撰。先生曾撰《鄧析子疏證》，在《鄧析子考異序》中說："鄧析子爲名家初祖……（余）向擬倣孫志祖《家語疏證》例，爲作疏證，以鉤稽襲取之蹟，已寫定成書。既思戰國以前諸子，大都非各家自作，紛紛攻擊，欲將古書一概摧棄，甚無謂也。學者但觀各家異同，以察其成書時序之先後，心知其意，斯已足矣。乃更擬倣陳士珂《孔子家語疏證》、《韓詩外傳疏證》例改爲之；苦無善本資爲校勘，束閣久矣。"後得明嘉靖倣宋本及江山劉氏景宋刊本，相互勘斠，僞錯尚多，然其佳處，已非他本所及。繼又得金山錢熙祚校刊本,以唐宋類書校正頗多,然諦視錢本,尚多未盡善之處。故先生重爲考異,以嘉靖倣宋本爲正,旁取劉本、錢本及萬曆《子彙》本、湖北崇文局本校其異同。又上籀諸子,中檢唐宋類書,下采清儒札記、叢録,相互校勘,成《鄧析子考異》一書。此書從未刊載,先生《鄧析子考異序》云:"挂漏之譏,知所不免。非敢問世,聊以供吾疏證之資而已。"

10月12日,撰《北京大學史學系編輯中國史條例》。

《北京大學史學系編輯中國史條例》(《北京大學日刊》1921年10月19日):

北京大學史學系擬分編中國上古史、中古史、近古史、近世史四種,劃分時代,以專職任。然非有共通之條例,則人自爲政,不相連貫,於歷史進化之精神有窒礙。兹略擬大綱聊備采擇。

一、舊史學家注重政治一方面,兹宜注重社會全部,以社會學爲根抵,惟史學之所以與社會學不同者,社會學研究社會之共性,史學研究社會之個性,其對象則相同也(切實言之,舊史學眼光注重在政府,新史學眼光注重在民生,觀察點大不相同)。

二、舊史學家大都主循環説(如孟子"一治一亂"説、"五百年必有王者興"説,歸之於天運,不歸之於之人治),兹宜主進化説。循環説之黄金時代在過去,重摹倣;進化説之黄金時代在未來,重創造。歷史之目的非教人以古人爲模範,而祖述之憲章之,乃教以現代之社會非一朝一夕所成,由千萬年來逐漸改良遺傳而成。欲創造將來,非知現在社會不可;欲知現在社會,非研究社會過去之歷史不可。故同一編纂歷史,目的異則其結果大異,此不可不注意者也(中國學者往往舉君主時代一二特異之文學、美術,以爲今不及古,證其退化。不知媚兹一人之學術與澤及群生之學術相較,當然後勝於前)。

三、舊史學家之眼光往往局於有史時代及有史時代之一時代,兹宜移其眼光於有史時代以前,徐徐向下,以及於現在。故考古學、人類學等知識尤宜與歷史並重,然後可以知進化之蹟。須知人類之全史,無記載之時代與有記載之時代相較,有記載之時代不過萬分之一二耳。現代歷史家主張通史不可斷代,正是爲此。中國史家多作斷代史,彼爲一代皇家作史,固無足論。今學校中亦編輯分代史,良以歷史材料大多未整理,且一人之精力有限,故不得已而出此辦法。然編一時代之歷史,其眼光不由前時代之歷史而來,此與研究有史時代之歷史,其眼光不由有史以前時代之歷史而來,其弊正同。故編撰後一時代之歷史須與前數時代之歷史脈絡貫通,證其進化之蹟,乃爲上乘。

四、舊史學之眼光往往局於一部，兹宜廣其眼光於全局，例如編中國史，舊史學家所編者爲中國之中國史，新史學家所編者爲世界之中國史。人類全體之歷史，固不宜斷代，亦不宜國别，乃能見其全體之進化，故現代之歷史哲學家往往主張普遍史。兹不得已而編國别史，亦宜闡明某國史在世界全史中之位置、程度何若，故須與他國史參證比較，乃能明其進化之程度與其地位之夷險（上節所言爲歷史上時間問題，此節則爲歷史上空間問題；上節所言爲進化論上之遺傳問題，此節則爲進化論上之環境問題。皆爲歷史最要條例）。

五、舊史學家編纂歷史但羅列事實而止，兹宜於事實之中求其因果，闡明其真相，例如記一戰爭之事，不必詳載其如何戰爭之事蹟（此乃戰史之職，普通史所不必詳），而戰爭之原因及戰爭結果之影響則必須詳爲研究記述，其他以此類推。蓋歷史者非人類之紀功簿，亦非人類之紀過簿，故不必詳陳事實，成爲崇拜英雄之地，或爲誅伐奸雄之關，褒貶非所急，鑑戒非所求，歷史之職在闡明人類進化之大律，説明人群舒慘之大原，非此則爲不稱歷史之職。

六、舊史學家往往偏於一種目的，不能完其天職，兹宜自居於科學地位，不偏不倚，闡明大例，例如偏於政治則提倡愛國心，務文其國而野異國；偏於種族則提倡愛種心，務内其族而外異族；編於宗教則提倡愛教心，務黨其教而伐異教。其他類此者尚多，此□歷史中國與外國皆有，均不足爲訓，若以科學眼光視之，則平心靜氣，文明與野蠻，自有公平之標準，衡以進化之例，文野皆爲歷史必要之材料，斷不可詳於彼而略於此。講學問者不宜有己見，講歷史者不宜有國見、有種見、有教見（男女並重，女子方面歷史亦不可忽），至敷陳復仇之義，挑撥之心，斯爲政治家之奴隸，歷史家之蟊賊矣。

以上六條爲編輯歷史最要條例，明知一時不能達其目的，然懸此以爲標準，終有達到之日，願我國同人聚精會神以共赴焉。

附編輯中國史宜注意者六條

一、搜集史料務求其確實，古代之神話、中世之僞書、近世之小説皆宜審慎采擇，又涉疑義必須割愛。

二、搜集史料務求其真相，不可因仍史書，如六朝之時，篡弒相承，而史書其禪讓，竟與唐堯虞舜同風。五胡之書言語侏離，而史書其言談竟與漢武、魏文同調。凡此之類，務宜洗其虚飾，彰其真相。

三、前史疑案、闕文，不宜憑虚附會，偏爲證實，如《左傳》三墳五典八索九邱，《管子》七十二代之君説者，紛紛妄爲附會證實其數，此皆不足爲信史，允宜闕疑，餘可類推。

四、搜集史料務擇其事有影響於當時或後世人群者,若其人其事雖奇,而於當時後世皆無影響者,可不必采。總之有關係於人群者雖小雖常必取,無關係於人群者雖大雖奇必删。

五、編纂歷史最宜應用科學律令,如社會學、政治學、經濟學等。然只須以各科學公例學説明各類事實之因果而止,斷不宜如清末學者以《大學》某節爲經濟學、《周禮》某某條爲化學,儒學甚至有以《論語》"法語之言"爲法國□者,甚屬可笑。蓋或以一支一節附會全體學術而自詡爲明於科學,或以字面附會科學,此者不足爲法。

六、編纂中國史古地名宜注明今地名,帝王年號繁多,頗難計算,宜注明某某年即公元某某年,則中國史亦易與外國史相參證比較。

十年十月十二日朱希祖擬稿

10月16日,至德國醫院探視張元濟病。

張元濟1920年10月16日日記(《張元濟日記》,商務印書館,1981年,805頁):

朱逖先來。蔡鶴廎今日病足,亦入醫院診治。

編者按:據《張元濟日記》,1921年9、10月間,張元濟因商務印書館事赴京,因病9月28日入中央醫院,10月2日轉德國醫院。住院期間,先生曾赴醫院探望。10月20日,張元濟致信先生。10月22日,張元濟出院回南。張元濟回上海後,12月7日致信先生云:"卧病都門,迭承存問,感幸何極。旅居無聊,不便調攝,勉强扶病南下,未克趨别,甚歉然也。歸來月餘,迄未復元,西醫强扶出游,藉以更换空氣。由海鹽、澉浦而尖山,而吴興。舟居尚覺安適,且有醫生偕行,飲食起居,俱有節制,近日漸見痊可。歸來得讀本月二日手教,辱荷垂注,感何可言。"

10月18日,出席評議會,討論預科委員會組織大綱等問題,並任預科委員會委員。

《評議會議事録・十月十八日》(王學珍、郭建榮《北京大學史料》第二卷,上册,164頁):

……

(三)預科委員會大綱

經長時間討論之結果,主席以下列四辦法付表決:

(1)照提出之原章程,但加入主要科目之主任。一票,少數。

(2)照提出之原章程,但加入預科委員會之委員,不加入任何學□之主任。二票。

(3)另組預科委員會專管預科事宜,有處置一切之權,其委員長出席於教務會議,爲教務會議之一員。二票。

(4)照今日校長提出原案試辦。八票。多數。通過。

……

預科委員會名單

顧孟餘、丁燮林、李四光、沈兼士、胡適、朱希祖、王世傑。

……

10月19日,公佈《史學系本年課程》,中有"日本近世史"課程,此爲國內首創。

《史學系本年科目》(《北京大學日刊》1921年10月19日):

第一學年

中國上古史(四)　西洋上古史(三)(暫缺)

以上必修

社會學大意(二)　生物學大意(二)　政治學原理(三)　經濟學原理(四)　人類學及人種學(三)　印度古代宗教史(二)

以上選修

第二學年

中國中古史(四)　西洋中古史(三)

以上必修

法律哲學(二)　社會心理學(二)　統計學(二)　政治史及外交史(三)　經濟史(三)

以上選修

第三學年

中國近世史(四)　西洋近世史(三)　日本近世史(二)

以上必修

中國法制史(三)　中國經籍史(三)　唯物史觀(二)

以上選修

第四學年

中國通史(文化之部)(四)　西洋文明史(三)(暫缺)　新史學(三)　中國史學概論(二)

以上必修

中國哲學史(二)　中國美術史(三)　中國文學史(二)　金石學(二)

以上選修

說明：

本年課程與去年所定的次序略異，去年史學系課程指導書已不適用。

凡一年級學生須盡先把一年級必修、選修課程學習，選修不必選全。二年級以下課程因學史學的須先把史學基本科學學習，然後研究史學方有頭緒，如社會學、生物學、政治學、經濟學、人類學及人種學皆爲史學基本科學。

凡二年級學生亦須先把一年級、二年級所有必修、選修課程盡先學習，不必選及三、四年級課程。如一年級課程有未曾習過的必須補習。

凡三四年級學生對於三四年級課程可以隨便選習。如一、二年級内所有課程尚有未曾習過的亦須補習。

11月2日，北京大學舉行1921—1922學年度評議會評議員選舉，先生未當選。

《校長啟事》(《北京大學日刊》1921年11月3日)：

本届本校評議員選舉，已於昨日下午四時一刻，在第二院大禮堂當衆開票，計收到選舉票六十九張。兹記其結果如左：

譚熙鴻	四十四票	顧孟餘	四十二票	胡　適	四十一票
王星拱	四十一票	陳世璋	四十票	何育傑	三十五票
陶履恭	三十二票	沈士遠	三十票	朱錫齡	三十票
李大釗	二十九票	俞同奎	二十九票	馮祖荀	二十九票
馬裕藻	二十七票	夏元瑮	二十六票		

以上十四人當選

張宗禹	二十五票	賀之才	二十五票	張大椿	二十五票

以上三人因票數相同，應於其中決選二人

王世傑	二十四票	李四光	二十四票	朱希祖	二十三票
丁燮林	二十二票	顔任光	二十二票	陳啟修	二十二票
李煜瀛	二十一票	羅惠僑	二十一票		

以上次多數，二十票以下從略

同日，與李大釗、葉瀚、顧頡剛等談編書目事。

顧頡剛1921年11月2日日記：

韓馨送守常先生信來，約與朱逷先、葉浩吾等談編目事。與接洽，定先編九年以來書目。

11 月 9 日,與顧頡剛晤談。至北大研究所,與顧頡剛、馬衡、葉瀚諸先生討論《北大議文書目續編》編目法,議決就登録課目校正印出。

顧頡剛 1921 年 11 月 9 日日記:

略抄《劉知幾傳》,昂若來,同至校。做《北大議文書目續編》序,與雜務科接洽書櫃等做法,到教授會晤朱希祖。

到所,與逷先、叔平、浩吾諸先生論編目法。議決就登録課目校正印出。

11 月 11 日,任本年度北大圖書委員會委員。

《校長佈告》(《北京大學日刊》1921 年 11 月 11 日):

本届本校各行政委員會委員,兹已完全委定,其名單如左:

……

(五)圖書委員會

顧孟餘(長)、李大釗、陳世璋、葉瀚、陶履恭、陳啟修、朱希祖、孫國璋、馬衡

11 月 25 日,訪胡適,還胡適所著《章實齋年譜》稿本,並借《金粽亭詩鈔》一部與胡適。

胡適 1921 年 11 月 25 日日記(《胡適的日記》上册,中華書局,1985 年,254 頁)云:

朱逷先送還《章實齋年譜》稿本。他説,他曾作過一篇《續通鑑》的考,大意説《續鑑》的北宋一部分是邵二雲的底子,是用《東都事略》爲底本的,故甚好。南宋以下,是另有一本,是畢氏原本,絶非邵本,因爲邵氏曾作《南都事略》,故南宋若用邵本,定更加詳,決不至如今本之略。此與《年譜》中所考者有相發明之處。

逷先借給我一部《金粽亭詩鈔》,凡十八卷,中有二詩,可考吴敬梓的事實。

12 月 22 日,出席北京大學教務會議。

《北京大學教務會議記事録》(王學珍、郭建榮《北京大學史料》第二卷中册,1100 頁):

十二月廿二日例會(1921 年)

出席人:顧、馬、楊、胡、陶、朱、馮、陳、黄(陳代)、顔(陶代)

六項議案爲:(一)法文專修館轉學生請求特别補試事。(二)臺灣人陳文亮請求暫准入學旁聽事。(三)□□□□□□□□□□。(四)校長會

議,大學内部臨時救急方案。(五)預科暫時減廢鐘點案。(六)本科暫時減廢鐘點案。

12月30日,爲何炳松《〈文史通義〉札記》作序(載《史地叢刊》第1卷第3號,1922年)。

本年《吴虞日記》(四川人民出版社,1984年)中記先生事

民國十年五月十三號:適之借予《札迻》、《大學書目》及其《中古哲學史講義》,推崔東壁爲中國第一大膽人,甚不以朱逖先信仰古文家爲然。謂今文家已推倒之古文家,而逖先猶信之,如何要得。

民國十年五月十四號:星期六,初七:鄧守瑕來談至十二點而去。幼漁又來電話催予,即叫東與君毅同至廣陵春,到者胡適之、錢玄同、蔣夢麟、朱希祖、沈兼士、沈士遠、單不庵諸君。

民國十年六月二十四號:星期五,十九,晴:錢玄同來談,言……黄晦聞、張孟劬、劉子庚、吴瞿安皆舊,且尋常。朱逖先、單不庵舊學好。朱有意趨新,單則認倫常最真,倫明之流勿數可也。

民國十年七月十三號:星期三,初九,大晴:同幼漁訪朱逖先,觀所藏之書,據云《士禮居叢書》原本,文奎堂以八百元購之。若宋本《文選》一部,須值數萬元矣。觀高士奇校順治三年刻本《清律》,沈家本所藏爲順治九年刻,已稱難得,此更不易也。又觀袁廷梼據惠定宇、錢竹汀校《説文》手校本,又觀明秦藩本《史記》,明袁氏原刻本《世説新語》,明本《相臺五經》,吴山尊原刻《韓非》、《晏子》諸書,尚有明藩本前、後《漢書》未見。逖先所居宅,前年始買,去銀二千二百元,有房廿餘間,皆極好。

民國十年八月十七號:朱逖先來談,言買有殿版聚珍本《九家注杜詩》。字句較通行本間多不同,詩較通行本略少,極爲難得。又言旁聽生轉入正科,及其它大學生轉入北大者,現均截止,因流弊多故也。又言,去年暑假,國文科畢業,如傅斯年諸人,頗多佳士。今年暑假,國文科畢業者殊不佳,如朱毅之徒皆是。

有關編印《檇李文繫》及搜集海鹽文獻事

編者按:本年夏,張元濟、葛詞蔚、金兆藩等發起並主持編纂浙江嘉興歷代文獻總集《檇李文繫》。先是,清光緒年間,嘉興忻虞卿先生輯嘉興歷代文獻總集《檇李文繫》,起自漢,迄於清光緒,共輯46卷,但久未刊行。到1921年夏,張元濟、葛詞蔚、金兆藩覺忻虞卿所編之《檇李

文槩》所收不廣，於是決定增補續輯，上起自漢，下迄於清宣統，仍名《檇李文槩》，並由張元濟執筆，於1921年8月30日在《申報》上刊登《刊印檇李文槩徵集遺文》啟事。

9月1日，致函張元濟。信云：

近見《檇李文繫》徵稿公啟，尊處爲總收稿處，甚屬欣幸。希祖前撰《海鹽藝文待訪録》，中有胡震亨《鹽邑藝文志前編》（黄虞稷云前集始秦漢迄元，後集明。案是編爲天啟時知縣樊維城輯刻，凡甲集二卷、乙集四卷）、周一鳴《鹽邑藝林》二十五卷、張𦙶《鹽邑藝文續鈔》十二卷、樊維城《鹽邑志林》六十二卷、王文禄《海鹽文獻》二十卷、李仙根《馬嗥詩鈔》、陳世佶《鹽邑藝文續編》，皆係考海鹽藝文要書。數年以來，唯購得樊維城《鹽邑志林》一部，而王文禄《海鹽文獻》二十卷僅見秀水高等小學藏書樓藏有一部，屢欲雇人鈔録未果。尊處關於此等書籍未知藏有若干種，便祈示知爲感。前數年曾擬在海鹽城内創立一圖書館，一面收藏新舊普通書籍以啟邑人知識，一面徵求邑人著作以保存文獻，以力微未遂厥志。頻年在北京見邑人遺著頗多，益覺此事之不可緩，先生力量較厚，未識有暇能提倡此事否。昔徐仙舟先生曾言於希祖，謂彼曾蒐羅邑人詩文集數十種，藏於百可園祠堂，此種書籍想尚未散佚，先生可就近一訪，定必有助於《檇李文繫》也。希祖近得吾邑先輩馬墨麟詩十二卷，而敝友何君柏臣購得尊祖螺浮先生《入告編》原刻本四册，有初編、二編、三編、遺編，康熙時刻本，有"馬印玉堂"及"笏齋收藏"圖章。全編目録與先生排印本《入告編》全不相同，排印本缺字之處此本多全，序跋次第排列亦異，遺編目録末多《預備軍餉疏》一篇，惟旁注一"闕"字，四編版式一律，且頗寬大，版心僅有"奏疏"二字，不分編。先生排印此書時僅得嘉慶補刻本，十年以來收藏宏富，想已得到原刻本，惟何君本印刷尚早，字無漫漶，先生如欲得此，希祖可代爲商量。何君本寒士，頗欲得商務印書館石印善本書籍，如能交換，可謂兩得其所矣。有暇祈復數行爲感。敬頌曼福。

弟朱希祖敬上。

十年九月一日

9月6日，張元濟回信云：

奉九月一日手教，知刊印《檇李文繫》徵稿公啟已達清覽，並蒙指示，甚爲欣感。此事發起於葛君詞蔚，近金籛翁南來，道出滬上，彼此談及，謂不可再緩，遂由弟擔任開辦之事。各縣採訪，亦已有人。平湖最爲踴躍，已增得數十家，其餘亦均甚熱心，惟石門一縣，將來恐無結果。桐鄉尚未知若何。原輯本以吾邑爲最盛,弟近亦輯得百數十篇,内新增者五十家。百可園藏必有足資採輯者,當約徐氏言之。吾兄在京,必能廣爲搜羅,俾得增光簡帙。承示有關本邑文獻各書,《鹽邑藝文志》,數年前在滬曾見一部,索價甚昂,未能購得。《鹽邑藝文續鈔》爲先八世叔祖所輯,係鈔本,僅存□卷,餘已散佚。《馬嗥詩鈔》,知邑人尚有藏本,弟僅託人將族人著述録出,並未全鈔,此外則均未之見。《鹽邑志林》涵芬樓中已有一部。弟數年以來,亦鋭意採購同邑先正著述,所得寥寥,别紙開呈,甚愧寒儉。建設圖書館,弟久有此意,責以提倡,弟何敢承,但願先以一人之力從事收羅,俟機會到來,再以公之於衆。我兄在京購得《墨麟詩稿》,聞之甚羡,此外如有所見不欲自留者,望隨時見示,力所能及,必願留存。貴友何君購得原刊《入告編》,弟夙未見過,如蒙轉商見讓,極爲感荷,如何辦法,並祈詢示。

寄去十年九月四日復王蔀畇同年信一紙。

《馬墨麟集》中如有與先人唱和感懷之作及題詠涉園者,務祈録示。

十年九月六日

9月21日,致函張元濟云:

《檇李文繫》已續輯得百餘篇,正在謄寫。

12月2日,致函張元濟云:

《檇李文繫》敝處已抄得百頁,俟校對後即當交去。

朱希祖先生年譜長編卷四

一九二二年(民國十一年壬戌)　先生四十四歲

1月,北京大學研究所國學門成立,蔡元培兼任研究所國學門委員會委員長,委員有顧孟餘、沈兼士、李大釗、馬裕藻、朱希祖、胡適、錢玄同、周作人等,沈兼士任國學門主任。

《校長佈告》(《北京大學日刊》1922年2月15日):

本屆評議會第五次會議(十一年二月十一日)決議案應行公佈如左:……

四、研究所國學門委員會規則。

(一)本委員會以規劃研究所國學門之一切進行事項爲職務。

(二)本委員會決議之事件,交研究所國學門主任執行之。

(三)本委員會與各學系及各事務機關有相互事件發生時,得會同商定之。

(四)審查研究生入所之資格。

(五)審查研究生研究所得之論文,或由本委員會委託相關各學系之教員審查之。

(六)獎學金之給予,由本委員會核定之。

(七)本委員會暫不定會期,由委員長隨時召集。

(八)本委員會得設書記一人,由研究所國學門助教兼任之。

(九)本規則遇必要時得修正之。

(十)本規則經評議會通過後施行之。

五、研究所國學門委員會全體委員名單:

所長(當然委員長)

教務長、本門主任、圖書主任(均當然會員)

馬裕藻、朱希祖、胡適、錢玄同、周作人。

編者按:此份名單由蔡元培手定,其手稿《提議北大研究所國學門委員會名單》收入《北大評議會第五次會議議事録》(1922.2.11)(北大檔案·全宗號7·目録號1·全宗號109)。

1月25日,吴虞贈《費氏遺書》一部。

吴虞1922年1月25日日記(《吴虞日記》下册,四川人民出版社,1984年,10頁):

下午一時至北大,晤朱逖先,將贈渠《費氏遺書》一部面交。

1月26日,本年度評議會第四次會議議決北京大學考試委員會第二屆考試委員名單,先生等11人爲委員,顧孟餘爲委員長。

《評議會第四次會議》(王學珍、郭建榮《北京大學史料》第二卷中册,1904頁):

評議會議第四次會議

民國十一年一月二十六日

出席議員:馮祖荀　馬裕藻　朱錫齡　顧孟餘　賀培之　譚熙鴻　李守常(譚代)　沈士遠　何育傑

譚熙鴻君代理主席

(一)主席報告,預算委員會前此議決兩項案件,其案如下:

……

(四)主席報告本校考試委員會,現屆任滿,現由校長委定第二屆考試委員,開列名單,請本會承認。委員姓名列左:

顧孟餘(長)　余文燦　馬裕藻　黄國聰　譚熙鴻　丁燮林　王星拱　羅惠僑　陶孟和　朱希祖　王世傑

議決:通過。仍照向來辦法,因事實上便利起見,此項委員姓名,俱不宣佈。

2月18日,出席研究所國學門第一次委員會會議,會上沈兼士報告特别閲覽室、歌謡研究會、考古研究室有關事項;討論並議決"研究所國學門研究規則"、獎學金、辦雜誌等事項。(1922年2月27日《北京大學日刊》)

2月25日,本屆評議會第六次會議討論朱希祖、馬裕藻、錢玄同、周作人、劉文典、孫國璋等六人於2月20日提出的"本校中國文學系應先列入世界語課程"的議案。

《評議會第六次會議》民國十一年二月二十五日(王學珍、郭建榮《北京大學史料》第二卷上册,424頁):

……

(五)世界語附入國文系案

議決:緩議。

附原提案:

校長、教務長、評議會諸位先生:

後文署名人因鑒於世界語在國際間之趨勢及各國採用世界語之成效,竭力贊成中國有採用世界語爲輔助語——或第二外國語之必要,謹提議:

本校中國文學系應先列入世界語課程。

理由:本校現在並無世界語文學系,原設之世界語班,並不列入課程單位,以致學生隨意曠課。上年全國教育聯合會開會時,曾由校長首先署名提議:將世界語加入師範學校課程一案。今此案既經聯合會通過,聞各省已逐漸推行,本大學尤宜正式列入課程單位,俾可提高世界語之程度,及採用世界語爲中國輔助語之積極的預備。

提議人:馬裕藻　劉文典　錢玄同　孫國璋　朱希祖　周作人

十一年二月二十日

2月26日,與吴虞、沈兼士、馬裕藻、胡適、陳漢章等在王府井大街東華飯店公宴日本學者小柳司氣太、藤塚鄰、井上以智偉、西田耕一、酒井忠道等人。

吴虞1922年2月26日日記(《吴虞日記》下册,四川人民出版社,1984年,19頁):

往東華飯店,到者小柳、竹田、藤塚、井上、酒井、西田、適之、幼漁、逖先、兼士、漢章、重舒、賀嗣章與予,凡六客八主人共席,錢二十五元。小費二元。每人共出銀三元四角。西田住東城南小街羊尾巴胡同,約三月二日晚飯。席散同適之游市場而歸。

3月2日,晚與日本學者西田晚餐,同席者馬裕藻、吴虞、沈兼士、陳漢章、錢稻孫等。

吴虞1922年3月2日日記(《吴虞日記》下册,四川人民出版社,1984年,19—20頁):

晚六時半過東城南小街羊尾巴胡同西田先生晚餐,到者幼漁、逖先、兼士、伯弢、稻孫,胡適之、陳重舒未到。

3月11日,蔡元培爲成立《北京大學月刊》編輯部事,致信先生等13人,請爲《月刊》編輯員,並邀該13人於16日開會商議。

《致馮祖荀先生等請爲本校月刊編輯員》(王學珍、郭建榮《北京大學史料》第二卷中册,2044頁):

致馮祖荀　王星拱　譚熙鴻　沈兼士　陶孟和　王世傑　丁燮林　李仲揆　胡適　朱希祖　顧孟餘　陳啟修　朱經農先生

先生大鑒:逕啟者,爲本校月刊事,擬組織一編輯部,敬請先生爲編輯

員,並祈於本月十六日午後四時到第一院接待室面議。附奉編輯員名單一紙,並祝　公綏

蔡元培敬啟
十一年三月十一日

國立北京大學月刊編輯員

馮祖荀先生　丁燮林先生　王星拱先生　李仲揆先生　譚熙鴻先生
胡　適先生　沈兼士先生　朱希祖先生　陶孟和先生　顧孟餘先生
王世傑先生　陳啟修先生　朱經農先生

文科編輯員

陳獨秀　周作人　錢玄同　章士釗　陳大齊　陶履恭　胡　適
沈尹默　朱希祖　劉　復　王星拱　顧兆熊　沈步洲

理科編輯員

夏元瑮　秦　汾　王　耶　羅惠僑　俞同奎　何育傑　李祖鴻　張大椿
陳世璋　王世輔　馮祖荀　葉　志　胡濬濟　金　濤　程振鈞

法科編輯員

王建祖　王寵慧　馬寅初　左德敏　康寶惠　陳啟修　王景岐　熊　遂
柴春霖　王敬禮

3 月 13 日,研究所國學門舉行第二次委員會議,先生請假,該次會議主要研究獎學金事項。(王學珍、郭建榮《北京大學史料》第二卷中册,1444 頁)

3 月 16 日,原定商議《月刊》事,改爲商議籌辦《國學季刊》、《文藝季刊》、《自然科學季刊》、《社會科學季刊》。

4 月 1 日,與沈兼士、沈士遠、單不庵、馬裕藻、馬衡、錢玄同、周作人等作《爲清室盜賣四庫全書敬告國人速起交涉啟》。

《爲清室盜賣四庫全書敬告國人速起交涉啟》(《北京大學日刊》1922 年 4 月 20 日):

頃見上海三月二十六日《時事新報》及北京各報登載"兹據日人方面消息,安居乾清宮之宣統,本年十六,已與蒙王之女郭佳氏訂婚,本年秋間即須舉行大禮。然因措辦經費毫無所出,清室優待費又拖欠不發,遂擬將儲存奉天之四庫全書以一百二十萬元之價出售。一以稍蘇積困,次亦以爲宣統結婚經費,曾特派某某向駐京各國使署詢有無買主。最後聞得日本宫内省前因法國購得朝鮮四庫全書之一部分,甚爲珍重,頗羨之,久欲得中國之四庫全書以壯日本觀瞻。某某乃與日本駐京公使署接洽,請其購買奉天之四庫全書。日使署當即電本國,官内省以各國均欲得此世界

珍寶,今乃送上門來,大喜過望,大有無論如何必須到手之意,現正在秘密交涉之中云”一節,令人不勝詫異之至！查四庫全書,本有七部:即文淵、文津、文溯、文瀾、文源、文匯、文宗是也。今僅存文淵、文津、文溯、文瀾四閣之書。然文瀾所藏,已非完書。惟文淵、文溯、文津三閣巋然獨存。今文津已歸京師圖書館。文淵尚在文淵園中。文溯於民國三年政府曾派員將原書運京,由內務部派員點收,庋藏於保和殿中。今愛新覺羅溥儀竟膽敢私行盜賣於外國人,不但毀弃寶書,貽民國之耻辱;抑且盜竊公產;干刑律之條文;同人等身爲民國國民,爲保存我國文獻起見,斷不容坐視不問,兹擬請北京大學速函教育部,請其將此事提出國務會議,派員徹底清查,務須將盜賣主名者,向法庭提起訴訟,科以應得之罪。并將原書全部移交適當機關,妥爲保管。再查照優待條件,愛新覺羅溥儀本應遷出大內,移居頤和園中。至於禁城宫殿及所藏之圖書古物,皆係歷代相傳國家公共之產。其中如文淵閣四庫全書之類,尤爲可寶。——四庫成書,文淵最早,惟文淵爲最精。其他文溯、文津、文瀾三閣之書,不但字迹潦草,且卷數已不甚可靠。——爾宜一律由我民國政府收回□設古物院一所,任人觀覽。如此辦法既足以供研究學術者之參考;亦可使帝制餘孽稍收斂其覬覦僥倖之逆謀。準理酌情,實屬兩當,特將此意公佈之於國人。凡我同志,其共圖之。

中華民國十一年四月一日

沈兼士　沈士遠　單不庵　馬裕藻　朱希祖　馬衡　錢玄同　周作人

四月,北京大學史學系張國威、李正奮、王光瑋、傅汝霖等12人發起成立“史學讀書會”。

《發起史學讀書會意見書》(《北京大學日刊》1922年4月19日):

史學範圍廣大,圖籍繁多,縱貫古今,横極中外,非群策群力廣爲考稽,而以一人馳騁其間,若涉大海,茫無津涯,欲其周覽縱貫,蓋其難矣。同人等有見於此,爰倡讀書會,廣求同志。當今史學以普遍史爲歸,融合人類全史,觀其會通,固爲要事,然不有分國之史,易以凴藉。同學之中,習英法德俄日本諸國語文者,各不乏人,若能聚合一堂,各出所學,廣爲搜羅翻譯,則對外儼如開闢疆土,對內勢同輸給糧餉,其利一也。文明各邦,其史學家類能應用最新史法,整理其國史。而吾國史料宏多,散無綱紀,非分代整理彙爲通史,或分科精研各成專史,實不足以有濟。同學之中,關乎社會科學,既習之有素,而於本國通史亦略聞綱要,正以分代分科,各精探討,散之則各啟疆宇,合之則互輸材料,其利又一也。凡百學問,有自動之精神,乃能有獨立之創造,學校所設之科目,教師所編之講章,大部略指途徑,粗陳剛略,前途遼遠,須學者自奔赴耳。若以是有止境,則是以稗販爲□,而不以製作爲能,不特鄙陋可憫,其貧窶實堪危也。本會之設,以讀書所得,或事講演,或事編纂,或事搜輯史料,冀以鼓勵獨立自營之精神,磨練製作深造之才藝,對於本國完其整理之責,對於世界亦有貢獻之資,甚裨益史學,非淺顯也。願吾同學,弘擴爲懷,共贊斯舉。

本會簡章草案(略)

發起人:張國威、張愛松、李正奮、魏江楓、王光瑋、張庚乾、秦志壬、安世徽、傅汝霖、陳友揆、楊豐沛、盧政鑒。

6月8日,史學系發佈《史學系派遣學生學習史學地理學辦法》。

《國立北京大學佈告》(王學珍、郭建榮《北京大學史料》第二卷上册,688頁):

本校史學系派遣學生學習史學地理學一案,去年因事未能實行。兹經教務會議議決,本年仍依原定辦法招考,惟報考及考試日期,稍有變更。兹將原定辦法,再行宣佈於下:(略)

編者按:1921年2月1日北京大學發佈《史學系派遣學生學習史學地理學辦法》,因故未果。1922年6月5日,教務主任胡適致信校長蔡元培再商派遣史學系學生出國留學事,信如下:"孑民校長:本校史學系派遣學生留學,習史學、地學一案,去年因罷課未能實行。兹本月一日教務會議討論此項考試日期,決定與新生入學實驗同時舉行,惟人數有無變更,旅資已否籌得,祈先生示知,以便發佈廣告。專此。胡適敬啟。六月五日。",6月6日蔡元培答復:"人數可以仍舊,旅費必須籌出。"(引自劉召興《朱希祖與胡適》,臺灣《傳記文學》第19卷第3期)。這是繼1920年9月、1921年2月先生等人兩次推動"派遣史學系學生出國留學"事之後的再次推動。北大史學系終於於今年派出毛準、姚從吾兩位赴德留學。

6月初,作《葡萄牙人背約侵略我國土殺戮我國民擬廢約收回澳門意見書》(《東方雜誌》第19卷第11號,1922年6月10日)。

原文較長,要目如下:

該文共十二部分:一、葡人割據澳門之略史;二、葡人背約侵略我國土節略(附圖);三、葡人背約殺戮我國民節略;四、廢約收回澳門理由之一;五、廢約收回澳門理由之二;六、廢約收回澳門理由之三;七、廢約收回澳門理由之四;八、廢約收回澳門理由之五;九、葡人應自知無統治澳門之體統與能力,宜速歸還退出;十、歐美東亞各友邦勿誤會我國排斥外人,收回利權,而袒護葡人,横生阻力,須知違約在葡人而不在吾國;十一、國人宜勿慮葡人興兵報復不敢發難;十二、國人宜群起請願政府,速向葡政府聲明,廢去光緒十三年《中葡條約》第二款及第三款,檄使葡人退出澳門。如不聽,則雖出武力解決,亦所不辭。

編者按:1922 年 5 月 28 日晚,葡萄牙駐澳門士兵當街調戲我女同胞,"瑞記"剃頭店學徒上前解救,葡兵與其對打,該學徒師傅周蘇趕來爲徒弟助戰,結果師徒二人被警署拘禁。消息傳出,華人群情激憤,數百人聚集在警署外大呼放人。29 日淩晨,澳門 60 多個華人公團,上萬人湧向警署,澳門當局派軍警開槍鎮壓,死 47 人,傷 13 人(一説死傷百餘人),是爲"5・29"血案。當天全澳工、商、學界 60 多個華人公團聯合舉行罷工、罷市、罷課。對此局面,澳門當局繼續採用高壓政策,宣佈澳門全境戒嚴,封鎖關閘,禁止華人去内地,封閉參與抗暴的公團,脅迫復工、復市、復課。

此事引起全國震驚,先生遂作此文。對此事,廣州孫中山軍政府亦取强硬態度,調集海陸軍嚴陣以待,隨時準備收回澳門,不幸 6 月 15 日陳炯明叛變,孫中山離開廣州,遂失去收回澳門之機會。遲至十月底,北京政府在民衆一再呼籲下,才照會葡萄牙政府,就"5・29"血案進行交涉。在澳門民衆與全國人民的共同鬥爭下,澳門當局不得不答應:向死難者家屬與受傷者發放撫恤金,取消亂黨名目,允許各公團重新活動。

7 月 3 日至 5 日,中華教育改進社第一届年會在濟南舉行,先生未出席該次會議,但會上討論並通過了先生的議案。

《今夏中華教育改進會關於史地教育之提案及歷史教育組地理教育組之會議記録》(南京高等師範學校史地研究會編《史地學報》第 2 卷第 1 期,1922 年 11 月):

(甲)歷史教育組

中華教育改進社以研究教育學術爲宗旨之一。鑒於教育學術所包者廣,非羅致國内關心教育之士分門研究無以收專精之效;非開會研究、交换意見無以收貫通之益。故本届開年會數月前,即邀請國内專家分組研究提出議案,在舉行年會時分組討論,歷史教學即其中之一組也。該社年會於七月三日在濟南舉行,並開分組會議。歷史教學組出席者,有梁啟超、何炳松、朱經農、柳翼謀、徐則陵五人。議案五件,梁啟超、何炳松、徐則陵、陳衡哲、朱希祖各一件。開會討論三次,記録另詳。除陳衡哲女士所提議案,業經否決外,餘均俟中小學歷史教學研究委員會成立後,彙案從長討論,蓋以問題復雜,非短時間所能解決也。……兹將歷史教學組會議記録、議案等彙録於後。徐則陵識。

議案四　朱希祖提議　何炳松附議

【主文】

中學校宜先教地理後教歷史。教地理、歷史均宜以本國外國同時並授。本國外國歷史時間之分配均宜以上古中古近古史占二分之一,近世現代史占二分之一。本國外國現代史均宜提前先授,其後隨時補講,至畢業時之時事爲止。

【理由】

一、教授地理、歷史,均以認識現代社會以創造將來爲目的。地理固偏於現代社會,歷史則更追溯現代社會之所由來,古人所謂藏往知來,皆以現代爲樞紐,既以現代爲樞紐,則今日以前之現代史尤爲重要。此本國外國現代史所以宜教至畢業時之時事爲止也。

二、舊制本國史在第二學年教完,至畢業時尚須二年,此二年中之現代史棄置不教,則歷史教授之職任尚未完,學習歷史之目的尚未達,故本國之現代史必須移至第四年畢業之時教完。

三、本國地理與外國地理,本國歷史與外國歷史,各宜同時並教。蓋同一地理,本國與各國何以不同? 同一時代之歷史,本國與外國何以有異? 異同之間,可資比較,乃能識文化程度高下之所以然。遺傳與環境不同,優勝與劣敗斯異也。若授孤獨的地理,孤獨的歷史,各不相謀,無可比較,則非科學有系統之教法矣。

四、或有主張先教歷史,後教地理,以爲地理上往往須以歷史説明。不知數理地理、地文地理固無須歷史説明,人文地理亦以現代爲重。追溯歷史,不過十分之一,高等小學所講歷史,已足應用。外國史雖未或講,則彼紀元分明,時代之觀念易瞭,亦不足慮也。且地理之應用歷史者少,歷史之應用地理者多,先教地理,歷史更明,一也。先有地球,後有人類,先講地球發生之歷史,後講人類發達之歷史,次序較順,二也。歷史以現代爲重,今日以前之時事皆現代史也,故宜後講。地理雖多現代制,亦隨時更變,然有現代史在後講可以補救,故現代史可以補地理,地理實不足以充現代史,三也。

五、東西洋之名史,乃日本苟且之稱謂,其實西洋史中古代近代皆涉東洋,東洋史亦自涉於西洋。東亞之名則更名不副實,豈置西亞不講耶? 故本國史外,無論東洋西洋各國史,皆以外國史名之。

六、中學校現行制,本國史上古中古近古授一年,近世現代授一年,時間之分配頗得其宜,惟先教東亞各國史,後教西洋史,不分時代,其缺點甚多。今宜併爲外國史,其時代之分配與本國史同,蓋歷史以理解現代社會爲目的,自以近世現代史爲尤密切重要,故宜占全部二分之一。此理歐美教育家固知之,而我國歷史大家司馬遷亦知之,其作史百三十篇,自黄帝以至秦楚之際篇數占其半,漢代亦占其半。漢代之史高惠文景略當近世史者占其半,武帝初年以至司馬遷作史最後之日,略當現代史者亦占其半。而吾國現在各中學校歷史教員,不知時間分配之精義,往往詳於上古以至近古,至近世現代史或因時間已無,棄置不講,此真所謂輕重倒置,不識史學究竟目的者也。

七、本國外國現代史,在第三學年初授歷史時先講,使與近日時事相接,其後講上古中古近古近世史時,隨時補講現代史,至畢業時爲止,如此則爲歷史教育者,常記載時事以爲史,使作史之事業不在官而在民,使全國生出無數歷史家,其記載之真確,勢力之偉大,當在全國新聞記者之上,其利一矣。中學校學生大半多不喜閲日報,即有閲者亦無判斷時事之能力,故史學與國文皆不能進步。今在第三學年之初,即教以本國外國現代史,便與時事相接觸,則自然唤起其閲報之興趣,對於中外大事無異史論。接續二年,則判斷時事之能力,喜讀日報之興趣,皆已養成,畢業之前,史學國文交相進步,畢業之後,亦必日進不已,其利二矣。

【辦法】

中學校現行制爲四年制,第一學年每星期授本國地理二小時,本國史(上古、中古、近古史)二小時;第二學年本國地理二小時,本國史(近世、現代史)二小時;第三學年外國地理二小時,東亞各國史西洋史二小時;第四學年外國地理二小時,西洋史二小時。今擬改爲第一學年每星期授本國地理二小時,外國地理二小時;第二學年本國地理二小時,外國地理二小時;第三學年本國史(現代、上古、中古史,先講授現代史,後授上古、中古、近古、近世史時,宜隨時補講現代史,至畢業時爲止,外國史仿此)二小時,外國史(現代、上古、中古史不分東亞西洋,除本國史外皆稱謂外國史)二小時;第四學年本國史(近古、近代、現代史)二小時,外國史(近古、近代、現代史)二小時。將來如改爲三三制時,則亦以此法按時間平均分配之。

編者按:先生的議案在北京高等師範學校編《史地叢刊》(第2卷第1號,1922年)上名爲《改良中學校歷史地理教法議案》。

7月29日,在《北京大學日刊》發表《聯省自治商榷書》。

編者按:"聯省自治"是北洋政府時期一些學者提出的政治制度改

革方案，它包含兩層意思：一是容許各省自治，由各省自己製定省憲，依照省憲自組省政府，統治本省；二是由各省選派代表，組織聯省會議，制定聯省憲法，建立聯邦制國家。這是一些知識份子企圖效仿美國聯邦制，通過各省先行立憲，進而實現民主共和的一種政治理想。"聯省自治"的概念最初由梁啟超提出，策動者是熊希齡，胡適、章太炎、張東蓀等人都是"聯省自治"的支持者。這種"聯省自治"的政治理念，在南北對峙的情況下，很快成了地方軍閥割地自保的口實，因而得到地方實力派的廣泛回應。湖南督軍譚延闓第一個響應，1920 年 7 月 22 日，譚延闓發表"還政於民"、"湘人自治"的通電，表示要"順應民情"，實行民治，"採民選省長制，以維湘局"。1922 年 1 月《湖南省憲法》公佈，先後得到四川、雲南、貴州、兩廣、浙江和奉天等省地方軍閥回應。

先生在《聯省自治商榷書》一文中，明確表示"聯省自治，不如稱爲聯邦自治"，並宣稱贊成聯邦自治。但他認爲，在目前的中國這只是一種理想而已，根本不可能實現，一是因爲地方軍閥，二是因爲中央軍閥。先生說："夫聯邦自治，各邦政權，固不許軍閥干涉，中央政權，亦不許軍閥干涉。以今日之現狀而論，在中央主張統一者爲軍閥，在各省主張聯省自治者亦爲軍閥。甲以割據地方相詆，乙以竊據中央相詆。其實易地以居，則皆然矣。張作霖統兵入關，主張統一。兵敗出關，則主張自治，且聯合三省自治，其顯而易見者也。故談聯邦自治者，欲與軍閥謀，無異與虎謀皮。"

先生希望："今後之政客，當與國民謀，不當與軍閥謀。當結正式之政黨明標其政見黨綱，而使人自爲趨舍。勿用陰謀詭計，以軍閥爲後盾，而實行其自亂。當取光明正大之態度，以國民爲後盾，而實行其自治。"

9 月 5 日《太平洋雜誌》(第 3 卷第 7 號) 轉載了先生《聯省自治商榷書》。衛深甫作《說"省"與"邦"解造邦之惑》一文與先生商榷，登載於 10 月 1 日《努力週報》；先生作《朱希祖答深甫君〈說"省"與"邦"解造邦之惑〉書》以答之，登載於 10 月 15 日及 22 日《努力週報》；衛深甫又作《衛深甫復朱希祖書》，登載於 11 月 12 日《努力週報》；先生再作《朱希祖再答衛深甫君書》，登載於 11 月 26 日《努力週報》。

8 月 1 日，參加北京大學季刊編輯員會議。

《八月一日季刊編輯員討論會議決之條件》(《北京大學日刊》1922 年 8 月 19 日)：

(一) 本校發行季刊四種：(1) 自然科學，(2) 社會科學，(3) 國學，(4) 文藝。均自本年八月起，每季出一本，每本頁數由各組自定之。

……

自然科學組:(名單略)

社會科學組:王雪艇(主任)、陶孟和、胡適之、蔣夢麟、朱經農、張競生、朱逷先、黄鸝馨、何海秋、周鯁生、燕召□、陳惺農、高一涵、張蔚慈、李守常、顧孟餘、馬寅初。

國學組:胡適之(主任)、沈兼士、馬幼漁、錢玄同、蔡孑民、顧孟餘、李守常、劉叔雅、單不庵、□鐘麒、鄭奠、朱逷先、周啟明。

文藝組:蔡孑民(主任)、沈尹默、沈兼士、胡適之、周豫才、周啟明、徐旭生、顧孟餘、宋春舫、陳師曾、錢稻孫、葉浩吾、馬叔平、蕭友梅、楊仲子、張鳳舉。

8月27日,周作人贈《雪朝》一本。

周作人當日日記:

以《雪朝》一本送逷先。

編者按:《雪朝》爲文學研究會所出的第一本詩集,收録朱自清、周作人、俞平伯、徐玉諾、郭紹虞、葉聖陶、劉延陵、鄭振鐸八人的187首新詩。

9月8日,致信張元濟,談近年學術研究情況及今後計劃。

年來爲大學所編者有《中國文學史要略》、《中國古代文學史》、《中國文學概論》,此三種係三四年前編成,爲文科講義,然陳義稍舊,不願發表。生平不願學胡適之有一篇發表一篇,不顧精粗良楛也。唯《中國史學概論》一書爲史學系所編,自謂稍有精義,且爲近時所作,已成三分之二,今冬可以脱稿。將來擬發表自己的著作,有《補〈梁書·藝文志〉》四卷,中附考證,稿已略具。尚擬撰成《〈梁書〉旁證》及《新梁書》二種,以爲研究史學試驗事業。志願如此,未知環境能許我成否也。《劉知幾年譜》稿已略具,尚擬增删。《史通》一書將來尚擬集數善本編爲一校,成一校勘記。十年前曾撰《司馬遷年表》二卷,因遷卒年未能確定,故爲未定之稿,後見海寧王國維君亦有是作,然未愜意,故尚擬重訂。年來承乏大學,牽於人事,時作時輟,苟能不牽於生計,息肩著述,亦幸福也,但恐福薄不能享受耳。

編者按:《補〈梁書·藝文志〉》四卷,手稿藏北京國家圖書館,未刊。同時藏於國家圖書館關於蕭梁史的手稿,還有《蕭梁史叢考》126頁、《蕭梁史人表》23頁。

秋,二子侃畢業於北京師範附小,入志成中學。三子僑、三女僖、四子倧均入孔德學校學習。

10月7日,與胡適聯名提出《關於本科第一外國語的提案》。

《校務紀聞》(《北京大學日刊》1922年10月10日):

本月七日教務會議議決案,應宣佈者如左:

……

(二)胡適、朱希祖提出關於本科第一外語的提案。

議決:通過。

原案附:關於本科第一外語的提案

【主文】本科各系第一外國語,此後概不限定必修單位,但每人於本科畢業之前,須受一次第一外國語的特別試驗;凡不能正確的中西文互譯者,概不得畢業。

【説明】略

【詳細辦法】略

提議者:胡適、朱希祖

10月,北京大學爆發"講義風潮"。

編者按:該風潮起因是北洋政府不能按時劃撥經費。1922年3月14日先生致信張元濟云:"近來學校經費無着,欠薪不發,再過數日恐難支持,頗思别辟生計,以免窮困,甚望先生有以助我。"9月8日,又致信張元濟云:"教育經費無着,學校殆將停止,國將不國,文化摧殘,固意計中事。"因經費無着,學校决定從新學年開始,向學生徵收講義費。

10月12日,北京大學新學年開學。

10月16日,與王世傑、沈士遠、沈兼士、丁燮林、李書華、周覽等聯名致信蔡元培,建議將徵收的講義費劃歸圖書館,供買學生各種參考書籍之用。

《朱逷先教授等致校长函》(《北京大學日刊》1922年10月18日):

孑民校長先生:

本校講義印刷費,歲達一萬餘元;然圖書擴充費,爲數極微。現在學校既決定收納講義費,我們爲學校計,爲學生計,謹向先生提議,將所收講義費,盡數撥歸圖書館,供買學生各種參考書籍之用。此種辦法,學校既可增加圖書支出,學生亦可減少買書費用。將來學校圖書充足,學生國文程度增高,即可完全廢除講義。是否可行,敬請裁奪。

王世傑、朱希祖、沈士遠、沈兼士、丁燮林、李書華、周覽同啟

十一、十、十六

10 月 17 日,蔡元培回信。

《校長覆朱教授等函》(《北京大學日刊》1922 年 10 月 18 日):

逿先、雪艇、士遠、燮林、兼士、潤章、鯁生先生公鑒:

……此次徵收講義費,一方面爲學生恃有講義,往往有聽講時全不注意,及平日竟不用功,但於考試時急讀講義等流弊,故特令費由己出,以示限制。一方面則因購書無費,於講義未廢以前,即以所收講義費爲補助購書之款。至所以印成小券,不照他校之規定每學期講義費若干者,取其有購否自由之方便。彼等若能筆記,盡可舍講義而不購也。……

蔡元培敬啟

十月十七日

10 月 18 日,因學校開收講義費,學生發動學潮。

10 月 19 日,蔡元培宣佈辭職。

10 月 20 日,學校暫时停课。

吴虞 1922 年 10 月 20 日日記(《吴虞日記》,四川人民出版社,1984 年):

午餐後,過北大上課,則沈尹默、沈兼士、馬幼漁、朱希祖、周作人、張鳳舉、劉子庚、鄭介石、陳某均在教授會同學生集議,主張暫時停課,諸人均署名贊成,予亦當然署名。

10 月 23 日,與馬裕藻發佈復課啟事。

吴虞 1922 年 10 月 23 日日記(《吴虞日記》,四川人民出版社,1984 年):

至一院晤朱希祖。見一啟云:"逕啟者:今日開評議會,檢查學生聲明書(學生二千四百餘人),評議會認爲滿意,已派代表挽留蔡先生,同人等若無事實上之障礙(如講義等),自明日起,當照常執行職務,此上。敬頌大安。朱希祖、馬裕藻。二月二十三日。"

編者按:吴虞日記所引此啟事日期應爲"十月二十三日"。

11 月 2 日,北京大學舉行 1922—1923 學年度評議會評議員選舉,先生當選爲評議員。

《校長啟事》(《北京大學日刊》1922 年 11 月 3 日):

本届本校評議員選舉,已於昨日下午四時一刻在第二院大講堂當衆開票,計收到選舉票五十八張,兹記其結果如左

譚熙鴻 四十二票 王星拱 四十二票 胡 適 四十一票

顧孟餘　三十票　　李四光　二十九票　　陶履恭　二十八票
馬裕藻　二十八票　　陳啟修　二十六票　　丁燮林　二十五票
李煜瀛　二十五票　　李大釗　二十四票　　朱希祖　二十三票
馮祖荀　二十三票

11 月 7 日,出席本届評議會第一次常會,討論《本校各系分組組織案》等議案。

《評議會議事録·十一年十一月七日》(王學珍、郭建榮《北京大學史料》第二卷上册,170 頁):

十一年度第一次常會

到會者:(略)

……

附:《本校各系分組組織提案》

本校現分十三系,於性質相近之各系,無相當之組合,於事物之進行,無從聯絡一致。兹訂分組組織法如下:

一、三組如下:

(1)自然科學組,(2)社會科學組,(3)文學組

二、各系之分組如下:

(1)自然科學組

數學系、物理系、化學系、地質學系。

(2)社會科學組

哲學系、史學系、法律系、政治系、經濟學系。

(3)文學組

中國文學系、英國文學系、法國文學系、德國文學系。

以後新設各系得隨其性質之區别歸入各組。

三、各組設主任一人,由校長指派,評議會通過,任期一年,續派得連任,但不得連任過三年以上。其職權如下:

(1)保管及支配預算規定關於本組各系之款項。

(2)於預算規定之内,得購備關於本組各系需用之物品,其與總務處各部之關係另章訂定之。

11 月 15 日,北京大學史學會成立,與蔡元培、蔣夢麟、胡適、馬衡、葉瀚、楊棟林等出席,並與蔡元培等發表講演。

《北京大學史學會成立報告》(《北京大學日刊》1922 年 11 月 23 日):

本校史學會之組織,醞釀甚久,先後經數次集議,始得籌備就緒。遂於十一月十五日午後四時在第三院開成立大會。到會者有蔡校長、朱逖先、蔣夢麟、胡適之、馬叔平、葉浩吾、楊適夷諸位先生,與史學系同學及畢業生四十餘人。先由姚君揖讓報告籌備經過情形,繼舉韓君樹模爲臨時主席。惟時以天色將暗,提前攝影。事畢即請蔡朱葉楊諸先生講演,其辭經趙君仲濱與秦君志壬記録,另行登載。後有王光瑋、滕統昔二君演説。主席遂宣告討論章程。惟因時間迫促,未能討論完全,僅議決三條,並選出委員十六人,即行散會。兹將委員名單宣佈於後:(略)

編者按:該會是在北京大學史學系學生張國威、李正奮、王光瑋、傅汝霖等十二人發起組織的“史學讀書會”的基礎上創建的。

《朱逷先教授在北大史學會成立會的演説》(趙仲濱速記,《北京大學日刊》1922年11月24日):

今天史學會成立了!我們在兩年前已經發起組織史學會,辦史學雜誌。因爲學校常有罷課的事情,欲成立而停止的已數次。今天居然成立,使我非常歡喜。但是既稱史學會,不是尋常聯絡同學感情的會,是一個研究史學的會,這是不可不顧名思義的!

現在研究史學,我們當取何種標準合宜呢?最近德國歷史哲學家美利斯講:歷史哲學,特注重“溥遍(普遍)史”。因爲史一科,是研究人類全部的歷史,不宜把空間分割,或分爲東洋、西洋,或分爲某洲某國。必須總匯統觀,溥遍研究,方可以看出人類怎樣的進步。美國魯濱孫做了一部《新史學》,他説歷史的時間是連續的,前因後果,連續不已,不能分割爲若干時期,如上古中古近世的分别,或如希臘、羅馬的分别。不但有史以後時間不能分割,即有史以前和有史以後亦不能分爲兩截,方可看出人類這樣的進步。他們兩位史學大家,一個是主張空間不能分割的,一個是主張時間不能分割的,把史學的範圍擴張得非常之大,使我們研究從何下手好?

從前的人研究史學,最初是注重歷史文學,其後漸進是注重歷史哲學,最近的人注重歷史科學。歷史科學是以社會科學爲基礎的(近來的歷史哲學亦以社會科學爲基礎)。社會科學範圍亦很廣泛,地理、生物、人類、政治、經濟、法律、宗教、倫理等學,皆包含在内,而尤以社會學及社會心理學爲最重要。我們懂了社會科學,然後研究歷史,方有下手之處。否則歷史中種種材料,哪一種是重要,哪一種是不重要,就没有標準了。

我們北京大學史學系的課程,就是根據以上所説目的和方法定的。看我今年所做《史學系指導書》,大概就可以知道。所以我勸初來的同學,選擇課程,不要躐等。不過有人懷疑,説我們北大史學系定的課程,中國史和外國史都有,太不專門,不過是高等普通的歷史罷了。再加以種種社會科學,分了一半,所得歷史知識,有限得很。而且歷史又分本國外國,上古中古近世,把時間分割繁碎,這是怎樣講?我説時間空間分割,這是爲教授上課便利起見,不得不然的。學生學了之後,綜合起來,對於時間,自然是連續的;對於空間,自然是溥遍的。至於要謀合以上兩項説法,這課程是只好這樣定。要謀專門精深的研究,在學校方面,自有大學院或研究所負責任。在學生方面,就靠這史學會。

現在我們研究史學,把溥遍的連續的和社會科學的重要共同方法,託付在講堂上講。至於分工的研究,如專門研究本國史或外國史,本國史中專門研究那一時代的,或那一朝的,外國史中專門研究那一洲的,或那一國的。關於社會科學史中,如專門研究政治史或經濟史或法制史或宗教史……等等。或就一時代一國的小範圍内,再分出一部分如政治經濟……等,特别研究,這種自動的研究,那就要靠諸君所組織的史學會了。

講堂上所講的,是共通的方法多,諸君自動的研究,是一種實地的試驗。史學會中原議辦一史學雜誌,諸君實地試驗的結果,就可以在雜誌上發表。不過我們北京大學所辦雜誌,不可如中等學校所發行的雜誌,可以隨便説空話,必須要切切實實多讀些書。研究結果,確有心得,發表出來,乃有價值。

我爲諸君着想,諸君外國文的程度,間有未高的,不能看高深的參考書。我們中國圖書事業不發達,外國史的參考書不能齊備,所以研究外國史,尚講不到。但是外國人講我們中國史,也是没有好的。所以我們自己整理中國史,是我們中國人唯一的責任。現在我們有了這個史學會,我們最好把中國歷代的史,分割開來,各人分任去研究,將來綜合起來,就可以成一部精詳的中國史,這種大事業,是我所最希望的。而且除了大學校外,這種大規模的整理,更無恰好的場所!

要曉得研究一代的歷史,不是專靠一部史書可以濟事的。須要把這一代的一切著作品都搜集來,然後可以看出一代的真相。我近來想整理中國史,先把一個時代較短,興味較多而容易成功的,着手試驗研究。就揀了蕭梁一帶的史,嘗試嘗試。先把《梁書》詳細看了一遍,才知道梁代社會上重要的事情,大都不在《梁書》以内,倒是在梁代的子書和文集内,找了許多好材料,愈研究愈有興味。我希望諸君整理中國史,不妨照我的辦法去試驗試驗。一方面搜集一代的史料,照剛才蔡校長所講的馬驌《繹史》的辦法,把一代的史料搜集在一處。一方面應用最新的史學方法,組織一部很有條理系統的新歷史。我們史學會中現在已有幾十個人,若分組研究起來,不患不成!不過這種事業,不是一年半載可以成功的,三年五年十年二十年也説不定,就是終生從事,也是應該的。將來的後果,一定是精深遠大,成了一種不朽的事業。

總之我們一方面研究整個的史學,一方面試驗分析的史學,並行不悖,是我所最希望於諸君的。

12月1日,出席評議會第二次常會,繼續討論、修改並通過《各系分組組織案》(《評議會議事録·十一年十二月一日》,王學珍、郭建榮《北京大學史料》第二編上册,172頁)。

編者按:此次通過的《各系分組組織案》,第一組爲自然科學組,第二組爲文學組,第三組爲社會科學組。

12月7日,北大評議會決議,由學系主任組織分組會議,各組互選主席一人。結果第一組任顔光二票當選;第二組胡適三票當選;第三組顧孟餘三票當選。先生一票落選。

《北京大學佈告》(《北京大學日刊》1922年12月9日):

評議會議決由學系主任組織分組會議,各組互選主席一人,兹已於本月七日舉行選舉,結果如左:

第一組	顔任光	二票(當選)
	何　傑	一票
第二組	胡　適	三票(當選)
	馬裕藻	一票
第三組	顧孟餘	三票(當選)
	朱希祖	一票
	何基鴻	一票

關於整理明清内閣檔案事

編者按:1922、1923、1924年與先生有關的整理檔案事項繫於此,往後不再叙述。

北洋政府因經費支絀,將教育部轄下的歷史博物館所藏四分之三的明清内閣檔案售於故紙商,後羅振玉以三倍的價格購得。消息傳出後,國學門學者遂共同商議此事。

沈兼士《方編清内閣庫貯舊檔輯刊序》(葛信益,啟功整理《沈兼士學術論文集》,中華書局,1986):

當民國十一年,余方主持北京大學研究所國學門,聞羅叔言斥貲贖内閣大庫檔案,有慨於心,因與馬叔平、陳援庵、朱逖先諸君共謀以其劫餘歸於研究所……

5月12日,蔡元培呈文教育部,請將清内閣檔案撥歸北大。

蔡元培《呈請教育部撥歷史博物館所藏清内閣檔案爲北京大學史學資料文》(《北京大學日刊》1922年5月25日):

竊惟史學所重,尤在近世史,良以現代社會,皆由最近世史遞嬗而來,因果相連,故關係尤爲密切。外國中等學校歷史教科書,自古代以至近世史占其半,最近世史亦占其半。吾國史學,首推司馬遷,其作《史記》,自黄帝以至秦楚之際,篇數占其半,漢代亦占其半;班固首創斷代史,實亦爲其最近世史。自是厥後,每當易代之際,首以修前代史爲最要,誠知所重也。方今各(吾)國最近世史,自當起於清代,民國以來,雖有清史館之設,然前代修《明史》,約經六十年而後脱稿,清史之成,恐亦遥遥無期。本校研究所國學門及史學系知近世史之重要,特設專科研究,現正廣搜材料,用科學之方法,作新式之編纂。稔知教育部歷史博物館收藏明末及清代内閣檔案,如奏本、謄黄、報銷册、試卷等甚夥,皆爲清代歷史真確可貴之材料,世人於此,皆欲先睹以爲快。惟是此項檔案,積久塵封,卷帙又復繁重,整理良非易事,雖經該館派員整理多年,迄未□事,良以此事非有多數具有興會之人按日排比斷難尅期成功。現在本校對於清史材料,需要甚殷,擬懇鈞部將此項檔案全數撥歸本校,即由史學系、研究所國學門組織委員會,率同學生,利用暑假停課之暇,先將目録尅期編成,公佈於世,以副衆望,然後再由專門學者,鑒别整理,輯成專書。如此辦法,較爲輕而易舉。尚祈鈞部顧念近世史之重要,史料之難求,準如所請,批示遵行,實爲公便。謹呈教育總長。

編者按:在《蔡元培全集》中,這篇呈文題爲《請將清内閣檔案撥爲北大史學材料呈》。據南開大學史學博士王愛衛分析研究,她推測蔡元培的這篇呈文,可能是先生代筆。

王愛衛《朱希祖史學研究·整理大内檔案》(博士論文,未刊,57頁):

仔細考察該呈文,發現它不僅與朱希祖的幾篇文章觀點完全一致,而且行文、措辭也頗爲相似,使人不免産生疑問:該文是否出自朱希祖之手呢?兹選取呈文和朱希祖的幾篇文章之片斷對比如下:

蔡元培《請將清内閣檔案撥爲北大史學材料呈》,1922年5月。	朱希祖《中國史學通論》,1919年開始編纂。	朱希祖《中國近世史要略序》,作於1922年4月20日。	朱希祖《改良中學校歷史地理教法議案》,1922年6月發表。
竊惟史學所重,尤在近世史,良以現代社會,皆由最近世史遞嬗而來,因果相連,故關係尤爲密切。外國中等學校歷史教科書,自古代以至近世史占其半,最近世史亦占其半。吾國史學,首推司馬遷,其作《史記》,自黄帝以至秦楚之際,篇數占其半,漢代亦占其半;班固首創斷代史,實亦爲其最近世史。自是厥後,每當易代之際,首以修前代史爲最要,誠知所重也。	史學要義,以最近者爲最詳,良以當代各事,皆由最近歷史遞嬗而來,其關係尤爲密切,吾國史家,頗明斯議。司馬遷《史記》,百三十篇,自上古至秦楚之際,年代邈遠,僅占其半;記載漢事亦占其半。班固記載漢事,共爲百篇,每易一代即撰一史……蓋以最近之史,於當代尤爲切要也。	言史學者,以近世史爲最要,良以當今社會,與近世之歷史,至有密切之關係,因果相連,不能宰割……歐美教育家知之,故中學校歷史教科書……自上古以來數千年之歷史占其半,最近百年以内之歷史亦占其半……吾國史家,頗亦知此議。司馬遷作《史記》百三十篇,自黄帝以至秦楚之際二千餘年之歷史,篇數占其半,漢以來百餘年之歷史,篇數亦占其半。班固當東漢之初,即撰《漢書》百篇,又爲光武本紀及列傳載記二十八篇。自是厥後,每當易代之際,皆汲汲以修前代史爲最要事……蓋誠知最近之史,於人事爲最切也。	歷史以理解現代社會爲目的,自以近世現代史爲尤密切重要,故宜占全部二分之一。此理歐美教育家固知之,而我國歷史大家司馬遷亦知之,其作《史記》百三十篇,自黄帝以至秦楚之際篇數占其半,漢代亦占其半。漢代之史,高惠文景略當近世史者占其半,武帝初年以至司馬遷作史最後之日略當現代史者亦占其半。

通過對比,不難發現呈文與朱氏觀點的相似之處頗多:(1)都强調近世史重要,因爲"現在社會,皆由最近世史遞嬗而來,因果相連,故關係尤爲密切。"(2)都以歐美教科書爲例加以説明;(3)都舉司馬遷、班固所記歷史爲事例;(4)都認爲易代修史的原因在於認識到最近世史與當今的密切關係。再看具體的行文,呈文中的句子和用詞都與朱希祖的文辭相似,可以説,呈文第一段中的每一句話幾乎都能在朱文中找到。

呈文的第二段提到"吾國最近史,自當起於清代",這也符合朱希祖的歷史分期。北京大學於1917年就設立了史學門,其中必修課中就有"中國近代史",内容是指"自唐至明亡"。在"中國近代史"之外,另設"清代史"。朱希祖是從1919年12月開始主持史學系的,所以,1920年後史學系本科設有"中國近世史"課程,預科中設有"中國最近世史",其目的是"講明中國最近百年之史事,使明中國現在之大局由何因而來。"這裏的"中國最近世史"的内容,與我們現在理解的"中國近代史"已開始一致起來。在《清代通史叙》中,朱希祖説:"清代爲近世期,故又名《中國近世史》。”再如,呈文中“清史之成,恐亦遥遥無期”的説法,在朱希祖《清代通史叙》中亦有印證:“清史館之設,十年於兹,史稿之成,邈不可期。”

從這幾篇文章的撰寫或發表時間上看,呈文介乎其中,前有朱希祖《中國史學通論》和《中國近世史要略序》,後有《改良中學校歷史地理教法議案》,各篇貫穿的思想觀點和行文語氣都極爲相似。由此,我們可以推測這份呈文很可能是由朱希祖起草的。這對我們進一步釐清蔡元培與朱希祖的親密合作關係,認識朱氏在整個檔案撥歸和整理事件中所起的作用具有重要意義。朱希祖力圖爲史學系和研究所國學門的師生們爭取到這些檔案,需要借助北大校長蔡元培之力,而蔡元培同意此事後,吩咐朱希祖草擬初稿也是可以理解的。

5月22日,教育部批准北大呈文,同意北大整理這批檔案。

《教育部指令第九九九號》(《北京大學日刊》1922年5月27日):

據呈請將歷史博物館所藏明末及清代檔案如奏本、謄黄等件撥交到校,編定目録,整理成書等情到部。該校研究所廣搜材料,以至編纂近世史之預備,既可有益史學,且使該館所存有問題歷史之材料,亦得具有統紀,用意甚善,應准照辦。除令知歷史博物館派員協同辦理外,仰即派員至該館接洽撥交事宜,並明定期限於暑假期内將目録尅編宣佈。一俟整理成書,仍將原件送還該館,以資保存。此令。五月二十二日。

5月25日,與沈兼士、馬衡三人前往歷史博物館辦理接收事宜。

《致歷史博物館》(北京大學檔案·全宗號(七)·目録號1·案卷號117,王學珍、郭建榮《北京大學史料》第二卷中册,1518頁):

敬啟者,本校日前呈請教育部將歷史博物館所藏明末及清代檔案撥校編訂。曾奉指令照准在案,兹特派本校史學系主任朱教授希祖,研究所國學門主任沈教授兼士,史學系講師馬衡三人,前赴貴館接收,希即派員接洽一切爲荷。此致

歷史博物館

北京大學啟

十一年五月二十五日

6月17日,與沈兼士、馬衡、單不庵、楊棟林及研究所國學門同人將歷史博物館所藏明清檔案搬運完畢,全部六十一木箱,共計一千五百零二袋。

《研究所主任沈兼士先生致校長函》(《北京大學日刊》1922年6月19日):

子民先生大鑒：

兼士偕同朱逷先、楊適夷、馬叔平、單不庵諸先生及研究所同人，搬運歷史博物館檔案，已於今日下午搬運完畢。共計裝六十一箱一千五百零二麻袋，分庋第一院及第三院。（詳另單）此外尚有殿試卷及謄黄中之已經該館編有草目者，均未搬運。已商准該館將草目借與本校鈔一副本。查此次搬運來校之内閣檔案，卷帙極繁，非集合多數具學識有興會之人，共同整理，頗難尅期奏效。以後關於此事之進行方法，尚祈先生酌奪，或另行召集一會議，共同商量辦理，統候

尊裁。即請

公安。

沈兼士　六、十七

6 月 26 日，蔡元培校長發佈通知，邀請先生及胡適、譚仲逵、李大釗、沈士遠、楊棟林、何炳松、陳漢章、馬衡、沈兼士、單不庵、馬裕藻、黎稡鶴、黄仲良、胡文玉等 15 人，於 6 月 28 日開會，討論整理方法。

《與胡適等通知》（高叔平編《蔡元培全集》，中華書局，1984 年，209 頁）：

逕啟者：

歷史博物館所藏内閣檔案，業經移交本校，急須整理。玆訂於二十八日（禮拜三）上午九時，在第一院接待室開會，討論整理方法，務請賁臨爲盼。順頌

教祺

蔡元培敬啟　十一年六月二十六日

胡適之（教務長）　何柏臣　馬幼漁
譚仲逵（總務長）　陳伯弢　黎稡鶴
李守常（圖書館主任）　馬叔平　胡文玉
沈士遠（庶務主任）　沈兼士　黄仲良
朱逷先　單不庵　楊適夷

6 月 29 日，蔡元培再致函先生等十四人，暫定於七月三日開始整理。

《與朱希祖等通知》（高叔平編《蔡元培全集》，中華書局，1984 年，210 頁）：

逕啟者：

歷史博物館所藏内閣檔案，業經全數移交，敬請先生指導整理。玆訂於七月三日日開始，務請於三日（禮拜一）上午九時，到第三院教員休息室接洽，以便進行爲盼。順頌

大安

蔡元培敬啟　六月二十九日

朱逷先　陳伯弢　沈士遠　沈兼士
胡適之　楊適夷　馬叔平　單不庵
劉叔雅　錢玄同　何柏臣　季革癡
馬幼漁　沈尹默

編者按:上述名單中,季革癡,當爲李革癡,即李泰棻。

7月4日,明清内閣檔案整理工作正式開始,并成立明清檔案整理會,由先生主持。

《研究所國學門重要記事》(《國立北京大學國學季刊》第1卷第1號,1923年1月):

沈兼士、朱希祖、馬衡、單不庵、楊棟林、沈士遠、馬裕藻、陳漢章、李泰棻、胡鳴盛、滕統音、劉紹陵、劉澄清及畢業生王光瑋,在校生連蔭元、魏建功、張步武、潘傅霖、傅汝霖、魏江楓、陳友揆等富有整理檔案之興趣者,組織一檔案整理會,於七月四日着手整理。

傅振倫《六十年檔案工作憶往》(《傅振倫文録類選》,學苑出版社,1994年5月,407頁):

當時朱逷先(名希祖)教授主持明清内閣大庫檔案工作,我也經常涉獵史料。

北京大學歷史學系官網有關先生介紹(www. history. pku. edu. cn):

1922年5月,朱希祖主持明清檔案整理會,開設陳列室,供學者研究。

蔣大椿、陳啟能《史學理論大辭典》"朱希祖條"(安徽教育出版社,2000年7月,593頁):

主持收購整理内閣大庫檔案,並提出分三步整理:首先爲形式之分類,并區别年代;次則摘要;再則研究考證統計。

至9月30日,先後摘編謄黄、題本、報銷册、金榜等類已近萬件。其中發現要件不少。

《整理清内閣檔案之始末》(《國立北京大學國學季刊》第一卷第一號,1923年1月):

……

(8)整理清内閣檔案之始末

自七月四日以迄九月三十日,先後摘編謄黄、題本、報銷册、金榜……等類已近萬件。其中發現要件不少,兹擇其最重要者,録目於下:

明宣宗《實録》底稿。

明世宗《實録》底稿。

清太祖、太宗、世祖各朝《實録》底稿、乾隆《起居注》。

明兵部請殺袁崇煥之題稿。

康熙時討鄭成功之敕諭。

雍正間内閣鈔本上諭檔。 此檔中載有吕留良、陸生楠、謝濟世、沈在寬、嚴鴻逵、曾静諸文字獄案件。

伐明誓師諭(天聰四年)。 文中所載與開國方略諸多不同,太宗自稱"金國汗",尤資學者考證。

追尊攝政王生母爲皇后詔(順治七年)。

罷攝政王母子配享大廟詔(殘缺)。

招降鄭成功部屬詔(順治十八年)。

擒獲僞永曆祭告典禮詔(康熙元年)。

立胤礽爲皇太子詔(康熙十四年)。

關於外國貢賀諸表,有明崇禎時之朝鮮賀表,清有南掌貢表,朝鮮貢表,賀表,訃奏等。

乾隆賜暹羅國王禮物敕。

上列各件有爲官書所不載者,有雖見於官書而其詞迥異者。

除以上諸件外,可作史書重要考證者,尚不下數百種。現擬於本校二十五年成立紀念日,將暑假期内整理之成績,分類陳列,開第一次展覽會,以供留心史學者之研究。

11月1日,學校教務會議特别議決:"史學系學生加入本校'整理清代内閣檔案會',從事整理檔案,得作爲史學系實習功課。"以加快整理速度。

《教務處佈告》(《北京大學日刊》1922年11月3日):

本月一日教務會議議決:史學系學生加入本校"整理清代内閣檔案會"從事整理檔案,得作爲史學系實習功課,每週二小時作爲一單位。但每人每年不得過二單位。此佈。十一月三日。

1923年3月,在先生提議下,史學系學生超過五十人參與此事。

陳以愛《中國現代學術研究機構的興起——以北京大學研究所國學門

爲中心的探討》(臺灣政治大學歷史系,1999年,169頁):

由於檔案數量實在太過龐大,因此到1923年三月中旬,在史學系主任朱希祖提議下,史學系大部份學生(超過五十人),也加入檔案整理工作,作爲實習功課。學生每人一週各自認定二至四小時,在整理檔案會的教授和國學門助教指導下,從事整理。(《整理檔案會紀事》,《北大日刊》1923.4.10)

編者按:關於整個整理過程和整理方法,以及先生在其中所起的作用,當年親身參加過檔案整理的傅振倫有相關記載。

傅振倫《先師朱逖先先生行誼》(《朱逷先先生紀念專號》,《文史雜誌》第5卷第11、12期合刊,1945年):

北平東華門內舊內閣衙門之東,有內閣大庫,原爲典籍廳所掌。其中藏書十之三,檔案十之七。書籍大都爲明文淵閣之遺,其檔案則多明清兩朝所奉之朱諭,臣工繳進之敕諭、批摺、黄本、題本、奏本、外國藩屬之表章、歷科大試之大卷。宣統元年擬奏請銷毀,張之洞以其書設京師圖書館,檔案九千袋,庋存學部。民國十年,歷史博物館選其精要,陳列展覽,而以八千麻袋之檔案,售諸同懋增南紙店,得洋四千元,即將以造還魂紙矣,事聞於金梁,羅振玉以一萬二千元收買。先師與陳援庵垣、馬叔平衡、沈兼士諸師,聞午門尚有殘留檔案,乃商之教育部,由北大研究所國學門接受整理,時十一年五月廿五日也。北大所得者,計六十二箱,一千五百零二麻袋,初設明清檔案整理會,後改明清史料整理會,即由朱、陳兩師指導史學系同學工作。整理方法,皆四位師長所定,其辦法分爲三步:首爲形式之分類,並區別年代;次則編號,摘由;再次則研究考證,分類統計。整理就緒者,則置諸陳列室中展覽,並於《北大日刊》公佈其事由。明季清初,即有二萬三千五百零三件;明代殘檔,有一千九百八十件,先師編有《內閣檔案各衙門交收天啟崇禎事蹟清單》,皆稀世之珍。全部有五十四類,分儲地支子字至亥字等十二櫃。計詔、榜、敕誥、册文、墨諭、朱諭、諭及上諭清册、底册、敕諭、手本、詔款、賀表、謝表、訃表、投降表、咨文、實訓、聖訓、賞格、實録、起居注、史稿、史傳、世譜、行述、墓志銘、志傳、則例、勘合、札付、呈文及結狀、申、遵依卷(即甘結)圖、外國文、登科録、會試録、事實清册、題本、題稿、揭帖、奏、啟、摺、呈、鄉試題品録、試卷、雜件、書籍、五花册、清查功次題簿、編審黄册,及進出黄册。其後故宫博物院文獻館之整理宫中、內閣大庫、軍機處、內務府、清史館及刑部等檔案,大體以此爲準繩,先師在史料董理上之貢獻,由此可見。

1924年,初步整理工作基本結束。1924年9月25日,"明清檔案整理會"正式更名爲"明清史料整理會",陳垣任主席。

《研究所國學門明清史料整理會開會紀事》(《北京大學日刊》1924年10月2日):

九月二十五日下午四時,整理檔案會在第三院研究所國學門主任室開會,討論開學以後關於本會一切進行辦法。

到會者(依簽名之先後)

陳垣、程樹德、李泰棻、朱希祖、王有德、張伯根、胡鳴盛、王光瑋、潘傳霖、單不庵、沈兼士。

一、本會今後擬趨重檔案内容之整理及出版,故將會名改定爲明清史料整理會。

……

編者按:北京大學明清檔案整理會暨明清史料整理會陸續整理出版了《明清史料整理會要件陳列室目録》、《清九朝京省報銷册目録》、《嘉慶三年太上皇起居注》、《順治元年内外官署奏疏》等,其中《嘉慶三年太上皇起居注》、《順治元年内外官署奏疏》兩部書的序言爲先生所作。1928年,先生作《整理明清檔案筆記》(影印本《朱希祖文稿》第三册,鳳凰出版社,2010年。先生生前該文未刊),共兩篇:一爲《各衙門交收明季天啟崇禎事蹟》,一爲《順治九年江寧巡撫周國佐題本殘本》,兩者均有關於明季及南明史實。

關於校勘唐劉知幾《史通》事

本年,着力校勘唐劉知幾《史通》,並撰《劉子玄年譜》(劉知幾,字子玄)。

2月20日,購得明萬曆五年張之象翻宋本《史通》。

2月24日,開始纂《劉子玄年譜》。

先生手稿本《劉子玄年譜稿》題記(藏國家圖書館):

民國十一年二月二十日,新購得明萬曆五年張之象翻宋本《史通》二十卷,此爲《史通》流傳之最佳者,較嘉靖蜀刻本遠矣。因喜而作《劉子玄年譜》。二月二十四日,海鹽朱希祖記。

先生5月10日致張元濟:

近有友人徐君森玉藏有明陸治刻本《史通》,亦擬借來一校。……又有友人吴君瞿安藏有明萬曆、崇禎二刻本《史通》,現在蘇州,皆忘其刻者姓名,暑假後亦可借來一校。將來擬作一《〈史通〉校勘記》及《劉知幾年表譜》,擇一善本《史通》並爲刊行。

先生9月8日致張元濟:

日來校勘陸深本與張鼎思本《史通》異同,思得一結案以報告先生兼謝賜書之惠。人事煩擾,日僅得一卷。現正校至第十卷,篇篇有異,或割裂首尾,或移轉數行,至於改易字句不下數百處。將來全部校完後,當雇寫生録出一部奉呈審正。

編者按:《〈史通〉校勘記》最終是否完成,於史無徵。《劉子玄年譜》其手稿由國家圖書館1999年影印出版。

本年論著

本年,發表的重要文章除上述提及者外,尚有《〈文史通義札記〉序》(爲何炳松作,載《史地叢刊》第1卷第3號,1922年)、《〈中國近世史要略〉序》、《蘇甲榮〈新製中國地理沿革圖〉序》(上兩篇均載《史地叢刊》第2卷第1號,1922年)、《中國史學之起源》(《北京大學社會科學季刊》第1卷第1號,1922年11月)。

一九二三年(民國十二年癸亥) 先生四十五歲

1月10日,與馬裕藻、沈士遠、沈尹默、沈兼士、張鳳舉等訪魯迅、周作人,魯迅贈自藏磚拓一份。並與周作人商談"中日文化交流事"。

魯迅當日日記:

十日,晴。……晚朱逷先、張鳳舉、馬幼漁、沈士遠、尹默、臤士來。贈逷先以自藏專拓一分。

周作人當日日記:

上午往北大,下午往燕大,歸後,逷先、幼漁、鳳舉、士遠、尹默、兼士來商談,飯後去。

編者按:周作人日記中的"商談",據桑兵《東方考古學協會述論》(《歷史研究》2000年第5期),所談當爲中日文化交流之事。

桑兵《東方考古學協會述論》(《歷史研究》2000年第5期):

1920年代,日本借退還庚款之名舉辦東方文化事業,引起中國各界人士的極大關注,長期交涉競爭,紛紛加强與日本的交流。以此爲契機,中日兩國學者積極開展合作。北大利用其首席國立大學的有利地位,從一開始便展開强有力的角逐。1922年,胡適與蔣夢麟等人擬訂計劃,主張在中國國立大學和日本帝國大學互設中、日講座,提倡東方文化研究(中國社會科學院近代史研究所民國史研究室編《胡適的日記》,中華書局香港分局,1985年,395頁;同室編《胡適來往書信選》上册,中華書局香港分局,1983年,257—258頁)。而成立於1923年10月14日的中日學術協會,簡直就是東方文化事業的派生物。該會起因爲年初北京大學校方召集任教於北大文科的留日出身的教授,如陳百年、張鳳舉、馬幼漁、周作人、沈兼士、朱希祖以及在京都大學進修過的沈尹默等,商議"日本對支文化事業"。是年3月13日,周作人、張鳳舉前往日本公使館找吉田參事官晤談。剛好這時日本國學院大學教授田邊尚雄、京都大學教授今西龍、東京大學教授澤村專太郎等人相繼來北大講學或研究,與北大教授常有交流應酬,顯示了北大在中日學術交流中作爲國立首席大學的重要地位。

編者按:關於日本人的"東方文化事業",尤其是後來在這一旗號下的成立的"中日學術協會"、"東方考古學協會",請讀者注意本《年譜長編》中有關此事的發展。注意本《年譜長編》中1923年2月17日、3月3日、10月7日、10月14日諸條;1925年9月下旬條;1926年6月30日、7月3日條;1928年9月27日、10月2日、10月11日、10月19日、10月20日諸條;1929年10月18日條。

1月17日,蔡元培校長因憤恨教育總長彭允彝干涉司法獨立、蹂躪人權,向大總統辭北大校長職。

《蔡校長辭職呈文》(《北京大學日刊》1923年1月19日):

呈爲呈請辭職事:竊元培承乏國立北京大學校長,雖職有專司,然國家大政所關,人格所在,亦不敢放棄國民天職,漠然坐視。數月以來,報章所記,耳目所及,舉凡政治界所有最卑污之罪惡,最無恥之行爲,無一不呈現於國中。國人十年以來所最希望之司法獨立,乃行政中樞,竟以權威干涉而推翻之。最可異者,鈞座尊重司法獨立之明令朝下,而身爲教育最高行政長官之彭允彝,即於同日爲干涉司法獨立與蹂躪人權之提議,且已正式通過國務會議。似此行爲,士林痛恨,僉謂彭允彝此次自告奮勇侵越權限,無非爲欲見好於一般政客,以爲交换同意票之條件耳。元培目擊時艱,痛心於政治修明無望,不忍爲同流合污之苟安,尤不忍在此種教育當局之下支持教育殘局,以招國人與天良之譴責,惟有奉身而退,以謝教育界及國人。謹此呈請辭職,迅予派人接替,立卸仔肩。謹呈

大總統

北京大學校長蔡元培

中華民國十二年一月十七日

《蔡元培啟事》(王學珍、郭建榮《北京大學史料》第二卷上册,252頁):

元培爲保持人格起見,不能與主張干涉司法獨立蹂躪人權之教育當局,再生關係,業已呈請辭去國立北京大學校長之職。自本日起,不再到校辦事。特此聲明。

十二年一月十七日

編者按:1922年直奉戰争後,直系軍閥内部形成了以曹錕爲首的津、保派與以吴佩孚爲首的洛派,9月19日,王寵惠得洛派之助組閣,爲津、保派所不滿。11月18日,衆議院正、副議長吴景濂、張伯烈向總統黎元洪指控財政總長羅文幹簽訂奥國借款展期合同,有納賄行爲,迫黎元洪立下手諭,將羅拘押,以圖推翻王内閣,並打擊洛派。王内閣遂於11月25日提出總辭。1923年1月11日,地方檢察廳宣告羅案證據不足,免予起訴,將羅釋放出獄。而剛於1月4日組成之張紹曾内閣,由於在形式上需經衆、参兩院投票通過,教育總長彭允彝乃於1月16日閣議席上動議羅案交法庭再議,以討好國會,换取議員之同意票。羅文幹乃又被拘入獄。蔡元培認爲彭氏此舉是蹂躪人權、獻媚軍閥的勾當,爲保持人格起見,蔡元培遂提出辭職,不再到校辦事,並即日離京,後遠赴歐洲。蔡元培此舉,實質是表示出不願在曹錕之下討生活(胡適語。當日有先倒王閣,次倒黎而擁曹的傳説),並表示出對軍閥統治的抗議。據胡適自撰《我的年譜》,蔡元培辭職呈文爲其代擬。(陶英惠《中研院六院長·胡適與蔡元培》,文匯出版社,2009年10月,136至137頁)

1月18日,出席評議會特别會議,該次會議是先生及李大釗、王星拱、馬裕藻、譚熙鴻5人因蔡元培辭職而提議召開。

《評議會議事録·民國十二年元月十八日》(王學珍、郭建榮《北京大學史料》第二卷上册,174頁):

特别會議。因校長辭職由評議員王星拱、李大釗、朱希祖、馬裕藻、譚熙鴻提議。

到會者:朱希祖、顧孟餘、丁燮林、馮祖荀、陳啟修、譚熙鴻、馬裕藻、王星拱、何基鴻

……

四、關於校長辭職案。

評議會決議：現本校校長以不屑與摧殘司法、蹂躪人權之現教育當局共事，辭去校長職務，從十八日起不到校辦事。本會同人全體，對於校長之行動，深有同感，本應隨同辭職，但因欲顧全學生之學業，本日開會決議，會同總務長及教務長，維持本校一切事務，至教育當局問題及校長去留問題有明白的解決之日爲止。

1月20日，北京大學教職員代表蔣夢麟、顧孟餘及先生等19人呈文民國政府總統，要求"罷免教育總長彭允彝，並乞慰留北京大學校長蔡元培。"

《本校教職員全體呈總統文》（《北京大學日刊》1923年1月20日）：

呈爲請予罷免教育總長彭允彝，並乞慰留北京大學校長蔡元培以維持教育而弭學潮事：竊北京大學校長蔡元培，長校以來，於今六年，群情悦服。近因見教育總長彭允彝，溺職營私，舉措荒謬，羞與爲伍，憤而辭職，京師學界，極爲惶恐。查民國八年五月蔡校長因外交問題辭職，全國學界，爲之擾攘者數月。此次率略相同，假使蔡校長不即回校，必致影響於教育前途甚大。顧彭允彝一日在職，則蔡校長一日不回。素仰我大總統重視教育，必不忍因彭允彝一人之故，致教育界又波折。爲此，迫切陳詞，懇請大總統立即罷免彭允彝教育總長之職，並切實慰留蔡校長，以安教育而弭學潮。學校幸甚，大局幸甚。謹呈

大總統

北京大學教職員全體代表

蔣夢麟　顧孟餘　譚熙鴻　陳啟修　何基鴻　楊棟林　羅惠僑
馬裕藻　朱希祖　陶履恭　王星拱　沈兼士　沈士遠　王世傑
馬叙倫　黄右昌　鄭陽和　胡春林　丁燮林等謹呈

1月21日，北京大學教職員臨時委員會成立，此委員會係驅彭挽蔡之團體，先生爲委員之一。

《本校教職員臨時委員會委員啟事》（《北京大學日刊》1923年1月26日）：

本校自蔡校長離校後，由本校教職員全體於二十一日開大會，一致決議組織一臨時代表會，辦理挽留校長及其他一切相關事宜。本會根據大會之決議，即於當晚成立，並議定每日下午四時在第一院教務長室開會討論進行事宜。本校同人若有相商事件，請於本會開會時間，在該處與弟等接洽爲幸。

蔣夢麟(副主席) 顧孟餘 譚熙鴻 陳啟修(主席) 何基鴻
楊棟林(書記) 羅惠僑 馬裕藻 朱希祖 陶履恭 王星拱
沈兼士 沈士遠 王世傑(副主席) 黄右昌 鄭陽和 胡春林
丁燮林 徐寶璜 馬叙倫 周同煌等同啟

1月25日,北京大學英文系一年級學生高佩琅爲其鄉前輩解《易傳》之專著致函崔適、陳漢章及先生。

《本校學生高佩琅致崔適陳漢章朱希祖諸先生函》(《北京大學日刊》1923年1月27日):

伯弢、懷瑾、逷先諸先生大鑒:

漢人解《易》,"卦氣"、"爻辰"、"納甲"、"升降"諸説,蹟近架造。宋人圖書,乃陳氏之僞造。鄙邑(日照)前輩,有專本彖辭解六爻,本六爻求象者,一切解説,與十翼毫無出入。求之漢宋爲不合,而漢宋大儒按之孔子之説又不合。芻蕘之論,鄉先生未嘗無一得也。倘諸先生爲之更正之、游揚之,俾四聖之書,明顯易曉,人人能讀,未必無益於學者。此説專本,現剛脱稿,諸先生若以爲有研討之價值,請賜函佩琅,當即奉上。專此即頌 撰安!

英文系一年級學生高佩琅上 一月二十五日

1月,北京大學《國學季刊》第1卷第1號登載先生所撰《蕭梁舊史考》。

編者按:先生《蕭梁舊史考》連載於北京大學《國學季刊》第1卷第1、2號。關於此文在《國學季刊》的排序問題,胡適在其本年12月4日日記中説:"《國學季刊》第一期,沈兼士諸君本擬以朱逷先的《蕭梁舊史考》排第一篇;而我主張稍分類,以略多創作者列前,而朱作僅考書目,故與顧頡剛《鄭樵著述考》並列後半。及第二期收稿時,朱稿來最後,故即排在《鄭樵著述考》之後。"

2月5日,教育部對京師專門以上各校教職員等盡心教育成勞卓著人員頒發獎章,先生名列其中。

《教育部訓令第一一〇號》(《北京大學日刊》1924年5月5日):

令北京大學

本部現准銓叙局函開,查貴部請獎本部直轄京師專門以上各學校教職員等盡心教育成勞卓著人員勳章一案,業於十二年二月五日奉准分别給獎在案,除陳漢章、周同煌、劉鉅鋠、萬秀毓四員領章領照憑單已自行領取外，相應檢具朱希祖等領章領照甲種憑單各一百五十張，狄博爾、池上馨一丙種憑單各一張，馬叙倫等獎憑單二張，履歷表共計一百五十二張，鈔列清單，送請查照轉發，並煩飭遵新章繳費，及依式填造履歷送局，以憑註册等因到部。兹將該校職教員顧孟餘等五十六員領章領照領單及履歷表各五十六張；馬叙倫獎憑領單履歷各一張轉發，仰飭該員等遵照新章繳費，及依式填造履歷送部，以憑諮局註册，此令。

五月一日

附憑單五十六張履歷表五十七張領單一張

2 月 17 日，上午，周作人邀先生及馬裕藻、郁達夫、張鳳舉、徐耀辰、沈士遠、沈尹默、沈兼士等茶話，魯迅亦在，談至下午方歸。

周作人當日日記：

上午在家約友茶話，到者達夫、鳳舉、耀辰、士遠、尹默、兼士、幼漁、逷先等八人，下午四時散去。

魯迅當日日記：

十七日，晴，休假。午二時弟邀郁達夫、張鳳舉、徐耀辰、沈士遠、尹默、臤士飯，馬幼漁、朱逷先亦至，談至下午。

編者按：所談内容當仍是中日文化交流之事。詳見本年 1 月 10 日條。

3 月 3 日，出席評議會第五次特别會議，討論“對於日本退還庚款用途”等案。

《評議會議事録·1923 年 3 月 3 日》（《評議會議事録》第四册，北京大學藏檔，館藏號 BD1923008）：

三月三日，第五次特别會議

到會者：馮祖荀、馬裕藻、丁燮林、王星拱、何基鴻、朱希祖、陳啟修、譚熙鴻、顧孟餘

……

（四）對於日本退還賠款事本校主張之提議案

對於日本退還賠款用途之建議

（1）設立東方博物館、圖書館。

（2）在國立各大學内設置關於東方學術之各種講座。

（3）補助有史學系之各國立大學籌辦以下所列各項事業

(A)收集及整理關於東方史學之各種材料。

(B)設備考古學研究室。

(C)組織古蹟遺物調查發掘團

(D)派遣考古學之留學生。

(4)補助留日學生留學經費。

3月26日,史學系改選主任,先生繼續當選主任。

《評議會佈告》(《北京大學日刊》1923年3月27日):

本年改選各系主任,已於本月二十六日舉行。改選結果,茲公佈於下:

……

史學系

朱希祖　五票(當選)

李大釗　一票

……

4月9日,武昌高等師範來函,延聘先生等前往講學兩個月。

《文牘課十二年四月九日收發文件事由單》(《北京大學日刊》1923年4月18日):

收到文件共四件……武昌高等師範學校請代爲延聘朱逷先、李革癡來校講演兩個月函……

編者按:李革癡,即李泰棻。先生於1923年11月赴武昌師範講學,同去者還有李大釗等,此行繞道上海,謁孫中山先生。

朱偰《年譜》:

十一月,應武昌高等師範之請,與北京大學教授多人,南下講學,適京漢鐵路工人罷工,乃繞道上海,代表北京大學各教授謁國父中山先生。

先生1932年10月9日日記:

偕大兒乘車出朝陽門(今改名中山門),謁孫中山先生墓。余初見中山先生在日本,時光緒三十一年,初次演説三民主義,聽者甚衆。第二次見中山先生在上海,時民國十二年,余偕李守常大釗先生入謁,握手略談北方事。今瞻仰雕刻遺像及巍峨墳墓,不勝淒感。

6—8 月，應陝西督軍劉鎮華之請，與陳百年先生連袂西上，入關講學，並遍謁漢唐陵寢，廣搜關中古蹟，所得古籍、拓片，盈箱滿篋。(《年譜》)

8 月 24 日，與顧頡剛晤談。

顧頡剛 1923 年 8 月 24 日日記：

> 歷史組會議畢，晤朱逷先先生。

8 月 31 日，向北大研究所國學門捐贈拓片 7 件。

《研究所國學門通告》(《北京大學日刊》1923 年 9 月 1 日)：

> 本學門承
>
> 朱逷先先生惠贈拓片如下：
>
> 阜昌石刻禹貢圖一件(一幅)
> 阜昌石刻華夷圖一件(一幅)
> 大秦景教流行中國碑一件(四幅)
> 大唐御史臺精舍碑銘一件(兩幅)
> 顏勤禮神道碑一件(四幅)
> 慕容恩碑一件(一幅)
> 唐宇文琬墓志銘一件(一幅)
> 唐吴道子畫觀音像一件(二幅)
>
> 特此聲謝
>
> 十二、八、三十一

9 月 8 日，午刻，在家設宴招待馬裕藻、馬衡、沈士遠、沈尹默、沈兼士、錢玄同、周作人、陳百年、張鳳舉、單不庵等人。

《周作人日記》1923 年 9 月 8 日(大象出版社，1996 年，中册，325 頁)：

> 午至逷先處午餐，同坐二馬、三沈、玄同、百年、鳳舉、不庵共十二人，下午四時半返。

9 月 11 日，晚，至擷英赴黎錦暉宴，同席者黎錦熙、陳大悲、蕭友梅、高惠亭、沈兼士、錢玄同、周作人。

《周作人日記》1923 年 9 月 11 日(大象出版社，1996 年，中册，326 頁)：

> 至擷英赴黎錦暉約，同坐黎劭西、陳大悲、蕭友梅、高惠亭、逷先、兼士、玄同共十人，九時半回家。

9 月 29 日，在《北京大學日刊》公佈《史學系課程指導書(十二——十三年度)》。

《史學系課程指導書(十二至十三年度)》(《北京大學日刊》1923年10月29日):

課程(略)

指導書

一、本系對於史學,本國與外國並重。蓋現代史學,以人類全部之歷史爲歸宿。故本國與外國各時代史,須匯通觀之。

二、歷史强分時代與强分國界,皆不適當。惟因教授便利起見,不得不勉强分割。然學習歷史時,務期本國與外國同一時代之歷史,詳細比較,如學本國上古史,同時學外國上古史,得以兩相比較其内容,則於史學乃能融會貫通,他皆倣此。故本系課程本國與外國同時代之歷史,漸當謀其排列於同一學年。

三、歷史以現代史爲尤要。蓋史學之目的,在認識現代社會之來歷,以謀未來之建設。故現代史在史學中之位置尤爲重要。兹將本國、外國之現代史排列在第二學年,其所以不排在第四學年者,欲使教授和學生講習此課完了之後,仍能繼續採集現代史之材料以成史,至第四學年畢業時止,則教授與學生時時留意搜集材料,造成史書,作爲一種實地練習功課,蓋一舉兩得者也。其所以不排在第一學年者,以史學基本科學未習,則搜集史料,尚無判斷之能力故耳。

四、學史學者,先須習基本科學。蓋現代之史學,已爲科學的史學,故不習基本科學,則史學無從入門。所謂基本科學者,即生物學、人類學、人種學、社會學、政治學、經濟學、法律學、哲學、社會心理學等科,必須於二年以内先行學完,乃可以言史學。而各種科學中,以社會學及社會心理學尤爲重要,故本系各種基本科學,按其先後次第,盡排在第一、第二兩學年中。(基本科學中,尚有人地學一科,將來亦須添設。)

五、基本科學既習之後,則各種科學的歷史,如政治史、經濟史、法制史、社會變遷史,亦須次第選習。而美術史、文學史、哲學史以及文化史,皆學史學者所宜注意者也,但不可躐等以求耳。

六、既學史學,則於本國、外國史學變遷利病,尤宜深知灼見,如史學研究法、史學思想史及本國史學概論、本國史學名著研究即爲此而設。而歷史哲學尤爲重要,現在正擬籌劃添設。

七、考古學一門,爲研究史學之重要輔助學科,今亦正擬添設,而本國之金石學,亦爲考古學之一部,宜先注意學習。

八、研究史學,既以全部人類之歷史爲歸宿,則外國語至爲重要,蓋不通外國語,無以研究外國史。本系學生,對此尤宜集注全力以學之,此後本系外國史,擬酌用外國原文講授。

九、本系課程，就高等、普通應有之常識，務求設備完全。至於得此常識之後，欲專研人類全史，以成所謂世界史；或專研究一國史，如本國史及英、美、德、法、俄、日等國史，或專研究科學史如政治史、經濟史、法制史等，則任各生之志願，此則研究所之責任，而非本系四年内所能謀及矣。惟將來改三三制時，課程自當更定。

9月，與葉瀚先生北游大同，訪雲岡石窟，所至搜集碑拓，購置史料。(《年譜》)

9月30日，北京大學研究所國學門於龍樹寺召開年會，此次會議又名"研究所國學門懇親會"，出席會議的有沈兼士、周作人、陳垣、俄人伊鳳閣等三十餘人，會上討論了有關戴震誕辰二百週年紀念活動的設想和安排。

《研究所國學門懇親會紀事》(《國學季刊》第1卷第4號，1923年)：

近以清代學者戴震二百年的紀念(戴氏生於雍正元年十二月二十六日，即公曆一七二四，二，十四，)同人擬以第五期《國學季刊》作爲《戴東原專號》，現在在此向大家報告一聲，以代徵文的廣告。我看這個題目尚不算枯窘；戴氏所治理學術，方面極多，如小學，經學，算學，哲學，地理，校勘……均可就其一門從事論述。此外或泛言其治學方法，或綜考皖學流派，或訂正段著《年譜》之疏失，用新方法再作一部《戴氏年譜》，均未嘗不可。大家倘能多多投稿，不勝歡迎。

編者按：此爲沈兼士的講話記録。

《周作人日記》1923年9月30日(大象出版社，1996年，中册，329頁)：

往訪伏園，下午同往龍樹寺赴研究所國學門年會，六時返。

9月，長子偰入北京大學預科乙部，次女倓入北京女子師範大學預科。(《年譜》)

10月7日，與陳百年、馬裕藻、沈尹默、周作人、張鳳舉、顧頡剛等在龍樹寺宴日本客人吉田、阪西、土肥原、今西等。商議成立"中日學術協會"。

《周作人日記》1923年10月7日(大象出版社，1996年，中册，330頁)：

至龍樹寺同顧、朱、陳、沈、馬、張共十人宴吉田、阪西、土肥原、今西、澤村(不在)、蔣、李、萬等八人，下午四時散。

桑兵《東方考古學協會述論》(《歷史研究》2000年第5期)：

9月,北大諸人與擔任北洋政府軍事顧問的著名"支那通"阪西利八郎中將及土肥原少佐(編者按:阪西利八郎,日本特務機關"阪西利八郎機關"機關長;土肥原即日後臭名昭著之"土肥原賢二")相識,商議組織中日學術協會。中方以張鳳舉爲幹事,日方以阪西爲幹事,規定每月開常會一次。其實日方成員均非學者,其目的也不在於學術,而是鑒於北洋政府無望,想爭取與國民黨有淵源者搭橋過渡,以便與新政權接洽,將來談判時保留日俄戰爭所取得的權利。所以阪西在成立會上説:"我們怎麽配説學術二字,但是招牌卻不得不這樣掛。"(周作人:《苦茶——周作人回想録》,敦煌文藝出版社,1995年,333—336頁)。在此名義下,北京大學與日本教育視察團團長湯原、服部宇之吉及"對支文化部"的朝岡健等人多次就文化事業進行會談。可惜日方醉翁之意不在酒,後來因形勢變化,對北大失去興趣(詳參周作人《苦茶——周作人回想録》,333—336頁;《周作人日記》中册,大象出版社,1996年,300—406頁)。

10月14日,中日學術協會成立。

10月16日,周作人寄贈新著《自己的園地》一册。

《周作人日記》1923年10月16日(大象出版社,1996年,中册,332頁):

上午寄適之函,逷先書一本。

10月14日,北京大學舉行1923—1924年度評議會評議員選舉,先生當選爲評議員。

《校長佈告》(王學珍、郭建榮《北京大學史料》第二卷,上册,145頁):

本校本届評議員選舉,已於昨日下午三時一刻在第二院大講堂當衆開票,計收到選舉票共六十七張,兹記其結果如左:

顧孟餘 五十六票　王星拱 四十六票　李煜瀛 四十一票
馬叙倫 四十票　李大釗 三十九票　陳大齊 三十六票
譚熙鴻 三十六票　馬裕藻 三十五票　沈士遠 三十四票
朱希祖 三十二票　馮祖荀 三十票　胡　適 二十八票
羅惠僑 二十八票　余文燦 二十七票　沈兼士 二十七票
沈尹默 二十六票

以上十六人當選。

十二年十月十五日

10月30日,出席本届評議會第一次會議,校長提出各行政委員會委員名單,先生擔任圖書委員會委員。

《校長佈告》(《北京大學日刊》1923 年 11 月 1 日)：

十二年十月三十日，十二年度評議會第一次會議，議決事件如左：

……

(二)校長提出擬任十二年度至十三年度各委員會委員長(蔡校長原擬)，議決照單通過。(名單附後)

……

附各委員會委員長及委員名單

……

圖書委員會：顧孟餘(長)　朱希祖　馬　衡　單不庵　陶孟和　李煜瀛　皮宗石

本月，應北京女子師範大學校長許壽裳之請，兼任該校教授，講授中國文學史。

12 月 10 日，爲蕭一山《清代通史》作序。

12 月 13 日，發佈《史學系佈告》，提出研究中國歷史的辦法。

《史學系佈告(一)》(《北京大學日刊》1923 年 12 月 13 日)：

本系現擬添聘教員，與原有教員，分任研究中國歷史。其研究辦法如下：

一、教員擔任指導講演。其範圍由教員自由認定。或爲分代的研究，如周史、秦漢史、隋唐史、宋史、清史等是；或爲分科的研究，如政治史、經濟史、宗教史、教育史等是。各盡所長，不拘體例。且有教員則多方研究；無教員則暫缺，不必一時求全也。

二、同學選擇研究，各任性之所好，認定研究一種，不宜多選，蓋專精則有所獲也。不限年級，蓋研究性質，無有期限。初入學時固可研究；畢業之後，亦可繼續研究。

三、教員對於選定自己擔任學科之同學，固宜盡指導之責任；對於其他同學，如有創獲心得時，亦可公開講演，任人來聽。且當撰爲文章，登之本校雜誌，以饗海内外同志。

四、同學選定一科，對於本科必須閱覽之書，須專心全閲，庶可洞見本末，詳其因果。且每三個月内，必須撰一論文(不拘體例)，報告指導之教員，請其指正。教員當擇優選録，登之本校雜誌，以相鼓勵。

《史學系佈告(二)》(《北京大學日刊》1923 年 12 月 13 日)：

本系朱希祖教授業已認定秦漢史一種，擔任指導講演。本系各年級同學如願選擇此科研究者,請至本系教授會報名。

十二年十二月十一日

12 月 13 日及 15 日,在《北京大學日刊》發表《研究秦漢史條例》(《北京大學日刊》1923 年 12 月 13 日、15 日)。

研究秦漢史條例

史學系教授朱希祖擬

甲 旨趣

秦漢時代,爲吾國打破封建建設郡縣時代;罷黜百家,而法家、儒家爭相統一時代。漢武帝以後,卒以儒家統一。數千年來,皆受此兩種事業影響,故秦漢時代,最爲吾國歷史中重要時代。慈特提出先行研究,冀以漸次整理,編成較完全之秦漢史。

乙 分析研究

一、搜集史料 關於秦漢時代之史籍圖表,秦焚書後漢重得先代之書籍。秦漢人之著作(存者、亡者),秦漢之遺蹟、遺物。秦漢之金石文字(史料之搜集,宜先辨别真僞)。

二、時間之分析研究 秦漢時代之名人年譜、年表,秦漢時代之大事年表。其他關於時間上如曆術等之研究。

三、空間之分析研究 秦漢時代歷史的地理(政治地理、經濟地理、文化地理等,自然地理亦宜詳考)。秦漢時代的外國研究(宜製秦蠶食六國表,漢交通西域表等文)。

四、人種之研究(國内國外) 秦漢之户口。秦漢時代語言文字之變遷。

五、政治之分析研究 秦漢之官制(中央地方)。秦漢之兵制。秦漢之法律。秦漢之對外政策。兩漢登用人才之法。漢代之外戚。漢代之宦官。漢代之黨錮。王莽之政治。秦漢時代之政治思想。

六、經濟之分析研究 秦漢之財政(田制、水利、屯田、賦税、丁役、錢幣、漕運、鹽鐵、鬻爵、榷酤、算緡、雜税、常平倉、平準、國用等)。秦漢時代民間之經濟狀況(農、工、商,金銀銅之比價,度量衡之制度,物價、工價)。秦漢時代之經濟思想。

七、文化之分析研究 兩漢書籍聚散之狀況。秦代之法家。漢初黄老之學。兩漢之儒家。秦漢之陰陽家。秦漢之雜家。漢代儒家和陰陽家之關係。秦漢讖緯之學。漢武帝後道家之潛流。秦漢之神仙家。其他學術。漢末學術之發展。兩漢之經學(今文、古文之傳授源流,今文家、古文家之著述,今文家、古文家之交惡,漢代石經)。東漢佛教之興起。東漢道教之興起。秦漢之文學。秦漢之美術(圖畫、雕刻、音樂、建築、工藝)。秦漢之禮俗(冠婚喪祭葬、家庭制度、輿服制度。婦女在社會上發展之狀況,社會上對婦女之待遇,其他風俗)。秦漢時學術思想之變遷。

丙　綜合研究

一、秦漢時代文化、政治、經濟相互之關係(順時代推演其結果)　秦漢時代歐洲羅馬之文化政治經濟狀況。秦漢與羅馬之比較(西曆紀元前二百二十一年爲秦始皇二十六年,併六國,稱皇帝,羅馬此時亦方强盛。漢平帝元始元年爲西曆元年,羅馬開府後七百五十四年。漢明帝永平七年,西曆六十四年,佛教始入中國,羅馬時方虐殺耶穌教徒。漢安帝建光元年,西曆一百二十一年,羅馬版圖最大時期。漢桓帝延熹間,西曆一百六十餘年,羅馬始與中國交通。漢靈帝中平間,西曆一百八十餘年,羅馬稍衰。漢獻帝建安二十五年,西曆二百二十年,漢亡。前後四百四十一年,東西兩大國之比較,必有可觀。以上中西年代,或尚有錯誤,研究時尚須詳考)。秦漢時代亞洲各國之大勢及與秦漢相互之關係。漢武之征伐四裔,開闢疆土,秦漢時代域内蠻夷戎狄遷徙之蹟。

二、郡縣制度之由來　漢代封建制度之反響及其結果。徵舉漢續行秦代之制度。秦代法家之政治,漢初道家之政治。漢武帝以後儒家之政治。秦漢時代政治評論。

三、秦漢之重農政策　秦漢東田西田(漢武帝改東田從西田,於是田制統一)制度之異同、沿革及其影響。文景時代與武帝時代財政之比較及其因果。孔僅、桑弘羊之經濟政策。王莽之禁止土地私有及買賣奴婢之影響。漢桓、靈時敏税斂錢之影響,秦漢時代經濟詳論。

四、秦焚書坑儒之本意及其影響　秦法家之歷史觀念與統一事業。秦漢時創造之文學皆在南方,兩漢南北文學之異。匈奴西域之音樂與兩漢文學之關係。漢初京師與諸侯王國學風之不同。漢末南方懷疑思想與儒家之衝突。秦漢時代文化價值論。

五、秦漢風俗之不同　秦漢時代社會發展之狀況。有直接影響於現代之秦漢事業。

六、製秦漢時代各項事物之統計和比較表　制秦漢時代歷史的地理詳圖。製秦漢遺蹟、遺物之各種攝影及畫片。

丁、此項研究條例,不過草創列舉,遺漏殊多,重復牽强亦不免,惟欲引入研究興味,故略舉數十條,以盡指導之職,將來合併研究,則在研究者隨時可以加減。

12月29日,在《北京大學日刊》發佈啟事,通知選定秦漢史研究的學生在史學系教授會開會。

《朱希祖啟事》(《北京大學日刊》1923年12月29日):

秦漢史研究,報名者已多。兹定於今日下午四時半,在史學系教授會開會,討論研究方法,並請各人認定題目。凡已報名之同學,務請屆時蒞會。未報名者,臨時加入亦可。十二年十二月二十九日

本年12月,至京師圖書館,校讀該館所藏文津閣四庫全書本趙一清《水經注釋》、乾隆五十九年甲寅十月趙一清原刊本《水經注釋》、舊鈔本趙一清《水經註釋》、趙一清《水經注箋刊誤》以及薛福成刊本《全校〈水經注〉》等,作《〈水經注〉札記二則》(影印本《朱希祖文稿》第一册,鳳凰出版社,2010年4月,361—374頁)。

編者按:此番校讀,是爲戴震二百週年生日紀念活動做準備。自清以來,如魏源、張穆、楊守敬、王國維、孟森等,皆認爲戴震主校殿本《水經注》係抄襲趙一清而成,先生疑之,故有是校,擬爲戴震辯護。

關於藏書

1、關於《水經注》。

本年購得明鈔宋本《水經注》。

先生1925年2月4日致張元濟:

前年購得明鈔宋本《水經注》四十卷,二十册,明白綿紙本,初疑自明柳大中本鈔出,不甚貴重。近由王君靜安審定確鈔自宋本,勸我石印,以供同好。渠爲我撰一長跋。

編者按:因《水經注》爲酈道元所著,自此後,先生便以"酈亭"名藏書室,並請章太炎先生題匾,作跋。現在所見談先生"酈亭藏書"的文章,均云先生所藏之明鈔宋本《水經注》購於1924年,此説不知源於何處。據先生1925年2月4日致張元濟信中所云"前年購得明鈔宋本《水經注》",1925年的"前年",當是1923年。

又按:先後爲先生所藏明鈔宋本《水經注》作跋者有王國維、章太炎;題署者有錢玄同、沈兼士、汪東、許壽裳。1946年12月,胡適也爲此書專作《記朱逷先家鈔本〈水經注〉》。

王國維先生跋文:

明鈔本《水經注》四十卷,海鹽朱逷先教授藏。每半葉十一行,行二

十字,與江安傅氏所藏宋刊殘本,孫潛夫所校明柳大中鈔本,袁壽皆所校明景宋鈔本行款並同,取宋刊殘本校此本,凡佳處誤處與字之别構,一一相同,又取《永樂大典》本、孫潛夫校本、袁壽皆所校明景宋鈔本校之,亦十同八九,蓋即從宋刊本抄出也。今宋刊本僅存十一卷有奇,《永樂大典》本存二十卷,孫潛夫、袁壽皆校本存十五卷,餘如柳大中本、歸熙甫本、趙清常本、陸孟鳧、錢遵王、顧抱沖諸家所藏舊鈔本,均已不可蹤蹟,而此本獨首尾完具,今日酈書舊本,不得不推此爲第一矣。余既以此本校於朱王孫刊本上,以與舊校宋刊殘本、《大典》本相參證,復以宋本、《大典》本所闕此本所有諸卷,就戴校聚珍本勘之,知戴本與明抄佳處亦十得八九,蓋本於《大典》,其有明抄不誤,而戴本仍從通行本或别改者。如《潁水注》:"潁水又東逕項城中,楚襄王所郭,以爲别都,都内西南小城,項縣故城也,舊預州治。"諸本並作"舊潁州治"。案:"預"者"豫"之俗字,項縣漢魏以來屬豫州汝南郡,至後魏孝昌四年始置潁州,不得爲項城地,而天平二年,置北揚州,乃治項城,是項縣故城當是舊豫州治,不得爲舊潁州治;且下注云:"又東逕刺史賈逵祠。"刺史上不冠州名,乃承上豫州治言之,《魏志·賈逵傳》,逵爲豫州刺史,其證也。《沔水注》引《世本》"舜居饒内",明黄省曾刊本同。"饒内"諸本並作爲"媯汭"。案:"饒内"乃"嬴内"之譌,唐寫本《尚書釋文》於《堯典》末出"嬴内"二字云。"嬴"字又作"嬴",居危反,又水名;内音汭,如鋭反。《周語》:武王"反及嬴内",韋昭云:"嬴内,地名";宋庠《音義》云:"上音媯,下音汭。"今案:本或作嬴,非是。《古文尚書》作嬴,與媯同。案:嬴字無讀居危反之理,宋説非是,然可證梅本《尚書》"媯汭"本作"嬴内","嬴""媯"聲相近,"嬴""饒"字相近,因譌爲"饒"矣。《温水注》:林邑治典沖,秦漢象郡之象林縣也,後去象,有林邑之號。諸本並作"後去象林林邑之號"。案:酈意謂林邑國號本出象林,但省象字,故號林邑,若如諸本,則不可通矣。《葉榆水注》:"晉《太康地記》,封溪縣屬交趾,馬援以西于治遠,路逕千里,分置斯縣。""西于"諸本並作"西南"。按《漢書·地理志》、《續漢書·郡國志》,交趾郡並有西于縣。下注云:其次一水東逕封溪縣南,又西南逕西于縣南。則上注亦當作"西于"明矣。餘如《汝水注》"筠柏交陰",諸本"陰"作"蔭"。《渠水注》"衛褚師圃亡在中牟",諸本"圃"作"固";又"徙邦於大梁",黄本同,諸本"邦"作"都";"以爲夏州後滅之",諸本"滅"作"城"。《陰溝水注》"從事史右北平無終牟化",諸本"牟"作"年"。《睢水注》"蠡南如西",諸本作"蠡臺而西",戴本作"蠡臺如西";又"東與滭湖水合",諸本"滭"作"澤";又"顧訪病嫗,即其母也",諸本"嫗"作"姬"。《瓠子水注》"楊雄《河東賦》",諸本"東"作"水"。《泗水注》"諸孔氏丘封",諸本奪

“丘”字。《鉅洋水注》“追至鉅昧水上”,諸本“昧”作“洋”,唯黄本作“昧”。《淄水注》“淄水未下”,諸本作“來山下”。《沔水注》温泉水“冬夏揚湯”,諸本“揚湯”作“湯湯”。《涓水注》“初流淺狹,後乃寬廣”,諸本“寬廣”作“廣厚”。《江水注》“吾門大極”,黄本同,諸本“大極”作“疲極”,戴本作“大亟”;又“劉備自涪攻之”,諸本並作“自將攻雒”。《葉榆水注》“江北對交趾朱鳶縣”,諸本“北”作“水”。均以此本爲長,而戴校均與諸本同,與此本異。不識此本與《大典》頗有異同,抑由戴氏失校或改從諸本?要之宋本、《大典》本既殘闕,益感此本之可貴矣。三百年來治酈書者,殆近十家,然朱王孫雖見宋本,而所校不盡可據,全氏好以己所訂證之字託於其先人所見宋本,戴氏則託於《大典》本。而宋本、《大典》本勝處,戴、朱二校亦未能盡之。今欲校此書,自當以此本爲主,而盡列舊本異同及諸家訂正之字於下,亦今日治此學者之一亟務歟。甲子十二月十九日海寧王國維記。

編者按:王國維先生跋文録自先生所藏《明鈔宋本〈水經注〉》上王國維親筆,該書現藏國家圖書館。在王國維《觀堂集林》中也有一篇跋文,題爲《明鈔宋本〈水經注〉跋》,與此篇相校,除個别字句不同外,意思完全相同。另:此篇題署時間爲“甲子十二月十九日”,《觀堂集林》所載跋文題署時間爲“甲子二月”。甲子爲1924年。

章太炎先生跋文:

明寫《水經注》四十卷,余弟子朱希祖逖先得之。其與宋刊符合之蹟,海寧王靜安論之詳矣。近世趙、全、戴諸公分析綱領,或以大書變爲子注,酈書自此易讀。然謂其本實然,蓋近武斷,不窺舊寫而局於諸家定本,猶以韻譜爲《説文》也。此本以白綿紙書,書中“常”字不改寫作“甞”,知嘉靖萬曆間人爲之,卷帙完具,無有闕挩,於今尤難。乃逖先其家之篋笥,使子子孫孫永用焉。民國廿一年五月章炳麟識。

編者按:章太炎跋文録自先生所藏《明鈔宋本〈水經注〉》上章太炎親筆。

胡適先生文章:

今年十一月我到南京,承朱伯商先生把他的先人逷先先生舊藏明鈔本《水經注》借給我校勘,今將北返,敬寫此後記。

此本每半葉十一行,每行二十字,注文每行十九字。全書避宋諱不嚴,如卷一第五葉恒水作恒,凡七處,第六葉以下恒字就不闕末筆了,但卷四十恒山仍作恒。卷三十九第十五、十六葉匡字五見,都作匡。但其他宋諱大都不闕筆。大概此本的最初祖本是一部半葉十一行的宋刻本,但已經過了幾次傳鈔,最後的鈔手又很庸劣粗心,故全書錯誤很多,遠不如永樂大典本。試舉卷三第十八葉記酒泉延壽縣南山的石油一段爲例。此葉第一行"注地"誤作"涇地",第二行"凝膏"誤作"疑膏",第四行"謂之石漆"誤作"謂之石石漆"。四行之中竟有三誤。此三處,黄省曾本與大典本皆不誤。

但這部鈔本中不錯誤之處是很可供學者校勘的,確是很可以用來印證永樂大典本與孫潛夫所校柳大中本的。最重要的,如黄省曾本與吴琯本的卷一錯簡一葉,卷二錯簡一葉,卷九與卷十三各互錯兩葉,卷二十二潁水篇錯簡一葉,渠水篇錯簡一葉,卷三十錯簡一葉,卷十八脱文一葉:此錯簡七葉與脱文一葉,大典本皆不誤,柳大中本也不誤,這部明鈔本也都不誤。

我試舉幾個最有趣味的例子來表示這部鈔本在校勘學上的價值。卷十六穀水篇記千金堨的工程最詳,黄省曾本此段有這一句話:

後張方入洛,破千金堨,公私賴之。

破了千金堨,何以公私反"賴之"呢?此語不合情理,故全謝山、趙東潛、戴東原諸公都參考《太平御覽》及《晉書》,在"公私賴之"之上增補李矩、袁孚修復千金堨之事。今檢此本卷十六第六葉下一行,此句作:

後張方入洛,破千金堨,公私頓之。

永樂大典本也作"公私頓之",與此本同。(殘宋本此句只存"之"字,缺上三字,故不足供參校。)此下爲"水積年渠堨頹毁石砌殆盡",此"水"字當屬上文讀,"公私頓乏水",文理本來通順。《晉書·惠帝紀》説,"張方決千金堨,水碓皆涸,乃發王公奴婢手舂給兵廪。"即記此事。

又如此本卷八第二十葉下二行,"范巨卿冢,名件猶存。"黄省曾本與大典本都作"名件",與此本同。南宋洪适《隸釋》引《水經注》此文,亦作"名件猶存",洪氏自記云:"范巨卿碑至今尚在,恐名件二字《水經》誤也。"此可見南宋時人所見《水經注》正作"名件"。"名件"是一個名詞,至今徽州尚通行,本不誤。吴琯本始臆改爲"石柱猶存",朱箋以下項絪、黄晟各本皆作"石柱"。全謝山與趙東潛皆不知此是吴琯妄改,而以爲必有所據,故謝山贈東潛《校水經序》竟特别指出"盤洲石柱之疑"一條,認爲明人校訂《水經注》的一個貢獻!戴東原獨依古本仍作"名件猶存"。殘宋本此處已殘缺。幸有此明抄宋本可與黄省曾本、大典本相印證,可以使人知道自洪盤洲以來古本皆作"名件",而吴琯、陸弼改作"石柱"乃是無根據的妄改。

此本與大典本及柳大中本都很相近,最足以相印證。如卷十一滱水篇葉十九上四行,“地理志曰,北平縣有慮水東入河。”大典本亦作“慮水”。黄省曾本作“沈水”。吴琯、朱謀瑋以下皆作“沈水”。南京國學圖書館所藏雙韭山房全氏校本此條有謝山校語云:

孫潛夫本“沈”字旁注一“慮”字。

此可見孫氏所校柳本與此本及大典本相同。今本《漢書·地理志》作“盧水”。此本與柳本、大典本作“慮水”,乃是“盧水”的誤寫。黄本以下改作“沈水”,就和《地理志》相差太遠了。

又如卷二十四汶水篇葉十七上七行,引馬第伯書有云:“其爲高或以爲小伯石,或以爲冰雪。”黄省曾本作“其爲高也如視浮雲,其峻石壁窅條。”吴琯本改條爲篠,朱、項諸本作“其爲高也如視浮雲,其峻也石壁窅篠。”然永樂大典本正作“其爲高或以爲小伯石,或以爲冰雪。”國學圖書館所藏雙韭山房全氏校本有謝山校語云:

孫潛夫云,高字下至篠字十一字,一作“或以爲小伯石,或以爲冰雪。”柳本如此,疑非。

此可見這部鈔本與大典本、柳本相同。此十一字雖似不可通,但劉昭補《續漢書·祭祀志》引應劭《漢官》所載馬第伯書云:

其爲高也如視浮雲,其峻也石壁窅篠,如無道徑。遥望其人,端如行杇兀,或爲白石,或雪。久之,白者移過樹,乃知是人也。

故戴東原校的官本與刻本都在“石壁窅篠”之下增補了二十四字。戴本此段成了這樣:

其爲高也如視浮雲,其峻也石壁窅篠,如無道徑。遥望其人,或爲白石,或雪。久之,白者移過,乃知是人。

若不知古本原有此十一字的異文,我們就不能了解東原增補此二十四字的來歷了。

朱謀瑋作《水經注箋》,曾充分利用他的朋友謝兆申的殘宋本。朱氏所稱宋本,往往與此本相同。如此本卷十四末葉上四行“而逕鏤方也”之下有空格十二字。朱《箋》引謝兆申云,“宋本原缺十二字。”與此本正相同。此可見謝氏確曾校過一部殘宋本。大典本“而逕鏤方也”之下注一“闕”字,但不標明闕幾字。

但朱謀瑋所稱宋本有時頗不可信,如潁水篇错簡一葉,朱《箋》説是依宋本改正了,其實他的改本還是錯誤不可讀的。這部明鈔本與大典本、柳本此處都不錯。趙東潛據柳本,戴東原據大典,改正潁水篇此葉錯簡,皆與此本相合。又如此本卷二十第九葉下三行,經文“廣魏白水縣”,大典亦作“廣魏”。朱《箋》云,“宋本作廣漢。”這裏所謂宋本是假託的。戴東原校官本此條有案語云:

案廣魏，朱謀㙔云，宋本作廣漢。今考《水經》乃三國魏時所撰。宋人臆説以爲漢桑欽，故改魏作漢耳。永樂大典内之本仍作廣魏，蓋舊本相承如是。

這部明鈔本正作廣魏，與大典相同，使我們可以推知宋本必也做廣魏。

最後，我要説明此本的祖本與黄省曾本和永樂大典本的祖本的關係。

編者按：胡適的這篇文章録自耿雲志所編《胡適遺稿及秘藏書信》第四册，第140—151頁，標點略作改動。該文爲未完稿，是胡適先生應先生長子朱偰（伯商）之請而作，時間爲1946年12月。現將朱偰致胡適的兩封信（《胡適遺稿及秘藏書信》第二十五册，第229—234頁）録於下：

一、1946年11月25日致胡適

適之校長先生道鑒：

前寄奉先君關於《水經注》筆記若干則，以供北大《國學季刊》填白之用，想蒙鑒察。頃晤慰堂、從吾二兄，傳達先生之命，欲借先君所藏之明鈔宋本《水經注》從事校勘，自當遵命。謹案：先君遺書已有章太炎、王國維二先生跋文，今如得先生賜跋，可得鼎足而三，將來印影流傳，文壇傳爲佳話，此有懇於先生者一也。明鈔宋本《水經注》爲海内孤本，先君遺命將來作爲酈亭叢書第一種，交商務印書館或中華書局影印以廣流傳。惟戰後印價高昂，迄今尚未進行。現值商務印書館朱經農先生亦在京開會，如蒙先生介紹，由該館印影流傳，俾得竟先人遺志，不特有裨於文獻，即先君亦感激於九泉。此有懇於先生者二也。

先生文壇祭酒，學界權威，如蒙惠允，定可樂觀厥成。一二日内便當將明鈔宋本《水經注》親自送上，以便校勘。敬頌

道綏！

世侄朱制偰拜啟

二、1946年12月25日致胡適

適之校長先生道鑒：

前蒙惠允爲先君舊藏書明鈔宋本《水經注》作跋，至感雅意。繼又在北大四十八週年紀念會席上得聆讜論，對於前輩諸先生一一提及並志追念之忱，具見先生高義，恭聆以後，低徊無已。比聞國民代表大會即將閉會，文旆亦將不日北返主持校務。擬請早日賜跋，連同《水經注》賜下，俾得珍藏，無任感荷。敬頌

道綏！

世侄朱制偰拜啟

編者又按:信中標點爲編者所加。署款中“制”字,意爲在服喪期間。

2、關於萬斯同原稿舊鈔本《明史稿》(殘本)。

本年購得萬斯同原稿舊鈔本《明史稿》(殘本)。

先生4月25日致張元濟:

又得藍絲欄舊鈔本《明史稿》四十八册,一百七十九卷,僅有列傳,亦屬殘本,與乾隆定本《明史》及王鴻緒《明史稿》相較,詳略不同,文辭亦異。此稿取材較詳,編次皆有深意,讀其論可知。傳中人名十之一二爲王稿《明史》所無,王氏列傳全稿二百五卷,此稿列傳一百七十九卷,以人名時代比例王稿,似僅存三分之一强,此稿原有列傳當有四百餘卷。列傳末有論,間亦有無論者。《明史》有傳有贊無論,贊辭與論辭全異,王稿無贊亦無論,論文簡質有法,大似萬季野先生手筆。方望溪所作《萬斯同墓表》謂萬先生撰成《明史》本紀、列傳四百六十卷,志則未成,王稿大都取材於此,故十之六七相同,頗疑此稿即爲萬稿殘本。先生見聞較廣,未知曾見萬先生《明史》原稿否,如能發我疑滯,亦一快事也。《明史》本不厭人意,贊辭淩出於衆手,前後淩雜,了無深意。萬先生之稿成於一人,持論高卓,後先相貫,自在意中,其全稿如尚在人間,當寤寐求之也。

5月25日致張元濟:

前月所購鈔本《明史》,頗疑爲萬季野先生原稿,王頌蔚《明史考證》未嘗徵引及此,惟當塗夏燮《明通鑑》(九十卷,光緒十一年四月校刻)曾言及萬季野《明史》初稿,然觀其内容亦未嘗見過此書。近來偶將此書列傳十餘篇與《明史》及王氏《明史稿》對校,以此書各傳爲最詳,王氏稿即由此稿删潤,痕蹟分明。偶有數傳,其事蹟已爲王稿删去,而《明史》又復節取者,似修《明史》定本時曾見此初稿者。總之此書爲初稿,王氏稿及《明史》皆爲後出,已無疑義。惟是否爲萬季野初稿,尚須博稽詳徵以定之耳,疑案未破,亦趣事也。此書文筆暢達,情事曲盡,王稿及《明史》定本删節處,正如《漢書》之删節《史記》,有時了無生氣,然棄取之處亦非無互有短長也。

6月7日致張元濟:

鈔本《明史稿》今覓得確證甚多,可決定爲萬氏原稿。

張元濟6月21日回信：

《明史稿》果爲萬氏原稿，可稱瑰寶，敬賀，敬賀。全書刊行不易，最好取《明史》撰一考異，將來與王藏本並行，庶不負萬氏一番苦心。

章太炎《略論讀史之法》（章太炎1934年2月在章氏國學講習會的講演，由王乘六、諸祖耿記録，載於馬勇編《章太炎講演集》，河北人民出版社，2004年，200頁）：

《明史》大半取諸萬季野《明史稿》。今萬氏原稿不可見，聞但有列傳，而無表志。近朱逖先買得原稿，其爲真僞不可知。惟列傳多於今之《明史》。又王鴻緒《明史稿》傳後無贊，今通行本每一傳後有贊，事實與原本無異，恐亦如范蔚宗之書原本於華嶠也。《明史稿》所以優於《明史》者，福王、唐王、桂王事爲之特叙。《明史》則附於《三王宗室傳》中，先後倒置，眉目不清，此其一也。《明史稿》於府縣設置之沿革，備著年月，甚見清楚。重修《明史》皆删去之，此其二也。

3、關於其他善本

本年，還購得其他善本書不少，僅在1923年3月19日致張元濟信中提到的就有：

（1）鈔本恩華手寫《兩漢三國閏朔表》稿本，三十六册。

（2）鈔本《夷氛紀略》稿本，五册。記鴉片戰爭事頗詳。

（3）鈔本《洪楊類纂史略》十二册。記洪楊得南京後一切設施之事，頗詳於制度，又有傳記數十篇。

（4）鈔本宋趙升《朝野類要》五卷，影寫明弘治仿宋刻本。

（5）刻本張海鵬覆宋本《建康實録》六册。此係六朝别史，甚有用。

（6）刻本楊晟《三國會要》六册。

（7）刻本諸以敦《後漢書年表校補》四册。

（8）刻本潘相《琉球入學見聞録》四册。

（9）乾隆刻本《五蕃實録》十二册。

（10）康熙刻本《哭廟記》一册。詳記金聖歎等哭廟事。

（11）康熙寫刻本《孔東塘詩集》八册。

（12）刻本明張之象覆宋本《史通》四册。

（13）洪鈞譯印《中俄交界地圖》三十五福。甚精詳，光緒十六年在俄羅斯印。

上述善本，先生希望能够翻刻流傳，並請張元濟給予規劃指導。

4、關於地方志

本年開始大力搜集地方志。在本年3月19日和4月25日致張元濟信中記録的有:洪亮吉《涇縣志》、章學誠《永清縣志》(兩部,一爲乾隆初印本;一爲道光七年翻印本)、洛陽及口北三廳志、《固始縣志》、嘉靖初印本《浙江通志》、藍絲欄舊鈔本康熙《寧波府志》、康熙《嘉興府志》、《天門縣志》。

本年重要論著

本年,發表的重要論著除上述者外,尚有《新史學與舊史學不同之要點》(《文史地雜誌》第1卷第1期,1923年),《文字學上之中國人種觀察》(《北京大學社會科學季刊》第1卷第2號,1923年2月)。

一九二四年(民國十三年甲子)　先生四十六歲

1月8日,出席本年度評議會第二次會議,討論北大經濟問題。時學校經費困難,會議議決:以下學期學費作抵,向銀行借貸一萬元;並請校長設法整頓行政,以期消耗費用之減少。(王學珍、郭建榮《北京大學史料》第二卷中册,1906頁)

1月16日,召集史學系全體學生開會,報告本系要事。

《朱希祖啟事》(《北京大學日刊》1924年1月14日):

> 一二三四年級諸位同學鑒:本星期三(1月16日)午後四時半,請涖本校第一院第十二教室,報告本系要事,屆時務請到會是盼。一月十四日。

1月19日,參加北京學界在安徽會館舉行紀念戴震二百年生日大會,並就戴震與《水經注》問題發表講演。參加大會並發表講演的還有梁啟超、胡適、沈兼士、錢玄同等。

《戴東原二百年紀念盛會》(《晨報》1924年1月20日):

> 昨日九時,安徽會館門首,見有各校學生、教員、學者三四百人,不顧大風,先後涖止,即來參與空前盛會者。九時半開會,首由胡適報告開會旨趣,次梁啟超演説戴東原一生道德學術梗概,次俄人伊鳳閣以五分鐘演説彼對於戴東原學説之觀察,次沈兼士講述戴東原之治學方法,錢玄同講述戴東原之聲韻學,朱逷先講述關於《水經注》問題,爲戴東原辯護,謂全、趙、戴各有貢獻,而各不相剽竊。時已十二時半,胡適乃以二十分鐘將“不講理的戴東原”簡單講述,散會近一時矣。

1月26日,北京大學研究所國學門"方言調查會"成立,先生參加成立大會,與會者還有沈兼士、周作人、林語堂,在討論徵集方言方法時,先生提議"確定幾個能標音的人往各處調查"。(1924年1月31日《北京大學日刊》)

同日,出席本年度評議會第三次會議,討論經費等問題。(王學珍、郭建榮《北京大學史料》第二卷中册,1948頁)

3月8日,出席本年度第四次評議會,贊成酌量加給史學系派遣留德學生毛準、姚從吾費用,由120元加至180元。

《評議會議事録・民國十三年三月八日》(王學珍、郭建榮《北京大學史料》第二卷上册,176頁):

第四次評議會

朱希祖 沈兼士 陳大齊 王星拱 余文燦 羅惠僑 馮祖荀(羅惠僑代) 沈尹默 沈士遠(沈尹默代) 譚熙鴻 李大釗(譚代) 蔣夢麟 馬裕藻 顧孟餘

……

(二)德國留學生毛準、姚士鰲請加學費,由一百二十元至一百八十元。

朱:目下經濟情形與前不同,應酌量加給。

主席:贊成朱説。

尹:聽説毛準現在某處改學他種科目,與原來條件不符,本校應特别注意。

議決:俟毛、姚二生實在情形調查明白後再議增加。並請史學系主任函促二生履行條件按期報告,另致函朱主任。

……

編者按:後,姚從吾果致函先生彙報自己的學習情況,在信中還着重介紹了同在德國留學的陳寅恪的學術成就。

姚從吾《上朱逷先先生書》(《北京大學日刊》1924年5月9日):

逷先先生尊鑒:

本年一月至三月份學費共美金一百八十七元,已照收。子水兄前已專函復會計課,當早郵到也。新年以來,柏林物價較前稍廉,然十二月、一月兩月中,兩日一進飯館,餘在寓吃麵包,平均每月已用去十四磅半,故從節儉計算,合教授薪金在内,每月非一百七八元不能維持。從三月起,房租陡貴,下月又要加貴百分之六十,將來更不可知矣。生與子水現均負債。生負債二十磅以上,前函同學羅庸君(羅君亦在教育部社會司任事)將生在教育部已領之津貼匯德百元以供急用,前月只寄來二十五元。而教育部津貼,近復被裁,恐更難如願矣。生交游素寡,在德同學又多處困境,勢已無可挪借。前函代理校長蔣夢麟先生,請求自十二年十二月起,將生等學費稍予增加,尚未得復。懇先生力予主持,俾早日如數匯德,此後學費,仍望依期照寄也。

十二月五日手示敬悉。謹將生等上學期以來工作情形,舉要報告如下:

……

手示所囑三事:第一項每兩月或一學期報告入學情形一次,自當遵辦。第二項德國或他國史學界消息,及出版介紹,自本學期始,當開始報告。第三項爲史學雜誌作文,當着手預備,遇有值一出版之記述,當隨時郵上,供諸先生與諸同學採擇。第二三項之先決問題,在能暢讀德、英、法文之書籍,多所涉獵,方能有提要鉤玄之陳述,否則一知半解,自誤誤人。然當勉力爲之,期有以慰吾師之殷望也。

此刻留德學生習歷史者,據生所知,施君學濟外,復有四人:一、陳君樞,江蘇人,習西洋近代史。二、孔君繁霱,山東人,習西洋中古史及通史。三、羅君家倫,去年十月初來柏林,志願學歷史哲學。四、陳君寅恪,江西人,習語言學,能暢讀日、英、法、德文,並通希伯來、拉丁、土耳其、西夏、蒙古、西藏、滿洲等十餘種文字。近專攻比鄰中國各民族之語言,尤致力於西藏文。印度經典,中土未全譯或譯者,西藏文多已譯出。印度經典散亡,西洋學者治印度學者,多依據中國人之記載。實在重要部分,多存在西藏文書中,就中間涉及文學、美術者亦甚多。陳君欲依據西人最近編著之西藏文書目録,從事翻譯,此實學術界之偉業。陳先生志趣純潔,强識多聞,他日之成就當不可限量。

又陳先生博學多識,於援庵先生所著《元也里可温考》、《摩尼教入中國考》、《火祆教考》,……張亮丞所譯之《馬可孛羅游記》,費時已十二年,其自著馬可孛羅游記導言章,均有極中肯之批評。容商之陳寅恪先生,録記全文與援庵、亮丞或《史學雜誌》。

此外,常相聚談者,……如傅君斯年、俞君大維,皆博通中西,時邁群流。飯餘聚談,時獲創解。生雖愚昧,學難有成,然與賢者處,受益實多,此則私心所欣慰者也。……專此,敬頌著安,並請適夷、伯弢、浩吾諸先生前均安。受業姚士鰲謹上。一九二四.三.十二。

編者按:5 月 9 日,北京大學評議會舉行第三次特別會議,議決毛準、姚從吾二人留學費用由每月一百二十元增加至一百八十元(王學珍、郭建榮《北京大學史料》第二卷上册,179 頁)。

姚從吾在德國留學期間,在經濟上曾得到先生的關心和資助。

先生次女朱倓在1928年的日記中有如下記録(該日記未刊,藏北京大學):

1928年7月9日

家君閲姚士鼇君之文章《紙的西域記》,爲其改正。晚送之陳援庵先生處,設法爲其賣稿費,以此稿費寄姚君作今年在德國留學之費用。

1928年11月17日

至臺基廠德華銀行代父匯款與德國留學生姚士鼇,因姚本爲北京大學派送,今北大經費無靠,並擬改組北平大學,故姚之留學費從前年起已無,若姚不常作文章得稿費,則今早已斷炊矣。父見其有斷炊之虞,故於去年曾由私人匯去二百元幫助之,今又匯一百元以爲接濟之用云。

3月14日,出席評議會臨時會議,討論本年2月23日教育部頒佈的《國立大學條例》,該條例擬在各國立大學設立董事會。(王學珍、郭建榮《北京大學史料》第二卷上册,177頁)

3月15日,與北大60位教授聯名致函北大校長,認爲教育部《國立大學校條例》擬在各國立大學設立董事會一事"既悖於理,復昧於事","請校長向教育部嚴重交涉,根本取消"。

《本校教授致校長公函:爲教育部新頒大學條例事》(《北京大學日刊》1924年3月17日):

敬啟者:近見政府公報載有教育部二月二十三日所製定之國立大學校條例,同人等均以爲既悖於理,復昧於事,況以如此重要條例之變更,未聞教育部曾向教育界公開的討論,率而頒佈,其蔑視學校及教員之人格,殊爲可憤。而該條例中謬誤之甚者,尤爲設董事會一層,及其所訂董事任務與産生之方法。竊惟董事會之制度,國外大學固亦有其先例;然此種制度之存在,率皆限於兩種性質之大學,其一爲純粹私立大學,其一爲公私合辦之大學,美英二國之大學多屬於此兩類,以是董事會之制度,亦採用於其間。蓋此類大學之經費,或則完全捐自私人,或則由公共團體與私人協濟而來,事實上容或有不能不設董事機關之處。至於歐洲大陸之大學(尤其是法國之大學)及日本大學,率皆國立,並無董事會之機關。其校内一切事宜,由校内教授所選舉之機關處理,一二特殊事宜,則由國家教育行政主管部處理。此外自無須其他機關,徒使之與部校相衝突也。

今教育部之於國立大學設立董事會,在原則上立論,同人等已覺其謬於模仿;且就吾國實際狀況而言,教育務求獨立,不宜轉入於政治之漩渦。

今依教育部新頒之教育條例，第一屆之董事，由教育總長直接聘任，以後董事由原有董事會推選，此種産生方法，實不知其命意之所在。夫國立學校之經費，政府應負籌措之責，無待於私人之捐助，縱令有待於私人之捐助，而歷年以來，國立學校經費困難，乃衆目共睹之事實，亦未見有私人解囊相助者，是吾國無有以捐款而具董事資格者也。如此則教育部之所聘任及其所得聘任者，依吾人之揣度，不外於在野之官僚，或有力之政客。此等官僚政客，於學術上無任何之專長，其對於校内一切情形，又皆隔閡不通，而不及校長及教員之清晰。今以之審議學校進行計劃及預算決算暨其他重要事項（新頒之大學條例所規定者），而謂其有良好之結果，非大愚即誣妄耳。况彼等素以政治活動爲生涯，其所以欲廁身於教育界者，非曾上臺者以此爲逋逃藪，即未上臺者以此爲製造廠，一旦政治界中有活動之餘地，又將棄其董事任務而他去。是徒以我輩歷年累月，朝朝夕夕，口講指畫，胼手胝足之勞工，供其圓桌上偶爾的盲目的支配。吾輩何辜而受其顛倒謬誤之統治乎！且此輩一入學校，則教育事業牽入政治漩渦之危險，更將層出不窮，是又勢所難免者也。或曰董事會中之分子，不必盡皆官僚政客，亦可延聘專門人材也。固然大學之外，專門人材大有人在，然專門人材之所以有重要價值者，在乎其能細密的點滴的實行，非徒以其能爲概括的大體的計劃也。校外專門人才如肯熱心擔任清苦教育事業，則大學校長自當延聘爲教授，上教室教書，入實驗室作實驗，日與學生直接相切磋，是誠爲大學之幸事。若云概括的計劃，可由校外專門人材主持，細密的實行，則以校内之校長及教員供其奔走，是又爲本末倒置矣。總之，董事會之制度，在其他特別情形之下，未嘗無可以採擇之理由，然就吾國現狀言之，——尤其是就北京大學現狀言之——同人只見其有弊而無利也。爲此函請校長向教育部嚴重交涉，根本取消，大學幸甚。此呈
校長大鑒。

（署名略，共六十人）

十三年三月十五日

3月31日，請假一月，南回浙江，史學系主任由葉瀚代理。

《朱希祖啟事》（《北京大學日刊》1924年4月2日）：

希祖因家有要事自三月三十一日起請假一月南回浙江，史學系主任職務已請葉浩吾先生代理。

希祖所任史學系及國文學系課程，俟回京後酌量補授。《史學名著研究》，同學對之頗有興味，屢請增加鐘點，亦俟回京後實行。三月三十日

4月,回海鹽掃墓、省親。在海鹽,與張樹屏談及修海鹽縣志事,張樹屏召集全縣士紳,公推張元濟爲正局長,張樹屏爲副局長,先生爲總纂。

1924年5月7日致張元濟:

此次回鹽與張樹屏談及修縣志事,樹屏願捐銀三十元爲倡,且召集全邑士紳,公推先生爲正局長,樹屏爲副局長,希祖爲總纂……希祖以爲縣志爲一邑之史,當參酌前賢名著,如章學誠、洪亮吉、孫星衍、戴震、武億、錢坫諸公之志,去短取長,參以史學新理,發凡起例,定爲大綱,然後分條採材,執簡禦繁,或有合處。

5月初,返校,三弟守先同來北京,任北京大學圖書館職員,同住草場大坑。(《年譜》)

5月9日,評議會討論先生請全薪假一年等事項。

《評議會議實録·民國十三年五月九日》(王學珍、郭建榮《北京大學史料》第二卷上册,179頁):

第三次特别會議

……

(五)史學系主任朱希祖請假,並以服務已過十年,請准全薪假一年。議決:仍支半年全薪或全年半薪。

編者按:按北京大學規定,教授在校服務滿十年,可請全薪假一年。據現有資料,最後先生未有請假。

5月10日,在北大史學系研究室講演《遼元金明京城圖説》。

《朱希祖啟事》(《北京大學日刊》1924年5月8日):

本星期六(五月十日)下午四時,在史學系研究室講演《遼元金明京城圖説》,凡本系學生均可前來聽講。五月七日

5月12日,北大史學系楊棟林辭職,其所授上古史先生擬請顧頡剛任之,託沈兼士轉達,顧拒之。

顧頡剛1924年5月12日日記:

楊、韓事件發生,楊適夷辭職,其所授史學系上古史課,逷先先生要我擔任,託兼士先生言之。予卻絶。

編者按:所謂楊韓事件,是指楊棟林追求北大女生韓權華的事,時楊已有妻室。事發後楊棟林辭職。數年後,韓權華嫁衛立煌。

5月24日,講演《先秦法家之歷史觀念及其設施》。

《朱希祖啟事》(《北京大學日刊》1924年5月22日):

本星期六(五月二十四日)下午四時,在史學系研究室講演《先秦法家之歷史觀念及其設施》,凡本系各班同學及選習秦漢史研究者皆可聽講。五月二十一日

5月28日,出席第九次評議會,討論成立東方文學系案。議決自下學年設立東方文學系,課程爲梵文與日文,籌備日文事擬請周作人、張璜二教授擔任。(王學珍、郭建榮《北京大學史料》第二卷上册,69頁)

6月4日,出席第十次評議會,校長報告儀器保證金及辭退教授李景忠等事,討論《交换教授暫行規程》及研究所國學門修改章程等議案。(王學珍、郭建榮《北京大學史料》第二卷上册,426頁)

6月8日,赴龍樹寺出席北大研究所委員會會議。

顧頡剛1924年6月8日日記:

八點,雨中到龍樹寺,爲研究所委員會書記。來者有蔣夢麟、沈兼士、馬幼漁、周啟明、胡適之、張鳳舉、朱逷先、單不庵、馬叔平、徐旭生,凡十人。十點半開會,三點半散會。

6月25日,跋張鵬一《司馬遷年譜》。(《朱希祖文稿》第七册,鳳凰出版社,2010年4月,5頁)

余去年夏至陝西,識富平張君鵬一,著有《漢律考》、《河套志》等書,藏有秦始皇墓磚及漢瓦等,時方撰《司馬遷年譜》。余於十五年前曾撰《司馬遷年表》,因舉余所心得告張君;且告以海寧王國維亦曾著《太史公繫年考略》。

7月22日,與馬裕藻、陳垣、沈尹默至顧頡剛處談事。

顧頡剛1924年7月22日日記:

援庵、逷先、尹默、幼漁諸先生來談。

7月28日,閱本年度國文試卷,同閱卷者有馬裕藻、沈兼士、沈士遠、馬衡、錢玄同、周作人、顧頡剛等。

顧頡剛1924年7月28日:

到二院大學會議室閱國文試卷一百餘册。夜飯後歸。

同閱卷者:幼漁、兼士、士遠、叔平、子庚、怡蓀、玄同、逷先、啟明諸

先生。

7月30日，與顧頡剛談。

顧頡剛1924年7月30日日記：

今日看完試卷後，與逷先先生談了數句話，我和他的品格是很不相同的，所以又弄得頭痛起來。在我性情上、身體上、在志願上，是一致的不能入社會的。

昨日忽有所感，今晨在床思之，淚簌簌下，枕間袂上都濕矣。

8月，家中兒女染猩紅熱，農曆六月初八，三女僖夭折。

先生1924年12月15日致張元濟：

今夏小兒輩忽染猩紅熱症，多入醫院，亡一幼女，其他幸得治癒，而康健者皆避居他處，房屋皆消毒封閉。還家月餘，而大小兒又發斯症，又二次消毒，入院療治，動經數十日，以故擾攘三月，心頗不寧。其後南北戰爭，更形憂思，學校乏款，岌岌可危。

9月27日，出席評議會與教務會議聯合會議。討論經費問題，查處學生李英恫嚇註册部主任、新生馬榮禧致信教務處語多無理等事，及整飭教員職員等虚支薪俸等糜費案。（王學珍、郭建榮《北京大學史料》第二卷上册，179頁）

9月30日，與周作人、張鳳舉至扶桑館訪日本東京帝國大學教授市村瓚次郎博士。

周作人1924年9月30日日記（《周作人日記》，鄭州大象出版社，1996年，中册，403頁）：

上午同逷先、鳳舉至扶桑館訪市村博士。

同日，接北京大學關於"調查教授於任職期間有否不到校辦公或授課等事"的公函。

徑啟者：九月二十七日評議會建議學校方面調查教職員中於任職期間有否不到校辦公或授課等事，以便取締。請先生於所屬範圍之內調查報告。事關學校公益，想定荷贊助也。此致　史學系主任朱逷先先生

北京大學啟　十三年九月三十日

編者按：該函原件夾在先生手稿本《海鹽著述家目録》中，現藏南京圖書館。

10月3日,公佈新製《史學系課程指導書(十三至十四年)》。

《史學系課程指導書(十三至十四年)》(《北京大學日刊》1924年10月3日):

課程(略)

指導書

一、本系對於史學,本國與外國並重。蓋現代史學,以人類全部之歷史爲歸宿,歷史哲學家所謂溥(普)徧史是也。故本國與外國各種史,須匯通觀之。

二、歷史强分時代與强分國界,皆不適當。惟因教授便利起見,不得不勉强分割。然學習歷史時,務期本國與外國同一時代之歷史,詳細比較,如學本國上古史,同時學外國上古史,得以兩相比較其内容,則於史學乃能融會貫通,他皆仿此。故本系課程本國與外國同時代之歷史,均排列於同一學年,學習時務宜注意。

三、學史學者,先須習基本科學。蓋現代之史學,已爲科學的史學,故不習基本科學,則史學無從入門。所謂基本科學者,即地史學、生物學、人類學及人種學、社會學、政治學、經濟學、法律、哲學、社會心理學等;必須於二年以内先行學完,乃可以研究史學。而此各種科學中,以社會學及社會心理學尤爲重要,學習時尤宜注意。

四、基本科學既習之後,則各種科學的學術史,如政治史、經濟史、法制史、宗教史、亦須次第選習。而文學史、哲學史、美術史、教育史等,皆可以補通史之不足,學者所最宜注意,但不可躐等以求。

五、既學史學,則於本國、外國史學變遷利病,尤宜深知灼見,如本國史學概論、本國史學名著講演、歐美史學史等,即爲此而設。此爲本系最重要之學科也。

六、考古學一門,爲研究史學之重要輔助學科,今尚未能添設;而本國之金石學,亦爲考古學之一部,宜先注意學習。統計學亦爲史學之重要輔助學科。

七、研究史學,既以全部人類之歷史爲歸宿,則外國語至爲重要,蓋不通外國語,無以研究外國史。今兹本系外國語作爲必修課外,各種外國史,均酌定各國原本爲必須之參考書。

八、本系課程,就史學應有之常識,務求設備完全。至於得此常識之後,欲專研人類全史,以成所謂世界史或溥徧史;或專研究一國史,如本國史及英、美、德、法、俄、日等國史;或專研究科學史,如政治史、經濟史、法制史、宗教史等,則任各生之志願,此則大學院或研究所之責任,而非本系四年内所能謀及。若就此四年内分課程爲三組,如本國史組、外國史組、學術史組,各便擇一專攻,則史學應有之常識,恐不完備,造就淺薄,頗不適於復雜之史學。此本系課程之組織與他系不同之點也。

10 月 9 日,北京大學舉行 1924—1925 學年度評議會評議員選舉,先生被選爲評議員。

《評議會佈告》(王學珍、郭建榮《北京大學史料》第二卷上册,145 頁):

本校本届評議會選舉已於本月九日午後四時在第二院宴會廳當衆開票,計收到選舉票五十八張,除不署名應作廢票一張外,共計五十七張。兹記其結果如左:(十六票以下者從略)

胡 適 48	顧孟餘 47	王星拱 42	李煜瀛 36	丁燮林 36
陳大齊 36	馬裕藻 32	馬叙倫 29	譚熙鴻 28	王世傑 28
沈尹默 27	沈兼士 26	石 英 25	羅惠僑 25	周 覽 24
李四光 24	朱希祖 24			

以上十七人當選

……

十三年十月九日

10 月 15 日,出席本届評議會第一次會議,選舉本届評議會書記及討論其他事項。(王學珍、郭建榮《北京大學史料》第二卷上册,180 頁)

10 月 18 日,發佈《史學系教授會通告》,通告請陳翰笙講授外國史學名著選讀、請柯劭忞指導元史、以及先生補講史學名著的時間。

《史學系教授會通告》(《北京大學日刊》1924 年 10 月 18 日):

本系添設"外國史學選讀",請陳翰笙先生講授;每星期二午後四時至五時,在第一院第六講室上課。三、四兩級學生選習此課者,可得本系學積之單位。

十三年十月十八日

《史學系教授會通告》(《北京大學日刊》1924 年 10 月 18 日):

本系現請柯劭忞先生指導研究元史,定於每星期三下午二時至五時來校,願選此項課程者,望至史學系教授會事務室報名。

朱希祖教授定於每星期三上午九時至十時爲本系二三年級補講史學名著講演,自下星期起實行。

十三年十月十八日

10 月 20 日,與周作人往訪市村瓚次郎博士。

周作人1924年10月20日日記(《周作人日記》,鄭州大象出版社,1996年,中册,406頁):

上午同逷先往訪市村博士。

10月22日,出席本届評議會第二次會議,通過本届各委員會名單,任圖書委員會委員。

《評議會議事録·十三年十月二十二日》(王學珍、郭建榮《北京大學史料》第二卷上册,180頁):

……

二、主席提出各委員會名單,經全體同意通過。名單如次:

……

(4)圖書委員會:顧孟餘(長) 朱希祖 馬叙倫 單不庵 袁同禮 李煜瀛

……

10月28日,出席評議會,討論李四光、胡適辭評議員及函請蔡元培校長回校等議案。議決請校長致函李四光、胡適,以示挽留;並請蔣夢麟代校長及評議會去電敦促蔡元培速回校。(王學珍、郭建榮《北京大學史料》第二卷上册,181頁)

11月7日,出席評議會,討論"教育部就國立八校俄款撥借一萬元,維持京師小學,另一萬元供教育部本部部用"事項。會議議決:本校僅可承認由八校撥借一萬元維持京師小學;並只能承認撥借一次;不能承認撥借任何款項供教育部部用。(王學珍、郭建榮《北京大學史料》第二卷中册,1908頁)

11月,參加清室善後委員會工作,爲幹事之一。

陳以愛《中國現代學術研究機構的興起——以北京大學研究所國學門爲中心的探討》(臺灣政治大學歷史系,1999年,322頁):

1924年溥儀被逐出故宫後,清室善後委員會於該年11月成立。這一新組織之籌備委員,基本上是由政府各部部長的代表助理員、社會名流及北大教授組成,主任是易培基。幹事二十八人,大部份皆北大教授。而這些人中,又以國學門委員及其下明清史料整理會成員爲主體,包括:蔣夢麟(當時代理北大校長)、胡適、錢玄同、馬裕藻、沈尹默、陳垣、馬衡、皮宗石、朱希祖、單不庵、徐旭生、李宗侗、胡鳴盛、顧頡剛、羅庸、黄文弼等。

編者按:陳以愛上述資料引自單士元《從封建皇朝的王宫到人民

大衆的博物院》。

11 月,參加國文系一年級讀書會活動,指導學生閱讀“《詩經》以前之詩歌”。

《國文系一年級讀書會通告(第二號)》(《北京大學日刊》1924 年 11 月 19 日):

本會第一次常會定於十九日(星期三)下午三時半在第二院大學會議室舉行,除專函敦請教師外,希全體會員準時到會。茲先將提出各項題目通告於左:

……

題　目　　詩經以前之詩歌

提出人　　張　瑜

指導師　　朱逷先先生

……

12 月 5 日,北大史學系同學會幹事謁先生,提出四點建議。

《史學系同學會紀事》(《北京大學日刊》1924 年 12 月 8 日):

本會於本星期三下午三時半開會,議決下列數事。今日(五日)上午幹事謁主任朱先生於教授會,對於各項皆有答覆,依次撮記如下:

1、請朱先生即時開始授地史學。

朱先生謂,預備尚未充分,不能即時授課,但明春授課時,每周改爲兩點鐘,與現時開始教授相同(現功課表所訂爲每周一時)

2、添設史學閱覽室及應用圖書。

朱先生謂,現在之史學系教授會室内,存史學系應用圖書甚多,本系學生可隨時閱覽。其有該室所無之書,可留一書單,由朱先生着人赴國學門或圖書館調取。無再設閱覽室之必要。至應用圖書,可酌量添置。

3、添下列各門功課:

甲、中國政治思想史

朱先生謂,此科須一方面通政治學,一方面熟於中國史,甚難其人。且此科爲史學系與政治學系兩系事,當與政治系主任商辦。

乙、歷史哲學

朱先生謂,此科早欲添授,不過前時請一德國人,以經濟關係不能來。明年知有二人自德國畢業歸國,可請其擔任。

丙、史學研究法

朱先生謂,籌劃准添。

丁、學術思想史

朱先生謂,此科範圍甚大,不成一種學科。

戊、歷史的地理

朱先生謂,分講各期的人文地理,現無此項人才。至中國沿革地理,史學系教授會内室内所存之《歷代地理沿革表》、《沿革圖》與《地理韻編》三書足用,毋庸再添。

4、減少必修課程,變更選修課程。

朱先生謂,此關係本系分科問題,再開教授會時,當請諸位列席貢獻意見,再行決定。

12月29日,出席評議會,討論組織委員會提出關於編訂校章、教授待遇問題等議案。(王學珍、郭建榮《北京大學史料》第二卷上册,183頁)

12月,應清室善後委員會之請,點查清宫文物。

1924年12月31日致張元濟:

……因日來應清室善後委員會函請助理點查皇宫物品,故而更忙……

關於藏書

本年藏書,最重要者爲購得《清宫昇平署檔案》及鈔本戲曲一千數百册。

先生《整理昇平署檔案記》(《燕京學報》第10期,1931年12月):

中華民國十三年十二月十日,余在北京宣武門外大街匯記書局購得《昇平署檔案》及鈔本戲曲共一千數百册。

12月15日致張元濟:

近於京城内小書鋪中購得清宫昇平署(舊爲南府,道光初改名昇平署,即古之樂府也)戲曲及檔案一千數百册,檔案自道光元年至宣統十五年,頗全,此時代中逐日所演戲名及優伶名氏詳載靡遺,官制亦詳備,每戲賞金數目亦皆詳注。戲曲有七八百本,惜多殘缺。蓋太監以廢紙賣於舊紙鋪,書鋪又購於紙鋪,故零落殘缺。王國維《曲録》所載張照等奉敕所編七部大曲,惟《昇平寶筏》、《勸善金科》各二百餘齣皆全,係乾嘉舊鈔本,《月令承應》亦頗完備,有數十齣,其餘四部則多殘缺。又有《昭代簫韶》二百四十齣,向有殿版,今頗難得,此次所得鈔本亦缺數十齣。黄氏《曲目》所載進御之千餘種,今僅得數十種,不全者十之六七。王氏《曲録》所未載之曲亦有數十種,其殘缺與上等。其他一齣一本之曲亦有數百本,其曲三分之二係乾嘉時鈔本,餘皆道光以後鈔本。據此材料可撰《昇平署志》一部補王氏《曲録》,或《昇平署曲目》一部,惜無暇晷以從事耳。將來整理完全之後,當可鈔寄目録一紙。《昭代簫韶》聞北京書店中人説尊處曾購得一部,未知確否?此種大部戲曲亦係一代樂章,大可影印流傳。現代外國大學大都用小説、戲曲,良以發揚思想、改良社會,小説、戲曲較之詩賦所被者廣,收效較大而速,將來吾國亦必風行。

編者按:信中所謂"宣統十五年",係 1923 年。民國後,清宫内繼續使用宣統年號。

張元濟 12 月 22 日回信:

昇平署舊檔,近又購得千數百册,此皆史部之寶。多文爲富,以斯言奉賀。雖有殘缺,然此外恐無第二本。《清史》正在屬稿,其《禮樂志》中恐未必採録及此。吾兄倘能摘要選録成一《昇平署志》稿本,上諸館中,俾完一代製作,此於史學、文學,裨益匪淺……《昭代簫韶》,前弟在隆福寺某書肆中見一殘本,以索價過昂,未能購得,似是鏡古堂,兄試蹤蹟之,或可得也。

編者按:據此"清宫昇平署檔案",1926 年,先生撰《續曲録》,以補王國維《曲録》之不足。後又撰《清昇平署志略序》(鈔本存南京圖書館),《整理昇平署檔案記》等文。這批清宫昇平署檔案及鈔本戲曲,於 1932 年 2 月廉價轉讓北平圖書館。

朱希祖先生年譜長編卷五

一九二五年(民國十四年乙丑)　先生四十七歲

2月14日,出席評議會,討論沈士遠、余文燦兩評議會候補評議員簽定一人爲評議員案、函請蔡元培校長暑期回國案及國民會議促成會請求北大加入該會等議案。

《評議會議事録·十四年二月十四日》(王學珍、郭建榮《北京大學史料》第二卷上册,184頁):

到會者:(略)

一、評議員石瑛先生缺出,應就候補評議員沈士遠、余文燦兩先生簽定一人補充。

當經簽定:余文燦先生補評議員缺。

二、蔡孑民先生來信稱,於本年暑假中可以回國一次,但須於暑假後仍依教授留學例繼續出外留學一年。

議決:由評議會去函請其於暑假中返國。將來回國後仍盼其於事實可能之範圍内,繼續留校整理校務。

三、國民會議促成會請求本校加入該會。

議決:贊成本校教職員或學生以私人名義加入,贊成本校教職員及學生的私團體加入,但不贊成以本校名義加入。

3月5日,史學系主任改選,繼續擔任主任。

《校長佈告》(《北京大學日刊》1925年3月6日):

數學、化學、地質學、哲學、德文學、史學、經濟學七系主任改選,業於本月五日開票。茲將選舉結果宣佈於下:

……

史學系

朱希祖　　三票(當選)

陳漢章　　兩票

馬　衡　　一票

……

3月9日,出席評議會,校長報告預算,討論校外人員在本校講演事宜、大學章程等問題。(王學珍、郭建榮《北京大學史料》第二卷上册,185頁)

3月14日,出席評議會,討論北大對於王九齡任教育部長應持態度案。

《評議會議事録·十四年三月十四日》(王學珍、郭建榮《北京大學史料》第二卷上册,185頁):

……

三、本校對於王九齡長教應持態度案。

議決:以本校名義反對之,如王來到任,本校即與教部脱離關係。

《京教育界反對王九齡就職之激昂》(《申報》1925年3月19日):

新任教育總長王九齡,於前日(十六日)下午二時,到教部就職,被教職員在客廳擋駕,後王氏以武裝就職。段執政面斥教次馬叙倫,當晚免職,釀成大風潮,迭志本報。兹將事前京中教育界反對王氏就職之情形録下:

▲八校代表議決驅王

……

▲八校教職員聯席會議反對王氏宣言

我們記得段執政就職時的馬電,有"發展教育"一句話,可知段執政是很注重教育了,我們都十分欽佩而且歡喜,以爲從此以後,負有發展教育責任的最高教育長官,斷不致再以政客官僚濫竽充數了。哪知命令發表,爲教育總長的人,我們不但都不認識,並且從没有耳聞過。後來打聽纔知道這位王九齡君依然是政客官僚,和"教育"二字,從未發生關係,而且人格頗有可以疵議的地方。我們當時就已表示不滿意過了,以爲王君是知機的人,絶不至貿然走馬上任。不料近日王氏來京,居然説要就職,造出許多空氣,硬派我們是歡迎他的,我們至此,實在不能再忍耐了,現在明白表示一下:

(一)我們對於政客官僚出身之王九齡君,是始終反對的,尤其是在人格上的瑕疵,我們認爲絶對不配作清潔高尚的教育最高長官,所以極盼王君自行引退,爲教育界留一點餘地。

(二)如果王君必欲就職,我們萬不得已,但望王君先將積欠十二個月經費,一次掃數發清,然後走馬上任,我們只好退避三舍了。

(三)如果這個條件,王君不能俯允,又必定要到部試一試,我們爲維持教育界人格計，亦只得講求適當的最善辦法，以期不負段執政注重教育之好意，就使有點犧牲，也是願意的。

以上是我們對王君的明白態度，請王君和愛護王君的先生們，務必容納纔好，並且很盼王君始終不要見怪，君子愛人以德，不敢姑息，我們不得不直言冒犯，還望大家原諒則個。

中華民國十四年三月十四日北京國立專門
以上八校教職員代表聯席會議

▲北大評議會反對王氏到任

國立北京大學評議會，昨日（十四日）下午開會，且議決：如王九齡悍然到任，北大即宣告與教育部脱離關係。八校代表聯席會議亦定今日（十五日）下午二時開臨時緊急會議，決定最後態度，聞大多數代表已決定與北大取一致行動。

▲北大代理校長蔣夢麟前往警告王氏：

昨日（二十五日）上午十時，北大代理校長蔣夢麟，特赴南池子八十九號晤王九齡，據實報告京師教育界，對王態度及北大評議會決定與教育部脱離關係之議案，請王注意。王謂本人原不欲到任，衹以有某種原因，不能不到部一試云云。言時神態頗爲局促。蔣夢麟對人言，吾人今日與王九齡，只有以前對付彭允彝之方法對之，即一面與教育部脱離關係，一面仍以正當手段追索積欠經費，北京大學已決定奮鬥到底，即不幸當局竟出以武力壓迫，亦不畏懼。總之，寧爲玉碎，勿爲瓦全云云。

▲中小學代表之預備擋駕王氏

……

3 月 31 日，天水周子揚（名希武）來北大，先生與沈兼士、徐旭生、李宗侗、單不庵、顧頡剛等陪同周先生參觀北大。

顧頡剛 1925 年 3 月 31 日日記：

伴天水周子揚（名希武）參觀。同伴者有兼士、遏先、旭生、玄伯、不庵諸先生。

5 月 30 日，爆發“五卅慘案”。

6 月，北大教職員成立“滬案後援會”，先生被舉爲經濟抵抗委員會委員，參與“救濟滬案失業工人”活動。

《北大教職員滬案後援會總務股會議記録》（《北京大學日刊》1925 年 6 月 16 日）：

六月十五日下午,到會者十六人。

高仁山主席。

議決案:

一、請政府於籌措端午節軍政費時,多籌一百萬,接濟上海失業同胞(此款應交由本京各界滬案後援會聯合會經受匯出)。(此案請譚熙鴻先生向各界滬案後援會聯合會接洽,於最近三日内,定期聯合各界全體赴執政府,要求切實答復。)

二、派朱家驊、周鯁生兩先生赴滬。

三、致電蔡校長,報告本校同人對於滬案之主張,及本會之經過。

四、分電上海總商會及曾宗鑑、蔡廷幹及上海交涉員等,並函外交部,表示不滿意該商會修正之條件,並説明滬案係全國問題,非上海一隅問題,警告其不得□□苟且了事,致貽國家恥辱。(交文書股辦理。)

右案應請本會派赴上海之代表特别注意,到滬後向各界宣達。

四、將本會主張之最低條件,提交各界滬案後援會聯合會,要求其一致進行,於本月二十五日大游行時,向政府請願。

關於本會之最低條件,於明日開全體委員大會決定之;並請王世傑、燕樹棠兩先生預先研究準備。

朱家驊先生提議取消英、日一切不平等條約爲吾人此次政治運動之唯一目標。(交王、燕兩先生起草本會主張最低條件時作參考。)

《國立各校教職員致各校長函》(《北京大學日刊》1925年6月16日):

逕啟者:此次滬上工學界被英、日人殘殺,國人莫不髮指,弱國對外,武力既難以敵人,所恃者數在經濟絶交,冀足制敵人死命。竊意罷工罷市不宜波及全國,致徒增苦痛,惟上海租界内已實行罷工罷市自必須堅持到底,方可望收外交勝利。此次失業之同胞,據報數不下二三十萬,亟待救濟,設不幸一旦接濟難繼,交涉緣之失敗,虎頭蛇尾之譏,所關尚小,國脈因而斬絶,所關實大。今假定只十萬人按最低生活計算已需五萬元。今雖各方已紛起募捐,預料所得恐仍有限,故不可不籌一大宗之接濟。同人等以爲莫如由此次政府所撥給國立各校積欠經費一百五十萬中提出十萬。前北大教員大會時,曾有人提議將此款一百五十萬全數捐作救濟滬案失業者之用,同人等以爲教育界自身亦殊困局,此議非惟過於高調:即教育界願全數犧牲矣,而政府亦決不能將款即行付出。今若提捐十萬,再分得此款各□息,不致有人持何異議,而要求政府立時付出,爲數有限,恐亦不便拒絶推諉。用是同人等謹向各位校長先生提議:“請國立各校從政府應允撥給積欠經費一百五十萬内,提捐十萬,爲救助滬案失業工人之用。”此款請政府飭財政部如數立時付出，交各位校長即日匯至上海。如荷贊同，即希即日議決進行，不勝感幸。再尚有欲聲明者，列位校長先生各爲本校之正式領袖，有處分學校財政之全權，以此款不及十分之一捐助失業同胞，教育界同人自無不表同情，似無須再徵求任何一方教職員之意見，致誤迫切之時機也。

沈兼士　李四光　高仁山　陳映璜　蕭友梅　譚熙鴻　胡　適　陳翰笙
王家吉　馬裕藻　顧振福　孫慶霖　茅乃煒　林玉堂　陳大齊　查良釗
陳彭祺　余天休　劉玉峰　劉天華　徐炳昶　馬寅初　朱家驊　顏任光
黄文弼　徐誦明　徐佐夏　張歆海　朱希祖　張　煦　楊敷海　李書華
余文燦　鄭　典　章廷謙　吴承洛　羅惠僑　鄭陽和　顧頡剛　蘇甲榮
陶　玄　楊蔭慶　周同煌　孫雲鑄　陳　政　仝啟

十四年六月十五日

《北大教職員滬案後援會專紀》(《北京大學日刊》1925年7月2日)：

委員會決議事項(七月一日上午)

(一)報告　王雪艇先生

致法總理班樂衛電

致外交部書(請其直接向英提出廢改不平等條約通牒)，由朱家驊先生遞部。

上海總商會復電。附原電：

北京大學教職員滬案後援會鑒：電悉。五三十案自滬上會議停頓後，早已移京接辦，是尊議所稱反對在滬交涉，現已不成問題。至謂敝會建議之十三條於根本問題離去尚遠，諒指取消領事裁判權、撤退外人駐兵而言。據報載，已由政府另提出修改不平等條約案於八國公使，是根本問題亦已同時顧及，□□□差稱不謀而合。瀝誠布復，尚祈鑒諒。上海總商會□。

(二)提議

(1)組織經濟抵抗委員會

議決：

此事重要，不必再經過籌備手續，即由本會公推若干人實際進行。當推定

馬寅初　徐寶璜　劉光一　王星拱　徐炳昶　朱希祖　皮宗石
朱家驊　李四光　顧孟餘　李麟玉　余文燦　周　覽　唐有壬
吴承洛　沈士遠

爲委員

推定李四光先生爲該委員會臨時幹事。遇必要時,該委員會得函聘校外學生擔任該會委員。

(2)對滬漢粤事件具體解決條件之建議書

議决:

推定周覽、王世傑兩先生就各地方事件交涉應採之步驟,及應提出之具體條件起草建議書,再行開會討論。

朱家驊先生提議:

(1)對於學生,北京當局,應予廣東當局作一致之行動。

(2)政府應籌款接濟罷工之工人。

議决:

(1)起草交涉建議書時,一併説及。

(2)由經濟股委員會開會討論。

6月3日,史學系四年級師生舉行聯歡會,先生及葉瀚、陳翰章、周鯁生、陶孟和、陳映璜到會,發表演説。

《史學系四年級師生聯歡會紀事》(《北京大學日刊》1925年6月18日):

十四年六月三日下午四時,史學系四年級假第二院宴會廳舉行師生聯歡會。到會同學共十三人,師長出席者則有朱逷先、周鯁生、葉浩吾、陳伯弢、陳翰笙、戴錫璋、陳仲驤、陶孟和諸位先生。提前照相畢,開會。(陶先生因事先去)

首由吴鵠雲君報告開會……報告畢,諸位師長一一賜教。

朱逷先先生演説:幾年來史學系設備不完,我很覺得抱歉,不過史學一門功課如要設備得很完全,不獨中國不能做到,就是在别國亦確是一件很難的事情。因爲史學的範圍是極廣的,人類的進步是無窮的,我們只好從不周到方面加以努力,冀將來達到完全的目的。諸君現雖畢業,而所負的責任仍没有完了,我希望諸君出去以後,從事於分工的研究,把研究的結果聯會起來發表,庶與史學方面不無裨益。《史學季刊》早擬開辦,嗣因時局不安,至今尚未成立,以後仍須繼續辦理以抵於成。希望諸君於所在地方,搜集史料及地方志,隨時通信,以供大家的參考,這是我所盼望的。

9月,任故宫博物院文獻館導師。

陳以愛《中國現代學術研究機構的興起——以北京大學研究所國學門爲中心的探討》(臺灣政治大學歷史系,1999年,322頁):

翌年(按:1925年)九月,委員會(按:清室善後委員會)並通過成立一個故宫博物院，其下設文獻館（即今北京第一歷史檔案館），以保管明清檔案，由張繼和沈兼士分任正副館長；陳垣和朱希祖任導師，主持檔案的整理工作。

9月，長子偰入北京大學政治學系，次女倓轉入北京大學。（《年譜》）

9月下旬，與馬衡、沈兼士、陳垣等與來華訪問的日本考古學者濱田耕作、原田淑人交流，雙方決定合組東方考古學協會。

桑兵《東方考古學協會述論》（《歷史研究》2000年第5期）：

（日本）東亞考古學會於1925年秋組織完畢，但尚未正式成立，便直接尋求與北大考古學會結盟。當年9月下旬，濱田、原田乘再度發掘朝鮮樂浪漢墓之機相繼來華，與北京學術界廣泛交流意見，"以爲東方考古學之研究，非中日兩國學術機關互相聯絡不易爲功"，並舉行學術報告會，得到北大國學門考古學會的馬衡、沈兼士、陳垣以及朱希祖等人的積極回應，雙方決定合組東方考古學協會。

10月10日，故宫博物院開幕，赴故宫觀覽。（《年譜》）

10月12日，接顧頡剛信及所送《西廂記》。

顧頡剛1925年10月12日日記：

寫逖先先生信，送《西廂》去。

10月27日，北京大學舉行1925—1926學年度評議會評議員選舉，先生當選爲評議員。

《校長佈告》（《北京大學日刊》1925年10月28日）：

本届評議員選舉於本月二十七日開票，計收到票數七十六紙（内廢票一紙），實計七十五紙，其結果如下：

顧孟餘 四十八票 陳大齊 四十七票 譚熙鴻 四十二票
朱希祖 四十二票 胡　適 四十二票 李煜瀛 四十一票
朱家驊 三十八票 沈尹默 三十七票 馬裕藻 三十七票
馮祖荀 三十七票 沈兼士 三十七票 丁燮林 三十四票
高一涵 三十二票 徐炳昶 三十二票 李書華 三十二票
周　覽 三十一票 王世傑 三十一票

以上十七人當選

……

10月，公佈十四至十五年度《國立北京大學史學系課程指導書》。（王學珍、

郭建榮《北京大學史料》第二卷中册,1125 頁)

《指導書》分説明與課程設置兩大部分,其説明部分如下:

一、本系對於史學,本國與外國並重。蓋現代史學,以人類全部之歷史爲歸宿,歷史哲學家所謂溥(普)遍史是也。故本國與外國各種史,須匯通觀之!

二、歷史强分時代與强分國界,皆不適當。惟因教授便利起見,不得不勉强分割。然學習歷史時,務期本國與外國同一時代之歷史,詳細比較,如學本國上古史,同時學外國上古史,得以兩相比較其内容,則於史學乃能融會貫通。他皆仿此。故選習之時本國與外國同時代之歷史,均宜於同一學年學習!

三、學史學者,先須習其基本科學,蓋現代之史學,已爲科學的史學;故不習基本科學,則史學無從入門。所謂基本科學者,即地史學(人文地理)、生物學、人類學及人種學、社會學、政治學、經濟學、憲法、社會心理學等;必須於二年以内先行學完,乃可研究史學。而此各種科學中,以政治學、經濟學、社會學及社會心理學尤爲重要,學習時尤宜注意!

四、基本科學既習之後,則各種科學的學術史,如政治史、經濟史、法制史等,亦須次第選習。而宗教史、文學史、哲學史、美術史等,亦可以補通史之不足,學者所最宜注意,但不可躐等以求!

五、既學史學,則於本國外國史學之變遷利病及治史方法,尤宜深知灼見。如本國史學概論、本國史學名著講演、歷史學、歐美史學史等,即爲此而設。此爲本系最重要之學科也。

六、考古學一門,爲研究史學之重要補助學科,今尚未能添設;而本國之金石學,亦爲考古學之一部,宜先注意學習。統計學亦爲史學之重要補助學科。

七、研究史學,既以全部人類之歷史爲歸宿,則外國語至爲重要。蓋不通外國語,無以研究外國史。今本系外國語作爲必修科外,各種外國史,均酌定各國原本爲必需之參考書。

八、本系課程,就史學應有之常識,務求設備完全。至於得此常識以後,欲專研究人類全史,以成所謂世界史或溥遍史;或專研究一國史,如本國史及英美法德俄日等國史;或專研學術史,如政治史、經濟史、法制史、宗教史等,則任各生之志願。此則大學院或研究所之責任,而非本系四年内所能謀及。若就此四年内分課程爲二組,如本國史組,外國史組,各便擇一專攻,則史學應有之常識,恐不完備,造就淺薄,頗不適於復雜之史學。此本系課程之組織與他系不同之點也。

11月8日，參與發起慰勞因在10月26日北京市民爲爭取關税自主游行示威中受武裝警察毆打受傷的北大教授徐炳昶、被捕學生傅啟學大會。

《公告》(《北京大學日刊》1925年11月10日)：

十月二十六日北京市民爲爭關税自主游行示威，本校教職員滬案後援會委員徐旭生先生、救國團宣傳股主任傅啟學先生，義憤填膺爲群衆倡。當武裝警察横加刺擊之時，萬人皆退，唯兩先生獨步當先毫無懼色。因愛國而受逮捕戕傷，何榮如之！現徐先生玉體已愈，傅先生亦已釋放。同人等對於兩先生如此鐵血救國不勝欽佩，特定於本月十日(星期二)午後三時，在第二院宴會廳開會慰勞，並攝影以作紀念。

蔣夢麟　朱家驊　高仁山　譚熙鴻　馬裕藻　朱希祖　潘家洵　顧頡剛
陳翰笙　胡春林　周炳琳　白維遠　袁世斌　巫啟聖　劉尊一　葉含章
徐闓瑞　張　經　林德一　夏葵如　譚慕愚　李鳴皋　粟顯運　李　璞
曾集熙　康選宜　周倫超　謝卓兹　彭道貞　陶桓連　梁　渡　鍾書衡
仝　啟

十月八日

11月10日，參加慰問徐炳昶、傅啟學大會。

11月，北大史學系學生組織史學研究會。

11月26日，召集史學系全體學生開史學研究討論會，會上先生作了講演，講史學研究會的旨趣與範圍，學生也提出多項建議。

舒傳軾《史學研究會開會紀事》(《北京大學日刊》1925年11月30日)：

本月二十六日，朱逖先主任召集史學系全體學生，開了個史學研究的討論會，討論本系自本學年起實行定期講演及分級研究中外歷史的辦法，並有學生方面的各項提議。其詳細情形擬在本系所辦之《史學雜誌》上登載；只將朱逷先主任所講明的研究旨趣與範圍，以及譚慕愚君所提議的各項，爲本系同學大多數所主張者，先行登録出來。記者附識。

一、朱逖先主任報告

上次本系教授會議議決自本年十二月一日起，本學系每兩禮拜舉行學術講演一次。講演的範圍，分"中國史"、"外國史"及"史學的基本科學"三組。講演者爲本系教授。現在已經認定者共有十人，每人約兩個半月講演一次。講演的結果在《史學雜誌》上發表。講演的時間，定爲禮拜一晚間。每次講演在兩小時以上。學生方面有甚麽疑難問題，亦可提出討論。

又自本學年起，本系的學生，實行作史學上的一種自動的自由研究，這種研究,是治歷史學的最重要的方法,並且是一種最好的練習。我們《史學雜誌》籌備了好幾年,終於没有出版,就是因爲没有研究的緣故。

此項研究須要按照年級分配。四年級的學生年限最短,一年級的學生年限最長。本學系共有四個不同的年級,則研究的範圍,當要分作四種:

(甲)一年級的時限最長,研究的範圍當然較大。研究外國史的,每人可分任一國,如英吉利,如法蘭西。研究中國史的,可把中國全史分作幾個較大的時代,任擇一個時代去研究,如上古史,如中古史,或者爲斷代史的研究,如唐史、如宋史。

(乙)二年級的時間亦頗從容,亦可以爲比較的大範圍之研究。中國史如南北朝的某一代,或五代十國的某一國,或明末諸王的某一王;外國史如希臘,如羅馬,皆可自由認定。

(丙)三年級的年限,比較的短了;研究範圍當然跟著縮小。中國史如戰國的七國,或秦或齊都可以。

(丁)四年級快要畢業了,自然以範圍越小越好。或者組織個團體,作共同的研究。研究的題目,要擇取比較不十分繁難的。例如明代諸帝,皆有實録,——洪武實録,嘉靖實録——惟獨崇禎一朝没有。現在我們可以補作。四年級的學生每人可以擔任一年半以上,合起來便成了一部完作。本校有明末檔案,實爲此項工作最難得的材料。又如明代倭寇,是歷史上特别重要的事蹟。明代爲防禦他們起見,曾在自廣東起到遼東止,各沿海的地方,特地築了五十四個城。《明史》上有很簡略的記載。我們應該把各城所在的地方,一一考明出來。這種範圍小的研究,四年級學生亦可擔任。

清史尚未修成,説到研究這一層,很是困難。並且史料大多藏在清史館及歷史博物館,不容易得着參考,只好暫行擱置了。此外尚有一個很重要的工作,便是明史。《明史》因爲多所忌諱,有好多重要事實都從割愛了,實在有重做的必要。處在這史學進步的時代,更該用科學方法來做一遍。關於材料方面,如歷朝實録,現在完全保存於京師圖書館内,可由學校設法借鈔,三二一各年級學生,每人可擔任研究一帝。

至於外國史,比較的不容易研究。有系統有組織的史書,國内是很多的;而史料方面,則在國内殊不易得。學校自當陸續設法收集,惟三四年級學生恐怕來不及作這種工作。一二年級學生期限尚長,將來定會有研究的機會。如能分國研究,而求明其社會、政治、經濟及一切的組織,學校當考覈其研究的成績,分别送往所研究的國游學,以宏造就。

如此分工研究,腳踏實地,按部就班的做下去,則本學系對於將來的中國史學界,當有偉大的貢獻,這是我們可以預定的。

二、譚慕愚君提議

學校關於歷史方面的各種圖書不算很少,但多是歐戰前的作品,歐戰以後,歷史的眼光與方法,大大不同了,而學校關於此種新的書籍,一部也没有。這是大可抱憾的。説到中國史方面,所謂"二十四史",堪稱"信史",實在很難説,大都是真假參半,輕重顛倒。果真要去研究,必得多多收羅有價值的史料,專靠正史那是不濟事的。我們很希望學校能予我們以材料的供給和方法的指示。那末,我們的研究,方能得到一個好結果;同時在歷史領域内方能發現新大陸。

還有本系各教授的教法,有許多地方有從長商討的必要。在我們理想中,以爲教授能給我們一個有系統的原因與結果的説明,那是最好不過的。但是各教授們多不是這樣。比如中國史的陳先生,他所收輯的史料,真是豐富無比,但他似乎少了科學方法,對於史料的評判和編輯的組織,不能令人滿意。又如歐洲史李先生,他最好不要另編講義,因爲以中國人而講外國史,多少總有些不如外國人原來講的詳盡、精密,而有系統。我們只須採用比較精詳而有價值的歷史名著作課本,那就够了,比較那割裂的講義總要差勝一籌。

還有,歷史研究的,如其他不是專門研究中國史的,那外國文是很重要的。我們如果不能直接而流利的閲讀外國文的史書,而去研究外國史,那是隔膜的。史學系固然不能於講授任何一國歷史時,即用任何一國文的教本,但最低限度也要以英文爲一切外國文的代替者。希望主任對於本系的外國文要特别注重。

還有,大學的史學研究,關於導師或講演者,似乎不應該含有黨派的色彩。國内的著名史學者,如梁任公輩,不管他對於歷史的見解怎麼樣,但他於史學上實在用過功的。學校常常請這類人來校講演,把他們所研究的方法與心得,拿出來給我們做個榜樣與參考,那是與我們有利益的。

以上的提議,是我們大多數的意見,朱先生能够給我們謀個改善的方法,並且俯允我們的請求,逐漸實施下去,那是我們最希望的。

12月2日,北京大學學術研究會籌備處召開成立大會,聘先生爲顧問。

《北大學術研究會籌備處啟事》(《北京大學日刊》1925年12月1日):

本會定於十二月二號(星期三)晚六時,假二院宴會廳開成立大會,届時務希全體會員準時賁臨爲盼。

又本會添聘朱希祖先生爲顧問,特此通告。

12月7日、14日，爲學生講演《明代倭寇史略》，引導學生作相關研究。

《朱希祖啟事》（《北京大學日刊》1925年12月4日）：

兹定於本月七日（星期一）下午七時半在本校第二院第一講堂講演《明代倭寇之略史》。

《朱希祖啟事》（《北京大學日刊》1925年12月12日）：

本月十四日（星期一）午後七時在本校第二院大講堂續講《明代倭寇之略史》。

編者按：先生《明代倭寇史略》講稿36頁，現藏國家圖書館。

12月12日，當選爲北京大學職員校務協進會委員。

《北大職員校務協進會啟事》（北京大學檔案・全宗號（七）・目録號1・宗卷號169，王學珍、郭建榮《北京大學史料》第二卷下册，2362頁）：

本會業於本月十二日開全體大會，改選委員，訂於本月十五日午後三時在第二院會議室，開委員會成立會，並選舉各股幹事。除另函通知各當選委員外。兹將委員姓名宣佈如左：

當選委員三十人

周白吾　洪國棟　金錫培　何以莊　張顯烈　盧　思　石呈象
吴文貴　姜懋昌　趙憎選　王建中　包尹輔　曾昭紉　周同煌
尹光甫　李景禄　李樹棠　盛　鐸　丁德松　周家鑫　黄世暉
周　豐　黄　鋆　李振彝　張德澂　朱希祖　羅　文　馬家驤
胡成之　徐之傑

候補十人

萬秀岳　周渭千　嚴　燮　蘇甲榮　楊德泰
郝桂林　胡春林　鄭陽和　滕統音　趙增印

民國十四年十二月十五日

12月下旬，請陳漢章講演《中國回教史》。

關於“女師大風潮”及“北京大學脱離教育部案”

5月7日，北京女子師範大學召開“國恥紀念會”，校長楊蔭榆與學生產生了激烈衝突。兩天後即宣佈開除學生自治會成員劉和珍、許廣平等六人學籍。5月11日，女師大學生召開緊急大會，決定驅逐楊蔭榆，並出版《驅楊運動特刊》。5月27日，時在女師大兼職的魯迅、馬裕藻、錢玄同、沈兼士、周作人、沈尹默、李泰棻7人聯名在《京報》上發表《對於北京女子師範大學風潮宣言》,表示堅決支持學生。

8月中旬,章士釗在國務會議上提請停辦女師大,另辦女子大學,並派武裝員警强行接收。

8月18日,出席評議會,討論北京大學脱離教育部之事。會上意見不一,辯論甚烈,最後投票表決,議決"以本會名義宣佈不承認章士釗爲教育總長,拒絶接受章士釗簽署之教育部檔。"

《北京大學宣告脱離教部關係》(《申報》1925年8月22日):

十八日上午九時,北京大學評議會開會,到者李煜瀛、馬裕藻、顧孟餘、譚仲逵、朱希祖、皮宗石、周鯁生、王世傑、王星拱、丁燮林、高一涵、沈尹默、馮祖荀、羅惠僑、余文燦等十五人,由顧孟餘主席。李煜瀛提議章士釗摧殘女師大,實爲教育界罪人,學生既反對章士釗,君儕亦應十二分援助,北京大學宜於教育部宣告脱離關係,一致驅章云云。此議一出,贊反兩方辯論甚烈,反對者有兩點理由,(一)評議會無此權力,(二)教育不應捲入政潮漩渦。歷時至三小時之久,由主席宣告討論終結。投票取決時,羅惠僑、余文燦業已退席,在場者連主席十三人,主席照例不參加表決,而開票結果贊反各六票,即贊成與教育部脱離關係者爲李煜瀛、馬裕藻、朱希祖、沈尹默、譚仲逵、馮祖荀六人,反對與教育部脱離關係者爲皮宗石、周鯁生、王世傑、王星拱、丁燮林、高一涵。雙方同數,不能解決。主席顧孟餘乃參加投票,而顧所投之票又爲贊成脱離教育部,故贊成派以七票打勝反對派六票,脱離教部之案遂告通過。

8月19日,專門教育司司長劉百昭雇傭了一批乞丐流氓,闖入學校,大打出手,以武力驅趕學生出校,楊蔭榆搬來軍警,包圍學校,勒令學生離校。同日,北大教授胡適、陶孟和、顏任光、陳源、燕樹堂等五人致書評議會,對評議會18日之決議表示抗議。

評議會諸位先生惠鑒:頃悉貴會於本月十八日,議決與教部脱離關係,同人等對於此舉,群用異議。就校章言,此項議決既非評議會法定權限以内之事;就先例言,本校於彭允彝長部時期脱離教部,亦係經由教職員大會議決。貴會於本届任内,兩次宣告與教部脱離關係,事前俱未徵求教職員同人之意見,本校同人對於前次宣告脱離教部之議決,並有歷時甚久毫無聞知以致無從表示者。同人等以爲貴會此次行爲,理由如何尚係另一問題,就手續言,要不免有越權自專,漠視全體教職員同人之嫌。用是公函貴會,嚴重抗議。復次,同人等以爲處兹政治與教育十分紛亂之時期,本校對於教部,尚採取宣告脱離關係之極端手段,似亦應以教部對於本校地位有直接加害行爲之場合爲限,否則本校將日日在一般學潮與政潮之漩渦中,本校同人大部分精力勢必長爲對外功作所消耗,校内之整頓與發展自然無可期望。從根本上着想,恐亦決非本校之福,即就目前而論,下學年本校之經費尚無着落,下學年之考試與課務亦尚缺乏任何準備,言念前途,已令同人等不寒而慄。今復日日走入一般學潮與政潮之漩渦中,下學年之開學問題恐亦不免增加危險,未審諸公何以處此,敬佈區區,順頌時祉。(《申報》1925 年 8 月 22 日)

8 月 21 日,胡適、顏任光、李四光、丁燮林、王世傑、高一涵等 17 位教授發表《爲北大脱離教部關係事致本校同事公函》,主張北大應該脱離一般的政潮、學潮,努力問學,評議會應謀學校内部的改革,不當輕易干預職權以外的事業。

《爲北大脱離教部關係事致本校同事公函》(《北京大學日刊》1925 年 8 月 29 日):

本月十八日本校評議會議決與教育部脱離關係的事,我們幾個人之中,也有在評議會里力爭過的,也有在事後向評議會提過抗議的,但因爲這件事關係全校,所以我們把我們的意見報告給本校的同事諸君。我們認爲學校爲教學機關,不應該自己滚到政治漩渦裏去,尤不應該自己滚到黨派政爭的漩渦裏去。北京的教育界自從民國八年年底發起反對傅岳棻的運動以來,在這爭的漩渦裏整整混了六年,成效如何,流弊如何,都是我們親見親聞的。我們不説這幾年教育界的活動全是動而無功。但我們到了今日不能不問,這幾年紛擾的效果抵得過各學校所受的犧牲嗎?我們對於章士釗氏的許多守舊的主張是根本反對的,他的反對國語文學,他的反對新思潮,都可以證明他在今日社會裏是一個開倒車走回頭路的人。他在總長任内的許多浮誇的政策與輕躁的行爲,我們也認爲應當反對。但我們主張,我們盡可用個人的資格或私人團體的資格去攻擊他反對他,不應該輕用學校機關的名義。就令學校機關萬不能不有所表示,亦不當輕用妨害學校進行的手段,因爲學校裏大部份的教員學生究竟是作學問事業的,少數的人活動,如果牽動學校全體,便可以妨害多數人教學的機會,實際上便是剥奪他們教學的自由。叫囂哄鬧的風氣造成之後,多數的教員、學生雖欲專心教學,也就不能了,所以我們主張:(一)本校應該早日脱離一般的政潮與學潮,努力向學問的路上走,爲國家留一個研究學術的機關。(二)本校同人要做學校以外的活動的,應該以個人的名義出去活動,不要牽動學校。(三)本校評議會今後應該用其大部份的精力謀學校内部的改革,不當輕易干預其職權以外的事業。

顏任光 李四光 丁燮林 王世傑 燕樹堂 高一涵
陶孟和 皮宗石 胡 適 王星拱 周 覽 胡睿濟
陳 源 張歆海 陳翰笙 鄧以蟄 高仁山

十四年八月二十一日

8月22日,北京大學代理校長蔣夢麟回到北京。

8月26日,與李石曾、李書華、李宗侗、沈士遠、沈兼士、沈尹默、周作人、馬裕藻、馬衡、徐旭生等17人,發表《爲反對章士釗事致本校同事的公函》,認爲反對"無恥政客"爲教育總長,事屬可行,章士釗摧殘教育,又提倡復古,仇視新文學新思想,"當然更應反抗",以回應胡適等人的公函。

《爲反對章士釗事致本校同事的公函》(《北京大學日刊》1925年8月29日):

敬啟者,閱報知胡適等十七教授對於評議會不承認章士釗爲教育總長一案有所抗議,我們係贊成該議案的人,也有意見想表示一下。查本校以學校名義否認無恥政客爲教育長官,最早有反對彭允彝一案,當時全校一致,别無異議。現在胡適等十七教授雖主張"政教分離",但似並無否認彭案前例之意,所以不承認無恥政客爲教育長官,事屬可行,當無異議。章士釗與彭允彝同爲無恥政客,彭允彝"干涉司法獨立,蹂躪人權",致引起知識階級的義憤,蔡校長的不合作,與本校的宣言否認章士釗摧殘教育,並且貢諛説誑,不要人格,其卑鄙齷齪不亞於彭允彝,而有害於中國教育前途則尤爲過之。據胡適教授等的意見,本校倘若對於教部取否認之極端手段,"應以教部對於本校地位有直接加害之場合爲限",查彭允彝引起蔡校長辭職及本校否認之理由,即在於其越權參與查辦羅文幹一案。羅文幹雖曾爲本校講師,但此次之被構陷,實因其爲王内閣(即所謂好人内閣)閣員的緣故,本校於地位上並未受到什麽直接的損害,徒以爲正義故,尚且那樣的反抗。現在章士釗對於北京教育下手摧殘,更憑借權位提倡復古,仇視新文學新思想,與羅文幹案相較,章其加害於教育界者更爲直接更爲猛烈。本校本反對彭允彝的精神,當然更應反抗。此理本至明顯,不待識者而後知,且與胡適教授等的意見亦正相合者也。至於關於經濟方面,則現在情形與彭允彝時代並無差異。章士釗到任以來,曾爲北京大學籌過若干經費,本校同人當各知悉,即使章士釗真能按月撥付,或並清償積欠。但既是彭允彝一樣的無恥政客,同人亦當爲公義而犧牲利益,維持最高學府之尊嚴。如若忽變態度,拋棄歷來所歎贊提倡之"狂狷的精神",而採取"有奶便是娘"主義,我們不能不爲北大同人羞之。胡適之先生在《努力》三十九期上説得好:"教育界攻擊彭允彝,並不是攻擊他本身,乃是攻擊他所代表的東西。第一,他代表無恥。第二,他代表政府和國會要用維持一個無恥政客來整飭學風的荒謬態度。"我們再加一句,"第三,他代表文字思想道德制度上的復古運動"。這就足以説明"章士釗代表什麽",而反對章士釗爲教育總長之合理,也就顯而易見了。評議會爲大學最高機關,所議決案件,他種機關當然無推翻之權。此次反對章士釗爲教育總長一案,評議會中反對此案的少數評議員,在會場中兩次均參加表決,在閉會以前評議會書記朗讀此案原文時,少數反對派之評議員亦均在場,明明認此案之成立已無異議。我們特將對於此案的意見,敬爲諸同事陳之,幸賜鑒察。

王尚濟　朱希祖　李煜瀛　李書華　李麟玉　李宗侗
沈士遠　沈兼士　沈尹默　周作人　馬裕藻　馬　衡
徐炳昶　馮祖荀　楊震文　譚熙鴻　顧孟餘

十四、八、二六

同日,與李石曾、李書華、李宗侗、馬裕藻、馬衡、沈士遠、沈尹默、沈兼士、魯迅、周作人、徐旭生、錢玄同、劉文典等 42 名北大教職員發表《反對章士釗的宣言》,認爲章士釗"思想陳腐,行爲卑鄙",對待女師大風潮,"不用公允的辦法",竟用武裝員警强迫解散,以正面回應胡適等人的質疑。

《反對章士釗的宣言》(《晨報》1925 年 8 月 29 日):

章士釗思想陳腐,行爲卑鄙。他作司法總長兼教育總長的第一着,就是接二連三的訓令各校,禁止學生開會紀念國恥。第二着就是提倡荒謬絶倫的復古運動,壓迫新思想,抹殺時代精神,以固寵而保禄位。他被驅逐以後,還不曉得後悔,乘英日殘殺同胞外交緊急的時候,竟自鬼鬼祟祟回了教育總長的任。真正臉厚已極。並且他對禁止愛國運動的一切訓令,任意抵賴,稱爲"黠者僞造"(見《甲寅》週刊)教育部訓令,曾經在各校懸掛,這豈是一句話就能掩飾過去的嗎。就是一切訓令,真是"黠者僞造",那末,彼時他自己還做着司法總長,何以竟不能依法檢舉呢。自從他捲土重來以後,借整頓學風名目,行摧殘教育計劃。對於女師大的風潮,不用公允的辦法解決,竟用武裝警察强迫解散該校。又用巡警老媽强迫拉出女生,直接壓迫女師大,間接示威於教育界。並且可借此壓倒種種的愛國運動,達到他一網打盡的目的。因爲上列緣故,所以今天我們要出來抵抗他,反對他爲教育長官。

國立北京大學教員:

王尚濟　王仁辅　朱家驊　朱希祖　朱　洪　李書華　李宗侗
李麟玉　李辛白　李煜瀛　吴文潞　沈士遠　沈尹默　沈兼士

周樹人　周作人　林　損　馬裕藻　馬　衡　徐炳昶　徐寶璜
翁之龍　陳大齊　陳君哲　陳　倬　張鳳舉　張　頤　屠孝實
馮祖荀　賀之才　葉　瀚　楊　芳　楊震文　趙承昜　劉文典
黎世衡　錢玄同　戴　復　關應麟　譚熙鴻　顧孟餘　趙廷炳

8月28日,北京大學召開評議會教務會議談話會,先生出席。

《八月二十八日評議會教務會議談話會》(《北京大學日刊》1925年8月29日):

列席者:(名單略)

建議案二,各由列席會員分別自動簽名。

(一)建議於校長者:"同人建議於校長,請其對本月十八日評議會議決案,斟酌情形停止執行。"

簽名者:胡　適　高一涵　皮宗石　王　烈　丁燮林　王星拱
余文燦　羅惠僑　顔任光　周　覽　王世傑　王仁輔

(二)建議於評議會者:"同人願建議評議會,請求議定:評議會凡對於政治問題,以及其他與本校無直接關係之重大問題,倘有所議決,須經評議會之二度議決,或經由評議會與教務會議聯席會議之覆決;或經由教授大會之覆決,始能執行。"

簽名者:王世傑　皮宗石　丁燮林　高一涵　王　烈　顔任光
王仁輔　沈尹默　胡　適　王星拱　余文燦　羅惠僑
馬裕藻　朱希祖　馮祖荀　楊　芳　陳大齊　沈兼士
顧孟餘　朱家驊　周　覽　譚熙鴻

八月二十八日宣佈

《北京大學獨立事件尚未解決》(《晨報》1925年8月29日):

北京大學因脱離教育部問題,於昨日(二十八日)上午九時在第二院會議廳開評議教聯席會議。此會之召集在覆議爭執未決之十八日評議會議決案。屆時到會者,評議員有李煜瀛、顧兆熊、沈尹默、朱希祖、馮祖荀、譚熙鴻、王世傑、周覽、王星拱、丁燮林、皮宗石、高一涵、羅惠僑、余文燦、陳大齊、沈兼士等十七人。教授主任有胡適、陳大齊、楊芳、朱家驊、馬裕藻、朱希祖、顧兆熊、顔任光、王仁輔、王烈、王星拱、沈士遠等十五人。除去重復,實共二十四人。代理校長蔣夢麟主席。九時半,主席宣告開會。贊成獨立派李煜瀛等八人,首即聲明不承認此會爲正式會,不能覆議十八日評議會之議決案。陳大齊言"評教聯席會議"無法律上的根據。此問題爭執甚久。後由反對派王世傑、胡適等提議讓步,改此會爲談話會,所有表決只取建議書的形式,對學校無拘束力。馬裕藻等尚堅持反對表決。

直至十二時許，方決定各用簽名形式表示意見，作爲建議案。建議案凡兩件：

(一)北大脱離教育部事，得由校長酌量情形，停止執行。

簽名同意者十二人，不簽名者十二人。

(二)凡關於政治及其他對外重大問題，評議會之議決案須經評議會第二度之覆議或評教聯席會議之覆議或全體教授會之覆議，方爲有效。

右案簽名同意者二十二人，不簽名者李煜瀛、顧兆熊二人。散會時已下午一時半，計共開會四時半。昨日列席者有約，不以會議結果在報章發表。右所記乃間接得諸北大某教授并參證各方面可靠消息而成者。

8月31日，由蔣夢麟校長再次召開評議會，會上再次通過"北大與教育部脱離關係"的決定。

《北大宣告决定脱離教部》(《晨報》1925年9月1日)：

北京大學脱離教育部問題，昨日復經該校評議會開會討論，到會者蔣夢麟、李煜瀛、王世傑、高一涵、陳大齊、馬裕藻、馮祖荀、沈尹默、沈兼士、譚熙鴻、羅惠僑、余文燦、顧兆熊、朱希祖等十五人。先討論北大是否繼續執行脱離教部問題。首由主席蔣夢麟發言，謂本問題有兩種主張，然今日爲對外起見，不宜内部自召破裂，示人以弱，此案既經議決，宜繼續執行脱離教部，一切由本人負責云云。此案遂決定。……

關於駝群社

本年，北京大學同人發起駝群社，先生爲成員之一。

先生1929年1月27日日記：

駝群社自民國十四年北京大學同人發起，每月一聚餐，取任重致遠之意。社員爲沈士遠、尹默、兼士三昆仲，馬幼漁、叔平、隅卿三昆仲，李潤章、李聖章、陳援庵、劉半農、周啟明、張鳳舉、徐焱臣、俞平伯、陳百年、李玄伯、徐旭生及余，然時有出入。

關於藏書

本年末，與朋友中喜研究明史者組成一沙龍，先從事於搜集材料，收購了一些明代史籍，如《天啟實録》等書。

1926年2月7日致張元濟：

朋友中多喜研究明史，近集一小會，先從事於集材料，頗搜購明代史籍。《竹垞先生集》言天啟四年實録毁於馮銓之再相，近購得一清初鈔本《天啟實録》，果缺四年（京師圖書館藏本同），然補以天啟四年全部邸抄，似亦爲他處所無，而爲希見之本，亦一樂也。

本年，擬將自己所藏明鈔宋本《水經注》翻刻行世，託張元濟規劃之。後因商務印書館不能代爲廣告預約和代售，一切費用全須先生自行集資先行墊付，遂未果。（先生 1925 年 2 月 4 日、2 月 19 日、3 月 3 日致張元濟信；張元濟 1925 年 2 月 11 日、2 月 26 日致先生信。）

自上年購得《清宫昇平署檔案》及鈔本戲曲一千數百本後，本年原打算購入前清某將軍所藏之傳奇、雜劇，因索價過高未購。

1925 年 2 月 19 日致張元濟：

敝友言京中某將軍家原屬旗籍，喜戲曲，所藏傳奇、雜劇有千數百種，近家中落，房屋田産皆已賣盡，惟此戲曲視如性命，尚未出售，然坐食已空，今後將漸次出售，惟不肯言姓名，旗人尚體面甚於漢人也。前日敝友攜來傳奇目一紙，共十五種，以索價過高未購，惟中多名著，有世所稀見之本，兹特鈔上。如尊處可全購，望每種下注明出價若干，以便介紹，若成必源源而來矣。

1925 年 3 月 3 日致張元濟：

前呈傳奇目亦可選購，然總以多種爲宜。兹又續到數種：明刊本《旗亭記》（有圖）、明刊本《祝髮記》（有圖）、《紅雪樓傳奇》十二種（蔣士銓，較《藏園》九種多三種）、《古柏堂傳奇》十二種（唐英，乾隆精刊本）、《介山記》（宋廷魁，乾隆刊本）、《百花夢》（張新梅，嘉慶刊本）、《滕王閣》（乾隆刊本）、《東海記》（王曦，道光刊本）、《回春夢》（顧森，道光刊本）、《旗亭記》（蘭皋生，乾隆刊本）、明刊大字本《南柯夢》（湯氏原刊）、明刊大字本《邯鄲夢》（湯氏原刊）。京城曲本甚貴，因陶、王兩家專購明刊有圖傳奇，而崑曲家及新文學家亦相競購曲，然零星偶值相互競爭，故京城以曲本爲最易售。此次遇到大票傳奇，真是難得，希祖無力購買，故介紹前來。惟價值一層頗難定，然大概可分數等：一明刊有圖及希見之本，二普通明刊本，三清初希見之本，四清初普通本，五乾嘉希見之本，六乾嘉以後本。望先生將各等定一價目標準，則斟酌損益自不相遠，又有鈔本及未刊稿本亦須另擬。尊處如欲選購，可開一單，略注價目，希祖亦當代爲斟酌損益耳，請定奪。傳奇目：《千金記》（與汲古閣本不同，有圖，世德堂本，初印）、《鸞釵記》（一名《白蛇記》，有圖，圖缺數葉，富春堂本，初印）、《玉簪記》（有圖，明金陵精刊本，初印）、《望湖亭》（明沈璟撰，明刊本，有圖）、

《金印記》(明刊本),以上明刊本五種;《連環記》(康熙内府鈔本)、《全德記》(康熙内府鈔本)、《彩樓記》(乾隆内府鈔本,開化紙)、《玉盃記》(同上,同上)、《古城記》(同上,同上),以上内府鈔本五種;《一江風》(乾隆鈔本,精鈔,乾隆初和愉齋撰)、《鴛鴦扇》(嘉慶鈔本,藍絲闌稿本,精寫,嘉慶中東海劉永安撰)、《一庭霜》(同上),以上未刊本三種;《荷花蕩》(原刊本)、《人獸闗》(原刊本),以上清初刊本二種。賣主不肯自定價,擬取拍賣辦法,出價最高者得之。

關於故宫"天禄琳琅藏書"

去年末、本年初,與張元濟有數通信札談到故宫"天禄琳琅"藏書。

編者按:所謂"天禄琳琅"原指清宫昭仁殿秘藏的歷代善本。在長達一百多年的康、乾盛世,清宫彙聚了歷朝歷代的文物精華。特别是乾隆,尤喜典籍,曾詔布天下,狂征暴斂,於紫禁城内昭仁殿秘藏歷代善本,親書"天禄琳琅"榜幅,儲宋、元、明珍籍善本,據乾隆四十年(1775年)編制的《欽定天禄琳琅書目》"天禄琳琅"藏書共有429部,計有宋版71部,影宋鈔20部,金版1部,元版85部,明版252部,可以説集中了自宋至明五朝典籍的精華。可惜嘉慶二年此批藏書全部毀於大火。大火過後,已屆耄耋之年、身爲太上皇的弘曆決心重現昔日的特藏舊觀。於是詔令重修昭仁殿,將宫中藏書再次精選彙集到殿中,仍用"天禄琳琅"命名。由於此時清官藏書處於極盛時期,續藏之書,比之先前顯得更加系統和豐富。據隨後編制的《天禄琳琅書目後編》,收録圖書660部左右,其中宋版、元版及明版書的數量都大大超過從前。辛亥後,清遜帝溥儀仍居宫中,從1922年開始,他以賞賜其弟溥傑之名,將"天禄琳琅"藏書中之精品200餘部盜運出宫,後運往天津租界,後又運往長春僞滿"皇宫",1946年3月國民政府點查這批藏書時,發現其嚴重散失,現知下落者僅131部,且多半爲殘本,分存國家圖書館(92部)和遼寧圖書館(39部)。清宫"天禄琳琅"藏書,書品上乘,價值連城,據説1995年,嘉德公司大拍時,以132萬元人民幣落槌一件"天禄琳琅"宋版殘册《文苑英華》,2004年由瀚海拍賣公司拍賣的"天禄琳琅"宋版《春秋經傳》,成交價更是高達193.6萬元人民幣。現將朱、張二人通信中有關此項内容摘録如下。

張元濟1924年12月22日致先生:

再有懇者,弟近擬輯印《百衲本二十四史》,除《舊五代史》用《四庫》

鈔本,《新五代史》用殿本外,其餘均用宋、元、明三朝刊本(《舊唐》只有明刊,《新五代》元本皆漫漶不能攝照,擬用汪諒本,《元史》亦有明初刊本,其餘皆宋、元舊槧)。南北諸史凡京師圖書館所藏宋、元殘本,均以盡數攝照,然殘缺頗多。《周書》至今竟無一葉。世間所存三朝本大都字畫磨滅,不易影印。廠肆爲古書淵藪,不知能覓較佳之本否? 敬乞代爲留意。除嘉靖補刊無須外,其餘如有宋、元舊槧尚屬清朗者,即一二殘册,亦願得之。但乞勿告以爲敝處所求。此意當蒙鑒察。

先生1924年12月31日致張元濟:

因近日應清室善後委員會函請,助理點查皇宫物品,故而更忙。……宋、元本史,將來可設法攝照天禄琳琅各本。

張元濟1925年1月15日致先生:

承示宋、元本史可設法攝照天禄琳琅所藏。甚善,甚善。閱報知已着手清查,未知何日可查到? 天禄琳琅又未知何時方許攝照? 最著名者爲宋刊兩《漢書》,《目録》稱其字大如錢,紙白如玉,此最宜攝照。其他印刷精美者當亦不少,如有所見,並祈記録大概,示知爲幸。

先生1925年2月4日致張元濟:

天禄琳琅尚未清查,將來總可設法攝照,俟點查時當記録大概奉上。

先生1925年3月3日致張元濟:

天禄琳琅近已查點,宋版書僅十餘部,元版數十部,其餘或移内宫,或爲遺老、太監换去矣。《史記》(嘉定六年刊本),兩《漢書》(宋淳化刊元補本),尚存,余史未見。

編者按:因清宫點查斷斷續續,此事至1926年初方有結果。

1926年1月18日張元濟致先生:

承示天禄琳琅所藏宋、元本史,可設法攝照,有嘉定本《史記》,元補淳化本兩《漢書》均尚存,聞之神往。借恐有何章程,祈探示。

先生1926年2月7日致張元濟信:

天禄琳琅宋、元版書十之九已於民國十二年運至醇王府内,有案可稽，所存嘉定本《史記》、元補淳化本兩《漢書》，諦視之皆係明版僞造者，可歎。

本年論著

《道家與法家對於交通機關相反之意見》（《社會科學季刊》第3卷第1號）

7月，讀書消夏，作讀書筆記及讀書題跋多則，如：《沈欽韓〈水經注疏證序〉》、《舊鈔本〈長安志〉〈長安志圖〉跋》、《杭世駿〈漢書疏證〉》、《明鈔本〈晉五胡指掌〉跋》、《〈忠獻韓魏王家傳〉跋》等。（《民國十四年隨筆》，《朱希祖文稿》第一册，鳳凰出版社，2010年4月）

11月11、12兩日，作《舊鈔本金石録跋》。（《朱希祖文稿》第一册，鳳凰出版社，2010年4月，第28頁）

11月24日，作《寶綸堂集跋》。（《朱希祖文稿》第一册，鳳凰出版社，2010年4月，第33頁）

12月9日，作《跋舊鈔本明熹宗實録》。（《朱希祖文稿》第一册，鳳凰出版社，2010年4月，第128頁）

一九二六年（民國十五年丙寅）　先生四十八歲

2月27日，與駝群社諸先生，同游彰儀門外天寧寺，又至白雲觀。

顧頡剛1926年2月27日日記：

> 與履安同到廣和居，會駝群社諸先生，同游彰儀門外天寧寺，又至白雲觀。六點歸。
>
> 與良南到中央公園看放花盒。
>
> 廣和居著名菜爲江豆腐、潘魚、粉皮燒魚等，此店自康熙中間設，至今二百餘年矣。
>
> 今日同游人：援庵、兼士、旭生、鳳舉、祖正、潤章、士遠、萬里、逿先。

3月18日，北京各高校學生，因反對日本軍艦炮擊大沽口向段祺瑞執政府請願，遭遇執政府衛兵開槍射擊，釀成"三·一八"慘案，學生死傷多人。

本年四、五月間，馮玉祥軍與張作霖軍在京畿大戰。4月15日，張作霖軍進佔北京。4月26日，著名報人邵飄萍被殺。

先生1926年5月14日致張元濟：

> 近因京畿戰事，日困危風駭浪之中，飛艇擲彈，驕兵入城，薪金不給，車資軍票騰高物價，四郊難民入京者已二十七萬，至今未敢言歸，人多物

少,來日大難,心緒不寧。

6月初,向北大研究所國學門捐贈拓本。

《研究所國學門通告》(《北京大學日刊》1926年6月7日):

本學門承朱逷先先生惠贈拓本如下:

《雲陽東君墓志銘》	唐元和十三年七月二十日	一份
《嚴師儒墓志銘》		一份
《韋□損墓志銘》	唐開元十年八月九日	一份
《清真寺碑記》	唐天寶元年	一份
《杜長史妻薛氏墓志》	唐顯慶三年三年十二月	一份

(下略,共37份唐代墓志拓片)

6月30日,東方考古學協會成立,先生被選爲委員。

桑兵《東方考古學協會述論》(《歷史研究》2000年第5期):

在中日兩國考古學界彼此溝通之下,1926年6月,濱田耕作和東亞考古學會幹事島村孝三郎、小林胖生等來北京,雙方正式結成東方考古學協會……6月30日,以北京大學第二院爲會場,召開了東方考古學協會的第一次總會即成立大會,中日雙方聯合舉行公開講演,並得到中日及歐洲學者的祝賀。其會則規定:該會的目的在於交換知識,以謀求東方考古學的發達;研究結果將以日、中、歐三種文字發表;隔年於日中兩國輪流召開研究總會。此外,選舉了委員、幹事。

7月3日,至北京飯店,赴東亞考古學協會宴。

顧頡剛1926年7月3日日記:

到北京飯店,東亞考古學會招宴也。

今日同席:兼士先生、尹默先生、張鳳舉、徐旭生、援庵先生、萬里、羅庸、裘子元、翁文灝、李四光、幼漁先生、朱希祖、仲良、小林、濱田、島村孝三郎,尚有日人五六人。

桑兵《東方考古學協會述論》(《歷史研究》2000年第5期):

7月3日,日本學者歸國前在北京飯店設宴答謝中國學者,出席者有沈兼士、沈尹默、張鳳舉、徐旭生、陳垣、林萬里、羅庸、翁文灝、李四光、馬幼漁、朱希祖、裘子元、黄文弼、顧頡剛等,其中多數爲與北大相關而熱衷於考古事業的學者,當是參與東方考古學協會的骨幹(《顧頡剛日記》

1926年7月3日)。魯迅也曾接到邀請,辭不去(《魯迅全集》14卷《日記》,人民文學出版社,1989年,606頁)。裘子元時爲教育部辦事員,好金石碑刻。

7月9日,國民革命軍誓師北伐。

8月3日,赴袁同禮爲顧頡剛舉行的餞行宴。

顧頡剛1926年8月3日日記:

到守和處,餞别也,十一點歸。

今晚同席:援庵先生、兼士先生、叔平先生、逖先先生、玄伯先生、希淵,俄人吴老德、阿理克二先生。

8月13日,赴女師大學生許廣平等三人爲魯迅舉行的餞行宴。

魯迅當日日記:

十三日,晴。上午赴女子師範大學送别會。午赴吕、許、陸三位小姐們午餐之招。同坐有徐旭生、朱逷先、沈士遠、尹默、許季市。

9月30日,全體教員舉行投票,以定開學與否。時北京大學因戰亂經費無着,對於開學問題久不能決,故有此投票表決。

《北大教職員不願開課者多》(《申報》1926年10月3日):

北京大學因經費無着,對於開學問題不能決定,特請各教員進行總投票,以定開學與否之準。九月三十日上午十一時,在二院宴會廳開票,計臨時教員到場者有余文燦、朱希祖、徐炳昶等八十餘人,職員周同煌、周禹川等三十餘人,當推余文燦等爲開票監察員,周同煌爲記録員,朱希祖、徐炳昶爲唱票員。其結果有效表決票一五一,願上課者四七,不願上課者八四,附條件的願上課者二〇,所謂條件願者,係請先將經費籌妥,抑或有相當準備,保管開課而不中輟也。綜上觀察,不願上課爲大多數,且該校目前絶無開學之可能。昨午該校發佈通告一件,照録如下:北京大學通告,本校因經費無着,舉行教員總投票,以決定上課與否,兹開票結果如下:有效表決票一五一,願上課者四七,不願上課者八四,附條件的願上課者二〇。

10月16日,與吴承仕、錢玄同、馬裕藻、沈尹默、鄭奠、李仲衎共宴黄侃。

黄侃1926年10月16日日記(《黄侃日記》上册,中華書局,2007年,279頁):

初十日(十六日,禮拜六)。晴,大風,殊冷。十二時赴西長安街芳湖春鄭介石、李仲衎之約，坐有檢齋、錢中季(即疑古玄同)、朱逖先、馬幼漁、沈尹默。飯後至午門歷史博物館。

編者按：時黄侃避南方戰亂到達北京，並應吴承仕之邀，就北京師範大學聘。

10月17日下午，黄侃來訪，未遇。

黄侃1926年10月17日日記(《黄侃日記》上册，中華書局，2007年，279頁)：

十一日(十七日，禮拜日)。晴，風，殊寒。下午訪逷先、中季、幼漁，均未晤。

11月19日，北京大學舉行1926—1927學年度評議會評議員選舉，先生當選爲評議員。

《校長佈告》(《北京大學日刊》1926年11月20日)：

本校本屆評議員選舉已於本月十九日午後四時在第二院宴會廳當衆開票，計收到選票四十三張，兹記結果如下：

徐炳昶 三十票	陳大齊 二十六票	譚熙鴻 二十五票
沈兼士 二十四票	李書華 二十四票	朱希祖 二十三票
樊際昌 二十二票	馬裕藻 二十票	周 覽 十九票
李宗侗 十九票	沈尹默 十六票	王星拱 十六票

以上十二人當選

……

12月1日。張作霖出任安國軍總司令。

12月3日，公佈《史學系課程指導書(十五年至十六年度)》(《北京大學日刊》1926年12月3日)：

編者按：本學年度之課程指導説明書，與上一學年無大變化，故略。

12月6日，評議會議定先生爲本學年度組織委員會委員與圖書委員會委員。

《校長佈告》(《北京大學日刊》1926年12月7日)：

本屆各委員會委員長及委員名單業經本月六日提出評議會通過，兹特宣佈於下：

(一)、組織委員會

王世傑(長) 皮宗石 朱希祖 沈尹默 黄 節 高仁山 張鳳舉

(二)圖書委員會

皮宗石(長) 朱希祖 黄 節 李宗侗 燕樹堂 高仁山 袁同禮(當然)

……

12月11日,周作人在北大二院講演《希臘閒話》,先生長子朱偰爲之筆記。

周作人1926年12月11日日記:

> 下午在孔德。三時至二院講演。

周作人12月17日日記:

> 上午爲朱偰君校講演稿。

12月24日,周作人的《希臘閒話》發表於《新生》第1卷第2號,署名"周作人,朱偰筆記"。

12月27日,張作霖以黄土鋪地的儀式,進入北京。

本年論著

3月,完成《續曲録》。

> 編者按:王國維先生曾撰《曲録》一書,先生據"清宫昇平署戲曲及檔案"發現王國維《曲録》中頗有遺漏,且有謬誤,因撰《續曲録》一書,以補王氏之不足。《續曲録》分"補遺"和"匡謬"兩部分,"補遺"又分"補目"和"補説"兩部分。該手稿現存國家圖書館。《續曲録》前小序云:
>
> 王静安先生所撰《曲録》頗稱博洽,然亦有遺漏謬誤者,兹隨所見聞,筆録以補其遺,匡其謬,以見創始者之不易而可貴,後繼者藉其成功,事半功倍。土壤之增泰山,細流之益河海,較之不增不益固有間焉。民國十五年三月十二日海鹽朱希祖記。

5月22日,撰成《太史公書十篇有録無書考——駁王鳴盛十七史商榷》。

> 編者按:該文未刊,原稿藏國家圖書館。

本年,撰成《宋代官私書目考》二卷,並輯成《宋中興館閣書目》四卷(後又有《續目》一卷,《集釋》一卷)、《唐韋述〈集賢注記〉》一卷。

1926 年 10 月 15 日致張元濟:

日來搜輯《中興館閣書目》材料頗多,將來輯成,恐較錢輯《崇文書目》卷數尤多,而其題解尤詳,此亦意外之獲也。

1926 年 12 月 5 日致張元濟信:

拙著《宋代官私書目考》二卷已脱稿,計官書目三十三種,私家書目四十四種,各有考證,尚非草率。小女倓,字仲晏,助輯《中興書目》,亦輯成唐韋述《集賢注記》一卷,略加疏證,唐代重要書目及藏書之事亦略具於此。此等事不入時調,恐非世人所樂覩,故非有力者代爲刊佈,恐覆醬瓿而已。

1926 年 12 月 18 日致張元濟信:

拙作《宋代官私書目考》二卷及其他數種,擬倩人録一本奉上,先生能代爲籌劃印售,或出售版權,甚感甚感。

編者按:先生《宋代官私書目考》二卷,共 91 頁手稿現藏國家圖書館;同時藏於國家圖書館的還有《宋代金石書目考》161 頁手稿。《宋代中興館閣書目》(包括《續目》一卷,《集釋》一卷)稿本一册現藏南京圖書館。

一九二七年(民國十六年丁卯)　先生四十九歲

1 月 30 日,張元濟致信先生,爲刊印《四部叢刊》,欲借明鈔宋本《水經注》爲底本影印。

張元濟 1927 年 1 月 30 日致先生:

前年承示購得鈔宋本《水經注》,甚爲王君靜庵所賞,曾代估影印工價,議而未行,至今懸望。鄙館近日復印《四部叢刊》,中有《水經注》一種,原用武英殿聚珍版本,靜庵來信謂不如改用尊處鈔本或黄省曾刊本。鄙意兄所藏從宋本出,黄本究遜一籌。因思吾兄本有流通之意,不揣冒昧,敢爲陳請。倘許借印,擬薄助買書之資百廿元,聊將微意,想不責其唐突也。

2 月 27 日,張元濟再次來信欲借明鈔宋本《水經注》。

2 月,因久患十二指腸潰瘍,經醫生建議,赴北京郊外靜居療養,至 3 月初始回寓。

3月8日,復信婉拒張元濟欲借明鈔宋本《水經注》印入《四部叢刊》。

1927年3月8日致張元濟:

陰曆年初因十二指腸病,飲食起居久受醫生拘束,乃赴郊外靜居療養一月,一切酬酢音問皆暫斷絶。近始返舍,乃得讀一月三十一日及二月二十七日兩函,並蒙抄寄蘇天爵修史條議,不勝感謝。賤恙近已就痊,惟飲食尚未復原,精神似已復舊,頻勞慰問,銘感之至……明鈔宋本《水經注》前年即擬自印,以商務印書館只能代印,而未能代爲廣告預約及代售,故非多集資金不能付印。年來京中欠薪累累,遂無意及此,然校勘付印之願終未絶也,此書弟擬單行。《四部叢刊》如需《水經注》,弟處尚有嘉靖刊本一部,可以奉借,恐尊處已有其書,未敢自獻。

4月6日,清明節,先生參加駝群旅行團,游西郊朗潤園。(《年譜》)

4月7日,李大釗被捕。

4月27日,史學系主任改選,先生繼續當選爲主任。

《校長佈告》(《北京大學日刊》1927年4月28日):

數學、化學、地質學、哲學、德文學、史學、經濟學七系主任改選,於本月二十七日開票,兹將選舉結果宣佈於下:

數學系

王仁輔　兩票(當選)

胡睿濟　一票

化學系

丁緒賛　一票(當選)

地質系

王紹瀛　兩票(當選)

哲學系

陳大齊　三票(當選)

徐炳昶　一票

德文學系

楊震文(德文學系教授一人,照章楊先生當然爲主任)

史學系

朱希祖　兩票(當選)

葉　瀚　一票

經濟學系

朱錫齡　　一票(當選,校長加一票)
余文燦　　一票

4月28日,李大釗等二十餘人被張作霖殺害。

5月9日,與沈士遠、沈尹默、沈兼士、劉半農等到北大研究所爲徐旭生、黄文弼等赴西北考察送行,攝影志别,置酒餞行。

黄文弼《黄文弼蒙新考察日記(1927—1930)》(文物出版社,1990年,第1頁):

晨,學者、學生齊集研究所,余育三、沈兼士、沈士遠、沈尹默、朱逷先、劉半農均至研究所送行,並攝影志别。沈先生並置酒踐行,旋即出發。……

編者按:時在北大研究所國學門推動下,北京大學、清華學校、歷史博物館、北京圖書館、藝術博物館等在北京的十多個學術機關,組成"中國學術團體協會"。協會成立後,與瑞典人斯文赫定進行了多次協商,雙方同意共同組成"西北考察團",由北大教授徐旭生任中方團長。

6月18日,張作霖在北京自任"中華民國陸海軍大元帥"。時廣州中山大學朱家驊、傅斯年二人希望把北大的一批名教授延聘到中山大學來,以免遭張作霖迫害。

朱家驊、傅斯年1927年5月16日致李石曾、吴稚暉信(歐陽哲生主編《傅斯年全集》,湖南教育出版社,2003年,第七卷,102頁):

我們……籌一齊聘北大文理等科之優良教授來此。既可免於受壓迫,並開此地風氣……

6月22日,致信張元濟:

北京生計日艱,本擬南旋,廣州、杭州、南京各有同事來招。弟雅不欲入政局,以學校而論,此時人皆趨南,鄙意時局未定,無論南北皆非振興教育之時,故亦不願棄書籍叢萃之區而他適,日惟閉户讀書,以消永日,暇仍從事搜輯散佚以自娱而已。

暑假,中山大學電聘沈兼士、沈士遠、沈尹默、馬裕藻、馬衡、陳大齊及先生赴粤。

魯迅1927年7月17日致章廷謙信(《魯迅全集》,人民文學出版社,1981年,第十一卷,557頁):

廣大電聘三沈二馬陳朱,皆不至。

8月,張作霖派劉哲改組北大,稱爲"京師大學校",先生羞與爲伍,改任清華學校史學系教授。

朱偰《五四運動前後的北京大學》(《文化史料》第五輯,文史資料出版社,1983年2月):

1927年8月,張作霖果然派劉哲改組北大,稱爲"京師大學校",實際上等於解散北大,另起爐灶。一面大捕進步學生,鎮壓革命群衆;一面聘請一些反動官僚政客,到北大來做教授,監視學生。北大教授紛紛離去,許多課程開不出來。先父朱希祖不願留在改組後的"京師大學",改就清華大學教授。同時沈兼士到了輔仁大學,錢玄同到了師範大學,沈士遠到了燕京大學。三沈二馬之中,只剩下馬裕藻還留在原校不動。第三院的教授,走了個精光。

張元濟1927年10月26日致先生信:

復奉本月十四日手書,致勞廑注,殊深慚悚。信簡有清華學校字樣,吾兄是否任彼講席?至爲企望。

1927年12月8日致張元濟信:

今秋以來,因餬口計,教授清華學校,編輯中國近世史講義,參互考訂,日無暇晷,甚以爲苦。如此忙日,尚須半年可了,反不如去年之樂。

8月9日,陳垣寄來葉恭綽《徵求有清學人像傳啟事》及名單一份。

8月10日,復函陳垣,談葉恭綽徵求"清代學人像傳"事,並請陳垣轉告搜集清代學人像傳之門徑。(陳智超編《陳垣往來書信集》,上海古籍出版社,1990年,第331頁):

援庵先生左右:

昨日承寄葉玉虎先生《徵求有清學人像傳啟事》並名單一紙,弟對此事不勝感佩。竊謂文翁石室、武梁石刻,圖像之重,自古已然。然彙集成書者,始於《會稽先賢像贊》五卷,見《隋書·經籍志》。明代彙集圖像者甚衆,散見各家記載,惜多未見傳本。道光中嘉定程氏繪刻《練川名人畫像》六卷,以嘉定一邑,得百數十像,可謂勤矣。蘇州顧氏繪刻吴郡名宦先賢遺像於滄浪亭,得五百六十人,然尚局於一省。嗣後國粹學報館頗事搜羅,印出者百餘像,則不限於時地矣。程、顧、鄧三家所印,弟處多有。兹以校葉氏名單,已有各像约得四十人。待訪各像則得八人,曰惠棟、曰陸世儀、曰計東、曰葉方靄、曰江聲,顧刻有之;曰王夫之、曰顔元、曰孫奇逢,鄧刻有之。而未見於葉氏名單尚可補列者,則程刻中有錢大昭、錢塘、錢民、陸隴其、程瑶田;顧刻中有惠周惕、陳宏謀、彭定求、彭啟豐、張伯行、梁章鉅、朱琦;鄧刻中有朱之瑜舜水、嚴衍、彭紹升、朱用純等。他若錢儀吉、錢泰吉、張廷濟等,其著述中亦刻有畫像,曾國藩、張之洞、俞樾、孫詒讓、楊守敬等,亦偶於他書見其照相者。大抵同光以前多畫像,較難得;同光以後多照像,較易得。便祈轉告葉君爲荷。更祈勸告葉君,廣爲搜羅,能超出於五百名賢像以上則尤妙矣。或將南雪先生所得一百八十像作爲初集,先爲印出,再將玉虎先生續得者次第分集印出,既可慰學子先睹爲快之忱,又可引世人之注意,各將所有名人像傳投寄,繼長增高,必大有可觀。區區之意,未知有當否? 元朱思本《九域志》八十卷,見蔣光煦《東湖叢記》。承贈張氏父子各書,謝謝。敬頌著安。

弟朱希祖敬上
十六年八月十日

9月4日,命長子偰送二子侃赴天津應考中日學校。9月12日,回北京,二子侃被該校録取。(《年譜》)

編者按:中日學校,爲中日教育協會合辦的留日預備學校,周作人爲名譽校長,實際主事者爲沈兼士。

9月24日,爲趙烈《中國錢幣史》作序。

吾國之研究錢幣者多偏重於考古學一端,未有以經濟學部勒成書者,故往昔錢幣之書多屬於譜録一類……樂清趙君烈爲北京大學經濟系畢業生,著有《中國錢幣史》,知余收藏錢幣書頗多,時相過從商榷,且徵余序。余觀趙君之書,頗注意於歷代幣制興革之因果關係及其影響於國計民生之狀況,其出發之點在經濟學而不在考古學,彰彰明甚……剖析條理,能勝前人,可謂精矣。余更有進者:歷史事業,必以考古爲先驅,而後有精確之史料以供科學家部勒輯爲完史,凡史學皆然,貨幣史猶甚,此事全在實證,無從懸揣……深望趙君於此學本末先後無所偏倚,精於考訂,密於部勒,初稿未慊,一再删改,終身從事,蔚爲此學鉅子,中外學者皆將受其賜,豈特區區私幸已哉。(《朱希祖文稿》第七册,鳳凰出版社,2010年4月,45頁)

10月9日,赴天津搜購史籍。10月12日,回北京。(《年譜》)

10月19、20日,聞張元濟被綁票,連書兩信探問。

張樹年《張元濟年譜》(商務印書館,1991年,294頁):

10月17日,晚一夥持械綁匪闖入寓舍,先生被劫而去。

10月18日,於盜窟,綁匪先索價三十萬,後減至十萬,指商務印書館爲先生一人私産,並稱去歲嫁女奩資值三十萬,云云。先生"相與大笑,令派人復查"。

10月20日,綁匪又來言"實出誤會,惟事已如此,總望酌量補助"。同日,朱希祖致函先生,慰問先生遭劫。

10月23日,以一萬元了結,自盜窟歸寓。

編者按:據張元濟《談綁票有感》,這些綁匪其實都是在上海失業的人。他們告訴張元濟,做這些事情見不得人,回到家裏爹娘妻兒面前都不敢直説,只説是在外面做做小生意。其中有一個據説是在商店裏當夥計,失業好幾年才入夥。張元濟問,做這些没本錢買賣大概總可以發財。他們説,哪有這樣的好事,入了夥每個月得些薪俸,勉强够吃,入夥的人多,運氣好的每年不過輪着兩三次,每次也不過一兩百塊錢。張元濟勸他們趕緊罷手改行,免受危險。其中一人對張元濟説,我是無望了,從小討飯,一無所能,只好做一天算一天了。(據《張元濟年譜》,商務印書館,1991年,295頁)

張元濟1927年10月26日致先生:

小兒染患腸炎,病勢頗劇,入居醫院,日日須往料理,無暇握管。迨小兒稍有轉機而弟又被綁票,縶居盜窟凡六晝夜,幸得生還。

張元濟1927年11月5日致先生:

前月廿六日肅復寸函,越三日後得同月十九日、二十日並封手書。猥以弟偶遭强暴,殷殷垂問,感荷無似。以先寄一函,略述近狀,計當達覽,故未即復。弟在彼中僅及六日,飲食起居尚無大困。若輩初以商館爲弟一人私産,故所望甚奢,嗣經解釋,亦遂恍然,並屬詳細調查,越日復來,自認誤會,以是較易解決,所耗甚屬有限,然在弟則已負擔甚重矣。還家以後,賤體尚堪支持。家人雖受驚恐,亦各無恙,足紓綺廑。

關於藏書

本年,購入最有價值之書爲《山書》。

1927年12月30日致張元濟:

又購得《山書》十八卷,孫承澤撰,康熙鈔本,有朱彝尊印及秀水朱氏潛采堂印,且載於《潛采堂書目》。此書所記係明崇禎元年至十七年三月大事,乾隆時知不足齋鮑氏有一鈔本進呈四庫,《浙江採進書目》載之,後入《全毀書目》,故《四庫全書》不載此書,傳本恐甚少矣。

有關《八旗通志》事

該《八旗通志》三百四十二卷,三百餘本,嘉慶内府刻本,流傳甚少,而其官制、田賦、年志等極有史料價值。書賈索價銀六百元,先生無力購入,而有一德國人願出高價。先生不願見珍貴古籍落入外人之手,勸北京大學購入,但北大無錢;請張元濟購入,張亦不願;最後在先生鼓動下,由北京圖書館購入。

1927年3月8日致張元濟:

近日京中見一三百四十二卷本之《八旗通志》,訂成三百餘本,嘉慶内府刻本(聚珍本),此書流傳甚少,而官制、田賦、年志等極有用,書估索價銀六百元,未知尊處有其書否,北京大學擬購而無款,甚爲可惜。

張元濟1927年4月6日致先生:

《八旗通志》東方圖書館只有乾隆刊本,嘉慶續修向未收得。原擬購藏,惟默察滬地形勢,大禍在前,何必再取此罕見之書,來作覆巢之卵。雅意拳拳,徒呼負負而已。

1927年6月22日致張元濟:

前談嘉慶武英殿板《八旗通志》三百四十二卷,此書流傳甚少,已慫慂北京圖書館以鉅價購之矣,否則早爲德國人所得,亦云幸極。

本年論著

本年冬,借得徐氏所藏嘉靖己丑廖自顯所刻《意林語要》及萬曆戊子郭子章據《道藏》校刻本《意林》,以與聚珍本對校,作《校本意林跋》。又據舊鈔本《明季五藩實録》,以荆駝逸史本對校,作《校本明季五藩實録跋》。本年,刻意搜求南明史籍,所作題跋頗多,除上兩篇外,還有《蘄黄四十八砦紀事跋》、《守麇紀略跋》、《也是録跋》、《求野録跋》、《滇南外史跋》、《滇南外史再跋》、《天南紀事跋》。

本年著述除上述者外，尚有論文《漢三大樂歌聲調辨》(《清華學報》第4卷第2期)、《宋安州出土古器考》(《北京大學研究所國學門月刊》第1卷第6號)、《桑弘羊之經濟政策附年表》(《國立北京大學社會科學季刊》第4卷第1、2號)。

一九二八年(民國十七年戊辰)　先生五十歲

(本年資料，如無特别説明，均來自先生次女朱倓1928年日記，該日記未刊，現藏北京大學。朱倓日記中有些機構名稱或人名可能不够準確。)

1月10日，至清華學校監考近世史。時清華正鬧“易長”風波。

朱倓1月10日日記：

清華學校掀起極大風潮，因校長曹芸祥爲外交部所不滿，故不得已辭職，而學校方面有反曹派及擁曹派，反曹派爲研究生，因梁啟超爲院長關係，故與曹不洽，又加之曹在暑假時有提議舊制生提前出洋，且預算經費超過額外七十余萬，於是研究生、大學部生群起反對，幾釀成大風潮。幸外部王蔭泰派人來查，事乃息，至今對曹不滿，有促其辭職之意。於是曹乃不得不辭。臨行時又提及舊制生提前出洋問題，故舊制生極歡迎曹，欲留其長校，而研究生則大起反對，兩方□□發表宣言互相攻擊云。

1月11日，至清華學校監考歷史研究法。清華“易長”風波稍平息。

朱倓1月11日日記：

今日《英文導報》載清華舊校長曹芸祥辭職，新任命之校長爲閻鶴齡，聞父言閻爲外交派人物，爲人頗公平，想學校方面必不加以反對也。

1月13日，至清華學校監考中國文學史。

1月14日，上午至師範大學監考文學史，午赴沈尹默家二女兒喜筵。

1月16日，葬長女倩、三女僖於北京西郊西直門外八里莊東之金王墳。

1月31日，至平民大學講演，題爲《兩漢文藝概論》，聽者百餘人。

朱倓1月31日日記：

下午父親至平民大學講演，題爲《兩漢文藝概論》，共講兩鐘頭。聞聽講演者有百餘人之多。

2月2日，五十壽辰，在家置筵席四桌。

2月5日，張元濟將其所作宋、齊、陳、魏四部史書的跋文寄傅增湘轉先生，請先生一閱。

張元濟 1928 年 2 月 5 日致先生：

近日校閱宋、齊、梁、魏四書，撰有後跋，寄由傅沅翁處轉呈，敬祈賜教。其中以《南齊》爲最佳，餘三種均有明補，而《陳書》較多。都下時有秘笈，兄如見有宋刻殘本以無明補者，甚盼見示，即一二卷亦可貴，當設法通假也。十七年二月五日。

張元濟 1928 年 2 月 15 日致傅增湘：

承假《南齊書》，去臘校讀一過，撰有後跋，謹呈閲。又校閲《魏書》、《宋書》、《陳書》，均已竣事，亦各撰有後跋。各書均另有校勘記，多者至千數百條，並呈上，統祈教正。閲過後請就近飭送朱君（逖先，住德勝門內草廠大坑二十一號）爲荷。

張元濟 1928 年 3 月 3 日致先生：

宋、齊、梁、魏書四跋，沅叔如未送到，望索取。

張元濟 1928 年 3 月 6 日致傅增湘：

寄呈南北四史校語知已遞到，務祈削正。閲畢即乞轉送敝同鄉朱君逖先，昨有信來追問也。

編者按：張元濟"南北四史"跋語，傅增湘直到 3 月 9 日才轉給先生。朱偰 1928 年 3 月 9 日日記："今日商務印書局總經理張菊生先生以其所撰齊魏書等三篇跋文與家君，請爲校正者。"跋文實爲四篇，但不是張元濟信中所謂"宋、齊、梁、魏"四書的跋文，而是"宋、齊、陳、魏"四書的跋文。

先生 1928 年 4 月 14 日致張元濟：

大著宋、齊、陳、魏各書跋業已拜讀，專言校事，精密審慎，無贅語盈辭，不勝佩服。《齊書》跋尤覺生動而多精采，玆特繳還。《梁書》跋如已成，更祈賜讀，因此書曾經涉略，稍有心得也。

2 月 15 日，京師大學女子第一部國文系主任黎錦熙來函，聘先生擔任該校文學史課務。

朱偰 2 月 15 日日記：

京師大學女子第一部國文系主任黎錦熙來函，請家君擔任該校之文學史,惟家君課任太忙,去就尚未決定。

2月16日,寫長信致北京圖書館袁同禮,談辦圖書館之方法與購書之術。

2月20日,在清華學校史學會演講《中國鐵器時代之考證》。同日,袁同禮復函,並贈《圖書季刊》一册。是日,從清華學校陳寅恪處借得元代和林地圖。

朱倓2月20日日記:

偉弟與家君畫元時和林地圖,此圖樣本係由清華研究院教授陳應曲先生處借來,圖之字以俄文標注,唯説明用德文,故偉弟能也。

編者按:"偉弟"即先生長子朱偰。"陳應曲"即陳寅恪,先生家人在家均説浙江海鹽話,故朱倓誤將陳寅恪誤書爲"陳應曲"。

2月24日,開始至京師大學女子第一部授課,約定每星期五上午八時至九時五十分授課。

3月5日,輔仁大學印行先生自編講義《史學概論》。傍晚,錢玄同長子秉雄來辭行,其即將赴日留學。

朱倓3月6日日記:

昨日傍晚錢玄同先生之大公子來舍辭行,因於三月七日晨將至日本國留學也。

3月13日,張元濟寄來其師查蓋卿先生《寄廡樓詩稿》十部。

朱倓3月13日日記:

張菊生先生刻送《寄廡樓詩》十部十册與家君,此詩文爲海鹽查濟忠蓋卿氏所撰。查氏張先生之師,今已物故,其子肯堂爲之鈔録爲稿,每不知作於何時,先後不免淩邋,適家君得蓋卿先生《寄廡樓遺稿》,送之於張先生請印行。凡古今體一百十七首,詩餘二首。其爲詩,豪氣奔放,殊有濯足萬里振衣千仞之概,惜其懷才不遇,侘傺悲夫。

3月24日,致函錢玄同,述南明永曆帝之謚號"昭宗匡皇帝"之由來。3月28日,再致函錢玄同,談永曆帝之謚號"昭宗匡皇帝"之由來。

3月24日致錢玄同信:

玄同兄:

承詢明永曆帝謚號曰"昭宗匡皇帝"見《越縵堂筆記》,不知李氏何所據。弟近涉略南明史籍,亦未見有此記載。兄謂此謚殆爲鄭成功所上,甚是。李氏跋王夫之《永曆實録》云:“紀一卷題曰‘大行皇帝’。注云‘鄭成功在臺灣上謚號曰昭宗匡皇帝,王氏遠隔楚南,故未知也’。”則李氏亦明言爲鄭氏所上矣。李氏曾得《野史無文》一書,自題“淝水奈村農夫輯”,存十三卷至十六卷,第十三卷爲鄭成功、鄭經、鄭墺、鄭鴻逵傳,所載鄭氏事多有他書所不詳者云云,亦見於《越縵堂筆記》。所上之謚,或出於此書乎?惜不能得其原書而一證之也。

前在日本時,有人贈太炎先生《南明書》一部,爲朝鮮人撰,兄處有其書否?其他關於南明史書有希見者願乞示知。治南明史如楊鳳苞、張鑑及李氏皆有題跋,戴望亦常從事於斯,有記述否?

弟希祖

編者按:該信原件藏北京魯迅博物館。原件無日期。但南京圖書館藏有此信抄件一份,抄件上没有擡頭和落款,且只録至“惜不能得其原書而一證之也”,但寫明此信寫於民國十七年三月二十四日。

3月28日致錢玄同信:

玄同兄:

前承問鄭成功謚永曆帝之事李慈銘根據何書而跋《永曆實録》。曾有函奉復,疑出於《野史無文》。兹閱李氏《孟學齋日記·乙集下》,言吴江戴笠字笠耔著《行在春秋》,傅節子嘗見戴書鈔本有一條云:緬甸之報至,延平王鄭成功率諸遺臣上謚號曰昭宗匡皇帝。此他書所未載者也。此條簽注於劉湘客《行在陽秋》上,兄可一翻閲。

弟朱希祖敬白　　十七年三月廿八日

4月7日,清華學校國文系主任吴公之及汪某、趙萬里來訪,觀字畫並便飯。

4月14日,爲長子朱偰《日本侵略滿蒙之研究》一書,致信張元濟,請張元濟介紹於商務印書館出版。同時寄給張元濟的還有自著《讀書題識》。

1928年4月14日致張元濟:

小兒偰,字伯商,曾作文數篇,承介紹於《東方雜誌》社,已登載四五篇,不勝感謝。近又撰《日本侵略滿蒙之研究》一書,又名《滿蒙問題》,約六七萬字,有圖有表,搜集東西文材料頗豐富,於日本侵略滿蒙之歷史及現狀,以及將來之趨勢頗明瞭。滿蒙問題,固爲日本生死存亡之問題,亦爲中國生死存亡之問題,日本得滿蒙,可以扼中國之吭。日本人嘗言東三省之富源可以等於美國,以日本之强而又得如美國之富,吾國之不爲所吞併幾希矣。吾國人之計及此者尚寡,計及此而規劃以抵制之更寡。此書揭日本人之野心,警賣國者之迷夢,將來或有影響於國内,敢祈介紹於商務印書館出版。最好售去版權,稍得善價,今秋小兒擬赴德國留學,聊補資斧。伏祈鼎力吹噓,至以爲感。又附上拙著《讀書題識》第一卷,務祈指正,閱後便祈寄還爲盼。

4月22日,率家人游萬牲園。

朱倓4月22日日記:

八時起床,隨家嚴及弟等往萬牲園(今日農事試驗場)游焉。今日晨時天氣清和,又值假日,故游人特多。余等初入門游動物園,見園中動物較往年缺少,蓋隨時物化也。如虎、獅、豹等獸中之大者,今俱不備焉。甚爲可惜……次游植物園,道旁丁香盛開,清香四溢,其餘花卉俱已在落,正待結實,故無甚美觀。余等至豳風堂西頭茶場啜茗,並將自攜來之餅肉啖飽。又西行,見紅花繚繞於一樹,其名爲何不得而知,真有萬紫千紅之概,聞父言爲紫薇花也。折往西北至挹翠亭,爲余最所喜者。亭基甚高,登之遠望,阡陌縱横,碧柔可愛,側臨暢觀樓,緑柳依依,扶棟拂簷,實足觀也。又西海棠花木亦正盛開,紅緑相間,實美景也。

5月1日,率次女朱倓至中央公園觀牡丹花。

朱倓5月1日日記:

上午隨家君至中央公園觀牡丹花。牡丹爲群花之王,實不虚傳。尤以姚黄、秦紅、芝紅、白玉、粉紅諸種爲最豔麗,紫紅、二喬等種次之,最稀有者爲緑牡丹也。此園中之緑牡丹名爲豆緑,緑牡丹物雖貴,然不甚美麗,蓋花色與葉色同、不顯然也。京師中最有名之蒔牡丹者厥維崇耀寺,有數百餘年之牡丹花,種類甚多。緑牡丹亦有數株,亭亭玉立,實希世之寶也。余於民國十一年春同附中同學曾往觀焉,見其花枝招展,大有媚人之態,令人流連不想去。

5月3日,日本製造濟南事變,阻止北伐軍北上。

5月20日,清華學校研究院研究生謝國楨來寓閲南明史籍。

朱倓5月20日日記:

清華學校研究生謝剛主來宅,閲家君之明季書籍並抄録序跋,蓋彼欲爲明季書籍目録也。自上午直至下午五時許始告歸。

編者按：謝國楨自是之後，常至先生寓所閲先生所藏之明季史籍，後成《晚明史籍考》一書，先生爲之作序。

5月25日，二子偘自天津歸，因所讀中日學校大肆宣揚日本軍國主義思想，決定不再在該校就讀。(《年譜》)

6月4日，張作霖被炸死於皇姑屯。

6月5日，長子朱偰參與領導北京大學復校運動。

6月6日，北京大學復校。

朱偰6月6日日記：

北京大學學生今日舉行恢復校名運動，將校名之扁額已恢復並同時懸青天白日旗。

6月7日，南京政府派沈尹默、黎世蘅、張定璜、張璧蕭等六人組成順直特委會，在北京未成立政治分會之前，該特委會維持北京政治及文化一切事宜。同日，北京大學召開全體學生大會，組織恢復學校運動。

朱偰6月7日日記：

北京各城門俱關閉，閻兵在城上駐紮，未入城，因閻、馮之間有共入城之想，但閻爲寧府所命令，使之入北京主持一切，而馮則不滿意，故閻不得入而静待解決也。南京政府又派沈尹默、黎世蘅、張定璜、張璧蕭等六人組織順直特委員會，在北京未組織政治分會以前使之維治北京政治及文化一切事務，此會在去年已暗中進行，今奉軍一去乃公然發表云。對於北京文化文物果有保護之功。

北大學生開全體大會組織恢復學校運動，余弟伯商爲主席，討論肅清學校之雜亂份子及保持學校圖書儀器等事項。

6月8日，國民革命軍進入北京，同日，與北大舊教員共同商議北大恢復問題。

朱偰6月8日日記：

家君與北大舊教員共同討論北大之恢復問題，而順直特委擬接收北大，而北大學生因順直會並未接到南京政府之正式命令接收北大，因而拒絶，一方面發電至南京令派人正式接收並恢復北大云云。

6月9日，與長子偰至北大開會。同日，南京國民政府發佈命令，北京大學改名爲“中華大學”,蔡元培爲校長,蔡元培未到任之前由李煜瀛代理校長。

《中華民國國民政府令》(王學珍、郭建榮《北京大學史料》第二卷上册,20頁):

北京大學改名爲國立中華大學。此令。

任命蔡元培爲國立中華大學校長。此令。

國立中華大學校長蔡元培未到任時以李煜瀛署理。此令。

任命李煜瀛署理國立中華大學校長。此令。

中華民國國民政府印

中華民國十七年六月九日

6月10日,出席北京大學教務長陳百年召集的原北京大學評議會評議員及各學系、科、部、研究所主任會議,大會決定11日上午會同學生代表接收北京大學全部機構,先生與馬裕藻、楊震文、陳百年四人負責接收北大一院。

《致評議員公函》(王學珍、郭建榮《北京大學史料》第二卷上册,19—20頁):

民國十七年六月十日,教務長陳大齊教授召集評議員及各學系、科、部、研究所主任、主席開會,討論接收北大事宜。原函列後:

敬啟者,北大學生復校運動會要求北大同人接收學校,亟待開會籌商,兹定於六月十日(星期日)上午九時,邀請評議員及各學系、科、部、研究所主任、主席在二院大學會議室開會,討論一切,務請撥冗早臨。此上

先生

陳大齊謹啟　六月九日

到會者:白雄遠　胡壯猷　朱錫齡　沈兼士　朱希祖　王紹瀛　馬裕藻
陳大齊　楊震文　袁同禮　劉　復

敬啟者,本校同人應本校學生復校運動會之請求,爰於本月十日召集各學系、科、部、研究所主任會議,議決暫行完全恢復原狀,維持至中央政府有明令發表正式辦法時爲止。兹定於明日上午九時,會同學生代表接收一、二、三院各機關所有〇〇〇部、〇〇〇課事宜,請
先生會同接收,届時即乞
惠臨本校第二院接洽一切爲荷。此致

先生

北京大學啟　六月十日

圖書部　袁同禮先生

儀器部　李麟玉先生　唐景和先生

註册部　梁展章先生
庶務部　盛　鐸先生
出版部　講義科　程緒頤先生
會計課　包尹輔先生
文牘課　羅　文先生
齋務課　常福存先生
研究所　沈兼士先生
一院　朱希祖　馬裕藻　楊震文　陳大齊先生
二院　王仁輔　王紹瀛　胡壯猷　李書華先生
三院　朱錫齡先生
體育部　白雄遠先生

6月11日,上午,參與接收北大事宜。下午,校勘和林金石文字。

朱偰6月11日日記:

下午與父校和林金石文字,有一大册碑文及地圖,爲清華教員陳寅恪先生所有。中專載和林之古蹟及碑貼,故父借之,與已印出之和林金石相較。但碑文模糊不清,不易看出。燈下仍校和林金石。

今日上午九時許,北大舊代理校長陳大齊及各系主任、評議員等集合,與學生共同至北大一、二、三院接收。北大開設以來將卅年矣,忽去年至今上半年中斷,改名爲京大,實爲可歎。今已恢復舊名,甚爲榮幸,可爲北大賀。

6月15日,與子女講中俄外交關係始末。

朱偰6月15日日記:

燈下家君與吾輩講中國俄國外交關係之過去與現在。以俄國與中國所訂之條約綜而觀之,都是與中國無利有害,當全部推翻另改。今先講中國與俄國所諦條約之回顧,先述滿州中國與俄國所訂之條約,第一、尼布楚條約(一六九八年康熙二十八年);第二、瑷琿條約(一八五八年咸豐八年);第三、北京條約(一八六〇年);第四、(一八九六年)露支秘密同盟條約;第五、(一八九八年)旅大租借條約;第六、(一九九〇年)俄滿州三期撤兵條約;第七、(一九一五年,民四年)呼倫貝爾條約。

6月18日,妹丈陶翰卿先生逝世,襄理喪事。

6月20日,中央政治會議決定北京更名爲北平。

6月24日,送陶翰卿先生之殯。

6月27日,與陳百年在北海公園公請羅家倫,羅家倫爲先生舊日北大弟子,時爲北伐軍總司令部政務委員會教育處處長。

朱倓6月27日日記:

傍晚家君赴陳百年先生約,至北海公園,公請戰地委員教育系主任羅家倫君,羅昔爲北京大學國文系畢業生,又至英國留學,故家君曾授業之,爲得意之門生也。

編者按:羅家倫1920年北京大學畢業後,先赴美國普林斯頓大學、哥倫比亞大學留學,後又至英國倫敦大學、德國柏林大學、法國巴黎大學學習。1926年歸國後參加北伐,任國民革命軍總司令部參議、編輯委員會委員長等職。1928年,任北伐軍總司令部政務委員會教育處處長。

6月28日,新結識之藏書家光熙逝世,作輓聯"萬卷藏書,結契披閲希見本。一行爲吏,匡時未展不羈才"以弔之。

朱倓6月28日日記:

家君新識之藏書家光熙字裕如忽去世,今日來訃聞,閲之僅五十九歲,滿州人,前清時作太原、永年等縣知縣,稍有儲蓄,藏善本書籍甚多。家君曾造其宅觀焉。今忽聞故世,因作輓聯弔之。

7月3日,蔣介石、李宗仁、吴稚暉、戴季陶等到達北平。

7月7日,至天安門參加北京市民慶祝北伐勝利大會,晚至中山公園觀提燈會。

朱倓7月7日日記:

上午隨家君及弟等至天安門參加市民慶祝北伐勝利大會。有各學校團體、工商團體,手持青天白日旗及滿地紅青天白日旗、革命標語旗等,約有與會者數萬人。會場中設立一高臺及三小臺。革命党同志有在臺上演説。吴稚暉亦被市民之歡迎在臺上演説。惟余等相隔太遠不易聽清。當時並發散革命傳單,措辭有鼓勵民衆努力革命者,有歡迎蔣介石、馮玉祥、李宗仁者,有慶祝革命已成功者,有述先總理事略者。五光十色,般般皆全。下午閲《民族主義》。晚與家人至中山公園觀提燈會、放花、演戲等游戲,民衆之多,不可勝計,約有數萬聚集園内,同時北海公園亦如此。至十一時即歸。

7月8日,羅家倫來訪,談至夜十二時始歸。

朱倓7月8日日記：

傍晚羅家倫先生至舍談天……與父講論國事至晚十二時始歸。

7月10日，參加北京大學北伐勝利慶祝大會，並代表北大教職員致慶祝辭，該慶祝辭爲先生本月初所撰。赴會者有吴稚暉、李宗仁、羅家倫、蔣作賓、白崇禧等。

所致慶祝辭全文如下（《世界日報》1928年7月11日第6版）：

溯自民國十五年七月九日，蔣中正先生就革命軍總司令職，誓師北伐，越二年而克抵北平，覆遼金元明清五朝以及民國十七年來軍閥盤踞之京師，摧陷而廓清之，奠都金陵，政權統一。自古以來，南軍北伐之成功，未有如是之迅速者也。昔明太祖以元至正十五年，帶領郭子興之衆，取金陵爲都，越十二年乃克大都（即今北平），逐元順帝於北方，竟其北伐之功。以彼例此，蓋革命破壞之工，人民蕩析之苦，更減少十年矣。我北京大學，自民國十六年秋，爲軍閥張作霖所夷滅者十越月，蓋至是而亦告恢復，此皆出於北伐勝利之賜也。

今日國民革命軍口號，對内最重要者曰打倒軍閥，對外最重要者曰廢除不平等條約。我北京大學於革命軍未到之先，在軍閥之下，在帝國主義者爲鞏固不平等條約而保護之軍閥之下，已爲種種奮鬥。先爲文學革命、思想革命，以唤醒全國民衆，例如《新青年》、《新潮》以及其他種種出版物不勝枚舉。此種文化運動，其精神頗能震盪全國，全國學子皆思革除一切舊俗，躍躍欲試，由思想而見諸實行，於是乎有民國八年（五四運動）之役。其年五月四日北京學生團三千餘人爲外交示威運動，焚賣國賊曹汝霖宅，痛毆章宗祥。六月三日北京學生演講團千餘人，被彼警隊拘於北京大學，至七日始出。自是以後，北大及各京校教員、學生，無年不與帝國主義者保護之軍閥政府相搏，大者流血，小者被毆，不可勝記，而群衆運動遂蔓延乎全國。民國十四年，上海學生有"五卅"運動之役，全國奮起，北京學生三萬人罷課游行。至再至三，以廢除不平等條約爲口號，屢受政府催折，與員警衝突，教員、學生被毆、被捕者，實繁有徒。最後，有"三·一八"運動之役，民國十五年三月十八日，北平教員、學生及各團體赴國務院請願，拒絶八國干涉内戰之最後通牒，段祺瑞等以預定計劃，將請願團二千餘人包圍屠殺，當場死亡者四十餘人，負傷者二百餘人，死傷者男女學生爲最多。凡此種種運動，大都以北大爲首倡，爲指揮，且北大自校長以及教職員、學生，其言論舉動，大半與南方革命精神相默契，相暗合，其投身革命事業者亦夥，尤觸軍閥之忌，所以，張作霖專政，首先解散北京大學。此則北京大學之俾助革命而遭夷滅之歷史也。由此觀之，文化武功，相爲互助，北京大學雖受摧殘於一隅，而北京大學革命之文化，反偕革命之武功而擴張於全國。試觀北京大學校長蔡孑民先生及教職員、學生，咸綰全國教育之樞，或爲各省大學之校長、教員，皆奮其熱忱，繼續努力。今者，北伐勝利，北京大學大本營又見恢復，而新任校長李石曾先生，嘗奔走革命，卓有勳業，且亦爲北京大學之教授，是則北京大學固有之精神，此後必更發揚光大，以洋溢乎中國，此則吾儕所慶幸不置者也。尤有進者。今日革命軍人，自國民革命軍總司令以及各集團總司令、總指揮，皆卓識革命文化，不徒專恃革命武功以自足者，而革命諸領袖，懷抱弘富，精神卓犖，左提右挈，尤能盡其調劑之力，當兹慶祝北伐勝利大會，皆惠然親臨北京大學，以慮其建設之弘謨，此尤吾儕慶幸不置者。

今後吾儕所希望者，國内軍政時期，漸將告終，當循《建國大綱》之次序，以實現三民主義、五權憲法。其民生之衣食住行四大需要，務必使之欲足樂利。民權之選舉、罷免、創制、復決四大權，務必使之實際行使。民族中之弱小民族，務必扶植之使能自決自治；對於國外之侵略强權足以妨礙我民族發展者，務必能抵禦之；對於一切不平等條約足以妨礙我民族生存者，務必能修改之，使國際平等，國家獨立。凡此鉅大規劃而欲使之實現，其積極方面在培養人才。我北京大學，本以弘造人才自負，惟因前在軍閥政府之下，學校經費往往移爲戰爭之用，不特設備不完善，不能發展，且使朝不保夕，不能維持，故造就之質量皆屬有限。今後革命政府必一反軍閥之所爲，當以造就人才建設國事爲第一要義，吾人亦當秉此要義，凡前此有志未逭者，今後皆得儘量發展，竭力擴張，且使全國大學同時造就建設之人才，創造偉大文化，使國家光榮，照耀於寰宇，永垂於天壤。其消極方面在消除内亂。吾中華民國産生十七年，軍閥爭權奪利，日事私鬥，以致民生憔悴，民權消滅，民族分裂，外患乘之，國幾不國。今則國民革命軍北伐勝利，軍閥斂蹟，建國弘謨，千端萬緒，始克循序從事。苟有步軍閥之後塵，而逞其私欲，則一切建設之萌芽即立行摧滅。故吾儕希望實行裁逾量之兵，練精强之卒，以科學製軍械，使海陸空三界，有不可淩犯之威；務使内戰永不再興，外侮永不再見，功勳銘於金石，令名昭於史册，與中華民國永垂萬世。此則吾儕及其誠懇祝禱者也。

7月11日，率全家至北大參加慶祝北伐勝利游藝會。

7月13日至16日，爲子女講解“三民主義”。

7月15日，吴稚暉在《大公報》、《世界日報》發表《也關於北京大學》。

7月16日，作《讀吴稚暉先生的〈也關於北京大學〉》，與吴稚暉辯論教育上之“分治合作”法，擬登於《世界日報》。

7 月 17 日，晚，率家人至中山公園參加軍民聯歡大會。是日，蔣介石至北京大學講演。

7 月 22 日，又作《我也來談談北京大學》，擬登於《世界日報》。

朱倓 7 月 22 日日記：

> 與父鈔寫《我也來談談北京大學》一文，此文父擬於《世界日報》上發表。此中言論頗關於北平學校前途不小，痛斥各大學之弊病及今後各大學校長、教授、學生三方面之責任。

7 月 24 日，至馬裕藻家，與其商討設法營救北大學生劉苗芬，劉苗芬於張作霖統治時期被指爲共産黨而被關押，至此未釋，劉從獄中託人捎話與先生，請其設法營救。

朱倓 7 月 24 日日記：

> 下午家君至馬幼漁先生家，與其設法擬救出北大女旁聽生某，因彼在監獄内至今。與父云，彼在張作霖時代指爲共産黨而捉去，至今未釋。請父與其設法云云。

7 月 25 日，北大學生會幹事趙子懋來訪，請教北大以後如何杜絶校長任用私人。

朱倓 7 月 25 日日記：

> 下午北大學生會幹事趙子懋君來訪父，問及北大今後之情形及學生會對付以後李石曾之私人謀位。父告其向來北大教授治校之法最好，可杜絶校長任用私人之法。因今李石曾派李書華擬求中華大學校長之席，並擬拉攏北方人治校，擯斥南方人，故學生會有謀杜絶之法也。

7 月 26 日，訪李書華，請其審查劉苗芬案，並設法營救。

朱倓 7 月 26 日日記：

> 家君至復示德學校訪李書華先生，請其審查第一監獄之女生劉苗芬案情，並設法營救也。

7 月 27 日，陳百年爲劉苗芬案來訪。

朱倓 7 月 27 日日記：

> 晚陳百年先生爲被拘禁之劉苗芬女生來訪父，言仍未查明此案情。

同日，羅家倫來辭行，赴南京中央黨務學校任職。

朱倓7月27日日記：

羅家倫先生亦來訪父，因明日將南歸也。此時之戰務委員會已告結束，羅君將南下就中央黨務學校秘書長職也。

編者按：中央黨務學校即政治大學的前身，1927年籌設於南京，時蔣介石親任校長，羅家倫受聘爲教務主任、代教育長，學校的實際事務多由他處理。

8月3日，爲清華學校學生羅香林所搜集的廣東客家歌謡集《粤東之風》作序。

先生《〈粤東之風〉序》(《清華週刊》第30卷第1期，1929年。以下引文爲節録)：

我以爲十五國風中的《鄭》、《衛》，大都是情歌，姑且不説；就是《周南》、《召南》裏面的情歌，卻也不少。客家是汝南的遺民，就是周南的嫡裔。周南的詩，共有十一篇……十一篇倒有十篇多是這種事情；尤其是"遵彼汝墳"這一章詩，所謂"未見君子，惄如調饑；既見君子，不我遐棄"，這種熱烈的感情和客家情歌中《見心肝》等篇，不相上下，多是赤裸裸的直喊出來！因爲戀愛後不能結婚，或結婚後無可戀愛，都是人生最不幸的事！我們中國講禮教的人，不許戀愛，只許結婚，結果戀愛這件事，無論在結婚前結婚後，只在暗地裏進行，大都不得遂他們的願望，坑殺了世間不知多少男女。唉！你道可憐不可憐呢？《周南》這幾篇情歌，産生在禮教興起以前，現在已被人講得來着了禮教的衣服，不是赤裸裸的了；他們嫡裔客家的情歌，也只能在山椒海澨的地方，讓那些樵女耕夫們高聲直唱；一進了城市，遇着被禮教麻醉的人們，就假撇清説道："這是下流的東西唱的！"其實他們自己往往有了這種苦趣，没有地方哭訴！這真是社會上一個很大的問題！羅君把客家的情歌搜集起來，發揮戀愛的必要，固是一件急要的成事；可惜客家以外，在廣東其他各族，不是從中原禮教之鄉去的，我想他們的戀愛，更能自由發揮；他們的情歌，必更新鮮好聽，將來還勸羅君趕快的搜集，完成這件大事。其他如生活歌、兒歌等等，可以發見很大問題的，一定不少，也須從速完成工作。

8月4日，致信徐景賢(字盧伽)，爲天津《益世報》文學副刊、史學副刊事。

朱倓8月4日日記：

父致書與師大學生徐盧伽君，爲天津《益世報》文學副刊及史學副刊編輯事。徐君擬請父爲該二報之主筆,故父允許之,作書切商也。

編者按:徐景賢時爲清華研究院學生。

8月,羅家倫被任命爲清華學校校長。
9月9日,馬裕藻來訪。
朱倓9月9日日記:

十時許馬幼漁先生來訪父,託羅家倫長清華學校後爲其謀一事。

9月18日,羅家倫到任。
朱倓9月19日日記:

清華學校昨日羅家倫就校長職,開會議定於本月二十九、三十兩日再招考新生,男女兼收。下月一日補考上學期之未考功課,擬定於十月十一日開課,此後財政並擬公開辦法云。

9月26日,北京大學復校運動委員會請先生作學術講演,題爲《中國法家之歷史觀念》。
9月27日,與沈兼士、馬衡、陳垣等討論東方考古學協會之日本人採掘大連牧羊城古物問題,先生反對日人挖掘,先生時爲東方考古學協會委員。
朱倓9月27日日記:

下午父至舊研究所處與沈兼士、馬叔平、陳援庵諸先生討論中日古物研究會(按:應爲東方考古學協會)之日人採掘大連之古物問題,父主張反對日人挖掘,因美國人欲至蒙古採掘,中國方面不應,則日人擬至大連亦當不應。東方考古協會居然不反對而反派人去助掘。古物保留中國猶可説,古物如前旅順之篦子窩掘採悉被日人取去,故父提議取消此協定,但沈等不允。

編者按:1927年4、5月間中日雙方共同以東方考古學協會的名義進行旅順篦子窩考古發掘,中方參與篦子窩發掘的有陳垣、羅庸、董光忠、馬衡,但所得古物均由日人運至日本,而發表之考古報告也只署"東亞考古學會",而"東亞考古學會"僅爲"東方考古學協會"的日方分支機構。此舉引起先生極大不滿,故有此舉。大連牧羊城考古發掘,於1928年10月進行,中方派莊尚嚴參加。

9月28日,訪羅家倫。
朱倓9月28日日記:

父至清華學校訪羅家倫先生,羅今爲該校校長,辦事十分認真。將清華之腐化教員辭换十餘人,不講情面,亦不任用私人。父與其談論,知國文系方面辭退三人,朱二阿哥亦在被裁之列。另聘請錢玄同、劉叔雅、單不庵、俞平伯諸先生。蓋此數人者,皆稍有名望也。父被任爲歷史系主任,後經父推辭請其自擔任之,羅已首允。歷史系方面辭退陸懋德一人。

9月,二子侃考入輔仁大學。

9月,因實行大學區制,北平國立九所高校合併爲北平大學,此舉受到北京大學師生一致反對。北平大學校長爲李石曾,然李遲遲不到任,學校也一時無法開學,甚至招生都無法進行。秋季開學後,先生仍任清華學校史學教授,並受陳垣之聘爲輔仁大學教授。

10月2日,致函東方考古學協會主席,反對日本人至大連牧羊城採掘古物。

朱倓10月2日日記:

父致書於東方考古協會主席,反對日本人至大連掘採古物。因父親亦爲考古協會一委員。而去年日人至滿洲篦子窩開掘時,協會並不開會討論,僅他們私人討論允許,而不通知全委員。此種事與國家文化最有關係。而少數人居然答應,此豈非與賣國有異乎?父恐招各界批評,故先提議反對或解散。若他們不應,則父擬自動退出會外,發表宣言。蓋父名雖委員,凡百事俱不通知,而異日挨駡則有份,故毅然爲難也。

10月3日,陳百年來訪,商量召集教員先行上課之事。

朱倓10月3日日記:

下午陳百年先生來訪父,爲商量北大復校運動委員會擬請陳先生召集舊教員先行上課。因北平大學之校長仍無相當之辦法,開學仍無期望,於是九校學生共同請舊教員先行開課,維持學生功課云。聞農、工、醫三校已決定先上課云。

10月11日,爲日本人至大連牧羊城採掘古物事,致函東方考古學協會,提議取消此會。

10月18日,徐景賢來訪,請先生任天津《益世報·學術週刊》主編。

朱倓10月18日日記:

今日下午天津《益世報》學術部主任徐景賢君來訪父,言《益世報》學術週刊請父爲總編輯。每月此報刊酬費洋一百五十元整,從下星期一起出版。故父作《宋史藝文志探源》一文,及陳百年先生之《歸納之玄學》,伯商弟《介紹康藏近時之情形》一文及本刊之條例共同寄去付刊云。

10 月 19 日,草《日本發掘我國牧羊城古物應當干涉》一文。同日,爲陳百年餞行,時陳百年將赴南京考試院任秘書長。

朱倓 10 月 19 日日記:

父在東興樓晚餐,此席係請陳百年先生吃餞行酒,因陳擬在下星期一乘火車赴南京,考試院中有事請其擔任云。考試院院長戴季陶與朱家驊認識,而朱家驊又與陳先生爲友,故打電報而邀請焉。

10 月 20 日,作《日本文化之侵略及質北京大學考古學會》,時北大考古學會不贊成先生提出的取消中日考古學會的建議。

10 月 22 日,中央研究院歷史語言研究所正式成立。蔡元培聘先生爲該所特約研究員,並擬聘爲中央研究院歷史博物館籌備處主任。

傅斯年 1928 年 5 月 5 日致蔡元培、楊杏佛(歐陽哲生主編《傅斯年全集》第七卷,湖南教育出版社,2002 年,60 頁):

孑民、杏佛兩先生道席:

……

二、因此係中央研究院之一部,自當收羅此兩學科之學者,使國内學者在此範圍内無有遺漏,亦無濫舉,不能以我等之接觸與情好爲斷。兹擬聘研究員名單如下:

蔡先生(孑民先生必加入以隆重此機關,並請無論如何必爲此研究所之所長)、胡適、陳垣、陳寅恪、趙元任、俞大維(大維所讀近代外交史料及太平天國之外人記載,并世無雙)、劉復、馬衡、林語堂、朱希祖、容庚、許地山、李宗侗、徐炳昶、李濟、袁復禮、羅家倫(斯年甚愿甚愿志希修近代史之計劃,有心成之)、馮友蘭、史國禄共十九人。

……

編者按:此信最後署名爲傅斯年、顧頡剛、楊振聲三人。

傅斯年 1928 年 8 月 18 日致楊杏佛(歐陽哲生主編《傅斯年全集》第七卷,湖南教育出版社,2002 年,67 頁):

杏佛吾兄:

……

一、中央研究院歷史博物館籌備處之組織,此事大致已就緒,下週内有一詳細公式之報告。月費五百中,以一百津貼朱用,他代史言所購書及編輯檔案等也。裘子元(名善元)如其原薪一百五十,用歷史語言研究所專任編輯之名義加入此會中。其餘二百五十,請他節至一百五十,月餘一百作添補之用。

歷史博物館董事會:傅斯年、陳寅恪、李濟(exofficio)、朱逷先(主任)、裘善元、董作賓、徐中舒。其中常務委員三人:朱(主任)、裘(管理)、傅(編輯)。

如兄以此辦法爲然,就即請發表。(請發表職務表)

……

傅斯年1928年8月29日致蔡元培、楊杏佛(歐陽哲生主編《傅斯年全集》第七卷,湖南教育出版社,2002年,68頁):

一、蔡先生(特約)
二、胡　適(特約)
三、陳　垣(特約)
四、陳寅恪(特約或改爲兼任)
五、趙元任(特約)
六、俞大維(特約)
七、劉　復(兼任)
八、林語堂(特約)
九、馬　衡(特約)
十、李　濟(特約)
十一、容　庚(特約)
十二、朱希祖(特約)
十三、沈兼士(特約)
十四、徐炳昶(特約)
十五、袁復禮(特約)
十六、羅家倫(特約)
十七、顧頡剛(專任,但中山大學職務未解時不支薪)
十八、楊振聲(特約)
十九、傅斯年(專任)
二十、史國禄(兼任)
二十一、羅常培(特約)
二十二、丁　山(特約)
二十三、辛樹幟(特約)

以上專任者二人,兼任者一人,特約者二十人,未定者二人(大約係兼任)。

再沈兼士先生未經前籌備員會通過,今並聲明。

……

先生1929年1月8日日記:

本日接到《國立中央研究院組織法》一卷,去年中央研究院院長蔡孑民先生曾聘余爲該院歷史語言系特約研究員,故該院將新定組織法寄余。

11月7日,北平大學副校長李書華來訪,請先生對如何辦北平大學陳述意見。

11月10日,讀顧頡剛《古史辨》,對其推翻一切古史,牽强主觀之處多有非議。

朱倓11月10日日記:

父與弟閱顧頡剛之《古史辨》,此書辯古史之真僞都用主觀眼光,牽强的手段。説吾國最古歷史當以《詩經》爲根據,其他如《尚書》爲僞書。古之堯、舜、禹實没有此三人,都是後人假造。其所舉之理由無確實,都是主觀牽强附會,名爲古史辨,實愈辨愈使人糊塗,故父擬作文駁之,以使社會上一般人不被其蒙蔽也。

11月12日,作《畸形的史學》(《益世報·學術週刊》1928年11月19號):

史學的範圍極廣,有歷史本身的學問,有歷史輔助的學問。歷史輔助的學問,範圍最廣,差不多世界上一切的學科,都是歷史輔助的學問。從前清朝的史學家章學誠,在他作的《文史通義》裏邊,開宗明義第一句就説"六經皆史"。這句話實在有點錯誤,因爲章學誠混合歷史的輔助學問與歷史本身的學問,都稱爲史,史學的界限不清,所以有此錯誤。六經就是《易》、《詩》、《書》、《禮》、《樂》、《春秋》,假使我們把經部解散,那末《春秋》屬於史部,《禮》、《樂》也屬於史部,不過爲歷史的材料;《詩》、《書》彷佛是後來的詩文總集,屬於集部;《易》的性質,是屬於子部。照章學誠那樣講,那末後代的四部書籍,都可稱史,清朝的《四庫全書》就是一部最大的歷史了,所以這句話簡直不對!換句話講,"六經皆史料"、"四部皆史料",那還可以講得通,然而總不如分别歷史本身的學問和歷史的輔助學問最爲明顯。

歷史的輔助學問,範圍雖甚廣大,實際上與歷史最有密切關係的,也

不過幾種,現把它列在下面:

甲、歷史外部材料上關係的學科:

(一)人類學 (二)語言學 (三)歷史地理學 (四)年代學

(五)譜系學 (六)古文書學 (七)考古學 (八)統計學

乙、歷史内部組織上關係的學科:

(一)社會學 (二)宗教學 (三)政治學 (四)經濟學

(五)法律學 (六)文學 (七)哲學

以上十五種,均爲歷史最重要的輔助學科。無甲種學科,則歷史材料,無普遍及真確的價值;無乙種材料,則歷史組織,無棄取表現的能力,結果毫無發展的可能。

歷史本身的學問,不外乎方法和記述。

方法可分爲二步:(甲)史材之搜集和考訂。科學的歷史無種族、國家、宗教、學術的異同偏見,故搜集須普遍;既無黨同伐異的偏見,故考訂真僞,一如律師、審判官的公正忠實,絲毫没有一點兒私意和偏見方能真確,所以非應用上文甲種各學科不能達到這種目的。就是從前既成的歷史,也須用這種方法補充材料,鑒别真僞,然後以史學的條理從事組織。(乙)史材的棄取和表現。歷史的材料,世界上到處皆有,多得來不可計算,到底哪種應取,哪種應棄,總得有一種標準,方不致輕重倒置。史材的棄取標準,總以有影響人類即社會爲最要。過去的歷史,就是過去的社會,就是過去的宗教、政治、經濟、法律以及文學、哲學等等所形成,而且有相互的因果,相互的進化,所以非應用上文乙種各學科,那末歷史的裏面不能解剖,不能認識,結果當取的不取,當棄的不棄,因果的關係不能説明,進化的軌蹟不能表現,這樣組織成功的歷史,它的文化階段和價值必不能使人瞭解,於人生實在没有什麽大用處!

記述是一種藝,也是不可輕視的!現在研究歷史,以科學式的歷史爲標準,反對從前文學式的歷史,因爲文學式的歷史,它的記載不免裝飾,材料方面近於不真確,表現方面近於空宣傳,所以是要不得的!但是歷史的文藝若過於輕視,史材方面雖能普遍和真確,組織方面雖能棄取和選擇,然而表現的能力全視乎文藝之精緻和粗疏。文藝精緻,表現方能透徹而顯豁;文藝粗疏,表現不能完備而晦澀。所以記述的學問,在史學上,也須認爲極要緊的一件事。

現在我把全部的歷史學既已説明,此後我們要發展史學應當從各部分全體發展,不可偏重一部分爲畸形發展,形成"指大於臂"、"臂大於身"的佈置,表現我們中國學術界内還没有十分瞭解史學的醜態。但是按照現在我國學術界的設備和史學家的態度,往往不能免于畸形的史學。試

把幾個實例舉出來一説:

一、我國大部分舊史學家,都把舊日的歷史書本及其它關乎歷史材料的書本,爲史學唯一的研究對象,而不知完全應用歷史的輔助學科,使歷史的外部、内部皆不得充分發展,是仿佛殘廢的病人,雖有時也有小小的力量裨補史學,結果終屬有限。

二、從前某大學中,有社會歷史學系,是認識社會學和歷史學有密切的關係,其他各輔助學科不甚注重,此種設備對於甲種歷史外部材料上關係學科,一定不能完全應用,就是歷史本身的學問一定不能全部發展,無異史學爲社會學的畸形發展。

三、現在某大學有語言歷史學系,而某研究院有歷史語言研究所,是認識語言學和歷史學有密切關係。簡單説來,(一)欲研究世界各國古代的歷史,非研究世界各國古代的語言不能真確的瞭解。(二)上古未有歷史的時代,他們的歷史非在各國古代語言中求之不可得。(三)現在未有歷史的人類,他們的歷史也非在他們的語言中求之不可得。然而語言,也有語言本身的學問,足以獨立,有時並不和歷史相干,和社會學是一樣的。此種設備,結果乙種歷史内部組織上關係的學科,也不一定能完全應用,歷史本身的學問,一定不能全部發展,是無異史學爲語言學的畸形發展。

四、近來北平有一班人,專以考古學爲史學唯一的代表。查考古學也須由種種學問組織而成,現在應當派大學畢業生至歐洲學習,造就真才,斷不是中國舊日的金石文字學家所能僭稱的,也非古董店夥計所能僭稱的。考古學第一種基本的學問,就是地質學中的地史學,其他若古生物學以及各關係學科甚多。它的研究以古代遺物、遺蹟爲物件,詳細説,就是以有形的史料而爲歷史的研究,如都市道路、城寨、橋梁、墳墓等遺蹟以及建築物、器物、武器、裝飾品,玩具、衣服、儀式等遺物等都包含在内。日本考古學家分此爲三大類:(一)古土木學,(二)古器學,(三)有職學。也有分爲五大類的:(一)建築,(二)雕刻,(三)繪畫,(四)金石,(五)古筆。這種分類也未見得適當。現在北平有許多考古學家,就中出類拔萃的,居然以考古學爲史學唯一的代表,將來也許握一切研究歷史學的機關,把歷史本身的學問抹煞,乙種歷史内部組織上關係的學科一定也不能完全應用,結果,史學,一定爲考古學的畸形發展。

總之,個人研究歷史,不拘研究歷史本身的學問或者研究歷史的輔助學問中甲種的一門或乙種的一門,都可以隨其性之所好專門研究,而且愈專門愈精,無所謂畸形的發展。不過不要專門研究一門輔助學科即自命爲史學家,可以代表一切、吐棄一切,那就好了!至於一個國家的學術機關,萬不可以任人畸形的發展史學,要是那樣,那就使人失望,這是萬萬不可以的！

11 月 13 日，至燕京大學講演，題爲《兩漢的文藝》。

11 月 20 日，輔仁大學張星烺來訪，請爲其編著的《中西交通史料彙編》作序，先生允之。

編者按：《中西交通史料彙編》爲 17 世紀中葉（明末）以前中國與歐、亞、非洲各國和地區往來關係的史料摘編。於 1930 年出版，書前之序即爲先生所作。

11 月 22 日，張繼發起組織滿蒙新藏研究會，聘請先生爲名譽會員。時，張繼任北平政治分會主席。（《年譜》）

11 月 26 日，作《建文刻本漢唐秘史跋》。（《年譜》）

12 月 7 日，清華大學邊疆研究會成立，先生爲發起人之一，入會之教員、學生共八十餘人，公舉常務委員三人，先生任主席，翁文灝任文書，袁翰青任幹事。

《邊疆研究會緣起》（引自金富軍《清華大學邊疆問題研究會考察》，《中國邊疆史地研究》第 18 卷第 2 期，2008 年 6 月）：

我國自鴉片戰爭以還，門户洞開，藩籬盡撤；帝國主義者挾土地侵略之野心，四面八方，步步進逼：如日之於南滿，英之於西藏，俄之於新疆、外蒙；彼此間密約之協定，勢力範圍之劃分；或煽惑土人，反抗政府，或强用武力，攫取利權。吾國若尚不早爲固圉之計，則唇亡齒寒，内地亦行見有淪亡之禍。同人等懷國勢之顛危，知挽救之不容或緩，故有邊疆研究會之發起。目的在切實研究邊地之地理形勢，社會狀況，天産富源，外人勢力，政治現象及其他與邊地有關之各種重要問題；期得確切之知識及妥善之挽救辦法。凡本校教職員同學如於邊疆問題具有興趣，願加入本會研究者，不勝歡迎之至。

發起人：

丁而漢　王肇嘉　朱希祖　牟乃祚　吴志翔　林文奎　洪有豐
翁文灝　夏堅白　袁翰青　徐雄飛　高　琦　曹毓俊　張星烺
張大東　張國威　張德昌　傅舉豐　馮友蘭　曾炳鈞　湯象龍
楊振聲　鄔振甫　葛春林　鄭冠兆　劉崇鋐　劉大白　謝子敦
羅香林　羅家倫

編者按：據金富軍《清華大學邊疆問題研究會考察》，該會經袁翰青等積極籌備，在學校的支持下，於 1928 年 12 月 7 日成立。但因當晚時間太晚没有選出常務委員，會後經過通信選舉，教授中翁文灝、先生與學生袁翰青被選爲邊疆問題研究會常務委員。21日，常務委員會開會決定先生任主席，翁文灝任文書，袁翰青任幹事。

先生1929年1月8日日記：

午後，邊疆研究會幹事袁翰青來談片刻。去年十二月杪，清華大學組織邊疆研究會，教員、學生入會者共八十餘人，公舉常務委員三人，余任主席，委員翁文灝任文書，袁任幹事。本日，《清華週刊》已出《邊疆研究》號一册，中有傑作甚多。

12月8日，黎錦熙來訪，請先生擔任女師大國文系文學史課務，先生因已在清華、輔仁任課，課務較忙不克分身，婉謝之。

朱倓12月8日日記：

今日下午二時許，黎錦熙先生來訪父，渠今仍任女師大國文系主任。來請父擔任國文系文學史功課。父因清華、輔仁二校功課甚忙，不克分身前往，故婉辭謝絶云。

12月9日，女子大學文學院國文系主任周作人來訪，請先生爲該校國文系教員授文學史，婉謝之。

朱倓12月9日日記：

女子大學文學院國文系主任周作人請父爲該校國文系教員，教授文學史。父因他校工課甚忙，不能前往擔任，故已辭絶云。

12月10日，至燕京大學講演《中國法家的歷史觀念》。

先生1935年7月12日日記：

檢尋舊日文稿，有《中國法家的歷史觀念》一篇，民國十七年十二月十日在北平燕京大學講演。

《中國法家的歷史觀念》（原載於《益世報·學術週刊》第7、8兩期，1928年12月10日、17日。下引文爲節録）：

法家的歷史觀念是與其他各家不相同的。道家的黄金時代是太古，而儒家的黄金時代是近古，他們的黄金時代都在過去。而法家的黄金時代卻在將來，這便是他們的歷史觀念的根本不同之點。我國數千年來，受了儒家歷史觀念的流毒，不喜歡創造，專門喜歡仿古；只知道崇拜過去的，而不注意到將來的;這實在是一件不對的事情。法家的歷史觀念是將來的;是進化的,不是復古的;所以比儒家和道家的歷史觀念好得多。我們懂了法家的歷史觀念以後,應當拿法家的歷史觀念去讀歷史。以前的歷史是不足法的,當秉着歷史進化的觀念,創造一種將來的理想的世界,一種從前所没有的,與現在的世界不同的世界。

12 月 16 日,出席滿蒙新藏研究會成立大會,並發表演説。(《年譜》)

朱偰 12 月 16 日日記:

父及伯商弟赴團城,出席滿蒙新藏研究會成立大會。父爲名譽會員,弟爲研究員。

關於審查《清史稿》事

11 月 24 日,參加《清史稿》審查討論會,並被推舉爲故宫博物院審查《清史稿》委員會主任。

《朱希祖先生主任審查清史》(《國立清華大學校刊》1928 年 11 月 30 日):

據北平報載:本校歷史學系教授朱希祖先生,被推爲審查清史主任。朱先生爲史學名家,對於近代中國史,尤有研究。此次主任斯事,必能有所貢獻。兹録各報紙原來記載如下:

清史館,已經完成之清史,係清孽趙爾巽等主編,甚多違背事實之記載。故宫博物院接收該館後,即有審查清史之計劃。前日故宫委員馬衡、沈兼士等,爲謀擔任審查專責,聘請史學專家,組織審查會,已於上星期六日假團城開會討論。届時到會者,爲李宗侗、錢玄同、吴承仕、朱希祖、周作人、張繼、陳垣、劉半農、馬裕藻、葉瀚、袁同禮,及故宫委員馬衡、沈兼士、俞同奎、蕭瑜、吴瀛等諸人。據聞決定審查標準。清史内容,劣點極多,違背修史主旨,其挂一漏萬之處不勝枚舉,如復辟等等重要事件,概未記載。本此原則,由各審查員負責審查,並推朱希祖主任其事。限定三月後審查完竣,再行呈報中央云。

先生《審查〈清史稿〉雜記·審查〈清史稿〉重要條例》(手稿本,未刊):

1、清季優待條件及復辟事實與人物載否。

2、割地賠款之數目及負責人物載否。

3、清季締結不平等條約各方面負責人物載否。

4、清季拳匪之詳情載否。

5、清季所借國債載否(失治外法權,失關税管理權)。

6、歐美、日本輸入新學載否。

又：

1、清初社黨勢力之消長載否。

2、清代史獄、文字獄載否。

3、乾隆禁毀忌諱之書之因果載否。

4、清代會黨始末載否。

5、清季保皇、革命兩黨爭載否。

先生《審查〈清史稿〉雜記·審查條例》(手稿本,未刊):

1、書法荒謬;2、史材脱漏(有意的:如不載優待條件及復辟事,又如南明事僅補《明史》;無識的:如各種檔案及外國材料);3、人物濫載(徇情:如撰者之家族及同鄉;無識:如無鑒别力不知重與要之所在);4、志傳失真(如各新政志不能述其所關之鉅;如《姚鼐傳》僅載其選詩而不載其選文及成派);5、事實錯誤;6、文理晦謬(不通、晦澀)。

先生《審查〈清史稿〉雜記·分工》(手稿本,未刊):

葉瀚,負責光緒、宣統本紀及其時列傳,又藝術傳;
錢玄同,負責儒林傳,太祖、太宗、世祖本紀;
馬裕藻,負責文苑傳,聖祖、世宗、高宗本紀;
劉復,負責樂志;
周作人、吴景洲,負責列傳;
袁同禮,負責邦交志;
李宗侗,負責本紀、表;
朱希祖,總閲全部。

先生1929年4月12日致張元濟:

承問《清史稿》審查事,此事因故宫博物院委員會委員有不滿意於稿中書法叙論對於革命黨有不敬之辭,欲扣留不准發行,乃召集北平學界十六人,中有委員五人,議決發行與否。希祖當時主張發行,惟略事審查其不妥及重要遺漏之處,群多贊成此説,不料即以總匯之責加諸吾身,惟校課繁忙,學殖淺陋,實難當此重任。

12月6日,陳寅恪來訪,談審查《清史稿》事。

朱偰12月16日日記:

五時許，清華大學研究院導師陳寅恪先生來訪父，因欲閱《清史稿》事而來也，並發見撰《清史稿》作弊之事，如柯劭忞作列傳時，竟將其父無關緊要之人亦列入、凡稍認識者必强爲列於優等是其缺點。

12月10日，致信故宫博物院，商議審查《清史稿》事。

關於發起組織"中國史學會"事

12月2日，擬在北平組織一史學會，集北平各大學史學系學生共同研究史學。

朱倓12月2日日記：

燈下父與吾等商量，擬在北平組織一史學會，糾集各校史學系學生混同研究史學，聘請國内對於史學有名望著作者作指導員，以實地研究學問爲目的，每年出史學雜誌四期，請名人演講。如各國研究史學，都有史學會、史學雜誌，以貢獻於國人。此會若真能實行，實辟史學上一新紀元。有系統地研究史學爲吾國最緊要之事也。

12月3日，召北京大學史學系學生九人來寓商議發起中國史學會。

朱倓12月3日日記：

下午父召集北大史學系同學來舍，商議發起中國史學會事。同學等甚爲贊同。因今日大風，所到者僅九人。父因請彼等轉告此事於未來之同學，得大家同意後，再聯絡其他各校史學系學生，組織史學會云。

12月28日，分别致信北京大學、師範大學、燕京大學有關人員，邀請於12月30日，開中國史學會籌備會。

朱倓12月28日日記：

上午，代父發史學會信札三封。一致北京大學，二致師範大學，三致燕京大學。通知於禮拜日開史學會籌備會事宜。

12月30日，在寓召開中國史學會首次籌備會，討論組織大綱。

先生1929年1月1日日記：

余發起"中國史學會"，於上年12月30日開籌備會，到中國地學會張星烺，北京大學戴匡平，清華大學羅家倫、張大東，師範大學朱元銘、吕鵬齡，燕京大學徐□清、韓叔信及余，共九人，開籌備會於本宅，定於1月13日借師範大學禮堂開成立大會。此事已見本日北平《新晨報》及天津《大公報》。

關於"中國古代鐵制兵器先行於南方"之辯論

本年,有關於"中國古代鐵制兵器先行於南方"之辯論。本年2月20日,在清華學校演講《中國鐵器時代之考證》。6月,《清華週刊》第5卷第1期登載先生《中國古代鐵制兵器先行於南方考》。7月30日,《大公報·文學副刊》登載張蔭麟對《中國古代鐵制兵器先行於南方考》質疑與批評的文章。先生於當日作《致〈大公報·文學副刊〉編輯者書》(《朱倓日記》1928年7月30日、7月31日、8月1日。此文是否刊載,未能查實)以答之。後雙方辯論達數月之久,直至1929年3月,捲入這場學術論辯者還有翁文灝、章鴻釗、紹來、陸懋德等先生。除上述兩文外,先生又先後作《關於〈古代鐵制兵器先行於南方考〉之討論——再致〈大公報·文學副刊〉編輯書》(《大公報·文學副刊》第39期,1928年10月1日;《新晨報副刊》1928年9月17日至1928年9月20日)、《關於〈古代鐵制兵器先行於南方考〉之討論——三致〈大公報·文學副刊〉編輯書》(《大公報·文學副刊》第40、41期,1928年10月8日、1928年10月15日)、《關於〈古代鐵制兵器先行於南方考〉之討論——四致〈大公報·文學副刊〉編輯書》(《大公報·文學副刊》第54期,1929年1月21日)、《關於〈古代鐵制兵器先行於南方考〉之討論——五致〈大公報·文學副刊〉編輯並答章鴻釗、紹來、陸懋德三君》(《新晨報副刊》1929年3月9日,3月11日)。

本年論著

本年論著除上述提及者外尚有:

一、南明史研究及南明史籍題跋

本年,繼續南明史的研究,一方面搜集史籍,另一方面考證史籍,有題跋如下:

在《燕京學報》第3號(1928年6月)發表《明季史籍五種題跋》,包括《崇禎長編殘本跋》、《弘光實録鈔跋》、《狩緬紀事跋》、《守鄖紀略跋》、《蘄黄四十八砦紀事跋》。

在《輔仁學志》第1卷第1期(1928年12月)發表《跋幸存録》、《再跋幸存録》、《三跋幸存録》、《跋續幸存録》。

另外還有:《題跋八則》(《圖書館學季刊》第2卷第3號,1928年9月),以及《明末紀事補遺跋》、《雍正刻本東林書院志跋》、《留都防亂公揭姓氏跋》等。

本年三至六月,指導次女朱倓完成《〈南疆逸史〉考證》一書。

朱倓1928年2月27日日記云:

> 上午與家君作《〈南疆逸史·吴炳傳〉考證》一篇。家君擬將温睿臨之《南疆逸史》爲之考證,蓋是書雖稱完備,然脱略亦復不少,況當時南明

史料尚缺乏,温氏所據之書僅數十種,而實在有數百種之多,如楊鳳苞《〈南疆逸史〉跋》中便載史料之多,較温氏所見實多倍徙,且尚有數種亦爲楊氏所未見,故家君擬爲之考證。

編者按:《〈南疆逸史〉考證》不全稿載《朱希祖文稿》第一册(鳳凰出版社,2010 年 4 月,第 418—508 頁)。據《朱偰日記》,《〈南疆逸史〉考證》除《朱希祖文稿》中現存 21 人的考證外,尚有對吴炳、李清、夏允彝、夏完淳、夏之旭、陳子龍、鄭芝龍、鄭成功、章曠等人的考證。據《朱偰日記》,《〈南疆逸史〉考證》中所有人物考證,均爲在先生指導下,由朱偰執筆完成。

本年擬在清華授南明史,并擬編纂《南明史》。

朱偰 1928 年 10 月 17 日日記:

父從清華歸,父此後清華之功課每星期七時。文學史三點,史學史二點,史學研究二點(學生自看書,有不能瞭解之處,則詢問焉)。但至下半年史學史完畢時授南明史。父擬編《南明史》一部,因現代對於南明之歷史不甚注意而無專書,故父注意焉。

二、其他

《〈宋史·藝文志〉探源》(《益世報·學術週刊》1928 年 10 月 22 日)。

朱希祖先生年譜長編卷六

一九二九年(民國十八年己巳)　先生五十一歲

1月6日,傅增湘來訪,欲借《天下名勝志》,時傅氏欲搜輯四川一省文人文章彙刻成書,故有是借。

1月6日日記:

午後,傅沅叔先生增湘來,言欲搜輯四川一省文人文章,凡未刻之專集有十餘種,業已購鈔略備,凡散篇之文,已搜輯數十卷,將來鈔齊,殆百數十卷。今將借收藏家宋人總文集及嘉靖以上所刻古地志,再從事輯録。知余有《天下名勝志》及嘉靖刻本《浙江通志》、《山東通志》,擬借閲。又言滿洲老檔案,尚保存於奉天。徐總統世昌在東三省時,曾翻譯成數十册,惜未付刊,稿本尚藏其家,曾見其書。又言曾購得順治三年曆書,十一月有三節氣。又有祺祥元年曆書,當時尚未頒行。此二曆可與陳援庵君所購《魯監國曆》合印行世。

1月9日,錢玄同代北平大學第一師範學院聘先生爲史學系講師。

1月9日日記:

二時錢玄同來校,代第一師範學院史學系請余擔任史學講師,余已允其每星期任二小時。

1月10日,清華大學校長羅家倫聘先生任《清華大學學報》編輯委員會委員。

《學報編輯委員會成立》(《國立清華大學校刊》1929年1月18日):

本大學學報編輯委員會委員,已由羅校長聘請楊振聲、王文顯、陳總、吴之椿、陳達、翁文灝、金岳霖、高崇熙、熊慶來、葉企孫、劉崇樂、笪遠綸、唐鉞、朱希祖、吴正之、馮友蘭、陳寅恪、趙元任諸先生擔任。並已於本月14日下午八時舉行第一次會議(編者按:先生因住城内未克出席)。兹將羅校長致各委員原函,及第一次會議議決事項録志於後:

(一)原函

敬啟者:本大學學報急宜進行,以發揚學術,轉移校風。兹特聘請先生擔任清華學報編輯委員,籌劃一切編撰出版事宜。家倫不才,亦願隨諸先生之後,冀盡微責。務希惠允,不勝感禱。羅家倫敬啟。一月十日。

(二)議決事項

……

1月14日,訪新從新疆歸來的徐旭生,與之談新疆時事及採集古物情況。

1月14日日記:

午後一時訪從新疆回來之徐旭生炳昶,與之談新疆時事及採集古物情形。旭生自言將作一文駁王國維之《韃靼考》。蓋據遼、金二史以駁王。因請其文成登入《史學雜誌》。

1月15日,赴清華大學,午刻,與羅家倫談中國史學會及清華限制教授在外兼課事。晚在科學館接待室開邊疆研究會,先生爲主席。

1月15日日記:

十二時與羅志希談中國史學會事,又談清華限制教授在外兼課事……晚餐後,在科學館接待室開邊疆研究會,余爲主席,到會者有幹事袁翰青,東三省組李述庚,蒙古組高琦,新疆組傅舉豐,康藏組劉大白,滇桂組林文奎,海疆組鄔振甫。議決數事,最要者爲派四人至東三省調查。十時睡。

《邊疆問題研究會各組幹事聯席會議》(《國立清華大學校刊》1929年1月18日):

邊疆問題研究會前經常務委員會議決開各組幹事聯席會,討論該會一切重要工作。最近各組已先後成立,幹事亦已完全舉出;本月十五日由常務委員召集在會客廳開聯席會。到會者有常務委員朱希祖、袁翰青及各組幹事李述庚、夏堅白、傅舉豐、高琦、劉大白、林文奎、謝子敦、鄔振甫等十人,由朱希祖先生主席。首由常務委員報告最近工作情形,略分借書、請人演講、尋覓適宜會所及與北平滿蒙新藏研究會聯絡四項。借書一事已由常務委員與地質調查所及本校圖書館商量妥當,借出有關邊疆之書籍多種,放置該會會所,以便會員隨時參考並借閱。但現因會所問題尚未解決,致此項書籍未能拿來。請人講演一事,已請定者有蒙藏委員張溥泉先生及新由新疆回平之徐旭生先生。徐先生約於下星期二日即可來作公開演講,惟因一切招待概由學校擔負,故名義即改爲學校敦請。張先生不日可來。此外尚未請定者有中國地學會會長張先生及前駐藏大臣張蔭棠先生。會所一事因該會性質與其他會社不同,會所一方面帶有陳列室之性質。現在校中撥給該會之一四四號房屋一間,地位太小,無論如何不敷支配,正擬設法另覓一較大之會所。北平現有人組織一滿蒙新藏研究會,與邊疆問題研究會可合作之處甚多,最近擬與之開一聯席會討論合作方法。常務委員報告之後,各組相繼報告。報告完畢即開始討論議案,結果通過下列數件:

一、寒假中由本會派調查員四人至東三省作實地調查工作

議決:交常務委員會及東三省組幹事商酌辦理。

二、滿鐵株式會社"囑託"黄君子明來函,請本會派員五人於二十日至牛島會所午餐並談話。

議決:覆函謝絶午餐但答應與之談話。即由常務委員及東三省幹事偕同會員數人前往。

三、尋覓適宜會所問題。

議決:朱逷先先生既願將研究室讓出爲本會會所,即與陳鳴一先生商量,請其與施美士先生合一研究室,將圖書館樓下八號改爲本會會所。

……

1月16日,至政治系主任吴之椿處,商酌派人至東三省調查事。下午,出席史學系教授會。

1月16日日記:

十時,袁翰青、李述庚來,偕至政治系主任吴之椿君處,商酌派人至東三省調查,吴擔任向學校當局籌款四百元……二時史學系開教授會,到會者,余及羅家倫、孔繁霱、劉崇鋐。孔氏論史學與政治學、統計學等無關。孔係德國留學生,不料其膚淺如此。

1月18日,訪馬衡,又同至李濟處,詢問安陽殷墟發掘情況。

1月18日日記:

午餐後,至研究院訪馬叔平。又偕至李濟之君處,濟生學人類學及考古學,新從河南安陽回,故訪問其發掘情形。

1月20日,上午,與清華邊疆研究會幹事袁翰青等人至團城滿蒙新藏研究會談"邊事"。

1月20日日記:

十時清華邊疆研究會幹事袁翰青等六人來,偕至團城滿蒙新藏研究

會,與馬悦□談"邊事"。十二時,又偕回家,請袁君等午餐。

1月21日晚,偕長子偰至舊衆議院,聽徐旭生及斯文赫定講演,並觀新疆風俗及考古電影。

1月22日,至清華大學授課。午後至陳寅恪處談天,遇楊樹達,同在校園中散步,同進晚餐。晚,至羅家倫寓開清華大學史學會,議決寒假時學生共同研究鴉片戰爭史,分頭搜集史料。

1月27日,駝群社於團城聚餐,公宴社友徐旭生。

1月27日日記:

余赴團城駝群社聚餐,公宴社友徐旭生。因其自新疆遠回也。駝群社自民國十四年北京大學同人發起,每月一聚餐,取任重致遠之意。社員爲沈士遠、尹默、兼士三昆仲,馬幼漁、叔平、隅卿三昆仲,李潤章、李聖章、陳援庵、劉半農、周啟明、張鳳舉、徐效臣、俞平伯、陳百年、李玄伯、徐旭生及余,然時有出入。自旭生至新疆後,社友未嘗聚餐者已二年,故今日因旭生回平,重行一聚。

1月28日,借得同治間文藝齋刊本《太平天國忠王李秀成供狀》一册,以近世中國秘史本《供狀》對讀。

1月28日日記:

"秘史本"云出於官牘,而"文藝齋本"不言所出,與曾國藩克復金陵奏疏合刻,然此尚近原本。此云"天朝",官牘本多改爲"我朝";此云"官兵",官牘本多改爲"我兵"。凡太平天國兵敗,此本數少,官牘本必加多;凡清兵敗,此本數多,官牘本必減少或削去。此可見當時掩敗矜功之陋習矣,其餘字句之多少無關重要。

1月29日,清華國學研究院學生羅根澤來談其新作《四部叢刊本〈慎子〉考》,先生與其談《慎子》逸文。

1月29日日記:

研究院學生羅根澤來談渠新作《四部叢刊本〈慎子〉考》。余謂《慎子》逸文有"倉頡在庖羲前"逸文一條,見孔穎達《尚書正義》。所謂"倉頡在庖羲前",必據《周官》外史掌三皇五帝之書。三皇中有庖羲,既已有書,則倉頡造字自當在庖羲以前。《周官》至河間獻王始出,則此《慎子》逸文必不在司馬遷所見《慎子》十二篇之内,而爲《漢志》所載四十二卷本之《慎子》之内,其僞可知,暇當作《〈慎子〉考》。

2月1日,購得鈔宋紹定本《武經總要》,並考其源委。

2月2日,作《鈔宋紹定本武經總要跋》。晚閱《武經總要》中《西蕃地理》,

2月2日日記:

閱《武經總要》中《西蕃地理》一卷,記西夏地理頗詳。此爲清代作西夏史者皆未之見,將來擬本此作《西夏地理考》一卷。

2月3日,午刻,至西長安街忠信堂赴張星烺宴,同席者大多爲燕京大學教員,席間與容庚談南明李清《南渡録》。晚,至東興樓赴北京大學研究所宴。

2月4日,赴張煦、朱自清宴,同席者有胡適、陳寅恪、羅家倫等。宴後與羅家倫逛琉璃廠,遇傅增湘,傅增湘與先生談内閣大庫檔案事。

2月4日日記:

偕羅志希赴張煦、朱自清兩君宴,同席有胡適之、陳寅恪等,談笑甚快。散席後,偕羅志希至琉璃廠書店閲書,余購得《錢牧齋全集》,有人搜輯遺文,合《初學》、《有學》兩集及詩注彙刻成書,故最爲足本。在文友堂遇傅沅叔先生,談内閣檔案份數、歷史甚詳。又見鈔本《靖海衛志》,以價鉅未購。

2月5日,閱《清史稿》林則徐等傳數篇,摘録與鴉片戰爭有關之文武官員姓氏數十人,以備交與清華大學史學會會員,分至各圖書館調查其著述。

2月6日,至清華大學,與羅家倫再補摘他書與鴉片戰爭有關之人名,在羅宅午餐。是日,開始撰《西夏史籍考》。

編者按:先生《西夏史籍考》最初作於1929年2月,1942年6月又重新修改,登載於《説文月刊》第3卷第11期(1943年11月)。

2月7日,續撰《西夏史籍考》。文云:

余嘗惡吾國史家好持正統偏安之謬見,對於己國,則自居宗主,妄事鋪張,對於別國,則儕之藩屬,過於删損,南稱北爲索虜,北稱南爲島夷,觀於南北朝之史,而歎當時史官之任情筆削,毁滅史實不少也。惟元丞相脱脱之奉詔修宋遼金三史,各與正統,歎爲至公無私……

……

余聞友人陳寅恪君言,現代所得西夏文最多者爲俄國,德國僅有《蓮花經》一種,亦不全,近吾國所出版之《西夏國書略説》,及西夏譯《蓮花經》,即其緒餘。至於西夏字典,俄人或已有之,然秘不肯示人,甚可慨也。陳氏爲吾國最精博之言語學家,亦頗研究西夏文,其言甚可信。近有蒙古友人言,甘肅、寧夏農人掘得西夏書甚夥,進於綏遠某師長,某師長裝成十餘鉅箱,運至北平,將售於歐美人,議價不成,又運歸綏遠。余聞之,報告於古物保管委員會張繼、馬衡二君,張、馬二君乃託綏遠政治長官向某師長婉商售於國立北平圖書館,時越數月,始得購成。

……

編者按:上文節録自《朱希祖文稿》第七册(鳳凰出版社,2010 年 4 月,第 473 頁)。《朱希祖文稿》由原稿影印,由原稿看,該文筆蹟非一時所成,且有多處添加删改,故本文所引與正式發表者,文字上略有出入。

2 月 8 日。陳垣來商定北平大學第一師範學院史學系課程。是日,謝國楨、徐景賢來訪。

2 月 8 日日記:

謝國楨、徐景賢二君來談一時餘去。下午二時陳援庵君來,商定北平大學第一師範學院史學系課程。是日並收到該系講師聘書。

2 月 12 日,吴祥麒、謝國楨來訪。謝國楨攜來《冒辟疆年譜》一書。

2 月 12 日日記:

吴祥麒、謝國楨兩君來。謝君攜來《冒辟疆年譜》,較舊印《冒氏叢書》本多補遺一卷,梁啟超序一篇……閲《冒氏年譜》,則《留都防亂公揭》在焉。余向作《留都防亂公揭姓氏跋》,未見此揭,急讀一過,將來擬專爲此題作一文。黄梨洲云:“弘光南渡止結得《留都防亂公揭》。”可以知此揭之重要矣。

2 月 14 日,謝國楨代借到傅增湘所藏《華延年室題跋》第一卷。謝國楨借書數種去。

2 月 14 日日記:

早餐後謝國楨君來。借到傅沅叔先生所藏《華延年室題跋》第一卷,此書共有三卷,爲大興傅以禮撰,中多南明野史題跋,得之狂喜。謝君亦借書數種去。余讀跋二小時。

2 月 17 日,至廣惠寺弔梁啟超先生。

2 月 17 日日記:

早餐後攜花圈至廣惠寺弔梁任公先生。梁先生與余清史館同事,又爲清華大學同事,雖志趣不同,學術又異,然以其創《新民叢報》,余個人及全國志士皆受其振發,頗多影響,此不可不推爲有功之人。然其在民國時代,一入政界,時而黨帝制,解散議會;時而黨革命,推翻帝制。其後,又排斥革命,依附北洋軍閥。此則其最不滿人意者。至其史學,亦未成就,且多膚廓之語。綜其平生,亦頗可稱爲偉人。

編者按:梁啟超於 1929 年 1 月 19 日逝世。

2 月 21 日,至陳百年寓,時陳百年新從南京回,任北京大學代理校長。

編者按:北京大學自 1928 年 6 月復校後,至 1929 年 3 月上旬都未能開學,停課達九月之久。當時國民政府實行大學區制,一省爲一大學區,1928 年 9 月 28 日國民政府會議通過"北平大學區組織大綱",合併前北京國立九校及天津北洋大學爲國立北平大學,分設各學院,任命李石曾爲國立北平大學校長,李書華爲副校長。國立北平大學以北京大學原有之第一、第二、第三院,改爲北平大學之文學院、理學院、社會科學院;北京大學研究所國學門改爲國學研究所。北京大學學生欲保留北京大學歷史之特性,反對分北京大學爲三個學院,派學生到南京請願,並向吴稚暉、蔡元培陳訴。經過力爭,國民政府同意保留"北京大學"的名稱,稱"北京大學院",表示北京大學仍在北平大學區之内,仍以蔡元培爲校長,另派陳百年代理校務,時陳百年任考試院秘書長,向考試院長戴季陶請假暫來北平代理北大校務。

《北大院長陳大齊請假北來》(《京報》1929 年 2 月 20 日):

南京十八日電,陳大齊爲北平大學北大院長後,陳因現任考試院秘書長堅辭不得,現因開學在即,呈戴院長告假三星期定巧(十八日)日首途北上……

2 月 21 日日記:

至陳百年君家,百年亦自考試院回,來主北京大學院長事。

2 月 23 日,朱自清來訪。

2 月 24 日,謝國楨來,兩人同至東廠胡同訪冒辟疆裔孫冒鶴亭先生。

2月24日日記：

十時謝國楨來，並代借海寧許樹棠所撰《鸘鸘裘傳奇》一册……余偕謝君至東廠胡同訪冒鶴亭先生。冒先生爲辟疆先生裔孫，著有《小三吾亭詩文集》，刻《冒氏叢書》。日前託謝君來借《清史稿·孝義傳》及儒林、文苑傳。故余藉此擬借其所藏《雪交亭集》，爲南明史料，惜存在南方，只好俟之將來。冒先生及其郎小鶴，堅約至五芳樓午餐，席間議論風生，頗多通達，且多講南明史事。又贈余新刻詩三卷……讀冒鶴亭，又增知南明史料數事。

2月26日，至陳百年寓，談北大事。陳百年請先生回北大任教，並請代爲規劃北大史學系事。先生至陳衡哲寓，代北大請其爲史學系教授。

2月26日日記：

十一時至陳百年君家，談北大事，即偕彙臣在百年家午餐。時百年約余回北大任教授，並囑代爲規劃史學系事。二時回家，代百年規劃史學系請教員事。四時至陳衡哲女士家，代北大請其爲史學系教授。

2月28日，訪陳百年，談史學系請教員事。再至陳衡哲家，商請授課事。下午，陳百年來談北大開課事。

2月28日日記：

早餐後至北京大學與陳百年談史學系請教員事。又至陳衡哲家商請授課，無結果。午後……陳百年君來談北大開課事。

3月1日，訪清華大學校長羅家倫，請改清華教授爲講師，準備正式返回北大。是日，先後至王嶧山、張星烺寓，請二人爲北大史學系講師。

3月1日日記：

九時半至清華大學，十一時授課。午後至羅志希家，請改教授爲講師，每星期任教課五小時，月薪百五十元……又至王嶧山及張亮塵寓，請其爲北大講師。

3月2日，訪陳垣，不遇；訪陸懋德，請其爲北大史學系講師；訪陳寅恪，不遇。

3月2日日記：

早餐後至陳援庵君寓，不遇……又至陸詠沂君處，請其爲北大史學系講師。訪陳寅恪君不遇。

3月3日,約陳映璜、王獻唐爲北大史學系講師。

3月3日日記:

中午至東安市場東亞樓赴陳仲驤君宴,席間約陳君及王獻唐君爲北大史學系講師。

3月4日,午後,至北大出席各系科教授會聯席會議。晚,定北大史學系課程。

《北大學院各科系教授會聯席會議記録》(北京大學檔案·全宗號(七)·目録號1·案卷號207,王學珍、郭建榮《北京大學史料》第二卷中册,1300—1311頁)

十八年三月四日:

第一次各系科教授會聯席會議

到會者:王紹瀛　韓述祖　胡濬濟　胡壯猷　夏元瑮　馬　衡　朱希祖　王尚濟　王仁輔　關應麟　李麟玉　楊震文　黄右昌　馬裕藻　鄧以蟄　沈兼士　劉　復　劉文典　温源寧　何基鴻　徐寶璜　樊際昌

沈兼士:北大向無教授會議,恐與舊章抵觸,轉滋糾紛。或作爲一種徵求意見之集會,請考慮,如可認爲正式會議應先將本會組織法規定。

馬裕藻:贊成。

劉文典:可以授權。

楊震文:應慎重。

劉　復:如以討論結果用此名義發表殊不妥。當能作爲集思廣益之談話會。

黄右昌:五四、三·一八,挽留蔡先生,均舉行過此種會議。

徐伯軒、樊際昌:此會不得不開,亦不能不顧慮到此會的性質。徐提議本會在評議會未成立以前,代理評議會職權。

馬裕藻:應加兼代教務會議。

朱希祖:贊成徐之提議。

何基鴻:此會不能説無根據,因評議會員本由教授推舉。

各教授紛紛發表意見後,由主席提議:北大向有各系科教授會聯席會議,今日集會,即作爲"各系科教授會聯席會議"。何基鴻、楊震文、馬裕藻附議。主席付表决,全體通過。

……

編者按:此次會議係北大非常時期召開的會議,會議除了議決"各科系教授會聯席會議"在"評議會"未成立前,代理評議會職權。還討論了如下問題:希望能在本星期五上課;暫請王星拱兼任總務長,何基鴻兼任教務長;留平教授之有相當鐘點者,仍繼續聘任;新教授及舊講師之應改爲教授者,俟聘任委員會成立再提出;新講師不得不先聘者將來再請追認;職員擬不多聘;張作霖時期京師大學所招學生分六類處理,原則是"以國家金錢辦學,能多造就一人即多造就一人"。

3月4日日記:

午後至北京大學開全體教授會。回家晚餐。燈下定北大史學系課程。

3月5日,先後至陳垣、陳寅恪、陳衡哲、陸懋德家,聘請幾位至北大任教。

3月5日日記:

至陳援庵君家,又至陳寅恪君家,均請其爲北大史學系講師。又至陳衡哲女士處,始允任北大史學系講師,授課三小時。回家午餐。午後休息四小時。至陸詠沂君處接洽北大史學系授課事。

3月6日,先後至孔繁霱、劉崇鋐處,請二位爲北大史學系講師。晚,製北大史學系課程表及教員名單。

3月6日日記:

午後至孔雲卿處請其爲北大史學系講師。又至劉崇鋐君處……製北大史學系課程表及教員名單。

3月7日,訪陳百年,説明史學系課程表及教員名單,並與國文學系接洽中國文學史授課時間。

3月11日,北大是日開學,至北大上課。並至陳百年家,請北京大學繼續發給史學系所派至德國留學的姚從吾、毛準之留學生經費。

3月11日日記:

午後一時至陳百年君家,請其將前北京大學史學系所派至德國留學之姚士鼇、毛準二君之留學生經費繼續發給。百年允自三月起每人給國幣百元,繼續留學。二時半至北大第一院授課,學生未到齊,約略講課程大綱而散。至西城翊教寺訪陳援庵君,請其止燕京大學資助姚士鼇留學款事,未遇,留條而歸。

3月12日,上午,謝國楨自天津來談南明史籍。日人今關壽麿來,筆談二小時。傍晚,至陳衡哲處,仍請其爲北大史學系教授。

3月12日日記:

九時頃謝國楨自天津來,代借到徐秉義所作《明末忠烈紀實》二十卷十二册,知不足齋鈔本,還其《啟禎野乘》二集二册。家六叔、六叔母來。十時半日本人今關壽麿來,筆談二小時。談及日本吴音、漢音皆從三韓傳日本,並非直接得之中國,且日本與中國古代交通皆在北方,必以高麗爲過程,近代始有由南方直接交通者。此論甚確,一洗前人臆説。並言馮京第《浮海記》,十餘年前曾有寧波人在上海石印發行,記此擬訪求。一時半,率兒女五人至東安市場東亞樓吃飯。途中忽遇大風,黄沙蔽天,不能啟目。飯畢至球場打球,以避風沙。五時至陳衡哲女士處,請其爲北大史學系教授。

3月14日,爲陳衡哲事,致信陳百年辭職。

3月14日日記:

回家寫信致陳百年,辭去北京大學教授,以北大對人待遇不平。史學系某某二教授,僅授課二三小時乃爲教授,新聘教授至八小時,亦不能爲教授也。午後,陳百年君來挽留,堅辭未允留。

編者按:在聘請教授一事上,聘陳衡哲爲西洋史教授頗費周折。先生感到西洋史教授難聘,早在1920年就曾致信胡適,談聘陳衡哲教授西洋史一事,這次屢經接洽,陳衡哲同意應聘,但北大聘任委員會不同意按教授支薪,先生甚感不平,提出辭職。

3月15日,至陳衡哲處,談聘其爲北大教授事。是日,被選爲史學系主任。

《本屆各系主任姓名(十八年三月十五日選舉)》(《北京大學日刊》1929年4月16日):

數學系

王仁輔　得三票當選

物理學系

夏元瑮

化學系

丁緒賢　得二票當選

……

史學系

朱希祖　得二票當選

……

3月17日,午刻,赴廣和居輔仁大學校長奥圖爾宴,副校長陳垣陪同。同日,當選爲北京大學評議會評議員。參加北大教務會議,出席者有代理校長陳百年、教務長何基鴻及各系主任,討論教務進行事宜、清校及舊生回校三問題。(《北大教務會解決三問題》,《京報》1929年3月18日)

3月17日日記:

十一時至南半截胡同廣和居赴宴,主人爲輔仁大學校長奥君、副校長陳援庵。時廣和居開張已九十九年,自清季以來,以烹魚馳名,約有五六種之多,最著者爲潘魚……本日北大選舉教務長,何基鴻當選。又選舉評議員七人,當選者:何基鴻、王烈、夏元瑮、馬裕藻、胡睿濟、朱希祖、沈兼士。

《本屆評議員姓名》(《北京大學日刊》1929年4月13日):

本屆評議員姓名

十八年三月十七日選舉

何基鴻 十七票　王　烈 十五票　夏元瑮 十三票　馬裕藻 十一票

胡濬濟 十一票　朱希祖 十票　沈兼士 十票

以上七人當選爲本屆評議員

3月18日,評議會決定先生爲北大組織委員會委員長及財務委員會委員。

《本屆常設委員會委員姓名》(《北京大學日刊》1929年4月13日):

本屆常設委員會委員姓名

十八年三月十八日評議會通過

(一)組織委員會:朱希祖(長)　何基鴻　馬裕藻　王尚濟　王輔仁　黄右昌　沈士遠

……

（三）財務委員會：王　烈（長）　何基鴻　胡濬濟　朱希祖　馬　衡　徐寶璜　賀之才

……

3月19日，清華大學決定自三月份起，先生改爲兼任教授，月薪一百五十元。

3月19日日記：

午後接清華聘書，自三月份起，改爲兼任教授，月薪百五十元。

3月20日，北大聘任委員會通過陳衡哲爲教授。

3月20日日記：

本日北大聘任委員會通過陳衡哲女士爲教授。

3月21日，至陳百年家，取消辭職，並允就任北京大學組織委員會委員長及財務委員會委員。再至陳衡哲寓接洽教授事。

3月21日日記：

九時至陳百年君家，答其過訪兩次，允取消辭職，並允就北大組織委員會長及財務委員會委員……又至陳衡哲接洽教授事，陳女士慨允。時已十二時，又至陳百年君處復命，即在陳君家午餐。

3月24日，朱自清等自清華來訪。

3月24日日記：

朱自清、張曉初自清華來，談清華學生擬逐羅家倫校長事。

4月，北平大學女子文理學院成立，聘先生在史地系任課，先生因課務繁忙，推薦學生傅振倫代任。

傅振倫《蒲梢滄桑——九十憶往》（華東師範大學出版社，1997年，57頁）：

1929年4月北平大學女子文理學院成立，聘朱希祖先生在史地系講課，先生以課務繁忙，力不能及，乃薦我代課，每週初授《中國史學概論》兩小時，月薪40元。

5月6日，天津《益世報》因經費困難，停辦學術週刊，先生共主持二十七期。（《年譜》）

5月10日，致函周作人，並送還《沉鐘》譯稿一册。

周作人1929年5月10日日記(《周作人日記》,大象出版社,1996年,中册,639頁):

下午逷先來信,送還《沉鐘》譯稿一册。

5月10日,在北大講演《明代建三十三衛分併始末》。

《北大史學會通告》(《北京大學日刊》1929年5月9日):

本會定於五月十日(星期日)下午七時,在本校第二院大講堂,第一次公開講演。希會内外諸同學先生屆時賁臨爲盼。

講演者　朱希祖先生

題　目　明代建三十三衛分併始末

5月,北京大學史學會恢復,並頒佈《北大史學會簡章》。(《北京大學日刊》1929年5月7日)

6月15日,北京大學公佈先生及馬裕藻、劉復、沈兼士、錢玄同、馬衡、陳垣爲《國學季刊》編輯委員會委員,先生爲主任。

《本院佈告》(《北京大學日刊》1929年6月15日):

兹將季刊編輯委員會委員姓名宣佈於左:

《自然科學季刊》

經利彬　孫雲鑄　王　烈　丁庶爲　夏元瑮　王仁輔　秦　汾

《國學季刊》

朱希祖　馬裕藻　劉　復　沈兼士　錢玄同　馬　衡　陳　垣

《社會科學季刊》

黄右昌　何基鴻　樊際昌　徐炳昶　陳寅恪　徐寶璜　陶孟和

《國立北平大學北大學院佈告》(《北京大學日刊》1929年6月18日):

兹將各季刊編輯主任姓名宣佈如左:

《自然科學季刊》主任　經利彬

《國學季刊》主任　朱希祖

《社會科學季刊》主任　黄右昌

編者按:《國學季刊》自1923年1月創刊以來,因種種原因出版極不正常,1923年1月創刊後,當年出版了4期,1924年因經費原因未出刊,1925年出版至第2卷第1號後因時局原因停刊,這之前的編輯委員會主任爲胡適。先生接任後,接續出版,1929年12月出版了

《國學季刊》第2卷第2號,1930年出版了第2卷第3、4號。

6月19日,北京大學入學考試委員會決定先生爲本年新生入學考試中國歷史出題人,並爲外國歷史、中外地理出題召集人。

《入學考試委員會第二次會議》(王學珍、郭建榮《北京大學史料》第二卷中册,853頁):

到會者:徐寶璜　何基鴻　王　烈　樊際昌　王仁輔　關應麟
　　胡壯猷　馬裕藻　劉　復

議決事項:

1、平滬招考新生試題不得相同。

2、出題人員推定如下:

(一)國文:預科　°劉　復　錢玄同
　　本科　°劉　復　馬裕藻

(二)外國文:

(甲)英文　預科　°關應麟　張煜全　梅卓生
　　本科　°溫源寧　羅　昌

(乙)法文　預科　范致和　朱家健　°賀之才
　　本科　°賀之才　羅　塤

(丙)德文　預科　楊公庶　王霖之　°楊丙辰
　　本科　°楊丙辰　王霖之　王　晨

(三)數學　預、本科　胡沅東　趙　淞　°王仁輔　秦　汾

(四)中國歷史　本、預　朱希祖　王桐齡

(五)外國歷史　本、預　陳衡哲　陸懋德　°朱希祖

(六)中外地理　本、預　張星烺　諶稷如　°朱希祖

(七)物理　本、預　°文范村　張大椿　龍際雲　夏浮筠

(八)化學　本、預　°胡壯猷　丁緒賢　王守則　張貽侗

(九)博物　預科　°經利彬　王霖之　楊　鐸　陸仲恒

(十)論理　本科　韓述組　°樊際昌

3、各組出題人員由名上加圈者負責招集。

6月26日,評議會通過先生及沈兼士、馬裕藻、劉復、馬衡等爲研究所國學門委員。

《國立北平大學北大學院佈告》(《北京大學日刊》1929年6月28日):

茲將本月二十六日第七次評議會議決案公佈如左:

院長提出研究所國學門委員名單沈兼士、馬裕藻、朱希祖、劉復、馬衡

議決　　通過

……

6月27日,北平大學北京大學院恢復北京大學名號。北平大學區於7月1日停止試行。北大復校運動取得最終勝利。

《北京大學昨已恢復校名》(《京報》1929年6月28日):

北大學院學生會日前開會,議決恢復北京大學,組織暑期委員各節,已見報載。前日下午七時暑期委員會在第□院開第一次會議,議決於昨日恢復校名,已於昨日各院均改懸北京大學校牌,並懸校旗志慶,昨晨復致電蔡元培歡迎來平長校,並擬推代表至津歡迎。

《北平大學區七月一日停止試行》(《京報》1929年6月28日):

大學區制,經二中全會,議決停止試行,教育部並電令北平大學,定期停止具報,該大學已復電自七月一日遵行。……

編者按:國民政府行政院於八月六日正式議決"國立北大學院"改爲"國立北京大學"。(《京報》1929年8月8日)

6月,故宮博物院成立文獻館專門委員會,先生及沈兼士、陳垣、徐旭生、吴承仕、朱師轍、許寶衡、陳寅恪、傅斯年等人爲委員,指導職員分别整理各項檔案。

王愛衛《朱希祖史學研究》(博士論文,未刊,120頁):

1929年6月,故宮博物院文獻館成立專門委員會,指導職員分别整理各項檔案。委員會由沈兼士、陳垣、朱希祖、徐炳昶、吴承仕、朱師轍、許寶衡、陳寅恪、傅斯年等人組成。這些委員都是當時知名學者,特别是朱希祖、沈兼士、陳垣等人曾在北大領導過内閣大庫檔案的整理,積累了豐富的經驗。(王愛衛根據《北平故宮博物院文獻館一覽》第17、18頁)

本年還被聘爲故宮博物院圖書館專門委員。

蘇精《陶湘涉園》(蘇精《近代藏書三十家》增訂本,中華書局,2009年4月,91頁):

民國十八年(1929),(陶湘)應聘故宮博物院圖書館專門委員,這是近似客卿的專家職位,凡館内有關學術事項都由專門委員決定,同時應聘的有陳垣、張允亮、朱希祖、盧弼、余嘉錫、洪有豐、趙萬里、劉國鈞、朱師轍共十人。

7月,爲燕京大學史學會創辦的《史學年報》題寫刊名。(見該刊創刊號封面題籤)

7月31日,《河北民國日報》登載北京大學學生會暑期委員會7月30日會議十項決議,其中第三項爲:"朱、馬二教授,把持校務,黑幕重重,除由本會直接警告外,請學校當局嚴加取締。"朱指先生,馬指馬裕藻。

7月31日,向北大代理校長陳百年上辭職函。

《史學系主任致院長函》(《北京大學日刊》1929年8月5日):

百年先生左右:

頃見報載警告朱馬二教授把持校務,黑幕重重,請學校當局嚴重取締等語。希祖對於校務是否把持當在洞見之中,惟誠信不孚不能見諒於學生,以後本系事務自難進行,用敢辭去史學系主任之職,另行改造以利進行。

專此。敬頌

時綏

弟朱希祖敬上　七月三十一日。

8月1日,馬裕藻也遞辭職函:

《國文學系主任致院長函》(《北京大學日刊》1929年8月5日):

百年先生:

頃閱河北民國日報載有本校學生會詆藻之語,是實藻誠信未孚所致,敬請先生召集國文系教授會改造主任,俾得早卸仔肩,幸甚幸甚。

馬裕藻上　八月一日。

8月3日,代校長陳百年分別回函先生及馬裕藻。

《院長復史學系主任函》(《北京大學日刊》1929年8月5日):

逖先先生大鑒:

手示奉悉,先生主講北大垂二十年,諸生無不熱誠愛戴,若偶因學生誤會遽而灰心,將史學系主任辭去,則該系一切進行計劃勢將停頓。愛校如先生當不忍出此,務請以學校前途爲重,概允繼續擔任史學系主任,無任企禱。

專此。順頌

教祺!

弟陳大齊謹啟　八月三日。

編者按:給馬裕藻的回函內容與上基本一致。

8月5日,再致函代校長陳百年,交代史學系事務。

《朱教授致院長函》(《北京大學日刊》1929年8月17日):

百年先生左右:

史學系已辦、未辦之事,報告如下,以備下期史學系主任參考。

(一)已辦者

(甲)史學系改變課程制度曾經開本系教授會議,議決如下:

下學年史學系恢復年級制。

下學年史學系課程,中外通史在一、二年級教完;三、四年級中史分時代,外史分國或分時代。注重研究方面請有專門研究者任課,課程不預定,無,則不濫設。

(乙)史學系約定續聘之教授、講師:

馬衡、葉瀚(支半薪)、陳衡哲(支講師薪)(以上教授);陳垣、陳寅恪、張星烺、王桐齡、陳映璜、陸懋德、孔繁霱、羅家倫(以上講師)。

史學系約定新聘之教授、講師:

原田淑人、鄧之誠(已提出聘任委員會)、陳翰笙(已得院長允許與經濟系合聘)、毛準(以上教授,毛爲副教授);劉崇鋐、傅斯年(以上講師)。

二、未辦者

(甲)史學系課程表及指導書因教授、講師未接洽完全,故未編。

(乙)史學系尚需添聘之講師顧頡剛、翁文灝等尚有數人,或正在接洽未得其允許,或因不知住址正擬往請。今因事辭職不能再事接洽矣。

(丙)西洋史教課書及參考書,因課程尚未分配確定,各教員所開教課書多種,究以何種爲宜,故未寄買,兹亦停頓。

朱希祖敬上

八月五日

同日,陳百年致函教育部長蔣夢麟辭去北京大學代理校長,並離平南下回南京復考試院秘書長之職。

《陳大齊辭職,朱馬何亦告退》(《京報》1929年8月6日):

北大學院(北京大學)學生會,對該院朱、馬二教授參加院務,有所不滿。日前請學校當局嚴重取締。史學系主任朱希祖、國文系主席馬裕藻,聞訊辭職。教務長何基鴻,日前已上辭呈,謂事物繁難,體力薄弱,上學期事物,已告結束,招考新生事宜,亦告完竣,借資修養,遂我初服,懇請辭去教務長、三院主任、政治系主任各職,俾得專心講學。院長陳大齊一一去函挽留云。

又訊,陳大齊除挽留各主任外,昨電教育部部長蔣夢麟,表示辭職之意。原電如左:

部長鈞鑒,齊承乏北大,任重才輕,時虞隕越。兹幸學年告終,正可結束。謹電辭職,伏乞照準,陳大齊叩。

8月13日,長子偰赴德留學,入柏林大學學習財政經濟之學。(《年譜》)

9月16日,南京國民政府發佈命令,任命蔡元培爲北京大學校長,未到任之前仍由陳百年代理。

《國民政府令》(王學珍、郭建榮《北京大學史料》第二卷上册,275頁):

任命蔡元培爲國立北京大學校長。此令。

北京大學校長蔡元培未到任以前,以陳大齊代理。此令。

派陳大齊代理北京大學校長。此令。

9月23日,代校長陳百年再次致函先生及馬裕藻慰留。

《陳代校長致朱馬兩教授函》(《北京大學日刊》1929年9月23日):

幼漁、逖先先生大鑒:

昨以上課期迫,中國文、史學系事務諸待籌劃,主任一席懇請先生繼續擔任,仍未蒙允,殊覺慊慊。會談倉卒,未盡鄙懷,兹再爲先生縷晰陳之。北大精神在於教授治校,此正同人及學生歷來所努力維護而不容其破壞者。各系主任胥由教授互選,即所以表示教授治校之精神,故主任之進退,非他人所得而干預,亦不應受他人任何之影響。今先生因聞他人之煩言,堅决辭職,若學校貿然允許,另行改選,是學校自行破壞教授治校之精神,必非全校同人所許也。先生在北大講學十餘年,此十餘年中,學校變故頻仍,或風潮倏起,或横逆疊來,加以經費支絀,弦誦幾輟,先生無不勉力支撑,不忍見其敗壞淪亡。今校名幸告恢復,何得以細故遽告引退。且察蜚語之起,由於舊教授未能全返,於是有誤會先生在内阻撓者,不知散居南北各處之同人,齊曾再三電催返校授課,以各有職守,未便中道違棄,致未能全體返校。復電俱在,不難取證。此乃齊數月來焦慮苦思無方延致之事,又豈他人所能左右?總之,悠悠之口,本不足憑。北大受禍已鉅,端賴戮力維護。務乞先生即日復職,共勵良圖,勿僅爲獨善一身之計而遺學校以重大之憂。是所至禱,專此奉懇。敬頌

著安。

陳大齊謹啟。

同日,北大校長蔡元培從南京分别致函先生及馬裕藻,望二位先生“慨然

允回""主任原任"。

《蔡校長致朱逖先先生函》(《北京大學日刊》1929 年 9 月 30 日):

逖先先生大鑒:

北大恢復,弟雖願回校服務,而目前尚有窒礙,承百年先生體諒,決然離考試院而回校主持,其熱忱真可感佩,乃聞先生尚以前學生會之開罪而不肯復就歷史系主任之職,良深悵惘。學生會前此之表示,本不合理,先生盡可不必措意。弟致學生會函稱"對於學校當局設身處地知其難處,勿輕發無責任之言論,以取快一時而妨礙大局"即爲此等事而發,並曾向學生代表剴切勸告,爲具體説明,諒彼等早已覺悟,務請先生不咎其既往,勿再耿耿。抑先生對於百年先生之熱忱,諒不忍不爲之助。伏願慨然允回歷史系主任原任,協力進行。弟不久定當來平,從先生之後,一同盡力也。專此奉求,並祝

著祺。

弟蔡元培,九月二十三日。

同日,先生復職。

謝興堯《紅樓一角》(《子曰叢刊》第 2 輯,1948 年 6 月):

中間還有"朱馬"並稱的事,這完全與北大的校風有關。因爲自從蔡元培校長以來,便實行民主主義,絶對公開。校政方面有由重要教授組織的"評議會"決定一切。學生方面則有學生會,可以向學校當局建議。譬如説:有位先生,學校方面不願意請他,而學生慕其虛名,非請他不可,若兩方都堅持,則總有一方讓步,校方大半以拖延爲手段。自民十六革軍北伐,學界風潮尤爲澎湃,新留學回來的,誰都懂得政治手腕,於是設法煽動學生中的有力分子,以群衆爲後盾,向學校説話,名爲請求,實即要脅。這中間凡信仰、同鄉,各種關係都有,只要訃聞上所列的那些誼,都用得上,又以主義與黨誼的作用,最爲激烈,爲什麽都講究抓住大衆思想和心理呢?我還記得,似乎有位研究農村經濟的新人物(編者按:指陳翰笙),也曾在北大教過書,這時忽又想回北大作教授,學校當局大概是恐怕他戴的紅帽子,將來惹起麻煩。没想到這位先生便以學生爲鬥爭工具,來個"霸王硬上弓",説朱希祖(史學系主任)、馬裕藻二人把持校政,不肯聘請新人。中間也曾貼標語,鬧風潮,末了這位先生還是進來了。不過風言風語的總説朱馬是思想陳舊,老朽昏庸,這正是當時的新鮮詞兒,同時便是載在黨章下的不赦罪名。後來大鬍子(朱)之離開北大,或於此不無關係,一個大時代下,這種現象,本來毫無足異也。

9 月,次女倓入北京大學研究所國學門學習。三子僑入北京大學預科二年級。(《年譜》)

10 月 17 日,北京大學舉行 1929—1930 學年度評議會評議員選舉,先生當選爲評議員。

《國立北京大學佈告》(《北京大學日刊》1929 年 10 月 19 日):

本校本屆評議會選舉,已於本月十七日午後二時,在第二院會議室當衆開票,計收到選舉票四十二張,兹將其結果公佈如左:

當選評議員:

何基鴻 三十四票 王 烈 三十三票 馬裕藻 二十七票

關應麟 二十五票 夏元瑮 二十四票 朱希祖 二十二票

劉 復 二十二票 沈兼士 十七票 徐寶璜 十七票

胡濬濟 十六票 馬 衡 十六票 王仁輔 十五票

李書華 十四票 抽籤當選

……

10 月 18 日,分别致函北京大學研究所考古學會,東方考古學協會,辭去東方考古學協會委員。

《東方考古學協會委員朱希祖辭職書》(《北京大學日刊》1929 年 10 月 21 日):

(一)致北京大學考古學會

北京大學研究所考古學會公鑒:

東方考古學協會自成立以來,進行重大事務,如發掘貔子窩、牧羊城古物事件,均未經該會公開討論正式通過,致有種種遺憾。委員僅屬空名,協會等於虛設。希祖蒙選爲該會委員,對於上列重大事件皆不得預聞,委員一職實可取消。今謹辭去該會委員,俾免尸咎。伏祈亮宥爲荷。專此。敬頌

公安!

朱希祖謹上

十月十八日

(二)致東方考古學協會

東方考古學協會委員長、幹事長暨各委員、幹事公鑒:

本會自成立以來,進行重大事務,如發掘貔子窩、牧羊城古物事件,均未經本會公開討論正式通過,致有種種遺憾。委員僅屬空名,協會等於虛設。希祖忝爲委員之一,對於上列重要事件,其原委皆不預聞,謹辭去委員,以明責任。專此。敬頌

公安！

朱希祖謹上
十月十八日

桑兵《東方考古學協會述論》(《歷史研究》2000 年第 5 期)：

1929 年北京的講演會雖仍使用東方考古學協會之名，可是預定發表演講的協會委員朱希祖不僅未做報告，還於前一天分别向北大考古學會和東方考古學協會提出辭呈……由此可見，日方在中國東北進行的各項考古發掘，對其國内雖然堅持聲稱以東亞考古學會的名義，但在中國境内，爲了活動與交流的方便，確實借用了東方考古學協會的名義而未經雙方具體協商。朱希祖的辭職，代表了參與其中的中國學者對於日方誠意的懷疑和對其行爲的强烈不滿。

《公告》(《北京大學日刊》1929 年 10 月 19 日)：

東方考古學協會講演會
日期　十月十九日(星期六)下午二時
地點　第二院大講堂
講演人及講演題
濱田耕作　　世界各國研究東亞考古學的現勢
梅原末治　　Scythai 文化在歐亞考古學的意義
朱希祖
徐炳昶　　中國西北科學考察團考古工作之概略
張星烺　　中國人種中之印度日耳曼種分子

11 月 5 日，評議會決定先生爲本學年度財務委員會委員。(《北京大學日刊》1929 年 11 月 6 日)

11 月 9 日，北大研究所國學門發佈招收研究生通告，先生指導科目爲明清史。

《研究所國學門招研究生通告》(《北京大學日刊》1929 年 11 月 9 日)：

一、資格
甲、在國内外大學畢業者。
乙、有特别著作者
二、招考手續
……

三、導師指導科目

朱希祖　　明清史

葉　瀚　　雕刻瓷器之研究

黄　節　　漢魏六朝詩

馬裕藻　　古聲韻學

馬　衡　　金石學

沈兼士　　文字學

劉　復　　語音學

……

11 月,國立北平研究院史學研究會正式成立,先生被聘爲會員。

國立北平研究院《院務彙報·本院各部所會概況·史學研究會》(國立北平研究院《院務彙報》第 1 卷第 1 期,20 頁,1930 年 5 月)

本會於民國十八年十一月成立。已聘白眉初、李宗侗、吴敬恒、汪中、沈兼士、沈尹默、馬衡、馬廉、徐炳昶、陳垣、翁文灝、陸鼎恒、張繼、齊宗康、劉慎顎、樂鈞士、蕭瑜、朱希祖諸君爲會員,李宗侗爲常務委員兼幹事,本院院長及副院長爲當然會員。

12 月 5 日,爲傅振倫所編《新河縣志》作序。

《〈新河縣志〉叙》(《朱希祖文稿》第七册,鳳凰出版社,2010 年 4 月,42 頁):

作縣志之法,能兼得今世歷史地理二學科之所長乃得爲善志,蓋綦難矣。惟其爲歷史科學也,故必博訪遺事,廣儲史材,自古代地志、水經及近世一統志、省志、府州志以至本縣歷修舊志與夫鎮集小志、山水之游記皆必羅致,以備徵採;其次爲一縣事蹟人物見於正史、别史、雜史與夫雜記叢鈔者亦必採録儲備;而其尤要者,爲本縣先哲之著述及故家大族之譜牒、祠廟塚墓之碑志,一邑文化故實必於是乎徵,故必家求户訪以觀其實存,覽海内外藏書之目以考其遺逸,而又博咨期艾,旁採歌謡,文獻足徵,斯無憾事。惟其爲地理科學也,故必實測幅員之修廣、山川之崇深、氣候之寒燠、地質之新故、土壤之高下肥瘠、物産之盈虚消長、户口之疏密、職業之精窳,他若政治經濟、風俗文化之實況,皆應考察精密,統計真確。蓋一縱一横,經緯萬端,合公私財力,方克蕆功,斷非一手一足之烈所能奏績也。若非預爲二者之備,徒欲廣張類例,鋪陳條目,夷考其内必空無所有,奚足貴哉! 北京大學史學系畢業生傅君振倫,私淑章學誠方志之學有年,頗多心得,而又明於歷史地理二學科之條貫,嘗有著述以發起凡,近新修《新河縣志》告成,徵序於余。余讀其目,凡正編二十五卷,首末又各有一卷,有圖有表有考有紀有傳,綱舉目張,今古兼陳,新舊靡遺。余雖未讀其全書,不知其内若何,然傅君之才學足以勝任而無愧可以斷言也。至於文獻之難徵,考察之不備,當今中國無論何縣志,恐皆難免。蓋非一人所得負其責矣。吾爲此懼,特陳其易知而難行者於此,以備海内修志之士有所鑒焉。中華民國十有八年十二月五日海鹽朱希祖。

編者按:先生後人存有傅振倫手書一紙,録於下:

一、《新河縣志》體例多蒙指教,已一一改正,《食貨門》改訂如左:

前編:財賦(一)田賦,(二)地方財政

後編:(一)人民生活狀況,(二)農村經濟,(三)實業

《掌故考》擬改爲《故實考》或《獻徵考》,即以前"掌故考"諸類入之。

二、寵賜《新志》序文何時脱稿祈示之,以便來取。

三、今寄上《清史稿》審查報告十一頁。至《清史稿》及《東華録》諸書已由戴匡平收存。

四、編輯《史學書目商榷書》改正竣事否?

12月17日,作《北京大學史學系過去之略史與將來之希望》。

《北京大學史學系過去之略史與將來之希望》(《北京大學三十一週年紀念刊》1929年):

北京大學於民國六年以前,初無所謂史學系也,民國五年秋至六年夏,此學年内,文本科中僅有中國哲學門、中國文學門、英國文學門三項而已。至六年秋,始於中國文學門内分出一部分教員,及國史編纂處一部分編纂員,組織中國史學門。當時文科學長爲陳獨秀先生,竭力奬掖新文學,整頓中國文學門,本門教員於新文學有不慊者,大都改歸中國史學門。彼對於中國文學門,擬爲積極的建設,對於中國史學門,擬爲消極的安排,蓋具有不得已之苦衷也。然陳先生對於史學門,亦非無建設之意,曾勸希祖再至日本考察史學一二年,歸爲史學門主任,改革一切,希祖當時在中國文學門爲教授,方專研新文學,曾著《文學論》及《白話文之價值》等文,從事鼓吹,不願改入史學門,其時史學門尚無主任也。至民國八年五四運動後,乃推康心孚先生爲中國史學門主任,始添西洋史各課,而改爲史學系,於是始由一國的史學,而改爲世界的史學,此爲史學系第一次之改革。然當時所定課程,專偏重於史事之研究,而無社會科學等科目以爲史學基本科學也。至民國九年,康先生逝世,蔡孑民校長力舉希祖爲史學系主任

(編者按:此系先生誤記。康寶忠先生逝世於民國八年(1919)11月1日,同年12月蔡元培舉薦先生爲史學系主任。詳見本《編年事輯》1919年條),希祖雖嘗留學日本,專習史學,然所得甚淺,萬不足以當此任,然斯時留學歐美專習史學者,尚無其人,不得已濫竽充數。民國十年,史學系始有第一屆畢業生,希祖此時力主派選本系畢業生至德國留學,專習歷史與地理,歸國之後,任本系教授,庶史學系有改良之望。蓋其他各系,皆有留學歐美專門學者主持教務,史學系獨無,故有斯議,蔡校長力贊成之,故考選本系畢業生姚君士鼇學史學,理科畢業生毛君準學地理學,皆派至德國,惜近數年來,本校多故,留學經費,中斷數年,致彼二人有時不能入校學習,至今尚未歸國,從事改革,此雖爲憾事,然不久即可收其效果,此爲本系可紀之事一也。希祖頗思以歐美新史學,改革中國舊史學,曾聘西洋史教授翻譯新史學及唯物史觀等書,從事鼓吹,此爲本系可紀之事二也。以社會學政治學經濟學等社會科學,爲史學基本知識,列於必修科,此雖爲學術上當然之途徑,然使學生一改其研究史學之心理,不致專以多識史事爲史學,此亦可爲特紀之事,蓋由今觀之,實爲尋常,在當時則視爲異常也。凡此設施,皆思以文學的史學,改爲科學的史學,此爲史學系第二次之改革。然課程雖改,而無科學的歷史家爲之教授,則甚引爲遺憾,屢欲延請歐美歷史專家來校講授,已在德國及美國兩三次聘定名師,皆以國内戰事,經費欠發,輒行中止,雖有何炳松、陳翰笙、李璜諸先生來爲教授,介紹歐美新史學,然至民國十六七年間,北京大學改爲京師大學,諸先生皆先後遠引高蹈,希祖亦追隨去職,史學系至此,頓失舊觀。十八年春始恢復原狀,希祖亦於此時復職,然欲以全年課程,縮爲半年教完,故無改革之可言;然頗得名師,如陳寅恪、馬衡、張星烺、羅家倫、孔繁霱諸先生來校講授,氣象爲之一新。本年夏,希祖以西洋史教員之難聘,引咎辭職,至秋,以蔡校長、陳代理校長及本系諸同學之敦勸復職,不得已重新視事。希祖點察過去史學系之課程,弊在全恃教員的灌注,而無自動的研究;且課程太繁,亦無研究餘晷,乃分四年課程爲二部:前二年授史學之基本科學及通史;後二年使各就性之所近,專選一課爲專門之研究,其餘選擇其所必需之課聽講,課程不預定,有專門教授乃爲設課,於是由普通史的灌注進而爲專門史的研究,此爲史學系第三次之改革。然本系缺點尚多,史學進步無窮,將來如何設施,此有待於全系各教授共同規劃矣! 至於將來之希望:其一,爲本系派送德國留學歷史地理之姚、毛二君回校,或新聘外國有名之歷史專家來校,以學理改革本系。其二,希望本系同學於初入系時,必先確定將來爲歷史著作家,抑爲歷史哲學家? 如欲爲歷史著作家,則於歷史文藝,必先從事研究,將來擬特設歷史文藝一課,以資實習,庶幾著述國史,翻譯外史,文理密察,足以行遠;如欲爲歷史哲學家,則不必爲專門史之研究,於普通歷史外,須從事社會科學及哲學,博習深思,經緯萬有,著書立説,指導人類,蔚爲史學正宗,此皆希祖之所深望也。中華民國十八年十二月十七日北京大學三十一年紀念日。

關於發起組織"中國史學會"事

1月1日,北平《新晨報》、天津《大公報》報導了中國史學會的籌備情況。

1月2日,至陳寅恪處談天。午後,至葉瀚處,約其共同發起中國史學會。

1月2日日記:

上午至陳寅恪處談天……飯後至葉浩吾先生處,約其共發起史學會。

1月3日,至女師大,訪史地系女生,請其全體加入中國史學會。

1月3日日記:

午後訪陳衡哲女士、劉儒林君,皆不晤……至女子師範大學(現稱北平大學師範第二學院),訪史地系女生,請其全體加入中國史學會。

1月5日,輔仁大學史學系全體學生加入中國史學會,並舉出代表二人。

1月5日日記:

輔仁大學史學系學生擬全體加入中國史學會,舉出代表二人,一爲王育伊,一爲劉書聖。

1月6日,至師範大學接洽史學會開會會場。

1月7日,起草《發起中國史學會的動機和希望》。

《發起中國史學會的動機和希望》(天津《益世報·學術週刊》1929年1月14日)原文較長,概述如下:

該文説了三大動機,七大希望。動機一,打破孤獨講學的舊習;動機二,打破專靠學校來講習史學的舊習;動機三,打破史學爲政治的附屬品,使之成爲社會的獨立事業。希望一,先辦個史學月刊或史學季刊,把研究所得有價值的論著和記載發表出來,供國内外的同人相互考校批評;同時介紹世界各國現代史學家學説及其著作,或其他史學消息,以求瞭解現代世界史學的趨勢。希望二,先從北平做起,逐漸發展到全國,聯絡全國各大學史學系的教員和學生以及社會上研究史學的專家,共同發揚史學。希望三,編輯中國歷史的人名地名詞典、各種歷史索引,搜集史料,翻譯外國記載中國的史料和各國歷史名著。希望四,改良史學教育事業。希望五,凡爲會員者,均宜自由認定研究方向,專門研究數年,然後著述,以成高深之學問;並相互勸勉學業,相互交換知識,相互提供材料,使我國的史學研究得以與世界先進國家並駕齊驅。希望六,在北平的會員,要對重修清史、倡修民國十七年史(建都北京時代)、整理清代和民國檔案等工作負起責任。希望七,散在各省的史學系或史地系的畢業生,要對改良地方史負起責任。

1月10日,與張星烺至清華大學羅家倫處,擬《中國史學會簡章》。

1月10日日記:

燈下偕亮塵至清華大學訪羅志希,擬《中國史學會簡章》。十時眠於清華。

1月11日,籌備史學會開會事。

1月11日日記:

録中國史學會發起人名單……囑大兒草《中國史學會簡章》,並命繕簡,約記者赴中國史學會。

1月12日,約莊嚴入史學會,準備史學會開會會場。

1月12日日記:

二時半至團城晤莊尚嚴,約其入中國史學會。莊研究金石學,爲古物保管分會秘書……又至北平大學第一師範學院訪史系生朱元銘,請其設備史學會會場事,並繕印發起人名單及《史學會簡章》。

1月13日,中國史學會正式成立。

1月13日日記:

午後一時至師範大學開中國史學會成立會。到會者有北京大學、清華大學、師範大學、燕京大學、輔仁大學、女子師範大學六校教授、學生共九十四人。三時開會,群推余爲主席。報告籌備情形,討論通過簡章。時爲時已晚,城外來者有十餘人退席。選舉委員九人。共七十六人投票,余得七十四票,陳垣六十票,羅家倫四十九票,錢玄同四十三票,王桐齡四十一票,張星烺三十九票,沈兼士三十三票,陳衡哲三十一票,馬衡三十票當選。候補者陶孟和、袁同禮、蕭一山、劉崇鋐、翁文灝。時已上燈,疲乏已極,急回家。晚餐後與家人談天即睡。

1月20日,開史學會第一次委員會。

1月20日日記:

二時赴輔仁大學開中國史學會第一次委員會。互選主席、部主任等。到會者,余及陳垣、馬衡、沈兼士、張星烺、陳衡哲、王桐齡,乃行互選,結果余當選爲主席及征審部主任,編譯部陳垣,出版部王桐齡,圖書部張星烺。時錢玄同亦到會,委員惟羅家倫不來。

1月21日,訪胡適,並引胡適參觀史學會所借用之辦公地點。

1月21日日記:

午後二時,訪袁守和、陳衡哲,皆不遇。四時至陟山門六號訪胡適之,出示《入聲考》一篇,謂古韻陰平皆爲入聲。陳衡哲女士亦出見,同觀中國史學會所借用之樓房。其樓三楹,東對景山,五亭山巍然,西對北海瓊島白塔,風景甚佳。

2月20日,擬致蔡元培信。

2月20日日記:

擬致蔡孑民先生信,爲中國史學會向中央研究院請津貼《史學季刊》事。

2月21日,開史學會委員會。

2月21日日記:

正午至西長安街忠信堂飯店請客午餐,到者胡適之、徐旭生、陳援庵、沈兼士、馬叔平、任叔永、陳衡哲及伯商大兒。飯後,胡、徐、任三君先去,陳君及余等五人開中國史學會。通過幹事十二人,書記、會計二人。又討論致蔡孑民書,僉主修改後發。是日所請尚有張亮塵、王嶧山、羅志希三君未到。

3月24日,召集中國史學會幹事開會。

3月24日日記:

午後二時至北大史學系教授會開中國史學會幹事會,到者北大戴匡平、余遜,師大朱元銘,清華張貴永、張大東,輔仁王育伊,書記張介庥,餘未到,四時半散會。

關於審查《清史稿》事

1月3日,至團城見齊彦衡,請其速送《清史稿》至各審查員處。

1月7日,至北京大學東齋宿舍,考察史學系學生審查《清史稿》事。

1月7日日記:

午後,至北京大學東齋宿舍考察史學系學生審查《清史稿》事。人數雖不多,然略有成績。

傅振倫《蒲梢滄桑——九十憶往》(華東師範大學出版社,1997年,7—8頁):

我六叔爲復盛隆駐天津採辦貨物,我在北大讀書,常常一同乘火車返里。……1929年3月20日……第二次擠上任應岐國民革命軍軍長(原第一集團軍第四軍團)駐德州的軍隊營商的汽車,押車的軍人攜帶"盒子槍"注目着旅客。過了城西運河,開往故城北的麥田裏,讓全車的人都下車,搜去現洋、手錶、眼鏡等。……在這次浩劫中,我的柳條箱全部丟失,最可惜的是爲朱希祖先生審查的《清史稿》報告,一部份《新河縣志》稿,《太史公修史年月考》和《國際公用語的創造史》,後兩稿再也無法寫出來了。

編者按:先生後人處還存有當年北大史學系部分學生的審查《清史稿》報告。有傅振倫《審查〈清史稿〉意見書》、《審查〈清史稿〉報告》;戴匡平《審查〈聖祖本紀〉報告》;師茂才《審查〈太祖本紀〉報告》、《審查〈世祖本紀〉報告》。另有傅振倫手書一紙,録於下:"……三、今寄上《清史稿》審查報告十一頁。至《清史稿》及《東華録》諸書已由戴匡平收存。"

1月10日,周作人收到《清史稿》十九册。

周作人1929年1月10日日記(大象出版社,1996年,中册,578頁):

收故宫博物院送來《清史稿》列傳十九册。

1月12日,至團城訪莊尚嚴,請其分送《清史稿》與審查人。

1月13日,爲《清史稿》事,訪陳垣、陳寅恪。

1月13日日記:

九時至陳援庵君寓,借閲金梁《息侯雜著》,中有言《清史稿》事。惜爲友人攜去,俟還再借。又至陳寅恪處。

2月13日,前北京觀象臺臺長常伯琦來,繳還託其審查之《清史稿》中之

《天文志》、《時憲志》。

2月13日日記：

早餐後，常伯琦先生來還《清史稿》中《天文志》、《時憲志》。因日前請其審查，頗多指摘簽注。伯琦名福元，江蘇江寧人，明常遇春之裔，北清水師學堂畢業生，其長於天文曆算，著有《天文儀器志略》、《中星儀説》、《泰公元法通考》、《中西對照恒星録》及《象數雜記》等。前爲北京觀象臺臺長，年五十。

3月10日，與陳垣、沈兼士、劉半農聯名致信蔡元培，推薦常伯琦爲中央研究院天文研究所研究員。

3月10日日記：

寫蔡孑民先生信，薦常伯琦爲中央研究院天文研究所研究員，與陳援庵、沈兼士、劉半農同具名。

3月24日，接故宫博物院函，談審查《清史館》酬勞事。

3月24日日記：

早餐後接故宫博物院函，謂審查《清史稿》擬以《清史稿》一部一百三十一册酬勞，時館中定價每部銀一百元。

3月25日，至陳寅恪處談清史審查事。

3月25日日記：

傍晚至陳寅恪君處談清史審查事，陳君亦有糾謬十餘條，尚擬再審。回家晚餐後仍審查《清史稿·邦交志·俄羅斯》篇。

3月28日，陳寅恪寄來《清史稿》審查報告一份（原件藏先生後人處，未收入《陳寅恪書信集》，下文根據原件整理，難辨之字，用□代替）：

一、《高宗本紀》乾隆三十八年不載以清文譯漢《全藏經》事。

考清高宗清文翻譯《〈大藏經〉序》云："若夫訂《四庫全書》及以國語譯漢《全藏經》二事，胥舉於癸巳年六旬之後，既而悔之，恐難觀其成。越十餘載而《全書》成，兹未逮二十載而所譯漢《全藏經》又畢蕆。夫耳順、古稀，已爲人生所艱致，而况八旬哉。兹以六旬後所創爲之典，逮八旬而得觀國語《大藏》之全成，非昊乾嘉庇，其孰能與斯。而予之所以增惕欽承者，更不知其當何如矣。（中略）乾隆五十五年二月初一日。"觀此可知清高宗視譯漢《藏經》爲滿文，與訂《四庫全書》同一重要，而《清史稿·高宗本紀》乾隆三十八年僅載命劉統勳等充辦理《四庫全書》事,而不記以清文譯漢《藏經》事。又鄧晅安(嘉慶丁卯歲作)《〈般守意經章句〉序》云:"歲辛亥壬子任户曹時,有滿官名佛爾啣額者,由清字經館升户部郎中。"又清代譯西藏文經爲漢文最多之工布□,其官銜亦有清字經館名,可知清字經館亦與清四庫全書館同爲有閣之文化機關也。

二、《藩部・西藏傳》:"每營營官一人或二人,以喇嘛、黑人參任之。"按:H・A・yäschke《藏英字典》,mi nag(-pa-on-pa)義爲俗人、在家人。□其不衣黄或紅,與喇嘛不同故也。"黑人"二字似應加以解釋,但不知他處是否有解釋,尚須查檢。

三、《恭親王奕訢列傳》:"誘執法使巴夏禮。"按:巴夏禮爲英人,後爲英吉利駐華公使。見《交聘年表》,又見《肅順傳》及《邦交志》均不誤,但《邦交志》作"巴夏里",譯名前後不一致。

匆匆略記數條,尚希教正。因無暇詳檢,有負盛意,惶恐之至。尚乞原宥爲幸。敬請
遜先先生暑安。

弟寅恪頓首　　三月二十八日

4月6日,清華大學史學系學生羅香林致信先生,並附《擬於〈清史稿〉補〈華僑志〉説明》,建議在《清史稿》中增加《華僑志》一章。(羅香林信及説明,藏先生後人處)

4月12日,致信張元濟,答其所問審查《清史稿》事。

《清史稿》共一百三十一册,五百三十六卷,校勘既不精,脱誤無從校補,披覽數月,時作時輟,雖略有所得,而分任各家尚未交稿,且實際交稿者不過三四人,亦僅能審一小部分,故所得必不能滿衆望,將來擬將書法叙論之謬戾,重大事實之遺漏及錯誤分爲三部,各舉大凡,略舉類例,作爲報告書,聊以塞責。蓋此事本以塞不欲發行者之口,非欲爲此未完備之稿浪作糾謬也。

8月3日,周作人寄審查報告一份。

周作人1929年8月3日日記(大象出版社,1996年,中册,681頁):

送還《清史稿》十九本,又致函遏先報告審查結果。

周作人致信及審查報告(原件藏先生後人處,下文根據原件整理):

遏先兄:

久不相見，爲念，想必興居佳勝。關於《清史稿》事，别寫一正式報告，以便結束所察閲爲荷。匆匆不盡，順請近安。

弟作人啟　八月二日

啟者，關於審查《清史稿》工作，鄙人擔任列傳一部分。計共十九本，現已閲訖。查其中尚無甚悖謬之處，除將原書十九本繳還故宫博物院外，特將審查結果奉聞。專此上

逷先先生台鑒。

八月二日　周作人啟

本年12月4日，故宫對外宣佈《清史稿》審查工作完成。

先生1930年2月7日致張元濟信：

《清史稿》事頗多内幕，其始因館員索欠薪須售史稿以償，故借審查之名以相拒，其實審查不過託辭耳。希祖等二三人頗有糾謬數百條，屢催開會報告，而故宫博物院竟置之不理。其後，因趙爾巽家上呈國府催售《清史稿》，償還趙氏印刷費二萬元，於是故宫博物院秘書長李宗侗以"反革命"三字禁止《清史稿》之發行，報上發表之審查報告十餘條，即復呈國府之文，皆係李君一人所爲，希祖等實未預聞。且希祖派爲審查員，實非國府所派，係集合故宫博物院專門委員分任其事，而群推希祖爲主任，此事李君實不贊成，故早無形消滅。此次一人單獨發表，不開會通過，其私衷益昭然矣。趙氏詐索印費固爲可惡，蓋印刷費係公款，且係遼寧方面所付，故《清史稿》印出時遼方即取去四百部，以償此款矣，惟預約購《清史稿》者，出資百元僅得半部，爲太冤耳。

編者按：李宗侗所作《故宫博物院呈請嚴禁〈清史稿〉發行文》，所列《清史稿》十九項罪名如下：一、反革命。二、藐視先烈。三、不奉民國正朔。四、例書僞謚。五、稱揚諸遺老鼓勵復辟。六、反對漢族。七、爲滿清諱。八、體例不合。九、體例不一致。十、人名先後不一致。十一、一人兩傳。十二、目録與書不合。十三、紀表傳志互相不合。十四、有日無月。十五、人名錯誤。十六、事蹟之年月不詳載。十七、泥古不化。十八、簡陋。十九、忽略。

又按：所謂"惟預約購《清史稿》者，出資百元僅得半部，爲太冤耳"，有一故實：《清史稿》共一百三十一本，分期印行，印行前先發售預約卷，每部一百元。1927年，印行五十本，預約者皆取去；1928年，續印三十本，預約者有取去者，有未及取去者。正此時，故宫博物院呈請禁止發行《清史稿》，故出一百元預約《清史稿》者，最多得八十

本,與一百三十一本之全部《清史稿》,尚差五十一本。事詳見朱師轍《清史述聞》。

關於中央研究院歷史語言研究所事

本年,中央研究院歷史語言研究所由廣州遷至北平。原設立於故宫午門的國立歷史博物館由史語所接收。8 月 13 日,國立歷史博物館改組爲"國立中央研究院歷史博物館籌備處",並成立籌備處委員會,中央研究院院長蔡元培聘先生爲該籌備委員會常務委員長,傅斯年、裘善元爲常務委員,陳寅恪、李濟、董作賓、徐中舒爲委員,裘善元爲管理主任。

《國立中央研究院歷史語言研究所十八年度報告·國立中央研究院歷史博物館籌備處十八年度報告》(歐陽哲生主編《傅斯年全集》第六卷,湖南教育出版社,2000 年,89 頁):

本館經國民政府教育部劃歸本院管轄後,十八年八月十三日,由本院歷史語言研究所接收,改定名稱爲國立中央研究院歷史博物館籌備處。成立籌備委員會,由院長聘任朱希祖爲常務委員長,傅斯年、裘善元爲常務委員,陳寅恪、李濟、董作賓、徐中舒爲委員,由裘委員擔任管理主任。館中職員仍就原有四人分配工作,籌備進行。所有本館原有物品仍陳午門樓上,開放閲覽。

9 月,中央研究院歷史語言研究所組織"明清内閣大庫檔案編刊會"(即"明清史料編刊委員會"),推定先生及陳垣、陳寅恪、傅斯年、徐中舒五人爲編刊委員,指導史語所明清内閣大庫檔案整理工作。

《國立中央研究院歷史語言研究所十八年度報告·各組工作·整理内閣檔案》(歐陽哲生主編《傅斯年全集》第六卷,湖南教育出版社,2000 年,60 頁):

當開始整理時,本組即同時組織明清内閣大庫檔案編刊會,推定陳寅恪、朱希祖、陳垣、傅斯年、徐中舒五人爲委員。計審定編印之史料叢書一種(清代官書記明臺灣鄭氏亡事),《明清史料》四本。

本年,中央研究院歷史語言研究所將先生《宋代官私書録考》、《宋代金石書録》排印出版。

《歷史語言研究所工作報告·十八年十一月至十九年一月·國立中央研究院歷史語言研究所出版書及將出版書表》(歐陽哲生主編《傅斯年全集》第六卷,湖南教育出版社,2000 年,125 頁):

……

《宋代官私書録考》　朱希祖　印刷中
《宋代金石書録》　朱希祖　印刷中
……

本年著述

一、有關南明史及明季史籍題跋

《大明魯監國五年大統曆跋》(1月3日)、《皇明經世文編跋》(《北大圖書部月刊》第1卷第1期)、《十願齋全集跋》(《北大圖書部月刊》第1卷第2期)、《再跋十願齋全集》(《北大圖書部月刊》第1卷第2期)、《稽古篇跋》(12月15日)、《嶺海焚餘跋》、《明季杭州讀書社考》(6月25日)、《永歷大獄十八先生史料評》(《北京大學國學季刊》第2卷第2號)、《清内閣所收明天啟崇禎檔案清折跋》(《北京大學國學季刊》第2卷第2號)、《南明三朝史官及官修史籍考》(《清華週刊》第30卷第7期)。

二、其他發表之著述

《胡適〈水滸傳後考〉質疑》(《益世報·學術週刊》1929年1月7日)、《鈔宋紹定本武經總要跋》(《益世報·學術週刊》1929年1月28日)、《建文刻本漢唐秘史跋》(《益世報·學術週刊》1929年1月28日)、《粤東之風序》(《清華週刊》第30卷第1期)、《弔之起源》(《清華週刊》第30卷第4期)、《清史稿藝文志雜史類黄宗羲著作目匡謬》(《清華週刊》第30卷第5期)、《跋寧昌羅氏亞洲各國史講義》(《清華週刊》第30卷第6期)、《墨子備城門以下二十篇係漢人僞書説》(《清華週刊》第30卷第9期)。

書賬兩份

在先生本年2月1日及2月4日日記中附有書賬兩份,現録於下:

2月1日書賬

收:洋四十元(師大),又三十元(家)。《兩朝從信録》洋七十八元。共一百四十八元。

付:修綆堂洋三十五元,九經堂洋二元,商務印書館洋十一元一角六分,藝文書局洋三元,松筠閣洋七十八元。共一百二十九元一角六分。

2月4日書賬

收:洋二百六十又十元,清華洋八十元,一百元,文學史一元五角,《學術週刊》七元。共四百五十八元五角。

付:直隷局《牧齋全集》洋八十元,修綆堂洋四元,帶經堂洋四十六元,九經堂洋三元,匯文堂洋五元五角,鴻寶閣洋三元五角,瑞文齋洋五元,文奎堂洋十元,宏濟堂洋六元二角,西集成局洋十五元(清),三友堂洋四十八元(清),匯記局洋五十元,文英閣洋三元五角,東亞書局洋一元五角五分,寶華堂洋十一元,文華堂洋四十六元,文苑齋洋四元,文萃齋洋七元五角,宏遠堂洋三十元,通學齋洋三十元,來熏閣洋三元,保萃齋洋十七元,久安堂洋二元五角,宏道堂洋七元,邃雅齋洋二十四元,瑞文堂洋十元,宏遠新賬洋二十六元,文禄堂洋十五元,南集成洋四元,文友樓洋二元,寶文局洋七元。共五百二十七元二角五分。

一九三〇年(民國十九年庚午)　先生五十二歲

3月17日,北京大學改選各系主任,先生繼續當選爲史學系主任。

《國立北京大學佈告》(《北京大學日刊》1930年3月18日):

本校各系主任照章在第二學期之初改選半數,並經抽籤決定本届應行改選之學系爲物理、化學、地質、哲學、心理、國文、史學、法律等八系,兹將改選結果公佈如左:

……

史學系

朱希祖　二(當選)

馬　衡　一

……

3月20日,與陳百年、沈兼士、沈尹默、錢玄同、傅斯年等在《北京大學日刊》上發佈《蕭山單不庵先生追悼會啟》。

《蕭山單不庵先生追悼會啟》(《北京大學日刊》1930年3月20日):

啟者,蕭山單不庵先生,性行高潔,學問閎深,前在北京大學教授多年,循循善誘,不懈不倦,後任中央研究院研究員,僑居滬瀆,閉户深研。本年一月十三日因病逝世,哲人其萎,曷勝悲惻。同人等爰議三月三十日下午二時在北京大學第三院開會以資追悼。再,不庵先生在世時,潛心學殖,不事生産,卧病累月,負債甚鉅,棺殮之資,胥出借貸,遺孤幼弱,復鮮宗親,同人等念死者之懿德,憫生者之無怙,並議籌集賻金以充遺孤教養之資。

諸君子於不庵先生或交好有素,或共事多年,諒蒙樂予贊同共襄斯舉。此啟

發起人

王　烈　馬　衡　傅斯年　沈尹默　馬　廉　楊樹達　沈兼士

陳大齊 趙萬里 朱希祖 陳君哲 劉 復 何基鴻 張 頤
劉文典 周作人 張 煦 鄭 奠 林 損 張勁先 錢玄同
徐炳昶 張智揚 錢稻孫 馬裕藻

3月30日,參加單不庵追悼會,出席者爲北京大學及北平教育界人士,共五十餘人,當日演説者有先生及陳百年、錢稻孫、錢玄同、馬裕藻、林損、楊樹達等。(何士驥《單不庵先生追悼會紀事》,《北京大學日刊》1930年5月23、24、26日)

4月16日,《北京大學月刊》改爲《北大學生月刊》,先生及周作人、馬裕藻等人被請爲顧問。

《北大學生月刊》委員會顧問名單(《北京大學日刊》1930年4月19日):

(以姓名筆劃多寡爲序)
王仁輔 王 烈 白□飛 朱希祖 何基鴻 李麟玉 李建勳
周作人 林 損 邱 椿 胡睿濟 馬裕藻 孫雲鑄 夏元瑮
徐炳昶 徐寶璜 秦 瓚 陳大齊 張貽侗 張 頤 張奚若
陶孟和 黄 節 黄右昌 温源寧 賀之才 傅 銅 楊震文
經利彬 鄧之誠 劉 復 劉崇鋐 樊際昌 錢玄同 戴 夏
Gralmu Jamson Kiohaids

4月20日,與周作人、馬裕藻在忠信堂宴日本學者原田淑人,並邀陳百年、徐旭生、劉半農、馬衡、陳垣、錢稻孫、沈兼士與宴。

周作人1932年4月20日日記(《周作人日記》,大象出版社,1996年,下册,49頁):

上午至忠信堂與逷先、幼漁共宴原田淑人君,並邀百年、旭生、半農、叔平、援庵、稻孫、兼士共十一人,下午三時半散。

4月,受故宫博物院文獻館副館長沈兼士之託,審定乾隆内府銅版地圖。

《乾隆内府銅版地圖序》(《朱希祖文稿》第七册,鳳凰出版社,2010年4月,394頁):

乾隆内府銅版地圖共一百零四方,縱分爲十三排,故舊時稱爲"乾隆十三排地圖",清代藏於内府,臣民不得而見。仁和邵懿辰《四庫簡明目録標注》云:"乾隆十三排地圖,南至瓊海,北極俄羅斯北海,東至東海,西至地中海,西南至五印度南海,合爲一地圖,縱横數丈而剖分爲十三排,合若干葉,每葉注明經緯度數,蓋本康熙圖,而製極其精推極其廣,從古地圖未能及此者也。徐星伯有此本,相傳爲乾隆初年所作,及康熙二圖,皆内府銅版精刻而外間流傳甚少,乾隆本尤罕見。今内府此等銅版恐皆不存,徐星伯圖今入陳壽卿家,曾滌生曾見之。"又云:"《方略》館有地圖刊本,大盈數丈，西北各邊皆滿洲字，內地則漢字，不知何時所刊。"案邵氏未見十三排地圖，但聞之曾氏，故僅知圖之四至及排數，而不知有一百零四葉，《方略》館之圖則邵氏似曾見之。

北平故宫博物院文獻館曾在故宫發見地圖銅版一百零四方，初不知其鑄於何年，且是否完全。民國十九年四月，文獻館副館長沈兼士先生委余審定。余乃飭館役將銅版陳列廣庭之内，排比完整，數之爲十三排，又見前有清高宗御製詩二首，始知此圖爲乾隆二十五年所鑄，而圖之四至又適與邵氏所記合，遂審定爲乾隆十三排地圖。此圖蓋自鑄成後僅印一次，緘藏内府，秘不示人，不圖越一百七十年至於本日而再顯於世，豈非幸乎！余當時曾作報告書一通，詳述其製圖之歷史，存於館中，今將重印，故復爲之序。

……

編者按：據先生《乾隆内府銅版地圖序》，爲審定該圖，先生與陳垣書信往來，反復研核，陳垣爲先生抄録了天主教會載籍内有關資料，先生查閱了日本稻葉君山《清朝全史》中相關資料、邵懿辰《四庫簡明目録標注》中相關記載、樊國梁《燕京開教紀略》、《清史稿·何國宗傳》以及其他中外史料，詳考該圖繪製之歷史以及中外參與測繪、繪製該圖的主要人員名氏。該序對研究中國測繪史、地圖編製有着極爲重要的參考價值。

孫果清《乾隆〈皇輿全圖〉》：

明朝末年，義大利傳教士利瑪竇把西方經緯度測量技術和帶有經緯網格的地圖及繪製方法介紹到中國來，對中國的士大夫來説，僅僅是一種新奇的東西，而没有當作新技術加以推廣。

清初國力强盛，爲鞏固疆域，維護國家統一的需要，康熙皇帝親自籌劃，並決定利用西方的人才和技術，在全國範圍内開展經緯度大地測量和編制全國地圖的工作。於康熙四十七年（1708 年）由中國官員和西方傳教士組成測量隊，歷經十年完成了中國第一次實測地圖——康熙《皇輿全覽圖》。但是，康熙年間，因新疆準噶爾叛亂，西部測量僅止於哈密。故《皇輿全覽圖》還不是完整的全國實測地圖。

乾隆朝，平定準噶爾、大和卓、小和卓以後，乾隆帝於乾隆二十一年（1756 年）開始，先後兩次分别派劉統勳、何國宗、明安圖等中方測量人員與西方測量人員傅作霖（Felix da Rocha）、高慎思（Joseph a' Espinha）等前往新疆天山南北兩路測量經緯度，測得哈密以西至巴爾喀什湖以東、以南地區93個點經緯度數據。又重新測繪了西藏地方,通過這次測量,獲得中國第一次全國版圖内的經緯度網點734點的成果,並取得全國1711處經緯度值。從而完成了康熙年間,尚未完成的測繪。於乾隆二十五年(1760年)在康熙《皇輿全覽圖》的基礎上加以補充修訂,繪製了乾隆《皇輿全圖》。使我國首次實測全國地圖的工作得以全部告竣。乾隆二十七年以後,又略有修正。乾隆四十年(1775年)由法國傳教士蔣友仁製成銅版104塊(含地圖103頁,乾隆御製詩1頁)每塊版内框40×66cm。全圖自北而南依緯度劃分,每5度爲一排,共分裁十三排,故又稱“乾隆十三排圖”。開本縱横46.5×75.5cm。

該圖以通過北京的經線爲中央經線,其範圍:東自庫頁島,西迄地中海(東經37°至西經97°),南起南海、印度洋,北至北冰洋(緯度爲18°至80°)。就其地理範圍而言,大致包括整個亞洲大陸。中國境内行政區依乾隆二十三年(1758年)前後的建置爲準,各府、州、縣及山、河等名稱,經修訂後均用漢文標注。比例尺約爲140萬分之一。比康熙《皇輿全覽圖》大一倍多。係中國古代採用經緯網繪圖法,首次測繪最完整的全國輿圖。這套區域面積之廣,精度極高的大地圖,被朝廷視爲珍寶,藏於内府,密不示人。初印本,數量有限,當時分别藏於紫禁城内的乾清宫、内務府以及清漪園、圓明園、静宜園、静明園、避暑山莊等處,供皇帝御覽之用。至今傳世極爲罕見,有多種文獻記載説,初印本已不存。實際上目前梵蒂岡教廷圖書館和中國國家圖書館還各藏一部。

1925年5月,北平故宫博物院文獻館,清點故宫造辦處存物時,發現銅版104塊。1932年,經朱希祖先生整理,鑒定爲乾隆朝《皇輿全圖》,並用該銅版印刷了十套,題名爲《乾隆内府輿圖》,同時增加了朱希祖、翁文灝的序文(版框:31.5×50.3cm)各2頁,共計108頁(張)。於首頁鈐印:故宫博物院版權之印。1988年,筆者應國家文物局、測繪局聘請,編輯《中國古代地圖集》,到故宫博物院拍照銅版,發現銅版已不能用。

《乾隆内府輿圖》測繪範圍之廣,内容之詳,繪刻之精,在中國古代地圖測繪史上均是空前的,也是世界測繪史所罕見。其科學性極强,且精製銅版印刷,成爲頗有價值的全國輿圖。這部欽定《皇輿全圖》,由於當時僅供官中使用。具有進入内府資格的人非常有限,因此大多官員與學者根本不知有此精密的地圖存在。既便是1932年原銅版二次印本,也只是由故宫博物院、北平圖書館等政府部門珍藏。民間無存。後因日本入侵,局勢不穩,1936年文物南遷時,民國政府帶走了一套,現存臺灣中央圖書館。不久,英國人也搞到了一套,現存入大英圖書館。目前僅只國内還有六套。(分别藏於:國家圖書館、故宫博物院、北京大學圖書館)

……

銅版二印本中,增加的翁文灝、朱希祖之序文,十分重要。其所述内容主要根據蘇西孩(Souciet)著《印度、中國數學、天文、地理、歷史及物理觀察》(1729 年巴黎版)和杜赫德(Du Halde)著《中國地理、歷史、政治及地文全志》(1735 年巴黎版)等西文舊籍。使人們得知清初大地測量的詳細經過及參測人員。對研究中國測繪史、地圖編製有着極爲重要的參考價值。

6 月 24 日,周作人來訪。

周作人 1930 年 6 月 24 日日記(《周作人日記》,大象出版社,1996 年,下册,79 頁):

上午往訪逷先、半農。

10 月 13 日,北京大學選舉 1930—1931 學年度評議會評議員,先生當選。

《國立北京大學佈告》(《北京大學日刊》1930 年 10 月 15 日):

本校本届評議會選舉,已於本月十三日上午十時,在第二院會議室當衆開票,計收到三十二張,兹將結果公佈如左:

王　烈 二十六票　馬裕藻 二十五票　何基鴻 二十四票
劉　復 二十票　沈兼士 十八票　樊際昌 十八票
胡　適 十六票　朱希祖 十五票　朱錫齡 十五票
王仁輔 十四票　賀之才 十四票　馬　衡 十二票
夏元瑮 十一票
候補評議員
……

10 月 15 日,評議會決定先生任本學年度財務委員。(《北京大學日刊》1930 年 10 月 17 日)

10 月 16 日,公佈《史學系課程指導書(十九年至二十年度)》。

《史學系課程指導書(十九年至二十年度)》(《北京大學日刊》1930 年 10 月 16 日):

(甲)一二年級

一、本系課程,分爲一二年及三四年兩期;一二兩年,偏重講授,三四兩年兼重研究,故凡注明三四年級之課程,一二年級不得選修。

二、政治學、經濟學、社會學,爲史學之基本科學;中國通史、西洋通史、東洋通史,爲初學史學者得到全部人類有系統的史學概念而設;此六種課程,必須於一二年級先行學習。

三、外國語爲學習史學最重要工具,故第一第二外國語,亦須於一二年級努力學習。

四、中國史學史、地學通論、人類學及人種學、金石學,亦可於一二年級選習,但三四年級亦得補選。

一二年級課程列左:(略)

(乙)三四年級

一、中國分代史研究,隨教員常治之史,選擇其一,共同研究。例如甲教員常治漢代史或唐代史,乙教員常治宋代史或元代史,丙教員常治明代史或清代史,則三四年級生選擇其一史,專攻兩年,將研究成果報告,方爲畢業。其研究次序如左:

1、將某代史句讀一過,以表明讀完此史。

2、將某代史撰述源流及後人重修或考訂之歷史,編成報告。

3、將某代史有關係之參考書,及中外雜誌上對於某代史之著述,編成一目。

4、將某代史歷史的地理,並其時代之政治、經濟、學術、風俗及其他一切文化,分類研究,各擇其一類,撰成有系統的論文。

5、各時代史,各有特殊情形,其研究方法,由擔任教員自由指導。

此課係本學年新設,須兩年畢業,故惟三年級生可選;四年級生則時間僅有一年,只可就其一時代史中爲部份的研究,例如宋代史,可選其時之遼史、金史、西夏史等;元代史,可選其時之西遼史、察哈台汗國史、欽察汗國史、伊兒汗國史、後元史等。

二、中國近百年史分民國前及民國兩部;西洋近百年史分歐戰前及歐戰後兩部;皆非專重講授,兼以練習搜輯史料爲主,新發生之史實,並練習組織記載。

此課可分兩年選,或第一年選中國,第二年西洋;或第一年選中國與西洋前半期,第二年選中國與西洋後半期。

三、三四年級選修科目較多,不必全選,茲分爲五組,三四年級生宜擇其性之所近者,至多選二三組,因單位有限制,且三四年級偏重自動研究也。

三四年級課程列左(略)

11 月,被聘爲國立北平研究院史學研究會《北平志》編定委員會委員。

國立北平研究院《院務彙報》(第 1 卷第 4 期,1930 年):

《北平志》編定委員會聘定陳垣、馬衡、朱希祖、徐旭生、顧頡剛、李宗侗、翁文灝七人爲委員。

12月4日,國民政府發佈命令,蔣夢麟任北京大學校長。

《國民政府令》(王學珍、郭建榮《北京大學史料》第二卷上册,280頁):

任命蔣夢麟爲國立北京大學校長。此令。

12月7日,北大出現學生匿名傳單《北京大學史學系全體學生驅逐主任朱希祖宣言》。

傳單如下(原文照録,包括其格式,僅改動了几個標點和兩個明顯的錯别字):

北京大學史學系全體學生驅逐主任朱希祖宣言

已經醖釀兩年五次的驅朱運動,現在是忍無可忍,決定要爆發,以洗從前因循苟安的恥辱,我們不遠數千里而來到北京大學,爲的是滿足我們的求知欲,自從入朱希祖主宰下的史學系以來,無一事不令我們失望,課程指導書的屢屢變更,書籍設備的因陋就簡,陰險手段的排斥教授,敷衍愚弄的欺騙同學,已竟不是再三再四,而是再七再八,以至於難以數計,我們熱烈到達極點的求知欲,現在降落到零度以下了。我們還都是一個青年,還有一點進取的朝氣,決不能在此毫無生氣的環境底下,等到走進自己的墳墓中。所以爲我們史學系同學的學業計,爲我們史學系的名譽計,爲我們史學系的前途發展計,非振起我們的朝氣,負起史學的使命,驅逐把持史學系的朱希祖,打到妨礙史學系發展的朱希祖不可！我們知道謾駡不足以服人,只有拿出實際證據來求大家的同情,謹將朱希祖的無學無識種種專斷把持及嫉賢妒能的行爲分列於左:

1、朱希祖絶不配幹史學系主任:朱希祖對於外國語一無所知,關於研究史學的新方法,及史學的趨勢更談不上;他入北大十餘年來,對於中國史方面,也没見他發表過稍有價值的著作,這種對於西洋學術根本不懂,對於中國學術又無貢獻的飯桶,絶不配幹史學系主任！他在北大唯一吃飯的工具就是只有四十頁的《史學概論》講義,現在名爲《中國史學史》了。上課時僅在頂上摘幾十個字演黑板,再朗誦一遍來敷衍。同學要求印出,他常視若珍寶遲遲不肯,至年終時發給一本,所講一切無一字出其範圍之外者。這種小册子深恐同學先得一覽,不去聽他的課,故不敢在本校付印,往往在輔仁大學或别校印刷,方纔發給同學,至於内容的好壞簡直不值一閲。今年朱希祖居然擔任三四年級必修科民國史了,同學們無不深爲驚異,因爲民國史料,決不能以中國的記載爲滿足,必須去各國文字中收集材料而加以整理,這種工作非常困難,絶非無學無識的朱希祖所能勝任的！既上課之後,纔知原來在黑板上抄舊報紙爲敷衍,同學因爲感覺無聊要求印發講義,而所發的講義,乃是高博彦所編的高中教科書,中國近百年史綱要上册辛亥革命章,大綱節目甚至小注,分毫無異!以北大史學系主任教三四年級民國史研究,而印出中學課本作教材!同學們只有爲北京大學史學系同聲一哭。

2、朱希祖的擅變課程:本系課程原爲名教授李守常、陳翰笙……等在校時所釐定。原則以一年級必修社會科學,社會心理人類學等作研究史學的基礎,按次將中西上古中古近世現代史,於一二三四年内選完,再輔以史學方法論、史學史、東洋史。而以經濟史、哲學史外交史……等作選修,原是非常完善的。近來朱希祖把好教授次第排出,遂得愚而自用,爲所欲爲了。近三年來,課程一年一變,尤以今年更甚。今年教以一二級内將中西通史社、會科學、史學史、人類學……等完全修完,三四年級修所謂專門研究的秦漢史、魏晉南北朝史、宋史、元史四種;在一二年級的短時間内,修這樣多的科目,已屬絶不可能。三四年級原以從先的課程表爲選課指導,現在課程根本改變,使三四年級的同學選課更加困難,莫知所以!這且不説,若以三四年級爲專門研究原無不可,何以關於西洋史一門不設,難道西洋史就不應專門研究麽?而關於中國史方面僅限於秦漢史、魏晉南北朝史、宋史、元史四種,何以上古史、明清史就該放在研究之外呢?就以這四種科目而言,他也不是誠心想教我們研究的,至於他怎樣欺騙我們,怎樣嫉賢妒能,排除異己,留待下節詳説。

3、朱希祖的嫉賢妒能排擠教授:朱希祖既無學識,又想把持,常恐自己的主任位置發生動摇,不得不竭盡力量排斥教授,以樹永遠把持的基礎。因有這種成見,所以凡見學識優於己者皆在排斥之列,於原有教授用卑鄙手段排出,新的教授又不聘請,至今史學系的主要課程,除每週任三兩個小時的講師外,一個教授没有。至於從先怎樣的排除陳漢章、何炳松、楊棟林等暫且不説。單就近一年而論,已有好幾人被排出。陳翰笙先生本來是同學最歡迎的教授,因受朱希祖的排擠,憤而離校。去年復校伊始,歡迎舊教授回校的聲浪高唱入雲,我們要求朱希祖請陳先生回校,而朱希祖則竭力誣衊,後史學系與經濟系在二院開會歡迎,陳先生以不願和朱希祖共事之故,設種種口實不肯擔任史學系功課,僅在經濟系擔任農業經濟兩小時,而朱希祖則散佈陳某有史學系主任野心的流言,傳入陳先生耳鼓,於是陳先生對於兩小時的農業經濟,也不來上課了。今年所設的秦漢史研究功課聘請徐曦先生擔任,據説徐先生在南方做官,根本無來的可能,朱希祖指空欺騙,至今功課,尚在虚懸。關於元史説是請陳垣先生擔任的,同學非常歡迎,開課幾星期了,元史並不見於功課表,學生問之,不但以陳先生無暇擔任來搪塞,反説陳先生對於元史並無研究,更有進者,連上年陳先生所擔任的《史學名著評論》,也一並取消了。顧頡剛先生是本校畢業的同學,上古史專家,而朱希祖偏不設上古史研究課目,反將上年顧先生所擔任的《史記》研究也不要了。陳寅恪以史學專家,從今年起,與本校完全脱離關係。同學請求蔣廷黼先生擔任《中國外交史專題研究》也被拒絶。我們史學系的好教授已被朱希祖排除淨盡了,我們忍無可忍,所以纔發生這一次的全體驅朱運動。

我們不憚煩瑣,將朱希祖的一切卑劣行爲詳細敘出,史學系全體同學爲發展北大,發展史學系,爲自己求學,爲對於史學界有貢獻,都不能不驅逐朱希祖。我們也深知朱希祖在北大的勢力根深蒂固不易動摇,但我們學業所關及愛校的熱誠,不能不以十二萬分的決心犧牲一切,不達驅朱目的不止。我們希望學校當局,勿以情面關係而用拖延手段應付我們,勿以辭職卸責來威脅我們,勿以"教授五年以上的資格準其請假研究"的權利,適用於朱希祖。爲愛護北大起見,只有斷然將他辭退,永不準朱希祖再進北大。凡吾校全體教職員及全體同學爲置北京大學史學系於光明道上,應共同努力,達此目的。北京大學幸甚! 北京大學史學系幸甚!

同日,學生匿名致信先生,迫其辭職。

12 月 8 日,致函北大代校長陳百年,堅請辭職。

《史學系主任朱希祖先生致陳代校長書》(《北京大學日刊》1930 年 12 月 9 日):

百年校長執事:

昨晚接得史學系學生來函,迫希祖辭職,且又發表宣言,張貼標語,造事端以損害名譽,示暴力以聲言驅逐。希祖對於史學系主任及教課無法進行,只得辭職。望即俯准,以遂初服,專此敬布。順頌

時綏

弟朱希祖敬上 十二月八日

同日,作《辯駁〈北京大學史學系全體學生驅逐主任朱希祖宣言〉》,對學生匿名傳單中所列條款逐一反駁。

《辯駁〈北京大學史學系全體學生驅逐主任朱希祖宣言〉》(《北京大學日刊》1930 年 12 月 9 日):

辯駁《北京大學史學系全體學生驅逐主任朱希祖宣言》

昨日得到《北京大學史學系全體學生驅逐主任朱希祖宣言》一紙，有人言此係不簽名氏，等於匿名書；有人言主任係教授公選，驅逐主任，是不信任史學系全體教授，種種議論，余概置不論，僅就其誣蔑太甚及不合事實者，逐條辯駁如下：

一、朱希祖決不配幹史學系主任：

> 他在北大唯一吃飯的工具就是只四十頁的《史學概論》講義，上課時僅在頂上摘幾十個字演黑板，所講一切無一字出其範圍之外者，至於内容的好壞更不值一閲。

曰"四十頁的《史學概論》"，是少之之辭，余編講義，不取浮詞泛論，亦不取新式鋪排，故僅四十頁五六萬言，苟如古人説"堯典"二字近三萬言，今人作文有離題甚遠，寬泛大話，動輒數千字，則余之講義亦可得數十萬言，又如每引人言或引人書，動輒别排一行，低三四格，四句詩可以列作四行，則余之講義更可得三四厚册，此等眩人之事，余不喜爲之。且"概論"云者，本略叙其大概，至其詳細内容，全在口頭講述，否則四十頁之書，朗誦一遍，無一字出其講義之外，不過兩月即可了事，何以能敷衍一年！至云"内容好壞不值一閲"，各人觀察不同，本難合一，批評價值，不容一筆抹煞。例如，本書開宗明義，斷定最初之史爲書記官，而非歷史官，駁正日本飯島忠夫及近人王國維説，王氏《釋史》一篇，後即改正，兼采余説；又如引德國歷史學家朗泊雷希脱説，證明中國史學起源亦有兩元傾向，兩元進化，譜牒起於周代，編年起於春秋，歷史專官起於魏晉，諸如此類絶大問題，重要斷案，皆出自余之心得，同學中苟能提出證據，推翻余説，則余説便可謂不值一閲，毫無價值。否則若非不知甘苦，便是别有衷腸！

> 民國史料，決不能以中國的記載爲滿足，必須去各國文字中收集材料而加以整理，這種工作非常困難，絶非無學無識的朱希祖所能勝任的！既上課之後，纔知原來在黑板上抄舊報紙爲敷衍，同學因爲感覺無聊要求印發講義，而所發的講義，乃是高博彦所編的高中教科書，中國近百年史綱要上册辛亥革命章，大綱節目甚至小注，分毫無異！以北大史學系主任教三四年級民國史研究，而印出中學課本作教材！同學們只有爲北京大學史學系同聲一哭。

本年新添民國史一科，在本系指導書上説明："此科不專重講演，兼須練習搜輯史材從事編纂。"余所以主張如此者，有二動機：歷史之學，一爲整理舊史，一爲撰述今史，司馬遷《史記》，即其好例，民國史事，尤當記載現在，垂信方來，此不容緩者一也；北京大學所出各種季刊，國文學系、政治系、哲學系等同學多能發表文章，頗足觀采，而我史學系同學既絶少發表,則練習撰述,修飾文采,此不容緩者又一也。故民國史之設,決非專重講演,全在自動。乃不各告奮勇,各定題目,從事採訪,努力編撰,而要求講義,已落下乘。乃猶有可諒者,以爲國内高等中學及本校預科,每講近百年史,民國時代往往不能講及,本科一二年級亦如之,欲求高深之撰述,必先得簡要之觀念,故余以高中所用《中國近百年史綱要》印發同學,略爲一覽,以補前缺,又可作爲搜求材料目録,當時聲明並不用以講演,同學滿堂,想必不至全忘。自開學以迄今日,余所講者爲内蒙古(包含東三省西部,日本所謂東蒙古)及新疆天山北路成立郡縣之次第,改行國爲居國,於政治經濟及社會文化,皆有極大關係;以與外蒙古及西藏相比較,即可以知其因果利害,此頗適用史學新方法,亦所謂應用社會科學者,決不至有相斫書之誚。其所取材,一爲余在《益世報》上發表之《蒙古郡縣化》一文,一爲日本矢野仁一《近代支那史》中《支那人在蒙古勢力之進展》及《新疆之支那化》兩章。此等史材,何嘗出於高博彦之《中國近百年史綱要》中!同學抹煞事實,矯稱誣衊,遺憾莫過於此。

二、朱希祖的擅變課程:

> 本系課程原爲名教授李守常陳翰笙……等在校時所釐定。原則以一年級必修社會科學,社會心理人類學等作研究史學的基礎,按次將中西上古中古近世現代史,於一二三四年内選完,再輔以史學方法論,史學史,東洋史,而以經濟史哲學史外交史……等作選修,原是非常完善的。

余自十年前初擔任史學系主任,因讀德國史學家朗泊雷希脱所作《歷史學》(日本文譯本),始提倡以社會科學通史學,特編製此種課程,舊時史學系課程指導書可覆案也。其時李守常、陳翰笙諸先生尚未來北大史學系爲教授,蓋各系課程均由主任編製,提出教授會通過,"非常完善",尚係過譽。因現代各國教授史學,半主自動,而不全主他動,自動須由自己研究參考,他動專重講授灌注。前項課程即不免偏於他動,全賴灌注,故有今年之改革。而作該項宣言書者,既不知其弊之所在,而心目中所最崇拜者僅有李守常、陳翰笙,故不覺歸美於二人。

> 近三年來,課程一年一變,尤以今年更甚。今年教以一二級内將中西通史社會科學,史學史人類學……等完全修完,三四年級修所謂專門研究的秦漢史,魏晉南北朝史,宋史,元史四種;在一二年級的短時間内,修這樣多的科目,已屬絶不可能。

秦漢史、魏晉南北朝史、宋史、元史四種,限三年級生專選其中一種,研究兩年,並未限以四種同選,何云"絶不可能"?撰宣言書者,並本年指導書尚未閲看清楚,何以輒欲開口批評!且四年級生僅有一年,亦有通融辦法規定，豈亦未知之耶！

若以三四年級爲專門研究原無不可，何以關於西洋史一門不設，難道西洋史就不應專門研究麼？而關於中國史方面僅限於秦漢史，魏晉南北朝史，宋史，元史四種，何以上古史明清史就該放在研究之外呢？

專門研究史課，必有教授擔任，方設此課，非必中外各史完全同時並設，東西各國亦是如此，在中國研究中國史，較有史料可求，研究外國史，則史材不能完備，且鮮專攻人才，故西洋史暫缺，若有專攻人才，即可添設。

三、朱希祖的嫉賢妒能排擠教授：

朱希祖常恐自己的主任位置發生動摇，不得不竭盡力量排斥教授，所以凡見學識優於己者皆在排斥之列，於原有教授用卑鄙手段派出，新的教授又不聘請，自今史學系重要課程，除每週任三兩個小時的講師外，一個教授都没有。

史學系現有教授馬衡、葉瀚、毛準三先生外，尚有新聘徐曦教授先生，並余共有教授五人，何云"一個教授都没有"？徐先生雖未來，然不可謂"新的教授又不聘請"也。且今年暑假正在戰亂之時，學校經費無着，即有新教授亦多他適，不易聘請，此等情形，同學豈忘之耶！

從前怎樣的排除陳漢章、何炳松、楊棟林暫且不説。

此三先生皆非余所排除，陳漢章先生因受本系女生譚某詈以"不明科學方法"，憤而辭職，余與葉瀚先生往返慰留，亦屬無效。何炳松先生是因至浙江爲高等師範學校校長，請假而去，余屢去函，請其回本系教授，皆屬無效。楊棟林則因他事而去，人所共知，不必言也。

今年所設的秦漢史研究，聘請徐曦先生擔任，據説徐先生在南方做官，根本無來的可能，朱希祖指空欺騙，至今功課尚在虛懸。

此事何嘗指空欺騙？有本校國文系教授劉文典先生，與徐先生的來往信札可憑，有陳校長去電催促可憑，電稿余亦具名，存於校長秘書室可查。徐先生之允許，在暑假前，其後何以不來，恐亦受學校經費未穩固之影響。

關於元史，説是請陳垣先生擔任的，同學非常歡迎，開課幾星期了，元史並不見於功課表，學生問之，不但以陳先生無暇擔任來搪塞，反説陳先生對於元史並無研究，更有進者，連上學期陳先生擔任的"史學名著評論"也一並取消了。

此段無中生有，挑撥惡感，最屬遺憾。陳先生初應允擔任元史研究，惟言"史學名著評論"一課，二三四年級學生都已選過，今年暫停，余亦贊成。後過數日，陳先生考慮結果，乃云無暇擔任元史，余催請再三，堅持未允,陳先生尚在北平,可面證也。至陳先生對於元史研究,已十餘年,搜輯史料甚夥,余深佩服,故堅請其擔任元史,自請教員,而自毀之,斷無此理,且現在陳先生已允在本校研究所國學門設元史研究一課,史學系三四年級學生亦可合併研究,此陳校長昨日所得之信,當不誤也。

> 顧頡剛先生是本校畢業的同學,上古史專家,而朱希祖偏不設立上古史研究課目,反將上年顧先生所擔任的"《史記》研究"也不要了。

顧頡剛先生余於去年請其擔任指導《史記》研究,顧先生因爲燕京大學教授不便在外兼課支薪,特允來盡義務,指導研究,且製表格要學生填寫,乃初則學生甚多,終則以研究須費切實工夫,竟畏難而不到一人。顧先生來校不過兩三個月,因學生棄置如遺,故爾不再來校。余十分抱歉,今年何能再開口去請?

> 陳寅恪先生以史學專家,從今年起與本校完全脱離關係。

陳寅恪先生今年改爲清華大學教授,清華教授在外兼課不得過二小時,陳先生既兼中央研究院歷史語言研究所事,自不能再兼北京大學教課,故史學系哲學系之課皆不就。

> 同學請求蔣廷黻先生擔任"中國外交史專題研究",也被拒絶。

蔣廷黻亦係清華大學教授,至多只能擔任兩小時,現在已在本系擔任"中國國際關係史",即"外交史",有二小時,自難再請其增加鐘點。且即有蔣先生講外交史,則外交史專題研究,亦可提出自動研究,隨時可請蔣先生指導。

> 陳翰笙先生本是同學最歡迎的教授,因受朱希祖的排擠,憤而離校。去年復校伊始,歡迎舊教授回校的聲浪高唱入雲,我們要求朱希祖請陳先生回校,而朱則竭力誣衊,後史學系與經濟系在二院開會歡迎,陳先生以不願與朱希祖共事之故,設種種口實,不肯擔任史學系功課,僅在經濟系擔任農業經濟兩小時,而朱希祖則散佈陳某有史學系主任野心的流言,傳入陳先生耳鼓,於是陳先生對於兩小時的農業經濟也不來上課了。

陳翰笙先生由高仁山介紹而來,即因高仁山事案而去。蓋陳高二先生本係同居,又同辦藝文中學,高被逮,而陳先生遠避他方,故本系教課不終局,而考試成績至今未給,何嘗由余排擠?至云余誣衊陳先生,則所誣衊者何事?質證者何人?不可隨便亂説。至陳先生所任經濟系農業經濟兩小時,聽説僅教兩點鐘即不來,未必因流言而去。蓋陳先生第一年在史學系亦不終局,忽傳失蹤者數月,同學時來要求請人代授其課;第二年亦不終局,忽而隱避不見,此時尚無此種流言也。以此證彼,則經濟系之不終局,決非因流言而去明矣！至謂陳先生言“不願與朱希祖共事”,此言之有無與否,則吾不得而知矣。

我們史學系的好教授,已被朱希祖排除淨盡了。

上列史學系舊有好教授,余如欲排除於後,何弗不請於前,既能請到此等好教授,可見本無嫉妒之心。然而數年以來風流雲散者,或爲環境所限,或有特殊緣由,歷史具在,可由校中舊教授、講師及畢業同學、四年級同學可以質證,惟陳漢章、顧頡剛兩先生之不來,其過實在同學,而不在余矣！

上列三大綱十四條,既皆毫無根據,全憑虛構,則所謂驅逐,毋乃不近人情乎？

十九年十二月八日

12 月 8 日或 9 日,訪昔日弟子、現任中央研究院歷史語言研究所所長傅斯年,表示願爲中央研究院歷史語言研究所專任研究員(先生此時爲中央研究院歷史語言研究所特約研究員)。

1931 年 4 月 27 日傅斯年致先生函(藏臺北中研院傅斯年圖書館,編號“元 47—19—5”):

去年年尾,北大史學系發生不幸事件之次日或又次日,先生來敝寓談,未表示願爲中央研究院之專任研究員。斯年即以專任研究員之必要條件奉告(其實此等條件以前在閒談中説過亦不只一次),先生謂,一切辭去,絶對不成問題。(北大研究所事,當時亦言明辭去。)斯年又謂此事須待暑假,一年度之中間甚難辦。先生囑斯年當時辦到。

12 月 10 日,代校長陳百年來函慰留。

12 月 11 日,再致函陳百年,堅請辭職。

《史學系主任朱希祖先生致陳代校長書》(《北京大學日刊》1930 年 12 月 12 日):

百年校長執事：

昨接大札,對於希祖辭職事,殷勤慰留,不勝感荷。惟希祖才力既不能勝,興趣又復他移,仍當避賢,以遂鄙志。辜負雅意,伏祈原宥。敬頌時綏。

弟朱希祖敬上。十二月十一日。

12 月 17 日,胡適先生四十歲生日,先生致函祝賀。(耿志雲《胡適遺稿及秘藏書信》第 25 册,黄山書社,1994 年,第 323 頁)

適之先生左右：

閲報知先生今日四十大慶，本擬前來祝賀，因近日胃病甚劇，終日惟飲牛乳，不能出外，未克如願。兹奉上薄禮一函，聊表微忱，伏祈哂納是荷。專此。敬頌

壽祺！

弟朱希祖敬上

十二月十七日

12月18日，北京大學研究所國學門發佈招收研究生通告，先生指導科目爲明清史。

《國立北京大學研究所國學門招研究生通告》（《北京大學日刊》1930年12月18日）：

一、資格　凡具左列資格之一者得報名應試

甲、在國内外大學本科畢業者，但國内大學公立及教育部立案之私立者爲限。

乙、未在前項學校畢業，志願研究國學，曾有專門著作，經本所審查合格者。

以甲項資格報名應呈繳文憑。

二、招考手續

1、報名時填寫報名單（報名單由本所印就，可先來所索取或函索）。

2、提出研究題目並呈繳説明書，説明所提題目之研究方法及目的（所提題目須在下列指導科目範圍以内）。

3、無論具有甲乙何項資格均須呈繳舊日著作。

4、將著作及説明書審查完畢後再舉行筆試及口試，筆試科目依投考在所研究之科目定之。

三、導師指導科目

朱希祖　明清史

黄　節　漢魏六朝詩

馬裕藻　古聲韻學

馬　衡　古器物學　金石學

沈兼士　文字學

劉　復　語音學　方言研究

綱和泰　宗教史　宗教美術

陳　垣　中國基督教史研究　元史研究　由《元典章》所見之元代社會風俗　《元典章》之語體文研究

徐炳昶　中國古代哲學(至東漢末)

周作人　中國歌謡

錢玄同　音韻沿革研究　《説文》研究

沈尹默　唐詩(一)初唐詩(二)中晚唐詩(三)杜甫詩

許之衡　詞曲研究

四、研究年限

研究生在本所研究年限至少二年、至多五年,每半年須將研究情况及已得結果報告一次。如繼續兩次未提出報告者,取消其研究生資格。

研究生於入所後最初二年必須在所研究。

五、報名時間

自登報日起至十二月卅日截止,每日上午九時至十一時,下午二時至五時。

六、報名地點

北平東安門北河沿北京大學第三院研究所國學門登録室。

七、奬學金額

本門設有奬學金額八人,每年五百元者二人,三百元者二人,二百元者四人,以研究終了之成績爲標準,如無相當之成績,則寧缺毋濫,至前設之助學金額不再設立。

12月21日,致函傅斯年,對傅斯年在此次"驅逐事件"中的"仗義執言"表示感謝,并談辭職後打算。

致傅斯年(藏臺北中研院傅斯年圖書館,編號"元47—19—1"):

孟真兄:

此次北大史系事件惟兄仗義執言,凜凜可欽!剛正之氣,熱烈之忱,感人心脾,永永難忘矣。希祖近日胃病復發,不能飯食,惟飲牛乳,亦不能外出,故不能到府暢談心曲。希祖最近轉輾思維,决定此後專事研究史學,不作教員,不作任何校長主任及各項辦事員,故擬在年假後辭去清華、輔仁等校教課及北大研究所導師,使身體一無所累,集中精神以從事於一史,惟生計問題不易解决。前日承兄談及研究院事,可以達我此志,年假中未識可以决定否?遲則事機一失,恐仍牽於舊累不可解脱矣。乘此機會快刀斬亂麻,使永無糾葛,亦可謂畢生之幸。希祖前此十八年頗忠於北大,從來不休息一年,所作史學文章皆在北大發表,今年對於史系自己增加兩種新課,又作三篇新文章,亦可見不貪懶墮,肯負責任。而對於尊處允許出版之兩種拙作亦未暇整理,顧此失彼,頗抱歉仄!此後願移忠於北大精神以忠於研究院,助兄發展史學事業,略有幾種愚見,足以貢獻,將來

當絡續詳陳，次第舉行，必足以精益土壤於泰山也。扶病口授，使人草此，以當面談，惟兄圖之。專此。敬頌

時綏

弟朱希祖敬白

十二月二十一日

蔡子明、楊杏佛二先生住址祈告知。

編者按：據傅斯年學生何兹全回憶，傅斯年在此次“驅逐事件”中，扮演的角色似乎又不盡先生信中所説的“仗義執言，凛凛可欽”。

周文玖《朱希祖與中國現代史學體系的建立》（《煙臺師範學院學報（哲學社會科學版）》第23卷第1期，2006年3月）：

（就此次驅逐事件）筆者專門向與傅斯年有過密切接觸的何兹全先生請教。何先生説：“我當時很年輕，具體情況也不清楚，但有一次傅先生與我聊天時曾説起這事，説他鼓動學生趕走了朱希祖，陳受頤當史學系主任也是他推薦的，並誇陳受頤的學問好。傅先生談起這件事時很得意。”

12月23日，北京大學新校長蔣夢麟正式到任。原代校長陳百年回南京復任考試院秘書長。

《校長佈告》（《北京大學日刊》1930年12月27日）：

現奉國民政府簡任狀開，任命蔣夢麟爲國立北京大學校長等因。奉此，蔣夢麟於本月二十三日到校就職，擇期補行宣誓。除呈報暨分函外，特此佈告。

本年末，先生爲轉爲中央研究院歷史語言研究所專任研究員事，與傅斯年有數次交談。

1931年4月27日傅斯年致先生函（藏臺北中研院傅斯年圖書館，編號“元47—19—5”）：

去年年尾，北大史學系發生不幸事件之次日或又次日，先生來敝寓談，末表示願爲中央研究院之專任研究員。斯年即以專任研究員之必要條件奉告（其實此等條件以前在閒談中説過亦不只一次），先生謂，一切辭去，絶對不成問題。（北大研究所事，當時亦言明辭去。）斯年又謂此事須待暑假，一年度之中間甚難辦。先生囑斯年當時辦到。斯年算了算賬，

實難有辦法,又與先生談了一次,謂如就專任研究員,必辭一切兼職,又謂此事正在算賬,上半年事易辦,少買或不買書便可,下半年如何,必須先把賬算對,然後可,蓋研究是長久之事業,不能但顧一時,在決定請先生之前,必爲長久之計,此時之所以詳細打算者以此,等語。

編者按:正因傅斯年如此説,使得先生在是向北大辭職還是請假的問題上頗費躊躇,結果詳見本《年譜長編》"1931 年"後附録《朱希祖由中央研究院歷史語言研究所專任研究員改聘爲特約研究員始末》所述。

關於中央研究院歷史語言研究所事

本年,繼續任歷史語言研究所特約研究員,明清史料編刊委員會委員,中央研究院歷史博物館籌備處委員會常務委員長,並任歷史語言研究所史料組主任。

《尹焕章自傳》(1955 年,手稿本,未刊,藏江蘇省文化廳檔案室):

1929 年 9 月—1932 年 11 月,廿一歲至廿四歲,住北京午門,係史語所史料組。參加運輸明清内閣大庫檔案並整理。……史料組主任是朱希祖先生,來工作是極少,所長是傅斯年,而主要指導第二工作室是徐仲舒先生。我們是借午門樓上西雁翅樓工作。……

編者按:尹焕章,我國著名考古學家,1929 年入史語所史料組,1933 年轉入考古組,開始參加殷墟發掘。後入中央博物院。解放後任南京博物院保管部主任,治淮文物工作隊副隊長,華東文物工作隊副隊長等職。所謂《自傳》,實際上是知識分子改造運動中所寫的自我交待。

朱偰 1962 年 7 月 29 日日記:

傍晚,尹焕章來談 1930 年先君在中央研究院歷史語言研究所史料組任主任,指導整理明清檔案事……

5 月,爲中央研究院史語所從清代内閣檔案中所得之《記明臺灣鄭氏亡事》作序。此書原名《平定海寇方略》,史語所所長傅斯年惡之而改爲此名,而請先生作序。

《記明臺灣鄭氏亡事叙》(《朱希祖文集》第五册,臺灣九思出版有限公司,1979 年,3145 頁):

《記明臺灣鄭氏亡事》四卷,原名《平定海寇方略》,存於中央研究院歷史語言研究所,傅孟真惡其名而改之,仍記其名於下。此書係未刻稿本,得於内閣檔案中,未嘗收入《四庫全書》,蓋書成而旋自棄置,惟忘焚此草耳。

……

12 月 6 日,出席中央研究院歷史語言研究所十九年度上屆第一次所務會議。在本次會議上,議決:關於購置圖書問題,其中購置明清史料一項由先生負責;關於編輯《蔡孑民先生六十五歲紀念論文集》問題由先生與陳寅恪等八人負責;關於歷史博物館籌備處館址及搜羅購置之古物等問題,由傅斯年、徐中舒起草,交由先生及裘善元審閲。

《歷史語言研究所十九年度上屆第一次所務會議》(歐陽哲生主編《傅斯年全集》第六卷,湖南教育出版社,2003 年,274 頁):

十九年十二月六日下午五至七時

出席者 徐中舒 趙元任 劉 復 裘善元 羅常培 李芳桂
丁 山 傅斯年 朱希祖 陳 垣 陳寅恪

……

議案

一、本所購置圖書應請全所同人負責進行,所有各研究員、編輯員應將每組個人及公共研究範圍内之書籍開列詳細目録,以便選購案。傅斯年提議

議決

……

(2)關於明清史料,由朱希祖負責。

……

五、編著《蔡孑民先生六十五歲紀念論文集》。傅斯年、劉復提出。

……

議決:

(3)推舉傅斯年、陳寅恪、趙元任、李濟、劉復、陳垣、朱希祖、林語堂爲編輯並由傅斯年君負責進行。

六、朱希祖君動議變更議事日程,先討論第八案歷史博物館籌備處館址案。

議決:

(1)建議於院長將本院歷史博物館籌備處所在地之午門、端門及左右朝房自動移交故宫博物院,但在新館址未曾物色妥當以前,仍得暫借原處陳列。

(2)整理檔案所仍在繼續借用。

(3)有北平歷史性辟雍等古物,應移交故宫或北平其他保存古物古蹟等機關,其餘有關歷史之件及其他陸續購置物品均應由本院權宜處置繼續發展之。

(4)此項文件由傅斯年、徐中舒起草,交朱希祖、裘善元審閱。

……

12月13日,與陳寅恪、趙元任、李濟、陳垣、林語堂、劉復、傅斯年共同署名發表《歷史語言研究所編纂蔡孑民先生六十五歲紀念論文集通告》。

《歷史語言研究所編纂蔡孑民先生六十五歲紀念論文集通告》(歐陽哲生主編《傅斯年全集》第六卷,湖南教育出版社,2003年,171頁):

敬啟者:本年十二月六日,開本所十九年度上届第一次所務會議,第五案議決,編著《蔡孑民先生六十五歲紀念論文集》。兹將原提案及議決案,另紙抄奉大覽。

謹案:吾等此舉,實含下列三層意義。(一)就蔡孑民先生在中國學術上之地位論,理宜有此紀念,以表吾等對蔡先生人格學業上之敬崇。雖吾等致力之範圍有定,正不與蔡先生所負荷者,同其溥博,然此舉之意義,正是以自己之力紀人之不續者,不嫌小之不稱大也。(二)本所創置,實由蔡先生提倡。若後來此學在中國發達,宜不忘此泉原,此舉正所以記之。(三)吾等建設此所之始意,豈不曰將使漢學各面之正統,不在巴黎,不在西京,而在中國?上以補前修之所不及,而求後來居上,旁以尋往者未曾致力之方面,而願有所鑿空。今黽勉兩年,遭逢三災八難,此時談正統何歸,正邈乎其遠。然所中同人所工作者,俱是有意義之新題目,就每一線論,皆站在其最前之線上。全部言之,固以可以表示其不居人後之志願與力量矣!惟各出版物既屬錯雜,又未能如期印就,若有一專册,具載所中每人所事最勝之問題,藉以表吾等此日工作之所至者不爲無謂之事。是則紀念册不啻爲本所作創立兩年之實録也。有此三義,所務會議決定,請所中同事努力完成此意。公誼私情,不盡感荷!

至其辦法,具見決議案,不贅述。先生擔任論文之題目,乞於十二月卅一日以前 惠示斯年爲感!至若同此研究而需要之書籍,工具,及其他等,乞早日開示,所中當盡力供給其便利。謹布區區,諸希亮察!敬頌著祺!

陳寅恪 趙元任 李 濟 陳 垣
朱希祖 林語堂 劉 復 傅斯年 同啟

中華民國十九年十二月十三日

又,與陳寅恪、趙元任、李濟、陳垣、林語堂、劉復、傅斯年,又於1931年3月26日爲編纂《蔡孑民先生六十五歲紀念論文集》事致信伯希和先生。(《陳垣往來書信集》增訂本,三聯書店)

伯希和先生道鑒:

敬啟者:本月八日爲編輯蔡先生六十五歲紀念論文集事由,上次所務會議所派各人開會討論議決各項,另紙奉聞。此事在中國爲創舉,萬祈共襄其成,以求盡善,公私至感。專此　敬請

著安!

弟陳寅恪　陳　垣　趙元任　劉　復
李　濟　林語堂　朱希祖　傅斯年　敬啟

中華民國廿年三月廿六日

與日本留學生倉石武四郎交往事

本年日本留學生倉石武四郎在北平求學,與先生等多有交往,録於下。

榮新江、朱玉琪輯注《倉石武四郎中國留學記》(中華書局,2002年):

(一月)二十六日。晴。

還債之役忙碌終日。下午訪逖先先生,不值。理髮,到小市買零種。夜閱《巢經説》。

(二月)三日。陰。

下午游廠甸……遇朱逖先、錢玄同、馬隅卿、趙斐雲並宛亭君。

(二月)五日。晴,有風。

下午游廠甸,……遇朱逖先、孫蜀丞兩先生。

(四月)初六日。大風

訪朱逖先先生不值。草廠老樹,具呈嫩緑,可人之景,使人低回。

編者按:時先生住草廠大坑21號。

(四月)初八日。晴。

夜在忠信堂,諸橋君大宴中日各界。中則江叔海、胡綏之、陳百年、馬叔平、朱逖先、陳援庵、徐森玉、袁守和、徐祖正等。

(四月)十四日。晴。

下午訪朱逖先先生,借《石經閣文集》、《詩略》,並《馮雲伯詩詞》,凡五本。《詩詞》所冠《勺園叢書目録》,不同《彙刻書目》。先生所藏柳東所著尚有《石經補考》(一本)、《浙江磚録》、《清芬集》、《象山縣志》等,令人羨殺。

又看新購《趙琴士詩文抄》並筆記,皆難得之物。

(六月)十三日。

辭行到陳援庵、雪橋師、錢稻孫(不在)、吴子馨、朱逖先(不在)、傅沅叔(不在)、尹奭公。

(六月)十四日。陰。

四點到站檢查行李。送行者倉楊鑒資、孫蜀丞、朱逖先、陳援庵、徐森玉、錢稻孫、趙斐雲、唐孟超、張運鵬、謝剛主、中江、橋川、杉村、加藤、玉井、吉川、水野、原、奥村,並陳、趙、劉三書友也。

本年著述

本年著述除上提及者外,尚有:

《康熙本明史列傳稿跋》、《鈔本甲乙事案跋(附文秉事略)》(《歷史語言研究所集刊》第2卷第2號)、《漢十二世著紀考》(《北京大學國學季刊》第2卷第3號)、《漢唐宋起居注考》(《北京大學國學季刊》第2卷第4號)。完成《整理昇平署檔案記》初稿(12月12日)、翻譯日本人加藤繁所作《交子之起源》(12月28日)、《魯監國薨葬時地考》(12月)。

朱希祖先生年譜長編卷七

一九三一年(民國二十年辛未)　先生五十三歲

1月25日,中央研究院歷史語言研究所召開十九年度下届第一次所務會議,先生未出席。會上陳寅恪提交議案:《建議於院長改聘朱希祖君爲本所專任研究員》。

《歷史語言研究所十九年度下届第一次所務會議》(原載《國立中央研究院院務月報》第2卷第7期,1931年1月):

陳寅恪:第一組工作以關於近代者爲最重要,如整理檔案是朱先生,關於近代史的知識既極其豐長,而十餘年所搜集之此項史料在國内亦無有出其右者。現在朱先生倦於教授,本所正可藉此機會,俾得利用其所搜集之史料爲精湛之研究,此於朱先生於所雙方均大有裨益。現在學期開始,朱先生所任各校功課亦已結束,正宜在此時改聘爲本所專任研究員。

傅斯年:關於此事可以補充幾句,本所特約研究員本有請求改爲專任研究員之權利,而所方因研究上之需要,亦可請求其改爲專任研究員。在本所常務會議中曾邀約第一組同人商議改聘朱先生之事,在原則上均承認有改聘朱先生爲專任之必要。惟本所因此所增加之經費,在目前實覺困難,陳先生及同人之意見極當尊重,故擬在暑假前一組少買書若干,以便對付暑假以後。本所經常費當呈請本院增加,求其免於不能維持。

陳寅恪:關於薪給方面,朱先生資格學問應以本院研究員最高級薪俸待遇爲標準。

決議:建議於院長改聘朱希祖君爲本所專任研究員,並以本院研究員最高級薪俸(每月五百元)待遇。

編者按:史語所所謂"年度",其起訖時間爲上一年的7月至下一年的6月,類似於學校的學年度。十九年度起自1930年7月,終於1931年6月。所以雖已進入1931年(民國二十年),但仍是"十九年度"。

本月,北大校長蔣夢麟函允先生辭職。

2月10日,北京大學史學系全體學生致函先生,對“驅逐事件”深表歉意。

《史學系全體學生致朱逷先先生書》(《北京大學日刊》1931年2月14日):

逖先先生鈞鑒:

敬啟者,吾校過去文史不分,賴有先生歷盡辛勤,得除此弊,使本系獨立發展,以有今日。溯厥原流,殊深感荷。今不幸發生此次事件,緬懷往昔,深用歉然。生等以前態度不無因感情激發,致有失敬之處,想先生宏達爲懷,當能鑒此區區,曲加亮宥也。端修寸稟,即頌道祺,諸維鑒照。

史學系全體學生敬肅

二月十日

2月12日,致函史學系全體學生,接受道歉。

《朱逷先先生復史學系全體學生書》(《北京大學日刊》1931年2月14日):

史學系全體同學鑒:

昨接來函,言此次發生事件,種種態度不無因感情激發,致有失敬之處,因道達歉忱。鄙人覽此,亦以釋然於懷。前次諸同學不滿史學系現狀,鄙人亦具有同情。惟限於歷史與環境關係,理想改革未能一蹴而幾,良用爲愧。蓋鄙人雖去,此理想改革恐亦未能立即湧現也。同學中多有未知本系歷史者,故上次宣言所舉吾之過,此次來函所叙吾之功,皆與真相未能契合。鄙人十餘年來,對於史學系逐漸改革,詳於民國十八年十二月十七日北京大學三十一週年紀念刊《史學系過去之歷史與將來之希望》中,此文本校圖書館必有保存者,試一檢閲,當解除誤會不少,且與將來史學系前途亦不無關係。蓋無論作何事,不知本身歷史,其改革必愈趨糾紛。諸同學既學史學,必深知此義。此後深望諸同學澄懷深造,蔚爲史學弘才,鄙人亦與有榮幸。鄙人雖退居里巷,亦誓謝絶俗務專研史學。各自努力,以無負本志,此則區區所自勉而亦以勉諸同學者也。專此敬復,並頌學祺。

朱希祖敬啟

二月十二日

接學生道歉函後,又致函北大校長,請改辭職爲請假,並請傅斯年與蔣夢麟協商。詳見本《年譜長編》本年後附録:《朱希祖由中央研究院歷史語言研究所專任研究員改聘爲特約研究員始末》。

2月18日,北京大學發佈《校長佈告》,對史學系學生加以訓誡。

《校長佈告》(《北京大學日刊》1931年2月18日):

查此次史學系主任事件,該系學生舉動逾軌,違背校章;本應嚴加儆戒以肅校風,姑念該系學生隨即省悟,自承尤悔,免於處分。仍望該生等勵志力學,蓄德敬師,以期培護本校固有學風,是爲至要,此佈。二十年二月十七日

3月初,接到中央研究院歷史語言研究所專任研究員正式聘書。

3月15日,撰成《編纂南明史計劃》。

《編纂南明史計劃》(《朱希祖先生文集》第五册,臺灣九思出版有限公司,1979年,3305頁):

南明時代指弘光、隆武、永曆三朝而言。自崇禎十七年五月起,至永曆三十七年八月止(清順治元年至康熙二十二年),約四十年。其間若魯監國、鄭延平王等事蹟,亦包括在内。

一、搜訪。本朝史實雖清代官修之史亦有記載。如《明史》中南明三朝人物,皆有列傳,《通鑑輯覽》亦附三王編年,以表明其大公無我之忱。實則揚彼抑我,真相難覩。一方且大興史獄,摧毁私史,陽以搜羅《四庫全書》,陰實糾集明季史籍,大舉而銷毁之。《禁書總目》所載約數千種,嚴刑峻法,以從事於禁毁。故萬曆、天啟、崇禎三朝之史,既失其真,而弘光、隆武、永曆三朝之史,更十不存一。重修《明史》,固屬急要,南明之史更不容緩圖。蓋經滿清毁滅之後,欲收拾燼餘,補苴連綴,此固較整理歷代各史,尤爲重要而困難者也。希祖二十年來,搜訪南明史料約二百數十種,南明詩文集约百五六十種,筆記雜著約數十種,其間頗有舊鈔珍本,海内稀有者。南明官修之史如永曆史臣所撰《聖安實録》、《紹宗實録》;私家所記如戴笠之《行在陽秋》,林時對之《壐庵逸史》,高宇泰之《雪交亭録》,周齊曾之《閩粤春秋》、《魯春秋》,徐肇台之《甲乙記》、《政録》,吴番昌之《三朝大事記》,沈應旦之《閩小史》、《粤滇小史》,陸雲祥之《甲乙義師始末》,陳忱之《東寧紀年》,徐非雲之《殘明書》,此皆當時記載之最重要者,必皆尚存天壤,急須搜訪。近人所作如錢綺之《南明書》、朝鮮人之《南明綱目》亦未訪得。近代搜羅南明史料者,以歸安楊鳳苞、大興傅以禮爲最多,楊氏所著《〈南疆逸史〉跋》十二篇,傅氏所著之《華延年室題跋》所見不下數百種,故知南明史料散在各處者,其數尚多。欲編輯《南明史》,其第一步工夫,仍在搜羅史料:一、望本所出重價以招購;二、望本所託各省圖書館及私家傳鈔,並託人至日本傳鈔;三、則希祖擬親至浙江之湖州、寧波,福建之廈門、臺灣,以及廣州、雲南旅行一次,以從事採訪。蓋此數處,固南明史料之淵藪也。

二、鑒别。南明各種野史及文集雜記,當時以史獄、文字獄之殺戮禁

毁,故已刊者多毁棄,未刊者多隱藏。其後雖漸有傳鈔者,然改變面目,或以避禁,或以盗名,或以貿利,如《南疆逸史》之改爲《南天痕》,《明末五小史》之改爲《五番實録》,《甲乙事案》之改爲《聖安本紀》,《南渡録》之改爲《明季甲申日記》,輾轉傳鈔,或删改忌諱,或顛倒是非,至其誤字脱文盈篇滿紙,則往往而有。甚或無知僞作,節鈔紿人,如李清之《南渡録》,而别有僞本;文秉之《甲乙事案》,而别有節本,此則鑒别史書之真僞,校正脱誤,不可不精審也。又南明之時,承明季党爭餘習,作史者皆黨同伐異,同於己黨,則增飾回護,異於己黨,則誣蔑毁損,如黄宗羲《弘光實録》之偏於東林,王夫之《永曆實録》之偏於楚黨,誣飾之弊,皆不能免。故各種野史、記傳、文集、雜記,必先審定作者爲何党何派,此則鑒别史事之真僞,矯正事實,亦不可不精審也。此爲治本期史事之第二步。希祖近數年來,曾作南明史籍跋文數十篇,此後仍擬賡續爲之,並擬撰南明史作者傳記,而野史中之名作,且爲之校勘考證,凡此數事,皆鑒别史事之不可闕者。

三、歸納。一代歷史必有一代特别現象,散伏於各種記載之中,非用現代社會科學方法精密觀察,詳細鈎稽,則終隱伏而不可見。例如政治方面:則復社與弘光政局之關係,隆武、永曆時代各宗王之爭立爲帝,三朝軍政,三朝武人把持政局及軍民統治之狀況,當時人民種族之觀念及義師之始末,乞師日本之真相,海通之禁,遁居各國之遺民。經濟方面:如三朝財政,各地籌措軍餉之情形,東南沿海與各國貿易之狀況,臺灣鄭氏之農商政策,東南沿海劃界遷民之事實及影響。宗教方面:南明特殊人物之逃禪,永曆朝與基督教之關係。學術方面:如顧炎武等之音韻學爲清代考據之先河,黄宗羲等之史學爲浙東學派之源泉,他若文學、美術,亦有特殊作風;又如,南明之野史,清初之史獄,海外講學之人,其影響於後世革命甚鉅。而各處復社之支流,如同聲、慎交等社,爲東南人文之淵藪,於清代文化亦有極大影響。凡此種種條目,不過聊以舉例,至於範圍之廣狹,題目之名稱,又當臨時酌定。總期以極小之題目作極深之研究,用歸納之方法,發爲精確之論文,此爲治此期歷史之第三步。

四、編纂。編年式之長編,所以排列事蹟之先後,得以探討其因果關係;列傳式之碑傳集,所以網羅各人物之舊聞遺事,以充裕史籍之資料;三朝之詔令奏議,須薈萃爲一編,以觀其政治得失;其他若筆記、雜著、詩文之有關三朝史料者,亦條鈔而件繫,以考其異同。此四種編纂爲整理史料之初步,方得用歸納方法研究發揮,而爲各種論文。最後,仍擬用紀、傳、表、志舊法,以保存有用之史料,約六七十卷。其所以與舊史不同者,以已經過一番歸納方法,提出各種重要問題,而爲分析綜合之研究,於以撰成各志各傳,其款式雖與舊史同,其條理決不與舊史同也。

計劃中所謂《南明史》,專指紀、傳、表、志體而言,大約三四年内,能得助理員及書記若干人襄助,或可編成。至於長編、碑傳集等,不過一種預備工作,並非欲以傳世。其他史籍跋文、作者傳記以及種種論文,則隨時可在本所集刊發表。

中華民國二十年三月十五日擬。

《國立中央研究院歷史語言研究所十九年度報告》(歐陽哲生主編《傅斯年全集》第六卷,湖南教育出版社,2000年,173頁):

研究員朱希祖二十年來搜訪南明弘光、隆武、永曆三朝史料二百餘種,南明詩文集約百五六十種,筆記雜著十數種,其間頗有舊鈔珍本海内稀有者,現擬更加搜訪並參以内閣大庫檔案,編纂南明史及南明專題研究。

4月,爲保存北平古炮事,與陳寅恪聯名致書中央研究院院長蔡元培、總幹事楊銓,同時移書北平市政府。

《上中央研究院院長書》(《朱希祖文稿》第七册,鳳凰出版社,2010年4月,420頁):

孑民、杏佛先生執事:

近得北平市政府復歷史博物館函,並附工務局原報舊炮數目號碼清册一份,内開"奉東北政務委員會電,本市舊炮全數撥歸歷史博物館保存陳列",並允飭工務局協助搬運。惟查此項舊炮,共一千一百四十餘尊,大者數千斤,小亦數十百斤,搬運之費頗鉅。今由裘君子元預算,謂能得工務局協助,尚需銀一千數百元,擬請設法撥給千元,其餘不足之數,由博物館自行籌劃。希祖等以爲此項舊炮於歷史上甚有價值,若惜此運費棄而不取,則他人便以爲無歷史上之價值,而工務局屢次要求撥給此項舊炮銷毁以作别用者,適得其機會矣。考舊京原存舊炮有鐵與銅兩種,銅炮中最著名者曰神威,曰臺灣。神威又分兩種:關外製者,爲清滅明之利器;關内製者,康熙時南懷仁所造,爲清滅吴、尚、耿三藩之利器。臺灣則爲鄭延平王舊物。鐵者皆明天啟、崇禎時製。往時皆儲存舊都之炮局,庚子拳匪之役,均支架於各城樓上,八國聯軍入,而神威、臺灣等銅炮則均遺失,惟各炮局略有存者,袁世凱稱帝時,又爲造幣廠銷毁,此銅炮遺失銷毁之大略也。今歷史博物館原存舊炮百餘尊,其中尚有南懷仁所製銅炮一尊,蓋爲碩果之僅存者耳。今市政府允撥之舊炮一千一百四十餘尊,全在舊都城上,觀清册中所開名目,明崇禎十四年神機營及神樞營所造者,居其十之六七,其中有標記年號及神機、神樞某營某司某隊者,有僅標神機、神樞某營某司某隊者。崇禎二年三年造者,亦有數尊。而崇禎十二年洪承疇所造之炮,款識百餘字,重五千四百斤,長九尺六寸,最有精彩。其他鑄工匠及監造人名及營司隊名目者甚多。天啟二年所造,題明用紅美鐵鑄者,有二尊,史稱伊大利教士龍華民及畢方濟奉朝命前往澳門,使葡人捐納銃礮,當在天啟元年,馬耳丁《韃靼戰爭記》亦言澳門葡人供給銃礮,射手請願召還,排斥之宣教師。則天啟初年鑄炮概由葡人可知。史又言天啟六年二月,又命登萊巡撫孫元化製西洋礮,翌年三月封西洋炮爲安國全軍平遼靖虜將軍,遣官致祭。於是金國汗一敗於寧遠袁崇焕,而清太祖努爾哈赤因炮傷而死(據朝鮮、日本人記載),再敗於寧遠滿桂而奴酋長子召力兔貝勒因炮穿胸而死(據明人記載),此則天啟時鐵炮勝利之大略也。及袁崇焕殺毛文龍,文龍部將孔有德、耿仲明等走山東登州依附巡撫孫元化,後孔、耿反劫所造最新式西洋炮投降清太宗,清太宗狂喜,因封王爵,名其軍爲天祐軍,天祐軍遂以炮手著名,於是清得改良製炮之法,且變鐵製爲銅製,長驅中國,一往無敵,皆此之由,今鐵炮中有"孔"字、"耿"字款識,似尚爲彼等所製者。今銅炮所存雖少,而明代鐵炮在天啟時有破虜之歷史,在崇禎時有亡國之歷史,明清興亡之關鍵皆可於此中求之。昧者不察,已將銅炮銷毁,今若與而不取,並將此明代鐵炮而銷毁之,則非特彼等之罪,吾儕亦豈能辭其咎。務望先生設法挹注,俾便搬運保存。至於陳列之處,擬在端門内,兩邊朝房共有八十餘間,儘堪安頓。館中舊藏正德金槍一支,若得此項舊炮全數運入,則有明一代槍炮之制大略以備,希祖等所以不憚煩而陳請者爲此。伏祈鑒察,賜復爲荷。

中央研究院歷史博物館委員長朱希祖、委員陳寅恪等敬上。

民國二十年四月某日。

本年,爲中央研究院歷史博物館籌備處徵集到大量古炮。(《國立中央研究院歷史語言研究所十九年度報告》,歐陽哲生主編《傅斯年全集》第六卷,湖南教育出版社,2000年,173頁)

5月,受傅斯年之託,爲中研院史語所影印舊鈔本《延平王户官楊英從征實録》作序。此書舊藏福建故家,前後霉爛,書題四字脱去,先生與傅斯年書信往來,最後在先生建議下,書名方定。

《與傅斯年論〈從征實録〉題名函稿》(《朱希祖文稿》第三册,鳳凰出版社,2010年,241頁):

……近日先將石印《延平實録》校讀一過,並從他書考其異同,擬先作序一篇。承示擬改此書爲《延平幕僚楊英從征實録》更爲明瞭,且可使人注意。考夏琳《閩海紀要》"永曆十七年十一月鄭經設六官,以楊英爲户官"(《閔海紀實》卷下),先是"永曆九年,延平王鄭成功承制設六官,時奉詔文武職官,許其便宜委用,武職許至一品,文職許設六部主事,又賜詔許其軍前所設六部主事秩比行在侍郎,都事秩比郎中"(《閔海紀要》卷上)。觀楊英在延平王成功時爲户部都事,觀《實録》中自稱可知。此書作於嗣王經時,且在英爲户官後,故書首題"户部主事楊英",蓋在鄭氏方面言之,則爲户官,在行在方面言之,則爲軍前户部主事。竊擬此書可改名爲《延平王户官楊英從征實録》,或將"延平王户官楊英"七字小字雙行列在"從征實録"四大字上,未知尊意以爲何如。乞定奪示知,以便作序時叙入改題書名之意。五月十八日。

6月18日,爲謝國楨《晚明史籍考》作序。

《晚明史籍考序》(《朱希祖文稿》第七册,鳳凰出版社,2010年,54頁):

有普通目録之學,有專門目録之學。朱彝尊之《經籍考》、章學誠之《史籍考》爲經史專門目録之學。晚近因《史籍考》不傳而分代爲之者,如近時之《蕭梁舊史考》、《魏書源流考》,日本蒙古史研究中之《元史研究資料並參考書目》,雖廣狹不同,精粗互異,要其爲《史籍考》之流則一也。安陽謝君剛主,有《晚明史籍考》之作,起於萬曆、天啟,訖於臺灣鄭氏之亡明曆告終,成書二十卷。蓋自萬曆以來後金崛起成遼薊之外患,釀闖、獻之内訌,薦食北都,憑陵南國,其間記載繁賾,忌諱孔多,順、康之際,大興史獄,至於乾隆,廣搜博采,一概禁燬,故《明史》自萬曆後闕略諱飾在所不免,《清史稿》於南明三朝,亦語焉不詳,至於今日,收拾燼餘,百無一二,即偶有遺編,然流傳即尟,什襲彌珍,欲思補苴闕佚,匡正違誤,蓋綦難矣。夫其得之之難既如彼,需之之要又如此,自非氣魄弘偉,毅力堅貞,尟有不望而生畏者。謝君秉承師教,成此鉅編,閲時已及四年,奔走幾及萬里,凡通都大邑官私藏書靡不借覽,旁及日本朝鮮,力所能及,亦嘗鈔譯不倦,蓋廑廑初稿,而所費精力已爲人所不能及矣。謝君以余曾治斯學,知其甘苦,徵序於余。余自二十五年前游學日本,初留意於晚明史籍,其時二三師友,亦嘗弘奬斯風。餘杭章先生首先傳刻張煌言《蒼水集》、張斐《莽蒼園文稿餘》。蒼水自言借聲詩以代年譜,其書爲滃洲思明史事所萃,《莽蒼園文餘》多殉國鉅公傳記,且嘉遁海外,與朱公之瑜同調合契,形之文告。由是舜水文集,亦傳刻於海内;儀真劉氏,亦頗欲著《後明書》,預徵章先生爲序,今存於文集内,其條目可考也。其時東京、上海,聲氣相應;順德鄧氏,乃大肆搜輯,野史遺聞,遐邇薈集。斷簡零篇,郵之以學報,鴻文鉅册,彙之以叢編。由是《南疆逸史》足本出,而楊氏十二跋遂傳佈於宇内,明季史籍之目蔚爲大觀矣。海内學子,頗多抽其墜緒廣爲搜討。蓋讀此等書者,皆有故國河山之感,故能不數年間,光復舊物,弘我新猷。回顧順、康、雍、乾諸朝,出其暴戾雄鷙之力,以從事於摧殘禁燬者,方知其非無故也。民國既建,海上有《痛史》之刻,有《明遺民録》之作,方期此等鉅製,日出不匱,俾得彙輯叢殘,完成信史,詎料十餘年來,此風日就衰歇,蓋群衆心期,往往隨一時之風氣,而非思千秋之絶業也。余廿餘年來,南北奔走,亦嘗從事採訪,略有藏庋,傳鈔摘録,時有所獲,然積之愈多,讀之愈艱,考訂編纂,更難爲力,歲月蹉跎,訖無成就。竊嘗思之,作史之業蓋有三期。第一,搜羅務期廣博。温睿臨《南疆逸史》所采僅數十種,然徐鼒《小腆紀傳》尚未見及温書;李慈銘、傅以禮以博覽名,亦未見徐氏紀傳。古今著書,多有同慨。況内閣扃閉之籍,故家深藏之書,海外孤傳之本,皆以漸而出,人壽幾何,頗有難俟之感。故一方竭吾之力從事搜采,一方隨所得書從事整理,不必以前人所見之目盡入吾藏方從事著述也。第二,考訂務期精審。前人著書,往往貪多務廣,不加考訂即據爲事實,遂致真僞不分,是非難别。監國沉海之冤,東武紀年之謁,騰笑方來,貽誤後葉,此皆偶爾不謹,致有此失也。他若王夫之之《永曆實録》、林時對《荷鍤叢談》,率爾任情,遂成謗史,考其事實,大都不根,諸如此類,不勝枚舉。至如十八先生之獄名氏各書不同,鄭延平王之封年月諸家互異,非彙數十種之書,不能折中一是。且考訂一事,往往由甲及乙,由乙及丙,轉輾牽連,都有異説,故欲定甲事,必先考乙,欲定乙事,又必考丙,非至靜不能理其糾紛,非至明不能斷其是非,非借助金石檔案詩文筆札,亦無以知其致誤之由。故有豐富之史籍,非經縝密之考證,譬猶金鐵未煉,泥沙未去,不足以成器皿也。第三,去取務權輕重。一切史材,非皆有用,何者宜取,何者宜去,非立定標準不能權衡輕重。前人著史,往往側重朝廷而輕視社會,注意政治而忽略文化,崇奉英豪而棄置群衆,發揚道德而罕言經濟,至若夷夏之辯、治亂之理,亦多忽諸。例如《小腆紀年》專獎死節,每失一城喪一地,死者姓名纍如貫珠,儼若盡瘁爲一王隕躬爲一姓者;《勝朝殉節諸臣録》遂欲鼓舞忠節,殉彼非類。又其時野史譏評,往往苛於從賊寬於降虜,而不知李爲同種,虜爲異族,是非瞀亂一至於此。是故史料之考訂雖極精塙,而編纂之時,亦須緯以社會最要之條款,經以科學嚴格之律令,方足稱爲上乘。譬如覽宫室之美,第一期欲入其門也,第二期欲升其堂也,第三期欲入其室也。既不可躐等以求,亦不可一蹴而幾,積數十年之搜討研究,不旁騖於勢耀,不耽逸於聲華,尚未知能成與否。蓋學問之成績,不可徼幸致也。方今治史,學者滯初步，則誇張目録；截中步，則徒窮探枝葉；躐終步，則或輕言編纂。稗販鈔胥，或空談方法；道聽塗説，衒鬻詆耀，尊己凌人，此真所謂唐華朝菌，不經風霜者也，欲其革除叫囂之風，振導樸實之學，豈不難哉！謝君富邁往之神，不肯以故步自封，方將游學海外，力求精進。此編之作，既自開闢門徑，亦以灌溉朋儕，即如余之儉見寡聞，亦得一擴耳目，增益知識，豈得以目録之學少之哉！亦豈得以目録之學限之哉！中華民國二十年六月十八日海鹽朱希祖作於北平草廠大坑寓廬。

本年，尚有《復社研究計劃書》。

《復社研究計劃書》(《朱希祖文稿》第二册，鳳凰出版社，2010年，191頁)：

明季復社關於政治及學術等各方面影響皆甚大，此吾人研究復社之目的也，然研究此問題，必先明瞭復社中之人物，而對於復社人物之記載，前僅有吴應箕及吴翽《復社姓氏録》，兩家所載多寡又不同，此應研究者一也。而記述社中人物事蹟者，僅有吴山嘉之《復社姓氏傳略》，然社中人物共三千餘人，《傳略》有傳者不過千餘人，其他尚待後人之補充，此應研究者二也。吾二人先擬共同研究人物總數，而後分工調查各省復社中人物傳記，以補充吴山嘉氏之《傳略》。俟全社人物能得十之八九皆有傳記，然後施以分析之研究，如政治、學術、風俗等等各方面之關係則又可以分工研究之。大約以二年爲期，此研究復社計劃之大概焉。

編者按：原文爲草稿，未署時間，根據先生生平，此《計劃書》應是提交於中央研究院歷史語言研究所的，當作於1931年。文中“吾二人”，另一人爲先生次女朱倓。

9月5日，爲學生謝興堯入國學門爲研究生事致信胡適。(耿志雲《胡適遺稿及秘藏書信》第25册，黄山書社，1994年，第321頁)

適之先生左右，久不領教，甚念。兹有懇者：北京大學史學系畢業生謝興堯君，擬留在北平，繼續研究太平天國史，不願就外邊中等學校教員，仍舊爲北大研究所國學門研究生。渠對於太平天國史料搜集頗多，將來甚有希望，惟個人生活不能維持，恐不能安心研究，甚覺可惜。聞北大有補助研究生之舉，敢懇先生竭力爲之設法介紹，如能得到補助金，俾得安心研究，亦成全好學後進之善舉也。

本年，岳母張太夫人卒，享年八十八歲。

朱希祖由中央研究院歷史語言研究所專任研究員改聘爲特約研究員始末

編者按:本年春,先生受聘爲中央研究院歷史語言研究所專任研究員,數月後即改聘爲特約研究員,其原因始於北大“驅逐事件”,詳見本《年譜長編》“1930 年”條。“驅逐事件”發生後,中研院史語所所長傅斯年答應聘先生爲該所專任研究員,前提是辭去北大教職,以及所兼任的清華、輔仁兩校教職。

1 月 25 日,史語所所務會議通過陳寅恪的議案——《建議於院長改聘朱希祖君爲本所專任研究員》。

編者按:因中央研究院的聘書遲遲未到(後於 3 月初寄到),雖有院長蔡元培、總幹事楊銓來電,表示決定聘用,但仍使先生心中不安,未敢遽向清華、輔仁辭兼任之職,而是請假。先生於 1931 年 4 月 25 日致信傅斯年解釋此事(原信藏臺北中研院傅斯年圖書館,編號“元 47—19—4”)云:“而清華、輔仁之請假而未辭職,有三原因:一爲未請假前已請假一月有餘,以待中央之聘書。其後因年假開學,不便再請短期假,只好請假半年,此請假信發出後,又過十餘日,始接中央研究院聘書;二爲兄屢次表示歷史語言研究所超出預算甚鉅,下半年必發生問題,此次添聘專任研究員,更覺支絀艱難,然上半年尚不發生問題云云,故希祖接到聘書後,未有勇氣再向各校去辭職……”

本月,北大校長蔣夢麟致函先生,同意先生辭職。
2 月 10 日,北京大學史學系全體學生致函先生,對“驅逐事件”深表歉意。
2 月 12 日,致函史學系全體學生,接受道歉。

編者按:學生道歉之後,先生致函蔣夢麟,將辭職改爲請假一年,言明史學系職務已辭去,未完課務惟研究所國學門。並請傅斯年向蔣夢麟協商,傅斯年於 1931 年 4 月 27 日致先生函(藏臺北中研院傅斯年圖書館,編號“元 47—19—5”)中確認有此事,該函云:“北大史學系學生表示悔過,其次日,先生即函北大,改辭職爲請假,然斯年以願贊助先生之故,面陳夢麟先生云暫時把薪水當作退職金看何如。學生惡風不可長,准辭之事,或可遷延幾月再准云云。”

2 月 18 日,北京大學發佈《校長佈告》,對史學系學生加以訓誡。
4 月 1 日,接北大蔣夢麟來信,謂北大評議會同意請假一年。

4 月 7 日,先生致函北大校長蔣夢麟,提出銷假復職的請求。

1931 年 4 月 7 日先生致蔣夢麟函(藏臺北中研院傅斯年圖書館,編號"元 47—19—2"):

夢麟校長先生左右:

四月一日接到大札,通知請假一年事件已由評議會議通過。希祖近來已將各校兼任教課一概辭去,故對於北大教授決擬銷假復職,且希祖在北大研究所國學門所任職務近三四月來並未間斷,經手編輯《國學季刊》最近已出一期,尚有一期正在付印,所任研究所指導科目爲明清史,學生最多,近亦常來舍間請益,並請仍舊指導,且弗請假,以荒其課。希祖查研究所中别無教授擔任明清史指導,明清史料整理會亦無人指導整理,故不忍決然舍去,且先生來長北大,希祖極願襄助,惜不能竭盡全力爲歉然耳。至於薪給一層,近來希祖已專任中央研究院研究員,業已有給,願援胡適之先生之例,在北大亦不支薪。務懇

備案 賜復爲荷! 專此,敬頌

教安!

弟朱希祖敬上

四月七日

編者按:時傅斯年正在南京,回北平後,蔣夢麟將先生此信轉給傅斯年看,傅斯年看後極爲不悦,認爲先生此舉與規定不合,尤其不能理解的是爲何事先不與自己商量。第二日即至先生寓問詢。

4 月 15 日左右,至傅斯年寓,面陳取消銷假復職之意,且允辭去北大教授。後數日,又託毛準轉達,決定再去信向清華、輔仁辭職;但仍想保留北京大學研究所導師之兼職,一則因北大所藏南明史料極爲豐富,如不在北大任職,難以查閲;二則因史語所規定專任研究員可每週在外兼課兩小時。

4 月 23 日,接傅斯年來信,此信實爲逐客書。

1931 年 4 月 23 日傅斯年致先生函(藏臺北中研院傅斯年圖書館,編號"元 47—19—3"):

逖先先生賜鑒:

先生向北大表示復職一事,兩承清誨,感何可言。斯年爲此思之十餘日,徹夜不寐者兩夕,緬懷師生之誼,重想斯年此時所負之責任,尚有未能

已於言者,敢爲先生陳其綱略。

一、歷史語言研究所此時在創置期中,艱難至多。院中規定專任研究員之待遇,一面固優爲俸給,一面亦詳爲限定。蓋專任者必不抱東牽西掛之意,然後可以濟事,必以其自己之事業與研究所合爲一體,然後可以成功。此意在先生決改專任之前,斯年爲先生道之非一次矣。

二、先生之爲專任研究員,固由斯年等甘願贊助,亦由先生先表示自己決心於前。先生去年十二月廿一日書云:

> “希祖最近輾轉思維,決定此後專事研究史學,不作教員,不作任何校長、主任及各項辦事員,故擬在年假後辭去清華、輔仁等校教課及北大研究所導師,使身體一無所累,集中精神以從事於一史,惟生計問題不易解決。前日承兄談及研究院事可以達我此志,年假中未識可以決定否?遲則事機一失,恐仍牽於舊累,不可解脱矣。乘此機會,快刀斬亂麻,使永無糾葛,亦可謂畢生之幸。希祖前此十八年頗忠於北大,從來不休息一年,所作史學文章皆在北大發表。今年對於史系自己增加兩種新課,又作三篇新文章,亦可見不貪懶惰,肯負責任,而對於尊處允許出版之兩種拙作,亦未暇整理。顧此失彼,頗抱歉仄。此後願移忠於北大精神以忠於中央研究院。”

斯年等讀此,能無感動。所以於最困難之情形中,終成此事者,皆以報答先生之雅意也。

三、今觀先生致夢麟先生書云:

> “希祖近來已將各校兼任教課一概辭去,故對於北大教授決擬銷假復職,且希祖在北大研究所國學門所任職務,近三四月來並未間斷。經手編輯《國學季刊》最近已出一期,尚有一期正在付印,所任研究所指導科目爲明清史,學生最多,近亦常來舍間請益,並請仍舊指導,切弗請假,以荒其業。希祖查研究所中别無教授擔任明清史指導,明清史科整理會亦無人指導整理,故不忍決然舍去。且先生來長北大,希祖極願襄助,惜不能竭盡全力爲歉然耳。至於薪給一層,近來希祖已專任中央研究院研究員,業已有給,願援胡適之先生之例,在北大亦不支薪,務懇備案 賜復爲荷。”(四月七日)

四、觀先生致夢麟先生書,不忍舍去北大,則先生十二月廿一日函所云者,特一時感情語耳。研究所及斯年等個人竭力奉贊先生自己做學問之事業,而未獲换得先生在研究所之安心。斯年初看深疑何緣至此,豈有所克罪於先生,致先生在三四月間,盡變其意向?繼更思維,先生在北大年久,在研究所日短,如此存心,亦是至情,敢不佩欽!此時先生對清華、輔仁雖不支薪,亦未辭職,北大教授及國學研究所之指導又生此問題。斯年慮此,實覺爲難。想在高明洞鑒之中,無待多説。至於先生成一史於北大,或成一史於研究院,在斯年固以爲同可欣幸,正不必爭其在彼在此也。聞暑假後北大教授之待遇將有所改善,當亦有可以著述之機會。斯年當敬從先生向北大復職之意! 敢布區區,諸希亮察! 敬叩
著安!

學生傅斯年謹呈
四月二十三日

4 月 25 日,致函傅斯年,對自己的所爲作出解釋,并承認自己的舉措有不當之處。

1931 年 4 月 25 日致傅斯年函(藏臺北中研院傅斯年圖書館,編號"元 47—19—4"):

孟真尊兄左右:

昨日傍晚接四月廿三日來函,頗深驚訝。書中所示各語,似專就蔣夢麟先生初告訴希祖之函,於尊處而言,固當嚴厲詰責。然希祖前日造府,已面陳取消銷假復職之議,且允辭去北大教授之職;惟言措辭尚須考慮,此當日面談之言,想兄不致忘卻也! 繼又托毛子水兄商之於兄,謂清華、輔仁等大學,決再去書辭職,北大亦去書辭職,惟因南明史材料關係,一脱離北大,閲覽抄録甚難,故商請可否兼任北大研究所指導功課兩小時,薪水歸還中央研究院,一則可以維繫史料之關係,一則兄有約在前,言"專任研究員在外得兼課兩小時,惟薪水歸還中央研究院",故此請似不致有礙。一則向北大辭教授職,請改講師,措詞似覺易於轉圜,不與前函大相矛盾。子水兄必將此言達到,惟一去五六日,不見回言。前日請其來舍,據云兄不置可否。子水兄勸我不必再至北大,專心編纂南明史爲上策。希祖亦以爲然,正擬作函去各大學辭職,並報告兄決辭各處教授講師名義,並聲明不必兼任北大研究所兩小時指導功課,至史料一層,只好從緩,别想便利閲覽方法。乃忽接來函,仍專提告訴之函而言,似將希祖當面之談,及子水兄轉達之語,一概棄置,深所未解。至於以前錯誤之原因,亦似有可原諒之處:北大請假而不辭職,兄自言與蔣夢麟先生接洽,固所默認。而清華、輔仁之請假而未辭職,有三原因:一爲未請假前已請假一月有餘,以待中央之聘書。其後因年假開學,不便再請短期假,只好請假半年,此請假信發出後,又過十餘日,始接中央研究院聘書;二爲兄屢次表示歷史語言研究所超出預算甚鉅,下半年必發生問題,此次添聘專任研究員,更覺支絀艱難,然上半年尚不發生問題云云,故希祖接到聘書後,未有勇氣再向各校去辭職;三爲北大既可請假,則他校請假似亦不致發生問題,好在

半年之後,即斷絶關係。所以此種過失,皆有特别原因,非故二三其心不安定而拋荒研究事業也。至於致北大校長書言銷假復職,措辭誠覺太重,然下文仍有限制,專復研究所指導之職,每星期不過兩小時(因前次請假書已聲明史學系已辭職,所剩僅此功課),似亦不致違背院章。至於不支薪水之語,將中央研究院權利,輕以許人,此則希祖之大過。及今思之,甚屬不當。然當時所以敢輕率出口者,一則以爲中央研究院之大,必不計較及此,中央研究院中人在外兼職者,亦常有之;一則恃兄平日之愛,言無不從,以爲如得北大校長許可,持此議與兄相商,必可應允。總之此事理宜先與兄相商,後致北大校長書,乃爲最順。適逢其會,兄方赴京,待至數日未有回平消息,而夢麟先生亦欲至京,希祖對於北大方面,似宜此事趁夢麟先生未離京[平]時接洽妥當,不致失去事機,苟得許可,然後與兄商量,如以爲然,固所至願,如不以爲然,仍可取消此議,未成之事實,本易於轉圜也。希祖承兄贊助,能得專心著述,心頗感激,早已安心,專研史事,自二月初旬至今日,未滿三月,已閲過南明野史二十餘種,作札記數十條,作文十餘篇,每閲一書,必從首至尾,悉心融會,閲竟,必作跋一篇,以批判此書之内容,不日可寫出奉覽,若不安心而二三其意,何能至此;且亦何以對兄,並且何以對蔡先生,何以對朋友及社會。故未接兄來書之前,早表示可以犧牲鄙見,且尚有最後表示犧牲全部鄙見者。今兄必欲執未有成約、僅爲片面之書函,定爲罪案,不許改移,在希祖既有此次事件,固不願再回北大,惟有陷於進退維谷之境,供人嘲笑而已!然在兄亦豈能免人譏評,蓋寒心之人,恐不僅希祖已也!辱在舊好,用敢直陳胸臆,諸維亮察!敬頌

著祺

弟朱希祖敬白

四月二十五日

4月27日,接傅斯年一短箋,謂已與史語所同人數位略討論此事,還須與陳寅恪先生詳商之,並説明待星期四與陳寅恪先生談後再詳陳一切。

同日,傅斯年作一長信致先生,但未當即送達,而是與5月5日之信函一併送達。4月27日信函,仍爲逐客,並説“後如先生與中央研究院約,只有請先生直與蔡先生約”。

1931年4月27日傅斯年致先生函(藏臺北中研院傅斯年圖書館,編號“元47—19—5”):

逖先先生賜鑒:

奉四月廿五日書,多承指誨,感謝不盡!惟此事經過尚有不盡如先生所示者,謹述其梗概。

去年年尾，北大史學系發生不幸事件之次日或又次日，先生來敝寓談，未表示願爲中央研究院之專任研究員。斯年即以專任研究員之必要條件奉告（其實此等條件以前在閒談中説過亦不只一次），先生謂，一切辭去，絶對不成問題。（北大研究所事，當時亦言明辭去。）斯年又謂此事須待暑假，一年度之中間甚難辦。先生囑斯年當時辦到。斯年算了算賬，實難有辦法，又與先生談了一次，謂如就專任研究員，必辭一切兼職，又謂此事正在算賬，上半年事易辦，少買或不買書便可，下半年如何，必須先把賬算對，然後可，蓋研究是長久之事業，不能但顧一時，在決定請先生之前，必爲長久之計，此時之所以詳細打算者以此，等語。此皆決定請先生爲專任研究員之前之考量，既已決定，自然已有辦法，且其已有之辦法業奉告先生，不圖先生今反以此爲不向清華、輔仁辭職之理由也。後來屢經開會，左算右算，又經寅恪先生之竭力贊助，研究所諸同志之雅意，始決意請蔡先生發聘。聘書寄到固較遲，然蔡、楊兩先生之兩電，其一爲決聘，其二爲薪數照所長主任例者，固遠在聘書寄到之前。先生如相信蔡先生，似不宜於見到電文之後，仍不向他處辭職。後來聘書寄到之後，斯年問先生何時辭他職。先生云，已辭了。從此斯年不便再問，而陳援庵、馮芝生兩先生皆來詢何以是請假，不是辭職，能否另聘他人，云云。斯年只好裝作不聞，而心中對研院實不安。至於北大方面，因先生既屢屢表示北大決不幹了，故初向夢麟先生請其於函允先生辭職時，加給先生一年退職之報酬，夢麟先生允爲考慮。而北大史學系學生表示悔過，其次日，先生即函北大，改辭職爲請假，然斯年以願贊助先生之故，面陳夢麟先生云暫時把薪水當作退職金看何如。學生惡風不可長，准辭之事，或可遷巡幾月再准云云。

此次斯年離平二周半返來，夢麟先生示以大函！謂此事爲私爲公，均有給斯年一看之必要。蓋先生這樣辦法，與研究院有無困難，須一詢也。斯年讀竟，不勝惶恐。次日赴先生處，恭請而言曰："先生這封信的辦法是與研究院的規定不合，且與先生以前自己所説者不盡一致，斯年不大瞭解先生的意思。"先生反而怫然不悦，中間相對無言者久之。及斯年告辭，先生命之再坐，而説明先生要保留北大教授名義之理由，要保留北大國學門研究所之理由，給夢麟先生信如何不先於斯年商量之理由。這些理由，斯年大半不懂，小半不能同意。最後先生令斯年再爲先生設法，斯年云如是自己的事，固願竭力贊助，但此信一出，斯年極其爲難。

過數日承先生枉駕來誨。先生表示可以辭去各職，但仍患無以措辭，且仍以保留北大研究所爲意。斯年請先生向蔡先生直接商量，先生又不肯，然而斯年實在擔負不起矣！又逾數日，子水兄持先生命來，謂設法保留北大研究所事,並謂他兩次勸先生乾乾淨淨辭去一切,而先生最後還是要保留一處,言下不勝嘆惜。在斯年持先生函奉質先生之後,先生猶未有痛快之決定,而一則以措辭爲難,二則保留爲意。凡此皆使斯年對中央研究院立於罪過之地位者,先生似未能矜簪也。

事實如此,則先生手示各節,可以不辯。此事雖長,然綱目甚顯,雅不欲多説以克罪於先生,故前函但並舉先生兩信而已。既承指正,敢舉其經過之崖略如上。

總而言之,先生不打斯年知道,函夢麟先生,一則曰"各校一概辭去,故對於北大教授決擬復職",再則曰"研究所國學門所任職務並未間斷",三則曰"惜不能竭全力爲歉",四則曰"務懇備案"。(辭薪一事最小,可不論。)此之與先生十二月廿一日函(即吾等所根據聘先生爲專任研究員者)矛盾處,更不待説而自明。且斯年尤其不能明瞭先生所謂先得夢麟先生同意再告斯年之理由,世上焉有如此倒轉之理也?此非軍國機要,何以不能待斯年之歸?蔣先生之返乎?

此事目下之局面如此:一、凡此經過,皆未能使斯年相信先生必不東牽西掛。二、先生致夢麟先生函中各節,未經斯年知道,先向北大備案,其理由斯年愧未能喻。三、斯年於持大函奉詢之後,先生猶未痛快決斷,一則以措辭爲慮,二則以保留北大研究所爲言。前者斯年與先生所約之件,先生不實行,則此時與先生再約,斯年何能必其將來必無枝節?故以後如先生與中央研究院約,只有請先生直與蔡先生約。斯年對研究院殊不能再滋疚戾也。去冬先生自己堅決表示,要專任中央研究院事,斯年竭力奉贊而成之。此時先生充分表示要復北大之職,斯年又曲意奉贊先生此志,而自任對研究院之責任。如此遷就,反惹先生之"寒心",斯年實所不解。不過"寒心"二字,正是斯年之心緒。若論人之譏評,則斯年自覺對研究院已是罪人,更有過於譏評者矣!先生有何意見,或作何約定,請與蔡先生約之。斯年實更擔負不起。

奉侍先生無狀,慚罪之至!敬叩

著安!

學生傅斯年謹呈

四月廿七日

4月28日,致函傅斯年。

1931年4月28日致傅斯年函(藏臺北中研院傅斯年圖書館,編號"元47—19—6"):

孟真尊兄左右:

前日奉復一函,諒已鑒察,惟憤激之時,恐多開罪之語,務祈原宥。希祖承兄贊助得專從事南明史,意甚感激,情亦融洽,因接來函,似無商量餘地,且竟示意使去,故已決定辭職。繼而思之,此事關係不僅希祖與兄二人,蓋經陳寅恪先生之提案,復經諸同事之通過及蔡、楊二院長之厚意允許,任事未滿三月,竟因吾二人稍有隔閡拂衣而去,得罪多人,心實有所未忍,且兄初爲希祖規劃此事,實是美意,即此次執法而行固職責之所當爲,且亦含有成全作史不使分心之苦衷,公誼私情兩不可負,用特翻然變計,已發信將北大、輔大、清大教授等名義辭去,以遵守院章,解除各種困難及非毀,如兄尚有别種爲難之處,競[徑]行開除亦無怨悔。

專此布臆　諸惟

亮詧　敬頌

著祺

弟朱希祖敬白

四月二十八日

4月30日,星期四,陳寅恪與先生面談。

5月5日,傅斯年致函先生。

1931年5月5日傅斯年致先生函(藏臺北中研院傅斯年圖書館,編號"元47—19—8"):

逖先先生賜鑒:

奉四月二十八日書,適前一日本所同人有數位略討論此事,故於奉復之前,至少須與寅恪先生一詳商之。遂匆匆上復一短箋,述明待星期四與寅恪先生談後再詳陳一切,計已達覽。星期四日已由寅恪先生面達一切。先生謂當調查考慮,此需時日,故未即以上呈,敬乞恕宥!

先生四月廿八日函,厚意隆情,感荷無既!"隔閡"一説,斯年豈敢如此?此一事件皆先生就專任前已決之件,而後來一段,致斯年對研究院負甚多罪戾。今既完結,幸何如之!謹申感激,敬乞垂察。

先生四月廿五日函所示各節,斯年曾擬一稿,星期二正想抄呈,而廿八日之函至,遂以擱起。然此事經過之綱領,略具於此稿,斯年爲自明起見,仍以此稿抄呈以備先生參考。忝承雅愛,不敢自昧,當不爲罪!

先生廿五日函,謂陷於進退維谷之境。此則既非斯年存心,恐亦非此時實況。去年先生欲專任研究員事,斯年等竭力奉贊而成之,今年先生欲在北大復職,斯年等敬從尊命。在斯年固未提一辦法,以强先生,而皆是從先生之辦法,理無進退維谷之事。且斯年詢之夢麟先生,則北大固願先生復職。先生但能以致力最多之學問詔學生,則如有問題,校長負責。是則先生進退甚自如也。

"開除"一説,實談不到。專任研究員之初任及歷年續任,照院章是院長之事,而本所取開會議決建議之辦法,以爲自治之張本。爲本所百年之計,即十倍於此之事,亦不能開"開除"之惡例,且亦無人能開此惡例也。學術機關尤不能以此無禮之事加諸學人也。且此事經過,主動方面,節皆在先生,固不在研究所也。

其他已托寅恪先生詳談,不贅。敬叩

著安!

學生傅斯年謹呈

五月五日

5月24日,晤陳寅恪。

陳寅恪致函傅斯年(藏臺北中研院傅斯年圖書館,編號"元47—15"):

頃逖先先生來談,有兩點囑轉達:

一、北大不去。

二、如中央研究院下年不聘則請早告。

孟真兄

弟寅恪頓首

廿四

5月25日,傅斯年致函陳寅恪,請陳將史語所決定將先生之專任研究員改爲特約研究員轉告於先生。

1931年5月25日傅斯年致陳寅恪函(藏臺北中研院傅斯年圖書館,編號"元47—16"):

來書敬悉。請兄即以上兩次同人談話之實情(改聘爲特約研究員)告逖先先生,爲感!否則可由兄再約一談話會變更之。如無變更,即以此樣提出星期六之所務會議矣。敬頌

著安!

弟斯年

五月廿五日

編者按:先生最終改聘爲特約研究員,離開中研院史語所,在《國立中央研究院歷史語言研究所二十年度報告》(1931年7月——1932年6月)中專任研究員名單中,已無先生的名字。雖如此,1931年5月,先生仍爲該所影印舊鈔本《延平王户官楊英從征實録》作序,

並於5月18日作《與傅斯年論〈從征實録〉題名函稿》(詳見本《年譜長編》本年5月條)。多年後先生提及此番北大事件及中研院史語所事件,對傅斯年仍心懷耿耿,其1938年8月7日日記云:"民國十九、二十兩年遘傅斯年逢蒙之禍,北京大學及中央研究院兩被奪位,二十一年夏不得已出居廣州,播遷失所……書籍既分散於南北,饑軀又偏走於東西,著作不能着手,皆蒙此影響也。"另吴梅在其1934年11月26日日記中也有對此事的評論:"往訪林公鐸,同往劉三處長談……席間所談,皆北大近日事,方知朱逖先之南來,受傅斯年之紿,許守白之解約,出胡適之之意,而朱與許皆未知也。可勝浩歎。"(《吴梅全集·日記卷》下,河北教育出版社,2002年,509頁)

本年著述

本年論著除上者外,尚有如下:

一、有關南明史籍題跋

1月3日,作《明餘姚孫氏世乘跋》。1月5日,作《張鳳翔列傳考證》。1月6日,作《劫灰録跋》。1月7日,作《見聞隨筆跋》。2月4日,作《舊鈔本天啟四年邸鈔跋》、草成《明季南直隸應社考》。2月5日,作《舊鈔本慟餘雜記跋》。2月6日,作《撫畿疏草跋》。2月7日,作《成仁譜跋》。3月3日,作《鈔校本明末忠烈紀實跋》。3月16日,作《鈔校本明延平忠節王始末跋》。4月1日,作《順治元年内外官署奏疏序》。4月4日,作《復社姓氏傳略跋》、《劉刻復社姓氏跋》。4月10日,作《鈔校本存信篇跋》。4月13日。作《葉學山詩稿本跋》。4月18日,作《兩粤新書跋》。4月23日,作《鈔吴翻本復社姓氏跋》。8月27日,作《跋王原明食貨志》。11月23日,作《校鈔本思文大紀跋》。

編者按:上述序跋寫作日期,均據2010年鳳凰出版社據先生手稿影印之《朱希祖文稿》。

二、其他論著

《後金汗國姓氏考》(後有補充,收入《蔡孑民先生六十五歲生日紀念刊》,1933年1月)、《整理昇平署檔案記》(1931年5月改定,登載於《燕京學報》第10期,1931年12月)、《三國時代薄葬考序》(1931年7月2日爲于世琦作,抄件影印於《朱希祖文稿》第七册)、《永樂大典本相地書六種序録》(1931年9月13日,原稿影印於《朱希祖文稿》第二册)。

一九三二年(民國二十一年壬申)　先生五十四歲

本年3—5月間,章太炎先生在北平講學,黄侃陪同,先生亦常隨左右。

3月2日,與黄侃、吴承仕、馬裕藻、錢玄同從章太炎游南海,食於大陸春。

黄侃1932年3月2日日記(《黄侃日記》下,中華書局,2007年,780頁):

廿六日壬戌(三月二號,禮拜三),陰,旋晴。……午後詣師,遇中季,遂與吴、馬、錢、朱四人從師游南海,憩於瀛臺。師言及《逸周書》、《清史稿》。旋起,至懷仁堂小步,即返,食於大陸春。

3月31日,北師大研究院歷史科學門、文學院的國文系和歷史系,共請章太炎先生講學,講題爲《清代學術之系統》。此次講演,由先生擔任翻譯。

姚奠中、董國炎《章太炎學術年譜》(山西古籍出版社,2001年,第432頁):

3月31日,北師大研究院的歷史科學門、文學院的國文系和歷史系,共請講學。講題爲《清代學術之系統》。對清代的詩、詞、古文,評價均不高,認爲清代文化之特長,就在於學術著述。清代小學、經學、史學、算學、地理學等,都很有成績。並分别作了講述。這次講演由柴德賡記録,記録稿刊於《師大月刊》第10期。

黄稚荃《杜鄰存稿》(四川人民出版社,1990年,168頁):

1932年,我在北平做學生。春夏間,章太炎先生來平講學,我在師範大學聽太炎先生講清代學術,他的餘杭話不易懂,由朱希祖先生翻譯。

4月18日,應馬裕藻之約,赴西板橋見章太炎,同席者有錢玄同、沈兼士、俞平伯、劉半農、魏建功、胡適、蔣夢麟、周作人,共十一人。

周作人1932年4月18日日記(《周作人日記》,大象出版社,1996年,下册,227頁):

(下午)七時往西板橋,應幼漁之約,見太炎先生。逷先、玄同、兼士、平伯、半農、天行、適之、夢鄰,共十一人,十時回家。

5月15日,下午周作人設家宴款待章太炎,先生及馬裕藻、錢玄同、沈兼士、俞平伯、魏建功等與席,十時半散。

周作人1932年5月15日日記(《周作人日記》,大象出版社,1996年,下册,240頁):

下午……天行來，共磨墨，託幼漁以汽車迓太炎先生來晚飯，玄同、逷先、兼士、平伯亦來，共八人。用日本料理五品，紹興菜三品，外加常饌。十時半仍以車與玄同送太炎先生回去。在院中照一相，又乞書條幅一紙。

5月16日，晚，在草場大坑21號本宅，宴章太炎先生，錢玄同、馬裕藻、沈兼士、劉半農、魏建功及章太炎的秘書龔某作陪。

周作人1932年5月16日日記（《周作人日記》，大象出版社，1996年，下册，240頁）：

（下午）六時赴逷先之招，來者太炎先生及秘書龔君、玄同、幼漁、兼士、半農、天行，共十人，十時半回家。

是日，出《明鈔宋本〈水經注〉》，請章太炎先生題跋（跋文見本《年譜長編》1923年條），錢玄同、沈兼士題署，署曰：

中華民國廿有一年五月十有六日　錢玄同敬觀
沈兼士敬觀

6月9日，長子朱偰獲德國柏林大學經濟學博士學位。6月30日取道義大利回國，同行者有朱自清、柳無忌（柳亞子公子）等。

8月3日，朱偰回到北京。

8月20日，朱偰南下就中央大學經濟系教授職。（《年譜》）

9月，中山大學校長鄒魯（海濱）先生電聘先生爲史學系主任。

朱偰《先君逖先先生年譜》（《文史大家朱希祖》，學林出版社，2002年）：

九月，鄒海濱先生重長廣州中山大學，電聘公爲史學系主任。時公搜集南明史料，已逾十載，因兩粤爲南明諸王興兵抗滿之所，故亦頗願一往，以實地搜集史料。

9月23日，長子朱偰自南京歸，準備奉父南下。（《年譜》）

10月1日，錢玄同、吴承仕、沈兼士、馬裕藻（馬節代表）、馬競荃、周作人等公宴先生，爲其將赴廣州餞行。此次本爲商議爲章太炎刻書事，刻書須費千百元，各出140元。

周作人1932年10月1日日記（《周作人日記》，大象出版社，1996年，下册，312頁）：

（下午）六時至大陸春，玄同、檢齋爲太炎刻書事招飲。後因逷先有粤行，改爲公宴。來者兼士、幼漁（馬節代表）、馬競荃君等，共七人。計劃刻書共須千百元,大約以八人計,各出百四十元也。九時回家。

10月5日,自北平啟程。

1932年10月5日日記:

余將就廣東中山大學史學系主任之職,於下午五時十分由北平東車站起程。同行者大兒偰,時就南京中央大學經濟系教授及國立編譯館編譯員事至南京也。送行者内子偕二兒倪、三兒僑、四兒倧;親戚中有福妹及張叔範、朱彙臣、戴雨農;弟子則有李振鄭、傅振倫;朋友則有徐森玉、趙萬里、吴寄筌及其子。同車至南京者則有馬君叔平。

編者按:本《年譜長編》,1932年10月5日至1933年9月23日,凡有關先生行狀,如不注明出處,均來自先生《粤行日記》。

10月7日,晨抵南京,下榻中央大學教員宿舍。訪考試院秘書長陳百年,後馬衡亦來。與馬衡同訪教育部長朱家驊,馬衡建議北平爲文化城,撤退駐軍,以避日軍進攻。先生認爲此舉無異與虎謀皮。午間陳百年宴先生及馬衡等。下午與長子偰游雞鳴寺,訪臺城遺蹟,參觀中央研究院氣象研究所,所長竺可楨陪同參觀。晚閲《中央大學日刊》,當日日記云:“其國文、史學兩系課程尚屬甚不完備而無系統,不及北京大學遠甚。”

10月8日,參觀龍蟠里國學圖書館,訪柳詒徵未遇。在龍蟠里圖書館選希見善本書《石匱書續編》、《大明寶通義》、《皇明末造録》、《閩幕紀略》、《安南棄守本末》等五種,託館覓人代鈔。

10月9日,謁中山陵、游靈谷寺,至雨花臺,訪方孝孺墓,覽莫愁湖,登清涼山。

1932年10月9日日記:

八時,偕大兒乘車出朝陽門,今改名中山門,謁孫中山先生墓。余初見中山先生在日本,時光緒三十一年,初次演説三民主義,聽者甚衆。第二次見中山先生在上海,時民國十二年,余偕李守常先生大釗入謁,握手略談北方事。今瞻仰雕刻遺像,及巍峨墳墓,不勝悽感。過明太祖孝陵,未進謁。因余於宣統時曾進謁一次。太祖破納哈出,平定東北,豐功偉烈,實可欽佩,今則不戰而將東北三省之地拱手納於異族,誠對明祖有愧矣。出中山墓門,步行至靈谷寺,約三四里。明初以蔣山寺基爲孝陵,敕改建寺於東五里,賜額“靈谷寺”,太平天國之戰毁於火,今惟無量殿獨存。殿凡五楹,廣十四丈,高六丈五尺,皆以鉅石爲之,今聞改爲將士墓祭堂,將於四壁鐫革命先烈姓名數萬,殿後及左右造公墓三座,可葬萬餘人,墓後爲志公塔，今將於其前造紀念館，陳列先烈遺物，塔則建爲九層，高一百七十五尺，每層嵌石碑六，將以鐫革命戰史，極鋪張揚厲之能事。夫内戰而勝不足銘其武，外戰而敗不足紀其功，彼善於此，則殉國之烈較足多焉。……

是日，作《莫愁湖題壁四絶句》。

10月10日，訪長板橋及明舊院故址，並訪桃葉渡及明中山王徐達大功坊舊蹟。作《長板橋尋明舊院故址》。

長板橋頭留古蹟，秦淮河畔弔殘基。風流已逝桃花扇，仇釁猶尋燕子詞。舊院荒涼悲夜月，新歌仿佛似明時（時秦淮兩岸尚有歌妓學歌絲竹聲）。南朝多少興亡恨，莫作漁樵閒話提。（《文史大家朱希祖·酈亭詩稿》，學林出版社，2002年，101頁）

是日下午乘車至上海。

10月11日，至四川北路一帶，憑弔十九路軍抗日戰事遺蹟。

1932年10月11日日記：

步行至北四川路及寶山路一帶，觀十九路軍與日本戰事遺蹟，而尤以商務印書館及其圖書館損失最大，其他房屋焚毁僅存牆壁瓦礫者不計其數，南自北四川路北至寶山路及滬寧車站蓋數千家，可謂最重之兵燹矣。

10月12日，乘英國郵船日本皇后號赴廣州。

10月15日，晨5時，抵廣州，暫住西濠大酒店。是日，薙去了他保留了十八年的大鬍子。

《薙鬚（并序）》（《文史大家朱希祖·酈亭詩稿》，學林出版社，2002年，101頁）：

薙　鬚（并序）

中華建國之三年，余年三十有六，時爲北京大學教授。其年一月一日，與沈衡山鈞儒約同留鬚，其後皆連鬢大胡，頗有美髯之目。五十歲後，髮未斑而鬚全白，人多以老朽目之，頗露藐視之意，時染鬚冀彌其憾。今年秋應廣州中山大學教授之聘，入廣州境，未見有留鬚者，因虞此邦賤老之意尤甚，且天氣炎熱，染鬚不宜，乃決計薙鬚，賦詩紀事。時二十一年十月十五日，其地則廣州西濠酒店也。

才過中年鬚已白，尚存壯氣髮尤烏。人嗤朽腐真無奈，我未頹唐豈服辜。别爾衰容羞賣老，返余舊面且崔枯。不辭辣手施删薙，廿載還須再迓渠。

是日上午，中山大學校長鄒魯派教務主任及秘書來接。至校，見校長及文學院院長吴康(敬軒),始知學校因開課已久,史學系主任一職已另聘朱謙之擔任,遂專任教授。時《廣東通志》已歸中山大學編纂,鄒魯當即聘先生爲編纂委員會委員。朱謙之來接洽課務。晚,朱謙之宴先生。

1932年10月15日日記:

> 校長鄒海濱魯派教務主任及其秘書乘汽車來接,即同車至校見校長及文學院長吴敬軒康,始知史學系主任一職因學校開課已久,一切課程等規劃皆不可無人主持,已請朱情牽謙之擔任。鄒、吴説明緣由,余雖不慊於介紹者黎東方之欺騙,亦不滿於中山大學當局之不早來電聲明,蓋當時余覆電説明謹就史學系主任職也。然學校之所以不覆電聲明者,唯恐余之不來,此亦可原諒也。且余意專爲教授,不任事務,亦可較閒適。一則學校開教務會議糜費時間甚多;二則課程之完備與否、教員之良好與否,負責甚多,學生交涉亦不易對付,加以言語不通,更易隔膜,此余所以極願不任主任職也。校長又言《廣東通志》今歸學校纂修,本日正成立委員會,請擔任纂修《通志》委員,余即允之。午刻校長留吃中飯,本校各院院長皆來同席。二時即開委員會,議決本日成立委員會,由校長發聘書,敦請修志,由委員會負全責。史系主任朱謙之來會,説明本校教授至少每週任課十一小時,惟先生可特別減少,乃決定任課三種,共七小時:
>
> 中國史學概論(二)
>
> 元明史(三)
>
> 《史通》研究(二)
>
> 吴敬軒代爲在校中覓一住舍,因偕吴君、朱君同至中山大學第一醫院校長室看房舍,此室前校長戴季陶傳賢、朱騮先家驊皆住於此,校園風景甚佳,余甚願住此,然須當局許可,故尚未定。朱君請吃晚餐,同席者皆史學系教授,一爲容肇祖,一爲陳廷璠,一爲蕭鳴籟。飯後容君、朱君偕余至財政廳前永漢路登雲閣舊書店看書,朱、容二君又送余回西濠酒店。羅君香林(清華大學史學系畢業,今爲中山大學《通志》事而來),已在此久候,乃相與歡談而别。

10月17日,暫遷入小北路史巷十六號羅香林寓所暫住。是日,於吴康處抄録潮安黄嵩年仲琴所撰《嵩陽詩草》中《簡宫人詩》一首,以充南明史料,並作《題黄仲琴〈簡宫人詩〉用原韻有序》。

10月18日,在文德路古香書店以廣銀三十六元購得《宋宰輔編年録》二十卷十八册,爲之狂喜。

10月21日,遷入原校長戴季陶、朱家驊所住之所,同住者爲文學院院長吴康、圖書館主任鄒善群及社會學系教授何思敬。

王興瑞《朱先生與國立中山大學》(《朱逷先先生紀念專號》,《文史雜誌》第5卷第11、12期合刊,1945年12月):

當時中大的校舍分散在廣州市區内,建築物很少,没有教授宿舍,教授們都得自己賃屋居住,朱先生到校後,鄒校長特别在醫學院内給他闢了一間住宅,醫學院在百子路,離中心市場頗遠,無叫囂之擾,醫學院的校舍又是中大校舍中最堅實的一部份,而且佈置得很雅致,是一個理想的住宅區:可見學校當局對朱先生的優禮。

10月22日,任中山大學文學院專刊編輯委員會副主任。是日,分别致信倫哲如、陳垣、陸永沂、徐森玉、趙萬里。

致陳垣(陳志超主編《陳垣來往書信集》,1990年,上海古籍出版社):

援庵先生左右:

臨行承大駕惠顧,匆匆未曾造府辭行,抱歉萬分,敬祈宥恕爲荷。弟於十五日安抵廣州,寓百子路中山大學第一醫院校長住宅。房舍精潔,花木秀美,大可讀書其中而無羈旅之感。文德路舊書店亦已去過,居然得到一部好書,爲二十年來求之未得者。中山大學圖書館書籍太少,自己書籍亦不能多帶,頗感不便。聞莫天一、徐信符二先生藏書頗多,擬常去奉訪,或能濟一時之窮。初次到廣,所見多與中部北部異,儼如新辟天地,饒有趣味。惜與先生等相隔太遥,不能常相切磋爲可恨耳。其他近況,詳致倫哲如先生函中,請其轉呈一閲。關心桑梓,或樂聞也。專此道歉,敬頌著安。

弟朱希祖敬上　廿一、十、廿二

10月23日,寫吴寄筌、朱自清、馬裕藻、錢玄同、沈兼士、周作人、吴承仕、馬衡等信。

10月24日,舊日北大弟子李滄萍來謁,李滄萍爲黄公度孫婿,時任中山大學教授。

10月26日,開始至中山大學授課。

王興瑞《朱先生與國立中山大學》(《朱逷先先生紀念專號》,《文史雜誌》第5卷第11、12期合刊,1945年12月):

朱先生在史學系講授的是元史、明史和《史通》研究等課目,除了史學系同學之外,文學院其他各系同學選讀的也很多,上課時極擁擠,他的説話儘管帶着頗重的浙江土音,並没有減低同學們聽講的興趣。上"《史通》研究"課時,他對於劉知幾的史學理論和所舉的史實,每每有所駁正,引證贍博,聽之入神。當時史學系主任爲朱謙之,以介紹西洋史學理論爲同學歡迎,史學系同學稱爲“二朱”。

10月30日,與李滄萍訪廣東藏書家徐信符於小北門南州書樓,觀其所藏南明史料及其它藏書。午後,與李滄萍游越秀山,登鎮海樓。

1932年10月30日日記:

十時半李滄萍來,即偕至小北路徐信符紹棨南州茶樓,徐君現爲廣東圖書館長,中山大學國文系教員,藏書頗多,而南明廣東人詩文集尤富,有康熙刊本屈大均《翁山文外》二十卷,内三卷原未刊(《遼語》《滇語》二卷未刊),别有鈔本一卷,爲康熙刊本所無,中多南明史料,將來擬借抄,然《四朝成仁録》不在内。又有明黎遂球《蓮鬚閣文鈔》十八卷,與《粤十三家集》中《蓮鬚閣集》完全不同。又有何吾騶《元氣堂詩集》三卷,嘉慶重刊本。聞李君言香山某君藏有何吾騶集及其子與孫集三種,皆康熙刊,可借觀。徐先生又藏有《石倉十二代詩選》一百二十册,惜明僅有《正集》《次集》,而分省之詩已缺,又有《石倉歷代文選》二十卷,皆明人文,又有《梅會里詩人遺集》初編十三家,及明焦竑《徵獻録》,皆難得之書,其他明末清初禁集甚多,約下次再去細閱。徐先生原籍浙江杭州,遷廣州已七十年。

11月1日,作《越秀山雜詠》四絶句。

11月3日,出席中山大學文學院教授會議,討論文科研究院規程。

11月6日,與中山大學教授容肇祖、李滄萍,嶺南大學博物館主任冼玉清訪廣州藏書家莫天一,觀其藏書,精美無倫,莫天一有“藏書甲廣州”之譽。

1932年11月6日日記:

一時偕羅君至容元胎寓,約同李君、冼女士共五人乘汽車赴西關十六甫富善里莫天一伯驥家。莫君東莞人,藏書甲廣州,自云有書千二百箱,分藏三處,約每處四百箱,乃出宋元版及毛抄舊鈔本、明初刊本之有名人題跋者數十種,約略賞鑒,精美無窮,其中宋版以《孫可之集》二册、《陳思王集》四册爲最佳;鈔本則以嘉靖抄繆荃孫校本《儒學警悟》爲最佳,此書爲陶蘭泉舊藏,曾據此本精刻傳世,所謂叢書之祖也;又有《稗官記》五卷,明吴郡馬愈(抑之)撰,舊鈔本,中有元明史料甚富,余最愛此書,不忍釋手。莫君並餉以精美點心水果,四時半告辭。

11月10日,閱北平攜來闔家及親戚照片,作《題家人親戚合照像片十六韻》。

忽作南征計,全家悵別離。展圖尋舊影,援筆寫新詞。遼海風雲急,燕雲壁壘危。詩書喂餓蠹,黌舍走荒麋。廿載京塵倦,千秋史業期。寶書搜海澨,墮簡網江湄。冀發興亡恨,聊抒感慨悲。中原恣板蕩,南國競參差。醉夢群方喜,分崩暢所爲。空懷精衛願,獨抱杞人思。離落朱花媚,岡巒翠竹滋。散憂耽夕境,緬往掩秋幃。燈火虛窗夜,棠梨照眼時。妻孥欣眷愛,親戚樂追隨。此境難爲別,孤蹤易自癡。抗懷辭甲第,愧誦霍侯辭。(《文史大家朱希祖·酈亭詩稿》,學林出版社,2002 年,104 頁)

11 月 11 日,參加中山大學成立八周年紀念活動,並赴校長宴。

11 月 16 日,吴康來談,擬聘先生爲文學院文史研究所(該所的前身即傅斯年創建的語言歷史研究所)主任。

編者按:關於該研究所,一般都稱之爲"文史研究所",先生的日記和文章,以及所見到的其他人的文章也是稱之爲"文史研究所",但該所出版的月刊,卻名之爲《國立中山大學文史學研究所月刊》。本《年譜長編》隨俗稱,用"文史研究所",只在引用該月刊文章注明出處時,用"文史學研究所"全稱。

11 月 17 日,爲羅香林所藏《嘉應三詩人墨蹟》作題跋,三詩人爲黄公度、胡曦、邱逢甲。

11 月 19 日,鄒魯校長聘先生爲文史研究所主任。

11 月 21 日,在文學院院長吴康陪同下,至文史研究所參觀考古、民俗、編輯三室,取文史研究所概覽一册,輯刊第一卷一、二兩册,並問内部辦事人及經費情形。

王興瑞《朱先生與國立中山大學》(《朱逷先先生紀念專號》,《文史雜誌》第 5 卷第 11、12 期合刊,1945 年 12 月):

朱先生在中大的職務,是文史研究所主任兼史學系教授,他除了像一般教授那樣每週授課數小時之外,還要以其餘的全部時間去處理所務,他是够辛勞的。

中大文科研究所的前身是歷史語言研究所。歷史語言研究所成立於民國十六年,在國内的研究機關中,他要算是歷史相當長的一個。史學界大師傅斯年、顧頡剛先生等都曾經主持過,無論在歷史學、語言學和民俗學方面的研究工作上,它都盡了許多寶貴的貢獻。所中出版的《歷史語言研究所集刊》和《民俗週刊》,在當時是國内兩個有名的學術研究刊物。

朱先生來到中山大學時,歷史語言研究所已經改稱文史研究所了。如何發展所務,如何把研究所過去那段輝煌的歷史發揚光大起來,這是學校當局對於朱先生的屬望,同時也是朱先生自己認爲責無旁貸的事。

編者按:王興瑞先生所説不太準確。中山大學文史學研究所的前身是傅斯年創辦的"中山大學語言歷史研究所",中央研究院成立後,該所更名爲歷史語言研究所,成爲中央研究院的一個下屬機構,並遷至北平。《歷史語言研究所集刊》是該所併入中央研究院後所出的所刊。

11月24日,致信北平顧頡剛,託其將《金開國前三世與高麗和戰年表》登載於《燕京學報》(後登載於《燕京學報》第15期,1934年6月)。

11月27日,因受寒而病。

1932年11月27日日記:

天驟寒,身體略受寒,回寓略睡。晚餐後體有微熱,即睡,是夜甚不舒適。久不作夢,天微明,矇矓夢見家人。

編者按:據先生《粤行日記》,先生到廣州後,因水土不服,時常生病。此次病勢較重,後確診爲瘧疾。先生決計接家眷來粤。

1932年12月3日日記:

十二時梁君來同至醫院,步行不過數百步即抵院長室,訪院長歐陽惠芬,乃親爲診視,謂脾腫,頗是瘧疾之徵,又取血及小便試驗,而小便分化,而其中亦有瘧疾之狀,惟血不能當時即分曉,乃約星期一再去診視,此兩日内先以防瘧藥片服治,每日五片,每三小時服一片,即購藥回寓。

1932年12月5日日記:

十一時至醫院請院長歐陽蕙芬診視,據云驗血結果確係瘧疾,乃以療治瘧疾丸藥及兼治旁症水藥分五日服之。

11月30日,昔日清華弟子梁嘉彬來謁。

12月3日,赴廣州市教育局局長陸幼剛等北大畢業生公宴,同席者有吴康及南京國立編譯館館長辛樹幟。

12月7日,夫人張維率女朱倓自北平啟程赴粤。

12月8日,接北平朱自清來信。

12月9日,薦羅香林、梁嘉彬爲文史編輯員。時瘧疾未愈,而胃病又發。

1932年12月9日日記：

> 寫致校長信一函，薦梁嘉彬及羅香林爲文史編輯員。九時睡，肝氣大發，不能成寐，胃口甚痛，夜中常起坐。

12月10日，接北平馬裕藻、倫哲如來信。

12月11日，爲接家眷來粤，租定圭岡三馬路二十號三樓。

12月12日，鄒魯校長致信先生，同意先生對文史研究所的改進辦法及用人計劃。

12月13日，夫人張維率女朱倓抵達廣州。

12月14日，鄒魯校長正式聘羅香林、梁嘉彬二人爲文史編輯員。

12月15日，朱謙之來爲其所辦《現代史學》索稿，先生以舊文《思文大紀跋》與之。

1932年12月15日日記：

> 傍晚朱謙之君來，余交文一篇，題爲《思文大紀跋》，因朱君辦一《現代史學》月刊索稿，故録舊稿塞責。

12月20日，赴昔日北京大學學生、廣東汕頭市長翟俊千宴，同席者多北大畢業生，吴康、朱謙之亦與焉。

12月24日，查閲文史研究所所藏名人書畫，其中頗有佳品，亦有贋品。擬改日細觀一遍，再編一目録。

12月26日，改定文史研究所概覽。

12月28日，在文史研究所與羅香林等人商量編輯《文史研究所月刊》事，商定收稿時間，規定每期約五萬字，並專門收集本所本校所出定期刊物的重要内容，作爲月刊中學術消息專欄。

王興瑞《朱先生與國立中山大學》(《朱逷先先生紀念專號》，《文史雜誌》第5卷第11、12期合刊，1945年12月)：

> 朱先生在所中於指導研究生之餘，又積極經營《文史研究所月刊》，當時所聘請的月刊編輯人員都是飽學之士，所以《月刊》始終保持著《集刊》的光輝，以内容充實而見稱於學術界。

有關編纂《廣東通志》事

> 編者按：民國建立後，廣東設通志館，並先後兩次編纂《廣東通志》。第一次編纂在1916年，由朱慶瀾、梁鼎芬主持；第二次編纂從

1931年至1935年,起初由廣東通志館負責,温廷敬爲總纂。1932年廣東省政府決定《廣東通志》歸中山大學纂修,廣東通志館附設於中山大學内,鄒魯校長兼任館長。

10月15日,成立《廣東通志》編纂委員會。先生於同日到達廣州,鄒魯校長聘其爲《廣東通志》編纂委員會委員。

1932年10月15日日記:

……校長又言《廣東通志》今歸學校纂修,本日正成立委員會,請擔任纂修通志委員,余即允之。……二時即開委員會,議決本日成立委員會,由校長發聘書,敦請修志,由委員會負全責。

11月14日,中山大學開會討論《廣東通志》體裁,鄒魯校長委託先生及吴康、朱謙之、李滄萍起草條例及目録。

11月15日,爲起草《廣東通志》條例及目録作準備。

1932年11月15日日記:

早餐後整理《廣東通志》館交來文件及提案以備參考。閱阮元《廣東通志》,並作札記。午餐後略睡。因昨夜受寒,身體稍有不適,睡二小時乃起。仍閲《通志·訓典》二卷,《郡縣沿革表》七卷,閲竟作札記,論其體例,辨其利病,共四葉。

11月17日,至中山大學開《廣東通志》條例及目録起草委員會會議,會議公推先生一人起草條例及目録。

1932年11月17日日記:

三時羅君香林來,談《廣東通志》條例。四時半至中山大學開《廣東通志》條例、目録起草委員會,委員五人:余及吴康、朱謙之、徐紹棨、李滄萍,決定大體依阮《志》,而内容稍擴大,定大名爲《民國廣東通志》,小題分紀、表、略、録、傳五類,末加雜記,或附録。公推余一人起草。

11月19日,羅香林來,商討《廣東通志》總目,將總綱寫定。

編者按:自是日起,在羅香林協助下,先生開始撰寫《新修〈廣東通志〉略例及總目》,至12月8日,草案基本完成。

12月20日,中山大學文學院温廷敬爲《新修〈廣東通志〉略例及總目》草案事來商。

1932年12月20日日記：

> 九時赴中山大學文學院，温丹銘先生廷敬來會，時余所擬《〈廣東通志〉略例及總目》已發表，相與商榷，温頗主張續阮《志》，蓋其前爲通志館總纂時已如此主張也。是日温攜來《元和姓纂補自序》一篇，《五代史校補自序》一篇，蓋治乙部之學而頗有心得者。

12月22日，至中山大學開會，會議原則通過先生所擬之《新修〈廣東通志〉略例及總目》草案。

1932年12月22日日記：

> 二時至中山大學會議室開會，議《〈廣東通志〉略例及總目》草案，大致通過，惟傳中《列女》一傳，温丹銘先生主張移置《雜傳》，不與《列士》一傳並立，頗乖男女平視之旨，且《列女傳》既移於下，則《列士傳》之名不得不改，余知温氏頑固不化，渠蓋力主專續阮《志》，乃請館長令温别擬一全傳條例，再行議決，温氏默允，乃散會。

12月24日，與羅香林商酌《〈廣東通志〉總目》細目，並囑羅擬《〈廣東通志〉民族略、僑務略、外務略徵集材料書》。

本年論著

《自鳴鐘表圖説跋》（《朱希祖文稿》第七册，鳳凰出版社，2010年4月，67頁）、《周二年寫本黄石公素書明解跋》（《朱希祖文稿》第七册，鳳凰出版社，2010年4月，72頁）、《鴨江行部志地理考》（附《鴨江行部志跋》、《金葛蘇館路考》，《地學雜誌》20卷1期，1932年）、《遼東行部志地理考》、《元明樂府套數略舉序》（爲貴池周志輔作，《朱希祖文稿》第七册，鳳凰出版社，2010年4月，78頁）、《乾隆内府銅版地圖序》（國立中山大學《文史學研究所月刊》第1卷第1期，1933年1月）、《永樂大典本壽昌乘跋》（《朱希祖文稿》第七册，鳳凰出版社，2010年4月，87頁）、《鄭延平王受明封爵考》（《北京大學國學季刊》第3卷第1號，1932年3月）、《吴三桂周王紀年釋疑》（《史語所集刊》2卷4號，1932年）。

9月，在等待南下廣州期間，以讀書爲主，並置《雜記》一册（該《雜記》原稿存南京圖書館，收入《朱希祖文稿》第二册，鳳凰出版社，2010年4月），該《雜記》中有：《雙遂堂全集跋》、《啟楨兩朝遺詩跋》、《明崇禎刊本度支奏議跋》、《清代貳臣詩文集》、《太平天國戰史跋》、《石隱園藏稿》、《太平天國戰史筆記一則》、《南臺遺疏》、《梅墟雜稿三種》、《新鐫全像武穆精忠傳跋》、《廟製圖考跋》、《焚餘稿序》。

一九三三年(民國二十二年癸酉) 先生五十五歲

1月3日,同鄒魯、吴康、羅獻修、温廷敬、蕭冠英、蔡秋農至羅岡洞賞梅。晚,鄒魯使人送詩來,先生亦作七古詩一首,以記日間賞梅事。

1933年1月3日日記:

九時半同鄒海濱魯、吴敬軒康、羅黼月獻修、温丹銘廷敬、蕭菊魂冠英、蔡秋農乘汽車至羅岡洞觀梅。羅岡在廣州西北約五十里,汽車約行一點二十分鐘乃達。時梅花盛開,抵羅岡,入寺小憩,吃鮮橘、素齋,而鄒先生有友亦在寺作鹿脯之宴,乃分一盤與余等共食,其肉甚細膩,與羊肉相類。飯後乃至山中石磴梅花下攝影,三時乃回,途中細雨溟濛,梅花一望如雪。……回寓晚餐。鄒先生使人送詩來,録於下:

二十二年元月三日,應吴敬軒先生之約,與羅黼月、朱逷先、温丹銘、蔡秋農、蕭菊魂諸先生再游羅岡洞　鄒魯

踐約竟重來,梅花正盛開。異肴嘗鹿脯(静山在洞中爲鹿脯之宴,得分而食之),美酒試家醅(菊魂持家釀黄酒往飲)。補壁題詩句(前次紀游詩書成送寺僧),留痕坐石堆(同游各人坐梅花下石堆攝影),洞中别一境,端不染塵埃(洞中門楣入署"入勝",出署"出塵")。

余亦勉成七古一章,録於下:

二十二年一月三日吴敬軒康先生約同鄒海濱魯、羅黼月獻修、温丹銘廷敬、蕭菊魂冠英、蔡秋農諸先生集羅岡洞觀梅

故園春到梅初蘤,疏影横斜水清泚。閲盡風霜骨始奇,鍛餘冰雪姿尤美。離鄉北渡春復春,燕地荒寒滿目塵。不見梅花二十載,乾坤清氣幾沉淪。超然遠舉臨南陸,澡身江海除塵俗。南粤隆冬少雪霜,梅花早放稱先覺。羅岡古洞鎖寒煙,十里梅花斷復連。四面環山通一徑,仿佛桃源别有天。當今避世無可避,三户亡秦古有例。願教霜雪鍛精神,看花且作消憂計。主賓詩酒興俱豪,鹿脯佐以黔香醪。蕭家家釀黄金豔,舉杯清賞樂陶陶。羅岡可抵羅浮山,繁英淡雅勝蘭茝。獨冠群芳迥絶塵,令人頃倒香雪海。

詩成,乃分書二紙,一致鄒海濱,一致吴敬軒。

1月4日,雲南方臞仙寄來《雲南府志》二十册、《元江志稿》十二册、永曆玉璽拓本二幅、大小爨碑各二份、《〈雲南通志〉凡例分類綱目》及《縣志綱目》、《修志概要》各一册,復信致謝。是日,香港報載日本海陸空軍進攻山海關。

1933年1月4日日記:

本日香港報載日本海陸空軍攻山海關,頗有失守之謡,平津動摇。乃作書與備、復、倞三兒囑其於警急時將善本書數部及存款設法寄來,並籌避難方法,及雇人守屋之計。

編者按:1933年1月1日,日軍進犯山海關,1月3日,山海關陷落。日軍進犯山海關,是我國長城抗戰的肇始。是年5月31日,何應欽代表中國簽訂喪權辱國的《中日塘沽停戰協定》,長城抗戰以中方失敗而結束。

1月5日,閲報知山海關失守,急致電北平家中,囑内侄張叔範及二子侃、三子僑將家中善本書寄粵。

1月6日,閲報知日軍仍積極預備西進,心頗憤鬱。

編者按:山海關失守後,日軍轉向進攻熱河、察哈爾兩省,力圖先佔領長城北部地區,再攻破薊鎮、宣鎮長城防線。

1月8日,致信北平徐森玉,請其將《啟禎兩朝遺詩》寄還。本日長子僎在南京與德籍女子歐蘭結婚。

1月9、10、11三日,編家中次善本書目録。並寫信致北平家中諸兒,囑將這批次善本書寄存德華銀行或寄廣州。

1月12日,將次善本書目録加雙圈、單圈及點三種記號並有不圈點者,以便寄書時爲緩急先後之標準。發出致北平家中諸兒快信。是日,收到北平家中轉來顧頡剛信。

1月13日,接得周作人、陸詠沂賀年片。

1月14日,容肇祖來談文史研究所事,表示仍願任民俗學會事。訪吴康,談容肇祖事,並擬恢復《民俗週刊》。容肇祖原爲《民俗週刊》主編。

1月18日,赴中山大學史學系開會,決定下學期在原課務基礎上加授地方志研究。是日,收《文史學研究所月刊》文十餘篇,請羅香林編輯。恢復《民俗週刊》事已得校長允准。

1月19日,與容肇祖參觀嶺南大學。是日,接到北平家中寄來明刊《國朝典故》四十八册,《皇明經濟文録》十四册。

1933年1月19日日記:

一時十分至僑商街容元胎家,二時偕容君乘小輪船至河南嶺南大學,參觀其校舍並博物館、圖書館,校址甚大,其規模設備不及燕京大學遠甚,蓋教會大學皆取形式,其精神皆不足觀……接得北平家内寄來明刊《國朝典故》四十八册,《皇明經濟文録》十四册(别有二册前已寄來)。

1月24日,作《〈史通〉及地方志研究説明書》。至徐信符南州書樓,觀新購宋版單注本《尚書孔傳附釋文》。又至石太始家觀宋刊元補本《揚子法言纂圖互注》。

編者按:單注本《尚書孔傳附釋文》十三卷共七册,爲南宋孝宗乾道、淳熙間刻本,釋文頗完備,勝於其他單注本,且爲各藏書家所未著録者。先生極愛此書,第二天(1月25日),就託李滄萍與徐信符相商,望徐出讓此書。後終於在5月31日,從徐信符處購得《宋本尚書孔傳附釋文》,並作《宋刻尚書孔傳附釋文跋》。6月5日,又作《再跋宋浙本尚書孔傳附釋文》。

1月30日,與李滄萍、吴康、朱謙之、蕭鳴籟、陳崑山至黄花崗謁七十二烈士墓,並謁伍廷芳、廖仲愷、朱執信三先生墓。

1933年1月30日日記:

九時偕李滄萍至吴敬軒處,會同朱謙之、蕭鳴籟、陳崑山,步行至黄花崗謁七十二烈士墓。又至伍廷芳、廖仲愷、朱執信三先生墓。步過萬骨冢,係廣州共産黨暴動時殺戮共黨所埋之屍骨。

1月31日,接到北平徐森玉寄還《啟禎兩朝遺詩》。是日,北京大學研究生王越攜蔣夢麟、劉復介紹信來訪,蔣、劉二人託先生安排王越至中山大學文史研究所爲職員。

2月1日,接北平家中來信,言德華銀行庫已滿,不能再寄存家中藏書,乃決定夫人回北平一行,整理書籍寄來。

1933年2月1日日記:

接北平備兒來信,始知家中存書不能再寄德華銀行,因庫已滿也。五時内子回寓,見備兒信始決定回北平一行,整理書籍寄來。

2月2日,夫人啟程回北平處理書籍,並擬攜四子倞南下。

編者按:據先生《粤行日記》,夫人張維回北平後,分四次寄書籍402包至廣州。先生1933年2月23日日記:"午後,北平家中寄來書六十八包,與菊女拆閲歸類,此次前後四回共寄來書四百零二包。"據朱偰《先君逖先先生年譜》,夫人於3月17日,率四子倞歸抵廣州,並又攜地方志十五箱俱來。

2月4日，廣州市展覽會聘先生爲委員。乃與羅香林商酌中山大學文史研究所所藏古物送展事。

朱偰《先君逖先先生年譜》：

是月，在中山大學圖書館選善本書二十種並文史研究所書畫十二種及民俗品物與唐宋人壁畫等件，送越秀山廣州市展覽會古物館及民俗品物館分别陳列。

2月5日，至吴康處，談廣州展覽會文史研究所藏品參展事及下學期招收研究生等事。

1933年2月5日日記：

九時至吴敬軒處，一談劉半農信薦王越事；二談廣州市展覽會徵求文史研究所所藏民俗物品及古物，並請收回浙江西湖展覽會借去之廣西瑶山民俗物品及顧頡剛攜去之善本書數部；三談下學期招收研究生，擬定招收專研究秦漢史一人，魏晉南北朝史一人，隋唐五代史一人，宋史一人；四談孫博教德文事。王、孫二事，學校一時不能位置。

2月7日，與羅香林等游六榕寺，並赴謝英伯宴，同席者有陳大年、蔡守等，均爲廣州重要收藏家，陳、謝二人爲廣州展覽會重要人物。散席後同至陳大年家觀其所藏古物。蔡守言南明紹武君臣冢尚在廣州大北門外流花橋，景頗荒涼。

2月8日，至中山大學文史研究所開會，決定請容肇祖爲民俗學會主席，兼《民俗週刊》主編。是日，接北平張星烺父張慰西先生訃告，乃與容肇祖、羅香林共去一電致弔。

2月13日，與謝英伯至黄花崗考古學院參觀近年廣州發掘漢晉唐宋古冢所得古物。

2月16日，至廣州展覽會古物館整理文史研究所陳列之古物。至蔡守家參觀其所收藏古物。

1933年2月16日日記：

九時至廣州展覽會古物館整理文史研究所陳列之古物，旁室有嘉樂園，主人陳列字畫甚多，中有史可法行書立軸一幅，黄道周行書立軸一幅，皆南明重要人物，甚可寶貴……傍晚偕羅香林至東華西路蔡哲夫君家，哲夫名守，其夫人談女士月色，曾畫梅一幅贈余，至是至其寓謝之，得見所藏南越文王胡冢黄腸木,談女士正在墨拓,故得諦視,蔡君並出其所制《廣東古代木刻文字録存》一册示余。

2月26日,與吴康、朱謙之、李滄萍、蕭作賓及陳崑山夫婦至廣州展覽會古物陳列館參觀。是日,爲容肇祖《中國目録學大綱》作序一篇。
3月1日,雲南方臞仙來信,寄來《康熙蒙化府志》、《乾隆蒙化府志》,並請先生爲嘉靖本《石淙集》作跋。
3月3日,至圖書館檢點南明史籍。是日從《廣東通志》、《南疆逸史》、《續明紀事本末》、《明季粤東遺民録》等書籍中集南明紹武史料。
3月4日,熱河省主席湯玉麟棄城而逃,日軍佔領熱河省會承德。

1933年3月5日日記:

昨日,日本襲熱河承德,湯玉麟不戰而逃,擄軍用汽車二百餘輛載其贓私及鴉片二百餘車潛遁,棄前敵於不顧,盗賊之不足恃如此。聞之終日爲之不怡。

編者按:日軍於1933年2月21日分三路進犯熱河,3月4日,湯玉麟棄城而逃,日軍騎兵128人乘虚進佔熱河省會承德。

3月5日,閱陳邦彦《巖野集》中蘇觀生擁立紹武與永曆帝爭衡事,夜作《東莞志觀生傳引書目録》。
3月12日,與李滄萍、吴康、楊壽昌,赴大北門外流花橋謁明紹武君臣冢。

1933年3月12日日記:

是日閲報,驚悉喜峰口、古北口均爲日本佔領。弔此亡國君臣,更深悲慟。

編者按:喜峰口戰役和古北口戰役是中國長城抗戰中的兩場戰役。1933年3月9日,日軍進犯喜峰口,遭到我守軍頑强反擊,戰役持續一個多月,終因腹背受敵,孤軍無援,4月13日,喜峰口失守。1933年3月11日,日軍進犯古北口,中國守軍苦戰三晝夜,終因電訊不通,後繼無援,3月13日,古北口失守。

3月13日,閲南明史籍,摘録紹武事蹟數十條。
3月14日,致鄒魯校長信,勸其發起修葺紹武君臣冢,並作《紹武廣州殉國諸王考》。

編者按:據先生1933年3月24日日記,鄒魯校長託文學院長吴康轉言,約日去謁紹武君臣冢,並允任修葺費。又按:《紹武廣州殉國諸王考》,後定名爲《南明廣州殉國諸王考》,1942 年登載於《文史雜誌》第 2 卷第 7、8 期合刊。

3 月 18 日,作《恢復〈民俗週刊〉發刊辭》。該刊已停刊三年,今恢復此刊,接續前編號,爲第 111 期。

3 月 19 日,訪黄慈博,閲其所編《紹武小紀》,及所藏鈔本屈翁山《四朝成仁録》。先生思鳩合各版本之《四朝成仁録》爲之校勘,合成全本。

3 月 20 日,校對《翁山文外》,並考定屈翁山生日,備作年譜。

編者按:屈翁山,名大均,字翁山。在廣州期間,屈翁山研究是先生南明史研究的一項重要内容,先後成《屈翁山年譜稿》(未刊)、《屈大均著述考》(《文史雜誌》第 2 卷第 7、8 期合刊)、《屈大均傳》(中山大學《文史學研究所月刊》第 1 卷第 5 號,1933 年)以及有關屈翁山著述題跋多篇。在先生後人所藏先生遺稿中,有一疊散稿,第一面目録爲先生親筆所書,録於下:

屈翁山年譜稿一册
屈翁山著述考一册
《屈翁山文外》逸文二卷
校本《翁山詩外》跋
《翁山詩外》重出目録
《翁山詩外》分類目録
　一、家庭
　二、朋友(本省及廣西、各省)
　三、游歷地方(本省及廣西,各省)
　四、明季史事
屈翁山家庭遷移考
屈翁山游歷時地考
屈翁山妻妾考
屈翁山《寅卯軍中集》補目
屈翁山詩旨

又按:該疊遺稿中除《屈翁山年譜稿》和《屈翁山著述考》未見外,其餘文章與目録基本吻合。

《廣州徵訪南明史料記》(《中國學報》第 1 期,1943 年 1 月):

翁山著作,有關於南明史料者最多,如《四朝成仁録》,如《永曆遺臣録》固甚重要,而《文外》、《詩外》亦爲史料所萃,余故於翁山著述徵訪尤力,且爲之撰《屈翁山著述考》一卷,《屈翁山年譜》一卷,《文外》、《詩外》皆爲之校勘,逸文、逸詩,搜羅頗多。

3月22日,開始撰《屈翁山年譜稿》。

編者按:在先生《粤行日記》中,多有撰《屈翁山年譜稿》的記録。録1933年7月20、21兩則日記如下:

1933年7月20日

梁嘉彬來,代借得《屈翁山年譜稿》(一卷,番禺鄔慶時撰,民國初年稿本)一册,其中材料不出於《翁山文外》、《詩外》、《廣東新語》及陳恭尹《獨漉堂集》外,余撰《翁山年譜》時皆已知之,惟末條言翁山卒於康熙三十五年五月十六日,並載其臨終之言,均出於《屈氏家譜》,頗足珍貴。蓋鄔君娶屈氏,故得見其族譜,然鄔稿爲未成之稿。道光間番禺沈世良撰《屈介子年譜》,未成,稿亦散佚。近李君滄萍、汪君考博亦撰有《翁山年譜》,皆未能卒業。余所見翁山著作較多,年譜稿本將來必期作成,庶不負校讀翁山著述之一番工夫也。

1933年7月21日

三時半至六時,以鄔慶時君所撰《屈翁山年譜》與余所作對校,發見其錯誤處十餘條,然其所采屈氏族譜數條,余所未知,急迻録之。

3月23日,是日,聘朱謙之爲中山大學文史研究所史學會主席,並擬增辦《史學季刊》。

1933年3月23日日記:

午餐後到中山大學文學院與吴敬軒接洽文史研究所下學年預算,並請朱謙之爲文史研究所史學會主席,增辦《史學季刊》,朱君已允。

桑兵《二十世紀前半期的中國史學會》(《歷史研究》2004年第4期):

廣州的中山大學也組織了史學研究會,發起所謂“現代史學”運動。此事原委,朱謙之後來回憶道:“我來中大第一樁事就是組織史學研究會和提倡現代史學運動。這時文學院院長吴康(敬軒),是我北大舊友,約我爲史學系主任。那時史學系學生人數不多,教授有蕭鳴籟、陳定璠、陳安仁幾位,我爲着聯絡感情與研究學術起見,在史學系的行政機構之外,更與本系同學譚國謨、黄松、戴裔煊等提議設立史學研究會。史學系各年級生均爲當然會員，而我和各教授隱然居於領導地位。這史學研究會在過去的十二年中，貢獻不少……史學系自有了這個學術團體，系務乃大見發展。尤其惹國人注意的，就是我和一般青年史家所合力倡導的"現代史學運動"。我那時的經濟情况，允許我把《歷史哲學大綱》所得的稿費，移作提倡現代史學之用，我很熱心地在這一年(1932 年)12 月，以自費創刊《現代史學》，但仍用史學研究會的名義，創刊號由陳嘯江主編。"

朱謙之的回憶與事實略有出入，尤其隱去了至關重要的人物朱希祖。後者因爲北大史學系學生再三反對，被迫辭去系主任職位，並最終離開北大，經黎東方介紹，被中山大學聘爲史學系主任。但朱希祖遲遲没有到任，學校開課已久，一切課程等規劃，需人主持，於是再聘請朱謙之擔任系主任。而校方擔心朱希祖不肯來校任教，秘而不宣。朱於 1932 年 10 月 15 日到校後，只好改任教授，後來又受聘爲文學院文史研究所主任……朱希祖接任後……於 1933 年 3 月 23 日聘請朱謙之爲文史研究所史學會主席，擬增辦《史學季刊》，得到後者的允諾。

3 月 24 日，作《駁屈大均大行皇帝廟號考》。《翁山文外》十六卷校完，開始校讀《翁山詩外》。

3 月 25 日，作《惠州殉國五王考》、《〈翁山詩外〉版本考》。

編者按：《惠州殉國五王考》未刊，後定稿爲《南明惠州殉國諸王考》，手稿藏北京國家圖書館。

3 月 26 日，寫倫哲如信，託其抄《皇明四朝成仁録》目録。北平通學齋掌櫃孫殿起來。

1933 年 3 月 26 日日記：

十一時，北平通學齋掌櫃孫殿起號耀卿來，余在北平時向彼購書十餘年矣，因留其食中膳而去。抄録《翁山文外》逸文目録，一爲黄慈博傳鈔本，一爲徐信符傳鈔本，兩本各有不同，而皆爲今本之所無。孫耀卿言北平有廣東人藏《翁山文鈔》十卷，康熙時虞山薛熙序，翁山末年刻本，其中傳最多，其文不但爲今本所無，且徐氏鈔本中亦多無之，惟索價極鉅，書僅四册，價銀二百圓。余託孫氏如其價購之。

3 月 28 日，寫黎東方、沈兼士、張叔範、徐森玉信。校補何吾騶《元氣堂集》。於《續番禺縣志》中抄録屈翁山《六子事略》。

3 月 30 日，致信南京江蘇省立圖書館代抄屈翁山《四朝成仁録》。

3 月 31 日，至徐信符家，觀屈翁山《翁山易外》、《四書補注兼考》、《廣東文選》、《翁山文外》。

4月1日,至中山大學文學院開文學院出版審查委員會,被舉爲副主席,院長吴康爲主席。

4月2日,訪汪兆鏞先生。

1933年4月2日日記:

> 九時至李韶清處,十時偕韶清至汪兆鏞先生家,並見其六子宗衍字孝博,現供職本省教育廳。與談屈翁山遺書及其家譜,知翁山之墓已於去年由番禺縣長修葺,家譜尚存,惟不肯輕示人。縣長抄録關於翁山事蹟還之孝博。又言屈士煤亦有詩集,可借閱。兆鏞先生係今行政院長兆銘之兄,二人出處相反,一爲遺老,一爲革命,不相謀面。兆鏞先生著有《粵東元遺民録》,《嶺南畫徵録》,可以見其志趣,惟其諸子皆出仕中央。先生耳聾,然頗虚懷,藏有弘光金石拓本數紙。

4月5日,接陸侃如、馮沅君自巴黎來信。

4月6日,開始編《〈翁山詩外〉分類目録》,以家庭、交游及所游之地、所詠明季史事等分類。

4月8日,與吴康、朱謙之、蕭鳴籟游六榕寺、光孝寺、懷聖寺。

4月11日,收到羅根澤所贈《古史辨》第四册,中載先生所作《墨子備城門以下二十篇係漢人僞書説》。是日,容肇祖來贈《明季東莞五忠傳》。是日,中山大學學生開始罷課。

1933年4月11日日記:

> 蕭鳴籟來……並言中山大學校警歐打農科教職員事,而警長爲校長本家,學生不平,全體罷課,要求槍斃警長,並須校長登報道歉,風潮頗難平息。

4月12日,游華林寺,此寺爲佛教禪宗初祖達摩西來初地。

4月13日,報載日軍佔領冷口,長城及灤東均危,平津再次受警。是日,北平寄來書十六包,内有舊藏明刻古注十三經等六種。

> 編者按:日軍於3月22日進犯長城冷口,4月11日,冷口失守,日軍轉而進攻灤東。

4月15日,汪兆鏞贈《元廣東遺民録》及其手書《明王園長水墨蘭石卷跋》。

編者按:王園長,名應華,字園長,爲紹武東閣大學士,後降於清,汪兆鏞以其降爲降志辱身以護其故主,與干禄新朝甘作貳臣者迥殊。對此觀點,先生完全不贊同。

1933 年 4 月 15 日日記:

余案蘇觀生、王應華輩,昧於大勢,專私其身,挾立紹武,以與永曆帝反抗,忘外患而搆内亂,置其君於夾擊之中,已無異置之死地矣;既反顔以抗永曆帝,降清之後又隨李成棟以降明,靦顔降級以仕於永曆之朝,其無恥可謂極矣;及李敗明亡,不能再降於清,恐其誅反側,不得已而逃於禪,與夫金堡、屈大均輩殊矣。《元遺民録》一書,汪先生蓋自爲比況,以見其志耳。

4 月 16 日,閲報知灤東危急,喜峰口似亦不守,北平頗不能保,心甚憂之。是日開始作《屈大均著述考》。

4 月 17 日,閲報知秦皇島不守,灤東將全失,心甚憂惶。

4 月 18 日,是日,報載喜峰口、灤河以東均失,日機轟炸通縣,離北平僅四五十里。

4 月 19 日,温廷敬贈《明季潮州忠逸傳》。

4 月 22 日,爲學生罷課事,校長鄒魯招文學院全體教授開會。

1933 年 4 月 22 日日記:

三時半至中山大學文學院,四時半校長以汽車來接文學院全體教授至省政府即第一軍司令部樓上西南政治委員會開談話會,報告學生罷課有政治背景實證,主張嚴厲懲辦,於是教員調停之法不能奏效,兩方各走極端,是非解散學校不可矣。

4 月 23 日,率家人謁黄花崗七十二烈士墓。

4 月 25 日,赴中山大學史學系師生談話會,勸學生復課。朱謙之來,擬函,保史學系被斥退之學生,先生亦簽名。

4 月 26 日,學生陸續恢復上課。

4 月 28 日,《翁山詩外》十九卷全部校讀完畢,作《校本〈翁山詩外〉跋》。

編者按:先生此番校勘《翁山詩外》,是將中山大學所藏康熙三十六年丁丑凌鳳翔校刊本《翁山詩外》、自購殘本《翁山詩外》、自購宣統庚戌年國學扶輪社排印本《翁山詩外》三部對校,所作校勘記録在宣統庚戌年國學扶輪社排印本《翁山詩外》上。在該國學扶輪社排印本《翁

山詩外》的扉頁上,先生有一段附識,録於下:

借得中山大學所藏康熙三十六年丁丑淩鳳翔校刊本《翁山詩外》全部,又購得殘本《詩外》十一卷,與淩刻本略有不同,用以校補此本之誤脱各千餘字。自民國二十二年三月二十九日起至四月二十八日校畢,别作跋一篇,言其版本之異同。

又按:"附識"中"三月二十九日",據先生《粤行日記》當爲"三月二十四日"。先生所校之國學扶輪社本《翁山詩外》現藏南京圖書館。

4 月 29 日,孫殿起送來《翁山文鈔》十卷,此爲屈翁山晚年手定之本,先生據此補作《校本〈翁山詩外〉跋》。

1933 年 4 月 29 日日記:

此爲翁山晚年手定之本,其時《文外》行世已久,此刻本之文十之九皆爲《文外》所無,其爲《文外》所有者,亦增删更易,《乾隆禁燬書目》亦列有《文鈔》,故留傳甚少。此書印本蓋在禁燬之後,其時刻版未燬,故凡"翁山大均"及"翁山文鈔"大題,皆鏟去不印,弘光、隆武、永曆等年號亦然,然亦有偶未鏟去者。黄慈博所傳鈔《翁山文目》十之九皆在其中,徐信符鈔本《翁山文外逸文》十之八亦在其中,此集爲黄、徐目録所無者尚有五六十篇,其中南明史料甚多,雖價銀二百金,亦頗滿意得此。《文鈔》後中有《答汪栗亭第二書》,爲翁山五十五歲所作,中有云:"《詩外》一部千餘紙,《文外》一部三百一十紙奉寄。"則知《詩外》、《文外》翁山五十五歲已刻成,時康熙二十三年也。淩鳳翔於翁山卒後一年,即康熙丁丑三十六年,補刻《詩外》百數十紙,大抵皆爲翁山晚年之作。因補作《詩外跋》一節。

4 月 30 日,閲報知古北口之南天門又失,離北平僅二百里。

編者按:古北口雖於 3 月 13 日失守,但古北口戰役一直延續到五月中旬方告結束,古北口南天門的争奪,是古北口戰役的重要戰鬥,古北口南天門於 4 月 28 日被日軍佔領。

5 月 2 日,校核前年所譯《交子之起源》,以備登於《現代史學·經濟史專號》。

5 月 3 日,將江蘇國學圖書館代抄之屈大均《四朝成仁録》與黄慈博所藏鈔本屈大均《四朝成仁録》對校。斷定江蘇國學圖書館所藏《四朝成仁録》實爲《四朝成仁録補》,非屈大均所著之《四朝成仁録》。

5 月 4 日,作《明刻本野客叢書跋》。

5月6日，作《張嘉謀〈紹武君臣冢碑記〉質疑》。

5月7日，與中山大學校長鄒魯、教務長蕭冠英、文學院長吴康、史學系主任朱謙之、教授蕭作賓、陳崑山、中國語言文學系教授羅黼月、李滄萍、嶺南大學國文學系主任楊壽昌，同至大北門外流花橋謁紹武君臣冢。並至中山大學新校址參觀。其地徑十里，周圍約四十里，幾與北京城等大。校長鄒魯邀至省政府内晚餐，暢談將來校務計劃。

1933年5月7日日記：

午餐後至中山大學，偕校長鄒海濱、教務長蕭菊魂、文學院長吴敬軒、史學系主任朱謙之、教授蕭作賓、陳崑山、中國語言文學系教授羅黼月、李滄萍、嶺南大學國文學系主任楊壽昌，同至大北門外流花橋紹武君臣冢。時因余倡議修理此冢，築圍牆墓門，俾省人知有此古蹟，以爲亡國之鑒。又至回回墳，即首傳回教至中國之蘇哈白賽墓，教主謨罕驀德之母舅也。其時楊先生壽昌先回家矣。四時頃，偕至東山之東二十餘里地名石牌參觀中山大學新校址，其地約一萬畝，四圍有山，中有河流，所辟校舍基址規模宏大，面珠江而背白雲，江干雙塔，左滘洲，右尺岡，不啻爲大學華表。其地徑十里，周圍約四十里，與北京城等其大。今農科校舍已經興築，工科基址亦已肇築。周覽既畢，鄒校長邀至舊總督署今省政府内晚餐，暢談將來校務計劃。

《恭謁南明紹武君臣冢記》（中山大學《文史學研究所月刊》第1卷第4號）：

余去秋初來廣州即思訪南明紹武遺蹟，讀阮元《廣東通志》，始知廣州大北門外流花橋有紹武君臣冢，爲紹武帝及諸王與大學士蘇觀生等藁葬處，問之朋輩，知者蓋尟。本年二月，余告之楊先生壽昌，楊先生特至大北門外訪得焉。乃攜二三同志，恭謁冢下。冢地大僅畝許，中有墓碣，題"明紹武君臣冢，光緒癸未粤東紳士重修"，其西有張嘉謀所撰碑記。前臨水，背負大道，地頗汙下，其東南又爲茶寮割佔，短籬木槿，掩映虧蔽，與雞塒豚柵雜處，行人過之，不知其中有一代君臣冢焉。當隆武崩潰，福京淪亡，清軍逼處腹心，流寇迫近肘腋，蘇觀生擁立唐王，改元稱帝，西向而抗肇慶，兵連三水，廣州空虚，竟爲清軍所乘，君臣駢首，藁葬水濱，屈大均詩所謂"君臣問草萊"，蓋慟乎其言之也。然紹武帝不肯飲虜一勺水，觀生亦慷慨自裁，皆能自尊其種姓，賢於潞王、何吾騶、王應華輩遠甚。夫國家之恥，至於殺其君戮其臣，人民之屍幾與五嶺平。讀其史而弔其墟，能無觸目而驚心？乃作書告之中山大學校長鄒先生海濱，冀其創修斯冢，繚以垣牆，弘其墓門，以供時人憑弔，庶幾協群禦侮，灑辱雪恥，以延此未亡之國祚,則先烈之碧血不爲徒灑,鄒先生慨然允之。五月七日,約余及蕭君冠英、吴君康、朱君謙之、羅君獻修、李君滄萍、蕭君鳴籟、陳君廷瑞並楊先生壽昌,同涖流花橋,感國難之倉皇,益悽愴於墓道。乃相與商議修葺事宜。歸而爲之記,並作《張嘉謀〈紹武君臣冢碑記〉質疑》附焉。民國二十二年五月八日。

5月11日,日本飛機兩架至北平上空盤旋,飛灑傳單,居民甚恐。

5月12日,訪古物收藏家李漢楨,觀其所藏南明古錢。

5月13日,游六榕寺,與李滄萍、朱謙之、蕭鳴籟、陳崑山五人合宴校長鄒魯、教務長蕭冠英、文學院長吴康。閱報知昨日日本飛機以機關槍槍擊北平,居民紛紛遷徙。

5月14日,閱報知日本航空母艦駛進大沽口,有飛機三四十架,將轟炸平津。

5月15日,至中山大學,報告文史研究所狀況。與家人商議處置北平書籍事宜。致電北平,囑再將書籍數百包寄粤。並囑北平諸子急赴南京。

5月17日,作《〈翁山詩略〉跋》。

5月19日,容肇祖來,請先生爲《民俗週刊·山海經專號》撰文。

5月20、21兩日,檢閲《山海經》歷史人物神話,以備爲《民俗週刊·山海經專號》撰文。

5月22日,開始作《〈山海經〉内〈大荒〉〈海内〉二經古代帝王世系之傳説》。閲報知平津寇患愈深,恐難倖免。

5月24日,爲蕭冠英作《椒遠堂詩鈔跋》。

5月26日,《〈山海經〉内〈大荒〉〈海内〉二經古代帝王世系之傳説》一文作畢。摘録於下(《民俗週刊》116—118號):

茲特將《大荒》、《海内》二經古代帝王世系傳説表列於下,略附説明,以爲研究古史之一助。王國維作《卜辭中所見殷先王先公考》及《續考》,王亥及帝俊之名,皆見於卜辭,學者始信此非盡爲神話,然則因此而廢彼固不可也。

……

綜觀上列世系,則古代帝王與《史記·五帝本紀》及《三代世表》全異。……司馬遷……以《山海經》多怪物不敢言,數千年儒者遂置而不閲。余獨以多見闕疑,存其異説,以待地下遺物之證明,此亦治史學者應有之義也,故爲之立表附説,以誘啟後人之研究焉。

《山海經》古代帝王世系尚有一事最宜注意者。則四裔種族往往出於古帝王,如北狄犬戎祖黄帝,苗民(郭璞謂即三苗之民)祖顓頊,氐羌祖伯誇父,而孟子亦言舜爲東夷之人,文王爲西夷之人,古來賢者豈必自貶其種族哉? 蓋其説必有所由來矣。

綜上兩説,則吾國儒者沾沾以炎黄苗裔自喜,以中夏自尊,賤視他族,雖彼有所長,亦不肯降心相學,此亦自衰其種族之一端也。然則《山海經》雖屬神話,亦有開拓心胸之一助矣。

是日晚開始作《審查羅翽雲著〈客家方言〉報告書》。該報告由先生及曾運乾聯合署名。

《審查〈客方言〉報告書》(《朱希祖文稿》,鳳凰出版社,2010 年 4 月)前説明:

廣州中山大學文學院出版審查委員會委曾運乾及朱希祖爲審查《客方言》委員,故有此報告書。此書爲希祖主稿,故録於此。

編者按:先生所作《審查羅翽雲著〈客家方言〉報告書》登載於中山大學《文史學研究所月刊》第 1 卷第 4 期。

5 月 29 日,開始閲朱謙之所著《歷史哲學大綱》,時朱謙之請先生爲之作序。

1933 年 5 月 29 日日記:

閲朱謙之所著《歷史哲學大綱》。八時早餐。九時至十時仍閲前書……三時仍閲《歷史哲學》,以文字斷論處不顯明,頗費理解力,因之頭痛,四時餘即休息,但朱君要余作序,不得不看。

編者按:據先生《粤行日記》,先生至 6 月 20 日,將朱謙之《歷史哲學大綱》閲完第一遍,後又參閲朱謙之其他有關歷史哲學的文章,再次閲讀該書,至 6 月 29 日,第二遍閲完,並於當日開始撰寫序言,至 7 月 9 日撰寫完畢。

1933 年 6 月 29 日日記:

仍閲《歷史哲學》,六時閲畢。此書頗能使人整理思想,開拓心胸,洵佳書也。晚餐後作《歷史哲學史大綱序》一節。

1933 年 7 月 9 日日記:

九時補作《歷史哲學史大綱序》末段,十一時序成,乃睡。

6月1日,得知《中日塘沽停戰協定》簽字。

1933年6月1日日記:

是日《中日停戰協定》簽字,專涉軍事,未涉滿、熱承認等事。

編者按:先生日記中所謂《中日停戰協定》,即《中日塘沽停戰協定》,該協定爲1933年5月31日簽訂,其後果是使我國平、津主權名存實亡。

6月3日,爲朱謙之所辦之《現代史學》第三、四期合刊《經濟史專號》捐款廣銀五十元。

6月4日,與吴康等人游三水。

6月6日,北平家中寄來書籍一百二十八包。至此,半年中由北京寄粤的書籍共有七百六十餘包。

6月8日,至中山大學,開文學院出版審查委員會。決定給《客家方言》的作者羅翽雲獎金二千元。

1933年6月8日日記:

二時半李滄萍來,即偕至中山大學,開文學院出版審查委員會。余提出《客方言》審查報告書,並爲説明,乃通過獎金二千元。

6月9日,接北平家人來信,知北京大學教授葉瀚逝世。先生是日日記云:"故人零落,不禁憮然。"

6月10日,作《張穆畫馬跋》及《高儼山水跋》,並張穆、高儼二人小傳。

6月11日,作王應華、陳恭尹小傳。

編者按:時文史研究所擬出版《南明廣東先哲書畫真蹟集》並各附小傳,故有是作。

1933年6月12日日記:

晚餐後至李滄萍處,議定《南明廣東先哲書畫真蹟集》名詞,並擬設法搜羅景印,各作小傳附焉。

1933年6月13日日記:

九時至中山大學文史研究所,交《南明廣東先哲書畫真蹟集》四幅影片,附小傳四篇於出版部。

1933年6月15日日記:

閲何栻《南塘詩抄》,撰《何栻小傳》,栻爲香山何吾騶之孫,爲明逸民。

編者按:後在1933年6月出版的《中山大學文學院專刊》第1期上,登載有六位南明廣東先哲的書畫真蹟圖版及小傳。

《中山大學文學院專刊》第1期目録(1933年6月):

6月14日,梁啟超之弟梁廷燦來訪,擬在中山大學文史研究所謀事。

1933年6月14日日記:

十一時梁廷燦來,梁君爲梁任公弟,舊在北平圖書館爲中文編目員,今擬在中山大學文史研究所謀一事,以其離家近也。

6月15日,閲《勝朝粵東遺民録·屈大均傳》,先生認爲該傳頗有誤,擬重撰一傳。是晚開始作《屈大均傳》,至6月22日撰畢。

6月19日,接北平清華大學陳寅恪來信。

1933年6月19日日記:

接北平清華大學陳寅恪來信,推薦朱延禮至研究所辦事,然限於預算恐不能如願。

6月20日,復信陳寅恪。

6月21日,至徐信符處,將自藏鈔本《翁山文外逸文》借與彼,並借徐氏所藏《翁山文外逸文》,互抄其所無者。

6月23日,借得南明張家玉《名山集》舊鈔本。

編者按:後先生購得南明永曆刻本張家玉《名山集》。

《廣州徵訪南明史料記》(《中國學報》第1期,1943年1月):

新得南明張家玉《名山集》永曆刻本……卷一隆武御賜敕書十八篇，邵武御賜敕書三篇；卷二張家玉爲隆武撰敕十三篇，共三十四篇，完全俱在。其中多軍國大事，可補史闕。余前所得《張文烈公遺集》六卷、附録一卷，民國三年東莞張伯幀刻本，未見此二卷敕書。

……

南明弘光、隆武、永曆三朝，以隆武朝史料最爲缺乏，惟閩人《思文大紀》略具雛形，蓋作者不諳史法，去取漫無標準，重要史料反多棄卻也。今得此隆武敕書三十餘道，可以增補史料不少。余此次南來，以此收穫爲第一，可謂不虛此行矣。

6月24日，北京大學史學系舊畢業生陳功甫、胡瓊、王鴻德宴先生，吴康、蕭鳴籟、陳崑山、朱謙之等老北大畢業生作陪。

1933年6月24日日記：

余乃赴越秀山東麓越秀酒家應宴，主人爲陳功甫、胡瓊、王鴻德，皆舊北京大學史學系畢業生；黄德剛爲數學系畢業生。同席有吴敬軒、蕭鳴籟、陳崑山、朱謙之，亦皆北京大學同學。暢談甚快。九時王鴻德以汽車送余回寓。

6月26日，中山大學外科醫生德人馬丁爲先生割去左眼上小瘤，先生自去年夏左眼上生小瘤，初極小，後漸大，故割去。

6月27日，端陽節，率家人觀龍舟競渡。

1933年6月27日日記：

十一時，攜内子、菊女、倞兒至珠江畔雇小船所謂蛋艇者，至省立游泳場看龍舟競渡，因本日爲閏五月五日也。龍舟甚長，兩邊各有數十槳，中懸旗傘，一人立船頭指揮，鑼鼓喧天，百槳齊飛，頗覺可觀。共有二十餘舟，往來如梭。一時半始回寓午餐。時天微雨，游興頗佳。

6月29日，接到北平圖書館所贈謝國楨《晚明史籍考》。

6月30日，收到中山大學二十二年至二十三年度史學系教授及文史研究所主任聘書。至中山大學文史研究所召集編輯、助教、辨事員、書記五人開會，分配下學年所作各事，並改革辨事規則、刊物形式等。容肇祖來，始知容氏遭人排擠，下學年不在中山大學任教矣，先生聞之心中不樂。晚與容肇祖、朱謙之、蕭鳴籟等飲於小北門外酒家。

1933年6月30日日記：

二時容元胎來,略談即去,始知元胎已爲忌者排去,下學年不在中山大學矣,余聞之心不樂,即至陳崑山處,知彼蟬聯。乃至朱謙之處詢問元胎被排狀,據云某主任聲言反對《民俗週刊》,元胎之去,乃新舊之爭耳,亦有私仇報復之嫌,付之一笑而已。朱謙之、蕭鳴籟二君邀至小北門外酒家小酌,同席者有張葆恒、容元胎二君。

7月7日,長子偰偕新婦德人歐蘭自南京來省。晚游珠江,羅香林同游。

1933年7月7日日記:

大兒攜媳婦德女歐蘭自南京來,談家國事。午餐後略睡。三時至六時仍與家人聚談。羅香林來,留食晚餐。八時半,偕羅君及内子、菊女、大兒、歐蘭、倞兒雇蛋艇珠江泛月,因本日爲陰曆閏五月十五日,月正圓也。月湧銀濤,風飄桂楫,羅君買荔枝分啖,胸襟爲之一爽。

7月8日,應嶺南大學國文系主任楊壽昌、博物館主任冼玉清之邀,與李滄萍、羅香林赴嶺南大學參觀,並宴於冼玉清寓。是日,接中央研究院歷史語言研究所聘函,改特約研究員爲通信研究員。

編者按:自1933年7月開始,原中央研究院所有特約研究員,均改爲通信研究員。

7月11日,率家人至越秀山南越酒家赴朱謙之、吴康、李滄萍宴。

7月12日,賦《攜家人至越秀山南越酒家赴朱謙之、吴敬軒、李滄萍讌》詩一首。中有"一樽離闔家人酒,二載浮沈倦客衷"之句,頗多感傷。

7月14日,歷半月之久,新抄之《翁山文外》始校完,並作跋一篇。

7月20日,容肇祖來,言其下學期將赴嶺南大學任教。是日,作《海鹽朱氏藝文略補》,先生族祖朱彭壽曾作《海鹽朱氏藝文略》,囑先生爲之增補。

7月21日,推薦徐梵澄爲中山大學史學系考古教員,朱謙之言哲學系缺美學及藝術史教員,可與合請爲教授。

7月22日,致信校長鄒魯、文學院院長吴康,推薦徐梵澄爲教授。

7月26、27、28三日,與長子偰及媳歐蘭游澳門,同游者梁嘉彬。

8月2日,啟程赴北平,一爲整理北平藏書,二爲中山大學文史研究所在北平招考研究生。

8月3日,抵香港,與南京中央政治學校地政學院教授高信游香港。是晚乘海輪北上。

8月17日,抵達北平。

1933年8月19日致羅香林信(先生致羅香林、朱倓信126封,藏香港大學圖書館,未刊,下引不再注明出處):

僕於八月三日乘意郵至上海,六日上午始達,七日至海鹽故鄉一行,十四日至上海,十五日乘滬寧車渡江赴北平,十七日午始達。十八日至北京大學探問招考研究生情形……

編者按:有關招考研究生事,下文專述。《周作人日記》(大象出版社,1996年,下册)記録了先生在北平期間的部分行蹤,録於下:

8月21日,逷先自廣州回,來訪。

8月23日,七時至北大二院應蔣校長招宴,共三席,顧孟餘不來,逷先等舊教授均至。

8月28日,六時往訪幼漁。七時至玉華台,與幼漁、兼士、夷初、半農、逵羽、叔平共宴逷先,並招晦同,孟鄰未到。十時回。

8月30日,七時往春華樓,應介石、季谷、膺中之招,來者逷先、幼漁、兼士、叔平,共八人。十時半回家。

周作人《知堂回想録·北大感舊録》(香港三育圖書有限公司,1980年11月,495頁):

這樣的過了將近二十年,大家都已看慣了(編者按:指看慣了先生的大鬍子),但大約在民國二十三四年的時候,在北京卻不見了朱鬍子,大概是因了他的女婿的關係轉到廣州的中山大學去了。以後的一年暑假裏,似乎是在民國二十五年(一九三六年),這時正值北大招考閱卷的日子,大家聚在校長室裏,忽然開門進來了一個小伙子,没有人認得他,等到他開口説話,這才知道是朱逷先,原來他的鬍子剃得光光的,所以似乎换了一個人了。大家這才哄然大笑。

編者按:周作人所憶時間有錯。文中"民國二十三四年",應爲"民國二十一二年","民國二十五年(一九三六年)"應爲"民國二十二年(一九三三年)",詳細説明見本《年譜長編》一九一四年條。

9月2日,在北平致信陳垣,介紹學生謝興堯至輔仁大學任教。信如下:

此次來平,辱承寵譿,不勝感謝。北大舊史學系畢業生謝興堯君,專研究太平天國史,頗有心得。前數年在北平大學女子文理學院史學系任明清史講師,今因女院裁減課程,因此無事,不能維持生活。聞輔仁大學明清史尚未有人擔任,謝君尚堪承乏,敢請鼎力扶植,成全後進好學之忱,不啻身受。誠心好學,專精研究者,當世堪乏其人。萌芽摧折,誠不忍坐視,故敢冒昧進言,伏祈原宥。(陳智超主編《陳垣來往書信集》,1990 年,上海古籍出版社)

9 月 15 日,先生攜侄女雁鳴回廣州,吴康派人來接。

9 月,長子朱偰任南京中央大學經濟系主任。

10 月,於中山大學《文史學研究所月刊》(第 2 卷第 1 期)發表《明成祖生母記疑辨》,與傅斯年商榷明成祖生母問題。

11 月,次女朱倓受聘爲中山大學圖書館篇目員,專理館藏善本書。

12 月 4 日,作《漢琅邪太守朱博頌殘石跋》(《朱希祖文稿》第七册,鳳凰出版社,2010 年 4 月,第 365 頁)。

12 月 9 日,爲羅香林《客家研究導論》作序(中山大學《文史學研究所月刊》第 2 卷第 2 期,1933 年)。

有關中山大學首次招收研究生事

2 月 5 日,與吴康談招收研究生事,擬招研究秦漢史一名、魏晉南北朝史一名、隋唐五代史一名、宋史一名。

2 月 6 日,撰文史研究所招考研究生計劃書。

王興瑞《朱先生與國立中山大學》(《文史雜誌》第 5 卷第 11、12 期合刊,1945 年 12 月):

朱先生除星期例假日外,每天都必須到所辦公,無間風雨。他認爲一個研究機關要經久不息地發展它的研究事業,必須有足够的基本研究人員,所以他把培養研究人才作爲發展所務的中心工作,他向學校提出了招考研究生的計劃。這在中大文史研究所本身是一樁開始的事,即在全國各大學研究生來説,也算是“開風氣之先”的舉動,但是學校當局由於完全信賴朱先生,毫無疑義的核准了這個計劃。第一期招收了幾個研究生,他們除了免繳一切學雜費之外,每人每月還由學校補助毫洋八十元的生活費,這個數目等於校内助教們每月所領的薪額。免費讀書已經便宜,還要拿這許多生活費,學校當局起初對於這個辦法不免猶豫,但朱先生認爲做學問不是旦夕可以收功,要研究生長期安心研究,必須使他們在生活上得到安定的保障,所以堅持非這個數目不可。這個津貼研究的辦法,自從二十四年教育部正式公佈研究院組織法以後,全國各大學研究部都已普遍采行,此可見朱先生的先見之明。

5月28日,中山大學教育研究所主任莊澤宣來,該所欲緣文史研究所之例招考研究生。

1933年5月28日日記:

十時莊澤宣來,商議中山大學文史研究所、教育研究所招生事,莊君爲教育研究所主任也。

6月1日,中山大學決定文史研究所、教育研究所本年各招五名研究生。

1933年6月1日日記:

十時至中山大學文學院開文史研究所及教育研究所招考研究生會議,決定每所招研究生五人。

《本所招考研究生紀略》(中山大學《文史學研究所月刊》第2卷第1期,1933年10月):

本校各研究所,向無招考研究生優給津貼以備長期研究者。自朱希祖先生爲本所主任後,始建議於鄒校長,分文學史學各招研究生四五人,先行試辦,文學以純文學爲主,史學以文化史爲主,略陳條理,頗蒙鄒校長採納。其辦法與北平各大學研究院及研究所不同之處有二:

一、北平各研究院研究所,其研究之題目,範圍極小,而由研究生自己提出,其研究年限較短,本校文史研究題目範圍較大,由本所指定,其研究年限也較長。

二、北平各研究院研究所,如北京大學,僅有獎學金,而無津貼,清華大學,雖有津貼,每月僅給三十元,研究生不能維持生計,往往輟學,就有給之事,本所則月給毫銀八十元。

此建議之大略也。本年五月,將籌備招生,而本校教育研究所亦緣例進行,當時以經費支絀,有議緩辦者,後復與校長再三籌商,並決定縮小範圍,先招史學研究生四名。

7月13日,與中山大學教務長蕭冠英至鄒魯校長處,商定文史研究所本年度招收研究生四名。

7月15日,請朱謙之撰《編纂文化史條例》,以備研究生讀史時搜輯材料之用。與吴康接洽招研究生事,並作中山大學文史研究所招考研究生簡章。

《本所招考研究生紀略》(中山大學《文史學研究所月刊》第2卷第1期,1933年10月):

七月初,蒙校長允可,乃擬定招生簡章,開始招生。兹將本年度招考簡章摘要録左:

一、本學年先招考史學研究生若干人。

二、研究期限爲三年。

三、研究範圍及程式由本所規定。

甲、範圍

1、秦漢　2、魏晉南北朝　3、隋唐　4、宋　　研究生可擇一期研究

乙、程序

第一年　點讀所認定某期之重要史籍,例如秦漢期須點讀兩漢書,魏晉南北朝期須點讀三國志、晉書、南北史,隋唐期則爲隋書、兩唐書,宋則宋史。本所製有《文化史編纂條例》,點讀各期史籍須作筆記,按照《文化史條例》分類記録材料。(點讀史籍及所作筆記隨時由導師稽查)

第二年　編纂所認定某期之文化史,將第一年記録所得之材料,參考其他書籍,詳爲編纂。(參考書由本所導師指導)

第三年　提出所認定某期歷史中之重要問題若干加以極深研究,每兩個月作成論文一篇,全年至少須作論文五篇。(論文題由本所導師認可及指導)

四、待遇　每月津貼廣洋八十元,每年以十個月計算。宿舍本校供給,川資及膳費自理。

附則:如第一年成績不佳,導師認爲不能繼續研究者,得令其休學,停止津貼。第二年成績不佳者仿此。

研究生中途無故不得改就他業,不得在外兼就他種職業。

五、資格　國内外各大學本科史學系畢業者或程度相當而有特别著作關乎史學者。

六、考試分兩類

1、筆試　國文　外國文(英法德日各國文任選一門)　中外歷史　中外地理

2、口試

右簡章中研究各期歷史之三年計劃,大概由博而約,由淺而深,北平各大學研究院研究所,所定研究計劃,大概以"約而深"爲主,僅如本所第三年之研究法,而未有第一第二兩年爲其基礎,故其結果,所得有限,雖有極深之探討,而乏普遍之知識,未足爲通才也。本所鑒其弊,故定爲循序

漸進之法,由廣博而返精約,由普遍而入精深,使其取之不盡,用之無窮,而不囿於一隅,此則本所定簡章時最重要之希望也。

7月17日,與鄒魯校長商量改正文史研究所研究生待遇問題。

1933年7月17日日記:

二時至中山大學,偕蕭菊魂至省公署訪校長鄒海濱,商量改正文史研究所研究生待遇事,允改爲三年均月給津貼八十元。

7月18日,與教務處主任蕭冠英暫定研究生招生考試時間。

1933年7月18日日記:

九時至中山大學訪教務長蕭菊魂,酌定招考研究生日期:北平定八月二十日至二十一日,廣州定九月十日至十一日。乃託印招考簡章,並各處登招生廣告,及致公函於北京大學託代理報名考試。亦致一函於張叔範,託代辦登報招生事。

8月3日,先生離粤赴北平。準備組織中山大學文史研究所研究生北京考點考試。

8月18日,至北京大學探問招考研究生情形,始知中山大學文史研究所招考研究生簡章根本未曾寄到,以致報名者不知内容無從報名。於是只好從速通知廣州中山大學教務處,重新登報,更改報名及考試日期。北京改爲8月21日至28日報名,30日至31日考試。廣州方面考試日期也相應延至9月19日至20日。

1933年8月19日致羅香林:

十八日至北京大學探問招考研究生情形,始知中山大學文史研究所招考研究生簡章至今未曾寄來,致報名者不知内容,無法報名。現已寫快信奉教務長報告此事,並通知延期報名及考試,重行登報,改爲八月廿一至廿八日報名,三十至三十一日考試。因此之故,僕自己辦事程式非改變不可,且回廣州日期亦非展緩三四天不可。廣州考試日期本定九月十四、十五兩日,現擬改至九月十九、二十兩日考試,廣州報上亦非再登延期廣告不可,此在教務長信中亦已詳細告知,望兄至教務長處探望此信接到否,如未接到即將此信代告教務長及校長爲要。簡章僕亦未帶一紙,只好默記要點印出,供報名者參考,一方面仍請催寄簡章,方可作爲正式憑准。至禱,至禱。經此波折之後,報名者恐已稀少。聞去年中山大學招考時,託北大代招新生言明題目由廣州寄來,考試期過題目仍不寄來,如此誤事,北大傳爲笑談,今又重演一回,令人於邑。

8月30、31兩日,會同北京大學史學系主任陳受頤、教授毛準爲研究生考試監試。

9月15日,回到廣州,吴康派人來接。

9月16日,至中山大學文史研究所查研究生報名人數。

9月18日,與文學院院長吴康商定招考研究生考試委員六人。

9月21、22兩日,與中山大學文史研究所助教羅霈霖、編輯員羅香林、梁嘉彬爲研究生考試監考。

9月22日,向中山大學校長鄒魯推薦黎東方爲史學系教授,鄒魯本有意聘其爲教授,當即允之。

9月23日,評閲研究生試卷。爲推薦黎東方事,朱謙之心中不懌,試卷未及閲完即拂袖去。本日下午,閲卷完畢,決定録取名單。

1933年9月23日日記:

> 定正取四名,備取二名,兹録其姓名如下:
> 陳國治、葛啟揚、潘蒔、陸永恒(以上正取);
> 曾了若、朱傑勤(以上備取)。

《本所招考研究生紀略》(中山大學《文史學研究所月刊》第2卷第1期,1933年10月):

> 北平考試在八月三十、三十一兩日,由北京大學代行招考,本所朱主任親蒞北平,會同北京大學史學系教授陳受頤、毛準諸先生監試,其試卷由朱主任攜回廣州與廣州試卷合並評閲,試卷皆彌封而不露名,以杜請託之弊。廣州考試,在九月廿一、廿二兩日,亦由朱主任率同本所助教羅霈霖、編輯員羅香林、梁嘉彬等監試。先期由文學院院長吴康及本所朱主任,敦請本校教授朱謙之、張葆恒、張伯豪、蕭鳴籟、周謙沖、蔡源明諸先生爲考試委員,二十三日,共蒞本所,公同閲卷,國文朱希祖、朱謙之兩先生評閲,外國文則張葆恒先生閲英文,張伯豪先生閲日文,本國史朱希祖、蕭鳴籟兩先生評閲,外國史周謙沖先生評閲,中外地理蔡源明先生評閲,於九月廿三日閲畢,即由所員彙算總分數,及平均分數,計得正取生陳國治等四名,備取生曾了若等二名,即將試卷及成績呈文學院院長吴康,覆閲後,再呈鄒校長覆閲,由鄒校長署名公佈。
>
> 此次考試,各委員閲卷時所定分數,皆主嚴格,故平均分數滿六十分以上者僅二人,五十分以上者一人,然四十以上尚有八人,其中不無深造

之士，徒以一二種試題未得手，遂致降其名次，此亦深爲可惜者也。茲將考試成績表録於左：

姓　名	平均分數
陳國治	68.8
葛啟揚	62.4
潘　蒔	52.4
陸永恒	48.4
以上正取生四名	
曾了若	45.4
朱傑勤	45.2
以上備取生二名	

正取生中惟葛啟揚一名，係北平招考，其餘三名及備取二名皆係廣州招考。此次録取正取生皆曾在國内各大學史學系畢業或肄業，已得史學之門徑；備取二名，雖未入大學肄習史學，亦嘗研習歷史，且著述關乎歷史者。

以上六名，並口試優長，固不僅專憑筆試也。

編者按：最終，中山大學本次招録首批研究生：陳國治、葛啟揚、潘蒔、朱傑勤、曾了若共五名。朱傑勤原爲一商店雜役，從未進過正規學堂，但一直潛心史學研究，爲考中山大學研究生，特撰八萬字長文《中國史學研究》送中山大學，此文得先生賞識，允其破格參加考試，其考試作文《史漢優劣論》爲先生首肯，以爲可造之材，遂録取之。在先生指導下，朱傑勤深研中外關係史，後成爲我國著名歷史學家。（張世林編《學林往事》下册，朝華出版社，2000 年，第 1464—1474 頁）

有關編纂《廣東通志》事

1 月 7 日，作《温廷敬〈廣東通志擬稿〉獻疑》五條。參加中山大學通志編纂委員會會議。

1933 年 1 月 7 日日記：

草《温廷敬〈廣東通志列傳擬稿〉獻疑》五條。午餐後菊女爲之謄正。三時至中山大學開會（通志委員會），議決余所致鄒海濱信中所提議《廢止"六録"書》通過，廢止"六録"。時温氏提議恢復阮《志》宦績、謫宦二録，傳則亦以"列傳"冠首，而以《儒林》、《文苑》等舊式列傳代"彙傳"，余力陳"録"與"傳"文體不殊，應廢"録"而並入"傳"，而"彙傳"中《學術》

(儒林爲學術之一)、《藝術》(文苑爲藝術之一)、《教門》、《貨殖》四傳缺一不可,議決通過余之提議,温案大抵廢棄。

編者按:據先生1932年11月17日日記,當時會議議決《民國廣東通志》分紀、表、略、録、傳五體。後廢除“録”一體,所以,今天見到的民國年間所編《〈廣東通志〉未成稿》只有紀、表、略、傳四體。

《〈廣東通志〉總目》(中山大學《文史學研究所月刊》第1卷第3期,1933年3月):

一、紀:大事紀。
二、表:沿革表、職官表、選舉表、封建表。
三、略:輿地略(輿圖、疆土、氣候、地形、地質、土地、物産、災變)
建置略(城市、堡寨、衙署、道路)
民族略(族派、姓氏、方言、風俗、謡諺)
經政略(政制、軍政、學政、警政、議會、司法、邊政)
財計略(税收、幣政、度支、實業、交通)
水利略(水患、治河、陂堤、水力)
文物略(學校、書院、書藏、物藏、壇廟、寺觀、教堂、古蹟、勝地)
藝文略
金石略
民事略(人口、民業、民用、村制、團保、倉當、社會、醫院、匪患)
僑務略(僑遷、僑民、僑政、僑難、治僑)
外務略(通商、蕃民、倭寇、歐患、租占、歐僑、教案、法權)
四、傳:名宦、謫宦、先達、忠義、孝友、隱逸、列女、學林、藝苑、教門、貨殖、流寓、外僑。

1月17日,致信鄒魯,談温廷敬“通志合注”之弊,仍依“阮志”分注之法,1933年1月17日日記:

寫《廣東通志》館館長鄒海濱書,駁正温丹銘通志合注之弊,仍依阮《志》分注爲是。温氏曾撰《明季潮州忠逸傳》,用合注之法,篇末有案語,全仿陳伯陶《勝朝粤東遺民録》爲之,余曾見其《辜朝薦傳》,即爲此體。朝薦曾投清將李成棟,獻策取廣州,紹武君臣因以淪陷,永曆亦西狩,不能立足於肇慶,此而名“忠逸”,其鄉曲回護之私可見矣。

2月3、4兩日,作《重擬〈廣東通志〉傳目説明書》。

2月7、8兩日,作《廣東通志館徵訪條例》。(中山大學《文史學研究所月刊》第1卷

第4期,1933年4月)

2月9日,作《徵集新撰廣東名人傳條例(附徵明季廣東忠逸傳)》。(中山大學《文史學研究所月刊》第1卷第4期,1933年4月)

2月11日,致鄒魯書並附件五種,即《修正〈廣東通志〉略例》、《重擬〈廣東通志〉傳目》、《〈廣東通志〉徵訪條例》、《徵集新撰近代廣東名人傳條例(附徵明季廣東忠逸傳)》、《提議通志引書仍分注不宜合注書》。

2月16至26日,改定《新修〈廣東通志〉略例》、《新修〈廣東通志〉總目》、《新修〈廣東通志總目〉説明書》。(中山大學《文史學研究所月刊》第1卷第3期,1933年3月)

《新修〈廣東通志總目〉説明書》(中山大學《文史學研究所月刊》第1卷第3期,1933年3月):

内輿地、建置、民族、經政、民事、僑務、外務七略,用羅香林擬案原文居多。

12月;作《明廣東東林黨列傳》(中山大學《文史學研究所月刊》第3卷第3期,1934年),共十二人。

《〈明廣東東林黨列傳〉序》(中山大學《文史學研究所月刊》第3卷第3期,1934年):

余客廣東,協修《通志》,分纂人物,適得晚明,乃欲攻粤東東林之前修,復社之後勁。博稽志乘,旁徵載籍,皆未嘗明標其目,詳記其人,斯誠一方之闕典,秉筆者所宜補志。爰鳩集《東林黨人榜》、《復社姓氏録》等數十種,先條例人名,廣求事蹟,而後分析同異,别白是非,闕疑存真,闡微索隱,誤者正之,略者詳之,成《明廣東東林黨列傳》一卷,計十有二人,已無遺漏。復社人數較多,記載彌寡,擬仿章學誠《湖北復社名人傳》之例,知者甄録,不知者蓋闕,以附於東林黨之末,後之君子,庶可補其佚遺,匡其謬誤,此則區區厚望焉。中華民國二十三年一月六日朱希祖。

《〈明廣東東林黨列傳〉後記》(《朱希祖文集》第五册,臺灣九思出版有限公司,1979年):

右傳十二篇,爲《廣東通志》作。在鄉言鄉,以詳爲主,若以史法繩之,可明者正多也。中華民國三十一年四月三十日朱希祖識。

王興瑞《朱先生與國立中山大學》(《文史雜誌》第5卷第11、12期合刊,1945年12

月)：

中大附設廣東通志館，纂修《廣東通志》，朱先生爲纂修之一，負責擬定新志條例與總目及説明書等，且於很短的時間即寫定新志中的《明廣東東林黨列傳》一卷，計區大倫、鄧雲霄、馮奕垣、曾用升、樊王家、曾陳易、李希孔、林枝橋、陳熙昌、黄公輔、陳子壯、何吾騶等十二人，及《廣東復社名人傳》若干卷。

編者按：民國年間先後兩次編纂的《廣東通志》，最後均未成書，故後來均名爲《廣東通志未成稿》，前者19册、後者120册(大部分爲採訪册)，共5576頁，藏廣東省中山圖書館善本室。這第二次編纂的《廣東通志》，共分二十四目：訓典、山川、地形、地質、城市、村制、醫院、寺觀、災變、警政、物産、税收、鹽法、公債、兵制、外交、公路、航政、郵政、大事記、金石、銅鼓、列傳、雜録。由此可以看出，這部"未完稿"的内容，基本上未出先生所定的範圍。

朱希祖廣州徵集南明史料一覽表(包括1932年)

<table>
<tr><th>序號</th><th>史料名稱</th><th>史料來源</th><th>備註</th></tr>
<tr><td>1</td><td>潮安黄嵩年撰《嵩陽詩草》中《簡宫人詩並序》</td><td>吴敬軒家</td><td>鈔録</td></tr>
<tr><td>2</td><td>温廷敬撰《明季潮州忠逸傳》六卷</td><td>温廷敬贈</td><td></td></tr>
<tr><td>3</td><td>吴川陳舜系撰《亂離見聞録》</td><td>容肇祖家</td><td>鈔録</td></tr>
<tr><td>4</td><td>曲江廖燕撰《二十七松堂集》</td><td>羅香林代購</td><td>購得</td></tr>
<tr><td>5</td><td>明遺民上杭劉坊撰《天潮閣集》</td><td>羅香林家</td><td>鈔録</td></tr>
<tr><td>6</td><td>黄釗撰《石窟一徵》</td><td>羅香林家</td><td>鈔録</td></tr>
<tr><td>7</td><td>明許重熙撰《皇明武朝紀要》</td><td>中山大學圖書館</td><td>摘鈔</td></tr>
<tr><td>8</td><td>清葉夢珠撰《續編綏寇紀略》</td><td>中山大學圖書館</td><td>鈔録</td></tr>
<tr><td>9</td><td>康熙原刻本明屈大均《翁山文外》</td><td>徐信符家</td><td>節録</td></tr>
<tr><td>10</td><td>明黎遂球《蓮鬚閣文鈔》</td><td>徐信符家</td><td>札記</td></tr>
<tr><td>11</td><td>何吾騶《元氣堂詩集》</td><td>徐信符家</td><td>札記</td></tr>
<tr><td>12</td><td>康熙温睿臨撰《南疆逸史》</td><td></td><td>札記</td></tr>
<tr><td>13</td><td>南明張家玉《名山集》永曆刻本</td><td></td><td>購得</td></tr>
<tr><td>14</td><td>蒯德模校刻《確庵先生文鈔》</td><td>購得</td><td rowspan="2">兩相對校</td></tr>
<tr><td>15</td><td>舊鈔本《確庵先生文稿》</td><td>中山大學圖書館</td></tr>
<tr><td>16</td><td>南明福建陳衎撰《大江草堂》初集、二集</td><td></td><td>購得</td></tr>
</table>

續表

序號	史料名稱	史料來源	備註
17	南明彭士望《耻躬草堂詩鈔》		購得
18	金鐘撰《皇明末造録》	南京江蘇圖書館	代鈔
19	南明張岱撰《石匱書後集》(先生原有《石匱書》221卷原稿未刻本,至此該書始全)	南京江蘇圖書館	代鈔
20	南明鄭元勳撰《影園詩稿》		購得
21	南明何吾騶《元氣堂詩集》	黄慈博家	鈔録
22	何鞏道(何吾騶子)撰《越巢詩集》	黄慈博家	鈔録
23	何栻(何吾騶孫)撰《南塘詩鈔》	黄慈博家	鈔録
24	南明林時對《荷插叢談》	中山大學圖書館	校讀
25	七峰樵道人撰《海角遺篇》	中山大學圖書館	札記
26	清滄江漫叟輯《東江遺事》	中山大學圖書館	札記
27	永曆玉璽拓本二幅	雲南方臞仙先生贈	
28	孔有德武岡之役私縱永曆帝傳説	學生劉崧毓檢抄	
29	《翁山文外》四册(比徐氏藏本多十八篇)	中山大學圖書館	節録
30	康熙刻本《翁山文鈔》(翁山晚年手定本,十之八爲《翁山文外》所無)		購得
31	《翁山文外逸文》	徐信符家	鈔録
32	康熙刻本《翁山詩外》(凌鳳翔補刻本)	中山大學圖書館	校勘。校異同,補脱誤。
33	康熙刻本《翁山詩外》(殘本)	先生自購	
34	國學扶輪社本《翁山詩外》	先生自購	
35	康熙刻小字本《翁山詩集》		購得
36	乾隆癸酉翻刻本《翁山詩略》		購得
37	《四朝成仁録》三卷(清人補屈翁山《四朝成仁録》,非屈翁山所撰之《四朝成仁録》)	南京江蘇國學圖書館	代鈔
38	南明陳恭尹《獨漉堂集》及其《年譜》		札記
39	《陳函輝死節傳》	羅原覺家	鈔録
40	清武進錢人麟編《東林别乘》	羅原覺家	鈔録
41	烏程范鍇《花笑廎雜筆》中南明史料二十條		鈔録
42	蘇國佑《易簀遺言》	黄佛頤家	
43	朝鮮人鄭喬之《南朝綱目》	黄佛頤家	鈔録
44	陳伯陶撰《明季東莞五忠傳》	容肇祖贈	
45	清阮元《廣東通志》中之南明史料		札記
46	《明蘇爵輔事略》	謝楨盤贈	

續表

序號	史料名稱	史料來源	備註
47	《民國東莞縣志・明清之際列傳》		札記
48	永曆刻本陳邦彦撰《陳野岩先生集》		購得

（上表根據先生《粵行日記》和《廣州徵訪南明史料記》整理）

本年著述已如上述，不贅。

朱希祖先生年譜長編卷八

一九三四年(民國二十三年甲戌)　先生五十六歲

1月,舊日北大弟子、中央大學校長羅家倫聘先生爲史學系主任。

朱偰1934年1月26日日記(未刊,藏朱偰後人處,下引朱偰日記不再交待出處):

赴大樹根八十八號訪羅志希,不果。聞馬洗繁言,蓋爲史學系事。或謂欲請家君前來主持史學系,亦未可知。

朱偰1934年1月29日日記:

上午,赴中央大學晤羅校長,謂欲請家君前來主持史學系,薪水三百四十元,囑發電前往……因雙親及姊、弟不日前來,欣喜無已。傍晚發無線電:"廣州圭崗二馬路十四號三樓朱逷先先生,羅誠請即主史系,薪三百四十,無困難請復電,偰。"

朱偰1934年2月1日日記:

夜間接廣州家君來電,謂得聘書後即可來京。故赴中央大學與傅築夫接洽,請用快信發聘書……傍晚接傅築夫信,請即電家君,早日命駕,不必俟聘書,因道遠恐費時日也。遂赴估衣廊發電。大雪飛揚,衣襟盡濕。電文:"聘書備,二月起,現開學,請即發。偰東。"

朱偰1934年2月9日日記:

赴校長室,促校長室發電致廣州催促……接家君來信謂於二十號左右可以抵京。

朱偰《先君逖先先生年譜》(學林出版社,2002年):

是月(按:一月)公門人中央大學校長羅家倫函聘公爲史學系主任。公久思北歸,又以南京去故鄉海鹽不遠,多親戚故舊;而長子偰亦適在南京,任中央大學經濟系主任,遂決意北上。

1月23日,作《明代金花銀考》。

《明代金花銀考》前小序(《朱希祖文稿》第七册,鳳凰出版社,2010年4月,第466頁):

明代金花銀,爲改折漕糧之嚆矢,又爲御用經費,關於明代財政史,至爲重要。某君作《明代田賦史考略》,誤以金花銀爲改折一切賦税用銀之總稱,而不知金花銀爲專指内承運庫御用銀之專稱,故作《明代金花銀考》。

2月21日,發自廣州。

1934年2月21日日記:

午後四時起程赴南京,菊女、倞兒送行。自廣州東山圭岡二馬路十四號三樓至西濠口乘泰山號輪船赴香港。時南京中央大學校長羅家倫君爲余北京大學學生,聘余爲史學系主任,故決擬辭中山大學文史研究所主任而就焉,夜十二時抵香港,即下亞細亞皇后輪船宿焉。

編者按:本《年譜長編》自1934年2月21日至1937年5月8日,凡有關先生行狀,如不注明出處,均來自先生《南京日記》。

2月24日,抵上海,在中國書店遇舊友張繼,遂同訪章太炎。

1934年2月24日日記:

遇故人張繼字溥泉於書店,乃偕至章師太炎先生寓談學藝。

2月25日,至南京,長子偰來接,寓大悲巷五號。

朱偰1934年2月25日日記:

午後赴下關車站,火車誤點,本定二時三十分,以三時五十分方到。接家君歸京。一切已佈置就緒,歐蘭迎於門,行禮畢,即暢談家常及系務。燈下,家君以所購各種明人嘉興海鹽字畫見示,並遲農公詩稿、彦珊公手澤,奉爲至寶,談至十時始各就寢。

2月26日上午,赴中央大學訪羅家倫,接洽史學系事。至考試院訪陳百年、沈士遠。下午,羅家倫來訪。中央大學送謝國楨、方壯猷二講師講義來,請先生審閱。

朱偰1934年2月26日日記:

上午隨家君赴中央大學訪羅志希,晤貢沛誠君,接洽史學系事……下午……羅志希來訪家君，談至晚始歸。

先生1934年3月2日致羅香林：

惟此間學生久受繆鳳林等教育，所編歷史講義以詳贍爲主，且用文言，方壯猷、謝國楨二人多不能立足，以其講義毫無計劃，詳略不均，文字亦有欠通處，故爲學生反對而去，吾觀彼二人講義，方尚可敷衍；謝則講清史半年，專講其明季史料，尚未涉及清史範圍，所授中國通史一年教完，然經過半年僅講至漢，且無講義，雖無學生反對，恐亦難以交卷。故平時不豫備，臨時抱佛脚，終無幸存之理。

2月27日上午，到中央大學視事，晤史學系教授沈剛伯、徐子明、顧穀宜，講師繆鳳林、郭廷以。晚赴郭廷以宴。

2月28日，晤中央大學文學院院長、章門同學汪東。訪陳百年、沈士遠。

3月1日，與汪東先後訪黄侃、吴梅。

黄侃1934年3月1日日記(《黄侃日記》下册，中華書局，2007年7月，968頁)：

朱逷先晨來，留飯，言彼有倭文明本《論語皇疏》，可以見借。

是日，長子偰宴客於皇后飯店，爲先生洗塵接風。

朱偰1934年3月1日日記：

晚赴土街口西蜀皇后飯店請客，陳百年、沈士遠、徐冕伯、沈剛伯、繆鳳林、顧穀宜、羅家倫、滕固、張曉峰先後蒞止。余起立致辭，謂今日一則爲家君接風，二則請師長朋友歡迎。今日史地學家各集南京，希望南京成爲文化中心云云。席間觥籌交錯，盡興而散，十時歸寓。

3月2日，與文學院院長汪東商定史學系課程。

1934年3月2日日記：

十時至文學院與汪旭初商定史學系課程。時方壯猷、謝國楨二講師辭職，其所授教課皆暫停，而方所授中國通史請繆鳳林君兼授，謝所授明史由余教授，定三小時，又授中國史學通論三小時。乃佈告學生，定下星期授課。

編者按：謝國楨辭職後又復來，仍任教於中央大學。

1934年3月4日日記：

謝國楨君自北平來,言仍願任史系教課,不再辭職。

1934年3月5日日記:

十一時至中央大學史學系會繆鳳林君、謝國楨君商量課程,並至汪旭初兄處接洽繆、謝二君教課事。

1934年3月24日致羅香林:

前函言方壯猷、謝國楨二君已辭中央大學史系教職,方已去,謝辭而復來,此間已將彼之教課分配他人,不料彼又來,只得再收回讓還於彼,然彼恐終立不住也。

3月3日,訪張繼,並同游明孝陵、中山陵,同訪黄侃。晚參加史學系同學歡迎會。

1934年3月3日日記:

至中山門外陵園小築訪張溥泉……適尹炎武碩公亦來,張君同余二人至明孝陵看梅,又謁孝陵,並至孫中山墓東看梅,花已半開,香氣撲人。又偕至黄季剛寓。十二時張君邀飲於天津館。三時張君送余回寓,出南明史籍數種示張君,稱羡不置,四時去……晚七時至史學系,學生開會歡迎,略爲演説。

黄侃1934年3月3日日記(《黄侃日記》下册,中華書局,2007年7月,968頁):

溥、逷偕尹公來,拉出飲,匆匆歸授書,殊無謂。

3月7日,吴梅來訪。

3月8日,開始到校授課。是日,致信中山大學請假五個月。

1934年3月8日日記:

九時半至中央大學,因謝剛主回校,余擬教之明史仍歸彼擔任,余改授國史專題講演,每星期二小時。十一時授中國史學導論一小時。發菊女信。午後寫中山大學校長鄒海濱信,並文學院長吴敬軒、史學系主任朱之謙信。請假五個月。

3月15日,接廣州中山大學鄒魯校長電,請歸校擔任舊職。

3月17日,中央圖書館籌備委員會主任蔣復璁來訪。

3月19日,接中山大學文學院院長吴康電,請先生返粤;乃發辭職書。

1934年3月19日日記：

至中央大學史系主任室，接得中山大學文學院院長吴敬軒來電，勸回廣州。乃回寓寫鄒海濱及吴敬軒二信辭職。

3月22日，接中山大學鄒魯校長快信，勸回廣州。

1934年3月24日致羅香林：

鄒校長來電，勸回校主持，復又來快信，懇切勸回，並囑吴敬軒兄亦來電及快信，務要我速回。僕以校事不可久懸，恐請假五月不能邀准，業已去函辭職，以便另請替人。温先生能來文史研究所主持甚好，請先去信代爲問候，並問能撥冗來所主持否？蓋此事不可遥領也。頗聞温先生不願離潮州，未知確否？俟得確實回音，自當竭力推薦，現在既已辭職，不便再言請代矣，專函推薦接替，此事乃尚可説。

編者按：對於此次應南京中央大學史學系主任之聘而離開廣州中山大學，對中山大學，先生一直心懷愧疚，思有所補，直到1939年還有重返中山大學的考慮。

1939年7月22日致羅香林：

余年漸老，頗思從事研究撰著工作，不願從事講演事務工作，中央大學方面既無史學研究院或研究所，不能遂我意志，蓋余之著作時期暫臻成熟，置之消耗意志、頽廢精神之地，亦甚可惜，故擬決然捨去。現惟中山大學、北京大學有史學研究院，此二方若知研究指導需人之重要而誠意來聘，余皆願就。

海濱校長前屢欲余返校，頗形誠意，然其中有一關鍵余不便明言，即不願擔任史學系教課是也。現在中山大學有研究院，最好專門擔任指導工作，院内或可開一中國史學史研究班，有時亦可講演，則史學系三四年級生亦可入院聽講，如此則可以解除困難，北京大學方面亦有人如此提議。惟余私意，現在中山大學方面熟人反覺稍多，且重返此校，聊贖前愆，亦理所應當。望將此意密報學校當局，以示有此機會而已。

3月23日，撰《太倉張氏世系表》，爲明復社首領張溥作也，並録張溥逸事四則。是日，陳百年招飲。

朱偰1934年3月24日日記：

傍晚赴秦淮河畔六華春應陳百年先生之宴，家君亦往，同席有羅志希、沈士遠、陳□□諸君。

3月25日,與謝國楨訪金陵大學圖書館長劉國均等,並赴蔣復璁宴,同席有柳詒徵等。閲《懲毖録》,摘録日本豐臣秀吉事蹟。

3月27日,訪羅家倫,與羅家倫、汪東暢談,並以杜文瀾所撰《南北兩大營紀事本末》鈔本二卷贈羅家倫,羅家倫研究太平天國史,故有是贈。是日,謝國楨來,約春假間赴浙江購書並游覽事。

3月28日,冒雪赴上海,作《風雪行京滬道中將赴杭州》五絶四首。是日下午,訪張元濟,相與鑒定版本。晚至書店購書。

1934年3月28日日記:

> 六時起,風雪甚大,氣候甚冷。余冒雪乘京滬車赴上海……二時半抵上海,寓三馬路新惠中旅館。四時半訪張菊生先生於極司非而路四十號,還《鄭端簡年譜》一部,及陳則梁《莧園集》一部。出《周禮注釋》相與鑒别其版本,菊生先生言决係宋版,毫無疑義,而白文五經則亦從葉德輝説,判爲明版。

朱偰1934年3月28日日記:

> 晨六時起,送家君赴上海,擬至杭州、金華、紹興、寧波一帶游歷。冒雪而行,游興正復不淺。

3月29日,至嘉興,從海鹽人黄仰旃處購得嘉興及海鹽人著述、字畫、信札等。當日回上海,並購書。

3月30日,在上海各舊書店購書。

3月31日,赴杭州,並至書店購書。

4月1日,在杭購書。並訪族叔耀庭,時耀庭任浙江省公路局局長。是日晚,謝國楨到達杭州,先生偕抱經堂主人朱遂翔至車站接謝國楨。

4月2日,與謝國楨訪浙江圖書館館長陳叔諒。午後,偕謝國楨至書店購書。又至杭州舊府學櫺星門兩廊觀宋高宗手書石經。

1934年4月2日日記:

> 偕剛主至浙江圖書館及浙江大學,皆因放春假未得參觀。乃至圖書館長陳叔諒(名訓慈)寓,勸其漸購浙江人著作以充實圖書館,作十年計劃,必可洋洋大觀。又訪浙江大學文學院主任邵裴子,不遇……又至舊杭州府學櫺星門兩廊,觀宋高宗手書石經八十餘石,廊傾之處數石已爲風雨摧蝕無字,擬陳之當道設計保存之。張燕昌所刻北宋石鼓文尚在,惟李龍

眡所畫孔子及七十二弟子像石刻則未見。

4月3日,偕謝國楨、朱遂翔等游湖,並先後謁張蒼水、于謙、岳飛墓,作《西湖游覽六絶句》。

1934年4月3日日記:

晨偕謝剛主、朱遂翔、朱菊人各乘藤轎出清波門,沿西湖南岸至虎跑泉,過南屏山謁張蒼水煌言先生墓,乃至虎跑寺謁宋僧濟顛塔,又至江頭登六和塔。沿江而西,過之江大學,折而北游理安寺,乃入九溪十八澗,至新龍井,入寺素餐。又至老龍井,乃在山之顛矣。載游煙霞洞、水樂洞、石屋洞,謁于忠肅公墓。乃循蘇堤抵岳墳,謁岳鄂王墓。步至西泠印社飲茶。又至文瀾閣及舊行宮登高周覽,乃乘轎回湖邊旅館。

4月4日,與謝國楨赴蘭溪,作《渡錢塘江由鐵路赴蘭溪》五古一首。

1934年4月4日日記:

偕剛主於七時離湖邊旅館赴錢塘江邊渡江,乘杭江鐵路車至蘭溪。登車後即有雨。過蕭山湘湖,淡煙細雨,碧波清障,圖畫不如也。過蕭山折而西,沿途山景甚美,煙雨迷離之中,李花滿山,望之如雪景,而紅桃緑柳點綴其間,山椒村落,儼如仙境。過諸暨以西,山更雄偉,高峰半露於白雲中,而絶壁危崖,蒼翠欲滴。過金華後,則山始斷續,不若其東重山疊嶂百里連綿也。四時始抵蘭溪,大雨如注,未克游覽,僅於逆旅中聽蕭蕭暮雨而已。

4月5日,與謝國楨赴嚴州。至嚴州中學,晤舊日杭州中學同事鄭衮甫。

4月6日,與謝國楨乘舟下七里瀧,謁嚴子陵釣台,並訪謝翱墓,暮抵桐廬,登桐君山。作《由嚴州至嚴子陵釣台》五古一首。

1934年4月6日日記:

晴。乘船由嚴州啟行,不數里兩岸皆山,雨後巒翠欲滴,杜鵑初花,嫣紅點點,散見於蒼苔碧草間,幽豔欲絶,江山曲折,正如放大之九溪十八澗,五十里連綿不絶。水急舟輕,至嚴子陵釣臺不過巳刻也。舟抵臺下,乃先入祠,恭謁嚴先生像,並觀祠中石刻。由祠後上山,攀登石級數千層,始抵兩臺之間,有近人新構之亭。乃向右更上數十級登東臺,有石亭,乃稍休憩。剛主體肥氣喘,不能行矣。出亭西下,仍至新亭,乃向左更上數十級登西臺,亦有石亭,此乃宋謝皋羽痛哭處也。兩臺之石天然削成,高聳於山半,離江面數百丈,名曰釣臺,其名實未諦也。觀祠中游人題詩,無

佳者,即宋以來所刻《釣臺集》等作,類皆未能真知子陵者,乃成五古一首録於下:

曉作桐江行,空濛雨乍晴。江隨山曲折,山夾水崢嶸。霧濕千山翠,泉流百道明。碧蘚蒼松間,野花紅莫名。高峰雍前後,水屢轉其程。迢迢五十里,流急舟更輕。峨峨兩釣臺,山半遥遥覯。緬昔嚴子陵,此焉審去就。生民作芻狗,各奮域中鬥。夷狄與帝王,盡類食人獸。寧作釣漁徒,獨領江山秀。西臺痛哭人,毋乃形其陋。千載仰高風,誰能嗣俎豆?一嘯出江瀧,俯仰寬宇宙。

下船午餐。放舟至對岸訪宋謝皋羽先生墓。乃於山椒水涯、荒蘿野蔓間見石坊零落,有碑題曰"謝皋羽先生墓",不封不樹,未知埋骨何處也。放舟出七里瀧,則南岸已無山,江已稍闊,風景頓殊。三時至桐廬,舍舟休憩。旅館臨江面山,襟懷頗爽。少頃,偕剛主唤渡游桐君山。江自西來,奔湍急流,山當其衝,乃分其水,一脈向北流,即分水縣境也。登山顛桐君祠,憑眺江景,迴觀桐廬全景,人家鱗比而無城郭。晚餐後散步街衢,略覘其人物風俗。

4月7日,歸杭,轉至上海。

4月8日,在上海,與謝國楨訪張元濟。又訪蔡元培,未遇。

4月9日,歸南京。此行,在杭嘉滬三地購書甚富。

4月10日,長子朱偰之長女元曄出生。

4月11日,馬衡至中央大學史學系訪先生,不遇。

4月13日,謝國楨邀宴,同至故宫博物院駐南京辦事處訪馬衡,不遇。

4月14日,接得中山大學校長鄒魯、文學院長吴康來信,邀先生下學期返中山大學任教。

4月15日,門人、内政部次長傅汝霖來訪,談製作禮服及國歌事。

1934年4月15日日記:

前北京大學史學系學生傅汝霖來,時爲内政部次長,與余談製作禮服及國歌事。

朱偰1934年4月15日日記:

上午,傅汝霖來寓,詢家君以國歌及服制事,儼然欲製禮作樂,奈非其時何?

4月22日,中央大學教授程仰之來訪,與之長談,因勞累,加之咳嗽殊甚,吐血三口。

1934年4月22日日記：

安徽程仰之，胡適之外甥也，與余談中國人種及治史方法，頗與適之異，反與余多同，故不覺長談，然精神頗疲，咳嗽愈甚，致腹部振痛，肺内小血管破裂，吐出血三口，然其量不甚多。

4月25日，致信廣州，囑夫人及女朱倓速來南京，並指示朱倓訂婚辦法。

編者按：先生應中央大學史學系主任聘，赴南京任教，家眷暫留廣州。時朱倓任職中山大學圖書館，正與羅香林戀愛。

5月1日，張元濟致信先生，信内談及先生《史學叢著》事（該信打印稿藏於上海檔案館），摘録如下：

大著《史學叢著》敝同人擬乞借閲全稿，如蒙允許，甚幸。

編者按：上海檔案館存有一頁先生寄與張元濟的自著目録（編號0040），此目録與張元濟5月1日致先生信存於一處，該目録寫於"國立中山大學醫學院用箋"上，目録如下：

《史學叢著》一部，内文三十篇

《酇亭文集》六册，内史籍題跋二十六篇，南明史籍序跋四十篇，其他雜文二十二篇，共八十八篇。

《宋代官私書目考》二卷

《宋代金石書録》三卷

《中興館閣書目》四卷，《續目》一卷，《考釋》一卷

5月3日，滕固來訪，以舊鈔本《遺事瑣談》、《破夢閒談》見示，先生以爲此二種作者雖署名不同，然皆爲沈頤仙一人所作，滕固允雇人代爲抄録。是日，收到陳垣寄贈《馬閣老洗冤録》一册。

1934年5月14日致陳垣（陳志超主編《陳垣來往書信集》，上海古籍出版社，1990年）：

援庵先生左右：

久疏箋候，甚念。弟於春初蒞南京中央大學，春假時赴富春江游覽，歸途感受風寒，小病纏綿，一月未愈，近始至校授課。忽承遠賜姚大榮先生所撰《馬閣老洗冤録》一册，與南明史大有關係，不勝欣慰。姚氏私謚馬士英曰忠武，而承認阮大鋮爲奸臣。以奸臣事君，甚至翻先帝之逆案，斥滿朝之清流，致清君側之師，猶不罷斥阮氏以靖内難，反撤禦外之軍以

急内爭,遂之亡國,可謂忠乎?士英不忠,罪案甚多,姚氏專責修《明史》者以《桃花扇》爲史料,此無根之談,頗有深文周内之嫌。然士英與大鋮相較,自是彼善於此。鄙見如此,未知尊意以爲然否。專此恭謝,敬頌道安。

弟朱希祖敬上　五月十四日

5月5日,羅家倫宴教職員於陵園新村,午後游天保城,觀天文臺。

5月6日,與長子偰偕謝國楨同游游燕子磯。

5月8日,接次女倓來信,云已與羅香林於5月1日在廣州訂婚。

5月10日,與羅家倫談下半年史學系計劃,並與羅家倫商借中央大學圖書館房舍暫存地方志一萬餘册,羅家倫允准。

編者按:時先生存於廣州的藏書陸續寄到。據先生《南京日記》,自5月9日至5月16日,共收到廣州寓中所寄書籍884包;5月25日,先生所藏地方志十五大箱運抵中央大學圖書館暫存。

5月15日,夫人率次女倓由廣州抵南京,是晚,家人談廣州寄書及遷家來寧事。

5月17日,接到容肇祖寄贈其所作《孔尚任年譜》一册。

5月21日,遷移至太平橋南八號居住。

1934年5月21日日記:

上午自竺橋大悲巷五號大兒伯商寓移居太平橋南八號西宅,共三樓二間、二樓四間、樓下四間,房租每月七十五元,房主殷姓。是日遷移最多者爲書,共一千餘包,每包三斤餘;箱篋等十餘件而已。余與菊女先至新居安頓書籍,分類堆積,勞而忘疲。余之書房在三樓東北隅,東、北皆有明窗,置淨几,下臨青溪,右眺鍾阜龍蟠,左望石頭虎踞,其間群峰參差皆羅列於吾前,山水之美,晨夕晴雨,其態百變,正猶美人啼笑皆妍,歡愁都麗,足以助我讀書撰述之興矣。

5月22日,撰《中央大學史學系課程計劃書》。

5月27日,率家人游玄武湖。游湖時,舟子言湖濱地每畝480元,先生頗動於其地築室藏書之念。

5月29日,與羅家倫、汪東商定下學期史學課程及進退教員事。

5月30日,編訂下學期史學系課程表。

5月31日,與羅家倫商定下學期史學系課程;並薦羅香林爲史學系講師,不成。

1934年6月6日致羅香林：

中央大學史學系中缺三年級一班，教員太多，下學期又有丁山、蕭一山兩君回校，丁自山東大學回，蕭自英國留學回，皆係舊教授，故新薦之人一概不能加入，此就國史言之耳。外國史則添聘張貴永，彼在德國專習史學，今得博士回國，故羅志希必欲聘他也。

6月1日，接行政院聘書，聘爲中央古物保管委員會委員（中央古物保管委員會事下文專述），該委員會主席爲先生門人、内政部次長傅汝霖。

6月2日，傅汝霖爲古物保管委員會事來訪。先生以羅香林事請託，傅汝霖允之。

6月6日，與謝國楨訪馬衡。訪羅家倫，推薦羅香林爲隋唐五代史教員，羅家倫允之。

1934年6月6日致羅香林：

行政院新成立中央古物保管委員會，管轄全國古物，余亦忝列爲委員，聘書已接收，由行政院長聘請。其會即設於行政院内，下設職員頗多，前月託内政部次長傅汝霖爲君謀事，前日傅君蒞舍，據云可位置於古物保管委員會，因彼處職員須用有歷史知識者……昨日又特訪羅志希，告以爲君已謀得古物保管會職員事，擬兼任史學系教課一門，略資補助，志希已允請君爲隋唐五代史教員，月薪六十元。

6月10日，率家人游雞鳴寺，並訪陳百年。

1934年6月10日日記：

至雞鳴寺豁蒙樓飲茶，一覽鍾山及後湖之勝。寺爲梁同泰寺，踞雞鳴山顛，有臺城、景陽樓、胭脂井等古蹟。登臺城瞭望，仰矚鍾阜，俯眺後湖，湖山城郭之勝全在目中矣。六時再至陳寓，其寓即在雞鳴山東麓，晤其夫婦，歡談一小時回寓。

6月12日，接北京大學聘書，聘先生爲北京大學名譽教授。

1934年6月12日日記：

接北京大學聘書一函，請余爲名譽教授。

6月17日，復函北京大學校長蔣夢麟，允任名譽教授。

1934年6月17日日記：

午後寫蔣夢麟信,允任北京大學名譽教授。

《北大下年度各系教授名單》(《北平晨報》1934年7月10日):

本報特訊:北大下年度之教授、副教授、助教已完全聘定,并特設名譽教授十六名……

……

名譽教授名單:

秉　志　胡先驌　李麟玉　翁文灝　沈尹默　沈兼士　徐炳昶
錢玄同　剛和泰　陳　垣　林可勝　馬　衡　汪敬熙　孟　森
朱希祖　陶孟和

6月18日,常州徐哲東邀宴,同席者有黄侃、汪東等。

1934年6月18日日記:

六時半赴常州徐震哲東讌,同席有汪旭初、黄季剛、徐子明,九時半回寓。

黄侃1934年6月18日日記(《黄侃日記》下册,中華書局,2007年7月,996頁):

徐哲東自來邀食聚慶樓,坐有逖先。

6月19日,謝國楨來辭行回北平。與羅家倫、汪東最後確定下學期史學系課程。是日,中央大學社會學系主任黄文山及劉百閔來訪。

編者按:黄文山、劉百閔二先生爲"中國本位的文化建設運動"事來訪,時王新命、何炳松、武堉幹、孫寒冰、黄文山、陶希聖、章益、陳高傭、樊仲雲、薩孟武等十位教授發起"中國本位的文化建設運動",黄文山有意邀先生参加此運動,先生未予響應。

1934年7月1日日記:

十二時至中央飯店赴讌,主人爲商務印書館總編輯何炳松、中央大學校長羅家倫、金陵大學校長陳裕光,同席者皆本京各大學有著作之教授,共六七十人……何君字柏丞,金華人,前爲北京大學史學系教授,與余同事。三時至梅園新村二十二號黄淩霜家,淩霜名文山,爲中央大學社會學系主任,入陳果夫派唯生學會,近擬擴大範圍,聯絡學者從事文化事業。日前特偕湯野民及劉百閔來訪余,余不知其用意。淩霜在北大曾聽余講課,又嘗同事,故特去問明底蘊。余於文化事業可

> 略助於撰著,至於黨務則素不參加,仍當秉持素志。

1935年1月30日日記:

> 晨至中央飯店訪何柏丞……中午程天放等歡迎上海十教授文化宣言代表何柏丞,特邀集南京政學兩界四十九人讌談文化,余以文化二字寬廣無涯,所謂文化事業從何談起?欲結此種團體,徒以供政客之虛聲奔走也而已,故不赴。

6月22日,至汪東處,商定下學期史學系課目及教員。接北平陳垣寄贈其所撰《元秘史譯音用字考》一册。接北平趙萬里寄贈其所撰《北平圖書館善本書目》四册。

6月23日,赴傅汝霖家宴,同席者有馬衡、羅家倫等。

6月24日,率家人游莫愁湖。

6月28日,赴蔣復璁宴,同席者有宗白華、德人衛德銘等。同日,長子偰應廬山管理局局長蔣志澄之邀,率妻女赴廬山避暑。

6月30日,中央大學校務會議,決定聘羅香林爲兼任講師。

7月2、3兩日,爲梁嘉彬《廣東十三行考》作序。

《廣東十三行考序》(《朱希祖文稿》第七册,鳳凰出版社,2010年4月,376頁):

> 《廣東十三行考》三篇,番禺梁君嘉彬所撰也。初梁君在國立清華大學史學系肄業,曾撰有《廣東十三行行名考》,載於《清華週刊》,師友之間咸稱道之。畢業後回廣州繼續研究十三行史實,時余適爲國立中山大學文史研究所主任,聞其好學,特延請爲文史研究所編輯員,使其專心致力於此,期成鉅著。越一年,乃擴充爲三篇,一曰序篇,二曰本篇,三曰尾篇,而本篇最爲重要,又分爲三章,一爲十三行起源考,二爲十三行沿革考,三爲十三行行名人名及行商事蹟考。至於序篇,不過敘述自己研究之意義,辨别他人論著之是非。尾篇則雜述行商與市舶、牙行、夷館、大班等關係,與夫行商之包攬貿易、約束外商等狀況,亦多扼要之談。文成十餘萬言,誠洋洋大觀也。或謂梁君著《十三行考》,而十三行之命名究取何義、究起何時,皆未曾考得,舍棄根本之要義,鋪張枝葉之瑣談,未見其可也。曰:考史事者多聞與闕疑並重,故知則詳爲考證,不知則不妄附會,蓋書闕有間,此亦無可奈何者也。況梁君此書較前人發明者已多,如十三行之起源,中外著述咸謂在康熙五十九年或康熙六十一年,且有謂在乾隆二十五年者。梁君據屈大均《廣州竹枝詞》"銀錢堆滿十三行"句,知十三行之名當起於康熙二十六年以前,且引梁廷枏《粤海關志》謂國朝設關之初,令牙行主之,沿明之習,命曰十三行,

是十三行之起源雖未確切發見,然較前人已屬多聞,此不可菲薄者也。或謂十三行在中國近代史中關係最鉅:以政治言,行商有秉命封艙停市、約束外人之行政權,又常爲政府官吏之代表,外人一切請求陳述均須由彼輩轉達,是又有唯一之外交權;以經濟言,行商爲對外貿易之獨佔者,外人不得與中國其他商人直接貿易。此等特殊制度,無論中國外國皆蒙不利,鴉片戰爭即爲擊破此種外交制度及通商制度而來,自此一戰,中國一蹶不振,外交經濟皆爲不平等條約所束縛,百年以來皆受此十三行所貽之禍,梁君此書不能分别條考此等重要因果,而唯平鋪直叙,沾沾於行之沿革及行名人名等瑣碎考證,何足以饜中外人士之望?曰:正唯叙行之沿革而重要之因果乃隨處可以發見,要在明眼人自取之耳。梁君引明萬曆中周玄暐《涇林續記》云廣屬香山爲海舶出入咽喉,每一舶至,常持萬金並海外珍異諸物,多有至數萬者,先報本縣,申達藩司,令舶舉同縣官檢驗,各有長例,而額外隱漏所得不貲,其報官納税者不過十之二三而已,繼而三十六行領銀提舉悉十而取一,蓋安坐而得,無簿書刑杖之勞,然猶不若鹽課提舉。據此外國貿易本市舶提舉所專領,自廣東三十六行出,始代提舉主持外國貿易,市舶提舉悉十取一,安坐而得,而行商乃爲官商矣。梁君以爲此即十三行之權輿。梁君又謂行商承商之法(即所謂包攬貿易,所謂對外貿易獨佔者),約如鹽商故事,中國自唐以後,舉凡鹽鐵市舶諸大利,政府多采獨攬制,明清兩代鹽商牙商(十三行初本爲牙行),同爲粤東兩大資本集團,鹽課提舉亦嘗兼攝市舶之事,十三行行商承商制度,固早萌於鹽商承商制度也。據梁君所考,則此種包攬貿易制度實起於明萬曆間廣東三十六行之牙商,而此等制度又仿自鹽商,惟行商爲對外貿易之獨佔者,鹽商爲對内貿易之獨佔者。對外貿易獨佔則不利於外國,故爲外國擊破;對内貿易獨佔則不利於本國,而外國方且利用之,以爲外債取償之計,吾國鹽商獨佔制度今後亦宜廢除。然此等獨佔制度,其歷史遞衍甚長,十三行之前已早有之,甚且可推其源於市舶提舉司(梁君追溯此等歷史甚詳),非一朝一夕之故,十三行不能專任其咎。由此可知詳述行之沿革亦不可菲薄者也。或謂梁君爲十三行中天寶行行商梁氏之後,故其作《十三行考》偏重於行名人名及各行商之家世傳記與其佳話,如捐輸興學以及其他公益等事,意在宣揚祖德,故特别加詳,而於鴉片戰爭直接原因,如鴉片貿易則力爲迴護洗刷,梁君自言"鴉片輸入,外間著述每歸其全罪於行商,余考證所得,知輸入鴉片者多屬走私商人,而十三行行商中僅有一二家經營此宗貿易而已"此其證也;昔歐陽修作《五代史記》,言吴越國自武肅重斂其民以事奢僭,下至雞魚卵鷇家至而日取,每笞人以責其負,而吴越王子孫錢儼作《吴越備史》略去此等事不書，故以子孫而作其先祖之史，其不足以當信史明矣。曰：史材貴乎詳瞻，蓋史事影響於社會各方面非止一端，故必多方記載乃盡厥用，外人研究十三行者，亦嘗注重行名人名以及行商之事蹟。昔黄宗羲作《明史》，案其史材分爲三科，曰國史，曰野史，曰家史，各采其長而去其短。家史亦有所長，必待其子孫撰述乃能詳備。梁君之撰此書，與其本身家史固較詳盡，然於各行商後人，因其世交姻戚關係，如潘、伍、易、葉、謝諸家家傳族譜亦嘗遍訪搜采，此非他人之所能爲也。吴越國事若僅賴歐陽《五代史記》世家一篇，則埋没一國史實足以爲社會各方面史材者何可勝數，幸賴其子孫儼撰輯《吴越備史》，於是後人研究吴越史事者乃得左右采獲，傳之無窮。梁君此書之功，亦庶幾乎錢儼，此又不可菲薄者也。余於今春離廣州至南京，寓居青溪，梁君屢次來書催作一序，余乃檃栝或説，約成三辯，即録以質之梁君，梁君當亦以爲然也。中華民國二十三年六月三十日海鹽朱希祖作於南京青溪寓廬。

編者按：據先生《南京日記》，該序作於1934年7月2、3兩日。

7月6日，四子倞自廣州抵南京。

7月8日，與馬衡訪于右任，觀其所藏東漢公羊磚，並談明萬曆本《長安金石遺文》。是日，二子侃畢業於北平大學農學院，來南京省親。

7月9日，考《宣和博古圖》初稿及重修本之區别及撰者。

7月10日，開始撰《宣和博古圖考》。

7月13日，昔日弟子姚從吾自德國留學回，與國立編譯館館長辛樹幟來訪；傍晚，至蔣復璁寓訪姚從吾，教育部次長段錫朋亦來，段亦爲先生弟子。

7月14日，晚設宴請姚從吾、傅汝霖、蔣復璁、滕固等。是日，舊友、北大教授劉半農逝世。

《傷劉半農》（《文史大家朱希祖·酈亭詩稿》，學林出版社，2002年，第112頁）：

歎逝嗟生孰遣驅，蕭條黌舍感吾徒。王孫音律驚消歇，曼倩文章失步趨。絶國方言勞握槧，中堂讖語竟捐軀。不堪回首京華事，落月空梁入照無。

注：《大公報》載，百靈廟之行，半農爲考察方言，亦奮勇前去。抵廟之夕，因蒙古虱能傳染傷寒，頗有戒心。臨睡半農獨卧軍用床，衆皆卧炕。半農曰：我竟是停靈中堂。回家後竟因傳染傷寒而卒。

編者按：先生此詩寫於1934年7月18日，據先生該日日記，此詩最後兩句原爲“空遺舊曲《桃花扇》，抵得延陵一劍無？”先生注曰：

"康熙第一次刻大字本《桃花扇》世頗稀有,余訪求二十餘年未得,前年聞山東某氏有此書,因出重價購之。去年夏余自廣州回北平,半農懇借是書,乃檢出送去。今半農已逝,此書不忍索回,即作賻品,聊供冥鑒。"

後,1934 年 10 月 9 日,先生得北平家人來信,言《桃花扇》原刻本半農先生於去年冬即還至家中,故將末二句改爲:"不堪回首京華事,落月空梁入照無。"

7 月 16 日,姚從吾來,先生詳詢北平學界情況;與姚從吾同訪辛樹幟。晚赴滕固宴,同席者有姚從吾、蔣復璁、張其昀、宗白華等。

7 月 17 日,至狀元境萃文書局觀太平天國刻本《英傑歸真》。該書爲太平天國干王洪仁玕與降臣某問答之言,而爲其官屬所記,極具史料價值,惜索價二百金,故未購。晚赴蔣復璁宴,同席者有姚從吾、傅汝霖、馬洗繁等人。是日接傅斯年信,言與俞大綵女士訂婚。

編者按:《英傑歸真》一書後由中央圖書館籌備委員會購入。先生 1934 年 7 月 24 日日記:"午後蔣慰堂來,知太平天國刻本《英傑歸真》一書已爲國立中央圖書館籌備處所購。"先生後爲此書作跋文一篇。

1934 年 12 月 11 日日記:

午後至中央圖書館籌備處借太平天國刻本《英傑歸真》一册……夜閱《英傑歸真》,搜集事蹟,擬作跋文。

1934 年 12 月 12 日日記:

上午閱《太平天國戰史》及《賊情彙纂》等書。以與《英傑歸真》參證異同。

1934 年 12 月 14 日日記:

上午至下午撰《英傑歸真跋》一篇。夜閱《忠王李秀成供狀》,摘録沈懋良《江南春夢庵筆記》及《盾鼻隨聞録》、《賊情彙纂》等異同。

1934 年 12 月 15 日日記:

與大兒至中央圖書館籌備處訪蔣慰堂,還原刻本《英傑歸真》一册,並商跋文印於何處。

編者按:先生此篇跋文全名《欽定英傑歸真跋》,發表於 1935 年 1 月《國風》第六卷第一號。

7 月 23 日至 31 日,校勘海鹽李聿求所撰《魯之春秋》。

編者按:《魯之春秋》成書於清道光十三年,記述了明末清初魯王監國政權在浙東及浙閩沿海的抗清事蹟。1932 年冬,先生購得稿本《魯之春秋》二十四卷。1933 年春,先生於上海見張元濟,得知李聿求曾孫李開福將家藏《魯之春秋》刻本二十二卷託商務印書館影印,先生向張元濟借閱該書樣本,與自己所藏稿本《魯之春秋》對校,並允爲商務印書館所出之《魯之春秋》作序及校勘記各一篇。

1934 年 4 月 29 日致張元濟(原件藏上海檔案館):

李聿求《魯之春秋》如已印好,祈寄樣本一分,俾與敝藏本一對,然後印刷,未知可否,且擬作序一篇以附驥尾。

張元濟 1934 年 5 月 1 日復先生(原件藏上海檔案館):

《魯之春秋》稿,我兄欲假閱,並爲撰序,容即轉商李君。

1934 年 8 月 8 日日記:

午後以《海東逸史》及《東南紀事》比較《魯之春秋》傳之多寡。夜作《魯之春秋》序一篇。

《〈魯之春秋〉跋》(《朱希祖文稿》第七册,江蘇鳳凰出版社,2010 年。此跋作於 1934 年 8 月 15 日,1937 年 3 月發表於《文瀾學報》第 3 卷第 1 期):

《魯之春秋》二十四卷,余鄉先輩李五峰先生所撰也。清光緒《海鹽縣志·文苑傳》云:"李聿求,字五峰,諸生。少好學,不事章句,閉户研經。親歿,布衣終生。著《夏小正注》、《〈後漢書·儒林傳〉補》、《桑志》等書行世。"案《縣志》簡略,先生著述頗多,當時修志,第就有刻本行世者載之,未盡採訪也。余喜搜羅鄉先輩著述,先生之《夏小正注》四卷、《〈後漢書·儒林傳〉補》二卷、《桑志》十卷,皆先後購得。復得先生手寫《吴門紀游詩》一卷,《詩稿》一卷(其一卷上標"絲"字,蓋以金石絲竹匏土革木記數,原八卷,今存一卷耳),又有刻本《永安湖紀游詩》一卷(與陳敬璋合著),《秦溪棹歌》一卷。去年冬,又得先生稿本《魯之春秋》二十四卷,添注涂改甚多,間有黏貼全葉,盡行改作者。初疑此書未有刻本,故海內藏書家未見著録,今春謁張菊生先生於上海,始知李氏裔孫已託商務印書館景印此書。旋蒙菊生先生將景印樣本寄閲,得睹先生曾孫新跋,謂:"此書成於道光十三年,其年先生卒,至咸豐七年,始付剞劂;九年,刻成二十二卷,惟序目及表尚未全刻,適丁太平軍役,版片全毁,僅攜得鈔本及所刻樣本兩部。"此書之流傳源流始昭然矣。余所得稿本,蓋爲别一流傳之本,足資校正者頗多,乃别作《校勘記》數十條,録呈菊生先生,俾資參考改正。

……

1934年8月21日日記:

晨寫何柏丞信,並寄還《魯之春秋》樣本二册,校勘記一册,又附去余所作《魯之春秋跋》一篇,校勘記一卷。

1934年10月10日致張元濟(原件藏上海檔案館):

暑假中曾託何柏丞先生轉呈《魯之春秋》序及校記,想已達覽。大駕想已旋滬,十四日擬來府請益,祈速賜示,以定行止。

編者按:先生《〈魯之春秋〉跋》後發表並收入《明季史料題跋》(中華書局,1961年),而《〈魯之春秋〉序》及校勘記均未見刊載,在北京國家圖書館及南京圖書館所藏先生手稿中,也未能得見。商務印書館所擬印之李聿求家藏刻本《魯之春秋》也因日軍侵華,始終未能正式開印。直到1953年4月,張元濟始將李氏家藏刻本《魯之春秋》原稿六册、影印樣本一份交付給李聿求曾孫李開福。1955年李開福委託張元濟將原稿代爲捐給浙江圖書館。1984年,浙江古籍出版社出版了該書。此書從道光十三年成書,至1984年始得出版,前後共123年。(據2011年5月22日《錢江晚報》C3版《123歲的"胎兒"》)

7月27日,三子偰畢業於北京大學法學院,來南京省親。

8月6日,赴羅家倫宴,晤黄侃,知章太炎新近遷至蘇州。

1934年8月6日日記:

七時至新街口北,赴羅志希讌於擷英番菜館,晤黄季剛,言本師章太炎先生新遷蘇州,去年作《黎大總統元洪神道碑》得潤筆銀三千元,作外國商人哈同墓志銘得潤筆銀五千元,故不就職務而尚能充裕。

8月11日,梁嘉彬自廣東來,其將赴日本留學,辭行,留其晚餐。

8月17日,接北平傅斯年函,報告與俞大綵結婚。

8月21日,長子僡、長媳歐蘭、孫女元曄自廬山回。

8月22日,至中央飯店訪蕭一山,觀其在歐洲所攝太平天國史料。至黄侃新寓,時黄侃新建寓廬,名曰“量守廬”。午刻與朱家驊、蔣復璁、蕭一山等吃面。下午再至蕭一山處,借得太平天國史料四種,回寓將蕭一山太平天國史料與己藏太平天國史料對勘。

1934年8月22日日記:

九時至中央飯店蕭一山寓,觀其在歐洲所攝太平天國史料景片,凡書册二十二種,散件三四十種,略翻閲一過。十一時至藍家莊九華村九號黄季剛新廬,並觀其結構,並其校本書籍。十二時至九華村六號伍叔儻寓吃麵,乃温州廚子所製,頗有特别風味,朱騮先、蕭一山、蔣慰堂等同席。二時又至一山寓借其太平天國史料四片:

一、天德癸丑年漢大明統兵大元帥黄告示(中有云“我大明天德皇帝”。案:此乃衛天侯黄玉崑)

一、安東將軍平滿大元帥撫轄水陸兵馬羅告示(中有云“吾主於二十二日定鼎金陵”,案:此蓋羅大剛告示)

一、具名職殘文告示(中有洪秀泉等十人名職,又有錢江等六人)

一、檄文(中有“明王有佐,故主尚存,爰舉義旗,以靖妖孽”等語)

三時回寓,檢出余舊藏太平天國史料文件五種,列目於下:

一、大明皇帝殿前都元帥王檄文(中有云“方今我皇上光宗七世孫也,十一月駕臨南都”)

一、太平天國總理軍機都督大元帥萬大洪告示(下署“天德二年十二月十八日自武昌令太守祁德□□”,案:此即上具職名告示,此告示文全缺職名,可互補)

一、特授開國軍師平滿大元帥楊秀濤告示(案:此“濤”字乃“清”字之誤,楊秀清爲正軍師)

一、安東將軍平滿大元帥統轄水陸軍馬羅告示(案:此與上列羅大剛告示同)

一、露布(中有“我太祖創興,定鼎南國,成祖繼統,建闕北平,□承祖之志,先得金陵,再平北燕”)

以上各種文件,可以見太平天國初起,以天德爲年號,以平滿爲幟志,尚未雜有耶教色彩,惟天德究爲何人之年號,或有謂即《賊情彙纂》中之天德王洪大全,楊秀清忌其才,囚之,永安突圍潛逃,爲清所殺。太平天國壬子二年新刻《天命詔旨書》第二葉有飛籤云:

前日有人説道天德並不是國中之主,乃一偶像也,太平王有軍旅之事必問之而後行,與奉乩壇無異。

天德乃太平王之弟,死後刻一木主,奉事惟謹,頗有靈響。

各種天德異説當俟詳考。

編者按:我國太平天國史料散失嚴重。據記載,太平天國旨准刊刻書籍有數十種,見於本國人記載者,沈懋良《江南春夢庵筆記》所載二十三種,張德堅《賊情匯纂》所載十九種,皆爲曾國藩等焚毁,惟歐美尚有珍藏。上世紀二三十年代,程演生、劉半農、蕭一山等人於留學歐洲期間將德、法、英等國所藏太平天國史料拍照帶回國,先後達二十餘種,後蕭一山將其彙刻爲《太平天國叢書》第一集,並請先生作序。

1934年10月4日日記:

本日接蕭一山來信,請作《太平天國叢書》第一集序。

1934年12月10日日記:

上下午撰蕭一山《〈太平天國叢書〉第一集序》一篇。

《〈太平天國叢書〉第一集序》(《朱希祖文稿》第二册,鳳凰出版社,2010年4月,296頁):

史學與文學、哲學異。以文學冒史學者,往往好惡任情,昵之者揚其善而飾其非,違之者誣其惡而蔽其美,甚者竟有奪他國之疆土,而故造史論以明其非原主所有者。以哲學冒史學者,往往是非任意,唯物者以一切人事皆爲物所驅役,唯心者以一切人事皆爲心所宰制,甚者竟有持進化之定律,而欲毁滅史書,以防歷史滯人進取者。此皆似是而非之不可不辨者也。夫史學之可貴,首在謀史事貴乞近真,終須明歷史進化之軌蹟,使人自爲比較,而自圖進取者也,斷非任情任意所能冒亂,亦非一手一足所能奏功。前人歷史大都不免此弊,故今之以科學方法治史學者,皆欲鑒别史料之真僞,以圖改造,太平天國史,其一端也。昔曾國藩私改《李秀成供狀》,而又焚毁太平天國公文案卷,一代史料滅於彼一人之手,即彼幕僚所撰《賊情彙纂》一書,亦不使之宣揚於世,直至近日,始能印行流傳,他可知也。夫公文案卷爲歷史之直接材料,最能近真,與夫作史者渲染掩蔽所謂間接材料者,可貴弘多。今之治史學者,所以首寶夫此也。太平天國之自撰文書,幸爲歐美各國捆載以去者,尚留存什一於千百。前北京大學教授程君演生留學法國,始景印十種,編爲《太平天國史料》第一集,中有《天朝田畝制度》,尤爲太平天國史料之精華,張德堅《賊情彙纂》所列書十九種,惟云"此書賊中似未梓行,迄未俘獲",程君竟獲得梓行之本景印流傳,□其愉快爲何如也。余嘗爲之作序,以□□之。然英德美荷各國所藏尚多,北京大學教授劉君復,又印行太平天國有趣文件十六種,又鈔得旨准頒行詔書總目二十九種,於是國人始知史料之所在,咸思傳寫回國,以供研究。遲之又久,至今年夏,始有蕭君一山,自英京倫敦攝景二十五種,持回本國。又今年秋,中央圖書館籌備處主任蔣君復璁,購得《英傑歸真》一書,亦爲太平天國欽定官書之一,爲洪仁玕所刻者,亦借於蕭君景印,彙成《太平天國叢書》第一集,其詳目已載於蕭君自序,兹不復贅。此書一出,吾知本國研究太平天國史者,必咸嘉蕭君之功,蓋其成績比程、劉二君更弘大也。且蕭君尚景得太平天國短篇文件甚多,皆自英京景印持回,今正一一考訂,將爲《太平天國叢書》第二集。余雖得先睹爲快,然僅見原文景片,未見蕭君之考證,此則尤望早行脱稿,繼續印行,以嘉惠士林也。抑真重有望者。余讀沈懋良《筆記》(沈懋良,湖北武昌人,被掠留於太平軍中贊王蒙得功部下十三年,天京城將破,在危城中成此《筆記》,其書稱太平當局爲賊,蓋以預爲出城逃死計,然其所載事蹟,則多真確),謂賊中僞撰之書,不下數十種,有《天朝田畝制度》、《天理要論》、《天情道理書》、《千字詔》、《行軍總要》、《制度則例集編》、《武略》、《醒世文》、《王長兄次兄親耳親目共證福音則》、《士階條例》、《原道》、《救世歌》、《舊遺詔》、《新遺詔》、《天父王兄下凡詔書》、《天道詔書》、《真聖主詔》、《天條書》、《三字經》、《三國史》、《太平軍書》、《太平營規》、《改定四書》。又有《律文》一百七十五條(案,下文分載各目共"一百七十七"條五字蓋誤),考《賊情彙纂》所載僞律,凡六十二條,□關乎□□規者多,則此完全之律,張氏實未之見也。《賊情彙纂》僞律中有一條云:"凡一切妖書,如有敢念誦教習者一概皆斬,爾等靜候删改鐫刻頒行之,始准讀習。"則沈氏《筆記》所載《改定四書》及《三國史》,必經删改鐫刻頒行者,此則删改經史,然亦有可觀者也。余又讀漢公所撰《太平天國戰史》,所采史料,有《太平實録》殘本,忠王李秀成《隨征日録》(中有《取杭城政略》一篇引於《戰史》),此二書必尚存天壤。吾深願《太平實録》、《隨征日録》及《制度則例集編》、《太平天國律》,以及所删改之四書、三國史書,無論或在本國或在外邦,均當速爲訪求,景印傳世。以爲真確之史料,此雖非任情任意者之所喜好,亦非一手一足所刻網羅,世有賴蕭君此書者,當共勉力以徵求之矣。

中華民國二十三年十二月十日海鹽朱希祖撰

編者按:《朱希祖文稿》所載此序,爲先生草稿影印件,其中塗改添加者甚多,至有難辨之字,均用"□"代替。且與正式發表者恐有出入,録此聊備參考。

又按:序文中所謂沈懋良《筆記》,全名爲《江南春夢庵筆記逆蹤七十二則》。

又按:羅家倫藏有太平天國干王洪仁玕《條陳新政奏章》一通,先生曾爲蕭一山向羅家倫借印。

1934年12月15日日記:

至中央大學會羅志希,羅君嘗研究太平天國史事,藏有干王洪仁玕《條陳新政奏章》一通,蕭一山託余向彼借印,故商之,允考證後發表。

8月25日,接得北平馬裕藻、馬衡母親訃告。是日,購得《復社姓氏傳略》和《復社姓氏録》。

1934年8月25日日記:

接海鹽黄仰旃信並書二種

《復社姓氏傳略》十卷(清震澤吴山嘉撰,道光十一年刊本)三册,15元

《復社姓氏録》不分卷(明吴江吴翻輯,道光十二年吴山嘉校刊本)一册,5元

以上二書余曾借友人所藏抄録一過,親加校考,兹得原刻,喜何如也!

8月27日,致信北平馬裕藻、馬衡,弔其母喪,並寄奠敬銀。是日,至長子偰寓所全家合影,此爲1932年北京分别後全家第一次團聚。

1934年8月27日日記:

五時至雍園十一號偉兒寓,闔家攝一影,計余與内子及菊女、大兒偰、大媳歐蘭、二兒侃、三兒僑、四兒倞、孫女寧,共九人,又共食茶點及晚餐而回。

朱偰1934年8月27日日記:

家君、家母、仲晏姊及仲陶、叔鄭、季武三弟來寓茶點,並攝影,自民國十八年去國後,家人團樂,歡聚一堂,久已無此盛況矣。

8月30日,接顧頡剛母親訃告。

9月7日,接北平姚從吾來信,問《金史補》百卷存亡,回信答之:"僅知江

蘇國學圖書館藏鈔本五册，北平燕京大學亦藏一殘本，得之於羅振玉，未知二鈔本同異如何。”是日，羅香林自廣州來就中央大學講師職。

9月9日，率兒女訪明徐達、吴良、吴禎墓。

9月10日，中央研究院歷史語言研究所陶雲逵來，索先生舊作《駁中國先有苗種後有漢種説》，因其將被派至雲南作民族民俗考察。

9月15日，校正舊作《駁中國先有苗種後有漢種説》，送至中央研究院歷史語言研究所陶雲逵處。

9月17日，接得北平燕京大學寄來前年舊作《金開國前三世與高麗和戰年表》五十册，分贈好友。是日，長子僎游揚州回，攜歸史可法畫像及遺墨石刻拓本數種。

9月19日，攜羅香林游雞鳴寺、胭脂井、臺城。

9月22日，攜兒女及羅香林登紫金山，訪明孝陵。至孝陵前茶寮小憩。

1934年9月22日日記：

南行至孝陵前茶寮小憩飲茶，月團團已上矣。此茶寮東鄰即日本副領事藏本受政府之命入山覓死以備要脅，如庚子拳匪戕日本杉山書記官故事，以兵佔領南京，得割地等之允許也。藏本入山數日，不願死，然已餓數日，乃下山入此茶寮療饑，乃始爲吾國人發現，得免南京大禍。此爲本年夏事，回憶陰謀，不寒而慄，蓋彼時日本兵船十數艘已泊下關矣，因相與歎息者久之。

9月25日，羅香林來，先生鼓勵其撰《唐藩鎮紀事本末》，並指示編撰門徑。

1934年9月25日日記：

夜羅香林來，慫恿其撰《唐藩鎮紀事本末》，中插藩鎮沿革圖、世系表、年表，官制、兵制、財政、外交等變革略，平藩鎮始末，列傳分本國人及外國人（如安禄山、朱温之類），藩鎮起源及結果及影響等考，或竟稱爲《唐藩鎮志》亦可。首地圖，年紀、世表考，藩鎮傳，年紀中注重王室平藩始末及藩鎮起源、影響，結果中附以論，仿司馬光《通鑑》之例。羅君允考慮。

1934年10月3日日記：

傍晚羅香林來，商酌《唐藩鎮志》體裁，定名《唐代藩鎮志》，用紀、表、傳、略、考等篇名，晚餐後即去。

編者按:羅香林研究唐史,爲薦羅爲中央大學史學系隋唐五代史教員,先生對羅香林唐史研究也多有指導。

1934年3月2日致羅香林:

此間學生久受繆鳳林等教育,所編歷史講義以詳贍爲主,且用文言……下半年擬聘中國通史及隋唐五代史教授一人,每種三小時,惟尚須兼别項課程三小時,如目録學或中國史學史、國史名著選、中國沿革地理等,任擇一種,必足九小時方可任教授。然此間人選甚嚴,平時無史學上專門貢獻,恐難通過,故希望從速豫備數事,開列於下:

一、速將隋唐五代史閲一遍,或將司馬光《通鑑》隋唐五代閲一遍,擇重要志傳參考。

一、速發表幾篇隋唐文章。

一、練習文言,淘汰冗長文句及新濫名詞。

一、預先起草隋唐五代史大綱,以便閲史時充實之。

1934年3月24日致羅香林:

下半年如仍在此,自當代謀教課,惟來函計劃恐緩不濟急。春假之後即須預籌下半學年課程,預聘教員雖不必即定,亦須預爲物色推薦,届時逐鹿者必多,更難位置,故望先成《〈唐書·南蠻傳〉疏證》及《〈唐書〉源流考》(不必加新舊二字,致範圍縮小),一面在月刊發表,一面工整謄兩篇寄來,以爲推薦成績品,再加舊日著作之已刻者若干種足矣。其餘題目且不必作,速將隋唐史細讀一遍,一爲教員無暇再讀,終身不能深入,深爲可惜,現在發端已覺遲矣。兩《唐書》列傳分析,此事可不必作,前人作之已告失敗,蓋《唐書》列傳最難知其人物之地理分佈,大都不言所生之地,專書其姓氏之郡望,故李必隴西,王必琅琊,李白究竟爲何地人至今聚訟未決,所以作歷史研究題必先看書而後可定。隋唐《經籍志》分析亦可不必作,所擬計劃數條頗難考證精確,若空談議論頗無價值。李正奮曾作《隋代藝文志》及《唐代藝文志》,亦僕囑彼撰者,業已成書,因《隋書·經籍志》本爲五代史志(梁、陳、北齊、周、隋五代),其所載書皆五代所藏所作之書,非專屬隋一代作也。兩《唐書》志,載唐所藏所作之書,亦非專屬唐一代作也。故欲知隋唐兩代著作之多少及學術發達之狀況,非别撰二志不可。若來書所擬分析辦法,專施之隋唐二代所作之書,則尚有價值,然非先成二代藝文志以求出其成績總數(此事非專恃隋唐二史志可成,須參考數十百種以補其遺漏)不可,否則分析《隋書·經籍志》、《唐書》經籍、藝文志,無異分析上古以至隋唐經籍,各不完備而欲施結論,豈非徒勞而無一功乎?

9月29日,閱《金史》列傳,慨於胡適等人以秦檜議和爲是。是日,馬衡來,談北平各大學現狀及故宫博物院改組情形。

1934年9月29日日記:

晨閱《金史》列傳。《僕散忠義傳》中載宋孝宗時與金議和,定宋世爲侄國。高宗以秦檜議和對金稱臣,降爲附庸國,僅得梓宫及太后回國。世稱梓宫爲僞,太后在金早已污辱不堪,故秦檜賣國實僅得二十餘年宰相之威福而已。胡適之不知歷史,不知宋高宗稱臣,其誓書全文載於《金史·宗弼傳》中,彼未嘗一讀。而近年日本侵我往往襲金故智以和爲餌,而使我失其防禦,彼則以兵繼其後。苟安賣國,自營私利之徒,往往效法秦檜,而適之反頌檜以矜獨得,不知彼時金之宗翰、宗望、宗輔、撻懶等健將皆已自相殘殺,僅存宗弼,而國中内亂繼續不已,長敗於宋,乃唆檜殺岳飛,收韓世忠兵權,稱臣請和,以保殘喘。適之亦欲以今之中國爲日本附庸耶?亡則亡耳,猶可恢復,何必爲私人權利而奴隸我族類哉?

10月7日,率家人及羅香林乘船游秦淮河。

1934年10月7日日記:

午後二時率内子、菊女、偉兒、復兒、倞兒、大媳歐蘭、孫女寧兒及羅君香林雇畫舫由太平橋寓宅後下船游秦淮河。宅後乃青溪,舊爲南唐北護城河,向東折而南,過竺橋、逸仙橋(此乃中山東路新築木橋,通中山門,橋故以孫中山之字名)、天津橋(明故宫西華門之橋也)、復成橋、大中橋至東水關,其河皆名青溪,乃南唐東護城河。由東水關折而西南,即秦淮河也。過桃葉渡、文德橋(在文廟西,即明長板橋,橋南即明舊苑遺址)、武定橋。烏衣巷在文德、武定中間。略折而南抵舊南門,今名中華門乃止。回棹至文廟前停橈,偕羅香林至狀元境舊書肆購得洪氏晦木齋校岱南閣本《元和郡縣志》八册,考校頗精。香林治唐史,即代爲講價,購成。回船仍沿舊路返寓,已燈火滿城矣。

10月8日,爲次女倓所作《旭樓叢刻》作序。

10月11日,赴秦淮邀笛步六華居繆鳳林宴,晤林公濵先生。

1934年10月11日日記:

憶民國六年夏秋之際,蔡孑民長校,余等在教員休息室戲談,謂余與陳獨秀爲老兔,胡適之、劉叔雅、林公濵、劉半農爲小兔,蓋余與獨秀皆大胡等十二歲,均卯年生也。今獨秀左傾下獄,半農新逝,叔雅出至清華,余出至中山大學及中央大學,公瀆又新被排斥至中央大學,獨適之則握北京大學文科全權矣。故人星散,故與公瀆遇,不無感慨系之。

10月12日,至教育部訪北大舊同事、教育部長王世傑。

10月14日,清華弟子雲鉞來,其擬撰《西藏交涉史》,來商酌體例及徵求史料。

10月16日,至黄侃量守廬赴黄侃與汪東公宴。

1934年10月16日日記:

(晚)七時至九華村九號黄季剛家,應季剛與旭初公讌。季剛新購之廬曰量守廬,有章師太炎所作《量守廬記》,旭初所畫《量守廬圖》。同席有林公瀆、繆贊虞等。季剛言陳寶琛至僞滿洲國,日本人及鄭孝胥等公讌之,約作詩鐘,得"日中"二字,陳句云:"日暮卻愁途更遠,中乾無奈外偏强。"發榜,陳落第,人於落卷中檢出,始知之,日僞即送之回國。

10月19日,赴教育部長王世傑宴,同席有戴季陶、朱家驊、陳立夫、郝更生等。

11月1日,接故宫博物院函,聘先生爲專門通信委員。

11月3日,柳詒徵來,略談《墨子·經説》。

11月12日,從海鹽黄仰旃手中購得海寧周廣業手稿四種,中有周氏《〈孟子章旨〉校注》一册。

編者按:後此書贈與汪東。

1934年11月13日日記:

午後至汪旭初處,談《孟子章指》一書,時適手攜此書,旭初見之大加驚羡。因《章指》一書早已散佚不全,周氏從宋本録出全文,用各古本校勘,更加以注,世無刻本,宜可珍貴。

1934年11月14日日記:

午後至汪旭初寓,贈以周廣業校注《孟子章指》。

12月6日,至薩家灣交通部官邸赴朱家驊宴,同席者有陳布雷、陳裕光、傅斯年,杭立武、李四光、李書華等。

12月18日,訪馬衡,觀明無錫秦氏十鼓齋所藏北宋拓本石鼓文照片。

1934 年 12 月 18 日日記:

午後至秣陵路崔八巷訪馬叔平,觀明無錫秦氏十鼓齋所藏北宋拓本石鼓文景片,此稱爲先鋒本,其原拓本已爲日本以五萬金購去。此景片購自日本,亦輸千金。

12 月 20 日,張元濟寄來其所撰《彭茗齋集跋文》一篇。

12 月 29 日,訪蔣慰堂,談搜集古紙事。

1934 年 12 月 29 日日記:

午後至中央圖書館籌備處訪蔣慰堂,見歐洲羊皮寫本古書及德人所撰《紙自中國傳至歐洲路線圖考》,乃談及中國紙之歷史材料散見古書者甚多,應搜輯成爲一書,且宜搜購古紙以爲樣本,如古代字畫,唐人寫經,宋元以來古書皆可作爲印證。

關於中央古物保管委員會及在南京及周邊地區古蹟調查事

6 月 1 日,受行政院之聘,爲中央古物保管委員會委員。

1934 年 6 月 1 日日記:

是日接行政院聘書,聘余爲中央古物保管委員會委員。

1934 年 7 月 4 日日記:

是日,行政院會議改組古物保管委員會,先是聘定專門委員六人:李濟、葉恭綽、黄文弼、傅斯年、朱希祖、蔣復璁。繼又委行政院之滕固,中央研究院之董作賓,教育部之舒楚石,内政部之傅汝霖、盧錫榮。至是指定常務委員五人:傅汝霖、李濟、滕固、葉恭綽、蔣復璁,並以傅汝霖爲主席。

7 月 8 日,與傅汝霖訪馬衡,談組織中央古物保管委員會辦事處事。

1934 年 7 月 8 日日記:

午後傅沐波來,又偕至故宫博物院辦事處訪馬叔平,略談組織中央古物保管委員會辦事處,約分三科及擇定地址、選擇職員事。

7 月 12 日,至行政院出席中央古物保管委員會成立大會,並受大會委託,參與審定修正保管古物各項法規章則。會後列席常務委員會。

1934 年 7 月 12 日日記:

九時至行政院會議廳開中央古物保管委員會成立會,到會者余及傅汝霖、李濟、滕固、葉恭綽、蔣復璁、董作賓、舒楚石、盧錫榮,而傅斯年未到,黄文弼已赴新疆。秘書長褚民誼代表行政院長致詞,即開成立大會,旋開常務委員會,議决要案數件,十時半散會。傅汝霖送余回寓。

《中央古物保管委員會第一次全體委員大會會議記録》(中央古物保管委員會編《中央古物保管委員會議事録》第一册,1頁):

地點:行政院會議廳。
時間:二十三年七月十二日上午九時
出席:傅汝霖、葉恭綽、李濟、董作賓、蔣復璁、盧錫榮、舒楚石、朱希祖、滕固
主席:傅汝霖
記録:冉鵬
會議結果:

1、决議:推李委員濟、葉委員恭綽、滕委員固、董委員作賓、蔣委員復璁、朱委員希祖審定修正保管古物各項法規章則。關於古物之收買,與海關檢查古物之出口事項,於審定修正各該法規章則時應詳爲訂入。

……

《中央古物保管委員會第一次常務會議記録》(中央古物保管委員會編《中央古物保管委員會議事録》第一册,1頁):

地點:行政院會議廳
時間:二十三年七月十二日上午十一時
出席:傅汝霖、滕固、李濟、葉恭綽、蔣復璁
列席:董作賓、盧錫榮、舒楚石、朱希祖
主席:傅汝霖
記録:冉鵬
會議結果:

……

5、關於本會成立應請行政院通令取消國内與本會名稱相同之機關。

……

7月14日,至行政院會議廳列席中央古物保管委員會常務委員會會議。討論并通過該會二十三年度概算、會議規則草案、辦事規則草案。

1934年7月14日日記:

九時至行政院會議廳開中央古物保管委員會常務委員會，余雖非常務委員，而會議規則普通委員亦得列席。行政院長汪精衛出見，聲言此會規模須弘大，作有效保管事業，故預算經費亦須較大，如詭秘狹小，毋寧不辦云云。開會後，通過預算案及會議規則，十時半散會。與李濟同車至中央大學訪羅志希，不遇。

《中央古物保管委員會第二次常務會議記録》（中央古物保管委員會編《中央古物保管委員會議事録》第一册，2 頁）：

日期：二十三年七月十四日上午九時
地點：行政院會議廳
出席委員：傅汝霖、蔣復璁、滕固、李濟
列席人員：委員盧錫榮、朱希祖
主席：傅汝霖
記録：徐曉林
會議結果：
……

10 月 17 日，至内政部列席中央古物保管委員會常務委員會會議。
1934 年 10 月 17 日日記：

午後至道署街内政部開古物保管委員會，到會者余及李濟之、滕固、葉恭綽、蔣復璁、盧錫榮、楚舒石，而傅汝霖爲主席。政府核准每月僅得五千元，加以教育部原有經費每月一千元而已。六時散會。議定會址在内政部，傅君引觀内政部房屋，據云此即明中山王府，其西即中山王徐達花園。案中山王府即元之集慶路總管府，清代則爲布政司署。

《中央古物保管委員會第三次常務會議記録》（中央古物保管委員會編《中央古物保管委員會議事録》第一册，3 頁）：

日期：二十三年十月十七日下午三時
地點：内政部
出席：傅汝霖、葉恭綽、朱希祖、李濟、蔣復璁、舒楚石、滕固、盧錫榮
主席：傅汝霖
記録：黄福逵
討論事項：
……

四、關於解釋補充古物保管法實施細則。

決議：公推葉委員恭綽、李委員濟、朱委員希祖、蔣委員復璁共同起草。

……

11月16日，至内政部列席中央古物保管委員會常務委員會會議。

1934年11月16日日記：

三時至内政部開古物保管委員會常務會議。蕭瑜代葉培基等運送古物至法國出售，爲馬賽海關扣留，價值千餘萬，載於各報紙。外交部電駐法國使館飭查，復電謂絶無其事。蓋李石曾輩至法國早已四面勾通佈置，使館人員亦有通同作弊者，而行政院長汪兆銘問之顧維鈞，則云確有其事。時顧爲法國公使，新回國也。此言聞之行政院要人。

《中央古物保管委員會第四次常務會議記録》（中央古物保管委員會編《中央古物保管委員會議事録》第一册，4頁）：

日期：二十三年十一月十六日下午三時
地點：本會會議室
出席委員：傅汝霖、李濟、滕固
列席人員：委員朱希祖、董作賓、盧錫榮　科長裘善元、蕭漢澄
主席：傅汝霖
記録：楊慶鵬
報告事項：

……

主席及常務委員提議事項：

一、教育部所屬之古物保管委員會，業經裁撤，應由本會接收案。

決議：函請馬委員叔平會同本會派員接收，暫維現狀，並函教育部轉飭遵照。

……

三、院令交辦故宫中盜換珠寶及馬賽發現盜運古物案。

決議：關於故宫中盜換珠寶部份，議決本月二十三日，召集臨時全體會議討論該案，並函江寧地方法院主辦此案檢察官列席説明，並函調全卷一份，送會備參考。

關於馬賽發現盜運古物部份，呈請行政院飭外交部查實馬賽海關確有扣留夾帶古物行李後，再由本會派員前往檢查，有無古物，再

行呈報核示。

清查故宫物品辦法,留待本月二十三日臨時會議討論。

……

臨時動議:

一、滕常務委員提議,擬請電留法學生會,及駐法總支部,徹查流至法國馬賽之中國寶物案。

決議:推傅主席、滕常委擬電稿,請留法留英學生會,及駐法總支部,將本案所得材料,檢送來會,以便參考。

11月23日,上午赴内政部中央古物保管委員會開臨時全體會議。

1934年11月23日日記:

八時赴内政部古物保管委員會開臨時大會,江寧地方檢察廳檢察官亦到會,附陳説易培基、李宗侗故宫盜寶案檢查經過及起訴理由,並附檢查案卷,以備會中參考。十時正式開會,討論行政院交議故宫盜寶及馬賽扣留蕭瑜夫婦故宫古物百箱案件。午餐後續議上項事件,並徹底審查故宫古物辦法,四時散會。與滕若渠同車回寓。

編者按:所謂易培基盜寶案,恐是一場冤案。

《中央古物保管委員會臨時全體會議記録》(中央古物保管委員會編《中央古物保管委員會議事録》第一册,6頁):

日期:二十三年十一月二十三日上午九時

地點:本會會議室

出席委員:傅汝霖、蔣復璁、滕固、舒楚石、盧錫榮、黄文弼、董作賓、朱希祖、李濟

列席人員:江寧地方法院首席檢察官孫紹康、檢察官楊文濬、檢察官孫偉、檢察官維東、科長裘善元、科長蕭漢澄

主席:傅汝霖

記録:黄福逵

報告事項:

……

二、江寧地方法院首席檢察官孫紹康報告承辦故宫盜賣珠寶案經過情形。

討論事項:

一、院令交辦故宫盜换珠寶案。

決議:江寧地方法院檢察官承辦此案,歷時已久,所得材料,足爲辦理此案之重要證據,應根據法院檢察官偵查所得之有力證據,呈請行政院轉呈民國政府令飭司法院迅予辦理,以釋群疑,並予法院全權暨安全保障,俾便法官充分行使其職權。

二、清查故宫物品辦法案。

決議:呈請行政院令飭故宫博物院理事會,會同各機關各學術團體,組織清查委員會,徹底清查,謄具目録,影製照片,將照片貼於清册物品標題之下,詳注該件之沿革、尺度、形體、質料、花紋、顔色,並於物品上另貼照樣詳細注載之卡片,呈報行政院,並送本會登記,所有清查經費,即希故宫博物院籌措。

三、馬賽發現盜運古物案,現又奉院令偵查故宫失物品名件數,有何標志。

決議:與第四次常務會議決議第三項第二款合併辦理。呈請行政院,説明偵查遺失古物件數名稱標志,勢有難爲。惟馬賽海關所扣留古物,報章宣傳係蕭瑜夫婦等所帶行李中之夾帶物,應由駐法公使交涉,蕭瑜夫婦等之行李,暫爲扣留,非經中國官憲或本會派員徹查後,不得放行。並請訓令外交部,飭法使館照會法國外交部,從速辦理。

臨時動議:

……

二、滕委員固、黄委員文弼、朱委員希祖提議:"近來外人每有假借名義,在中國邊境私作科學考查,或盜掘古物情事,應請通知外交部,對於外國來華游歷人員,嚴密取締,並通電邊省政府,嚴密注意"案。

決議:照辦。

三、滕委員固、朱委員希祖提議"聯絡首都學術機關,調查首都古物"案。

決議:公推朱委員希祖、滕委員固於下星期五下午二時,邀約中央大學、市政府、南京古物保存所、中央研究院、中央博物院、中央圖書館,各推代表來會開會,組織首都古蹟調查委員會辦理。

11月30日,至内政部古物保管委員會開會,組織南京古物調查委員會。

1934年11月30日日記:

下午二時至内政部古物保管委員會開會,組織南京古物調查委員會。中央大學、中央研究院、中央圖書館籌備處、江蘇國學圖書館、南京歷史博物館、南京市政府各有代表蒞會。

《本會發起組織之"南京古蹟調查委員會"會務報告》(中央古物保管委員會編《中央古物保管委員會議事録》第一册,114頁):

籌備經過:

南京爲六朝古都,名勝遺蹟代有聲聞,不有搜集,曷資觀感?此本會委員滕固、朱希祖二先生所以有發起南京古蹟調查委員會之舉也。又以南京學術機關駢立如林,亦不乏搜幽探勝□心希古之士,爰箋函分投,遍相邀集。各機關亦極表贊同,共策進行。於二十三年十一月十三日(按:應爲三十日),南京古蹟調查委員會遂已告成。

參加機關:

當本會發起組織南京古蹟調查委員會時,計踴躍參加者,有中央研究院、中央大學、中央圖書館、中央博物院、南京市政府社會局、南京古物保存所、江蘇省立國學圖書館、南京私立金陵大學等八機關。

由各機關推舉固定代表一人或二人,爲南京古蹟調查委員會委員,計代表名單如下:

裘善元(中央博物院代表)
王焕鑣(國學圖書館代表)
李家瑞(中央研究院代表)
馬成舉(南京古物保存所代表)
吉德梁(南京市政府社會局代表)
宗白華(中央大學代表)
葉仲經(中央圖書館代表)
陸華深(中央圖書館代表)
劉國鈞(金陵大學代表)
李小緣(金陵大學代表)
朱希祖(中央古物保管委員會代表)
滕　固(中央古物保管委員會代表)

特約參加人員:

朱伯商(中央大學)

12月8日,赴中央古物保管委員會主席傅汝霖宴,同席者有馬衡、傅斯年、蔣復璁、楚舒石、裘善元等。

本年,開始對南京及其周邊地區的古蹟,尤其是對六朝陵墓進行實地調查。5月5日,訪天保城。5月27日,游玄武湖,觀明太祖所築武廟大閘。6月10日,游雞鳴寺,訪胭脂井。9月9日,出太平門訪徐達、吴良、吴楨墓。9月29、30兩日,與長子偰及德人梅慈納、博爾士滿赴安徽太平府訪六朝遺蹟。10月7日,乘舟由宅後青溪下秦淮河,觀金陵橋梁及水道。10月21日,至南京東郊麒麟門訪六朝陵墓,得宋武帝初寧陵、梁臨川王蕭宏墓及失名之六朝陵墓一處。11月4日,游嚴山及牛首山,訪六朝陵墓。11月11日,游棲霞山,訪六朝及隋代遺蹟。11月25日,率中央大學史學系學生再至棲霞山考古,並訪甘家巷梁蕭憺、蕭秀、蕭恢、蕭景諸墓。是日,開始作《天禄辟邪考》。31日,續輯天禄辟邪資料。12月15日,撰《太平天國禁城宫殿考》。12月16日,與長子朱偰至國民政府四周考察太平天國禁城四至。

關於宋代史實的研究

本年先生感於時事,着力研究宋代史實,叙述如下。

一、關於《趙明誠年譜》

6月4日,閲趙明誠《金石録》前、後序。

6月6日,據李清照《〈金石録〉後序》爲趙明誠排列年譜,並參考《宋宰輔編年録》及趙明誠《金石録跋尾》。

6月7、8兩日,閲《金石録跋尾》,摘録趙明誠事蹟。

1934年6月8日日記:

> 午後及燈下閲《金石録跋尾》六卷,至此跋尾二十卷乃閲畢。明誠事蹟在《跋尾》中頗多,又獲得十餘條,其生平大略亦可寫定。明誠之爲《金石録跋尾》,其漢碑六卷,考證《水經注》頗多;唐碑八卷,考證兩《唐書》及《元和姓纂》頗多。明誠於唐史尤爲深邃,引唐代歷朝實録甚多,他若表彰善書之人,留意希見之姓(補姓氏書),辨職官(《跋放生池碑陰記》云:"唐自天寶以後,紀綱廢壞,百官之濫不可勝載,一郡而吏員猥多,史不能盡記。"《唐三藏和尚不空碑跋》云:"唐自明皇以後,職官不勝其濫,下至佛老之徒,亦皆享高爵厚禄。"),校文集(《唐乘□□禪師碑跋》云:"余爲《金石録》,頗以唐□所爲碑版正文集之誤。"),非徒以金石爲玩好賞鑒已也。

6月23日,《趙明誠年譜》本事部分編纂完成,續撰《附録》。

> 編者按:先生《趙明誠年譜》未刊,其手稿存北京國家圖書館。

二、關於《〈僞齊録〉校證》

編者按：僞齊爲金國建立的僞政權，頭目爲劉豫，僞齊事蹟全賴《僞齊録》以傳，但因輾轉傳寫，脱誤滋多，甚且往往連撰人名姓亦誤，故先生作《〈僞齊録〉校證》。先生 1934 年 7 月 21 日日記云："觀《叛臣傳序》謂金之立張爲楚，立劉爲齊，皆承遼之舊策，無非以中國人殺中國人而已。由此推之，清初之平西、平南、靖南三藩，今之僞滿國，皆師此故智也。"《〈僞齊録〉校證》序云："此雖小史，所以不憚勞瘁，爲之考訂者，良以僞齊之事，今世可資借鑒，强鄰狼吞於外，奸回蠡訌於内，如堯弼者，誅絶亂賊，斡旋國交，百世之下，令人興起，吾願讀此書者，潛神默會焉可也。"此先生作此書之目的也。

7 月 20 日，因纂《趙明誠年譜》閲《宋史》，見記載僞齊事蹟過略，劉豫僭位不過八年，而僞齊之疆域史無明文，始有考訂僞齊事蹟之意。
7 月 28 日，得繆荃孫所刻藕香零拾本《僞齊録》二卷，昭代叢書本《劉豫事蹟》一卷，開始校《僞齊録》。
8 月 1 日，開始摘記《建炎以來繫年要録》、《金史》、《三朝北盟會編》、《大金國志》、《靖康傳信録》、《建炎進退志》、《建炎時政記》、《中興小記》、《金文最》、《宋史紀事本末》、《金史紀事本末》、《大金弔伐録》、《金陀粹編》等書中僞齊事蹟，並作考證。
8 月 29 日，作《僞齊宰相張孝純上大宋書考證》。
11 月 22 日，得張元濟代借涵芬樓所藏鮑氏知不足齋鈔校本《僞齊録》，作進一步之校勘。
12 月 4 日，校《僞齊録》畢，成《校勘記》二卷。

編者按：此《校勘記》即《〈僞齊録〉校證》，詳見下文先生 12 月 7 日致張元濟信。

12 月 5 日，撰《楊堯弼傳》一篇，考訂楊堯弼與《僞齊録》之關係。
12 月 6 日，撰，《僞齊宰輔（左丞相、右丞相、左丞、右丞、門下侍郎、樞密院）年表》一篇。
12 月 7 日，致信張元濟，談校勘《僞齊録》事。摘録如下：

《僞齊録》業已校畢，用鮑鈔校本及《三朝北盟會編》、《建炎以來繫年要録》、《大金弔伐録》、《大金國志》詳校。鮑本與繆刻本大致相同，小有出入，足資互校。鮑本誤字尤多，而脱去約千數百字，兩本相同，幸賴《會編》等書補出，可謂一大快事，特作《校勘記》二卷，已脱稿。又撰作者《楊堯弼傳》一篇，堯弼雖仕僞齊，然其心專以考察史事而去，齊使其至金乞師共同侵宋，堯弼託病辭而不去。後金廢齊又仕金，説金以齊地及梓宫歸宋，金左副元帥撻懶竟行其計，堯弼遂得與齊地（河南、陝西）同歸於宋，乃爲宋官撰《僞齊録》，自宋以來，僞齊史事全賴此書以傳。故堯弼之爲人頗有關於當時之大局，《宋史》不爲立傳，其事蹟散在各書，全賴鉤稽而得。又《僞齊録》輾轉傳抄，删節脱誤不一，其中僞齊宰輔尤爲錯亂不可猝理，兹爲詳考數書，理其除授年月，撰《僞齊宰輔（左丞相、右丞相、左丞、右丞、門下侍郎、樞密院）年表》一篇。又楊堯弼自序一篇，鮑本、繆刻皆脱，兹從《會編》中獲得，以弁諸首。其他本書名稱異同及其中須考證而始知誤者，皆散見於《校勘記》及拙作序中。故此書雖爲校勘，實兼考證。擬定名爲《〈僞齊録〉校證》未知可以出版否？

12 月 8 日，撰《〈僞齊録〉校證》序。

《〈僞齊録〉校證》序（周文玖編《朱希祖文存》，上海古籍出版社，2006 年，364 頁）：

《僞齊録》二卷，舊題宋楊堯弼撰，考宋徐夢莘《三朝北盟會編》卷首引用書目有《僞齊録》，不著撰人名氏，又卷一百八十一引從政郎楊堯弼《僞豫傳》，即《僞齊録》之第一篇，宋李心傳《建炎以來繫年要録》引《僞齊録》甚多，皆不題撰人名氏，而卷六十八則引楊堯弼《劉豫傳》（廣東廣雅書局本誤作克弼），然則《豫傳》乃楊堯弼撰，其他所附僞齊詔敕奏議，及金廢劉豫詔令指揮，與夫《羅誘上南征議》，《張孝純上大宋書》，皆宋人採輯，以附於《豫傳》之後，而題爲《僞齊録》者也。蓋《豫傳》當時單行，宋陳振孫《直齋書録解題》卷七“《逆臣劉豫傳》一卷，楊堯弼撰”，是其證也。堯弼又撰《忠臣傳》，與《逆臣傳》並行。宋晁公武《郡齋讀書志》卷二（瞿本）“《忠臣逆臣傳》三卷，皇朝楊堯臣撰，忠臣謂李若水也，逆臣謂劉豫也（案堯臣當作堯弼）”。《大金國志》又採堯弼所撰《豫傳》，題曰《齊國劉豫録》，略改去僭僞等字句，清曹溶《劉豫事蹟》一書，亦全本《僞豫傳》，而略採他書補之，紛紛易名，皆與堯弼原始題署舛馳。考堯弼《自序》云，春秋之法，賤之則書名，削去官秩，除去氏族，以示誅絶，而彰暴罪惡於萬世。今豫雖廢，得免萬死爲幸，然尚稱僞齊，若不誅絶，何以昭示懲戒，當削其僭號，貶其官爵，除其姓氏，作《僞豫傳》（《三朝北盟會編》卷一百八十一）。然則堯弼原題，惟徐氏夢莘能溯其始，其他皆不免妄改也。準此以觀，則《僞齊録》一書，雖宋代已盛行，而非全爲楊堯弼撰可斷言也，今本《僞齊録》皆以全書傳之楊堯弼，誤矣。余治此書，約有四事：其一，堯弼事蹟不見於《宋史》，其所撰《僞豫傳》，雖自記卻使金請兵侵宋事，然今本

《僞齊録·劉豫傳》削去不載,幸《三朝北盟會編》卷一百七十八及一百八十一兩載其事,尚不致淹滅不傳。又《會編》引用書目有《楊堯弼上金人元帥書》,然今本《會編》已佚此書,惟《建炎以來繫年要録》卷一百十八略引大綱、約答二策,而全文不得見矣。《直齋書録》卷七有《二楊歸朝録》一卷,解題云,楊堯弼、楊載(《繫年要録》作楊憑)紹興八年所與達賚(即左副元帥魯國王昌,本名撻懶)、烏珠(即右副元帥瀋王宗弼,本名兀朮)書(即《會編》所云《上金人元帥書》也),時僞齊初廢也,末有探報金事數十條,此書今亦亡矣。觀其行事,皆繫心宋國,混蹟異邦,規返梓宫,策歸侵地,既著僞史,又探金秘,卒之人隨地歸,終仕本朝,可謂智勇深沉,垂範後世者也,故特爲之補傳一篇。其二,《僞豫傳》中,左右丞相、左右丞、門下侍郎等官職錯亂,年月差訛,蓋因傳寫者久經謬誤,皆以意妄改,故紛不可理,幸《繫年要録》頗加考訂,違誤較稀,兹特根據《要録》,考證各書,成《僞齊宰輔年表》一篇。其三,今本《僞齊録·劉豫傳》删去原文甚多,已非原書,惟《會編》所引《僞豫傳》,既存原序,傳文亦鮮删節,此爲差近祖本。《僞齊録》改名《劉豫傳》,《大金國志》改名《齊國劉豫傳》,各有删改,已失本真,惟字句異同,可資考校,今本脱文既據《會編》校補,而原序一篇,亦特録出,冠於《僞豫傳》首,明非《僞齊録》全書之序也。其四,《僞齊録》全書,輾轉傳寫,脱誤滋多,今借得上海涵芬樓藏鮑氏知不足齋鈔校本,與繆刊本對校,而又以《北盟會編》、《繫年要録》、《大金國志》、《大金弔伐録》,參互考校,以朱筆録其校正者、脱佚者於繆刻本上,别成《校證》二卷。校以著其異同,證以明其差違。此雖小史,所以不憚勞瘁,爲之考訂者,良以僞齊之事,今世可資借鑒,强鄰狼吞於外,奸回蠡訌於内,如堯弼者,誅絶亂賊,斡旋國交,百世之下,令人興起,吾願讀此書者,潛神默會焉可也。

中華民國二十三年十二月七日海鹽朱希祖撰。

編者按:據先生《南京日記》,此序作於1934年12月8日。

12月13日,寄出致張元濟信,並《〈僞齊録〉校證》二卷,朱筆校補繆刻《僞齊録》二卷。

三、關於《〈僞楚録〉輯補》

編者按:僞楚亦爲金國建立的僞政權,且在僞齊之前,頭目爲張邦昌。此僞政權雖存世僅三十三天,但與僞齊有因果關係,先生《〈僞楚録〉輯補》序云:"余嘗撰《〈僞齊録〉校證》一書,欲爲治僞齊史之基本史料,因思治僞齊史,必先明僞楚史,以有因果之關係在焉。"《僞楚録》一書已亡佚,然史籍中往往有所引用,故先生作《〈僞楚録〉輯補》。

12月17日,計劃《僞楚録》搜集材料方法。

1934年12月17日日記:

上午與菊女計劃《僞楚録》搜輯材料方法,擬仿《僞齊録》首列《張邦昌傳》,次金及僞楚公文及與僞楚有關之文件先編成一目録。午後至中央圖書館借《東都事略》中《張邦昌傳》一册,《津逮秘書》十八册。夜以《事略》中《張邦昌傳》爲主,以《宋史》、《金史》中《張邦昌傳》,《大金國志·楚國張邦昌録》,《三朝北盟會編》所引《中興姓氏録》、《張邦昌傳》及他書爲之考證。

12月18日,開始撰《張邦昌傳考證》。

編者按:據先生《南京日記》,《張邦昌傳考證》至1935年1月7日完成。

12月21日,重定《僞楚録》檔目録,每文重撰題目,確定月日,並注明各書題目異同,分爲四類:一金,二宋,三楚,四南宋。

1935年1月上旬,完成《〈僞楚録〉輯補》。

1935年1月7、8兩日撰《〈僞楚録輯補〉序》。

《〈僞楚録輯補〉序》(周文玖編《朱希祖文存》,上海古籍出版社,2006年,367頁):

……僞國之責,不在保守已得之舊境,而在開闢未得之新疆,非是即有廢斥之虞。吾爲之懼,故既考證《僞齊録》,又輯補此《僞楚録》,以昭操縱僞國者處心積慮之險,而同國之自相屠戮者,願各鑒此前車焉。

1935年1月21日,訪張元濟於上海,談出版《〈僞齊録〉校證》、《〈僞楚録〉輯補》事。

1935年1月21日日記:

上午至極司非爾路四十號訪張菊生先生,以《〈僞楚録〉輯補》四册託交商務印書館,與《〈僞齊録〉校證》合印。

編者按:先生《〈僞齊録〉校證》、《〈僞楚録〉輯補》二書,初擬由商務印書館出版,張元濟1935年1月23日致先生信云:"大著二種,均即轉送敝館主者。得復,謂同人傳觀,均甚欽佩,極願印行,可用四號字排成四開版式,與國立編譯館所著各書同,出版後,按定價以版税百分之十五奉酬等語,謹代達。統祈察核示復爲幸。"1935 年 1 月 28 日張元濟又致信先生云:"日前奉到一月廿四日手復誦悉。承示尊著《〈僞楚録〉輯補》、《〈僞齊録〉校證》二書,擬將售稿之費以酬寫官,並可將《僞齊録》原文字數除去不算,具感雅意,當即轉致館中主者。據説,近來此項書稿多用版税辦法,尊書印成後仍擬抽奉版税,未能遵酬稿費,屬爲婉達。大稿仍當暫存尊意,如以爲可行,當再試排版樣呈閲。"後不知何故,此二書商務未能印行。1942 年《〈僞楚録〉輯補》、《〈僞齊録〉校證》二書經先生修改增補,由獨立出版社於重慶發行,《〈僞齊録〉校證》更名爲《〈僞齊録〉校補》。後收入《朱希祖文集》(臺灣九思出版有限公司,1979 年),同時收入《文集》的還有《〈僞齊録〉校勘記》、《〈僞齊録〉附録》。

四、關於《僞齊國志》

本年 8 月,萌撰《僞齊國志》之念,並着手進行編輯資料長編的工作。

1934 年 8 月 29 日日記:

□□□誤太多,頗難與《金史》印證,然大體與當時情事亦合,其餘宋、僞之事蓋皆可信。惟孝純本人官名及致仕、起復等事反有可疑,將來作《僞齊國志》時,擬專採其中僞齊謀宋事分入各篇。

編者按:本日日記前半頁散失,三個"□"當爲書名,可能爲《金文最》。

1934 年 8 月 30 日日記:

檢尋宋人筆記及野史目録可爲《僞齊國志》參考者。

《僞齊國志長編》目録(手稿,未刊,藏於先生後人處):

僞齊年表一卷(八十三頁)
僞齊職官表一卷(四十一頁,仕宋降金、降僞齊、留金行臺、歸宋、降金)
僞齊列傳卷一(二十四頁)
劉麟 猊 覿 復 玨
僞齊列傳卷二(十六頁)
張孝純

僞齊列傳卷三(十六頁)

　張昂　李孝揚　張柬　范泰　李業

僞齊列傳卷四(十六頁)

　孔彦舟

僞齊列傳卷五(十六頁,又七頁)

　酈瓊　徐文

僞齊列傳卷六(二十八頁)

　李成

僞齊列傳卷七(二十八頁)

　孟邦雄　馮長寧　鄭億年　李儔　李俅　許清臣

僞齊列傳卷八(十五頁)

　慕容洧　關師古　折可求

僞齊列傳卷九(二十四頁)

　張中孚　張中彦　趙彬　鄭建元　張奕　李顯忠

僞齊列傳卷十(二十五頁)

　羅誘　邵世矩　馬定國　施宜生　祝簡　朱之才　杜佺

僞齊地理志稿一卷(二十一頁)

僞齊職官志稿一卷(四頁,京官、外官、武官附金將帥)

僞齊食貨志稿一卷

僞齊軍政志稿一卷

補:董先傳長編、張浹傳長編、翟興傳長編、桑仲傳長編

編者按:《僞齊國志》最終未能完成,但據先生《南京日記》,上述人物傳記長編,已基本完成。在先生所留遺稿中,有數册謄正並裝訂好之稿件,均爲上述人物傳記長編,且頁數於上述目録相當。另《地理志》、《軍政志》、《財政志》之草稿亦尚存。上述遺稿均存先生後人處。

五、關於《〈楊么事蹟〉考證》

編者按:《楊么事蹟》二卷,宋鼎澧逸民撰,不見於《宋史·藝文志》,惟宋岳珂採入《金佗粹編·百氏昭忠録》,得以保存。

10 月 22 日,因考證僞齊國事,内有材料涉及鐘相、楊么,慨於時事,擬作《〈楊么事蹟〉考證》。

10 月 23 日,開始撰《〈楊么事蹟〉考證》。

10月30日,撰成《〈楊么事蹟〉考證》。
10月31日,開始撰《鐘相楊么年表》。
11月2日,開始作《〈楊么事蹟考證〉序》,至11月7日完成。

《〈楊么事蹟考證〉序》(周文玖編《朱希祖文存》,上海古籍出版社,2006年,353頁):

……當南宋高宗時,事有與今相似者,如黄河以北,淪於金虜,金又以山東、河南、陝西之地,立劉豫爲僞齊,建元阜昌,一也;宋於淮漢大江之間,仿唐邊地藩鎮之法,設鎮撫使十餘,以爲屏藩,然紛紛割據,徒分兵力,或不奉號令,相互攻擊兼併,或降僞齊,借外力以内侵,二也;而鐘相、楊么鼓吹均貧富之説,聚衆至四十萬,蔓延之地,水陸千里,三也。此皆可爲今之殷鑒。余故欲撰《僞齊國志》及《南宋初鎮撫使考》,冀以窺見當時亂象起伏之底藴,而鐘相、楊么事蹟,亦思採摘史傳,聚爲一書,更足以推見當時之情勢,此予所以有《〈楊么事蹟〉考證》之作也……

11月18日,於上海訪張元濟先生,洽印《〈楊么事蹟〉考證》。
11月21日,張元濟回信,言商務印書館決定發行《〈楊么事蹟〉考證》。

編者按:《〈楊么事蹟〉考證》一書,1936年由商務印書館正式刊行。又按:《南宋初鎮撫使考》一文未刊,手稿殘葉存先生後人處。

本年購書總計

1935年1月13日日記:

夜結算本年購書共二百二十種,銀三千五百元,其中善本書四十二種,南明史料十四種,太平天國史料九種,地方志四十五種,海鹽先哲遺著及本家著述二十五種,普通書達十五種,《四部叢刊續編》五百册。

本年,寫作或發表論著已如上述,不贅。

一九三五年(民國二十四年乙亥) 先生五十七歲

1月2、3兩日,撰《王廷秀〈高宗六龍幸海記〉考證》。
1月5日,張元濟寄來海鹽彭孫貽撰《茗齋集》影印稿本三十四册。

編者按:《茗齋集》爲明末清初海鹽彭孫貽的詩集,因清朝文網嚴酷,此書淹没民間難覓其蹤。據張元濟、先生兩人往來書信,從1921年開始,兩人花了14年的時間多方搜集,至1934年方基本搜集完全,1934年12月由商務印書館影印出版。關於此事詳見朱元曙《張元濟

與朱希祖學術交往軼事鉤沉》(《張元濟研究論文集》,中國文史出版社,2009 年)

1 月 14 日,致信編譯館館長辛樹幟,介紹梁嘉彬《廣東十三行考》於編譯館印行。

1 月 21 日,於上海訪張元濟,談《〈僞齊録〉校正》《〈僞楚録〉輯補》二書出版事宜。訪商務印書館總編輯何炳松,何慫恿先生編一部《秦史》,二人暢談秦史重要事件。晚張梁任請宴,同席者何炳松、蔣百里、蔣復璁。

1 月 24 日,黄節(晦聞)逝世。

先生 1935 年 2 月 21 日日記:

撰輓黄晦聞詩:

嶺海推南屈,賢豪早嗣音。不堪騷客恨,竟瘁故人心。詩卷留天地,高懷抗古今。扇頭遺句在,淒切起悲吟。

晦聞名節,廣東順德人,與余北京大學同事,長於詩,《國粹學報》中《黄史》即晦聞所撰。

先生 1935 年 2 月 25 日日記:

下午三時至華僑路招待所追悼黄晦聞,汪精衛主祭。

1 月 28 日,至國立編譯館講演中國翻譯佛經述略。夜作錢泳《金塗銅塔考跋》、《鐵券考跋》、《銀簡考跋》,此三種皆吴越錢氏物。

1 月 30 日,與黄侃同赴劉國鈞宴,黄侃談章太炎戲封門下弟子爲"五王"事。

1935 年 1 月 30 日日記:

夜赴金陵大學文學院長劉國鈞讌,與黄季剛同席……季剛又言:"章太炎師對人言,'余有五弟子,黄侃可比太平天國天王,汪東爲東王,錢玄同爲南王,朱希祖爲西王,吴承仕爲北王。'"蓋以余與玄同傾向新文學,乃以早死之南王、西王相比也。

編者按:關於章太炎戲封門下弟子爲王事,汪東《寄庵談薈》及先生 1939 年 12 月 7 日日記、先生《答旭初見贈十一用寺韻·注》均有記載。

汪東《寄庵談薈》(莊華峰編《吴承仕研究資料集》,黄山書社 1990 年,294 頁):

先生（按：指章太炎）晚年居吴，余寒暑假歸，必侍側。一日戲言："余門下當封四王。"曰："季剛嘗節《老子》語'天大，地大，道亦大'，丐余作書，是其所自命也，宜爲天王；汝爲東王，吴承仕爲北王，錢玄同爲翼王。"余問："錢何以獨爲翼王？"先生笑曰："以其嘗造反耳。"越半載，先生忽言："以朱狄先爲西王。"

先生1939年12月7日日記：

又見旭初有《弔吴絸齋詩》有注云"章門四子，黄季剛、吴絸齋、錢玄同及汪旭初。"旭初言："當日章師戲言，黄爲天王，汪爲東王，吴爲北王，錢爲翼王。以錢爲畔師，故稱翼王。"既而，余至南京中央大學。章師又謂旭初曰"吾門四王當改定，去錢入朱"云云。然以余前年所聞於季剛者則異是。見余筆記中，即黄爲天王，汪爲東王，朱爲西王，錢爲南王（南王早卒，喻錢畔師），吴爲北王也。案：黄、錢、汪皆傳師之文字學，吴傳經學，稱爲"四子"較是。黄、汪文章與師迥異，非所傳也；錢之畔師，蓋指其廢漢字而欲用羅馬字，且師之經學主古文，錢之經學主今文也。余則獨治史學，非傳自師，應不在"四子"之列。余之治文字學、經學，皆以史學治之，與師法皆異，其不列入"四子"甚是。然章師《自撰年譜》則云："弟子成就者，蘄黄侃季剛，歸安錢夏季中（後改名玄同，名字合一），海鹽朱希祖逖先。季剛、季中皆明小學，季剛尤善音韻文辭，逖先博覽，能知條理。其他修士甚衆，不備書也。"（宣統二年條）時汪亦在日本東京，獨不列入；吴爲弟子較後，《年譜》云："吴承仕絸齋，時爲司法部僉事，好説内典，前來就余學。每發一義，絸齋録爲《葑漢微言》。"（民國四年條）則余對先師終有知己之感也。

先生《答旭初見贈十一用寺韻・注》（《文史大家朱希祖》，學林出版社，2002年，127頁）：

季剛才高氣盛，到處齟齬不能容，晚年在南京六七載，與君（按：指汪東）始終相安。蓋惟君能下之，而又能馴之也。故本師戲謂季剛爲天王，君爲東王。

2月5日，蕭一山、黎錦熙先後來訪。

2月11日，撿出舊日所作筆記《宋代金石叢録目》十八種二百二十四條，思暇日繼續翻閲宋人筆記以輯成此書。

1935年2月11日日記：

是日檢出舊日筆記，有：

宋代金石叢録目

洪邁《容齋隨筆》四十五條

張淏《雲谷雜記》十三條

王明清《揮麈録》二十四條

王明清《玉照新志》二條

僧洪惠《冷齋夜話》二條

何薳《春渚記聞》六條

陸游《老學庵筆記》二十三條

張端義《貴耳集》六條

歐陽修《歸田録》三條

王君玉《國老談苑》一條

王元度《道山清話》三條

劉延世《孫公談圃》二條

僧文瑩《湘山野録》十四條

黄休復《茅亭客話》一條

黄伯思《東觀餘論》五十三條

蔡絛《鐵圍山叢談》五條

王應麟《困學紀聞》八條

陸游《放翁題跋》十四條

以上十八種二百二十四條

暇日當翻閲宋人筆記續輯成此書。

2月12日，與羅家倫談選課事。夜閲宋人筆記中金石記載，作葉少藴《避暑録話》筆記十二條。

2月16日，北京大學公佈先生等十六人爲名譽教授。

《北大明日開課，名譽教授名單昨公佈》(《北平晨報》1935年2月17日)：

名譽教授名單：

該校本年度文理法三院各系名譽教授名單昨公佈：計秉志(生物系)、胡先驌(生物系)、李麟玉(化學系)、翁文灝(地質系)、沈尹默(中國文學系)、沈兼士(中國文學系)、錢玄同(中國文學系)、剛和泰(中國文學系)、馬衡(史學系)、孟森(史學系)、陳垣(史學系)、朱希祖(史學系)、徐炳昶(哲學系)、林可勝(教育系)、汪敬熙(教育系)、陶孟和(政治系)等十六名云。

2月18日，原北京大學研究所國學門研究生蔡尚思來謁。

1935年2月18日日記：

上午舊北京大學研究所國學門學生蔡尚思來。蔡君福建人，現在江蘇國學圖書館常住閲書，搜輯中國社會思想史材料，頗能刻苦勤學。

2月21日，自太平橋南8號遷至桃源新村59號。

2月24日，接北平趙萬里信，言徐守白、馬隅卿逝世。

3月1日，宴中央大學同事汪東等。

1935年3月1日日記：

傍晚讌中央大學同事於新街口北德國飯店，首席羅志希未到，因自讌外客，來信道謝。其他若汪旭初、鄒樹文、馬洗繁、陳劍脩、汪辟疆、沈剛伯、徐淦明、繆贊虞、郭量宇、程仰之、張貴永、羅香林、姚琴友、朱民聲、傅築夫、楊滌群及大兒共十八人。

3月3日，張元濟寄贈先生族祖海鹽朱光昭所撰《蛩吟小草》二册。

3月4日，將梁嘉彬《廣東十三行考》手稿及先生所撰序言交國立編譯館。

3月31日，次女倓與羅香林結婚於中央飯店。

1935年3月31日日記：

上午偕内子至門簾橋西娃娃橋彩轎鋪囑至竺橋六十號結彩，因余宅前正在修路，車馬往來不便，故菊女今日出嫁改在大兒寓也。又至一樂也理髮館理髮，又至中央飯店布置禮堂，乃回寓點收禮物。十二時至大兒處午餐。二時菊女整粧，三時陳百年夫婦來送嫁。三時半新郎羅香林偕媒人及男女儐相乘汽車數輛以樂隊二十人來迎娶。四時余與内子、大兒、三兒、四兒及大媳婦、孫女寧兒並福妹、義生甥女送菊女至國府前中央飯店行結婚禮。余爲主婚人，陳百年爲證婚人，各有訓辭。來賓沈士遠及外國賓德人梅博士各有賀辭。禮畢攝影、讌會。讌畢遣大兒、四兒、大媳婦送菊女至大石橋新民坊羅宅，余等即回寓。是夜卧頗不寧。

4月1日，三子僑赴杭州審計署就職。

4月3日至5日，赴故鄉海鹽掃墓。

4月9日，傅振倫來，以所撰《劉知幾年譜》贈先生。

4月13日，接得在海鹽所購族先祖手蹟《公含公、子峻公畢姻簿》和《宜分説》。是日，爲《公含公、子峻公畢姻簿》作跋文一篇。

致張元濟信（時間不詳，藏上海檔案館，編號0024）：

去歲因時局不寧,竟未購書,鄉先哲遺著亦僅得六七種,均不甚重要,惟得到先曾祖手録本《十世祖子峻公完姻簿》,中載因弘光元年點選淑女,嘉興一府七縣,不論大小男女俱成姻禮云云。此亦一亡國史料也。

《跋先曾祖手抄公含公、子峻公畢姻簿》(先生1935年4月13日日記):

簿中所載各項禮物甚備,可見當時婚禮之繁縟,而各種物價亦詳載甚明,又可爲吾國經濟史之資料,此不特爲余一家之掌故也。族人以此手稿出售,乃以重價購回,擬重裝而寶藏之。

4月14日,二子偰赴山東臨淄就煙草改良場職。

4月25日,致信在日本留學的梁嘉彬,將國立編譯館審查《廣東十三行考》意見寄上,請其按建議修改。傍晚,至廣州酒家赴宴,同席有蔡元培、羅家倫等。

4月29日,赴徐子明宴,同席有黄侃、汪東、徐悲鴻等。

1935年4月29日日記:

六時至雙井巷文安里五號樓上赴徐子明光讌,同席有黄季剛、汪旭初、徐悲鴻等,季剛大談術數鬼神事,十時始回。

5月24日,至中央大學文學院開院務會議,時教育部令暑期中學教師講習班史學系教授必須任課。是日,汪辟疆招飲,同席有汪東、徐子明等。

5月29日,至中央大學開會,討論招考新生出試題事。

6月4日,至中央大學文學院開會,討論文學院半年刊文章次序。將出版之文學院半年刊有先生文章兩篇:《僞齊録校正序》、《僞楚録輯補序》。

6月5日,梁嘉彬自日本寄來日本人所撰古錢書《古錢圖録》、《錢幣考遺》等七種。

6月21日,接北平錢玄同寄來章太炎《章氏叢書續編》藍印本四部。

1935年6月21日日記:

午後接北平錢玄同寄來章太炎師所撰近著七種刻本藍印本四部,總名《章氏叢書續編》……此書爲及門弟子集資刊成,余捐資銀一百元。

7月3日,致信何炳松,推薦羅香林爲暨南大學史學教授,時何炳松將任暨南大學校長。

7月5日,晚至中央大學開會,議暑期中學教師講習班事。

7月6日,欲撰《六朝三玄之學考》,先成《六朝易學表》。

1935年7月6日日記：

余欲撰《六朝三玄之學考》，先成《六朝易學表》。午後至中央大學借《金樓子》及《顏氏家訓》。

1935年7月7日日記：

閲《金樓子》及《顏氏家訓》，採輯玄學材料，並閲日本岡崎文夫《魏晉南北朝通史》有關玄學者。

1935年7月8日日記：

午後撰《玄學總記》四條。

1935年7月9日日記：

閲《世説新語》，摘記玄學……使菊女補成《六朝易學表》。

1935年7月10日日記：

午後及夜閲《魏晉南北朝史》及《世説新語》，撰《玄學總記》三條。

1935年7月11日日記：

閲《魏晉南北朝史》。午後撰《玄學總記》三條。夜閲《後漢書·逸民傳》，知玄學已萌芽於此時，如向長通《老》、《易》，此乃王弼之先導也；戴良居母喪食肉飲酒而毀容，啟阮籍等放廢禮法之風；逢萌擲楯，恥爲人役，爲陶潛不爲五斗米折腰之先驅。《易》曰："不事王侯，高尚其事。"甘心畎畝之中，憔悴江海之上，蟬蜕囂埃之中，自致寰區之外，此今世所爲個人主義，而孟子所謂楊朱爲我者也，雖豐約不同，苦樂有異，而其爲我則一。

編者按：先生之《六朝三玄之學考》最後是否完成，不得而知，但國家圖書館藏有先生《梁代玄學考》手稿，該手稿寫於北京大學稿紙上，應爲先生在北京大學時所作。

7月8日，至中央大學開史學系系務會，議決各教授、講師下學年所任教課，繆鳳林、沈剛伯、徐子明、張致遠、程仰之、郭量宇、羅香林均到。是日，齊魯大學國文學系主任郝立權來訪，以其所著《沈休文詩注》四卷相贈，郝立權爲先生北大國文系弟子。

7月9日，山東大學國文系主任張煦來訪，張煦亦爲先生北大國文系弟子。

7月10日,中學教師暑期講習班開學,先生所任課目爲歷史教材問題。

7月12日,摘録1934年11月28日《中國日報》中《從匯豐擠兑去認識外國銀行》一文所載我國官僚在匯豐銀行存款數及存款人數,夜與長子偰談中國財政問題。

朱偰《先君逖先先生年譜》(《文史大家朱希祖》,學林出版社,2002年):

時公頗留心於當前之中國財政問題,常檢閱《歲計年鑒》及報張雜誌上財政論文,以明真相。

1935年7月12日日記:

又檢出二十三年十一月二十八日《中國日報》,《從匯豐擠兑去認識外國銀行》一篇中載我國官僚在匯豐存款者:

二千萬元以上者五人

一千五百萬元以上者二十人

一千萬以上者一百三十人

連百萬數十萬各户一併計算,則其數字實可驚人。

此皆吾國民脂民膏,搜刮敲剥,以致農村破産,聚而存之外國銀行,因白銀價貴均流至美國,以至擠兑至多只許每户付款十萬元,吾國官僚富翁之可殺如是。

1935年7月27日日記:

是日上午閲《國際政治經濟一覽》,考民國二十年度吾國經常、臨時軍務費與世界五大强國相比較:

中國　二萬八千餘萬元

日本　十三萬萬元(以中國幣計算,下同)

義　二十六萬五千餘萬元

法　二十七萬萬元

英　二十六萬三千餘萬元

美　三十五萬萬元

是中國軍務費不及日本零數,而法、英、義倍於日本,美且二倍之。然則中國已如此寡少之軍務費,國人猶嫌其多,蓋收入太少,工商業不發達,農業亦不振興,故不能擔負鉅大之軍務費,貧而且弱,宜哉。治標之法,將二百萬軍隊裁減至六十萬,以所裁一百四十萬之費專造軍械,則兵精而械利;以所裁一百四十萬之人移於邊疆墾田以及築路、興水利之用,則可以振興農業，不致年食外國米麵萬萬元也。

7 月 20 日，中央大學暑期中學教員講習班學員、蘇州中學史地教員徐澐秋來訪，以其所撰《婁東太原王氏畫系表》、《陽羨奇觀》相贈，徐澐秋爲章太炎新弟子，善畫山水。

7 月 24 日，門人傅振倫來謁，其將赴英國，管理故宫展覽古物，並談北京大學現狀。

1935 年 7 月 24 日日記：

傍晚傅振倫來，傅君舊爲北京大學史學系畢業生，爲故宫博物院職員，今將赴英國管理赴英古物。傅君言北京大學國學門有漢簡數萬枚，今封存而無人整理研究，甚覺可惜。此項漢簡，以武帝時爲多，中有"延和"年號，"延"隸形作"延"，今《史記》、《漢書》皆作"征和"，蓋"征"乃"延"字壞尾而誤，蓋"延"壞作"征"甚易也。"征和"二字無意義可解，"征"則不"和"，"和"則不"征"，若作"往"解，"往和"則有投降之意，漢武帝時，兵力强盛，亦未肯出此，且何必形之年號？故"征和"決爲"延和"之誤，此漢簡之可證史之誤者也。

7 月 25 日，傅振倫再來，仍談北京大學現狀。

7 月 30 日，閲姚從吾所編《歷史研究法》第一編。

1935 年 7 月 30 日日記：

上午閲姚從吾所編《歷史研究法》第一編，其中以論《以政治史代替歷史》、《以社會史代替歷史》、《以文化史代替歷史》三篇爲最佳。

8 月，至北平整理藏書，兼訪舊友。

8 月 2 日，啟程赴北平。

8 月 6 日，與長子偰至故宫博物院訪院長馬衡，接洽爲宫殿攝影測量事。經馬衡特許，下午與長子偰至故宫攝影測量，詳照其每一宫殿之建築。訪沈兼士、馬裕藻。同日，姚從吾、毛準來，未遇。

1935 年 8 月 6 日日記：

與大兒至故宫博物院晤馬叔平，接洽大兒攝影宫殿事……十時至馬幼漁兄處，談二小時……三時半與大兒至故宫攝影，其地爲坤寧宫、交泰殿、乾清宫及宫内御座與正大光明匾額、乾清門、保和殿後陛、隆宗門内軍機處、慈寧宫銅麒麟，並周覽慈寧宫花園，觀寶相樓中六大景泰藍銅塔，五時餘出宫門。至沈兼士家，與其夫婦暢談一小時餘乃回寓……是日姚從吾、毛子水來,未晤。

朱偰《〈北京宫闕圖説〉自序》(《孤雲汗漫——朱偰紀念文集》,學林出版社,2007年,352頁):

建國二十一年夏,余歸自西歐,時遼東失守,幽燕垂危,萬里梯航,歸心似箭。將近古都,初見遠山曖曖,雨色空濛;繼見迢迢長垣,槐柳依然。既至永定門,遥見景山五亭,巍然天際,宫廷樓臺,錯落煙雨之中,黯然興故國之感。又歷三年,薊北風雲日亟,故都文獻,有不保之虞;重以六月二十八日事變,亦增北征之志。蓋北京故宫,爲明清兩代六百年來大内之地;而城内外壇廟寺宇陵寢,又爲遼、金、元、明、清五朝文武制度所繫。設一旦不幸罹劫灰,而文獻蕩然,使後世考古者,又何從而睹當年制度耶!士大夫既不能執干戈而捍衛疆土,又不能奔走而謀恢復故國,亦當盡其一技之長,以謀保存故都文獻于萬一,使大漢之天聲,長共此文物而長存。因於二十四年七月,重來北平,蒙故宫博物院院長叔平馬衡先生慨允,得在故宫及景山、大高玄殿、太廟、皇史宬等處攝影,計窮二月之力,在京城内外攝影五百餘幅。因彙爲一編,附故都紀念集五種出版……蓋自古以來,盛衰興亡,感人最深,文物淪喪,尤多隱痛。故元魏既衰,楊衒之有《洛陽伽藍記》之作;南明覆亡,余澹心有《板橋雜記》之書。然《伽藍記》寫於洛陽既徙之後,徒深禾黍麥秀之感;而《板橋雜記》亦作於明社既屋之後,更增河山故國之慟。遥念故都,形勝依然,而寇盜横行,山河變色!能不悽愴感發,慷慨奮起者哉……

8月7日,上午訪毛準、姚從吾,皆未遇。訪馬夷初。至孔德學校訪錢玄同,未遇。至北京大學訪蔣夢麟校長。至米糧庫訪陳垣。下午至八道灣訪周作人。至東興樓赴故宫博物院院長馬衡宴,同席有蔣夢麟、胡適、翁詠霓、馬裕藻、沈兼士、張庭濟。過孔德學校再訪錢玄同,仍未遇。

8月8日,上午至米糧庫訪胡適,未遇。至北平圖書館訪趙萬里,趙贈以吴晗所作《明成祖生母考》一篇。

1935年8月11日日記:

閲吴晗所作《明成祖生母考》,樹議淺薄,不值一駁。

8月11日,馬夷初來。午後周作人來。傍晚至歐美同學會,赴姚從吾、毛準宴,同席有陳垣、胡適、馬衡、沈兼士、張亮丞。

8月12日,午後至馬裕藻家,賀其夫人六十壽辰並宴叙,同席有蔣夢麟、胡適、沈兼士、及馬裕藻二子、錢玄同、沈尹默之子。

8月13日，午後謝興堯來，談太平天國史料。

8月14日，至雙輦胡同十二號赴馬夷初宴，又至前毛家灣五號赴蔣夢麟宴。是日馬衡來。

8月15日，至中南海北平研究院訪李書華及徐旭生，徐贈考古專刊一册，中有《長安新出土唐大明宫圖石刻考證》。又至中老胡同二號訪李季谷，不遇。又至雙輦胡同三十八號訪錢玄同，不遇，晤其夫人及其三、四兩子。至王府井大街承華園赴沈兼士宴，同席有馬裕藻父子、胡適、馬衡、魏建功、李季谷、徐祖正。

8月16日，黄文弼來，述長安考古狀況。

8月17日，馬裕藻來。

8月18日，李季谷、羅雍、羅常培來。同日，與長子偰赴西山，重游碧雲寺，至静宜園見心齋。

8月20日至23日，游香山，住香山旅館，遍訪香山二十八景，各攝影留念。謁金山口明景泰帝陵，並訪清乾隆鋭健營遺址。

8月25日，午刻至東興樓赴馬裕藻、錢玄同、周作人三先生宴，同席有沈兼士、許壽裳及馬衡，時章太炎來函特約爲《制言》半月刊撰述人。

1935年8月25日日記：

> 午刻至東興樓赴馬幼漁、錢玄同、周啟明三君讌，同席有沈兼士、許季紱（壽裳）及馬叔平，除叔平外，余等六人皆爲餘杭章師弟子。時章師來函特約爲《制言》半月刊撰述人。是時暢談一切，頗覺快樂，至三時半始别。

8月26日，至故宫太廟參觀。中午至來今雨軒赴倫哲如宴。下午，舊日弟子陳述來訪。

1935年8月26日日記：

> 陳述字玉書來，自述所作《金史氏族表》將付印，此蓋余在師範大學校時授以體例，告以白黑二族百餘姓，在《金史·百官志》及姚燧《牧庵文集·布色君列傳》所載不同，其時彼茫然無所知，今果成書，亦一好學之佳弟子也。

8月27日，陳垣來。馬夷初來。至中山公園，與馬裕藻、錢玄同、沈兼士、周作人、許壽裳合攝一影，茗談二小時，錢、沈、周、許四人共宴先生於長美軒。

是日，書賈送來《清春秋》一書。

1935年8月27日日記：

書賈送來《清春秋》六卷（不署撰人名氏，稿本，未刊）六册，4元。此書係清室遺老所撰，始於五大臣出洋考察政治，終於宣佈共和，自言取孫盛《晉陽秋》例，實則本《通鑑綱目》例耳，所謂本誅心之法以記叙其事實者也，文筆不甚雅馴，而取材頗翔實，於國民黨頗多微詞，故未敢宣布於世，然在清季野史中頗不失爲重要著作，擬購之。陳援庵來談半小時去。午後整理書籍。馬夷初來。四時至中山公園，余與馬幼漁、錢玄同、沈兼士、周啟明、許季紱合攝一影，皆在日本時共從章太炎師問學者也。茗談二小時，錢、沈、周、許四君共讌余於長美軒，幼漁因有事先去。

8月28日，至東興樓赴羅常培宴，同席有馬裕藻、馬衡、馬夷初、錢玄同、許壽裳、沈兼士、黄文弼等。又至煙筒胡同四號訪黎錦熙，未遇。
8月29日，至歐美同學會赴傅斯年宴，同席有胡適、陳受頤、趙萬里、向達、顧頡剛、錢穆、羅常培等。
8月30日，午刻至歐美同學會赴胡適宴，同席有陳垣、馬衡、沈兼士、傅斯年、羅常培、陳受頤等。晚至金魚胡同東口外新揚春赴李季谷宴，同席有王桂、余遜、勞幹、陸宗達、秦德純、劉官鄂、謝興堯等，皆先生舊日弟子。是日上午姚從吾來。下午黎錦熙來，未遇。
9月1日，午刻至中山公園來今雨軒赴陸懋德宴。
9月2日，接傅斯年信，並附《明成祖生母問題彙證》二册。

編者按：《明成祖生母問題彙證》，李晉華作，傅斯年爲之作跋。1932年，傅斯年發表《明成祖生母記疑》，提出明成祖生母不是高后，而是碽妃的説法，1933年，先生作《明成祖生母記疑辯》，反駁之。1935年，吴晗發表《明成祖生母考》，李晉華作《明成祖生母問題彙證》，支持傅説，傅斯年亦發表《跋〈明成祖生母問題彙證〉並答朱希祖先生》。1936年，先生作《再駁明成祖生母爲碽妃説》，以答傅、吴、李三人。關於此事，詳見本《年譜長編》1936年條。

9月3日，回南京。
9月4日，在車中閱日本重松俊章所撰《宋代之均産一揆及其系統》。
先生1935年9月4日日記：

在途中閲日本重松俊章所撰《宋代之均産一揆及其系統》一篇，上半篇述北宋淳化四年四川青城之王小波及李順等事，下半篇述南宋建炎四年鼎州武陵之鍾相及楊么等事。余前撰《〈楊么事蹟〉考證》僅述南宋，而北宋之事雖無教義可稱,然淵源所自,亦當叙述,暇當專撰一文以補其遺。

9月6日,寫介紹信一函交羅香林,使其至上海見何炳松,接洽暨南大學教課事。

編者按:羅香林自本年9月起,兼任暨南大學教授。後,本年12月9日,先生又致函暨南大學文學院院長鄭振鐸,請改羅香林爲專任教授。

9月11日,暑期中回北京整理的十二箱書籍由鐵路託運到南京,訪中央大學圖書館館長洪範五,託其照料。

9月13日,偕舊友徐旭生同至南京東北郊,遍訪六朝陵墓及南唐遺蹟。並將所著《〈僞楚録〉輯補》、《〈僞齊録〉校證》稿本六册交徐旭生攜至北平研究院商量印行。

9月16日,蘇州"章氏國學講習會"正式開講,先生爲發起人之一。

《章氏國學講習會徵求會員》(《制言》半月刊,第一期):

本會籌備就緒,已於九月十六日正式開講,會員尚有餘額,凡有志入會者,仍可照章報名,簡章函索即寄。會址:蘇州錦帆路五十號。

發起人:

吴承仕、汪東、黄侃、曾道、朱希祖、景耀月、錢玄同、馬裕藻、周作人、潘承弼、馬根質、馬宗薌、黄雲鵬、沈兼士、繆篆、黄紹蘭、孫志誠、馬宗霍、徐震、潘芝龕、王廣慶、李崇元、邵祖平、姜寅清、王頌平、許壽裳、戴增元、鄭偉業、金震、李希綱、朱學浩、王謇、汪柏年、李希泌、徐澂、錢邵武、孫世揚、王乘六、葛豫夫、嚴慶祥、吴契寧、施福綬、沈延國、諸祖耿、龍沐勛。

贊助人:

朱慶瀾、宋哲元、段祺瑞、馬良、李根源、吴佩孚、馮玉祥、陳陶遺、虞和欽、陳慈訓……(按:共六十六人)

9月19日,沈鈞儒先生自上海來訪。

9月28日,至中央大學赴史學系同學會。

1935年9月28日日記:

(晚)九時至中央大學赴史學系同學會,十時回寓。時與史學系同學全體約定自下星期每星期六下午四時至五時研究中外最近國家預算,以上溯歷史並實測世界大勢,使歷史與現代國際時事打成一片,造就有用人才。

10月2日,閲《吴志》,考吴史官事蹟。

編者按:其時先生對三國東吴頗有興趣,欲撰《吴儒林傳》,故這段時間的日記,多有閱讀有關東吴史籍的記録。先生本年10月12日日記云:"録《吴志》經學家十餘人,備作《吴儒林傳》。"

10月8日,羅香林30周歲生日,因羅香林研究唐史,先生贈彼《攜雪齋詩鈔》等六種唐代史料。

10月9日,滕固遣人送來江陰李天根撰、行政院新鈔本《爝火録》十六册,是書爲南明重要史籍。本日,接得黄侃家訃告,云黄侃於10月8日逝世。

1935年10月9日日記:

午後三時接得藍家莊九華村九號訃告,言黄季剛先生逝世。季剛名侃,湖北蘄縣人,清季與余在日本同受業於章太炎師。季剛深於古音韻學,善晉宋駢儷文及詩,體素孱弱,少常咯血,前日忽又嘔血三盂,不幸即於昨日申刻逝世,誠堪悼惜。聞人言因不節於酒,遂致此疾,未知確否。

1935年10月12日日記:

遇徐子明君,言黄君季剛確於重九日登高賦詩,飲酒食蟹,因而大醉,次日嘔吐宿食,繼之以血,越時又大吐血兩盆,邀西醫檢視,則云胃已破裂,不可救藥,次日即逝,傷哉。

《傷黄季剛》(《文史大家朱希祖·酇亭詩稿》,學林出版社,2002年,113頁):

濁酒澆愁鬢已絲,飄摇家國付金卮。擁書差傲王侯樂,捐官俄來猿鶴悲。許鄭胸懷推獨得,齊梁風調繫人思。文章庾信同哀樂,不待江南作賦時。

編者按:此詩作於1935年11月3日,在先生日記中,此詩題爲《輓黄季剛同學兄》。

1935年11月5日日記:

上午中央大學有課請假,九時至十時寫輓詩一軸,即持至水西門莫愁路弔黄季剛兄喪。

1935年12月21日日記:

午後三時至中央大學赴黄季剛兄追悼會,遇張溥泉先生繼,傾談片刻,至五時散。

10月11日,赴張其昀、繆鳳林二君宴,同席有向達等,席間向達與先生談方以智詩稿及自己所編《方以智年譜》。

1935年10月11日日記:

六時至美麗川菜館赴張其昀、繆鳳林二君讌,同席有北平圖書館員向達,將至英國爲劍橋大學圖書館編中國書目。向君言藏有方以智詩稿,係手寫本,大都未刻,且言方氏《浮山文集》,倫哲如所藏亦不全,須合湖北某君所藏半部刻本乃全。向君擬撰《方以智年譜》,初稿已成,尚須修改增補。此亦有關南明史料,故慫恿向君速成此譜。

10月12日,贈次女倓明嘉靖德藩本《漢書》、明嘉靖南監本《後漢書》各一部。

編者按:於史志文章,先生最重《漢書》,以爲入門之模範。此觀點在與朱倓、羅香林的信中屢次提及,録於下。

1939年10月26日致朱倓:

香林欲學古文,汝亦可隨他學習。余舉《漢書》作爲模範,其中亦有叙論之文,如各表之序;亦有奏記議論之文,如劉向、賈誼、晁錯、趙充國等;而記事之文,則志、傳兩種可細觀其段落,而用字造句最宜留意。一面宜選事學作各體文章,汝二人如果專心學習,余亦可互相觀摩,蓋此種藝術,非多人同時學習不能提高興趣,文章無興趣不能成也。

1939年12月26日致羅香林:

以後作文如欲雅馴,於新名詞當分別慎擇,動静各詞尤宜少用,句法須求簡練,大忌冗長,試觀《漢書》即可醫治此病。

1940年1月27日致朱倓:

汝《東林碑傳集》最好從速整理,添加要人;一面讀《漢書》練習作文,至要,至要。余近來亦用功《漢書》,每日必讀一卷,作文更見進步。

1940年3月25日致朱倓:

余於香林信中囑其整理唐史,練習傳記文章,庶躋於作者之林。讀《漢書》仍爲作傳記文章之根本學問,汝於讀《漢書》時一方面注意史法及文章,一方面注意漢代史事,一舉兩得。

10月14日,購得《康熙海鹽縣志》,此志爲彭孫貽、童申祉編,康熙鈔本。

1935年10月14日日記:

此志尚無刻本,幸賴此鈔本以傳,當加意寶藏。

10月16日,復北平中國博物館協會信,允加入該協會爲會員。

編者按:中國博物館協會之成立籌劃於1934年,時北平故宫博物院院長馬衡、北平圖書館館長兼故宫博物院圖書館館長袁同禮、中央博物院籌備委員傅斯年等聯絡博物館界,倡議成立中國博物館協會。經過一年的籌備,於1935年9月在北平景山綺望樓召開成立大會,通過了《中國博物館協會組織大綱》,確定協會的宗旨是"研究博物館學術,發展博物館事業,並謀博物館之互助"。會議推舉馬衡爲會長,袁同禮、翁文灝、朱啟鈐、葉恭綽、李濟等15人爲執行委員。該會還建立了各專門委員會分工負責博物館學術研究、博物館建築和陳列、審查出版博物館學專著和論文、召開學術講演會等。該會先後發展團體會員30多個,個人會員120多人。

是日,閱平山王芷章編《清昇平署志略》稿本。

1935年10月16日日記:

芷章字伯生,北平圖書館館員。此書材料皆取自昇平署檔案及戲曲,余前曾撰《整理昇平署檔案記》,後因無暇再詳細研究,遂將所得檔案、戲曲均讓歸北平圖書館,王君藉此撰成《昇平署志略》,實竟余未成之功,不勝欣慰。王君欲余作序一篇冠於首,當將此書閱竟後爲之。

《〈清昇平署志略〉序》(《朱希祖文稿》第七册,鳳凰出版社,2010年,427頁):

余於前十年購得清昇平署檔案及鈔本戲曲千有餘册,整理經年,曾撰有《整理昇平署檔案記》流傳於世,略謂近世百年戲曲之流變,名伶之遞代以及宫廷起居之大略,朝賀封册婚喪之大典,皆可於此徵之。後因此珍貴史料涉於文學、史學範圍太廣,並世學人欲睹此以爲快者甚多,而余之志趣乃偏於明季史事,與此頗不相涉,扃秘籍於私室,杜學者之殷望,甚無謂也,乃出讓於北平圖書館以公諸同好,乃不久即有秋浦周明泰君之《清昇平署存檔事例漫抄》及平山王芷章君之《清昇平署志略》,此二書皆取材於是,各成鉅著,慰余網羅放佚之初心,補余有志未逮之偉業,前此整理之微勞至此始覺不虚擲也。周君之《漫抄》已風行於世,王君之《志略》承其不遠千里郵寄徵序,余觀王君引論,謂歷來樂官所典爲廟堂之樂,良輔所製爲雅士之樂,惟清代亂彈乃民間之樂;又謂清代戲曲之盛者,正謂此俗謳民曲之發展爲他代所不及;又謂真正民間文學自應於此求之,若雜劇傳奇不能占民風之變,若其致是之因,不得不推清帝倡導之功,而其中尤以高宗爲最有力。案之王君全書,此蓋爲最精闢之論、卓越之見矣,非深於近代文學及戲曲歷史,不能爲此言也。然余又有二事足爲王君所樂聞者。明宦官劉若愚《酌中志》云,過錦之戲約有百回,每回十餘人,不拘濃淡相間、雅俗並存,全在結局有趣,如説笑話之類,又如雜劇故事之類,各有引旗一對,鑼鼓送上,所扮者備極世間騙局醜態,並閨閫、拙婦、騃男及市井商匠、刁賴詞訟、雜耍把戲等項,皆可承應。據此則明代戲劇亦有演至百回者。清代承應之戲,如《昇平寶筏》、《勸善金科》、《鼎峙春秋》、《忠義璇圖》,皆在二百回以上,則長劇之作,不可非謂明代開其端也。明代玉熙宫承應之院本,如《盛世新聲》、《雍熙樂府》、《詞林摘艷》等尚不脱雅士之樂,而過錦之戲,雖亦有雜劇故事之類,然雅俗並陳,民間狀態畢呈於帝王之前,可以鑒風俗之正變,知政治之得失,所謂占民風之變者,莫便於此,惜過錦之劇本不傳,玉熙之檔案散佚,無以知其結構若何,聲容奚若,此可爲遺憾者一也。清董含《蓴鄉贅筆》云,二十二年癸亥,上以海宇蕩平,宜與臣民共爲宴樂,特發帑金一千兩,在後宰門架高臺,命梨園演目連傳奇,用活虎活象真馬。按董含爲康熙時人,康熙二十二年爲蕩平臺灣鄭氏之歲,至此明乃全亡,清始統一,宜其共爲宴樂,勃發奇思矣。考清禮親王《嘯亭雜録》,謂乾隆初命張文敏製諸院本,中有演目連尊者救母事,析爲十本,謂之《勸善金科》。余前所得《勸善金科》爲乾隆時寫本,共十本二百四十齣,蓋即從張氏所製本移録;又有一别本,似康熙時寫本,其中字句頗多不同,回目僅百餘齣,首尾完全,中無間缺;又有明人所編《目連傳奇》,不過數十齣。康熙二十二年所演《目連傳奇》,是否用明人傳奇,抑康熙時已别有新編,今已不可得而知矣。又考趙翼《簷曝雜記》,謂乾隆十六年皇太后六十萬壽舉行大慶,自西華門至西直門外高亮橋十餘里中,每數十步間一戲臺,南腔北調、倀童妙技,左顧方驚,右盼復眩,可謂盛極一時矣。然康熙二十二年之目連戲用活虎活象真馬,若非平時宫廷承應練習有素,則偶一與民同樂,何能臨時猝辦?則康熙時之倡導戲劇,其猛進亦不亞於乾隆,惜康熙時戲劇之檔案不傳,故當時演習之狀況,劇本之結構,皆不可得而考,此爲遺憾者又一也。由此而觀,則道光七年以來昇平署之檔案戲曲,百年之間源流本末皆可考見,反觀自明代之玉熙宫以至道光以前之南府檔案無存,劇本零落,僅賴一二文人片鱗半爪零星記載,無以知其始末大概,則知此搜羅於散佚之際,保存於擾攘之中,厥功皆不細也。況王君所推重之亂彈,謂真正民間文學者,正發生於道光、咸豐以後,且其倡導之功不得不推之清慈禧太后。蓋亂彈戲劇頗遠於雅士所製之雜劇傳奇,而近於婦女所喜之盲詞村曲,其發展原委皆可於此檔案稽之。王君如有意乎?可爲亂彈戲劇作一專史以發揚民間文學,余頗引領望之。若王君此《志》之結構,於清代昇平署之制度言之特詳,有目共賞,不待余爲之揄揚。而余所欲言者,昇平署檔案劇本包涵史料甚廣,王君能努力邁進,整理編纂,更成其他精深著述,固所深望,即他人能繼周君、王君有作,亦所厚期。蓋文學、史學皆於此有不匙之蘊藏焉。中華民國二十四年十二月二十日,海鹽朱希祖作於南京桃園新村寓廬。

11月5日,寄出梁嘉彬《廣東十三行考》稿費850元,時國立編譯館已決定印行梁嘉彬《廣東十三行考》。

11月23日,指導次女倓就《三國志》中輯出吴舊史六種,即韋曜《吴書》、胡沖《吴曆》、張勃《吴録》、虞溥《吴志》及《江表傳》、環濟《吴紀》。

編者按:朱倓此次輯録,後因隨羅香林離開南京,未能完成,直到1942年,朱倓隨羅香林暫居重慶,方完成此事。據羅香林編《朱逿先先生著作目録》(《朱逿先先生紀念專號》,《文史雜誌》第5卷第11、12期合刊,1945年12月),先生有《孫吴佚史輯校》六卷,未刊。此手稿現藏北京國家圖書館,要目爲張勃《吴録》一卷、胡沖《吴曆》一卷、環濟《吴紀》一卷、《吴時外國傳》一卷、韋曜《吴書》一卷、虞溥《江表傳》一卷。

12月4日,赴金陵大學文學院長劉國鈞宴,同席有吴梅、滕固、商承祚等。

12月5日,開始校讀湯球《十六國春秋輯補》一百卷,考十六國史籍。

編者按:《十六國春秋》,"五胡十六國"時十六國之舊史也,北魏崔鴻纂輯,然世遠言湮,全帙廢墜。清黟縣湯球從史籍舊文中多方採拾,成《十六國春秋輯補》。先生12月15日日記云:"夜閲《資治通鑑》所載十六國事,並閲《全晉文》内十六國文,覺《十六國春秋》所載遺文逸事尚多,可仿《遼史拾遺》作一《十六國春秋拾遺》,或仿《十國春秋》作《十六國春秋注》。"

12月14日,爲同事李恭寅作《鐵硯山房稿跋》一篇。《鐵硯山房稿》爲清懷寧鄧氏之詩文集,爲李恭寅所藏,其中最可寶貴者爲鄧石如之詩文。

12月15日,中央大學史學系郭廷以來,談太平天國曆。

1935年12月15日日記:

上午郭廷以來,談太平天國曆,其以干支記日,每早於清代時憲書一日,如正月初一日,清爲甲子日,彼則爲乙丑日,而甲子日則爲上年十二月晦日,故可云早一日。凡清代官書記載與太平天國記載同爲一日之事,往往相差一日。從前人各異説,今以此法衡之,實干支提早一日而事則同在一日也。《金陵癸甲叢談》言太平天國記日往往較清差一日,此説甚是,惟未説明其理由。郭君擬作文一篇説明之,亦一創獲也。

12月17日,陳百年之父陳鳴伯先生來談。
12月18日,訪馬衡。

1935年12月18日日記:

至秣陵路崔八巷北平故宫博物院辦事處訪馬君叔平,叔平言北平一切文化機關書籍、檔案、古物皆爲宋哲元奉日方意旨不許遷至南方,若然則吾國文化及歷史亦將亡於敵人矣,心中不怡久之。

12月22日,爲響應北平"反對冀察獨立"的學生運動(即"一二·九運動"),南京中央大學學生開始罷課。先生參加校長召開的主任會議,會議要求各分勸學生,反對罷課。
12月23日上午,再至中央大學參加全校主任會議,要求力勸學生,制止罷課。
12月24日上午,至中央大學,時學生適開大會停課,議決不罷課,惟仍須游行請願,取消冀察自治委員會。
12月26日,爲學生請願游行事,是日上午及夜,中央大學兩次召開主任會議。

1935年12月26日日記:

上午政府因北平、天津學生南來請願,上海學生亦欲來京,皆截斷車路阻礙行旅。又漢口、武昌學生擊傷日本軍人,牽動外交,於是頒布戒嚴令。中央大學學生仍犯令開會,仍欲游行,乃開全體主任會議,一方勸導學生,一方勸免軍人干涉,相持至十二時乃平安散會……夜又至中央大學開主任會議,因本日下午學生約二百人集於禮堂前仍欲游行,其餘七百餘人未曾參加,憲兵力欲解散學生,因教職員兩方勸阻,學生乃排隊歸宿舍。是夜仍擬善後方法,勸戒學生,十一時散。

12月27日上午,仍至中央大學勸告學生。是日學生開始復課。

12月31日,湯球《十六國春秋輯補》一百卷閱畢,作湯球《〈十六國春秋輯補〉評論》,録於日記。

1935年12月31日日記:

自十二月五日至十二月三十一日閱湯球所輯《十六國春秋》一百卷畢。時國難日深,瞻望北方,駸駸將爲日俄二國所蠶食殆盡,故閱此書,聊以消憂,而不謂憂之更殷焉。

關於"華北事件"背景下朱希祖擬避地揚州、嚴州事

本年5月,日寇挑起"華北事件"。

1935年6月10日日記:

日本謀占天津、北平及察哈爾之警報頻傳,河北省主席于學忠免職,並不許其駐兵河北境,調赴陝北剿共。中央軍之駐北平者,亦令撤退。察哈爾事亦在醞釀。謡言蜂起,憂心如焚。

編者按:當年5月1日夜,日本控制的漢奸報紙《國權報》社長胡恩溥、《振報》社長白逾桓被暗殺。5月21日起,日本出動武裝騷擾河北省政府索要兇手,並認定天津市長張廷諤、公安局長李役襄、憲兵三團團長蔣孝先爲元兇,河北省主席于學忠爲操縱者,並叫嚷要逮捕于學忠、張廷諤以換兇手。同年,活躍在熱河一帶的由孫永勤領導的抗日義勇軍撤入關内,日方認爲這是國民黨軍政當局所支持、接濟孫永勤,指示逃跑路線的結果,要追問責任。日方發表公報,説孫永勤事件可使日軍武力進入長城,並把平、津兩城併入停戰區内。5月29日,日本關東軍代表高橋垣和天津駐屯軍代表酒井隆,約見國民黨華北軍政分會代理委員長何應欽,要求罷免河北省主席于學忠、天津市市長張廷諤,撤走中國憲兵第三團、河北省黨部、北平軍分會政訓處和藍衣社,將中央軍調離平津。5月30日,日本天津駐屯軍便開始了武裝恫嚇,將裝甲車,機關槍和輕炮排列在河北省政府門前示威,日本官兵任意在中國官廳前拍照,甚而做出羞辱中國人的行爲,日軍軍用飛機這天也在北平、天津及附近地區上空低飛、偵察,酒井隆公開宣稱:"日軍已一切準備完畢,隨時皆可動作。"5月31日,關東軍發表支持天津駐屯軍的主張;天津的駐屯軍出動坦克、輕炮和機槍隊在河北省政府門前示威,日軍100餘人全副武裝闖入了天津市公安局,日本駐天津總領事川越茂也向于學忠提出了最侮謾性的强硬通牒。在此情形下,6月4日,何應欽告知酒井隆,于學忠已他調;

蔣孝先、曾擴情(國民黨北平軍分會政治訓練所所長、藍衣社總頭目)已被免職;憲兵三團特務處已撤銷;天津市黨部將停止工作,如有妨害中日國交的其他團體也會取締。

6月9日,酒井隆約見何應欽,就胡、白被殺事件,向何應欽遞交了日本華北駐屯軍司令官梅津美治郎擬定的"備忘録"(即"何梅協定"的主要内容),限何應欽三日内書面答覆。

梅津美治郎致何應欽備忘録(1935年6月9日):

一、中國方面對於日本軍曾經承認實行之事項如下:(一)于學忠及張廷諤一派之罷免;(二)蔣孝先、丁昌、曾擴情、何一飛之罷免;(三)憲兵第三團之撤去;(四)軍分會政治訓練處及北平軍事雜誌社之解散;(五)日本方面所謂藍衣社、復興社等有害於中、日兩國國交之秘密機關之取締,並不容許其存在;(六)河北省内一切黨部之撤退,勵志社北平支部之撤廢;(七)第五十一軍撤退河北省外;(八)第廿五師撤退河北省外,第廿五師學生訓練班之解散;(九)中國内一般排外排日之禁止。

二、關於以上諸項之實行,並承認下記附帶事項:(一)與日本方面約定之事項,完全須在約定之期限内實行,更有使中、日關係不良之人員及機關,勿使重新進入。(二)任命省市等職員時,希望容納日本方面之希望選用,不使中、日關係或爲不良之人物。(三)關於約定事項之實施,日本方面採取監視及糾察之手段。

以上爲備忘起見,特以筆記送達

何應欽閣下。

華北駐屯軍司令官梅津美治郎

昭和十年六月九日

6月28日,在日軍指使下,石友三舊部白堅武裝叛亂,炮轟北平,是爲"豐台兵變"。

1935年6月28日日記:

是夜北平石友三故部白堅武率衆百餘人叛逆,劫鐵甲車於豐臺,駛至北平永定門,開炮十餘響,彈及二龍坑,幸未炸。發聲言欲組織華北國,自稱正義軍,旋爲北平守軍平定。

1935年6月29日日記:

上午聞北平警,心頗憂慮。

7月6日,何應欽覆函梅津美治郎,同意6月9日梅津美治郎“備忘録”所提各項要求。

何應欽復函(1935年7月6日):

敬啟者,六月九日酒井參謀長所提各事項均承諾之。並自主的期其遂行,特此通知。

此致梅津司令官閣下。

何應欽

中華民國二十四年七月六日

編者按:上引《梅津美治郎致何應欽備忘録》及《何應欽復函》,即爲“何梅協定”的全文,1935年7月6日,被認爲是“何梅協定”的最後簽訂日。

8月13日,閱報得知日本陸軍省軍務局長永田鐵山被刺。

1935年8月13日日記:

本日報載日本陸軍省軍務局長永田鐵山爲某中佐以軍刀刺死於省中。永田爲穩健派中心人物,激進派恨之刺骨,故有是難。日本軍人不服從命令,不守法紀,亦爲日本將來之大禍,而吾國華北風雲恐又將爲彼激進派所掀動矣。

是年夏秋,日本積極策劃華北五省自治,先生恐戰爭難免,爲保藏書,籌劃擇地避難事宜。

9月21日,與夫人及長子偰赴鎮江,游金、焦二山,並渡江至揚州。

9月22日,游瘦西湖、平山堂,謁史可法衣冠冢。

9月23日,上午由揚州包伯眉帶領看房,下午回南京。

1935年9月22日日記:

余於本年四月自上海回京車中始遇包君,談揚州住家之何宜,故此來擬託彼領看房屋也。

10月上旬,日本内閣通過《鼓勵華北自主案》。

10月3日,意大利入侵東非亞比西尼亞(按:今埃塞俄比亞)。

1935年10月3日日記:

是日義大利與亞比西尼亞開戰,吾國亦頗恐鄰國見侵。

1935年10月20日日記:

聞日本因義亞戰爭,西歐各强國無暇東顧,將囊括華北五省(河北、山東、山西、察哈爾、綏遠),駐兵京漢。而西南則欲中央取消《塘沽協定》,否則脱離中央。國家將亡,尚欲鬩牆不已。共禦外侮,已難圖存,而割據者尚欲各懷私見,争欲各作附庸國主,其肉尚可食哉!吾國亡於武夫割據之手,一究其實,前途何堪設想?憂心如焚,不能閲書者竟日。

1935年10月25日日記:

謡言愈熾。集合善本書籍數箱,以防萬一危險便於取攜。下午整理書籍。

11月7日,決定避地嚴州。

1935年11月7日日記:

回寓與大兒談時局,決定避地嚴州,因中日戰事恐不能免也。原擬避地揚州,因恐戰事一起,江路斷絶,揚州無退路,乃寫包伯眉信,囑其不必租屋。

1935年11月13日日記:

嚴州向爲浙江軍事要道,與揚州等,今杭州鐵路成,金華爲軍事要道,嚴州反爲奥區,亦與今之揚州等,惟揚州無退步,長江一斷,隴海、津浦二路包圍,則惟死守而已,嚴州則安徽、江西路路可通,進退較有餘地,故爲避亂計,亦以此地爲宜。嚴州古名睦州,人民和睦,地雖貧瘠,生計易足,蓋極貧之人尚可漁樵爲生,故鮮盜賊,此尤避亂之善地也。

11月11日,與長子僎、婿羅香林赴嚴州。

11月12日,抵嚴,訪舊友鄭衮甫、邵吉暉等。

11月13日,由鄭衮甫陪同,外出看屋,相中東湖北岸徽州人葉某之屋,議定租金每月二十元。

1935年11月13日日記:

東湖北岸,有徽州人葉姓之屋,門對東湖,湖南城郭如帶,而城外南高峰之塔高聳雲際,青山重疊,樹木蒼翠,儼然如對圖畫,爲之心快神怡。東湖廣袤數十畝,水澄清如鏡,其東近東城,北高峰之塔與南峰隔江相對。北面烏龍山高六百丈,白雲繚繞,風景絶勝。而葉宅之屋前門埭臨湖,中心中埭樓房五楹,有前後間,皆爲西式,頗潔淨寬敞,前中三間正對東湖,有長廊欄杆,可一覽湖山之美,後中三間北牖正對烏龍山巍巍高聳,其下小山重疊,由遠及近,風景無窮,余甚心賞。乃約租此六間並其下廚房、門房二大間,議定每月租金二十元。

是日,北大弟子現嚴州中學校長王培德請先生至嚴州中學講演,並允撥校舍兩大間讓先生存書。

1935年11月13日日記:

應嚴州中學校長王君之請,至校中講演,題爲軍事訓練問題,二小時畢,聽講學生男女共二百數十人,教職員亦多列席。王君並允余將南京遷移嚴州之書數十箱暫寄校中,特指定校舍兩大間,領余一覽,甚可感激,蓋所租之屋不敷藏書也。

《嚴州東湖》(《文史大家朱希祖·酈亭詩稿》,學林出版社,2002年,114頁):

擾攘風塵離亂迫,荒城野水且徘徊。天留奥境供詩料,地秘幽區避劫灰。眼底江山輕草芥,空中樓閣辟蒿萊。將攜詩書聊耕讀,好傍嚴陵兩釣台。

11月14日,發自嚴州,放舟富春江,再謁嚴子陵祠。

11月16日,歸南京。

11月19日,至商務印書館南京分部訪經理王某,請其設法代籌運書木箱,準備遷移藏書以避戰火。

11月23日,國民黨"五全"大會閉幕。

1935年11月24日日記:

時五全大會方閉幕,發表執、監委員名單。北方自治獨立計劃以外交關係及吾國主用兵討伐,某國人乃不敢主使,稍形緩和,惟具體交涉尚無表示,故一時戰事不致立時即起,移家遷書之事亦可稍遲。

關於中央古物保管委員會及在南京及周邊地區古蹟調查事

1月12日,至内政部中央古物保管委員會列席第五次常務會議。

《中央古物保管委員會第五次常務會議記録》(中央古物保管委員會《中央古物保管委員會議事録》第一册,8頁):

日期:二十四年一月十二日上午九時

地點:本會會議室

出席:傅汝霖、李濟、滕固、蔣復璁

列席:朱希祖、董作賓、盧錫榮、許寶駒、裘善元、蕭漢澄、王榮佳(内政部代表)、徐逸樵(教育代表)

主席:傅汝霖

記録:羅香林、侯紹文

報告事項:

……

五、二十三年十一月二十三日臨時全體委員會議決議,聯絡首都學術機關,調查首都古物一案,已於十一月三十日下午二時,在本會邀集中央大學、南京市政府、南京古物保存所、中央研究院、中央博物院、中央圖書館各派代表開會,組織首都古蹟古物調查委員會着手調查,已辦訖。

……

討論事項:

……

三、根據《古物保存法》第一條之規定,製定《古物之範圍及種類(草案)》。

決議:組織審查委員會交付審查,並推李委員濟、葉委員恭綽、滕委員固、朱委員希祖、蔣委員復璁、黄委員文弼、董委員作賓爲審查委員,由李濟委員召集之,但原草擬人得列席參加。

……

1月18日,至内政部古物保管委員會開南京古物古蹟調查委員會,議決於本月二十七日調查青龍山梁、陳陵墓。會後與各委員同至夫子廟後尊經閣舊址,勘東吴《天璽紀功碑》所藏故址。

1935年1月18日日記:

散會後各委員同至夫子廟後尊經閣舊址。據《白下瑣言》謂吴《天璽紀功碑》舊藏尊經閣,嘉慶時毁於火,蓋埋没閣址土堆中。今觀土堆甚高,上有亭基六角石階猶存,四周樹已成數圍,是否即係閣之舊址尚屬疑問。因土堆前數丈今之尊經閣尚在焉。

1935年1月19日日記:

閱《上江兩縣志》,謂孔廟尊經閣後有苑,有土山曰衛山,故尊經閣燼餘三段碑(即《天璽紀功碑》)碎石及聖賢舊像所藏也,然則昨日所觀土山確係吴碑埋藏之處,可試發掘也,乃發裘善元信,告知此事。

侯紹文《朱逖先先生之遺範》(《朱遏先先生紀念專號》,《文史雜誌》第5卷第11、12合刊,1945年12月):

《天發神讖》爲三國吴孫皓時之紀功碑,《曝書亭集》載云:"吴《天璽紀功碑》,一名《天發神讖》,舊在巖山段石岡。《丹陽記》謂巖山東有大碣石,長二丈,折爲三段,今其石移置學舍中。刻字在篆隸之間,雖古而近拙,《金陵瑣書》謂是蘇建書。"此碑刻於孫吴,爲六朝以來碑碣之最古者。至清尚未湮没。惜洪楊之亂,聖廟一帶,毁於兵火,而該碑遂失下落。清端忠敏(方)爲南洋大臣,駐節南京,嘗謂此碑埋藏於夫子廟敬一亭下。按夫子廟敬一亭,早成一片廢墟,以端謂其下埋藏此碑,會中諸人均相信之。先生尤力主發掘,其計劃發掘方法,有出人意想之表者。後雖因故事途中輟,然先生對事匠心擘劃,周到詳盡之情況,於此可見一斑。

1月27日,與滕固、黄文弼、裘善元、羅香林、劉國鈞、李小緣、朱偰及德人梅慈納、奥人史達士赴青龍山一帶調查梁、陳古墓。得陳武帝萬安陵,及梁蕭正立墓。

1935年1月27日日記:

晨六時起,七時抵内政部,偕滕固、黄文弼、裘善元、羅香林、劉國鈞、李小緣及大兒偰,德人、奥人各一,並其他五六人分乘汽車五輛赴青龍山一帶調查梁、陳古墓。先出高橋門,約四五里,地名石馬衝,陳武帝陵在焉,僅存天禄、辟邪二。陵西高阜有明正統四年、景泰六年墓碑二,正統碑已不知姓名,景泰碑額題"副都御史宋公神道碑"。又至上坊鎮,下車步行約三四里,得梁墓一,僅存墓闕一,惟"梁故"二字可見,天禄、辟邪二,形制較小,不知梁代何人,地名侯村,此則前人所未見也。又行里許,至下宋墅村,有梁故侍中仁威將軍新渝侯之神道闕一,舊稱梁蕭映墓。墓東上宋墅村多張姓住宅,建築精美,雕刻磚石多古雅,建自明代,惜石刻人物多爲太平天國時兵士鑿去人頭,皆不完整,偶有未毁者則皆明代衣冠也。自上宋墅村南行約里許,地名劉家邊,接引庵前有梁蕭正立墓,天禄、辟邪二,石闕二,題"梁故侍中左衛將軍建安敏侯之神道",東闕字左行,西闕字右行,考正立爲臨川王宏子。各陵墓皆測量、攝影、拓字。至此已二時餘,乃步回上方鎮乘車至淳安鎮食麵包等物。大兒與外人二則别至一處,地名官塘,又發見梁墓闕二埋於地下,僅露其頂,亦不知何人墓,將來擬至此處發掘。三時半由淳安鎮回城,五時抵寓。

侯紹文《朱逖先先生之遺範》(《朱逷先先生紀念專號》,《文史雜誌》第5卷第11、12期合刊,1945年12月):

一日會議席上,由先生提議赴城外考察六朝陵墓,全體決議通過。遂成立組織,並邀南京圖書館、中央研究院及南京古物保存所等派員參加。先生益提出邀伯商來參加,伯商者先生長公子也。呼子稱甫不以名,於先生爲創聞,於以見學者雅量,不同凡俗。及出發日,伯商先生偕兩德人來,蓋皆熱心考古之人也。出中山門,東南行,過賣糕橋(按:此地名誤,賣糕橋現稱邁臯橋,在南京中央門外)而抵陳武帝陵,墓蹟多已無存,而尚餘二石獸相對矗立田壟間。以不知地名,扣之土人,曰石馬衝,以石獸遠望似馬,該村遂以得名也。近睹兩石獸,各高丈餘,長八九尺,腋下有翅,腹下刻鱗紋,余生平未之見,先生謂此乃天禄辟邪也……先生對此考據頗多,《六朝陵墓調查報告書》(按:侯文所引書名有誤,先生所編之書名《六朝陵墓調查報告》,《六朝陵墓調查報告書》爲該書中之一篇)内有《天禄辟邪考》,即先生所作,可參考也……

1月30、31兩日,與古物保管委員會所派測繪員至國民政府周圍測繪太平天國禁城遺址,以備考定太平天國禁城宫殿時作沿革圖。並至參謀本部觀天平天國石舫及花園。

2月1日,與長子偰,德人梅慈納、奥人史達士,至句容石獅子,訪梁蕭績墓。

2月14日,至内政部古物保管委員會出席古物範圍及種類審查委員會,與滕固被推起草《古物之範圍及種類(草案)》。

《古物範圍及種類審查委員會會議記録》(中央古物保管委員會編《中央古物保管委員會議事録》第一册,37頁):

時間:二十四年二月十四日下午二時

地點:中央古物保管委員會會議室

出席:李濟、滕固、蔣復璁、朱希祖、黄文弼、董作賓

列席:傅汝霖

主席:李濟

記録:羅香林、侯邵文

討論事項:

(一)對於羅香林、侯邵文擬定之《古物範圍及種類(草案)》應如何審定案。

決議:古物之範圍及種類,應作兩項規定:

一、原則上之規定:本案所指古物之範圍及種類,依照《古物保存法》第一條所言,以值得保存者爲限,值得保存之古物之範圍及種類,照下列三種標準定之:

(1)古物時代的遠近。

(2)古物數量的多少。

(3)古物本身之藝術價值。

二、詳細説明:此項説明,依原則上所定之範圍及種類,劃分時代,各作詳細並舉例説明;此項説明,古物保管委員會依實際情形之推進,得隨時增删,每年公佈一次。

根據以上兩項規定,公推朱委員希祖,滕委員固,起草釐定之。

……

2月22日,至古物保管委員會列席第六次常務委員會,常務會議請先生及蔣復璁審核美國福開森所購書籍,並擬組織編譯委員會。

《中央古物保管委員會第六次常務會議記録》(中央古物保管委員會編《中央古物保管委員會議事録》第一册,12頁):

日期:二十四年二月二十二日下午二時

地點:本會會議室

出席:滕固、蔣復璁、傅汝霖(許寶駒代)、李濟(董作賓代)

列席:朱希祖、黄文弼、董作賓、盧錫榮、許寶駒、裘善元、蕭漢澄

記録:侯紹文

……

討論事項:

……

二、北平辦事處函送美紳福開森氏所購書籍目録一册,即請核奪示復案。

決議:交蔣、朱二委員審查後,再提下次常會討論。

臨時動議:

……

二、滕委員固提本會應如何組織編譯委員會,及發行刊物案。

決議:由會擬具詳細計劃,提出下次常會討論。

擬定計劃時,要參照下列兩項:

(甲)刊物應分兩種,一公報一專刊。

(乙)各科長及專門委員皆爲編譯委員會當然委員,並得向會外聘請特約編譯。

……

2月25日,晚赴黄文弼宴,同席有傅汝霖、滕固等二十人,黄文弼將赴西安爲古物保管委員會西安分會主任。

2月27日,重擬《古物之範圍及種類(草案)》並説明書。

1935年2月17日日記:

自上午至夜十一時擬《古物之範圍與種類(草案)》並説明書,先是滕若渠亦擬成一篇示余,余以爲未盡善,故重撰此篇。

侯紹文《朱逖先先生之遺範》(《朱逷先先生紀念專號》,《文史雜誌》第5卷第11、12期合刊,1945年12月):

先生在會特别辛勤,曾爲製定《古物之範圍與古物之種類》一篇。按此篇字數篇幅雖屬不多,然其價值則甚大。由此規定,保管會方有工作可言,此篇不先决定,則保管會之工作,殊難有系統也。因古物之範圍,難定界限;古物之種類,難定標準。雖同一時間之物,而何者應保管,何者應聽其自然;同一物品,因所歷時間不同,其保存之價值亦有區别。此中界説與此種考定,非先生之博學宏才,實無從着手。而此篇經先生手創,獨能爲古物立一範疇,以後考古者,遂有軌道可循。

1935年3月1日日記:

上午十一時又至行政院訪滕若渠,將所擬《古物之範圍與種類(草案)》略共商政,送交李濟之。

3月1日,中央古物保管委員會委託先生審查天津某宅售於洋人書目,先生認爲此批書籍中多有善本,應禁止出境。

3月4日,將所查天津書目及其中善本書開一書單交於中央圖書館籌備委員會主任蔣復璁。

3月10日,訪花盝岡胡氏愚園、瓦官閣故址、雨花臺、報恩寺塔舊址。

3月15至17日,與長子偰、滕固、德人梅慈納、奥人史達士,在丹陽調查齊、梁陵墓,得齊宣帝永安陵、高帝泰安陵、齊武帝景安陵、郁林王墓、海陵王墓、齊景帝修安陵、齊明帝興安陵、梁文帝建陵、梁武帝修陵、梁簡文帝莊陵,皆爲測量攝影。

3月20日,古物保管委員會《古物之範圍及種類(草案)》審查委員會開會,通過先生與滕固所擬之《古物之範圍及種類(草案)》。

《古物範圍及種類草案審查委員會第二次會議記録》(中央古物保管委員會編《中央古物保管委員會議事録》第一册,38頁):

時間:二十四年三月二十日下午三時

地點:中央古物保管委員會會議室

出席:李濟、朱希祖、滕固(許寶駒代)、蔣復璁、董作賓

列席:傅汝霖、裘善元、許寶駒

主席:李濟

記録:羅香林

報告事項:

朱委員希祖報告與滕委員固共同起草古物範圍及種類草案經過情形大要。根據本會第一次會議所定三項原則,並參考各委員意見,及侯邵文、羅香林二人原擬草案,以簡明得要,統括靡遺爲主。其詳細説明書,擬俟本案通過後,集合各委員意見,逐條類舉,另行編擬。

討論事項:

對於滕、朱二委員所擬定《古物範圍及種類(草案)》,應如何審定採用案。

決議:照原案通過採用,以本會名義,於中央古物保管委員會召開第七次常務會議時,提出討論。

臨時動議:

一、用本會名義,向中央古物保管委員會提議,依照古物種類,聘請顧問組織審查古物範圍專門委員會案。

決議:照原案通過,用本會名義,於中央古物保管委員會召開第七次常務會議時,提出討論。

二、編擬古物範圍及種類詳細説明書案。

決議:向中央古物保管委員會提議,於《古物範圍及種類(草案)》正式通過,並經組織審查古物範圍專門委員會後,集合各委員意見,積極編製。

3月30日,至中央古物保管委員會列席第七次常務會議,會議決定先生及滕固所擬之《古物之範圍及種類(草案)》,作爲暫定古物之範圍及種類,請先生再加以概括的叙説。成立編輯委員會,先生爲主任。

《中央古物保管委員會第七次常務會議記録》(中央古物保管委員會編《中央古物保管委員會議事録》第一册,15頁):

時間:二十四年三月三十日下午二時

地點:本會會議室

出席:李濟、蔣復璁(滕代)、滕固、傅汝霖

列席:朱希祖、盧錫榮、許寶駒、裘善元、蕭漢澄

主席:傅汝霖

記録:鍾歆

……

討論事項:

……

五、古物之範圍及種類審查委員會第一、二次審查報告案。(附第一、二次審查報告及朱、滕兩委員所提之古物範圍及種類草案各一件。)

臨時報告:

……

七、古物範圍及種類草案審查委員會提議,對於滕、朱兩委員所提古物範圍及種類草案,應如何審定採用案。

決議:作爲暫定古物之範圍及種類,再請朱委員加以概括的敘説。

八、古物範圍及種類草案審查委員會,依照古物種類聘請顧問,組織審查古物範圍專門委員會。

決議:推朱委員希祖、葉委員恭綽、滕委員固、李委員濟計劃組織該專門委員會事宜。

1935 年 3 月 30 日日記:

下午至中央古物保管委員會開會,並擬籌備刊物,成立編輯委員會,公推余爲編輯主任。

4 月 1 日,至南京市區雞籠山南,調查晉四陵(晉元、明、成、哀四帝之陵)遺蹟。

《六朝陵墓調查報告》(《朱希祖六朝歷史考古論集》,南京大學出版社,2009 年 10 月,59 頁):

民國二十四年四月一日,余至雞籠山南訪晉四陵遺址,不見遺蹟,惟於大石橋東數十步,見一巷門,顔曰石麟里,因憶唐李商隱《晉元帝廟》詩云:"弓箭神靈定何處,年年春緑上麒麟。"據此唐時晉四陵必尚有石麒麟也。今石麟里適當雞籠山陽,則晉四陵必在石麟里與雞籠山之間矣。

4月11日,至古物保管委員會開第一次委員談話會。

編者按:此應爲第八次常務會議,但因出席人數不足,故改爲談話會。

《本會第一次委員談話會記録》(中央古物保管委員會編《中央古物保管委員會議事録》第一册,17頁):

日期:二十四年四月十一日午後二時
地點:本會會議室
出席委員:傅汝霖、蔣復璁、朱希祖、許修直、盧錫榮
科長:許寶駒、裘善元、蕭漢澄
主席:傅汝霖
記録:侯紹文

……

討論事項:

……

四、本會第七次常會議決推朱、葉、滕、李四委員計劃組織"審查古物範圍專門委員會"事宜一案,應請四委員在大會前開會計議,擬具具體計劃,以備提交大會討論之。

……

4月14日,至南京鐘山之陽孫陵岡(今南京梅花山),訪吴大帝孫權及晉五陵遺址。

《六朝陵墓調查報告》(《朱希祖六朝歷史考古論集》,南京大學出版社,2009年10月,58頁、60頁):

民國二十四年四月十四日,余至鐘山之陽孫陵岡,不見遺物。

民國二十四年四月十四日,余至鐘山之陽孫陵岡下,訪求晉五陵遺址,不見遺物。蓋吴大帝蔣陵,《建康實録》爲在今縣(上元)東北十五里,而晉五陵亦謂在今縣(上元)東北十五里,則必在蔣陵附近無疑矣,惟唐李吉甫《元和郡縣志》卷二十六,謂晉康帝崇平陵、簡文帝高平陵、孝武帝隆平陵、安帝休平陵、恭帝沖平陵,並在縣(上元)東北二十里,則晉五陵與蔣陵仍相去不遠也。又晉五陵不起墳,亦必有石麒麟,宋蘇泂《金陵雜興二百首》之一云:"五陵歌舞换埃塵,地下黄金出尚新。碑字已漫青草死,酸風吹煞石麒麟。"今已不見流遺,惜哉。

4月15日,謁明孝陵,詳查古蹟。

4月16日,至中央古物保管委員會開編輯委員會,議決辦《中華文物》雙月刊,推先生起草編輯條例。

1935年4月16日日記:

> 二時至中央古物保管委員會開編輯委員會,余爲主席,滕委員固、蔣委員復璁到會,傅沐波委員長列席,議決辦《中華文物》兩月刊,推余起草編輯條例,四時半回寓。

4月17日,至中央古物保管委員會開第二次全體委員大會。大會公決,通過先生與滕固所擬之《古物之範圍及種類(草案)》,定名爲《暫定古物之範圍及種類》。會上先生報告了南京古蹟調查委員會的工作以及編輯刊物事。大會推定先生等人起草修改《古物保存法》及其施行細則,並推舉先生爲編譯會議主席,主編會刊《中央古物保管委員會調查報告》。

《中央古物保管委員會第二次全體會議記録》(中央古物保管委員會編《中央古物保管委員會議事録》第一册,18頁):

> 日期:二十四年四月十七日上午九時
> 地點:本會會議室
> 出席:傅汝霖、許修直、朱希祖、馬衡、傅斯年、滕固、李濟、蔣復璁、盧錫榮、黄文弼
> 列席:許寶駒、裘善元、蕭漢澄
> 缺席:徐炳昶、董作賓
> 記録:侯紹文
> ……
> 臨時報告:
> ……
> 五、朱委員希祖報告,關於南京古蹟調查委員會調查丹陽古蹟,業已完竣,不日將有報告送會,其他如南京城内古蹟、太平天國宫城等調查報告,亦正在整理中。
> ……
> 討論事項:
> 一、《暫定古物之範圍及種類》案。
> 説明:《古物範圍及種類(草案)》委員會,於本會第七次常會提議,對於滕、朱兩委員所提《古物範圍及種類(草案)》,應如何審定採用。經決議,作爲暫定之範圍及種類,再請朱委員加以概括叙説,記

録在卷。惟古物之範圍種類,含義甚廣,研究不厭求詳,滕、朱兩委員所提是項草案,其擬定之標準與項目,是否盡善,應再提請大會公决。

決議:照原案修正通過,呈送行政院公佈施行,並由朱委員希祖,擬具説明書,附送鑒核。

……

九、請組織專門委員會從事改訂《古物保存法》及其施行細則案。(登記科科長傅雷建議)

説明:……

決議:推李委員濟、滕委員固、蔣委員復璁、舒委員楚石、朱委員希祖起草修改《古物保存法》。

……

臨時動議:

……

九、關於本會編譯委員會刊物名稱及主編人選,應如何規定案。(傅主席委員提)

朱委員希祖報告,關於本案,經推定負責各委員(朱、李、蔣、滕、董五委員)開會議决,改編譯委員會爲編譯會議,刊物不定期,除《法規彙刊》仍繼續出版外,另出刊物一種,擬定名爲《中華文物》,收登外來稿件,並給以相當稿費。

傅主席委員補充報告,《中華文物》之内容,概分調查、報告、研究、譯著及法令等項,無論會内外投稿,均酌給相當報酬。

決議:刊物名稱,改爲《中央古物保管委員會調查報告》,至編譯事項,仍由第七次常會推定之朱委員希祖、李委員濟、董委員作賓、蔣委員復璁、滕委員固負責進行,並由朱委員希祖擔任主編。

1935年4月17日日記:

九時至中央古物保管委員會開第二次大會。上午報告各種所辦事件,午刻傅沐波設讌於會中,下午討論各項事件,並由大會推余爲編輯委員會主席,主管編輯。六時半散會。是日到會委員:傅沐波主席,滕固、李濟、蔣復璁常務委員,朱希祖、許修直、舒楚石、傅斯年、黄文弼、馬衡、盧錫榮普通委員,而常務委員葉恭綽、普通委員董作賓、徐炳昶未到。會中新借得王莽權衡五件,由甘肅出土,尚有三件在甘肅省城,故宫博物院亦藏數件,將來擬全部攝景拓文,作文一篇記之。

《暫定古物之範圍及種類》(中央古物保管委員會編《中央古物保管委員會議事録》

第一册,98 頁):

甲、古物之範圍

一、本案所定之範圍,根據《古物保存法》第一條,所稱古物,指與考古學、歷史學、古生物學及其他文化有關之一切古物而言。

二、本會擬定之原則,以值得保存之古物爲限,以下列三種標準定其範圍:

(1)古物之時代久遠者。

(2)古物之數量寡少者。

(3)古物本身有藝術之價值者。

乙、古物之種類

一、史前遺物。包括史前人類之遺蹟、遺物、遺骸,又古生物之遺骸、化石等。

二、建築。包括城郭、關塞、宫殿、衙署、學校、第宅、園囿、寺塔、祠廟、陵墓、橋梁、堤閘,及一切遺蹟等。

三、繪畫。包括前代畫家之各種作品,以及宫殿、寺廟、冢墓之壁畫,與夫美術之繡繪、織繪、漆繪等。

四、雕塑。包括一切建築之雕刻,及佛道之雕像、塑像,與夫施於金石竹木骨角齒牙陶匏之美術雕刻。

五、銘刻。包括甲骨刻辭,及金石竹木磚瓦之銘記,璽印符契書版之雕刻等。

六、圖書。包括簡牘、圖籍、檔案、契券,以及金石拓本、法書墨蹟等。

七、貨幣。包括龜貝,以及金屬之刀布錢錠,紙屬之交鈔票券等。

八、輿服。包括車輿、船艦、馬具、冠冕、衣裳、舄履、帶佩、飾物、織物等。

九、器具。包括禮器、樂器、兜鍪、鎧甲、農具、工具,以及測驗之儀器、範物之模型、日用飲食之器、游戲賭博之具、學人之文具、婦女之奩具、兒童之玩具、優伶之戲具、宗教之法物、殉葬之明器等。

十、雜物。凡不列入上九類之古物皆屬之。

《〈古物之範圍及種類(草案)〉説明書》(中央古物保管委員會編《中央古物保管委員會議事録》第一册,99 頁):

甲、古物之範圍

古物二字之意義。凡世間一切有形質可指者,皆曰物,如天造物之動植物等,人造物之建築、雕塑、輿服、繪畫、銘刻、圖書、貨幣以及一切器具等,其範圍至爲廣泛。至於古物,其範圍雖較縮小,照吾國字誼,十口相傳謂之古,十口乃十人之謂,諦言之,即十世相傳謂之古,吾國以三十年爲一世,則三百年以上方謂之古,然則三百年以上之天然物、人造物,皆可謂之古物。此就字義而言,尚未可遽以定範圍也。現行之古物法令,十九年六月七日行政院公佈之《古物保存法》第一條,謂:"本法所稱古物指與考古學、歷史學、古生物學及其他文化有關之一切古物而言。"此項法令,亦包括天然物、人造物之一切古物,而稍加限制,然其範圍亦至難確定。

本會規定之原則。謂本案所指古物,依照《古物保存法》第一條所言,以值得保存者爲限,其範圍以下列三種標準定之:

一、古物時代之遠近。

二、古物數量之多寡。

三、古物本身之藝術價值。

古物普通原則,自以時代愈遠爲愈貴重,例如古生物,大部在有史以前,而商周彝器、周秦刻石,自較近代者尤爲寶貴;然有時尚須以物品之多少、藝術之精粗,判其價值,例如史前之石器,數量既多,藝術亦劣,反不如周秦漢魏以下數量少而藝術精者之可貴;又如王莽之貨泉貨布,反不如明代之正德治武制錢之可貴,以其流傳少也;又如普通畫家之作品,反不及清代四王惲吴之可貴,以其藝術精也。故三種標準,不可缺一,今修正之如左:

1、古物之時代久遠者。

2、古物之數量稀少者。

3、古物本身有藝術之價值者。

保存與保管。保存與保管,意義略有不同。一切古物,皆應保存,整理規定範圍,略陳種類,使國人加意愛惜,毋使自然消滅,任意毁弃,如古代之建築之任其風雨摧殘,古代器物之任其銷毁變賣,政府與國民共負責任者也,故古物保存之範圍,不妨稍廣。保管則政府獨負其責任,須有實力以强制之,如指定地下古物之爲國有,不使中外人民任意發掘;限制古物不許任意流出於國外;又如規定古物中之有國寶價值者,若爲官物,則設國立與地方官立之博物館、美術館、圖書館等以爲保管;若爲私物,一經品定爲國寶,亦有陳列於上列諸館之義務,且絶對不許流出於國外;是故古物保管之範圍,不應泛指一切保存之古物而言,應就古物中之有國寶價值而言。國寶之標準,有必不可少之條件二,一可爲歷史要證者,一可爲藝術之代表者,然雖臨時由各項專家品定之,而由古物保管委員會指定機關保管之。

兹所定古物之範圍,以保存爲範圍,而以《古物保存法》第一條所規定者,加三種標準。

乙、古物之種類

古物之種類繁多,不勝枚舉,本案以概括法定爲十種類。凡法令之屬,有列舉與概括二法,吾國古代法律,爲列舉法,故夏有三千條,周有二千五百條,然條目雖繁,尚多遺漏,不勝其弊。其後法進步,乃改爲概括法,至多不過數百條,所謂執簡以御繁也。佛教之戒亦然,知識淺薄如比丘尼者,則戒律爲列舉,有數百條,知識高深如德者等,則戒律爲概括,僅有八戒五戒而已。其實概括則範圍愈廣,列舉則反多漏略,本案爲法令之屬,故用概括法。

編者按:先生與滕固所擬之《暫定古物之範圍及種類》,最後於1935年6月15日由行政院公佈實施,定名爲《暫定古物之範圍及種類大綱》。(載《中央古物保管委員會議事録》第一册,66頁)

4月19日,閱《全梁文》,標出梁代諸王侯墓志銘。
4月20日,與長子偰及德、奥二友人游寶華山。
4月22日,至中央研究院歷史語言研究所訪李濟,觀殷墟出土文物。是日,閱朝鮮總督府編《朝鮮古蹟調查報告》,準備撰《六朝陵墓調查報告》。
4月24日,本日起開始撰寫《六朝陵墓調查報告》。是日,古物保管委員會公宴蔡元培、張繼。
5月1日,撰《駁晉温嶠墓在幕府山西説》。

侯紹文《朱逖先先生之遺範》(《朱逷先先生紀念專號》,《文史雜誌》第5卷第11、12期合刊,1945年12月):

温嶠晉人,曾討平王敦、蘇峻之亂者也,《上元縣志》載:晉温嶠墓在幕府山西。一日先生偕余等五六人,驅車下關沿江一帶,考訪古蹟。當時該處已成警戒區,炮臺掩映山谷間,禁止行人通過。余等出機關證明書,並云係考察古蹟者,始准通行。抵江邊五馬渡旁,則温嶠墓在焉。培土如邱,龐然大塊,墳前面江立碑,上書"晉驃騎將軍温嶠之墓",某縣長書刻也。同仁拍照而歸,而先生倡辨其僞。《晉書》載温嶠鎮武昌,於牛渚燃犀燭怪之後,得牙疾而終,朝廷念嶠功德,將建大墓於元、明二帝陵之北,以移柩焉,侃諫之而止。則此大墓,非後人僞造,即係衣冠冢。

5月4日,與滕固、傅雷、侯紹文、荊林及長子偰至幕府山調查古蹟。

1935年5月4日日記:

午後一時,偕滕若渠及大兒至古物保管委員會,與傅、侯、金(荊)三君乘汽車至幕府山。由山西南大道轉入中部山内,由北山出,轉至山西,將近江面,路旁有晉驃騎將軍温忠武公墓道石,及光緒二十八年石刻告示,乃下車,由墓道入山。山麓有海軍雷庫,詢問兵士,則云墓在山西北麓。乃折北轉東至山西北陝,則有豐碑鐫"晉驃騎將軍温忠武公之墓",隸書,碑陰刻陳麟書《重修墓碑記》,其文已載於《新京備乘》,兹不録。余曾撰《駁晉温嶠墓在幕府山西説》,而據《元和郡縣志》確定幕府山西有晉丞相王導墓,然亦未知何在,不見遺蹟。再由西向南及東南尋晉穆帝永平陵(《建康實録》謂在幕府山之陽起墳),宋明帝高寧陵(《元和郡縣志》謂在縣東北十九里幕府山東南),及宋明宣沈太后陵(《六朝事蹟類編》、《南史》宋明宣沈太后爲文帝美人,生明帝。元嘉三十年葬建康之幕府山,今寶林寺西南有墳壟,相傳爲國婆墳,疑即爲沈后所葬之地),皆未見遺蹟。惟山南有大墳,前有石虎、石羊、石馬、石人、石龜趺各一對,觀其雕刻,必爲明以前物,蓋爲南唐李後主之周皇后懿陵,《歷代陵寢備考》謂"葬在城北"是也,惜舊有碑二,已亡,不可考矣。山之東南麓有寶林寺遺址,且有古墓一,穴已爲人所開,羨道石築爲圜橋形,有石門二,已毁其一。由寶林寺向西南求所謂"國婆墳",亦不見,問之土人,亦不知。乃驅車由新築馬路上幕府山東峰之巔,西望大江,歷歷在目,樹木葱鬱,誠勝境也。下山即回城内。

5月5日,與滕固、侯紹文及長子偰、婿羅香林至牛首山調查古蹟。

5月16日,《六朝建康冢墓碑志考證》全部完成,共三萬餘言。

5月19日,與長子偰、次女倓、婿羅香林至笆斗山訪失名之梁墓,又至黄城村梁鄱陽王蕭恢墓、始興王蕭暎墓、董家邊梁新渝侯蕭憺墓、甘家巷梁安成王蕭秀墓、蘭山南陳文帝永寧陵、張庫村梁臨川王蕭宏墓、麒麟鋪宋武帝初寧陵,測量攝影。

5月21日,至古物保管委員會列席第八次常務委員會,會上先生報告了六朝陵墓概略,並被推定爲古物保管委員會籌畫增購圖書。

《中央古物保管委員第八次常務會議記録》(中央古物保管委員編《中央古物保管委員議事録》第一册,26頁):

日期:二十四年五月二十一日
地點:本會會議室
出席:傅汝霖、滕固、葉恭綽、蔣復璁、李濟(董作賓代)
列席:許修直、舒楚石、董作賓、朱希祖、徐寶駒、裘善元、傅雷、蕭漢澄
主席:傅汝霖

記録:袁敷寬、侯紹文

……

臨時報告:

……

(二)朱委員希祖報告調查六朝陵墓報告,至詳細報告,正在起草中。

……

臨時動議:

……

(六)本會增購圖書案

決議:推定蔣委員復璁、葉委員恭綽、朱委員希祖、滕委員固、傅主席汝霖組織徵購圖書委員會,籌畫本會徵購應用圖書事宜。

……

5月31日,完成《六朝陵墓調查報告書》,並作序一篇。

余讀日本今西龍君《高麗諸陵墓調查報告書》(見日本大正五年度《古蹟調查報告》),而輒深亡國之痛也。夫朝鮮人不自知其祖宗邱壟之留遺,付之荒煙蔓草,視爲不足輕重,無怪乎其視國家如敝屣,而奄然以至於滅亡。迨他人據有其國,反視之若共球,斥國家至可寶貴之經費,延攬學者,周訪靡遺,成爲鉅著,以貢獻於世,此無他,一國歷史之源泉,而文化之所維繫焉。今吾國人日日言文化,而欲發揚光大之,問其文化實物之所在,則瞠目不能對,則如何發揚,如何光大,尤非其所能夢見,此隨聲附和之空談,所以無濟於實用也。蓋一物之微,考其製作,各有其歷史之根據、文化之淵源,例如六朝陵墓之神道石柱、天禄辟邪,一經考古者詳爲考核,精爲比較,則與希臘、波斯、印度之文化,頗有息息相關,前賢精取外來之文化,以發揚光大吾國固有之文化,綿延千百年以至今日,實例昭垂,吾子孫安可不仰承先志,以自永其國祚耶! 是故一邱一壟之間,其遺留於地上地下諸物,其類至夥,古代之建築繫焉,古代之繪畫繫焉,古代之雕刻繫焉,以及古代之禮俗學藝繫焉,甚至建國之精神、蕃衍子孫種族之至意亦繫焉,而國人至今仍視爲無足輕重,棄之於荒煙蔓草之間,一任其風雨摧殘、盜賊毁掘。朝鮮人之覆轍不遠,國人豈未之覩耶! 吾爲此懼,用自奮勵,與長子偰躬自跋涉,披榛闢萊,先自訪求六朝陵墓始,積經年之探索,又得中央古物保管委員會之助,僅完成此一隅之調查,勒爲一書,他日苟進而擴之全國,盡發地上地下諸古物,以供研究文化實物之參考,杜外人之覬覦,揚先哲之耿光,是有望於秉國鈞者,弘識淵見,不吝出納,以造成此鉅業焉。

是日聞知中央古物保管委員會將歸内政部管轄,該委員會原直屬行政院。

1935年5月31日日記:

中央古物保管委員會聞將歸並内政部,此種考古事業又將爲之停頓。

6月3日,撰《六朝哀册文考略》。

6月4日,中央古物保管委員會同人宴集傅汝霖宅,商量中央古物保管委員會歸並内政部管轄事,並談未及辦結各事項之處理。是日開始重撰《天禄辟邪考》。

6月15日,撰《神道碑碣考》。

6月17日,閱滕固所撰《六朝陵墓石蹟述略》,修改《天禄辟邪考》。

6月18日,《六朝陵墓調查報告》全部脱稿。

編者按:該書共七篇,先生作文五篇:《六朝陵墓調查報告書》、《六朝建康冢墓碑志考證》、《天禄辟邪考》、《神道碑碣考》、《駁晉温嶠墓在幕府山西説》。另有朱偰《六朝陵墓總説》、滕固《六朝陵墓石蹟述略》。

是日,中央古物保管委員會舉行第九次常務委員會,先生列席會議。會議討論了繼續辦理之事項,以及移交新的中央古物保管委員辦理之事項。

《中央古物保管委員第九次常務會議記録》(中央古物保管委員編《中央古物保管委員議事録》第一册,30頁):

日期:二十四年六月十八日下午二時

地點:本會會議室

出席:蔣復璁、李濟、滕固、傅汝霖

列席:朱希祖、董作賓、馬衡、許修直(盧錫榮代)、盧錫榮、裘善元、傅雷、徐寶駒

主席:傅汝霖

記録:袁敷寬、侯紹文

……

臨時動議:

……

三、滕委員固、朱委員希祖提議呈請行政院飭修宋滕忠節共茂實古墓案。

説明:……

決議:由本會呈請行政院,飭令山西省政府,撥款修理,以昭忠烈。

四、滕委員固、朱委員希祖、李委員濟、蔣委員復璁、董委員作賓、馬委員衡提議,編製本會自開辦日起至結束日止,各項會議紀事概略總報告案。

決議:通過。

……

文書科請示三項:

一、本會譯著刊印各國保存古物法規及《六朝陵墓調查報告》等費,應如何核支,敬請公决。

決議:所有印刷費,由本會事業費節餘項下動支。

……

6月22日,至中央圖書館與蔣復璁商印《六朝陵墓調查報告》事。

6月23日,開始撰《六朝都城考》,至7月8日,大致完成。

編者按:該書未刊,手稿藏北京國家圖書館。據手稿,該書有下列篇目:《吴建業城邑考》、《吴建業宫苑考》、《吴建業廨署第宅寺觀考》、《吴建業山水里巷橋梁考》、《東晉建康城邑考》、《東晉都城宫城考》、《東晉建康宫苑考》、《東晉建康郊廟社稷學校考》、《東晉建康廨署第宅寺觀陵墓考》、《東晉建康山水里巷橋梁考》、《東晉建康市廛園林郊坰考》、《宋建康城邑宫苑考》、《宋建康郊廟社稷學校考》、《宋建康廨署第宅寺觀陵墓考》、《宋建康山水里巷橋梁考》、《宋建康市廛園林郊坰考》、《齊建康城邑宫苑以至郊坰考》、《齊建康山水里巷橋梁考》、《六朝易學表》、《梁建康城邑宫苑以至郊坰考》、《陳建康城邑宫苑以至郊坰考》。

6月28日,中央古物保管委員會正式改爲内政部管轄。

7月29日,接内政部函,繼續聘先生爲中央古物保管委員會委員。

9月11日,赴内政部出席中央古物保管委員會第三次全體委員會議。這是中央古物保管委員會轉屬内政部管轄之後的第一次會議。會上先生被推參與起草《修正古物保存法(草案)》,並與徐炳昶、黄文弼、滕固聯名作"擬請通令各省市縣,凡陵墓所在地,距陵墓一百公尺以内,所有土田,概收公有,俾得種植樹林"提案一件。

《中央古物保管委員會第三次全體委員會議記録》(中央古物保管委員會編《中央古物保管委員會議事録》第二册,1頁):

日期:二十四年九月十一日下午二時

地點:内政部

出席:許修直、葉恭綽(朱代)、滕固、李濟(董代)、蔣復璁、朱希祖、馬衡、董作賓、舒楚石、徐炳昶、黄文弼、袁同禮(滕代)、盧錫榮、張鋭

列席:周森、賀天健、裘善元

主席:許修直

記録:徐曉林

……

討論事項:

一、請將歷次會議決議案内未及辦結各案,從速辦理案。

説明:查本會歷次會議決議案内,有關於法規事項者,計有多件,均經決議推舉專員負責辦理在案,後本會奉令歸併,一時會務無由繼續積極進行,兹者本會現已照常辦公,所有原決議未及辦結各案,似應從速進行辦結,以利會務。是否有當,敬請大會公決。

二、本會隸行政院時未辦結各案宜速整理案。

説明:此類事件,會中本印有詳表,竊謂應將各案提出酌審,凡應繼續進行者,即速進行,以示會務並未中斷。其修改《古物保存法》及施行細則,極爲重要,且爲進行會務之根本,似尤應提前繼續辦理。當否,敬請大會公決。

決議:

1、先修改《古物保存法》,俟公佈後,再起草其他章則,惟急要案件,俟交常務委員會辦理。

2、推李、滕、蔣、朱、舒、盧、張七委員,負責起草《修正古物保存法(草案)》。

……

十、陶蘭泉先生家刻古籍,擬請本會收歸國有,應如何辦理案。

決議:推朱、蔣、黄三委員裘顧問審查木版,並與陶先生接洽約數,交常務委員會辦理。

……

十四、擬請通令各省市縣,凡陵墓所在地,距陵墓一百公尺以内,所有土田,概收公有,俾得種植樹林案。提議人:朱希祖、徐炳昶、黄

文弼、滕固。

決議:交常務會議研究後,再行提會討論。

1935年9月11日日記:

午後二時赴内政部開中央古物保管委員會,内政部次長許修直爲主席,余及滕固、馬衡、徐炳昶、李濟、蔣復璁、葉公綽、黄文弼、董作賓、盧錫榮皆爲舊委員,而舊委員除去傅斯年,又傅汝霖辭職,故添袁守和及内政部參事一人、司長一人爲會員,共十四人。是日李濟、葉公綽、袁守和未出席,餘皆到。馬衡提議仍設常務委員,通過。七時至新街口明湖春赴内政部次長陶縷謙、許修直讌,同席即爲中央古物保管委員會委員。

10月1日,原中央古物保管委員會主席傅汝霖宴中央古物保管委員會各委員,時傅汝霖新任揚子江水利委員會委員長。

10月4日,與馬衡同至朝天宫訪晉卞壼墓。

10月下旬,《六朝陵墓調查報告》正式發行。

編者按:該書初版,封面蔡元培題"六朝陵墓"。該書爲"中央古物保管委員會調查報告之一",總編輯爲先生,編輯有滕固、李濟、蔣復璁、董作賓等四人,由中央古物保管委員會出版,中央圖書館籌備處印刷所印刷。又按:該書出版時間初版署民國二十四年八月一日,但據先生日記,9月27日,開始校對該書,10月2日交付印刷,10月31日收到正式出版的《六朝陵墓調查報告》,故該書正式發行在1935年10月下旬。

11月2日,中央古物保管委員會召開第十次常務委員會,先生因擔任本年度高等文官考試典試委員而未列席會議,但會上與先生有關之議項有三。

《中央古物保管委員會第十次常務會議記録》(中央古物保管委員會編《中央古物保管委員會議事録》第二册,8頁):

日期:二十四年十一月二日下午三時
地點:内政部會議室
出席:許修直、李濟、蔣復璁、滕固
列席:盧錫榮、周淼
主席:許修直
記録:沈維均

……

臨時報告事項:

……

二、蔣常務委員復璁、董委員作賓、裘顧問善元報告關於奉交審查陶蘭泉先生家刻古籍版片並接洽約數一案,業經先就木版部份會同檢視,詳加研察,惟以朱委員希祖因事未到,先將該版片按頁點明,共計七千零八十三頁,至於價值一項,候朱委員再加鑒估核定後,再提出下次常會討論。附清單一件。

討論事項:

……

二、本會第三次全體委員會決議交辦各案如左:

……

3、朱、徐、黄、滕四委員提議,請通令各省市縣凡陵墓所在地,距陵墓一百公尺以内,所有土田概收歸公有,俾得種植樹林一案,經大會決議交常務委員會研究,應如何辦理,請公決案。

決議:交修改《古物保存法》委員會參考。

……

臨時動議:

一、盧委員錫榮提議第三次全體會議決議推李、滕、蔣、朱、舒、盧、張七委員負責起草《修正古物保存法(草案)》一案,請推定該起草會召集人。

決議:推滕委員固召集之。

……

關於本年國民政府高等文官考試事

10 月 22 日,國民政府簡任先生爲 1935 年高等文官考試典試委員。

《國民政府令》10 月 22 日(考試院秘書處編印《考試院公報》,中華民國二十四年第十期):

派張知本、劉瑞恒、徐謨、傅秉常、吴經熊、丁文江、謝健、衛挺生、顏德慶、梅貽琦、朱希祖、梁希、吴大均、郭心崧、顧樹森、饒炎、伍非百、劉光華、張默君、辛樹幟、葉溯中爲高等考試第一典試委員會典試委員。馬君武、鐘榮光、金曾澄、吴在民、陸嗣曾、曾如柏、黄麟書、許崇清爲高等考試第二典試委員會典試委員。此令。

10 月 25 日,接國民政府 1935 年高等文官考試典試委員簡任狀,赴考試院開典試委員會。

1935 年 10 月 25 日日記：

是日晨接國民政府簡任狀，簡任余爲二十四年高等文官考試典試委員，四時赴考試院開典試委員會，名單如下：

典試委員長：　鈕永建

國文組典試委員：主任　伍非百　委員　張默君　謝　健

遺教組典試委員：主任　吴經熊　委員　葉溯中　劉光華

歷史組典試委員：主任　朱希祖　委員　饒　炎　顧樹森

地理組典試委員：主任　丁文江　委員　辛樹幟　郭心崧

政治組典試委員：主任　張知本　委員　傅秉常　徐　謨

經濟組典試委員：主任　郭心崧　委員　劉光華

法律組典試委員：主任　傅秉常　委員　謝　健

外國文組典試委員：主任　徐　謨

財政會計組典試委員：主任　衛挺生

統計組典試委員：主任　吴大均

衛生組典試委員：主任　劉瑞恒

土木機械建築組典試委員：主任　顔德慶

電機化學礦冶紡織組典試委員：主任　梅貽琦

農業森林水産組典試委員：主任　梁　希

10 月 27、28 兩日，爲普通行政、財務行政、教育行政、司法官四類考生出試卷。

1935 年 10 月 27 日日記：

爲高等文官考試出試題，計普通行政、財務行政、教育行政三類人員，出中國歷史題五道；司法官應考人員，出中國歷史題五道。設計種種條件，面面顧慮，頗費考量。是日羅香林亦接得襄試委員委任狀，特來共余斟酌題目，至夜十一時乃去。

1935 年 10 月 28 日日記：

上午寫中國歷史試題兩種，各寫三分，共六紙，以北平、西安皆歸第一試務處典試，故連南京共需三分也。至十一時始繕畢，乃親自送至考試院呈於典試委員長。

10 月 29 日，預擬高等文官考試第二試歷史題目。

10月30日,出司法官考試第二試中外歷史題目。

11月1、2兩日,擬試卷答案。

11月3日至10日,至考試院閲卷。

11月27日,赴考試院閲高等文官考試復試試卷。

11月28日,與陳百年、辛樹幟商定中國史地試卷分數及録取名額。

11月29日,全體典試委員至國民政府宣誓。

1935年11月29日日記:

上午九時至考試院,偕典試委員長及典試委員同人共乘汽車至國民政府行宣誓就職禮,十時至大禮堂行禮。是日宣誓就職者有典試委員長鈕永建及典試委員十九人,惟梅貽琦返北平未到,皆佩章簪花,尚有第一考試處處長陳大齊、高等法院院長焦易堂、銓叙部長石瑛、監察院監察委員王琪等,監誓者中央委員蔡元培。先由國府主席林公森率領行禮,以次宣誓,禮畢即散。

12月3日,至考試院開典試委員會,討論高等文官考試第二試放榜事,並商定第三試口試辦法。

12月10日,本年高等文官考試放榜。

1935年12月10日日記:

十時至考試院開第六次典試委員會,議決例案,十一時發正式榜,録取高等文官二百四十名,於是試事始畢,前後共歷四十日。正午院讌全體典試委員、監試委員、襄試委員並攝影,一時散席。

本年著述已如上述,不贅。

朱希祖先生年譜長編卷九

一九三六年(民國二十五年丙子)　先生五十八歲

1月1日,撰《湯球〈十六國春秋輯補〉跋》。

編者按:據先生《南京日記》和《海鹽朱逖先先生著述總目》(周文玖選編《朱希祖文存》,上海古籍出版社,2006年),關於崔鴻《十六國春秋》、湯球《〈十六國春秋〉輯補》以及其他有關十六國舊史,先生先後有《湯球〈十六國春秋輯補〉跋》、《湯球〈十六國春秋校本〉跋》、《〈十六國春秋〉分卷考》、《〈十六國春秋〉次叙考》、《十六國舊史考》、《湯球〈十六國春秋輯補〉匡謬》(上、下)、《湯球〈十六國春秋纂録〉獻疑》等論文,其中除《十六國舊史考》登載於《制言》半月刊第13期外,其餘均未刊,現知《〈十六國春秋〉分卷考》、《〈十六國春秋〉次叙考》、《湯球〈十六國春秋輯補〉匡謬》、《湯球〈十六國春秋纂録〉獻疑》四部手稿藏於北京國家圖書館。

又按:關於《湯球〈十六國春秋輯補〉跋》,先生1936年1月1日日記:"上午撰《湯球〈十六國春秋輯補〉跋》,寫於日記,參閲明萬曆刻本屠喬蓀《十六國春秋》輯本,午後寫成。"此《跋》可能就是録於1935年12月31日日記中的《〈十六國春秋輯補〉評論》。而關於《湯球〈十六國春秋〉校本跋》,在先生1936年1月2日日記中"夜閲湯球校本《十六國春秋纂録》"一句後有一段關於此書的跋文,此段跋文可能就是《湯球〈十六國春秋〉校本跋》。先生1月3日日記:"午後撰《湯球〈十六國春秋校本〉跋》,寫於日記。"但1月3日日記中没有任何跋文。

1月2日,至中央大學參加校長召開的各院長、各系主任會議。

1936年1月2日日記:

上午至中央大學開會,各院長、各系主任皆到,校長提議於四日起遵部令提前放假,以避學生風潮。討論二小時未有結果,乃聚餐於校長室旁,午後繼續開會表決,多數主張仍照舊例於一月十八日放假,以重學生學業。

1月3日,致信北平王芷章,對其正在撰寫的《清史伶官傳》提出建議。

來書謂現正撰《清史伶官傳》,已成三分之一。竊謂歐陽修《五代史記》所以立《伶官傳》者,以唐莊宗亡於伶官,與政局大有關係,故入於《五代史》,清代伶官與政局關係極少,可不必以"清史"爲名,稱爲《清代伶官傳》足矣。且限以伶官,有名伶而非官者,是否别做一傳?是不如改爲《清代名伶傳》,或《清代伶人傳》,其範圍似覺稍廣。伶官僅列一表,已備一代掌故足矣。至於作傳,只宜以派别分,如昆、弋、皮黄均足自成一派,斷不可如舊式之傳記專以人爲單位也。如以爲然,則同屬一派有爲官者,有非官者,不妨一爐容之矣。(録自先生1936年1月3日日記)

1月4日,閲《魏書》紀傳,搜集北魏漠南六鎮材料,以備作考證一篇。

編者按:先生後有《北魏漠南六鎮考》,未刊,殘稿現藏北京國家圖書館。

1月8日,撰成《〈中國經營西域史〉序》,爲曾問吾作。

《〈中國經營西域史〉序》(周文玖選編《朱希祖文存》,上海古籍出版社,2006年,404頁):

西域一地,在吾國常人視之,以爲邊疆,無足輕重;而以亞洲全局觀之,實爲中樞。蒙古統一亞洲,先經營西域,迨二區在握,而後四征弗庭,前後左右,鞭笞裕如,其明證也。故欲統一亞洲者,蒙古、西域首爲兵事必爭之地,歐亞强國,苟欲爭霸亞洲,此二處必爲最要之戰場。然蒙古不過爲甲乙二國最初決定勝負之區,而欲控制全亞與其他各國,用兵必以西域爲最要地矣。吾國新疆,爲西域最要區域,吾國得之,足以保障中原,控制蒙古;俄國得之,可以東取中國,南略印度;英國得之,可以囊括中亞細亞,縱斷西伯利亞。故在昔英、俄二國,已各視此爲禁臠。今東方日本雄視亞洲,昔之與俄對峙於南北滿者,今因外蒙服屬於俄,日本隨攘斥俄於北滿之外,以與之對抗。今後俄國苟欲申其勢力於新疆,以鞏固漠北蒙古,屏藩西伯利亞,則日本必由内蒙西進,北以控制外蒙,發展其軍事之優勢,南以屏蔽中國,保證其財政之外府。今察哈爾、綏遠,形式倉皇,則知新疆之形勢亦必岌岌矣。苟俄國之潛勢力,由陝北達寧夏以與外蒙通呼吸,則中國本部與新疆,必將隔絶,而陝甘垂危,建瓴東下,吾國財富之區,必又難保,是則賀蘭山與祁連山之間,又將爲兩大勢力,必爭之地,此皆吾國至要之領土,寧可作壁上觀耶?是故吾國今日第一急務,宜能確保新疆,杜外勢力之侵入,則察、綏危勢可緩;而欲確保新疆,則賀蘭山與祁連山之間,以及甘肅南部,必駐重兵,以遏秦、蜀游氛西北進,(漢唐盛時,多用西北强悍之兵,以戰勝外族,勝於東南柔弱之民遠矣。)使歐亞兩大勢力之決勝負,限制於東北一隅,則吾國所受損害,必可較輕。故吾人今日苟欲救國,必宜傾注全力於西北,一切建設,必由此方向進,斷不宜自撤藩籬,供人宰割,退守西南,以陷於滅亡,此吾區區之愚見也。興寧曾問吾,近著《中國經營西域史》三大編,其用意頗與余同。曾君年富力强,畢業於中央大學政治學系後,專肄習回鶻文字、西域歷史,而又與新疆旅京人士交游,以深探夫現狀,志趣宏遠,才識卓越,蓋先有此定見,而後成此鉅著,將用意磨練己志,鞭策國人,以攻達此鵠的。蓋漢弱匈奴,唐滅突厥,必先征定西域,鞏固河湟;宋明失西域,則侵凌於遼金,滅亡於蒙滿,若夫南宋、南明,皆退嬰南服,終至退無可退,或亡於粤海,或亡於滇邊。立國之道,譬如逆水行舟,不進則退,勢使然也。(漢唐之所以强盛,宋明之所以衰弱,雖非全關於西域之有無,蓋政治之得失、人才之用否,實爲最要條件。然無土地以爲憑藉,則締造究屬艱難。孟子所謂三寶,所以以土地爲首位也。今吾西域,苟決心保守,究尚易爲力。蓋保守己土,終不若侵奪鄰疆之難也。)吾願讀是書者,審察西域最近之形勢,反觀歷代經營之艱難,保守勿失,則内可以保吾國半壁之疆土,外可以減亞洲全局之危殆,庶幾不負曾君之苦心。蓋西域者,不特吾國安危所繫,亞洲全部之安危,亦將繫之。曾君之爲是書,其所見者甚大,吾故揭而出之;若夫文章之簡嚴,材料之豐富,觀其凡例,即可知之,此猶其餘技者矣。

中華民國二十五年一月八日,海鹽朱希祖作於南京桃源新村。

1月9日,偕夫人及三子僑再赴嚴州,勘東湖北岸地,擬卜築藏書,以避兵燹。並游淳安,覽新安江風景。15日,冒雪歸南京。

1月16日,往中央飯店訪沈兼士、王星拱。

1936年1月16日日記:

上午九時至中央飯店訪沈兼士、王撫五,皆不遇……夜又至中央飯店訪王撫五,談一小時。王君名星拱,與余北京大學同事,時余爲史學系主任,王君工學系主任,今王君爲武昌大學校長,率領學生代表來京赴蔣院長召,聽取政見。時胡適之代表北京大學,沈兼士代表輔仁大學,適之住教育部,王、沈二君住於此。十時傾始晤兼士,並遇袁守和,暢談一小時而回。

1月18日,在浣花村宴胡適、王星拱、沈兼士、袁守和、張仲翔、王世傑、朱家驊、陳百年、劉國鈞、羅家倫等。

1936年1月18日日記：

十二時至土街口浣花春讌胡適之、王撫五、沈兼士、袁守和、張仲翔、王雪艇、朱騮先、陳百年、劉國鈞、羅志希……王雪艇、朱騮先因别有要事來函道謝。袁守和爲北平圖書館副館長，言新印《宋會要》將成，陳援庵定名爲《宋會要稿》。余謂稿爲未刻之名，此爲徐松輯本，當改爲《輯本宋會要稿》，以示與原本完全者不同，袁君頗以爲然。

2月1日，致信汪東，擬在中央大學史學系添設中國南方民族史。至中央大學開會，對中央大學添講戰時各項應用課目交換意見。是日開始閲讀《隋書》點讀其中有關梁代史事，並閲《梁書》，以備補充舊作《梁藝文志稿》。

1936年2月11日日記：

下午校閲舊作《梁藝文志稿》，夜補完《梁藝文志稿》總集類。

2月5日，爲長子偰《金陵古蹟圖考》作序。

1936年2月5日日記：

大兒積二年之考察研究，撰成《金陵古蹟圖考》一鉅册，改正前代地方志錯誤甚多。

《〈金陵古蹟圖考〉序》(周文玖選編《朱希祖文存》，上海古籍出版社，2006年，401頁)：

金陵古蹟，日就摧殘，近代以來，凡有四次：洪武締造京城，六朝古碑，改砌街道；洪楊草創官室，四郊古墓寺院，碑碣坊表，運載俄空；端方總督兩江，金陵古代金石，半歸私室；近歲國都南遷，公私營造，毁弃尤多。夫古蹟者，國家歷史所寄，民族精神所繫，苟非大不得已，必當百計保存。今者保存古物，已設專員，然當局之耳目有限，群衆之蒙昧孔多，摧毁之事，層出不窮。良由嗤嗤之氓，不知古物何用，不識古蹟何在，無意之中，遭其毁滅，此爲最大之因。由是古蹟圖考尚焉，所以啟導耑蒙，共思保衛，厥功實非淺尠。

余長子偰，留學德國，專治財計，回國以來，教授於中央大學，目睹金陵之佳麗，古蹟之淪亡，出其緒餘，抽其暇晷，常事考察，兼以攝景，隨時記述，積有二載，遂成《金陵古蹟圖考》。余雖治乙部，反不如其專精，雖欲造述，亦不如其敏捷，此則少年氣盛之可貴也。其書之條理，異於宋元以來地志多事剿襲稗販者，厥有二事：一曰從事實地考驗，一曰推求原始證據,其《自序》及《凡例》,言之綦詳,余毋容爲之贅述。莊生有言:"親父譽之,不若非其父者可也。"且學術之事,當仁不讓,向、歆經術,父子異撰,余雖事啟發,亦間有異同。前者偰爲《建康蘭陵六朝陵墓圖考》,余爲《六朝陵墓調查報告書》,頗多各抒所見,不相苟同;今讀此書,大體頗覺完善,惟"六朝城郭"一章,如云梁之宫城三重,雖本唐許嵩《建康實録》(《梁書·武帝紀》:天監十年,"初作宫城門三重樓及開二道",《南史·梁本紀》同。《建康實録》脱一"樓"字,遂又誤爲三重門以及三重宫牆者。或謂以高下言當稱層,以前後言乃稱重,以此言之,《梁書》、《南史》乃各衍"樓"字。不悟古稱九重天,正指高下言也),然《隋書·禮儀志》謂梁武受禪於齊,侍衛多循其制。正殿便殿閣及諸門上下,各以直閣將軍直領,有御仗等二百七十六人,以分直諸門。行則儀衛左右。又有左右夾轂等四十九隊,亦直諸門上下。行則量爲儀衛。東西掖、端、大司馬、東西華、承明、大通等門(大司馬下《隋志》疑脱"南掖"二字,《梁書·張弘策傳》孫文明作亂,入南、北掖門。北掖即承明,此南掖在大司馬東,宜據補),又各二隊,及防殿三隊,雖行幸不從。案《隋書·禮儀志》此節出於梁五禮儀注,最足信據。夫大司馬、東西華、承明、大通,此宫城第一重門也,則端及東西掖爲第二重門矣。志言防二重宫門後,即言防殿,則所謂第三重門,竟無有也,此可疑者一也。《梁書·侯景傳》:"景乘勝至闕下","百道攻城,持火炬燒大司馬、東西華諸門","又斫東掖門"。夫大司馬、東西華爲第一重門,東掖爲第二重門,則東掖、西掖之爲第二重門,梁末尚然。《南史·張弘策傳》:天監初,東昏餘黨孫文明等作亂,帥數百人,因運荻炬束仗,得入南、北掖門,至夜,燒神虎門、總章觀,又進燒尚書省及閣道雲龍門。此南、北掖爲第一重門,雲龍、神虎爲第二重門,乃梁初承齊制而未改者。及雲龍、神虎爲文明所燒,殆即改爲東、西掖。陳太建七年六月己酉又改作雲龍、神虎(見《陳書·宣帝本紀》)。而萬春千秋,止宋一用,梁、陳二史遂不再見,此可疑者二也。如此異議,足資商榷。然各有證據,非等鑿空之談。前人傳説,亦難一時廓除,故未可以一掩全璧也。閲是書者,苟能發思古之幽情,篤保邦之至念,所謂弘我漢京,胥在是矣,夫豈曰小補云乎哉?

中華建國二十五年一月五日朱希祖作於青溪。

編者按:據先生《南京日記》,此序寫於1936年2月5日,後經修改,於3月5日完成。

2月6日,與汪東至羅家倫處談校務。

1936年2月6日日記:

中央大學自本日起開課。上午至校辦事。午刻偕汪旭初至羅志希處談校務,志希頗信讒言,疑及同事,誠可歎息。一時半始回寓午餐。

2月8日,與汪東談章太炎蘇州章氏國學講習會事。時接章太炎先生來信,約至蘇州章氏國學講習會講學。

1936年2月12日日記:

下午寫餘杭章師信,因近日接得章師信,約余至蘇州助講於國學講習會,余允每月去講一次。

湯國梨《太炎先生軼事簡述》(陳平原、杜玲玲編《追憶章太炎》,中國廣播電視出版社,1997年,88頁):

章氏國學講習會成立後,由太炎主講,並請王小徐、蔣竹莊、沈瓞民等任特別講師。其他擔任講師者,則有朱希祖、汪東、孫世揚、諸祖耿、王謇、潘承弼、王仲犖、汪柏年、馬宗薌、馬宗霍、沈延國、金毓黻、潘重規、黄焯。

任啟聖《章太炎先生晚年在蘇州講學始末》(陳平原、杜玲玲編《追憶章太炎》,中國廣播電視出版社,1997年,445頁):

先生(按:指章太炎)自任主講,每星期擔任四小時,每次兩小時。尚有助教多人,以前中央大學歷史系主任教授朱希祖擔任《史記》,前東北大學主任教授馬宗薌擔任《莊子》,孫世揚擔任《詩經》,諸祖耿擔任《文選》,黄蕙〈紹〉蘭(黄侃前妻)擔任《易經》。

……

先生晚年頗留意明史,在臨歿前數日尚讀《明史》不輟。以明前爲蒙古,後爲滿清,其史取材不純,語多忌諱。嘗擬另行撰述,並囑門人朱希祖留意。朱在各大學主講歷史多年,搜集明末清初材料甚富,爲一代權威。惟其在學會講《史記》時,頗不受同學歡迎。爲考證司馬遷之死日,費時數月,直至先生病歿,尚未舉出。同學嘗戲語曰,朱師此來(每月來蘇二次)司馬公或尚未死。

是日,訪陳百年,遇沈士遠、沈尹默,相見甚歡,與沈尹默多年不見矣。

2月9日,赴陳百年先生宴,同席有沈士遠、沈尹默、馬衡、李書華、馬巽伯及朱偰。

2月12日,得王莽石畧拓本,有"天鳳五年六月造"隸篆七字,其石由南京某氏收藏,由河南出土。

1936年2月17日日記:

午後馬叔平君來,辨明新莽日晷拓本係仿端方所藏石而僞造,加"天鳳五年六月造"七字,不知天鳳年號上應有"始建國"三字,端方所藏莽晷無此七字。

2月15日,訪邵元沖,觀其所藏南明史籍。

1936年2月15日日記:

至玄武湖西童家巷十七號訪邵翼如先生。翼如名元沖,浙江山陰人,今爲中央委員、黨史編纂會主任。聞其搜羅明史料頗富,故特約定時期去參觀。據云係種族關係,故多收明季詩文及史籍,然亦無特别希見之本。談一小時,並參觀其藏書室。

2月16日,赴中央飯店,參加北京大學同學爲蔡元培先生七十壽辰舉行的公宴,到者二百餘人。

2月17日,馬衡來,時中央研究院等學術機關欲發起史料展覽會,委先生撰《徵集啟事》。

2月19日,撰《史料展覽會徵集史料啟》。

《史料展覽會徵集史料啟》(《朱希祖文稿》第七册,鳳凰出版社,2010年,437頁):

史料範圍廣矣博矣。上自政府之詔令、奏議、記注、實録,下訖民間之文集、圖志、碑版、器物,莫不兼容並列,互有關聯,此皆史學之淵海,載筆者所取資焉。然散在民間者,人尚可得而見,藏於政府者,人皆不得而見,且政府爲施政之樞紐,亦即爲史事所薈萃,故歷代修史皆取資於是,及至史成則此等希覯之史料皆輕棄而不珍惜,故我國自元代以上一切藏於政府之史料,皆毁滅而無遺,不特詔令、奏議及一切公文,如今世所謂檔案者,已全行蕩滅,即起居注、實録亦千百中不留一二,此誠可痛惜者也。清修明史,特設史館,清廷諭旨曾着在内六部、都察院,在外督撫、鎮撫及都、布、按三司將明季一應上下文移有關政事者,開送禮部,以備纂修,及《明史》告成,此等史料既未經兵燹,不知散歸何處。北京大學曾得明季兵部檔案三千餘本,皆關於遼東兵事,曾爲清禮部送入明史館者,此爲僅存之碩果。舉此一端,足見其時搜羅之廣,而全部散佚之可惜也。民國初建,售内閣大庫檔案者有之,焚明代刑部檔案者有之;國都南遷,則段氏執政時之重要檔案亦時見於故都市肆,其他零星散佚者不知凡幾,足見國人蔑視史料之一斑矣。歷代修史,皆有偏私,且多缺略,真僞雜陳,疏誤百出,而取捨標準亦多輕重倒置,例如明亡於建州衛,清修明史,自明初設建州衛以訖明季,凡建州衛事一切不載;北都修清史,體清廷之意旨,不以建州左衛都督蒙哥帖木兒爲建州都督努爾哈赤之祖先，而幻構一無父之私生子爲其祖先，此其私僞缺誤之最大者。其他歷代之史例，多重朝廷而輕社會，重政治而輕文化，重内政而輕外交，重褒貶人物而輕人民生計，諸如此類更僕難數。若歷代檔案皆在，原始史料均存，則不難重事搜輯，蔚爲完史，不特糾其偏私，補其缺漏，明其真僞，正其疏誤已也，足見原始史料即今世所謂檔案者，視已成之史實更重要。故歐洲各國，今皆特設檔案館，且有分設中央檔案館與地方檔案館者，咸分類編目，以待修史之取材，司其事者，類皆爲大學校史學主任、教授。吾國人民既鮮重視史料，而國家亦未特設館庫使專門人才從事整理，既懼史料之放紛，又憫史學之不振，用特發起史料展覽會，以發皇國人之耳目，使咸注意於斯。凡中央及地方所有重要檔案，如

一、明代内閣六部等殘存檔案

二、明代滿洲檔案

三、清代一切重要檔案

四、民國北都重要檔案

五、廣東革命政府重要檔案

六、江西等處剿匪重要檔案

七、寫本未刊史籍如起居注、實録及一切史稿等

八、希見之圖籍史志

九、近三十年各地新出土碑志拓片

十、古器物之有關於歷史者

以上十類皆在徵求之列，請於三月某日以前送至南京中央大學彙齊，陳列若干日，擇尤要者録副，仍各歸還原處保存。其接收保管之法，別有規定。凡我國人務祈共襄斯舉，蔚爲大觀，使吾國史學藉此猛晉，導民族於自强，綿國祚於無疆，胥於是乎賴焉。

史料展覽會發起者：中央研究院　中央大學　中央圖書館籌備處　公啟

2月20日，撰《太史公大名考》。

2月21日，撰《駁正太史公釋名四説》，預備攜至蘇州講演。是日，長子偰之次女元昱出生。

2月22日中午，蔣介石宴請教育部及國立編譯館、中央研究院、中央大學、中央圖書館籌備處、金陵大學、金陵女子大學重要人員，先生應邀出席。宴後，赴蘇州講學。孫世楊、徐復至車站接。

2月23日，上午講演《史記》。午後，與孫世楊、徐澐秋、徐復游獅子林、拙政園。晚國學講習會設宴款待，同講之人咸集，有孫世揚、諸祖耿、王乘

六、潘景鄭、汪柏年、徐澐秋、鄭偉業等，大多爲初次相見。夜與太炎先生談學。

1936年2月23日日記：

傍晚國學講習會設讌款待，同講之人咸集，孫世揚、諸祖耿左耕、王乘六心若、潘承弼景鄭、汪柏年青在、徐澂、鄭偉業梨邨等，多係初次相見，又有張馥齋文澍、王佩諍謇二君未見。夜與太炎先生談，記其有關學術如下：

至黑龍江見吕留良子孫，家有清初刻本陸隴其《三魚堂集》，中有一篇記吕留良事，自言曾師事吕公，則隴其乃留良弟子也。今本《三魚堂集》則已去此篇矣。

陸游有《論吃菜事魔文》，《邵氏聞見録》有《彈朱熹事魔文》，俟檢閲。

2月24日，上午講演《史記》。午餐後與太炎先生略談。回南京。

2月26日，致信邵元沖，談黨史、國史編纂之事。信如下：

翼如先生左右：

日前趨府領教，崇論弘議，大開茅塞，黨史規劃，尤所欽佩。本月二十三日，希祖適赴吴門料理瑣事，大駕惠臨，有失迎迓，不勝抱歉。先生謙抑下士，有温恭之雅量，存古賢之遺風，想見虚衷弘納，不棄細流矣。修史之事，愈近愈難，誠如先生前日所述。昔孔子修《春秋》，有所褒諱貶損不可以書見，至於口授弟子。夫以私修之史，一家之言，且有所顧忌，不能直書所見，無怪魏收《魏書》受貶之家詬以穢史。《北史・收傳》且言："既緣史筆多憾於人，齊亡之歲，收冢（乾隆殿本'冢'誤作'家'）被發，棄骨於外。"修史之禍，至於如斯。不特此也，貶惡固易招恨，褒善亦難滿望；濫收固易受譏，被摒尤多遭怒。側聞《清史稿》之禁，雖因其載筆不慎，微有觸犯，然略加修改，何至泯棄全功？實因一二大員，不爲其先德立傳，或立傳而不愜意，故遭禁錮。然遼東之本固自在流行，徒顯其政令不一而已，而修史之難尤可概見。（清史館初設，希祖亦嘗濫廁協修之列，其後袁世凱稱帝，欲全羅館員於碩學通儒榜以備勸進，二三人不允，皆立即被斥而去。希祖辭職，故於清史中未嘗留隻字。今論此事，固無愛憎於其間也。）然既爲史官，固不可畏難而韜筆，譬猶法官衡鑒平明，自當執法以繩，觸法者雖死而不怨也，苟有偏頗，則難者四起，修史亦然。多其證據，精其考核，辨其真僞，權其輕重，振筆直書，不畏强禦，不侮微弱，則天下後世自多服其公平，此皆先生洞明，固無勞下走之喋喋也。唯證據一事，竊願貢其鄙見。

所謂證據,今謂之史料,搜羅欲其富,考證欲其精,辨别欲其明,去取欲其嚴。先爲長編,羅列異同,各注明原本何書或採訪何人,然後執筆修撰,語皆有根,纂成正本,自然垂之萬世。即或正本有待修飾潤色,而長編既成,衆證羅列,亦可告成功於國家。竊謂今之黨史實不亞於國史,羅致材料,必先弘立規模。國民政府未成立前,固多黨史;訓政時代未完成之前,亦屬黨史。則北伐之偉烈,戡亂之鴻謨,以及肆應内外,一切史料皆當搜輯,然後可以發揚一黨完成一代之信史之弘業。然今黨史範圍是否如斯廣大,抑或有所限制於國府成立以前,希祖身在局外,實未能深知。如或分而爲二,國府成立以前爲黨史,國府成立以後属國史,則今之國史亦決不宜從緩。吾國歷史延綿不絶數千載者,實因漢唐以來,一日有一日之起居注,一代有一代之實録,一朝有一朝之國史,故其之美富,實冠冕萬國。外族猾夏,國祚再亡,然而終能光復者,實賴此有以維繫民族。今國人輕視此事,史料放棄而不惜,國史斷絶而不憂,此其結果實有不忍言者。先生爲党國要人,於黨史國史均宜竭力提倡,或匯爲一流,或分道揚鑣,片言重於九鼎,一髮可繫千鈞,既在可爲之地,不宜縱此幾會。希祖之所言此者,非欲厠身於黨史編纂,亦非欲濫竽於國史纂修之列。蓋希祖自有區區之志,欲修成南明一史,則於願爲已足,故決不欲牽於他事以墮厥功。惟因國史之事,民族國祚胥將利賴,關係之重,匪可言宣。近代以來,吾浙東史學輝映海内,私家作史指不勝屈。他若宋濂之修《元史》,萬斯同之修《明史》,邵晉涵之輯《五代史》,皆爲吾浙東人。先生生於其土,吾儕學力雖不餘,仰有先哲,亦當發憤爲雄,況且又身任史職,願陳於先生之前,倘不棄芻蕘,熟思審度,罄力此構,垂諸無窮,則馨香所禱祝者也。言不盡意,伏維朗照。敬頌

道安不宣!

弟朱希祖再拜

先生以黨史繼之以國史,國難既寧,則重修清史。黽勉以繼前徽,精選以備後勁,樹芝蘭之百畝,播芳烈於千秋,先生其有意乎?

編者按:此信原稿藏國家圖書館,未署日期,據先生日記,此信寫於1936年2月26日。

2月28日,撰《太史公解》(載《制言》半月刊第15期,1936年)。

1936年3月2日日記:

上午修改《太史公解》。以沛令爲沛公,以太倉令爲太倉公(見《扁鵲倉公列傳》即淳于意)爲例,故太史令爲太史公,乃從楚俗,官名如此,則司馬遷以太史公稱父,又以自稱,又以名其書,且《報任少卿書》所謂"太

史公牛馬走司馬遷再拜言”亦可迎刃而解。

2月29日,至内政部列席中央古物保管委員會第十二次常務會議。

3月8日,與馬衡至德奥同學會宴集,同席有滕固、李濟、蔣復璁、羅家倫、傅斯年等。

3月21日,赴蘇州講學,夜與章太炎先生談學。

3月22日,上午講演《史記》。下午隨章太炎先生並孫鷹若、諸祖耿、徐復至滄浪亭觀五百名賢石刻。又至江蘇省立圖書館觀善本書。夜與章太炎先生談史。

3月23日,上午講演《史記》。午餐後與太炎先生談學,回南京。

3月29日,爲“吴越史地研究會”事赴浣花春衛聚賢宴。

1936年3月29日日記:

午刻衛聚賢等發起吴越考古會,邀讌於浣花春。南京考古及歷史學者皆集,然亦無所討論而散。

吾忠良《南高史地學派與中國史學會》(《福建論壇(人文社會科學版)》,2005年第2期):

另外一個地方性史地學團體——吴越史地研究會,也於1936年2月,由一部分熱心研究江浙古文化的學者在上海發起,李濟、柳詒徵、朱希祖、繆鳳林、董作賓等人參與了發起注意事項的討論。1936年8月30日下午在上海八仙橋青年會舉行成立大會,與會者有寧、滬、杭等地會員60餘人,蔡元培任大會主席……大會推舉蔡元培爲會長,吴稚暉、鈕永建爲副會長,衛聚賢爲總幹事,馬衡、柳詒徵、何炳松、李濟、陳訓慈等任評議,朱希祖、吕思勉、繆鳳林和張其昀等人任理事,董作賓等爲常務理事。

榮亮《吴越史地研究會之成立》(《檔案與建設》2009年第8期):

當天(8月30日),成立會在上海八仙橋青年會舉行,出席者有蔡元培等各界人士及會員60餘人。會議由蔡元培主持,衛聚賢記録,並通過研究會簡章,推定職員,爲引起會員研究古物興趣同時舉行古物展覽。

……

最後,會議選舉蔡元培任吴越史地研究會會長,吴稚暉、鈕永建爲副會長;總幹事爲衛聚賢。于右任、張溥泉、戴季陶、陳果夫、葉恭綽、張靜江、柳亞子等44人爲評議;梁思永、胡小石、朱希祖、胡懷琛、鄭振鐸、周予同、沈鈞儒、陸侃如、曹聚仁、錢化佛等62人爲理事;董作賓、胡行之等11

人爲常務理事。……

編者按:吴越史地研究會召開成立大會,先生未克參加,其時正在北京也。

4月9日,開教授會商量下學年課程及指導書,並決定《史學年報》出版時期。

4月11日,訪馬衡。並致信北平親友,請代送周作人女兒出閣禮品。

4月14日,至中央大學國文學系,講演《漢代南北兩派文學比較》。

1936年4月17日日記:

夜修改《漢代南北兩派文學比較》筆記。余嘗謂漢代文學南派句調整齊,北派句調參差,今觀所譯外國詩歌亦不能逃此例,今舉其例如下:

匈奴歌(見古樂苑本《十道志》及《西河舊事》)

失我焉支山,令我婦女無顔色。

失我祁連山,使我六畜不蕃息。

上句五言,下句七言,匈奴在北,故句調同於北派。

白狼王歌詩(見《後漢書·西南夷傳》,犍爲郡掾田恭頗曉其言,譯其辭並載夷人本語)

遠夷樂德歌詩

大漢是治(提官隗構),與天意合(魏冒逾糟)。吏譯平端(罔譯劉脾),不從我來(旁莫支留)。聞風向化(徵衣隨旅),所見奇異(知唐桑艾)。多賜繒布(邪毗𦀖𫄨),甘美酒食(推潭僕遠)。昌樂肉飛(拓拒蘇便),屈申悉備(局後仍離)。蠻夷貧薄(偻讓龍洞),無所報嗣(莫支度由)。願主長壽(陽雒僧鱗),子孫昌熾(莫穉角存)。

遠夷慕德歌詩

蠻夷所處(偻讓皮尼),日入之部(且交陵悟)。慕義向化(繩動隨旅),歸日出主(路且𠍕雒)。聖德深恩(聖德渡諾),與人富厚(魏菌度洗)。冬多霜雪(綜邪流藩),夏多和雨(莋邪尋螺)。寒温時適(藐潯瀘漓),部人多有(菌補邪推)。涉危歷險(辟危歸險),不遠萬里(莫受萬柳)。去俗歸德(術疊附德),心歸慈母(仍路孳摸)。

遠夷懷德歌詩

荒服之外(荒服之儀),土地墝埆(犁籍憐憐)。食肉衣皮(阻蘇邪犁),不見鹽穀(莫碭麤沐)。吏譯傳風(罔譯傳微),大漢安樂(是漢夜拒)。攜負歸仁(蹤優路仁),觸冒險陜(雷折險龍)。高山岐峻(倫狼藏幢),緣崖磻石(扶路側禄)。木薄發家(息落服淫),百宿到洛(理瀝髭雒)。父子同賜(捕茝菌毗),懷抱匹帛(懷稾匹漏)。傳告種人(傳言呼敕),長願臣僕(陵陽臣僕)。

歌詩三首,全體四言,白狼在南,故句調同於南派,且其本文同爲四言,亦甚奇矣。

4月16日,陳垣自北平來訪,未遇;至中央研究院回訪陳垣,亦不遇。
4月20日,撰《〈高宗六龍幸海記考證〉序》一篇。

編者按:《高宗六龍幸海記》爲宋王廷彦撰,先生嘗作《〈高宗六龍幸海記〉考證》。時浙江圖書館館長陳叔亮爲該館館刊《文瀾學報》向先生索稿,先生給舊作《〈高宗六龍幸海記〉考證》,後該文登載於《文瀾學報》第2卷第2期。

1936年4月19日日記:

傍晚檢出舊作《〈高宗六龍幸海記〉考證》一閲,擬寄杭州陳叔諒。

《〈高宗六龍幸海記考證〉序》(《文瀾學報》第2卷第2期,1936年6月):

金完顔宗弼(俗稱金兀朮)統師犯江南,一時將帥,聞風奔潰,拒戰者絶少,遂分兵渡江,一自采石入建康,一自黄州過興國軍。於是建康、臨安、明州、平江諸大都會,咸遭劫戮,慘不忍聞,各有記載,垂爲千載下不圖自强者炯戒。而明州一役,尤爲慘酷,宋王廷彦所撰《高宗六龍幸海記》(見宋王明清《揮麈後録》卷九)載之最詳。先是,高宗聞警,將由越州移蹕浙西,爲迎敵之計;及建康軍潰,乃自越州退避明州。越州垂危,又由明州航海避敵,留張俊守明州,劉洪道知明州。先是,張俊小勝金兵,懼其復來,遂遁,洪道亦棄城走,由是明州遂破。據廷彦所記,自建炎四年正月十六日,金虜陷明州,至二月三日方去。十五夜,植炮架十餘,對西門。十六日,以數炮碎城樓,守者奔散,奏(疑爲"湊"字)東南,縋城而出,或浮木渡江,生死相半,而奔逃村落者,與賊遇,由是遍州之境,深山窮谷,平時人蹟不到處,皆虜人搜剔叢榛,如探巢取卵,殺掠不可勝數。其酋長請於臨安之大酋(原注大酋乃四太子),云,搜山檢海已畢,其明州取指揮報云,依揚州例。故自二月初,遣人四面放火,城中惟東南角數佛寺,與僻巷居民,偶得存者。《三朝北盟彙編》亦云,金人屠明州,存者無幾。廷彦又云,虜又破定海,劫昌國縣。《建炎以來繫年要録》亦云,定海爲金人所焚。然則定海、昌國亦爲金人焚劫屠戮,必甚慘酷,特廷彦未能如明州之詳細記録耳。嗟乎！中國兵將既不能合力以禦外侮，而又乘外侮以圖自肥，如廷彦所記張俊、劉洪道事，尚不過如盜賊瑣瑣者耳。如杜充守建康，渡江北走，求爲僞國主；李鄴知越州降虜，又爲僞國大吏。賣國求榮，狗彘不食。蓋高宗之奔明州，由於杜充之棄建康；高宗之播遷海上，由於李鄴之棄越州。明州劫殺，皆受彼等之賜。廷彦所記，原委甚明。余故特爲之考證，以見國之不振，多生敗類，謬種流傳，至今未艾。明州浩劫，恐將遍及禹甸，此則不得不爲根本改圖之計焉。中華民國二十五年四月二十日海鹽朱希祖自叙於南京。

4月25日，率長子偰、四子倞赴蘇州講學。晚與太炎先生談《尚書》訓詁及傳授家法。

4月26日，上午講《史記》表及書。午後偕孫世揚等游虎丘、留園。夜與太炎先生談學。

4月27日，上午講《史記》。

1936年4月27日日記：

上午九時半至十一時半，在國學講習會講《史記》，特講太史公卒年，以爲分析後人增補《史記》判别標準。

午後，與章師母、太炎長子章導及孫世揚、諸祖耿、鄭偉業等游靈岩山。

4月28日，晚與張繼問章太炎先生少年事蹟，章太炎口授，朱偰筆録，後經先生整理成《本師章太炎先生口授少年事蹟筆記》（載《制言》半月刊第25期）。

朱偰1936年4月28日日記：

本欲歸京，張溥泉、李根源先生約作小王山之游，因俟雨小駐。午後聽太炎先生講《尚書·君奭》之篇。傍晚冒雨至玄妙觀。燈下太炎先生話其革命史實，爲之筆記，異日整頓黨史頗有用處。

5月4日，爲羅香林父羅師揚《希山叢著》作序。

《〈希山叢著〉叙》（《朱希祖文稿》第七册，鳳凰出版社，2010年，91頁）：

余女壻興寧羅君香林彙輯其先君幼山先生遺著五種曰《希山叢著》，末附年譜一卷則香林所編也。剞劂既成，徵序於余。余惟孔子四教，文行忠信，余與幼山先生未嘗結一面緣，然讀其書，則忠信之情溢於言表，而其行誼之駿偉，則當世諸公所撰序文亦既發揮無餘藴，余毋庸贅一詞。請言其文。夫文有淑世者，有傳世者，淑世之文，隨時制宜，因人説教，肆應於一時者也;傳世之文,鈎深致遠,求是存真,昭垂於千載者也。淑世之文,流而爲功業,以通俗淺顯爲主,屬於孔子所謂"行"之一端;傳世之文,發而爲學問,以淵雅鴻博爲主,屬於孔子"文"之一端,余所謂文,實在此例。觀夫幼山先生之文,植根經史,有益家國,如《儀禮鄭注漢制疏證》,可以補賈疏之不詳;《〈梓材篇〉異文通釋》足以通古今文之郵;《左氏夷末服杜異同辨》斟酌服、杜之是非而無所偏執;《孔子作春秋論》發明"麟經書法",祛劉知幾直筆之疑:此明經之通論也。《與族子雅達論〈三國志〉帝魏》闡明陳壽書法之隱微;《歷代行人贊》標舉出使五難,精選三十二人可爲當今使臣模範;《書〈金使交聘表〉後》既補表之脱漏,又引皇統二年遣使賜宋誓誥以爲奇恥大辱,可爲今之明鑒:此治史之鴻論也。觀其《先府君行述及軼事》則英勇義烈足以廉頑立懦;《寧東羅氏族譜序例》規劃精詳,足爲譜牒楷式;《寧東羅氏禮俗譜》可以考見一方風氣,爲改革禮俗之要書:此振家之良著也。《寧昌風物記》爲一方興利;《贍民屯田策上陳鄧二公》爲國家弭隱患,此僅就汀杭屯田言耳;他若《移民東北議》、《改革西南軍備書》有關國防大計者已無遺稿,深爲可惜:此經國之善策也。凡此諸篇皆可爲傳世之文,必能垂諸不朽。其他發於言而見於行,以及鼓舞人才、經世勵俗所謂淑世之文亦多光昌可喜,然此特其行誼所寄,非其精心密意之作,此不可不爲之别白也。而詩篇史著亦猶其余緒耳。幼山先生修己甚嚴,其《五箴》嚴取與之辨,憂其所當憂,惡己所可惡,而歸其本於德,此非宅心忠信不能言也。蓋非忠信無以峻其行,且無以充其文,此可謂篤行四教,無愧列於儒者之林已。中華民國二十五年五月四日海鹽朱希祖謹譔。

5 月 5 日,陪董作賓參觀中央大學史學系所藏鐵雲藏龜甲文四百餘片。

1936 年 5 月 5 日日記:

上午八時至中央大學,董彦堂來閲史學系所藏鐵雲藏龜甲文四百餘片,皆係真品,擬拓釋成册,以備出版。

5 月 6 日,閲《魏書·官氏志》,認爲北魏氏族須合《魏書》、《齊書》、《周書》三種而研究之,乃可明其始末,非易事也。是夜開始摘録其北魏氏族各部落大人名氏,以備知其得姓之源。

5 月 8 日,晚,宴海鹽同鄉。

1936 年 5 月 8 日日記:

六時半徐冕百、汪繼明、家酉卿叔及張章甫皆來小飲暢談,因皆同鄉,脱略形蹟,頗覺暢快,而張章甫與冕百酒興猶濃,最有風趣。

5月11日,次女倓之長女羅玲出生。

5月16日,訪汪東,談下學年去就。

編者按:時廣州學海書院擬請先生爲導師。學海書院爲陳濟棠所辦。

1936年4月30日日記:

傍晚廣東書院副院長鍾介民來,擬請余爲導師,余未允。

1936年5月1日日記:

羅香林來,請撰其尊人《希山叢著》序,並述鍾介民請爲學海書院導師之意。傍晚介民亦來,申述前意,余言俟斟酌奉復。

朱偰1936年5月15日日記:

燈下赴家君處談天,商量暑假後之去就問題。決定設羅(按:指羅家倫)繼續聘請,仍留中央大學,設羅不再續聘,則余就中央政治學校,家君就廣州學海書院。蓋寧可信其有,不可信其無也。

1936年5月20日日記:

十一時半至中央大學晤旭初,決定余與大兒下學年仍留中央大學。

1936年5月22日日記:

午後羅香林來商量鍾介民來延聘至廣東學海書院爲導師應允與否,決定不至廣東,僅允任通信導師。五時至中央飯店訪鍾介民,暢談研究史學研究生應用分工合作方法,約二小時始回寓。

1936年6月1日日記:

寫廣東鍾介民信,並代擬《學海書院招生研究史學計劃書》,午後謄寫二份,一寄鍾君,一備自留。

5月18日,傅振倫自英國回,來訪,贈中國古物照片。

5月19日,馬衡來談北平故宫博物院狀況。撰《張鵬一修訂本〈太史公年譜〉跋》(至21日完成)。

5月22日,開始撰《太史公書十篇有録無書考》(至6月5日完成)。

5月23日,赴蘇州講學。

5月24日,上午在蘇講"太史公卒年"。下午與章奇、孫世揚、諸祖耿、王佩諍、王乘六、鄭偉業、徐復游天平山、寒山。夜與章太炎先生談學。

1936年5月24日日記:

十一時偕章大可、孫鷹若、諸左耕、王佩諍、王乘六、鄭梨邨、徐士復至金門外乘船游天平山,過楓橋寒山寺,船中午餐,一時半抵天平山相近村落,乘轎上山。山石奇秀,世稱萬笏朝天,洵不虛也。至缽盂泉、一線天稍憩。余與大可、梨邨、鷹若、士復登絶頂,南望靈巖,與此山南北相連,中亘一長嶺而已;西望太湖,歷歷在目。略有微雨,在峰頂稍坐即回缽盂泉飲茶。泉水清洌,山景幽靜,頗忘塵世。又至天平山後寒山,游明趙宧光别墅,清築爲行宫,遺址猶存。溪水沿山螺旋深入其奥,四面皆山,中有一庵名螺螄庵,似在螺螄底而名,亦行宫一部。蓋天平山石雖佳而無水,寒山山石不及天平,然幽邃而有溪水,故别墅、行宫皆建於此。五時歸舟,舟中與佩諍談蘇州藏書家狀況,並縱談版本之學,蓋佩諍藏書頗多,又爲江蘇省立圖書館館員,故於收藏頗多經驗。夜與章師談重修明史事,並問《逸經》雜誌第六期載《章太炎事略》(馮自由撰)其所記事蹟確否。師云:"馮君爲余老友,所記當不謬。"閲之果然。惟中載臺灣學務官館森雄乃館森鴻之誤,餘頗核實。

編者按:先生日記中章大可,爲章太炎幼子,名章奇。爲核實"章大可"之名,筆者特地致信請教太炎弟子姚奠中,姚先生2012年1月2日覆信云:"章大可指章奇,太炎先生幼子。大可是奇字拆字而來。"但姚先生不敢肯定"大可"這個字是否爲太炎先生親取。

5月25日,在蘇講學。下午赴上海。

5月26日,訪張元濟;訪沈鈞儒。購書數種,中有湘鄉陳毅所撰《魏書官氏志疏證》。

1936年5月26日日記:

略閲《官氏志疏證》,頗精審詳密,惟長於校勘異同,明其正誤,而於三十六國九十九姓源流及姓族之分、賜姓之變遷,皆未能探討,故此事尚有待於整理也。

5月27日,歸南京。是日,爲長子偰改定《萬里長城歌》。

萬里長城歌(有序)(《文史大家朱希祖·酈亭詩稿》,學林出版社,2002年,114頁):

長子偰撰《萬里長城歌》,爲學校及軍隊唱歌而作,呈請改削。余以此等歌詠,務求通俗,能振起固有民族精神,使不畏縮頹靡,即爲合作。格律聲調,不嫌獨創也。

君不見,長城萬里氣吞胡,秦皇漢武逞雄圖。但使長城名不滅(改),大漢天聲終不絶(原文)。橫大漠,淩海隅,天馬西來大宛誅,樂浪爲郡匈奴墟(改)。只今遼海頭,黑水澌急流,荒城照落日,白骨無人收(原文)。胡馬南來牧,飲馬黄河曲,長城不能限馬足,黄河難洗燕雲辱(改)。朱旗殷北斗,齊向長城口,高唱出塞歌(改),痛飲黄龍酒(原文)。曾見秦時月,曾見漢時關(原文),曾見上將宣威雞鹿塞,曾見前軍踏破賀蘭山(改)。大漢之魂歸乎來,萬里長城安在哉!大漢之魂歸乎來,萬里長城安在哉!(原文)

5月31日,參觀故宫博物院倫敦中國藝術展覽會攜歸物品展。

6月1日,閱《東胡種族考》。

6月3日,馬衡來,同至酒館便酌,同席有沈尹默、沈士遠、陳百年等。

6月4日,至史學系開教授會,排定下學年課程。是日聽聞中央已與兩廣開戰,心頗憂慮。

1936年6月4日日記:

四時至史學系開教授會,排定下學年教課。聞中央已與兩廣地方開戰,外國報登載甚詳。内憂外患交迫,心甚不怡。

6月5日,赴蘇州講學,時太炎先生已病,謁太炎先生並問疾。

6月6日,上午講學,内容爲《景紀》、《武紀》、《禮書》、《樂書》非太史公作,爲後人所補。午後與章夫人湯國梨及蘇州章門諸子游穹窿山,因湯國梨之母七十壽辰將於次日在穹窿山寧邦寺拜懺,故諸人先一日來此。

6月7日,登大茅峰;拜湯老夫人壽;遇李根源;是日回程,國學講習會學生六十餘人於船中請講太炎先生生平大事;與章太炎共晚餐。

1936年6月7日日記:

至寧邦寺,拜湯太夫人壽。遇李印泉根源,握手道舊。午餐後印泉先生倩人來邀,至其小王山别墅,適遇雨不果。而鄭梨邨約於明日至西洞庭游三日,亦不果。乃冒雨而乘轎下山入船。本日國學講習會同學六十人左右皆來,同在船中請余講章師生平大事。八時回章宅,豪雨如注,與章師共晚餐,略談即睡。

任啟聖《章太炎先生晚年在蘇州講學始末》(陳平原、杜玲玲編《追憶章太炎》,

中國廣播電視出版社,1997 年,445 頁):

> 一九三六年舊曆四月,章夫人爲其生母在蘇州郊外穹窿山某寺祝嘏,同門師生全體前往,寺中備有素餐。臨行前,章夫人語同學,諸君按日上課,用功過於勞累,乘此初夏季節,入山游覽,大可開拓胸襟,若謂上壽則吾不敢。是日乘專輪前往,與余並肩而坐者爲龔君振鵬,朱師希祖舟中敘先生逸事甚多。……

6 月 8 日,上午在國學講習會講《易經》乾、坤、既濟、未濟卦義,並勖同學各專門研究一書。傍晚游閶門外張園。夜與章太炎談天。

6 月 9 日,辭太炎先生回南京,時太炎先生因病倚沙發而坐,臨行,太炎先生"尚起立而送之"。

1936 年 6 月 9 日日記:

> 上午,李印泉(根源)先生來,共在先生處談天,並勸先生進牛奶麵包。因先生面色瘦削而慘白,病容頗深,故李先生勸其多食滋養料。午後二時,辭先生回京,先生因病倚沙發而坐,臨行先生尚起立而送。

6 月 14 日,至内政部參加中央古物保管委員會第四次全體委員大會。由於本次大會提案較多,大會組成四個提案審查委員會,先生爲保管登記類提案審查委員。會上先生提出"請雇工拓取明代皇陵及功臣墓碑文,以及明初有關史料石刻,並請函商軍政機關准入軍事區域拓碑"提案一件。會後偕滕固、黄文弼、董作賓、李濟等參觀西北文物展覽。

1936 年 6 月 14 日日記:

> 上午八時至内政部開中央古物保管委員會大會,分組討論各提案。午刻委員會主席讌各委員於内政部。午後全體開會,通過提案數十件。四時散會,偕滕若渠、黄仲良、董彦堂、李濟之等參觀西北文物展覽。

《中央古物保管委員會第四次全體委員會議記録》(中央古物保管委員會編《中央古物保管委員會議事録》第二册,25 頁):

> 日期:二十五年六月十四日(星期日)上午九時
> 地點:内政部大禮堂
> 出席:張道藩、滕固、李濟、蔣復璁、朱希祖、馬衡、董作賓、舒楚石、黄文弼、袁同禮、陳念中
> 列席:賀天健、裘善元、周森、袁敷寬
> 主席:張道藩

記録:沈維鈞

報告事項:

一、主席報告,本屆大會提案甚多,爲便於討論計,擬將各提案分別歸納爲法規、獎勵、保管登記、行政計劃四組,上午先開分組審查會議,就各組審查意見,下午付大會討論,全體委員無異議,即由主席將議案分類並指定各組審查委員如下:

(一)法規組:滕固、袁同禮、陳念中,由滕固主稿。

(二)獎勵組:蔣復璁、舒楚石、黄文弼,由蔣復璁主稿。

(三)保管登記組:李濟、朱希祖、董作賓,由李濟主稿。

(四)行政計劃組:馬衡、賀天健、裘善元、周淼,由馬衡主稿

……

討論事項:

……

十二、請雇工拓取明代皇陵及功臣墓碑文,以及明初有關史料石刻,並請函商軍政機關准入軍事區域拓碑案。提議人:朱希祖、馬衡。

(説明)案明孝陵神功聖德碑,以及明初功臣墓碑,在南京附近者,約有一二十處。其碑文往往與《明史》相出入,且有可以補正明代史籍之脱誤者,例如中華門外雨花臺東,有明太祖李淑妃之父李傑墓碑,載李傑於洪武元年戰死,年三十八歲。而《天啟南京太常寺志》謂李淑妃生懿文皇太子(建文帝之父),考懿皇文太子爲高皇后嫡子,生於元至正十五年,其時李傑二十五歲。假定傑以十六歲生其女李淑妃,則淑妃於懿文生時,不過十歲,何能生懿文皇太子?今學者務好新奇,皆信《天啟南京太常寺志》説,得此墓碑,足以證明其誤,其他類此者尚多。又若下關天妃宫,有明初鄭和下西洋碑記,其所記七次下西洋之年月,與《明史》不同,足以訂正《明史》。此皆有關於歷史甚大。謂宜雇工前往拓取碑文,不特有裨史籍,且南京建築日多,往往毁滅碑碣,一經調查,拓取碑文,然後能知其所在,明其效用,乃可以講求保管之法,不使毁滅,此正本會當盡之職務也。惟明代功臣墓,多在鍾山之陰,正在軍事區域,禁止人參觀攝影,必須由本會備公函商請軍政機關,得其允許,攜有證券,方准入内尋訪墓所,攝影拓碑。事關保管,是否可行,敬請公决!

本案付保管組審查。

審查意見:原案通過,交常會計劃,聯合其他學術機關辦理。

決議:照審查意見通過。

……

是日,晚六時接蘇州電報,云章太炎先生逝世。

1936年6月14日日記:

六時回寓,接蘇州章宅來電報告,吾師章太炎先生於十三日上午八時逝世。嗚呼,相違五日,竟爾永訣,悲哉。

編者按:先生日記中所記“吾師章太炎先生於十三日上午八時逝世”,時間有誤,章太炎實爲6月14日逝世。

6月15日,下午赴蘇州,章宅安排住新蘇飯店。

6月16日,赴章宅弔唁。

1936年6月16日日記:

上午九時赴章宅弔唁,特撰挽聯云:一代通儒尊絳帳,千秋大業比青田。請鄭梨邨代書隸字。本定本日上午十時大殮,因天熱提前於十五日午後四時大殮矣,是以未及送殮,尤深悲痛。先生卒後數時,曾於床上攝一遺像,面目如生,笑容可掬,宛如睡時形狀,蓋先生德業文章皆無遺憾,故死生之際亦無戚容也。是日弔者盈門,同學亦不少。午後偕同學馬宗霍、馬竞荃至汪旭初家,談先師學問文章。宗霍述先師語云:

王闓運文長於雅,曾國藩文長於俗(俗,非俚俗之俗,乃指能記載人事),余在雅俗之間。

乃相互述説,頗忘日之夕也。竟荃讌余及馬君於廣東館。仍回章宅,商量國學講習會事。有李某者,舊爲廖季平學生,師母苦留之而不允,頗傲慢,所撰挽聯亦頗落空,如“方死方生,方生方死”等句,於先師有何關係,此等狂妄人,甚希睹也,爲之不怡者久之。回新蘇飯店後,與宗霍反覆討論國學會不宜繼續存在。是日京滬各報均載先師事蹟,並云弟子甚多,最著名者黄侃、吴承仕、汪旭初、朱希祖、錢夏(即玄同),蓋本師平日所述。然余治史學,實未相傳師業,黄、汪以文學、小學鳴,錢以小學鳴,吴以經學鳴,而先師晚年在蘇,聞有得意弟子二,一曰朱學浩,一曰汪柏年,而黄侃弟子孫世揚,雖爲再傳弟子,而侍先師十年,其學亦頗精進而能傑出一時。

6月17日,偕馬宗霍再至章宅。午後回南京。

1936年6月17日日記:

上午九時偕馬宗霍再至章宅,擬勸師母停辦國學講習會。然師母頗力主續辦,且已留住同學四十余人在先師靈前簽名,且派余等與吴承仕、汪東、馬宗霍、馬宗薌、孫世揚、諸祖耿等爲講師,而向來弔者募款維持學會,此余等所大不願,而來弔者頗有政府要人,亦不以爲然。余與馬君宗霍不能進言,只好唯唯而退。

6月18日,訪汪東,談章氏國學講習會事。

1936年6月18日日記:

午後至丹鳳街汪旭初寓談章氏國學講習會事,旭初亦甚不贊成繼續。

6月20日,致信北平女子文理學院院長許壽裳,推薦馬宗薌爲教授。信云:

章師設教蘇台,從學者七十余人。弟曾每月一次前往助講。馬競荃同學亦爲助講。競荃名宗薌,著有《毛詩集解》三十六卷,最近章師所講《尚書》二十九篇,上月講完,新詁甚多,馬君完全筆録,其他小學諸子等筆記亦多。不辛章師謝世,馬君住於國學講習會中,失所依歸,其眷屬全在北平。馬君恂恂儒雅,篤實可親,當世不可多覯。貴院國文學系大可延聘,斯人勝於時流多矣!可否位置,伏祈賜復。(録自北京魯迅博物館所藏此信原稿)

6月21日,馬宗霍來訪,談國學講習會事,並贈其所著《音韻通論》三册。

6月22日,訪張繼,談章太炎國葬事,並同訪汪東。

1936年6月22日日記:

上午九時至陵園小築訪張溥泉先生,談先師飾終事以國葬爲最要,他皆緩圖。同車進城,約十一時至中央大學同汪旭初再談此事。聞邵翼如竭力主張國葬,已提議於中央黨部,惟聞吴稚暉反對此事,蓋與先師有舊怨也。張、汪二君乃同至黨部訪秘書長葉楚傖,再商量此事,余即回寓。

是日,劉成禺來訪,劉曾撰《太平天國戰史》,今其書已稀有,劉亦無此書,聞先生藏有一部,故來商借重印。

編者按:劉成禺,字禺生,筆名漢公,1903年入興中會,爲辛亥元老。時任監察院監察委員。

6月24日,閲章太炎近年所作碑志文。

6月26日,章門弟子十人聯名呈請政府國葬。

1936年6月26日日記:

傍晚至中央大學,並至汪旭初處,聞先師國葬事黨部會議爲吴稚暉以

“無功於黨”否決,不知先師蓋有功於國,故須國葬,不須黨葬也。聞邵(翼如)、張(溥泉)、葉(楚傖)諸公擬移於中央政事會議再議,囑旭初草一呈文,請求國葬,弟子十人署名其上,而以余爲首,馬裕藻、錢夏、許壽裳、周作人、沈兼士、汪東、曾通、馬宗薌、馬宗霍次之,並委分頭接洽。

章念馳《章太炎營葬始末》(陳平原、杜玲玲編《追憶章太炎》,中國廣播電視出版社,1997年,154頁。章念馳,章太炎之孫):

先祖父的生前友好紛至弔唁,並要求政府予以國葬,以表彰他生前功績。當時由張繼、居正、馮玉祥、李根源、丁惟汾、程潛、謝武剛、陳石遺等出面,提請國民政府討論。在一九三六年七月一日的國民黨中央政治委員會第十七次會議上,曾作出“章炳麟應予國葬,並授國民政府褒恤”的決定(《朝報》1936.7.2);在同年七月十日,南京《中央日報》並正式公佈了“國葬令”。國葬令全文如下:

宿儒章炳麟,性行耿介,學問淹通。早歲以文字提倡民族革命,身遭幽縶,義無屈撓。嗣後抗拒帝制,奔走護法,備嘗艱險,彌著堅貞。居恒研精經術,抉奥鉤玄,究其詣極,有逾往哲,所至以講學爲重。兹聞溘逝,軫惜實深。應即依照國葬法,特予國葬。生平事蹟存備付史館,用示國家崇禮耆宿之至意。此令。

編者按:先生1936年7月10日記所録“國葬令”與章念馳所録,個別字句,略有出入,亦録於下:

1936年7月10日日記:

報載國府國葬先師令,云:

宿儒章炳麟,性行耿介,學問淹通。早歲以文字提倡民族革命,身遭幽縶,義無屈撓。嗣後抗拒帝制,奔走護法,備嚐艱險,彌著堅貞。居恒研精經術,抉奥鉤玄,究其詣極,有逾往哲。所至以講學爲事,巍然儒宗,士林推重。兹聞溘逝,軫惜實深。應即依照國葬法,特予國葬。生平事蹟存備宣付史館,示國家崇禮耆宿之至意。此令。

6月28日,劉成禺來,談其與章太炎交往舊事及民國掌故。

1936年6月28日日記:

上午劉禺生來,借去《太平天國戰史》二册。禺生言彼與先師初次見面在張香濤處,彼與孫中山皆曾爲三合會書記,位置頗高,首領之下即是職矣。又言今所讀《遺囑》乃俄人鮑羅廷所撰,原文與今不同者惟二字,

今列其異於下:

深知欲達到此目的,必須喚起民衆及聯合世界上以平等待我之蘇俄共同奮鬥。

後汪精衛等議改"蘇俄"爲"民族"二字,遂成今本。又云《遺囑》僞撰有三種,鮑即其一也;吴稚暉亦僞撰一種,欲以蔡元培代總理一職,多人反對,遂置不用。皆劉君躬豫其事,故知之較確。又云鍾山譚延闓墓碑石龜下爲舊時八功德水,今此古蹟已無人知其所在矣。此公民國掌故頗熟,暇時當與詳談而筆記之。

是日,致信商務印書館王雲五,允爲張元濟先生七十壽辰作紀念文一篇,題爲《明海鹽胡震亨事蹟考》,時商務印書館擬爲張元濟七十壽辰編印紀念文集。

張元濟 1936 年 9 月 14 日致先生:

弟行年七十,自顧一切幼稚,何敢言壽?岫兄此舉,弟曾聞之,欲通信阻止,再四追詢,秘不以姓名相告,今奉來書,乃知曾以相瀆,甚爲不安,務請輟筆,勿重弟咎。我兄有所撰著,本以啟迪來學,世人極以先睹爲快,但乞勿爲弟而發,幸甚幸甚。

編者按:張元濟信中"岫兄"即王雲五,所説"岫兄此舉"即編印張元濟七十壽辰紀念文集事。又按,後先生另撰《西魏賜姓源流考》一篇,登載於《張菊生先生七十壽辰紀念論文集》,該論文集於 1937 年 1 月出版。

1936 年 10 月 26 日日記:

上午校閲《西魏賜姓源流考》,裝訂成册,寫王雲五信,即將此考寄至商務印書館作爲《張菊生先生七十壽辰紀念刊》之用。

6 月 30 日,至中央大學文學院開院務會議,因本校新添醫學院,故擬裁去社會學系及蠶桑系,而各系亦須再裁教員,欲裁史學系上古史教員程仰之,先生力爭不得。

1936 年 6 月 30 日日記:

學生逐年少招,程度逐年降低,剜肉補瘡,終非正當辦法。教育無通盤籌劃之眼光,枝枝節節爲之,欲造就人才難矣。嗚呼!余欲無言。

7 月 2 日,接湯國梨寄來國學講習會聘書。

7 月 5 日，訪汪東。馬宗薌從蘇州來。

1936 年 7 月 5 日日記：

至中央大學，晤汪旭初，決定維持國學講習會一年……馬竟荃同學由蘇州來，傍晚邀至德國飯店晚餐暢談。竟荃言先師在蘇最賞識朱學浩，以後起之英許之；又賞識汪柏年，賜以手寫《尚書》新著，又别附以《尚書》札記數十條，而師母對此二人最不喜，竟至派多人收回汪處《尚書》手稿，汪甚不怡云。

7 月 6 日，因先生推薦，中央大學聘馬宗霍爲兼任教授。

7 月 7 日，訪校長羅家倫。

1936 年 7 月 7 日日記：

上午十時至中央大學訪校長羅志希，商量大兒可否兼任中央政治學校教授職而不兼薪。志希未到校，電話約十一點半鐘到校，約余稍候，余乃至史學系閲《魏書・釋老志》，至十二時半始來。乃至校長室外間，云有他客，稍候，乃連會三客，皆較余遲來，至一點半鐘乃延余至校長室，而又云有學生來見，又先會學生，約一刻鐘始來談。大兒兼職不兼薪，以中央大學爲主，而以彼校薪水除應兼四點鐘外，餘歸本校收受，志希不允。此亦無足怪者，乃批評大兒對於中央大學不熱心，而又譏余對於教員之待遇不公。捕風捉影，皆得之於讒言而不加察。見之即不易(本日候至四小時)，見後又無禮，驕矜而有德色，本可拂衣而去。史學系學生既少，平日已無趣味，而校長對於系主任傲慢如此，又何樂乎住此？此余所以急萌退志也。

編者按：這是先生日記中第一次表現出對羅家倫的不滿。

是日晚，檢出章太炎在日本時與先生論學書數件及先生與錢玄同論學書十餘件。

7 月 9 日，閲章太炎所撰《支那亡國二百四十二年紀念啟》。

7 月 13 日，閲章太炎《訄書》初刻本。

1936 年 7 月 13 日日記：

夜閲先師最初刻本《訄書》，其時文章擬周秦諸子，凡詩書諸子奇詁奥句皆爲運用，其文章非訓釋不能讀，與晚年所作異撰。其思想極端推崇孔子，以爲儒兼衆家之長，故有《儒墨》、《儒道》、《儒法》、《儒俠》、《儒兵》之作。以爲孔子賢於堯、舜、周公，其術積愛爲仁，積仁爲靈，與浮屠大旨同,故有《獨聖》上下之作。孔子賢於堯、舜在隆禮儀,荀子隆禮儀而殺《詩》、《書》。荀子法後王實法素王、法《春秋》,故以《尊荀》冠其篇。《春秋》以元統天,而以春王爲文王。文王孰謂?仲尼是已,即所謂素王也。於是欲以衍聖公當帝,而以清室比於桓、文霸府,而以此與客卿等觀,故作《客帝篇》。

案,先師是時言經頗採《公羊》,言政未曾極端排滿,蓋其時與康、梁尚投契,故學術政見頗多受影響,然種族之見則固其深也,觀《蒙古盛衰篇》而可知矣。其後序鄒容《革命軍》,撰《駁康有爲書》,於是排滿之志決,而初刻本《訄書》亦棄之如敝屣,而别有改作之本,《客帝》等篇刊棄不復道矣。

又《分鎮篇》欲以封建、方鎮爲一。置燕、齊、晉、汴及東三省爲王畿,注錯無所變。其餘置五道:曰關隴,附以新疆;曰楚蜀,附以西藏;曰滇黔桂林;曰閩粵;曰江浙(三江,浙江)。道各以督撫才者制之,行政署吏惟其所令,終其身無所易,死則代以其屬吏,薦於故帥,而錫命於朝。

案,封建方鎮爲吾國歷代最大弊政,内則自樹兵而相爭,外則使敵國各個擊破而不相救。民國以來割據之局豈不如此?《蒙古盛衰篇》謂以蒙古資俄羅斯,不若鬻之英人,以鉗束其兩端。凡斯倡道,頗乖治理,故其後亦删之也。

7月20日,致信國學會潘景鄭,論師學傳授並文章之道。信云:

前接大札,道揚先師期望之命以相敦勉,循誦之餘,彌增媿痛。先師學術文章,自漢以後,罕見其匹,平時康健,以爲親炙日長,不免多所疏遨。一旦遽捐館舍,頓覺疑難日滋,欲求牖啟,九京不可作矣,能無慟乎?先師嘗言經史小學傳者有人,光昌之期,庶幾可待,文章各有造詣,無待傳薪,惟示之格律,免入歧途可矣。惟諸子哲理,恐將成廣陵散耳。此二十年前在故都絶粒時之言也,至今思之,仍不能愈於斯言。旭初則謂先師學業,以文章爲第一,經史哲理,可勉學而造其境,惟文章則既須天才,又需學力,此難學而至矣,斯言亦至有理。旭初以文章自期,季剛在時,亦頗以此自許。二君文章,吾儕亦甚欽佩,然先師尚言"季剛文章枯槁,大不類我",可見斯道之難矣。吾儕仰承先師學業,不妨分道揚鑣,各造其極,而文章一道,皆當努力造作,非必欲以翰墨勳績辭賦爲君子,而立言要有法度,庶不穨其師聲。此後當互相掎摭利病,同臻奥境,吾兄當亦有意於斯也。弟少染俗學,長而奔走衣食,學校授徒,惟務鋪張易曉,故文筆冗雜,頗難自拔於俗,且年行已老,大恐終無所成就,惟望兄等痛加繩糾,庶或免流惡札。(録自先生1936年7月20日日記)

7月25日,致信汪東,談國學講習會及設立太炎學院等事。信云:

前接本月十一日大札,敬悉章氏國學講習會決維持一年以待結束,將來並辦太炎學院,以爲張皇先師學術之所,甚善,甚善。委與張溥泉先生一談,尚未謀面。聞先師國葬委員會兄與溥泉先生等皆在其列,開會之時便可將學院事籌商。惟是經費固難充裕,人才尤難延攬,圖書設備亦屬匪易,且學院辦法重在研幾,若仍摹仿學校偏重講授,則張皇之期邈焉難即,此中曲折仍當詳審面譚。作事謀始,似未可草率將事,想兄亦必以爲然也。本年四月,先師曾口授少年事蹟,草成筆記,兹特録出寄登《制言》,兄撰先師行狀可先取以參考,當時倉促速記,文辭未暇修飾,取其近真,故未增損一字,幸勿哂其俚俗。馬兄宗霍因其祖母之喪,遄返衡陽,聘書郵寄,已得復札,固樂於追隨吾兄商榷文學也。弟朴訥無文,愧對游夏,欲成國典,亦須緯以文華,先師雖嘗示以法度,懸以禁例,然離群索居,偏騖考校,操觚率爾,未嘗得師友掎摭利病,導入正軌,荒傖自哂,悔之云晚,將來幸得兄等善爲切礪,垂示軌範,庶或補救於萬一,幸勿以不文見拒也。檢齋南來與否尚無消息,此公不來,吾道太孤,望兄作書速駕,不可再延。馬兄竞荃著有《毛詩集解》三十六鉅册,先師講授《尚書》亦曾全部筆受,《制言》三期載其《王有五門二朝考》,不特深明禮制,善於理紛,且文辭朴茂簡質,頗得賈孔遺意,劬學如彼,熙績若斯,竟不得噉飯之地,殊爲痛心。國學講習會給渠太薄,而又强留,竞荃重負師恩,不敢固拒,然妻孥待哺,舉債無門,進退兩難,憂心如搗,近駕言北邁,道出南都,相見訴心,爲之於邑。吾儕誠當善爲周旋,勿令失所,望兄特爲加之意焉。(録自先生1936年7月25日日記)

7月31日,閲章太炎《葑漢昌言》。是日,孫世揚自蘇州來訪。

8月7日,撰成《漢諸陵雜記》。

8月13日,撰成《甲乙丙丁辨》,寄論國是。

8月15日,舊日北京大學弟子金毓黻來訪。

金毓黻1936年8月15日日記(《静晤室日記》,遼瀋書社,1993年,3903頁):

午後望拜朱先生於桃園新邨,論及李唐族姓一事,略申余見。先生藏有《鴨江行部志》一册,僅二十餘頁,原由《永樂大典》内輯出,輾轉歸於盛伯羲祭酒,後爲先生購得。又佟卜年《襄平先生幽憤録》,先生已有藏本,此皆天壤間孤本也。余集刊《遼海叢書》,擬取二書刊入,今向先生乞求,已允借鈔。先生又藏《事林廣記》一帙,日本翻泰定本,即余在東洋文庫所見者,謂在北平書肆購得,可謂收羅之能事矣。

編者按:金毓黻借鈔《鴨江行部志》一事,後未果。《鴨江行部志》一書後由先生長子朱偰捐與北京圖書館,即今之國家圖書館。

8月18日,張繼來談章太炎國葬及籌辦紀念圖書館事。
8月19日,赴北平整理藏書。
8月22日,至北平圖書館訪徐森玉、趙萬里、謝國楨。至馬裕藻家,錢玄同來,同午餐。午後沈兼士、許壽裳亦來。
8月23日,在家中檢集舊藏太炎先生墨蹟。
1936年8月23日日記:

夜檢舊藏章太炎師先生手書《終制》初稿、二稿、三稿各一卷,《終制》定本大書十二幅,誠至寶也;又大書保和殿詩六幅,刺洪憲帝制也;又有贈余六字聯二條,其他手書遺蹟尚多,此其最重要者。

8月24日,謝國禎、趙萬里來訪。
8月25日,姚從吾、毛準來談史學。晚馬裕藻、錢玄同、沈兼士、許壽裳、周作人共宴先生。
8月26日,赴趙萬里、謝國楨宴,同席有徐森玉。同日,接南京考試院陳百年信,聘爲本年高等文官考試典試委員。復快信允就,並推薦繆鳳林、羅香林、郭廷以、沈剛伯爲襄試委員。
8月27日,傅振倫來訪。整理章太炎遺墨,又得太炎先生《辭東三省籌邊使諮文》底稿、《陳訴巡警總監吴炳湘非法拘禁妨人遷徙狀》底稿、手書《宋武帝頌》等。
8月28日,錢玄同來,詳談太炎先生事蹟。晚赴徐森玉、袁同禮宴,同席者有沈兼士、金毓黻、趙萬里、謝國楨、傅振倫。
1936年8月28日日記:

午後三時錢玄同來,談先師生平事蹟,並及康心孚慫恿先師爲文承認帝制,後之袁世凱爲大總統許以出京,後又不許出京,故有告巡警總監妨人遷徙之狀。又言周啟明曾爲《謝本師》文,後又承認本師之事。又談先師與孫中山離合各事,謂辦《民報》時已相惡,及民國元年中山爲大總統,聘先師爲顧問,再三辭,不受。劉光漢始與先師爲學問友,後投端方,始相交惡。元年光漢從端方至四川,川人殺端方,執光漢,電告南京政府,陸軍總長黄興電川解南京正法,先師始作書致中山,謂:"明成祖殺方孝孺滅讀書種子,人皆惜之,方今正宜留有學術之人共治國家,發揚文化,如能不殺光漢,方見待士有禮,余亦願來京就職矣。"中山乃電川放光漢,並復書先師速駕,先師乃至南京,於是重歸於好。其後中山在廣東爲大元帥,先師爲大元帥府秘書長,直至中山容共,乃又離矣。其他所談遺聞逸事甚多,不及記矣。蓋玄同記性極好,余極喜與談也。五時玄同始去。其時玄同血壓極高,左目失明,而對先師頗眷念不忘,欲在北平爲先師開追悼會云……七時至煤市橋泰豐樓赴徐森玉讌,袁守和臨時加入爲主人,同席者有沈兼士、金毓黻、趙萬里、謝剛主、傅振倫。

金毓黻1936年8月28日日記(金毓黻《靜晤室日記》(遼瀋書社,1993年,第3909頁):

晚徐森玉、袁守和邀飯於泰豐樓,餚饌極精。座有朱逖先先生,談及楊惺吾《水經注疏》八十卷已經其弟子熊會貞輯成,清稿存漢陽徐行可手。

8月29日,至故宫博物院圖書館,意外發現明海鹽胡震亨所輯《唐音統籤》一千三十三卷,一百二十册,喜不自禁。中午,赴傅振倫、劉官鄂宴,同席有陳垣、沈兼士、姚從吾、莊尚嚴等。

編者按:此次發現完整之《唐音統籤》,先生曾勸張元濟影印出版,後未果。

1936年9月9日致張元濟:

此次赴北平,於故宫博物院發見胡孝轅先生《唐音統籤》全部,自甲籤至壬籤一千卷皆爲詩,癸籤三十三卷爲詩話,甲、乙、丙、丁、戊爲刻本,己、庚、辛、壬爲康熙鈔本,癸爲刻本,其内容再當詳告。各卷詩人小傳較《全唐詩》爲詳,孝轅先生皆附有各家考證,《全唐詩》皆爲删去。此爲《全唐詩》祖本,大可景印流傳。已商之故宫當局,可以付印,如商務印書館願任此事,或單行或加入《四部叢刊》均可。此事不特於吾邑文獻大增光彩,即於吾國文學史亦大有裨補。望先生主持付印,是爲至禱。

張元濟1936年9月14日復先生:

孝轅先生《唐音統籤》,世間只知有戊、癸二集,今爲我兄發見全書,真是意外之事,甲、乙、丙、丁既有刻本,何以絶無流傳?不知刊於何時何地?"戊籤"楊序僅言"宣子念齋承先剞劂",豈即此"功未及半之本"乎?承商准故宫當局,可以印行,自是盛舉。屬由商務印書館出版,業已轉達。惟有先决條件二:甲、"戊籤"僅屬晚唐,合之"癸籤",凡二百七十九卷,敝處一部裝成五十八册，平均每册以六十頁計，當得三千五百頁，其他七百有三卷，未知有若干頁，如過於繁重，且有《全唐詩》在前，恐有不易銷售之慮；乙、故宫借印書籍，向來索酬甚重，此書用途較窄，令卷帙不至過多，而酬報匪輕，亦覺不勝擔負。甲項情形，已函託北平敝分館就近調查；至乙項，未知兄在北平時，曾否與故宫當局談及，有何具體辦法？再，此書如可印行，全書必須寄至上海照相。以上各節，統祈我兄出闈以後逐項見示，至爲禱盼。

8月30日，馬裕藻、錢玄同來，約定9月4日上午在孔德學校大禮堂舉行章太炎先生追悼會。

8月31日，陳垣、傅振倫來訪。

9月2日，訪倫哲如。至北平圖書館訪趙萬里、袁同禮。晚至王府井大街承華園赴錢玄同、馬裕藻、沈兼士、許壽裳、周作人第二次宴，同席有沈士遠，並至同生照相館七人合攝一影。是日，接湯國梨電，委先生及章太炎之婿朱鐸民爲章太炎追悼會代表。

9月4日，在北平的章門弟子舉行章太炎先生追悼會。

1936年9月4日日記：

上午周啟明來略談，即同至孔德學校。十時半開先師章太炎先生追悼會，許季紱主席，余報告先師事略，來賓約百餘人，先師女婿朱鐸民亦來爲家屬代表，十二時散會。沈兼士讌鐸民，邀余及錢玄同、馬幼漁、許季紱、周啟明同席。鐸民爲甘肅財政廳長，住上海福煦路四明村八十九號，浙江樂清人，暢談久之。

9月5日，離平南歸。

9月7日，聘金毓黻爲中央大學東北史講師。是日，至考試院開本年高等文官考試第一次典試委員會。

9月9日，舊日清華弟子姚薇元來，以其《北魏胡姓考》初稿請先生指正。

編者按：姚薇元《北魏胡姓考》爲其清華研究生畢業論文，先生建議其改爲《〈魏書·官氏志〉廣證》。抗戰中姚至貴州大學，仍來信請先生爲此書撰序。此書最終以《北朝胡姓考》之名出版。

1936年10月3日日記：

午後姚薇元來，囑其改《北魏胡姓考》爲《〈魏書·官氏志〉廣證》，因陳毅有《〈魏書·官氏志〉疏證》，故云"廣證"，姚君以爲然。

1936年10月4日日記:

夜閲《〈魏書·官氏志〉廣證》,頗覺其中誤處甚多,囑姚君改正。

1936年10月14日日記:

午後姚薇元來,討論《〈魏書·官氏志〉廣證》,余勸其改正高氏、李氏、王氏諸條。

1943年5月18日日記:

接姚薇元自貴州大學來信,託撰《北朝胡姓考》序文。

9月10日至17日,至考試院爲當年高等文官考試出題閲卷,宿於考試院。
9月21日,至考試院開第二次典試委員會,議定第二試日程等項内容。
9月26日,次女朱倓隨羅香林回廣州任職,時羅香林受聘爲廣州市立圖書館館長。

1936年9月26日日記:

晚餐後約七時率内子與大兒、大媳至大石橋新民坊九號羅寓送香林及菊女回廣東。時香林爲廣州市立圖書館長,菊女亦任職館内購書職員,並辦《廣州學報》,香林又兼任中山大學史學系講師,故暫向中央大學請假回廣州任職。十時香林與菊女及外孫女凌兒登車起程,大兒送至下關,余與内子、大媳回家。

9月27至28日,再入考試院,爲高等文官考試復試出題、閲卷。
9月30日,遷居至文昌橋曬布廠二號之二。
10月7日,訪宗白華,觀其所藏北魏雕刻佛像頭,極莊嚴而秀美。
10月8日,至德奥同學會,觀長子偰攝影展覽。
10月10日,考試院院長戴季陶宴本年高等文官考試典、襄試委員,戴演説中國在德國奥林匹克運動會失敗之原因。下午赴蘇州講學,與章夫人湯國梨談章先生國葬事。
10月11日,上午講學;午後與王佩諍、諸祖耿至書店購書;晚開章氏同門會籌備會,到會者有孫世揚、諸祖耿、潘景鄭、鄭梨村、王佩諍、沈延國等,推章夫人湯國梨爲主席。
10月12日,上午講學,午後與章太炎幼子章奇談治學方法,時章奇十三歲,欲治《左傳》。下午歸南京。

1936年10月12日日記：

午後與章大可談治學方法。大可年方十三，欲治《左傳》，余勸其參閲顧棟高《春秋大事表》，以明當時全局形勢。

10月19日，撰《天啟本浙士登科考跋》，並作浙江文獻展覽會陳列書籍十種提要。

編者按：據先生《南京日記》，時浙江將舉辦"浙江文獻展覽會"向先生徵求文獻以供展覽，先生提供十二種自藏稀有文獻：弘治覆宋本《嘉定赤城志》、弘治本《弘治赤城新志》、萬曆本《嘉興府志》、《康熙海鹽縣志》未刻稿、天啟本《浙士登科考》、舊鈔本《南疆逸史》、舊鈔本《甲申朝事小記》、舊鈔本《崇禎五十宰相傳》、鈔本萬斯同《明史稿・南明列傳》、鈔本張岱《石匱書後集》、李聿求稿本《魯之春秋》、稿本《甲申傳信録考證》。並於10月21日經中英庚款委員會將這十二部文獻每部頭本轉寄浙江。展覽結束後，浙江文獻展覽會將這十二册書送回。

1936年10月21日日記：

上午至山西路中英庚款委員會送前列書十二種頭本，轉寄杭州，得有收據。

1936年12月19日致沙孟海(未刊，録自手稿)：

孟海先生：

浙江文獻展覽會送還書十二册照數收到。茲將尊處收條奉還，並附浙館收條亦祈轉寄。專此敬頌

大安！

弟朱希祖敬啟

十二月十九日

10月21日，至内政部開中央古物保管委員會。

10月23日，蘇州國學講習會孫世揚及章太炎幼子章奇來訪。

10月25日，黄侃弟子及親友舉行黄侃周年祭，先生與祭，得黄侃遺照及墓志銘以爲紀念。

1936年10月25日日記：

十一時至九華村黄宅，季剛同學兄卒之周年，其弟子及親友會祭，故余亦赴會，汪旭初亦來。得季剛遺像照片及墓誌銘。

是日,三子朱僑在桐廬與張宇眉結婚。

10月26日,金毓黻來贈《遼海叢書提要》一册。

10月27日,朱僑率新婦由杭州來謁。

10月28日,設喜筵於南京浣花飯店,到者中央大學同事及舊北京大學同事、同學,若陳百年、沈士遠、羅家倫、金毓黻等。

11月1日,赴蘇州講學。2日,歸南京。

11月3日,閱《周書》摘録家於武川之人,擬撰《北魏武川人物考》。

1936年11月4日日記:

擬撰《北魏武川人物考》,蓋宇文泰、楊忠、李虎皆家於武川。周、隋、唐三朝帝王其祖先皆遷居武川,秉受塞外豪强之氣,開創周、隋、唐偉大之事業,非偶然也。其時將帥立功之人亦多出於武川,一洗南朝文弱之氣,此實歷史上重要之事蹟也。

11月9日,撰《章太炎先生之史學》。(載《文史雜誌》第5卷11、12期合刊)

11月11日,率長子偰赴杭州。

11月14日,上午浙江學界舉行章太炎先生追悼會,先生因患腹疾未克參加,午後腹疾稍愈,下午四時乃赴浙江文獻展覽會中附設追悼章太炎先生會場講演《章太炎先生之史學》。並晤浙江省圖書館館長陳叔諒、孫孟晉(經學大師孫詒讓先生之子),並晤章師母湯國梨、章奇、孫世揚、潘博山、潘景鄭。

11月15日,歸南京。

11月16日,赴考試院開首都普通文官考試典試委員會。

《國民政府令》11月14日(《考試院公報》第11期,1936年11月):

派朱希祖、夏勤、梁希、朱君毅、翁之龍、王元增、薩孟武、張謨實、雍家源、杜長明、伍非百、劉奇峰、葉溯中、陳有豐爲首都普通考試典試委員。

編者按:此次普通文官考試初試於11月20至23日舉行,復試於12月4日至6日舉行。先生均入闈出題、閲卷,並住於考試院。

11月18、19兩日,將暫存於中央大學圖書館的七百二十四部又三十九包善本書,以及暫存於中國旅行社的十大箱善本書全部運回寓所。

1936年10月19日日日記:

開箱取出書籍檢點,毫無遺失損壞,蓋封存於北平者四年,存於南京者半年,一旦重啟,如逢故人,不勝欣喜,蓋余二十餘年來搜羅書籍,其精華大半在此也。

11月24日,接張元濟信,言海鹽縣長張韶舞欲在城内造公路,大街兩旁房屋均須拆讓,請先生聯絡海鹽籍在京人士設法出面制止,以救窮民。夜撰《致張韶舞縣長請改變海鹽城内公路計劃書》。原函如下:

□□縣長執事:

仰企高軒,辱臨下邑,更新百度,洽惠萬民,無任欣忭。近有鄉人數輩來京,述及敝邑公路路線,原定由南門入城,經新橋街出北門,沿途應毁民房頗多。曾呈請省中大吏,改定路線,以保民居。聞省中曾委執事查覆,執事以繁榮邑城必須經過城中爲覆,後因費絀暫輟。今將興工,更新增一線,由東門入城,會合於新橋,需毁民房更多。居民惶恐,奔相走告。希祖等以執事繁榮邑城爲志,動機至善,實深欽佩。惟敝邑著稱窮僻,有二事不得不顧慮者,謹以上聞。敝邑僻在海隅,工商素不發達,農業又值凋敝。城中沿線居民,大率皆小户窮氓,房屋一毁,多無力更造,稍有賠償,亦無濟於事;即有一二富紳,華堂大厦,巍焕路旁,然皆出居津滬,視如敝屣,若一毁其門楣,則更絶其回鄉之念。是故城中公路一辟,房屋必更零落減少,非若通商大都,恢復之力既弘,繁榮之象立見,此可慮者一也。敝邑城内,經太平天國一役,房屋焚毁殆盡,八十年來僅沿西門至東門,大街兩旁,房屋甫能櫛比,南門北門以内,占全城三分之二,皆一片荒原,瓦礫滿目,吾邑之凋敝無力可以想見已,此諒在執事洞鑒之中。今敝邑城中,惟東門至新橋沿大街一段,稍有大厦,爲一邑之壯觀。南門北門以内,房屋較少,然南至南寺橋,北至新橋街一段,雖無大厦,房屋亦相比連,若一經拆毁,則窮簷蔀屋,必無力更造,少數大厦,亦零落而減色,則雖有廣路,既無高大樓房以壯觀瞻,而殘破頹敝之廬,與荒原相映帶,適於繁榮相反,此可慮者又一也。然闢造公路爲國家之大計,軍事商業,攸關甚鉅,不可不從長計劃,以事興築。竊謂宜稍變更路線。其由南門入城由北門出城一線,改由南門城外沿城牆經東門達北門。其新增自東門至新橋一線,如需與海塘一線相連,則由敕海廟至東門闢一線,即可與沿城一線相連;如與海塘一線不必相連,僅爲縣署交通便利計,則東門既闢路線,即與縣署接近,則此一線可作罷論。如此,則軍運既不防礙,商品仍可灌輸,凋敝之民可以安居樂業,繁榮之觀可以潛滋暗長,一舉而數善畢臻,想執事亦必樂從衆望也。況爲公路省費計,亦宜改用新擬之線。若在城中,既須拆毁民房,又須掘去街石,工費必鉅。改用沿城空地,皆系官産,本無錢糧收入,小民僅植桑柳,未構房屋,所損尚微,而造路甚易,費用必省。雖由南門經東門至北門,路線稍長,而東門至新橋一線省去,則亦相等。敝省建設經費,至爲拮据,節省公款,而效力不減,亦爲當務之急,此亦當爲執事所樂於改計者也。他年東方大港若成,則敝邑爲通商大都接近之區,商工必因之振興,農業亦必因之發達,則敝邑城内通衢必然開拓而寬廣,道旁民屋必然高大而麗都,南北城荒壤亦必變爲錦繡繁華之地。惟目前窮迫之民,必先顧恤,庶可使其昭蘇,由漸而達於繁榮之境,此則希祖等所欲環請而不容已者也。希祖等私人利益毫無關係,純爲公益起見,合併聲明。兹謹繪具圖説,敬祈察核。如能改變路線,以舒民生,實爲德便。區區之意,伏祈鑒察,賜復爲盼。敬頌

政安!

海鹽旅京同鄉

朱希祖　國立中央大學史學系主任教授

陳大齊　考試院考選委員會委員長

朱宗良　監察院監察委員

徐文藻　考試院科員

孫　瀚　中央軍校教官

王宗旦　外交部國際司副科長

周祖謀　陸軍軍需處科長

朱　偰　國立中央大學經濟系教授

黄承穀　監察院書記官

(録自國家圖書館所藏朱希祖手稿)

11月28日,寄出致海鹽縣長公函。

編者按:據先生《南京日記》,12月9日,先生、陳百年、朱宗良三人又會銜致電嘉興王專員,請飭海鹽縣長改變城内路線。12月13日,海鹽縣張縣長回函,言可以暫緩拆讓房屋商量改變公路線路。12月19日,再擬函致浙江省政府主席朱家驊,請飭海鹽縣長改變城中公路路線。

11月29日,赴蘇州講學,晚與章夫人湯國梨及金毓黻等人談組織同門會事。

11月30日,閲章太炎手稿《章太炎自定年譜》。下午歸南京。

1936年11月30日日記:

晨八時閲先師手寫年譜正副兩册,記至民國十一年止,中多開國秘史,故師母不肯發表,師母欲委余撰先師行狀,故特給余一觀,觀未及半,

適已十時,乃奉還師母,約下次再來細閲,摘録先師本身重要事蹟以入行述。

12月1日,致信邵元沖,介紹曾問吾去見。時曾問吾奉實業部命將至甘肅、青海、新疆調查實業,先生請邵翼如寫介紹信於三省要人,以便調查。
12月2日,晤汪東,閲汪撰《先師章太炎先生墓志銘》。召集史學系全體學生及國文系部分學生組織史學研究會,編纂國民政府成立以來歷史,以資練習。
12月7日,參加教育部長王世傑召開的茶話會。

編者按:時國際歷史學會會長英國人田波烈來華,邀請中國史學界組織史學會加入彼會,故王世傑有此茶話會。

12月8日,中央大學校長羅家倫於教育部宴請田波烈,先生等與宴,會談加入世界史學會事。
12月12日,張學良、楊虎城發動西安事變。

1936年12月13日日記:

十時閲報,蔣委員長中正在西安爲叛將張學良、楊虎臣所劫留,人心洶洶,懼國内分崩,法幣動揺,外患亦因而加甚,憂惶劇甚……至考試院訪陳百年、沈士遠探聽西安消息,皆不遇……四時至繩先處問消息,謂頗惡劣……本日政府議決,褫奪張、揚本兼各職。

1936年12月14日日記:

上午出外探聽消息,知各省疆吏、各軍將領均通電聲請討張,國内頗形一致。午後及夜與家人談時局之變,心緒頗難寧静。

1936年12月15日日記:

上午九時至中央大學,與沈剛伯、郭量宇等互問西安消息,始知蔣尚無恙。

1936年12月25日日記:

下午六時半,城内爆竹聲四起,傳言蔣由西安脱險離陜,五時三刻乘機抵洛陽。本日晨八時半至黨史陳列館弔邵元沖先生,因本日中央遥祭陜變諸烈士於該館,而邵先生本爲黨史編纂主任也。

1936年12月26日日記：

正午見大型機一架，隨機四架，蔣率其夫人等回京矣。在機場迎接者聞有萬餘人，聞張學良亦同來。

12月15日，應嘉興《民國日報》之請，爲《嘉區文獻專刊》撰《海鹽文獻源流》一篇。

12月17日，至德奥同學會赴馬衡、張貴永、蔣復璁、陳念中、滕固、裘善元公宴，餞李濟赴英。

12月23日，應《越風》社之請，撰《明海鹽小瀛洲詩社考》。（載《越風》第2卷第1期，1937年2月）

12月27日，赴蘇州講學。28日，歸南京。

12月27日至次年（1937年）1月2日恭録太炎先生《自定年譜》，擬撰《余杭章先生行狀》。

12月30日，金毓黻來，借去先生所藏《大寧考》一册，此爲東北文獻之可貴者，抄自明刊本，頗不易得。

金毓黻1936年12月30日日記（金毓黻《靜晤室日記》（遼瀋書社，1993年，第3946頁）：

朱先生借得《大寧考》一册，蓋抄自明刊本，文與《名臣寧攘要編》微有同異，校閲一過。余前録自《要編》本者，中闕二頁，據朱本補之，並爲校其異同。朱本前有趙時春序，惟闕其前半，又有大寧圖，皆據以補録，此亦東北文獻之可貴者。朱先生頗秘惜其書，兹肯見假，亦不易得也。

關於“謂山窰”案

編者按：1935年，因修建江南鐵路，在南京光華門外中和橋草場圩出土大量梁代五銖錢範，據説在現場發現一方石碑，上書“謂山窰”三字，並刻有“梁普通元年三月建”，此碑爲經古齋老闆張煦園花30元購得。張煦園得此碑後，將其拓片分贈專家、學者。金陵大學金石學家商承祚將拓片拍照製版，登載在《金陵學報》上。（據許亞洲《光華門假古碑騙倒大學者》，《金陵晚報》2007年5月10日）

1936年1月16日，羅香林來贈梁普通元年謂山窰石刻拓片一張。

1936年1月16日日記：

午後羅香林來，贈余梁普通元年謂山窰石刻拓片一張，謂此係新出土者,乃梁鑄造五銖錢範之窰,尚有錢範殘片一枚見贈。據云此係經古齋所得,尚有完整錢範可購。余聞之甚喜。

1月17日,至經古齋購得梁五銖錢範十餘枚,經驗證確係梁代錢範。

1936年1月17日日記:

謂山窰不見於《梁書》,普通元年亦無鑄五銖錢明文,惟《隋書·食貨志》有"梁鑄五銖"一句,不著時地,此可補史之缺文。

是日下午,至内政部訪次長張道藩,談及此事。

1月19日,經古齋將謂山窰石額送至先生寓,先生細審錢範,因覺其與古書記載有異,心中有疑。

1936年1月19日日記:

今所見錢範既非肉好周郭皆備,又非無肉郭者,豈此等錢範皆爲僞物歟?天監錢制與普通錢制不同歟?然《梁書·武帝本紀》僅載普通四年十二月戊午始鑄鐵錢而無鑄銅錢之文,益使人不能決此疑也。又案,普通四年所鑄鐵錢亦肉好周郭皆備,背文四道,惟形制較小,與此等錢範亦不同。

1月20日,率長子朱偰偕同經古齋的人至實地考察,尚見有工人掘出五銖錢範碎片甚多,其地約占三畝。由此先生認爲"此等錢範確係梁鑄,可無疑矣。"

1月21日,再至内政部訪張道藩次長,談購梁謂山窰石碑事,但張不在,於是乃與中央古物保管委員會接洽此事,並至經古齋談刻石價錢。

1月22日,代中央古物保管委員會購定梁謂山窰刻石,計銀60元。當晚開始撰寫《梁普通元年謂山窰五銖錢範考》。後又寫了《梁代貨幣考》一文。

1月28日,經古舍將梁謂山窰石額送至内政部古物保管委員會。

3月1日,與馬衡至梁五銖錢範出土地勘察。

3月2日,請馬衡親自驗看"謂山窰"石刻,馬衡斷定係僞造。

1936年3月2日日記:

午後至秣陵路崔八巷故宫博物院辦事處訪馬叔平,並偕至古物保管委員會考驗謂山窰石刻,斷定係僞造。乃至别古玩店驗新在京南出土之唐會昌元年韋孜墓志,其石質與僞謂山窰石刻同,乃知謂山窰石刻係舊墓志蓋所僞造,於是至經古舍質問張舜民僞造之事,張支吾而已。卒允退還石刻,繳回獎金。

3月9日,致函張道藩,引咎辭去中央古物保管委員會委員一職。

1936年3月9日日記:

上午寫信致張道藩,辭去中央古物保管委員會委員一職。

4月7日,與張道藩一道會詢經古齋張煦園僞造謂山窰石刻事。

1936年4月7日日記:

下午至内政部古物保管委員會,與主席張道藩先生會詢經古舍張某僞造謂山窰石額事,張某未肯承認,亦不言來自何處。道藩先生乃決定交法院懲辦。

4月9日,張熙園被法院傳訊。

4月11日,至經古齋抄録古物保管委員會給謂山窰石刻獎金文件原文。

4月12日,再至經古齋,並至内政部訪袁敷寬,調查獎金收據。

4月13日,至内政部調查謂山窰石刻案卷。並再次致信中央古物保管委員會全體委員,表達引咎辭職之意。

1936年4月13日日記:

上午至内政部調查謂山窰石刻案卷。午後寫中央古物保管委員會全體委員信,堅決辭職。傍晚馬叔平來談論此事,夜修改辭職信。

4月21日,《朝報》登載該報顧天熙所寫的一則新聞,謂"朱教授朋分謂山窰石刻款二十五元"。

1936年4月21日日記:

本日《朝報》載朱教授朋分僞謂山窖石刻款二十五元。任意造謡,毀人名譽,特至内政部將經古舍正式收據攝影備作聲明,使《朝報》更正。並晤張道藩先生,報告地方法院。因中央古物保管委員會請懲辦經古舍張熙園僞造謂山窖石刻詐欺取財事傳余出庭備詢,因余聲明其僞有關係也。

4月22日,撰更正《朝報》信,由婿羅香林送至《朝報》社。

4月23日,法院開庭,先生作爲證人出庭。

1936年4月23日日記:

上午十時率大兒至首都地方法院,被告經古舍張熙園亦來,余爲證明僞古物之人，出庭備詢。十一時開庭，先問張熙園，繼問余，余乃備陳僞證，當即判定張熙園詐欺取財罪，至朋分二十五元事，張熙園不但未誣告，且在法庭聲明《朝報》造謡，且謂顧天熙曾慫恿彼誣告云。

當日《朝報》登載先生更正函。

4月24日，撰成《謂山窰案件經過》一文，送中央古物保管委員會，預備該會做聲明時參考。同時建議將該僞造的"謂山窰"石刻請各委員一觀，以明其如何作僞。

4月29日，中央古物保管委員會致函先生，對先生表示慰留，先生收回辭呈。

編者按：據徐亞洲《光華門假古碑騙倒大學者》，法庭最後的判決是：張熙園無罪。其理由是：一、此碑的真假就連著名學者、文物專家一時都難以鑒定，對一個古董商人，又何能苛求？二、被告無必要爲區區60元獎金僞造文物、欺騙國家；而且被告將該碑送請專家鑒定，足見其目的不是欺騙外行。

又按：因最終證明所謂"普通元年三月建"的"謂山窰"石刻爲僞，先生將謂山窰一節從其論文《梁代貨幣考》中删去，並將《梁普通元年謂山窰五銖錢範考》一文，改爲《南京新出土梁普通四年五珠錢範考》，載《制言》半月刊第37、38合刊。

有關與陳寅恪、傅斯年的兩場學術辯論

一、與陳寅恪辯有關李唐氏族淵源問題。

編者按：陳寅恪於1931年撰《李唐氏族之推測》（《歷史語言研究所集刊》第三本第一分），1933年撰《〈李唐氏族之推測〉後記》（《歷史語言研究所集刊》第三本第四分），1935年撰《三論李唐氏族問題》（《歷史語言研究所集刊》第五本第二分），這三篇文章的核心觀點爲：李唐爲後魏拓跋氏弘農太守李初古拔之後裔，是鮮卑人，其自稱爲西涼王李暠之孫李重耳後裔爲僞託；其"李"爲趙郡李氏，非隴西李氏。於此，還有劉盼遂《李唐爲藩姓考》（國立女子師範大學《學術季刊》第1卷第4期及第2卷第1期），日本學者金井之忠《李唐源流出於夷狄考》（日本東北帝國大學文科會《文化》第2卷第6號）。對陳寅恪的觀點，先生未敢深信。

1936年3月11日日記云：

午閱《逸經》半月刊内胡懷琛所撰《李太白國籍問題》一篇，謂李太白生於長安元年，生於坦羅私城（即訶達羅支國），頗受突厥化，五歲始回巴西。然此事尚待考證，余尚未敢深信。因憶陳寅恪先生亦有《李唐氏族之推測》一文，謂唐太宗先世係鮮卑人，余亦未敢深信。乃先將新、舊唐書《高祖本紀》中所載世系一閲，並考涼武昭王李暠子孫仕南北朝事，以備閲陳君之文。

3月17日，至中央研究院歷史語言研究所訪徐中舒、董作賓，裘善元、陳述，索閲《中央研究院集刊》。閲陳寅恪《李唐氏族之推測》、《李唐氏族之推測後記》、《三論李唐氏族問題》三篇文章。

編者按：先生通過考證，得論證三：一、李唐先世李虎賜姓大野氏，實則與鮮卑拓跋部九十九姓不同，不可相混；二、李昞娶獨孤氏，李淵娶竇氏，李世民娶長孫氏，三世皆娶鮮卑人，其子孫不免與胡人有相似處，然面貌語言風俗與母族相似，不可武斷其爲外族人；三、李重耳非魏初古拔。因擬作《駁李唐爲胡姓説》與陳寅恪商榷。

3月18日，開始撰《駁李唐爲胡姓説》。
4月3日，《駁李唐爲胡姓説》初稿完成。
5月12日，開始修改初稿。
6月27日，完成對《駁李唐爲胡姓説》的修改。後刊載於《東方雜誌》第33卷第5號（1936年）。

編者按：後陳寅恪又撰《李唐武周先世事蹟雜考》（《歷史語言研究所集刊》第六本第四分）以答先生；先生於次年（1937年）3月6日撰《再駁李唐氏族出於李初古拔及趙郡説》（《東方雜誌》第34卷9號，1937年）以回應。關於這場辯論，金毓黻有如下評論（《静晤室日記》（遼瀋書社，1993年，第3903頁）：

研學之士爲求知之念所趨，遇一題目分析務盡，否則必有不快之感，此常情也。然其題目如何，亦宜審度，果爲一國家民族所關，即使情真理當，亦不可率而操觚，以貽一言不智之譏，如劉盼遂撰《李唐爲藩姓考》即乖此旨。近者朱逖先先生駁之云："若以此等説，則自唐以來惟最弱之宋尚未有疑爲外族者，其餘若唐、若明皆與元、清同爲外族入居中夏，中夏之人久已無建國能力。循其結果，暗示國人量力退嬰，明招强敵加力進取，此余所以不得不辨駁也。"所論實當。按劉氏之説，實本其師陳寅恪。寅恪撰《李唐氏族之推測》,前後凡三篇,引據頗多,終謂李唐爲漢姓,已知其初論失於一言不智。其弟子又推波而助之瀾,後欲彌其闕失,遂至於再三辯説。然其積垢已如邱山,雖竭西江之水而不能浣也。朱先生之論,一駁吕夏卿《唐書宗室世系表》妄加事實;二駁釋彦悰《法琳别傳》之説爲不足信。其立論設證似不如陳寅恪先生之有力,然已先其大,則其小者不能奪。設陳氏立論之初思及此義,稱量而出,必不致貽一言不智之譏,又不勞再三設論以爲之補救也。然前晤孟真,首論及此,然不知外人曾著論,援據以益證成其説,今論朱先生之論乃得知之,然則先生之論真先得我心哉。

又按:對此事,卞僧慧在其所纂《陳寅恪先生年譜長編(初稿)》(中華書局,2010 年 4 月)中引羅香林《回憶陳寅恪師》並加案語,摘録如下:

> 二十九年即一九四〇年,中山大學自雲南遷回粤北,我於途徑桂林時,曾依照陳師所講須注意新資料的啟示,曾於桂林西山,發現唐高宗時代的摩崖佛像……接着更應命至重慶服務,兼在中央政治學校講授"中國民族史"。這時適追隨在重慶的史學界各前輩,組織中國史學會,曾通過與勝利出版社合作,將中國歷代最重要的人物,各撰作專傳一册,自孔子至國父孫中山先生,凡列二十餘人。其中有"唐太宗傳"一種,衆議推請陳師撰作。時陳師適以香港爲日軍襲占,經自港密回桂林,任教於廣西大學。乃由出版社的社長潘公展先生,致函陳師,約請撰作。不料陳師得信,反指名叫我撰作……不多久,陳師以遷在粤北的中山大學,堅約他前往講演,乃由桂林搭火車,經衡陽至坪石,住了幾日,據説於演講時曾提及推薦我撰作"唐太宗傳"的近事,末説:"我料羅先生於開始撰作時,對李唐皇室的姓氏問題,也必極難下筆:到底依照老師的説法好呢,還是依照岳丈的説法呢?"説完了便哈哈大笑。這是後來中山大學的老同事告訴我的。可惜這本書,我答應了後,直到現在還没有寫成……
>
> 慧按:羅香林在此節文前,曾説:陳師自開始在清華國學研究院講學時,即曾提及李唐皇室的姓氏與李虎一家在北魏、西魏與北周的關係等問題,最初以爲李唐皇室的上代或與北魏的李初古拔有關,繼之則以爲李唐皇室上代或出自趙郡李氏,而非出自隴西李氏。這與朱逖先先生(希祖)始終都以李唐皇室父系出自隴西李氏者,意見不無出入。雙方曾發表論文數篇,在學術上均有重大的啟發和價值。二位大師,雖然對

這問題結論不同,但私交卻始終很好。至於羅先生傳聞先生此次在中山大學講學,曾言及渠在撰寫"唐太宗傳"時,在氏族問題上將極難下筆、此不過一時即興笑談,亦可見先生之風趣。(見該書210頁)

二、與傅斯年、吴晗、李晉華辯明成祖生母問題。

編者按:1932年傅斯年撰《明成祖生母記疑》(《歷史語言研究所集刊》第二本第四分),認爲明成祖生於碽妃,養於高后。至於碽妃是何人,傅斯年認爲她肯定不是漢人,可能是蒙古人、高麗人甚至是色目人,但肯定不是元順帝的妃子。先生於1933年10月撰《〈明成祖生母記疑〉辯》(中山大學《文史學研究所月刊》第2卷第1期),主張明成祖就是高后所生,所謂洪吉喇氏、甕妃、碽妃實際上就是一人,只是流傳過程中的音變而已。傅斯年與先生的文章引起了學術界的争論,吴晗撰《明成祖生母考》(《清華學報》,1935年3月),支持傅斯年的觀點;李晉華撰《明成祖生母問題彙證》(《歷史語言研究所集刊》第六本第一分),也是贊同傅,反駁朱。傅斯年則在李晉華文章的基礎上作《跋〈明成祖生母問題彙證〉並答朱先生》(《歷史語言研究所集刊》第六本第一分)。

又按:去年(1935年)夏,先生返北平整理藏書並訪友,8月8日,北平圖書館趙萬里贈先生吴晗所作《明成祖生母考》。8月29日,傅斯年於北平歐美同學會宴先生,同席有胡適、陳受頤、趙萬里、向達、顧頡剛、錢穆、羅常培。席間,可能談到李晉華《明成祖生母問題彙證》。9月2日,傅斯年將李晉華《明成祖生母問題彙證》寄與先生,然因匆匆南返,對李晉華之文,先生未及細閲。今年(1936年)春,在南京,傅斯年向先生問及吴、李文章之事。

4月1日,致信傅斯年,索閲傅、吴、李三位關於明成祖生母問題的文章。

1936年4月1日致傅斯年(原稿藏臺北中研院傅斯年圖書館,編號元47—19—9):

孟真兄左右:

去夏承贈我《明成祖生母問題彙證》並跋文,以曾見吴晗君《明成祖生母考》,以爲《彙證》結論亦不過如是,置而未閲。其時天氣熱,整理書籍忙,匆匆南返,《彙證》二册置於書櫃中,忘卻帶回南京。日前在德奥瑞同學會承問及此事,乃寫信與敝親張君將書櫃中《彙證》取出寄來,昨日接到。細閲之下,頗增吾興趣,本思不再作文,以爲成祖只要非元順帝子,其他是高皇后子,非高皇后子,無關弘旨,不必再辨。今既有興趣,不妨再做一篇,惟大作《明成祖生母記疑》由廣遷京已失去,《彙證》曬印本所有

空白句字，尚未填補，總覺不全，想已登載《集刊》，祈皆檢出各一份遣人送至敝寓爲感。專此，敬頌

撰祺

弟朱希祖敬啟

四月一日

4月3日，傅斯年將其《明成祖生母記疑》單行本寄與先生。

4月5日，讀傅、吴、李三位的文章。

1936年4月5日日記：

閱李晉華《明成祖生母問題彙證》，並傅斯年跋李文及《明成祖生母記疑》，吴晗《明成祖生母考》。頗引起辯論興趣，因吴、李、傅三君皆駁余之《明成祖生母記疑辯》也。傍晚至四象橋舊書坊借閱《静志居詩話》中李玄華事蹟。夜閲《明史・禮志》"奉先殿、奉慈殿"二條，並參閲毛奇齡《彤史拾遺記》，以備作文反駁。

4月6日，開始撰寫《再駁明成祖生母爲碽妃説》。

4月12日，該文初稿完成。

4月15日，先生於南京中華門外雨花臺發現一石碑，爲《宣武將軍僉廣武衛指揮使司贈驃騎將軍僉都督府事李公神道碑》，此碑銘文足以撼傅、吴、李三位立論之根基。

編者按：最早提出明成祖生母爲碽妃的是《南京太常寺志》，而《宣武將軍僉廣武衛指揮使司贈驃騎將軍僉都督府事李公神道碑銘》足以證《南京太常寺志》之不足信。

1936年4月15日日記：

四時率大兒、倞兒至雨花臺東尋明李淑妃父李傑墓，見其墓道上有石人、馬、羊、虎，有豐碑巍立墓道前，曰《宣武將軍僉廣武衛指揮使司贈驃騎將軍僉都督府事李公神道碑銘》，略云：

公諱傑，字茂實，世居壽州霍丘縣之壽安鄉。丙寅之歲，渡江來屬，上悦，使隸大將軍麾下。洪武元年，詔大將軍入中原，山東西河南北州郡相繼而下，獨所謂孔山寨者，賊恃險以抗我，公奮然先驅，與賊接戰，而賊衆大合，援不及繼，公遂死焉，時冬十有二月乙亥也，享年三十有八。洪武二年八月庚午，葬於京城南聚寶山之陽。公娶茆氏，封太夫人。子男二人，長即都督公也（上文"子諒官至驃騎將軍僉中君都

督府事"),次即指揮使也(上文"子忠官至昭勇將軍旗手衛親軍指揮使司指揮使");女一人,今爲皇淑妃。洪武三十一年夏五月二十一日立。

案:李傑事略見《明史・李淑妃傳》及《彤史拾遺記》。此云丙申歲來屬,則在元至正十六年,懿文太子生於至正十五年,時傑二十五歲,其女尚未生也。即已生,亦不過數歲,何能生懿文太子?足證天啟《南京太常寺志》李淑妃生懿文太子及秦、晉二王之説之誤,一也。洪武三十一年五月二十一日立此碑時,尚云傑女"今爲皇淑妃",明其時皇淑妃尚未薨也;《天潢玉牒》言洪武三十一年閏五月十日太祖崩,十六日葬孝陵,淑妃李氏殉葬;則《明史・李淑妃傳》言十七年册封淑妃,攝六宫事,未幾薨;《郭寧妃傳》言李淑妃薨,妃攝六宫事;其説錯誤足以證明,二也。《彤史拾遺記》於郭寧妃則言孝慈崩(十五年八月),妃攝六宫事,稱皇寧妃。於李淑妃則言十七年九月册封淑妃,以高皇后服闋,不立后,進爲皇淑妃,攝六宫事,與此碑相合。不言其終者,以殉葬諱之也。然則此碑足證史志之誤,極爲重要,將來擬拓其全文,重爲考證。

4月20日,將上述新發現石碑資料補入文中。

5月12日,作《〈蒙古源流〉跋》,論所謂明成祖生母洪吉喇氏、碽妃、甕妃三説發生之次敘。

5月13日,撰《明成祖生母洪吉喇氏、碽妃、甕妃三説發生之次敘考》。至此《再駁明成祖生母爲碽妃説》全部撰成。(該文載《東方雜誌》第33卷12號,1936年12月)

本年論著

本年著述除上述提及者外,還在《制言》半月刊發表如下文章(有的是舊文):《跋張鵬一君太史公年譜》、《跋張鵬一君改訂本太史公年譜》(《制言》半月刊第20期)、《本師章太炎先生口授少年事蹟筆記》(《制言》半月刊第25期)、《周頌魯頌商頌作者今古異説考辨》(《制言》半月刊第29期)、《小腆記傳書後》(《制言》半月刊第31期)。

一九三七年(民國二十六年丁丑)　先生五十九歲

1月2日,訪张繼,談撰《章太炎先生行狀》事。

1月3日,訪太炎先生舊友、老同盟會會員、廣西鄧孟碩,問民國十一年後太炎先生事蹟,如"辛亥同志俱樂部"等事。

1937年1月3日日記:

上午十時至山西路内天目路四十一號訪鄧孟碩先生,孟碩名家彦,廣西人,舊同盟會會員,今爲中央委員,與先師同事頗久,因欲問先師逸事在民國十一年以後者,如辛亥同志俱樂部爲當時反對容共而設,先師倡之,孟碩等皆在其列,故託其略疏遺事,以備撰行狀時參考。

1月4日至9日,草《章太炎先生行狀》初稿。

1月10日,閲李根源《雪生年録》,節録太炎先生事蹟。

1月11日,訪汪東,與商《章太炎先生行狀》題署問題。

1937年1月11日日記:

上午至中央大學訪汪旭初,與商先師行狀題署。旭初言今政府不承認民國勳位官職,故國葬辦事處稱先師爲"故儒"。余案,先師撰《大總統黎公碑》自署勳一位、東三省籌邊使,而大元帥秘書長亦嘗見於時人記載,先師《自定年譜》則無此事,蓋當時未嘗受也。旭初撰墓志銘則題"餘杭章先生",勸余爲行狀時亦如此題署,下則題"弟子某撰",此亦不得已之辦法也。

編者按:《行狀》最後定名爲《餘杭章先生(炳麟)行狀》。《朱希祖文稿》(鳳凰出版社,2010年4月)第四册有題爲《餘杭章先生行狀》一文,爲未完草稿,細讀内容,仍爲節録太炎先生《自定年譜》,先生所撰《餘杭章先生(炳麟)行狀》最終稿是怎樣的,未見。

1月13日,開始閲龔翼星撰《光復軍志》(是書章太炎作序),摘録章太炎事蹟。

1937年1月14日日記:

上午札記光復會事蹟,因此會會魁不特有功於光復故國,即二十餘年來教育功績亦甚鉅大。蔡孑民先生自長北京大學後,全國教育因之振興,其後又爲中央研究院院長,其自身又屢長教育行政,迄今各省大學校長及歷任教育部長,大都爲蔡先生振拔之人,枝葉扶疏,彌漫全國。而餘杭章太炎先生又以文字、歷史爲國性所託,自亡命日本時已陶鑄弟子,民國既建,各大學國文、歷史教授大都爲章門弟子,迄今不下七八傳,而亦彌布全域,大學、中學靡不有其蹤蹟,至今蘇州國學講習會尚維持不墜,此爲先生最終事業,將來效果必甚弘大。此可謂光復會中兩大元勳矣,此等人物他會、他黨尚未有也。

1月16日,抄録太炎先生所撰《古錢藏銘》及《民國五更贊》,並選録太炎先生尊翁家訓數條。

編者按：先生抄章太炎《古錢藏銘》、《民國五更贊》原件存先生後人處。《民國五更贊》是對孫中山、袁世凱、黎元洪、黄興、蔡鍔五人的評論。

1 月 17 日，至蘇州國學講習會講學。18 日，回南京。

1 月 19 日，整理太炎先生於宣統元年、宣統二年在日本時寄至杭州、嘉興的論學書札八通，抄録寄蘇州《制言》半月刊。

編者按：關於此八通信札，詳見本《年譜長編》1910 年條最後之説明。

1 月 20 日，撰《〈史記〉漢王劫五諸侯兵考》。（載國立中央大學《文史哲》季刊第 1 卷第 2 期，1943 年 6 月）

1937 年 1 月 20 日日記：

自上午至夜撰《漢王劫五諸侯兵考》一篇。五諸侯者塞王欣、翟王翳、河南王申陽、韓王信、魏王豹也，自漢應劭至清王先謙九説十三家皆不得其解，特作此文以正之，文約三千數百字。

1 月 21 日，接海鹽族妹朱端（字硯因）來信，請修改其所撰《海鹽畫史》。

1937 年 1 月 31 日致朱端（録自先生 1937 年 1 月 31 日日記）：

硯因妹惠鑒：接得一月十六日華翰，循誦之餘，覺文采斐然，無任欽佩。大著《海鹽畫史》前年已有友人贈我一部，早經瀏覽，深佩用心之專一。邑先輩李脩易曾撰《海鹽畫人傳》一卷，前三年購得其手寫稿本，他日當檢出供參考也。竊謂著書命名須與體裁相合，史之爲體，須分派别、詳流變，一幹衆枝，不宜人各爲傳，若人各爲傳，則是傳記體耳。李氏稱“畫人傳”，較爲諦當。大著如欲稱“史”，必須改變體裁，否則亦當題署爲“傳”耳，幸斟酌焉。雨農姻兄及調生叔父來書，均深贊吾妹用志不紛，畫學精進，嘗欲一謀面爲幸。昔吾高祖母潘太夫人亦頗擅詩畫，今有吾妹繼起，可爲吾族增光彩矣。尚祈努力加餐。

編者按：後先生於 1937 年 3 月 27 日，乘回海鹽掃墓，與朱端面談，5 月 7 日又研讀李脩易《海鹽畫人傳》，將其與族妹朱端《海鹽畫史》對校，撰《海鹽畫史》應修改之處八則。

1 月 24 日，太炎弟子馬宗霍來，開示太炎先生晚年重要事蹟數紙。

1937年1月24日日記：

馬宗霍來，開示先師晚年重要事蹟數紙，今擇要録於下：

民國十四年秋，湖南省長趙恒惕敦請先生赴長沙任縣長考試典試委員長，歸途經武漢，吴佩孚開府其地，留先生若干日商承國是。

十五年夏，孫傳芳自爲五省聯軍總司令，欲創設文化學院於南京，請先生主持。先生命宗霍往詢内容，知其鶩名而不求實，遂婉謝不與。俄而當事者又欲興禮樂，試行投壺典禮，請先生爲大賓，先生以天熱謝不往，尋敦請至再至三，先生勉爲一行，今遺著中《喪服》諸篇即作於是時也。

十六年春，北伐軍次上海，先生養病日本醫院，（案，馬君言先生因不贊成容共，故黨人欲得而甘心，先生避禍移居於此。）瀏覽宋元明儒學案，感於時事，作《葑漢昌言》，頗有隱諷之處，初不欲出而示人，今《叢書續編》所刻已改之又改矣。

先生平居不多作韻語，自十六年至十七八九數年間，則作詩甚多，大抵有爲而發，可作詩史，主文而譎諫，讀者固當求之於言外也。

《春秋左氏疑義答問》一書，歷年皆有綴述，然以二十一年自北平返滬後爲之最專，嘗有書與宗霍，言比來以説經自遣，舊日《春秋》一稿將觀成矣。由滬遷居吴門後，設會講學，經、史、諸子、小學皆有講稿，由門人記録，所作碑志傳記亦以此數年爲最多。其《古文尚書拾遺》一書則絶筆也。

又體撰録《新出土三體石經考》、《廣論語駢枝》諸書，雖刻於二十三年，然皆作於十七八年之間，初但爲單篇或隨文札記，最後始合而成書也。

又補録一條：

十三年夏，中華教育改進社集年會於南京，請先生講演國學，留寧十日，僅講兩次。嘗謁孝陵，題字於壁；游莫愁湖，禮中山王像，作《華嚴庵記》。又詣龍蟠里借抄《程敦煌集》，考明初邊防史料，是年冬成《清建國别記》，然晚年自以此書猶未審諦，頗思改削，未之就也。

宗霍又言，先生當北伐以後，曾刻"民國遺老"四字印章，爲人作書偶鈐此章，其隱痛可知矣。嘗欲出居日本，爲湯夫人所阻，不果。

是日，張繼來，以親自抄録的明姚希孟《公槐集》中《建夷授官始末》相贈。

1937年1月24日日記：

傍晚張溥泉先生來，言："余最寶貴之書爲明姚希孟《公槐集》，今余貴重書籍全藏於西安城内，恐不能保存，因西京亂象滋甚也，餘書皆可置，惟《公槐集》則不可棄。今特託友人在西安由飛機取出此書，心頗一快，特親自録出其中最重要一篇名《建夷授官始末》贈君。”且曰:“孤本恐難保,君處亦存一篇。”張公慷慨之心頗可感也。余亦贈以未抽毀本《三魚堂文集》(中有《祭吕晚村先生文》及《與吕無黨書》、《吕無黨報書》)一部。

1月26日,閲太炎先生《文録》。

1937年1月26日日記:

先師早年之文,用字必選古訓,措詞必擇古語,漢之司馬相如、揚雄、王莽皆用斯術,明之前後七子亦然,惟不明小學,斯其短耳。先師晚年亦不菲薄桐城派,文稍歸於清真矣,沈約三易之説,未爲無見。

2月6日,至平湖葛小嚴宅,參觀藏書,得見李清所撰《南渡録》六卷原稿,爲之驚喜不已。

《〈南渡録〉跋二》(《文史大家朱希祖》,學林出版社,2002年,30頁):

平湖葛小嚴先生藏有李清所撰《南渡録》六卷原稿,有其裔孫詳跋文。余於二十六年二月六日赴平湖搜訪明季史料得見之,誠南明史中之至寶也。

……

先是傅節子以禮,得李清《南渡録》乃五卷本,詫爲足本。今觀此六卷本三册,出於李清裔孫家藏,觀其字蹟,第一册不分卷,實爲初稿本或係當時迻録本;第二册、三册,則自三卷至六卷,字蹟尚存明人筆意,疑係李清手寫稿本或係當時遣人謄清本,實爲此書最初祖本,爲之驚喜不已。此行爲不虚也。

2月11日,爲是否保存明南京户部尚書、都察院左都御史、正德時進士周金墓,致信中央古物保管委員會。信云:

中央古物保管委員會公鑒:

前接一月二十七日來函,委審查明周襄敏公墓地是否應在古蹟之列,並附内政部禮俗司原函,及周縉等原呈。竊查周縉所稱周襄敏公金,《明史》列有專傳,傳中載其《澄汰京糧浮食罷中官濫乞引鹽議》,罷用兵哈密,弭止宣府變亂,不無小有功績,若不妨礙國家大工,則其墓地自應保存,不必遷移。若視爲古蹟,則其人必功德巍巍,人所共知,或其立言垂諸天壤,堪稱不朽,則其墓自當列諸古蹟,嚴格保存。周襄敏公之功德言行似尚未能副此。鄙見如此,伏乞公決。

委員朱希祖。

（録自先生1937年2月11日日記）

編者按：其時因中央大學在南京鐵心橋北徵地建築校舍，周金墓正在其徵地範圍内，其後裔請予保護，爲此，古物保管委員會委託先生審查。先生2月11日日記云："國立中央大學徵地建築校舍，周墓亦包入其内，故其子孫緡等請保存也。余之此議自謂無所偏倚。"

2月13日，訪張繼，張繼出示太炎先生與宗仰和尚書札十余通。並請先生擬《黨史徵集史料編纂史籍條例》，時張繼爲國民黨黨史編纂委員會主任。

《黨史編纂處徵集史料編纂史籍條例》（未刊，此爲代張繼撰，原稿藏先生後人處）：

一、總理事蹟徵集。

二、已故黨中重要人物傳狀、碑志、年譜及遺著。

三、國内外黨員統計（二十四年度正式黨員九十一萬餘人如何分佈）及黨員著述。

（以上爲黨中"人"的方面史料）

四、國民黨成立之歷史。

五、國民黨歷届大會紀事本末。（議決案件、與會人物及宣言等）

六、國民黨黨務進展史。（各級党部組織、黨員徵求及訓練、宣傳工作、社會教育、民衆運動、文化事業、建立三民主義之社會科學系統、海外党部、華北黨部。）

（以上爲黨中"事"的方面史料）

七、國民黨容共及清黨之史料。

八、剿共歷史。

九、黨軍北伐及平定内亂之史料。

（以上對内戰爭）

十、對俄絶交與戰爭及復交史史料。

十一、日本干涉黨軍北伐及侵略我國土地、干涉吾國内政及戰爭史史料。

（以上對外戰爭）

十二、國民黨執政以來軍政史。（政治史史料、陸海空及國民軍事訓練）

財政史　外交史　交通史　實業史　教育史　邊疆史　僑務史

編纂已有史料目録。

搜集未有史料計劃:

甲、政府公報、統計年鑒、月報、職員録。

乙、各院部公報及檔案。

丙、各省公報及檔案。

丁、黨部公報及檔案。

戊、京中時事月報及日報及調查報告。

己、各省時事月報(如《東方雜誌》、《國聞週刊》等)及日報及調查報告。

庚、國民政府成立以來公私編纂之史籍。

辛、國民黨員之傳記、碑志、年譜、日記及著作。

壬、非國民黨員而參加革命工作者之傳記、碑志、年譜、日記及著作,與其他時事記載、論議及各種專門雜誌。

癸、外國人記載吾國最近之史籍及論著、雜誌。

訓練黨史編纂人員。(編者按:此項下可能有脱頁)

分工編纂各種黨史長編:

一、國民政府成立以來編年史長編。

二、國民黨已故重要人物傳記。

三、國民黨成立史及歷届大會紀事本末。

四、剿共長編。

五、平定内亂紀事本末。

六、編纂軍政、財政、外交、交通、實業、教育、僑務等史。

七、編纂各種年表(各院部長年表、各省疆吏年表、出使各國人員年表、各大學校長年表等。)

八、訓練書記分類摘録雜誌及月報以爲史料。

2 月 14 日,考故鄉海鹽上水村史蹟。是日,夫人張維六十壽辰,親友皆來祝壽,晚設宴於大西洋川菜館。

2 月 17 日,寄藏書六種託潘景鄭轉交蘇州江蘇圖書館,供“吴郡文獻展覽會”陳列,時江蘇圖書館欲舉辦“吴郡文獻展覽會”,來函徵求先生藏書。

2 月 23 日,考先世六代任明代税長事,由此研究明代地方經濟制度及行政區劃沿革。

2 月 24 日,爲保護海鹽胡震亨墓,致函中央古物保管委員會。

中央古物保管委員會委員長暨各委員公鑒:

敬啟者。敝邑海鹽有明兵部員外郎胡孝轅先生墓,今其墓地被占,墓穴被損,其被占被損皆出於官吏軍人,實與前汪院長及蔣委員長共同通電全國官吏軍人保護古蹟古物之令有所違背。案胡孝轅,名震亨,浙江海鹽人,明萬曆丁酉舉人,官至兵部職方司員外郎。致仕家居,殫心著述,生平所著最重要者有《唐音統籤》、《靖康咨鑒録》、《海鹽縣圖經》、《讀書雜録》、《赤城山人集》,又輯刊《秘册彙函》,其後復爲毛氏汲古閣校刊《津逮秘書》。而《唐音統籤》一千三十卷,彙輯全唐人詩集而成,厥功尤偉,清初其子校刊過半,今通行之《唐音戊籤》、《唐音癸籤》即其中之一部分,其全書清初收歸内府,今尚保存於故宫博物院。康熙欽定《全唐詩》九百卷,即删改此書而成。是其有功於吾國文學至深且大,其事蹟详載《浙江通志》及府縣志。其墓在本縣南門外停駕橋側,今據邑紳張元濟親自履勘,撰有《謁胡孝轅先生墓記》,有單刊本,且登載於《東方雜誌》第三十四卷第四號。據《記》言,胡氏墓地被占,墓已剗平,改爲土臺,以爲閱操之所,附葬胡氏子孫諸墓,均被掘毁。其所占之地,或經縣長改爲公墓,或爲軍隊改作操場。案胡孝轅先生爲吾海鹽最大著作家,不特有《唐音統籤》影響於文學甚鉅,即其所著《海鹽圖經》亦嘗采入《四庫全書》,顧炎武著《天下郡國利病書》引其説最多,欽佩甚至,而《圖經》體裁,亦足爲地方志之模範,則其塋墓自當列入古蹟之林,以爲國人景仰。希祖忝爲邑後學,不忍先賢之墓爲傖夫俗吏所埋没剗毁,用特專函上達,伏請移文浙江省府轉飭海鹽縣長,設法收回墓地,勸告軍隊改移他所操練,俾地方紳耆得集款修復墓基,以存一邑之古蹟,爲鄉國之型式。並乞將汪院長暨蔣委員長會銜通飭全國官吏軍人保護古物古蹟之電令録示該縣,重申警戒,無任企盼。專此敬頌

公安!

委員朱希祖

附張元濟《謁胡孝轅先生墓記》刊本一分。

編者按:此信原稿藏國家圖書館,無落款月日。查先生日記,此信寫於1937年2月24日。

2月25日,赴蘇州國學講習會講學。

2月26日,偕孫世揚、諸祖耿、沈延國等至滄浪亭參觀吴中文獻展覽會。

2月27日,回南京。

3月2日,至中央古物保管委員會開會,審查古物出口取締規則。

3月4日,就"審查侍聯奎呈請轉飭江寧縣修理其先世侍其雲叟詩碣亭以重古蹟等情"一案,復函中央古物保管委員會。

編者按:據先生日記,其時,江寧人侍聯奎自稱爲漢代酈食其之後,

在南京高橋門祈澤寺,有其宋代先祖侍其雲叟詩碣碑兩塊,爲宣和年間所刻,侍聯奎請求江寧縣政府保護。古物保管委員會委託先生審查。先生復函認爲,侍聯奎自稱爲漢酈食其後人,自是"俗説訛文",至於那兩塊詩碣,也不是什麼侍其雲叟所作、所刻。但因爲這兩塊碑是宋代宣和遺物,也自當妥爲保管。

3月13日,受教育部之聘,爲第二次全國美術展覽會圖書組審查員之一,同任審查員的還有柳詒徵、蔣復璁。

編者按:據先生日記,本次全國美術展覽會先生選自藏古籍六十種陳列,並爲之撰寫説明。

1937年3月19日日記:

此次陳列書籍,宋元版以故宫博物院、北平圖書館所出爲最多最精。余爲寒儒,僅有宋磧沙寺刻本《弘明集》、《廣弘明集》、《大唐西域記》,皆係殘本,惟《佛説諫王經》、《如來示教勝軍王經》、《佛爲勝光天子説王法經》、《大方等修多羅王經》四種皆全,且皆爲晉唐名僧譯本。元版僅有元至正刻本《四家録》,其他元本雖尚有數種較佳者,未出陳列也。明版有建文本一種,正統、景泰、天順、成化、弘治、正德、嘉靖、隆慶、萬曆、大啟、崇禎亦各選一種,清自順治迄宣統亦各選精刻者一種,以爲代表,蓋此聊補充公家出品之不足而已,非珍本也,惟南明版刻數種則頗爲稀有之品,兹列其目於下:

《經國雄略》(弘光元年刻本,有鄭芝龍序)

《大江草堂集》(陳衍撰,弘光元年刻本,内有洪承疇傳)

《名山集》(張家玉撰,永曆刻本,中有隆武、紹武二帝敕)

《巖野集》(陳邦彦撰,永曆刻本,中有永曆諭旨及邦彦永曆中奏疏)

《華岳全集》(大順初年開創第一令曹士掄刻本)

《素書明解》(何星文撰,吴三桂周二年何氏手寫本)

3月21日,赴蘇州國學講習會講學。

3月24日,與族孫宗良歸海鹽掃墓,在海鹽期間,廣收故鄉文獻。

3月30日,歸南京,途經嘉興,游煙雨樓。

3月31日,至全國美術展覽會排列所陳善本書籍。

4月1日,參觀全國美術展覽,之後一月,經常赴會參觀,主要觀摩古代名畫。

4月10日,赴中央古物保管委員會開會。

4月12日,金毓黻來訪,云其欲至安徽暫爲省政府秘書長,暫時請假,秋後仍願回校任課,請保留課程,先生允之。

1937年4月12日日記:

金靜庵來,言欲至安徽暫爲省政府秘書長,中央大學史學系教課暫時請假,秋後仍願回校任課,請保留課程,余允之。

4月14日,至金毓黻寓,約定餞行日期。並相與商討先生所撰《十六國史籍考》、《西魏賜姓源流考》中有關史實。

4月15日,接國民黨中央党部公函,聘先生爲黨史編纂委員會名譽纂修員。

1937年4月15日日記:

時張溥泉爲委員會正主任,未徵求余同意即行提出中央黨部通過。余以未加入國民黨,擬不就職。

4月16日,在家中爲金毓黻餞行。本日,張元濟來訪。

1937年4月16日日記:

爲金靜庵餞行,同席有沈士遠、汪旭初、宗白華、馬宗霍、沈剛伯、繆贊虞、郭量宇、張致遠。出古畫十餘件及宋拓定武本《蘭亭序》(有洪頤煊跋,柯九思、朱之赤、畢澗飛鈐印)供客欣賞。大兒亦侍席。本日上午十一時張菊生先生來,略談即去。

金毓黻1937年4月16日日記(《靜晤室日記》,遼瀋書社,1993年,4006頁):

傍晚,朱逖先先生邀餐於其寓舍,出其所藏書畫,多精品。

4月19日,赴德奥瑞同學會,開中華全國美術會。

4月27日,開始彙録梁代經濟、商業等狀況,並考白疊布之起源。

5月2日,赴蘇州國學講習會講學。3日,回南京。

5月18日,出席中國藝術史學會成立大會。

常任俠1937年5月18日日記(常任俠《戰雲紀事》,郭淑芬、沈寧整理,海天出版社,1999年,第37頁):

三時赴大學中山院開中國藝術史學會,到馬衡、朱希祖、滕固、胡小石、宗白華、徐中舒、梁思永、董作賓、陳之佛、李寶泉等二十一人。余爲發起人之一也。

6月1日,至玄武湖觀龍舟表演,是日爲南京市政府成立十周年紀念。(朱偰《年譜》)

是日與汪東等人爲紀念章太炎逝世周年發佈啟事,定於6月14日舉行章太炎先生逝世周年紀念會。

啟事(《制言》半月刊,第42期,1937年6月1日):

本年六月十四日爲先師太炎先生逝世周年之期,同人等議以是日下午二時集於蘇州錦帆路師門舉行公祭,凡我同門願參與者,務請於六月十日前通知本會會計莊鐘祥君,並繳國幣一元,以便預備祭品及治疏食之用。特此通啟。

章氏國學講習會 朱希祖 汪東 馬宗霍 潘承弼 金毓黻 王乘六 諸祖耿 沈延國 孫世揚 龍沐勛 潘重規 黄焯

6月2日,規劃暑假内擬讀之書。

朱偰《年譜》:

(六月)二日,規劃暑假内所讀之書,因學校課程皆將結束,可以撥除一切雜務,專攻己所欲讀之書:一、擬讀《史記》、《漢書》,學其文章史法,並作札記,以記心得;二、擬閱南明史,先融其全局史事,以備撰《南明史》,亦作筆記以記心得。時公搜集南明史料,已至七百餘種,方有意於《南明史》之撰著,而盧溝橋事變亦將作矣。

6月5日,作《南明韓主本鈕考》。(國立中山大學文學院院刊《文學》第2期,1948年5月)

6月8日,撿出著述九種(《中國文學史略》、《中國史學概論》、《六朝陵墓調查報告》、《〈楊么事蹟〉考證》、《〈僞齊録〉校證》、《〈僞楚録〉輯補》、《宋代官私書目考》、《宋代金石書録》、《酈亭文録》)送中央大學10周年紀念會陳列。(《年譜》)

6月9日,參加中央大學十周年紀念會。

1937年6月9日日記:

中央大學十周年紀念,並三江師範創校三十五周年紀念典禮,首閱兵,次開紀念會,校長報告,党部陳立夫、國[府]代[表]張繼、[行]政院代[表]滕固、教[育部]長王世傑、前校長朱家驊演説,攝影。十二時半□□寓午餐。午後赴校參觀書籍、美術品。校長請茶點。

編者按:本《年譜長編》自1937年6月9日至1937年12月30日,凡有關先生行狀,如不注明出處,均來自先生《1937年6月9日至12月30日日記草稿》。

6月14日,蘇州章氏國學講習會舉行章太炎先生逝世周年紀念會,先生主祭。同日,被舉爲章氏國學講習會理事會理事。

《太炎先生逝世周年紀念會略志》(《制言》半月刊第43期,1937年6月):

六月十四日爲先師太炎先生逝世周年之期……下午二時,同門舉行公祭。與祭者,自發起人外,有葛預夫、施則敬、李春坪、田武城、黄小周、殷孟倫、王淩雲、徐士復、黄離明諸君,皆尅時遠道來會。其在本城者,有王佩諍、吴得一、金東雷、徐澐秋、惠可心、鄭梨春、貝仲奇、朱季海、汪青在、錢景肅諸君,皆先至。本會講習班亦全體參加。由朱希祖主祭。祭文曰:

民國二十六年六月十四日,距先師太炎先生之逝,適盈一歲,弟子朱希祖等謹以清酌庶羞,敬奠先師之靈,曰:於穆先生,天縱將聖。曰紹斯文,以扶厥正。典柯不絶,譽敕有命。庶士作乂,萬流仰鏡。如何蒼昊,奪我明哲。靡瞻靡依,有邈休烈。一老不遺,群方矢□。矧在吾徒,實陶實植。日月其餘,及兹改燧。德輝猶新,微言永閟。申酌長懷,撫帷空喟。屑涕陳詞,靈其歆暨。尚饗。

公祭畢,全體攝影以留紀念。四時本會理事會舉行成立會,出席人:章夫人、朱希祖、汪東、馬宗霍、金毓黻(朱希祖代)、潘承弼、王乘六、諸祖耿、沈延國、孫世揚、龍沐勛(孫世揚代)、潘重規、黄焯。由章夫人報告本會董事會名單及經費計劃,公決下年進行事宜若干項,議畢學會全體攝影乃散。

6月26日,爲中央大學文學院長汪東餞行,時汪將出任陝西行營秘書長。

7月1日,章氏國學講習會理事會舉先生任研究室主任。

《章氏國學講習會理事會題名》民國二十六年七月(《制言》半月刊,第45期,1937年7月):

湯國梨　朱希祖　汪　東　金毓黻　馬宗霍　王乘六　諸祖耿
潘承弼　沈延國　龍沐勛　孫世揚　潘重規　黄　焯
互推理事長湯國梨　　　秘書主任孫世揚
教務主任沈延國副主任諸祖耿　　　輔導主任諸祖耿副主任王乘六
事務主任王乘六　研究室主任朱希祖　圖書室主任潘承弼
《制言》編輯潘承弼、沈延國、孫世揚　　　《制言》會計王乘六

7月2日,決定偕長子朱偰、中大教授劉南溟作黄山之游。

編者按:先生此次黄山之行,7月5日出發,至7月11日下山,始知

盧溝橋事變爆發。先生1937年7月11日日記云:“曉發獅子林,登始信峰,視石笋矼,飯於雲谷寺,經九龍瀑,宿於紫雲寺,始知七月七日蘆溝橋事變。中日數年□□□□□危。”日記爲草稿,其中“□”爲難辨之字。

7月13日,先行下山赴杭州,宿三子僑杭州俞莊寓所。

1937年7月13日日記:

晨,下山至湯口,乘杭徽公路車赴杭州。九時至徽州换車,四時抵杭州。至西湖定香橋五十號俞莊,三兒、三媳抱孫兒相見,爲取名元昭字孟陽,小名仁,爲生於仁和也。又定子孫上名一字,曰:“元德克明,惟家之光,世承其美,保大永昌。”

7月14日,謁張蒼水墓,並與章太炎夫人湯國梨談章太炎墓地事。

1937年7月14日日記:

上午至張蒼水墓。謁章師母,時先師太炎先生將國葬,卜地張蒼水墓東。午後三時章師母來俞莊談墓事,晚餐後去。

7月15日,歸南京。

7月29日,北平失守。

1937年7月29日日記:

時天津戰事激烈,北平失守,憂心如焚。

8月1日,上海戰事將發,時局日趨緊張,南京遷家避難者日多。自本日起,先生將十餘萬册藏書裝箱,準備遷至徽州。

1937年8月1日日記:

時局日趨緊張,公務員遷家避難者日多。上海戰事將發。余自本日起裝書箱。

1937年8月13日日記:

自七月七日日本開釁於盧溝橋,旋陷北平、天津,敵國飛機轟炸津市,擊斃非戰鬥人民數百千人,又毁南開大學,敵之暴虐不仁,慘無人道,與野蠻民族毫無區别。匝月以來,北攻南口,南將肆毒上海。南京鑒於天津之役,深恐上海開戰,敵機襲京,乃誥戒政府有官職人員,家族遷徙他處避難,本身留京供職,冀以鎮定人心,於是限八月六日以前此項家族一律遷徙。舟車擁擠,反多不能出京……

8月3日致6日,分别致信安徽方面,聯繫寄存藏書事。

1937年8月13日日記天頭補充記録:

六日,託洪範五寫信至徽州師範學校校長江植棠,請寄書箱於該校,並代租屋。十日,寫信託安徽省政府秘書長金毓黻,轉託民政廳長魏鑑電託宣城縣長代雇卡車二輛以運書箱;又請轉託教育廳長楊廉電商江植棠校長存書箱於該校。金、魏、楊三君皆余北京大學弟子。

8月7日,庶子佑生於南京。(《年譜》)

8月12日,繼續裝箱,然至此僅裝箱六十箱,其餘尚有十餘箱,不及裝完。

朱偰《年譜》:

繼續裝書,至十二日止,僅裝六十箱,其餘尚有十餘箱,雖屬普通書籍,亦間有善本,不及裝完。戰迅漸逼,不得已留置京寓,託族人照料。

1937年9月3日致羅香林、朱倓:

日冦肆虐,音信阻隔。香林及仲嫻信均已收到。余於七月九日起裝書籍六十大箱,地方志亦在内,然仍剩普通書籍十餘小箱,寄存大兒寓及曬布廠寓内。至十二日草草裝完……

編者按:日記中"七月九日",當爲"八月九日"。

8月13日,託人雇卡車二輛運至京贛鐵路局南京中華門火車站,包貨車一節運至宣城,擬轉至徽州。是日上海"八·一三"事變,滬戰爆發。

1937年8月13日日記:

託人雇卡車二輛運至京贛鐵路局,包貨車一輛運至宣城,擬轉至徽州。是日晨,余乘京贛車先發,擬租定旅館,以安頓家族,借宣城中學校舍以存書箱,謁宣城縣長兼行政專員督察託雇卡車。八時啟行,午後三時三十分抵宣城。時旅館人滿,聞南京至宣城避難者萬餘人,余乃暫租大東門内中央旅店房一間居住。即至宣城縣署謁專員毛蕚樓名龍章,天津人,前安徽財政廳長。毛專員允代雇車,即派行政警察隊長李乾元接洽。又至安徽省立第四中學校謁校長吴天植。是日同車至蕪湖者有舊中央大學史學系教授程憬字仰之,今爲安徽大學教授,在車中寫介紹信多函。吴君亦其所介紹者,舊爲安徽省立圖書館館長,頗能愛護書籍,故允寄存書箱。乃回旅店休息。傍晚李隊長來,言一切汽車均歸政府節制,以備軍用,惟蕪屯路汽車站長言有商家卡車二輛,俟二日後回來可雇。余心始安。夜十一時至宣城東車站接内子及寶姿(編者按:女傭)至旅店,由南京本日乘第二班車來也。四兒倞暫留京寓,料理未運書籍及家具,遲日來此。時大兒亦留京,别寓玄武門二十四號;大媳歐蘭率二孫女寧兒、静兒至上海法租界暫居,余頗以爲危險云。

8月14日,因上海開戰,宣城一切汽車卡車均歸軍用運兵至上海,蕪屯路汽車亦停駛,由宣城至徽州交通斷絶。

1937年8月14日日記:

上海開戰,宣城一切汽車卡車均歸軍用運兵至上海,蕪屯路汽車亦停駛,由宣城至徽州交通斷絶,乃擬暫在宣城居住。適前宣城中學校長烏以鳳(北京大學弟子)君來謁,亦慫恿在宣城暫住,渠可以代租房屋,並在宣城中學標定房屋二間,俾暫存書,且徵得吴校長天植同意……烏君又介紹至江南鐵路宣城段長郭安明處,託彼向宣城東車站長接洽,暫將書箱行李寄存車站堆房,可以免費云。回旅店休息。晚餐後李隊長來,同至蕪屯路汽車站尋站長,接洽所允代雇之卡車二輛。時卡車實已不能雇到,站長避而不見,託言在西門外汽車站,乃偕李隊長至西門外,仍不見。時天雨路難行,李隊長竭力奔走,頗可感也。不得已,仍回寓,決計暫居宣城。

8月19日,回南京,夜受大轟炸之驚。

8月20日,續遷眷屬一部至宣城。

8月22日,至徽州,面見江植棠校長,接洽藏書。

8月24日,返宣城,繼續接洽運書至徽州。

8月28日,子朱倞先至徽州,準備接書,寄存徽州師範學校。

1937年9月22日致朱倓:

倞兒於上月二十八日,先至徽州接書箱,寄存徽州師範學(校)……

編者按:先生日記中缺8月25日至9月14日。據先生1937年9月3日、9月22日、10月5日致其女朱倓的信,可知這幾日運書徽州波折横生。

1937年9月3日致羅香林、朱倓:

余擬於一星期後遷往徽州,因書籍已由鐵路局材料廠廠長林某(北大學生)允不出費代運至徽也。

1937年9月15日日記：

上午訪李隊長，並晤張科，探問鄭局長復信内容，始知鄭局長僅允以工程車運至績溪。回寓，遇郭段長，略述復信内容，並約至彼寓詳談。午後四時至郭段長寓，彼謂通電於林廠長，報告鄭信，並詢至績溪後如何辦法。

1937年9月16日日記：

上午郭段長來，言林廠長允至績溪後可設法卡車。

9月5日，長子偰因兼祧小莊公一房，與凌也徽女士結婚。(《年譜》)

9月17日，夫人率眷屬至徽州，安頓藏書。

1937年9月22日致朱倓：

汝母及寶娑亦於九月十七日至徽州。余俟書籍行李運完再至徽州，大約再過一星期可以行矣。

9月19日，中秋節，回南京參加中央大學教授會，下午在南京珠江路遭遇轟炸。

1937年9月19日日記：

八時乘江南鐵路火車回南京。午後二時半抵中華門車站，始知本日上午敵機四十架來襲，抵京二十餘架。余乘公共汽車至大行宫，警報敵機又來，换車至珠江路口，即停車，軍警禁止行人在街上行走。余急至珠江路一公所避炸。三時許即聞敵機空中來襲，高射炮聲及投彈轟炸聲相聞，閲一時半始去。事後知敵機來四十架，至京十餘架，炸南城一帶，投六彈，一彈在江南火車站前。解警後至大紗帽巷六十二號嚴宅。至繆鳳林家住宿，晚餐時略談校務及近日來京中被炸情形。

9月20日，至中央大學開全體教授會，決定遷校重慶，並定最遲11月1日開學。中午，又遇轟炸。當晚返宣城。

1937年9月20日日記：

九時半至中央大學，見羅校長及同事十餘人已先到。晤沈剛白、宗白華、胡小石(時小石家洋房三進已於十九日被炸)等。羅校長言擬將大學遷至四川重慶(離重慶二十餘里重慶大學)，極遲十一月一日必須開學，其他閑言甚多，不得要領。適警報又來，時已十時半，急與白華同至曬布廠本寓東南大樹下避入地下室，約二小時半，至十二時四十分敵機始去。

此次敵機聞有四十架，到京十餘架，轟炸數處，傷人數十。

1937年9月22日致朱倓：

中央大學決議遷四川重慶，以重慶大學爲校舍，離城二十余里，余與大兒皆決定前去。九月二十日召集全體教授會議於南京，余於十九日晨由宣城赴南京，二十日上午九時預會。然此兩日敵飛機大規模來轟炸南京，十九日上午來六十餘架，至京城内二十架左右，余尚在路上。下午二時半抵南京，三時敵機四十架來襲，余行至珠江路被阻，避難於一公所，閲一時半始去，可謂險矣。二十日上午十時半敵機五十架又來，余在曬布廠宗宅避難，閲二時半始去。此兩次，敵機皆在余頂上盤旋，拼一死亦不覺懼。中大國文教授胡小石住宅，在中大西南模範監獄前，洋房三進被炸毁，幸人未傷。此日大兒在黄山未到。余即於二十日下午四時乘江南鐵路車回宣城。中華門江南鐵路火車站前落一大炸彈，毁房二十余間，時在十九日下午三時，離余下車時僅三十分鐘，可謂幸矣。二十日下午三點半車，因避難人盈千萬，遷至四時開，余在候車處約一時餘，深恐敵機來襲，亦頗懔懔，蓋上海、松江、蘇州車站，皆炸死人數百，可鑒也。

9月26日，傍晚，得知南京玄武湖美洲避難地窟昨日被炸，死數十人。其長子朱偰適住玄武門，急打電話至南京問朱偰安否，電話不通。

9月27日，又打電話查問朱偰安否，電話仍不通。乃寫快信至南京族弟處，探問朱偰下落。

9月30日，朱偰將赴重慶，過宣城來省。（《年譜》）

10月2日，藏書全部運抵徽州，存徽州師範，先生也於是日赴徽州。

1937年10月5日致朱倓：

此次由南京運書六十箱，行李二十五件，於八月十三日至宣城，然無卡車可雇，不能運至徽州。幸由京贛路局材料車每日代帶四五六箱不等，天雨之時必須停頓，故四十餘天然後運完。然猶賴安徽省政府秘書長金毓黻之力，始得辦到。如此，余於十月二日始赴徽州，書籍六十箱全寄徽州師範，所租房屋即在該校隔壁，即江校長之寓宅，此亦由安徽教育廳長楊廉所託，故甚得其力。

10月11日，與江植棠至屯溪，租定三門呈洪軼群房屋。

朱偰《年譜》：

時上海戰事，日趨危急，敵機四處轟炸，公恐徽州亦被波及，乃決計遷屯溪,並由水路運書前往。

10月13日,將藏書搬運下船。

10月14日,與夫人等眷屬乘車至屯溪,子朱倞押船三艘前往三門呈。

10月15日,抵三門呈,租定洪宅存放藏書。

10月16日,朱倞押船抵三門呈,藏書運抵洪宅。因附近有軍事設施,恐遭日軍攻擊;又因三門呈洪宅有白蟻,於藏書不利。先生決計再遷休寧隆阜。

10月18日,步至隆阜,至戴伯瑚宅,租定房屋。戴伯瑚,戴震後人。

10月20日,由水路從三門呈洪宅運書至隆阜戴宅。是日常任俠至三門呈訪先生。

常任俠1937年10月20日日記(常任俠《戰雲紀事》,郭淑芬、沈寧整理,海天出版社,1999年,第71頁):

晨霧橫江,行朝氣中四五里,至三門呈朱希祖逷先寓所,房屋頗得輪奐之美,聞因有白蟻,朱擬遷隆阜,寓戴氏家,書籍即存東原圖書館。

1937年10月22日致朱倓:

汝母現又由徽州城内遷居安徽屯溪鎮鄉下,地名隆阜上村正街七十號戴伯瑚家。此地屬休寧縣,山水環繞,風景甚佳,戴東原先生所生之地也。伯瑚即東原先生後裔,相叙師誼,投契甚深。其家有戴氏東原圖書館,彼家杭州西湖亦有房屋,章太炎師母至杭常寓彼家,蓋章師、俞曲園先生推而上之,段玉裁、王念孫父子,爲俞之私淑弟子,段、王又爲東原弟子,故伯瑚對於余極力照料。彼家房屋甚大,且有花園,書箱六十件全放在彼家大廳上,極安全,極乾燥。汝母所居爲彼家書房,極精雅。四房一會客室,月租僅八元,可謂廉矣。隆阜魚肉菜蔬雜貨俱有,惟布匹洋貨須至屯溪,僅三里耳,此後不擬再遷矣。因此處不通鐵道,又非軍事要道,徽州有軍事設備,謠言甚多,隆阜離徽州七十里,水道(新安江即浙江)可通,將來回杭亦甚便也。大兒已先至四川重慶。因中央大學全部遷重慶,余與倞兒今日由隆阜動身,擬至蕪湖乘英國輪船赴重慶,將來通信可徑寄重慶。汝母在家寂寞,汝須多通信以慰之。

編者按:信中云:"蓋章師、俞曲園先生推而上之,段玉裁、王念孫父子,爲俞之私淑弟子。"恐爲先生筆誤,當改爲"蓋章師、俞曲園先生推而上之,段玉裁、王念孫父子,俞爲之私淑弟子"。

10月22日,率四子倞發自隆阜,赴重慶,夫人等家眷留住隆阜。
10月23日,行抵蕪湖。
10月24日,晚九時乘怡和洋行隆和船西上。
11月2日,船入長江三峽。
1937年11月9日致朱倓:

過三峽,風景甚佳,船中帶杜詩一部,詩中所詠川東風景,到處可以印證。憶前年在南京太平橋寓廬,夜,余二人默背杜工部《秋興》詩八首,所謂"巫山巫峽",所謂"夔府孤城",所謂"瞿塘峽口",不圖皆身親見之,而流離失所、國勢危殆,頗亦與當時相似,"直北關山金鼓震",讀之令人心傷。回首當時太平橋吟詩之歡樂,直有天上人間之感矣。

11月6日晨,抵達重慶。
1937年11月6日日記:

九時達重慶,泊玄壇廟,俗名彈子市。十時交行李於四川旅行社,渡江至重慶朝天門,中央大學文□武來接,即乘公共汽車至觀音巖,改乘□至棗子嵐埡馬鞍山曾宅靄廬後院大兒寓……午後與大兒至牛角沱中央大學臨時辦公處,又至城内青年會訪文學院長樓光來,接洽史學系事,遇胡小石、宗白華等。

11月7日,與中央大學史學系姚琴友、繆贊虞、張致遠商量史學系添設戰時特別課程事。
1937年11月7日日記:

上午姚琴友、繆贊虞、張志遠來商量史學系添設戰時特別課程。僉謂不必特添,只將原來科目注重民族戰爭等足矣。遂略改課目。

11月9日,領九月份薪水,致信朱倓。
1937年11月9日致朱倓:

此間天氣多陰雨,十日中有八九日如是,無整日之日光,霧氣漫山,終年多陰鬱,加以國憂家難,更覺愁悶。飲食之不適口,起居之不如意,更無論矣。惟橘子甚便宜,如福橘者一角可購十七八個,如金山橘者一角可購十個,而其香味實與彼二種相等,此可算爲一種口福。其餘百物昂貴,與南京相等,洋貨加倍以上,學校薪水七折,又扣去救國公債每月五十元左右,一年扣完。且近日戰事不利,將來學校能否維持尚不可知,只好得過且過。

11月11日,馬鞍山靄廬房東、贛江中學校長曾吉芝介紹先生與重慶向宗魯、向仙喬、文伯魯、賴以莊、陳繼章五位藏書家相識。

11月14日,與長子偰、四子倞及重慶中等商業學校校長周蓉生等游南岸黄山。

11月21日,國民政府發表遷都重慶宣言。

11月22日,令長子偰整理十餘年來家庭照片。

1937年11月22日日記:

> 時余家分居六處……東西南北分散四方,詠杜工部"烽火連三月,家書抵萬金"之句,感慨繫之矣。乃令大兒整理十餘年來南北家庭照像,集爲一册,隨時省覽,以當面晤,亦可悲也。

11月23日,至青年會訪沈剛白、張致遠、劉南溟,不遇。晤汪辟疆、宗白華、胡小石、陳耀東,在大街午餐。

11月24日,族曾孫書麟來,夜談各家避難、失物等事。

11月25日,斟酌回隆阜抑留重慶,心不能決。夜聽廣播,愁悶不能讀書。

11月26日日記:

> 體驗自古以來國亡家破身死之際種種慘怛情形:或國亡之後家與身尚存,此一境也;或國亡家破而身尚存,此又一境也;至於身死,則國之存亡,家之完破,皆付之不聞不見之例,此又一境也。古之人皆身歷其境矣,至於今日之余,國亡乎? 家破乎? 身死乎? 皆不能預知,然古人既受之矣,余何獨不可受乎! 因此心中反爲之一寬,能努力避免則避免之,不能則亦無所繫戀驚惋焉。

11月29日,因聞敵將攻廣德、宣城,寫夫人及江植棠航空快信,託植棠代遷眷屬、書箱至婺源江溪江植棠家居住。

12月2日,開始至中央大學授課。

12月6日,族孫宗良自漢口來,同寓靄廬。

12月13日,南京淪陷。

12月25日,長媳歐蘭及孫女元曄、元昰由上海租界經香港乘機抵達重慶。是日,杭州失陷,三子僑隨浙江省保安隊退守嚴州。

12月29日,赴北京大學重慶同學會宴。

1937年12月29日日記:

午刻赴新街口第一模範市場永年春重慶北京大學同學會讌。同學推重慶大學校長胡庶華爲代表(譯學館畢業,與何基鴻同),同學中有李青字紱白,係北大史學系畢業(民十六),張爲騏字驥伯,文學系畢業(住成都提督東街九十號文可樓隔壁);同事中又有夏元瑮,現爲重慶大學教務長物理系主任。

本年論著

本年論著,除上述提及者外,尚有如下文章發表:

1、《梁代貨幣考》(廣州中山圖書館編《廣州學報》第1卷第1期,1937年1月)

2、《〈魯之春秋〉跋》(浙江省圖書館所編《文瀾學報》第3卷第1期,1937年3月)

3、《〈廣東十三行考〉序》(商務印書館所編《出版週刊》第237號,1937年6月)

4、《〈鈔本甲乙事案〉跋》、《〈稽古篇〉跋》、《〈蘄黄四十八砦紀事〉跋》、《〈滇南外史〉跋》、《〈弘光實録鈔〉跋》、《〈十願齋全集〉跋》、《〈皇明經世文編〉跋》、《跋〈幸存録〉》(包括《再跋〈幸存録〉》、《三跋〈幸存録〉》、《跋〈續幸存録〉》)、《〈舊鈔本慟餘雜記〉跋》(分別登載於廣州中山圖書館所編《書林》半月刊第1卷第4、5、6、7、8期和第2卷第1、2、3、4期,1937年5—8月)

朱希祖先生年譜長編卷十

一九三八年(民國二十七年戊寅)　先生六十歲

1月2日,赴康寶忠(心孚)之弟康心如、心之宴,康氏昆仲宴《大公報》總編輯曹谷冰,同席皆報界中人。是日接三媳宇眉由隆阜來航空快信,知婺源有匪,夫人及三媳擬隨程管侯、戴伯瑚遷居凹下,以避戰氛。

1月7日,金毓黻自漢口來,約定下學期開始,回史學系任課。

金毓黻1938年1月7日日記(《靜晤室日記》,遼瀋書社,1993年,4067頁):

> 朱逷先先生住通遠門外馬鞍山棗子嵐埡三十五號,午前往訪之,略談及中大課程,大約每週九點,上課緩之二月亦可。余詢先生之書,尚存於休寧戴氏,遇有緩急尚可他遷,此視余爲勝矣。約定明晨在中大晤面,並詢史學系同人住址。

1月13日,偕長子偰赴重慶商務印書館經理程育明宴,同席者有馬寅初、朱君毅。席中有重慶私立廣益中學校長楊芳齡,託先生物色中國史教員。

1月14日,梁嘉彬自廣州來,留其晚餐,談留學日本情形。

1月15日,接二子倎自宜昌來信,言將率同事四人,道出重慶,赴成都煙草改良場與之合作。

1月17日,致信次女倓,勸其來重慶避難,時廣州頗危,日軍數百已由香山登陸。

1月24日,宜昌大東門外遭敵機轟炸,死平民四五十人。時二子倎正暫住宜昌大東門外正街三十六號。

1938年1月24日日記:

> 夜,無線電機報告宜昌大東門外敵機轟炸,死平民四五十人。二兒來信云住宜昌大東門外正街三十六號,未知動身赴重慶否,吉凶不可卜,心頗焦灼,擬明日去電探問。

1月26日,二子倎到達重慶。

1938 年 1 月 26 日日記:

晨,傐兒於昨夜偕同事四人安抵重慶,寓求精中學,至是來寓,欣慰之至。上午,與傐兒談離山東後逃難情形。午後,傐兒取行李來寓。聞報館消息,敵機今日又轟炸宜昌江岸,死傷頗多。傐兒言江岸堆滿我國兵工廠機件約六萬噸,故敵機屢來轟炸。

1 月 30 日,廣益中學校長楊芳齡來,先生薦梁嘉彬爲該校中國歷史教員。是日農曆除夕,重慶始有空襲警報,敵機至涪陵折回。

1938 年 1 月 30 日日記:

十二時三刻,正擬午餐,適本市空襲警報及緊急警報喧聞,乃靜坐石壁旁室以待。逾時不見敵機飛來,乃從容午餐。二時一刻解除警報,據高射炮隊軍人言,敵機三架至涪陵始折回,然未知其詳也。事後探知敵機至開縣,或言梁山,究不知其詳。

1 月 31 日,率二子偰與梁嘉彬赴廣益中學參觀,廣益中學位於重慶長江南岸,四周群山環繞,松林甚茂,風景極佳,先生頗有借居此地之意。

2 月 1 日,至中央大學訪洪範五,接洽校中宿舍,擬以後每星期住校中三日。

1938 年 2 月 1 日日記:

參觀校中防空壕,既危險,不可住,因上層巖石係水成巖,片疊甚薄而脆,一震必層疊倒下;又洞口無遮蔽物,惟築土牆一堵,何能禦炸彈飛片及機關槍彈?較之重慶大學防空壕,優劣竟有天壤之别。蓋辦事職員不稱職如此。校中重要圖書,亦未設法豫儲安全之地,仍裝箱堆積茅屋之下,或散置圖書館中。若一投燃燒彈,必付之一炬。當局之不重視校物,亦可概見。

2 月 2 日,二子偰將赴成都,父子黯然而别。

1938 年 2 月 2 日日記:

傐兒於八時回寓,整頓行李,即還至求精中學,因明日晨即偕同事赴成都也,黯然而别。

2 月 5 日,接三媳航空快信,言夫人等已於 1 月 5 日還至凹下,三子僑亦曾回凹下一次,今仍回金華保安隊服務。

2 月 7 日,赴廣益中學校長楊芳齡宴。

1938年2月7日日記：

午後一時，赴國際聯歡社楊芳齡校長讌，同席皆廣益中學教員。席間，楊校長請余每星期特別講演一小時，校中特備一大房間，可與梁嘉彬同住。余以彼校風景甚佳，書籍亦足供參考，空氣清澄，堪避敵機空襲，即允擔任。

2月10日，陰曆正月十一，六十初度。

1938年2月10日日記：

晨至午，日光暄麗，山氣清澄，爲到重慶來第一次所見。是日爲陰曆正月十一日，余六十初度。以在國難期間，戒大兒不可有所慶祝等事。晨仍至中央大學授課。午刻文學院長樓光來邀余及國文系主任胡小石、英文系主任范存忠至沙坪壩午餐，商談下學期院務。二時，率倞兒回寓，爲余攝全身影一張。又邀繩先夫婦及余與大兒、大媳、倞兒、孫女寧兒、靜兒共攝影一張。晚，大兒請余至青蚨飯店晚餐，大媳、倞兒、寧兒同往。食五簋一暖鍋，力避奢侈。

編者按：據先生1938年7月1日日記，爲先生六十壽辰，羅香林本有徵求學者文章以印行《朱希祖六十壽辰紀念集》之意，且已徵集到温廷敬《金文正郭》（《叔夷鍾訂釋》、《庚壺銘訂釋》），羅香林《顔師古年譜》，賀次君《崔清獻公年譜》，饒宗頤《張䢴考》、《商即湯説》，潘蒔《月氏與烏孫》等篇，然因戰爭未果。

2月11日，接北平親屬來信，言孟森於1月14日逝世，而馬裕藻、錢玄同、沈兼士等仍安居北平。是日，金毓黻來訪。

2月13日，赴金毓黻宴。

金毓黻1938年2月13日日記（《靜晤室日記》，遼瀋書社，1993年，4097頁）：

午間邀中央大學同人飲於沙利文飯店，與筵者羅志希、汪旭初、朱逖先、繆贊虞、沈剛白、張貴永、郭量宇、姚琴友、胡小石、原素欣、劉景翼、黄耀先、殷孟倫、潘石禪、洪範五、宗白華，共十八人。

是日，滕固來談故宫文物遷移事。

1938年2月13日日記：

滕若渠來談一小時餘。據云故宫博物院由南京運出最精要古物一千箱，已運至長沙，轉運廣西，將覓安全之地存放。又有萬箱左右（報載九千箱),半已運重慶,半在宜昌,遺落南京尚有數千箱。外交部清代重要檔案,皆未運出云云。當局之昏憒不職,於此可見。聞人言,國民政府圖書館中,有故宫運來重要書籍甚多,如清歷朝實録均完全。有人勸當局運至四川重慶,而文書部長許靜芝謂:"余若負責遷運,途中若失去一部分,余須負責;若置之原處,則損失與余無關。"遂不果運。所運者,不過彼等行李及眷屬占其大部分。吁!官吏若此,國安得不危殆。

同日,接次女倓來信,言廣州寇警日熾,但有孕不能遠行,擬回羅香林原籍興寧暫避。

2月16日,至廣益中學接洽講演及借住事。

2月18日,重慶首次遭到日機轟炸。

1938年2月18日日記:

上午九時,市中發出空襲警報。初以爲防空演習,均不注意。旋高射炮軍言,此乃真空襲警報,速逃避。余等仍不信,若無其事然。至十一時半,解除警報。始傳重慶廣場壩飛機場,爲敵機九架轟炸,死傷築場民夫數十人。

2月21日,因戰局逆轉,致函夫人,決令三子僑送眷來重慶。

1938年2月21日日記:

寫内子航空快信第十二號,囑其率全家來重慶。並附復兒一信,令其辭職送眷前來。又附戴伯瑚一信,將一切書箱物件託其保管,此亦至不得已之辦法。蓋凹下若淪於敵,則不特書箱物件難保,即家屬生命亦遭危險。若苟倖免劫略,則伯瑚爲人至堪信託,決不吞没,所以毅然決令全眷來此也。重慶雖常遭空襲,然淪陷之期決後於皖南。團聚一處,生死與同,較可安慰。

同日訪滕固,談南宋初史事兼及時局。

1938年2月21日日記:

至上清花園行政院訪滕參事固,談南宋初史事兼及時局。時西川劉湘舊部一百零五團約十六萬人,其師旅團長頗有結合與中央相齟齬,給敵人以可乘之機。山西軍事失利,長治且將不保。晉南一失,陝局告危,若與西川一通聲訊,則大局不堪設想,嗟歎者久之。

3月1日,本學年上學期課程結束,放假十天。遷居廣益中學。

3月4日,在廣益中學遇該校生物教員潘承彬,其爲潘景鄭之弟。

1938年3月4日日記：

遇本校生物學教員潘承彬字質庭，乃吴縣潘博山、景鄭二君之弟。問其家鐘鼎彝器、書籍字畫曾否取出別藏，則云僅攜字畫書籍兩小箱，其餘均爲人刦掠矣。嗟乎！吴縣潘氏，收藏第一，今遭刦如此，東南文物盡矣。潘君言，南潯劉承幹家藏書亦刦掠一空。因憶日前有人談江蘇國學圖書館所藏丁氏八千卷樓善本書，亦爲大盜捆載而歸矣。

3月9日，自廣益中學赴中央大學，準備開學。途中口占一絶："刦來何處是吾家，無意尋春興亦賒。偶過淡煙微雨裏，滿山桃李乍開花。"

編者按：自此以後，每星期三天住中央大學（有時住長子處），四天住廣益中學。廣益中學在重慶長江南岸郊區，中央大學在重慶長江北沙坪壩，一東南，一西北，兩地相隔幾七十里。

3月10日，至金毓黻處談學。

3月17日，與馬衡等至羅家倫寓觀其所藏字畫。

1938年3月17日日記：

五時遇馬叔平、朱壽卿於校長室，即偕馬、朱二君及羅志希同乘汽車至大溪溝志希寓廬。觀其所藏大幅石濤山水及竹石二軸，石谿自畫像一大軸，祁豸佳大幅山水一大軸，均爲上品，其他小品字畫則不甚佳。

3月18日，馬衡來約午後至書店購《華陽國志》。午後，至馬鞍山後高家莊唐家花園北平故宫博物院訪馬衡，即偕至都郵街附近購書，並至商務印書館、中華書局。

3月19日，赴史學系學生會，歡迎新教員與新同學。

3月22日，馬寅初至廣益中學訪先生。

3月23日，在廣益中學講"道家消滅戰爭之法"。晚散步山林，口占小詩一首："佳卉滿園春意好，危樓一角夕陽斜。可憐姹紫嫣紅外，血染河山盡作花。"

3月27日，陳百年、沈士遠等至廣益中學訪先生。

3月28日，閱報，知台兒莊大勝。

1938年3月28日日記：

本日報載，徐州以北，吾國戰事稍占勝利，心頗寬慰。

1938年3月29日日記：

傍晚散步山林，回至校園，落花滿地，惟海棠一架盛開，徘徊久之，得詩一首：落花滿地韻無聲，春事闌珊心暗驚。尚喜萬松環繞處，天留一架海棠屏。(時臺兒莊我軍大勝。)

3月30日，在廣益中學講《老子》。

1938年3月30日日記：

晨講演《老子》"天地不仁，以萬物爲芻狗"，並以印度佛學、法蘭西、德意志、俄羅斯近代文學學説推闡之。

4月1日，至上清寺訪蔣復璁。又至考試院訪陳百年、沈士遠。再至考試院對面訪張海秋。

1938年4月1日日記：

三時至上青寺聚新村丙三號訪蔣慰堂。又至陶園考試院訪陳百年、沈士遠。又至陶園對面寄廬訪張海秋(名福延，雲南劍川人，中央大學森林系教授，通本國聲音訓詁之學)，海秋言雲南土音中保存古代言語甚多，其聲音誼訓，頗多與古代文字合。舉例甚多，不遑枚舉。

4月6日，在廣益中學講"儒家消滅戰爭方法"。

1938年4月6日日記：

晨講演儒家消滅戰爭方法，以維持現狀爲目的，以尊王攘夷爲方略，然結果終屬失敗；與現代英、法等國以國際聯盟爲和平保障之理想相同。

4月8日，接夫人自金華三子僑處來信，謂於3月23日已離凹下，27日抵金華，將由水路來重慶。

4月12日，次女朱倓之長子羅文出生。

1938年4月22日日記：

接羅香林婿來信，言菊女於四月十二日十二時産一男，母子均健，甚爲欣慰。

4月20日，在廣益中學講"公孫述據蜀之因果"。晚散步松林，成七絶一首："萬壑松濤襲耳中，山東爭戰意沖沖。祈天日日南風競，不使鯷人毒霧龍。(敵援軍四師到魯南，揚言欲以毒氣彈攻吾軍。)"

4月21日，淩晨四時，狂風暴雨。

1938年4月21日日記：

夜四時頃,狂風暴雨,雜以冰雹。高卧山樓,雨侵窗隙,書案爲濕,頗不能寐。九時雨霽,乘轎至海棠溪渡江,迭乘車轎至觀音巖下,則高廈圍牆亦爲狂風吹倒,路傍茅舍數十家皆爲風卷去,衾枕箱籠,衣裳雜物,皆爲雨浸濕,婦孺相對,皆有可憐之色。及至馬鞍山寓廬,則屋頂之瓦皆凌亂無序,瓦片飛去不少,致房中見天,雨水自三層樓下漏至地,滿屋皆爲濕地,衣衾亦半漬水,亦希見也。

4 月 25 日,致信夫人,勸其速來重慶。

1938 年 4 月 25 日日記:

午後,寫内子信,囑其乘津浦路大戰勝負未分時速來,蓋此時敵機赴前敵,無暇四處轟炸,行役最爲適宜,至敵敗時,則又四出轟炸以報仇;若至敵勝時,漢口居民則又紛紛奔蜀,路途舟車必爲之塞。然接此信時,恐勝負已分,來川之機會必又錯過。無遠見者終不足以成事矣,可歎!

4 月 26 日,閲報知魯南戰事不利,憂心如焚。

1938 年 4 月 26 日日記:

十一時許閲報,知敵已陷郯縣,進逼邳縣及臺兒莊,形勢頗不利於我,憂心如焚。午後略睡。四時散步山林,口占七絶一首,聊以寫憂:"花事闌珊已黯然,况當風雨暴横天。傷心最是無家别,故國依稀憶去年。(去年春末回海鹽家,今淪陷數月,四弟音杳然。)"

4 月 27 日,在廣益中學講墨家、名家消滅戰爭方法。

4 月 30 日,遇安徽宣城第四中學校長吴天植。

1938 年 4 月 30 日日記:

遇安徽宣城第四中學校長吴天植,叩以宣城失守時狀況,相與歎息。

5 月 1 日,閲報,知各路戰事不利,心殊憂悶。

1938 年 5 月 1 日日記:

晨閲報,郯城又失,寇並侵近隴海路線,新安鎮形勢又危,南陽湖東岸之敵又陷南陽鎮,心殊憂悶。……三時,迭乘車轎至儲奇門渡江,滔滔江水東流,恨未能擊楫從征也。

5 月 2 日,追題《臺兒莊殲敵記》七絶一首:"汶水湯湯魯道長,鯨鯢屠戮此中央。自成京觀題名氏,不數臺兒渺小莊。(臺兒莊敵人聚屍自爲浮冢,標題將校死者名氏。)"

5月4日,在廣益中學講"法家消滅戰爭之方法"。

5月7日,夜,重慶大火。

1938年5月8日日記:

傳聞昨夜起火乃在臨江門外,毁者二千家左右。因重慶沿江一帶房屋多係竹木構成,貧寒之家占多數,故火勢一盛,不易消滅。嗟乎!改良社會,須自改良家屋始。移全世界軍備費以爲全人類改造家屋,既固且美,則全世界頓成美觀。消除戰爭,專致力於改良人間生活,此在良政治家提倡之也。自私自利之獸人,何足以語此。

5月11日,在廣益中學續講"法家消滅戰爭之方法"。

5月13日,接守先弟自海鹽來信。

1938年5月13日日記:

本日接到上海南市薛家浜路萬春醬園轉來守先弟手書,言避難長橋,困守半年,生計久絶,急求寄款接繼,託上海法租界新萬豫醬園經理海鹽人彭鉅庭轉交。余本每月寄款與弟,自去冬十一月寄銀三十元去後,杳無音息,蓋海鹽失守,郵局已無,今年三月杪,郵局始將匯款退回徽州隆阜,故無從再寄。今接此信,始知弟在長橋。

5月15日,赴《時事新報》宴。

1938年5月15日日記:

赴《時事新報》經理崔唯吾讌,同席數十人皆中央大學教授,時宗白華爲該報辦《學燈》一欄,邀同人作文,故有此集。

5月28日,夫人率佑兒抵達重慶。本日,長子朱偰之長子元曜出生。

5月31日,謄寫《入川善本書目》。

1938年5月31日日記:

竟日謄寫《入川善本書目》。記鈔本書三十種,宋元明清刻本三十五種,書畫十件,宋拓《定武肥本蘭亭》一册。商鬲一件,宋碗一件,明清瓷二件。

6月3日,被派爲中央大學新生招考常務委員,開第一次常務會議,並與金毓黻談古代史官源流。同日,代教育部擬《國立大學史學系課程》。

6月4日,答宴史學系畢業生,與沈剛伯、張致遠、金毓黻、郭量宇、姚薇元、姚琴友共爲主人。

6月12日，爲梁嘉彬請求管理中英庚款董事會助款繼續研究事寫保薦書一封。

6月7日，租定重慶長江南岸黄桷埡袁家花園房屋。

6月19日，遷入袁家花園。

編者按：先生此後生活，略趨安定。然住地與中央大學相去近七十里，每星期先生四天住袁家花園，三天住中央大學。每次均是從袁家花園步行至黄桷埡，然後乘轎至海棠溪渡江，在柴家巷上岸，再乘校車赴沙坪壩中央大學，每次行程四個小時左右，路途往返，舟車勞頓，且時遇空襲，苦不堪言。

6月26日，擬中央大學史學系暑期進修方案。

7月9日，召開史學系全體教員會，商量暑期史學系學生進修事宜，及下學年課程。

7月15日，寫隆阜戴伯瑚信並附江植棠信。

1938年7月15日日記：

寫隆阜戴伯瑚信並附江植棠信。近日各處山洪暴發，隆阜濱江多山，恐亦不免，因致信伯瑚，託其保護所寄書六十箱移至樓上，並請其從速復信，俾知書之安全否。蓋余生平無長物，亦無積資，惟此書籍爲心神所寄，故惟恐其喪失也。

7月28日，報紙誤傳錢玄同病逝，撰《哀錢玄同文》。

1938年7月28日日記：

報載七月十五日吾友錢玄同卒於北平。玄同與余於清光緒三十年同留學日本早稻田大學，又在日本同受業於餘杭章先生，回國後又同爲嘉興浙江第二中學教員，光復後又在浙江教育廳同事，民國二年春余先就北京大學教授，次年玄同亦來同爲北京大學教授，至民國二十一年余就廣東國立中山大學教授，始與玄同分離，然每年夏余必至北平與玄同相見。二十五年夏至北平，已患血壓高及頭暈，請假一年，時玄同已就國立師範大學國文系主任。玄同長於小學，精音韻，章師弟子甚多，幾累百盈千，然《自撰年譜》以黄侃季剛、錢夏德潛（玄同在日本時名號，後改玄同）、沈堅兼士、朱希祖逖先稱爲弟子成就者。然玄同於近二十年來提倡白話文、注音字母，而談經多主今文，頗與先師相違，而先師不以爲牾也。余與玄同頗多相合，惟談經不相合，而心最莫逆也。今季剛已先卒，而玄同繼之，其可哀孰甚？因撰《哀錢玄同文》聊以抒哀，不欲彰表。玄同子三：長子畢業於北京大學哲學系,爲孔德中學教員,去年盧溝橋事變起,送其未婚妻至浙江德清失蹤,久無音信,玄同病因加劇。今遽傳其卒,未知信邪否邪?

8月7日,長子偰作《後九遷記》,先生讀後感慨繫之。

1938年8月7日日記:

大兒新作《後九遷記》一篇,余讀之頗感慨。蓋前在北平草場大坑購屋三十餘間,以爲可以一勞永逸,永不再遷,故當時撰《九遷記》一篇。蓋余自海鹽上水村遷居海鹽、杭州、嘉興以至北平,至購屋時已九遷也。不料自民國十九、二十兩年遭傅斯年逢蒙之禍,北京大學及中央研究院兩被奪位,二十一年夏不得已出居廣州,播遷失所,迄今又遇國難,奔走蜀道,幾又將九遷矣。余老而益奮,不稍介意,然讀此記亦不能無動於衷也。書籍既分散於南北,儀軀又偏走於東西,著作不能着手,皆蒙此影響也。摧毁學術,是誰之過歟?既欲竊據學者高位,又欲奔走勢利之門而爲政客,妒才嫉能,將終爲小人而已矣。

8月20日,赴中央大學開招生命題會。是日,傅振倫自貴州寄萬佛寺永曆碑文拓片。

《蒲梢滄桑——九十憶往》(華東師範大學出版社,1997年,108頁):

(1938年)8月20日,上午游南門外甲秀樓……又拓萬佛寺永曆碑文,上有征虜將軍等官銜,分寄馬衡、朱希祖、徐鴻寶諸先生。雲貴多南明石刻,是珍貴史料。

8月23日,赴中央大學,至校長室見羅家倫,羅家倫有督責之意。

1938年8月23日日記:

晨起程赴中央大學,九時抵校。至校長室見羅志希詢戰況。不料有同事某浸潤小事,譖之羅校長。羅君見余談及其事,辭色之間頗失敬禮。退而深念,中央大學史學系主任一職有其名而無其實,進退教員既無其權,妙選人才、發展史學又無其望,加以小人欲固其位,時獻讒於校長,播弄是非,而驕矜之氣乃不可嚮邇,受辱甚矣。因思辭去主任一職,專任教課,如不獲已,教課亦可不任。丈夫自有千秋業,何藉此區區名利以自取其辱耶!十時開會,議暑期中學教員受課事。

8月24日,擬定辭職後生活計劃。

8月25日,寫辭職書。

8月26日,赴中央大學,擬遞辭職書,因同事勸阻而作罷。

1938年8月26日日記:

晨六時,步行至黄葛埡,乘轎至海棠溪,渡江至柴家巷,乘校車至中央大學。擬遞辭職書,同事勸勿以此小事鬧意氣,況國難期間尤宜各安其職,積極進行,決不宜辭,余領之。乃接洽暑期學校講演事及史學系課程而還。

8月27日,開暑期中學歷史教員進修課程會議,先生擔任兩種科目:現代史學之趨勢,中學校歷史之教法與教材。

8月28日,致信羅家倫,對羅家倫23日所言進行申辯。

《朱希祖致羅家倫函》(《羅家倫先生文存·附編》,臺灣中國國民黨中央委員會黨史委員會出版,1989年):

志希尊兄左右:

日前在校長室承詢史學系下學年課程何以不開?教授會議議決而一仍上學年之舊,無所更改?當日因手頭無新定課程表,不能空言奉答。退而囑史學系助教姚公書君將下學年新定課程表中更改科目抄録一紙寄至敝寓,昨已接到,今特附上。查下學年史學系各教授,如沈剛伯、張貴永、金靜庵、繆贊虞及希祖五人各有新改科目;惟姚薇元、姚公書二君各任一種教課,皆系必修,不能更改;郭量宇君任三種科目,獨不更改而已。然以全體言,不能謂一仍上學年之舊,無所更改也。此新課程表,係七月八日開史學系教授會議後所改定。開會之前曾發通知書標明二事:一商量下學年課程事,一商量實行暑期學生進修方案。八日上午九時開會,希祖住在南岸,晨五時半即動身,本可趕及柴家巷八時開校車。乃此晨大霧濃布,輪渡不能開,至八時許乃開,因而路塗遲誤,到校已十點五十分鐘。幸各教員雖已散會,然一一皆見及,各與接洽上列兩事,此日之會,本無公決事件,皆係互相報告性質。關於課程事,不過各將下學年所任課程報告更改與否而已。初無待於公衆決定通過方能執行,故散會後即囑姚公書製表。此當日經過之真相也。將來開學之前,當重開教授會議一次,以昭鄭重。專此,敬頌

大安。

弟朱希祖敬上

八月二十八日

8月底9月初,點讀《太炎文録》,並札記於日記。

1938年8月30日日記:

先師晚年爲文，不矜奇衒異，辭不枝蔓，如老吏斷獄，不可摇撼，蓋深乎比例，明乎價值，故能造詣如此，若學無根底，專學其辭句，則流爲僞體矣。環顧同門如黄季剛、汪旭初，雖號擅文辭，然學殖不深，氣體不峻，望塵莫及焉，其他更無論矣。余之治學頗得先師之實，未得先師之華，華實兼美，乃臻上乘，此後宜補救其偏。

9月2日，赴川東師範主試新生。同日，遇國立中央圖書館主任蔣復璁，蔣言錢玄同實未死。

1938年9月2日日記：

九時半抵川東師範主試新生。遇國立中央圖書館主任蔣慰堂，言彼館之書在南京全部失卻。主管者所司何事，不能委責辭咎也。蔣君言錢玄同並未死，報誤古物陳列所長錢同之死爲錢玄同耳，心爲大慰。

9月中旬，四子倞入中央大學航空工程系，並將接受軍訓兩個月。

9月17日，爲暑期進修學員講“中學校歷史之教法與教材”，並與各中學歷史教員討論教授上古史問題。

9月19日，續講“中學校歷史之教法與教材”。

9月24日，故宫博物院劉官諤來訪。

1938年9月24日日記：

午後故宫博物院職員劉官諤來。劉君前畢業於北京大學史學系，新從北平來此，因詳詢北平狀況及故人起居，藉知一切。劉君言北平現在有三種特别狀況，日本人公賣鴉片煙及海洛因、紅丸、白麵與日本妓館，然此爲日本人慣技，東北四省亦如此，言之可痛。

10月3日，撰《攻惡集》以省己短。

1938年10月3日日記：

撰《攻惡集》以省己短。《論語》云：“攻己惡，毋攻人之惡。”常人只知攻人惡而不知攻己惡，故志量不廣，而不能側足於社會，斯終爲常人而已。此後日思己惡，采取古昔先賢及歐西哲士善言以攻己惡，庶可立足社會，建白學術及事業。

10月26日，嘉興六邑旅渝同鄉聚餐於重慶陝西街留春幄，並成立同鄉會。

1938年10月26日日記：

六時至陝西街留春幄,爲嘉興六邑同鄉聚餐,並歡迎褚輔成(慧僧)、沈衡山二君,陳百年及褚漢雛、褚一飛(皆慧僧子)亦列來賓,其餘約五十人皆爲主人。衡山報告考察江西前線戰況,惠僧報告嘉興六邑最近游擊狀況。余爲主人代表,並組織同鄉會,以便在國難中互相策勵互助。乃由各縣推出代表各二三人,組織籌備會,以許靜芝爲籌備主任,吴祥麟起草會章,十時乃散。

11 月 4 日,梁嘉彬來辭行,因先生保薦,梁得中英庚款資助,赴昆明西南聯大作研究。

11 月 6 日,致信羅家倫,約明日接洽文、法、理、教四院中國通史公共課課程。晚赴中央大學,宿金毓黻處。

11 月 7 日,與羅家倫等商議下學期文、法、理、教四院中國通史公共課課程及工作。

1938 年 11 月 7 日日記:

十一時與校長羅志希分配文、法、理、教四院一年級新生中國通史教員。午後與文學院長樓光來接洽姚琴友助教改講師事。三時再與羅志希談中國通史教員事,並議設史學研究會及專撥經費搜輯抗戰史料。四時約金靜庵談搜輯抗戰史料辦法。五時金靜庵邀余及姚琴友,黄、錢二君至沙坪壩新都飯店晚餐,歸已月上。

11 月 8 日,抄得中央大學同事中可與爲友者之學歷,並録於日記。

1938 年 11 月 8 日日記:

本日抄得中央大學同事中可與爲友者之學歷如下:

宗之櫆(字白華,江蘇常熟人,德國柏林大學研究,在校任哲學系主任,教人生之形式與歷史觀之派别,以美學名,住重慶兩路口燕窩邱劉家院子。)

何兆清(貴州貴定人,法國里昂大學文學碩士,在校任哲學系教授,教倫理學、科學原理與方法、近代社會思想史,著有《倫理學》,商務印書館出版,住本校教員宿舍第一五號。)

蕭孝嶸(湖南人,美國哥倫比亞大學心理學碩士,瓦特神經病院研究員,加里弗尼亞大學博士,同地兒童研究所研究員,德國柏林大學心理學院名譽研究員,著有《格式心理學大綱》等數種,住國府路一百五十號。)

潘菽(字水叔,江蘇宜興人,美國芝加哥大學哲學博士,在校任心理學教授,住教員第一宿舍三號。)

商承祖(字章孫,廣東番禺人,北京大學文學士,德國漢堡大學哲學博士,教德國文學,住兩路口孟園。)

孫本文(字時哲,江蘇吴江人,美國伊利洛大學碩士,紐約大學哲學博士,任本校社會學教授,教社會學、社會心理學,住兩路口燕窩邱智園特八號。)

張慶楨(字濟舟,安徽滁縣人,美國西北大學法學博士,教刑法,住馬鞍山藹廬。)

吕斯百(江蘇江陰人,法國里昂國立美術專門學校畢業,巴黎國立高等美術專門學校畢業,任本校藝術科教員,住曾家巖中四路十七號。)

陳之佛(浙江紹興人,日本國立東京美術學校畢業,任本校藝術科教員,住沙坪壩。)

李寅恭(字緦丞,安徽合肥人,英國亞伯汀大學森林系畢業,任本校森林系主任,住馬鞍山。)

張福延(字海秋,雲南劍川人,日本東京農科大學林科畢業,任本校森林系教授。)

編者按:先生所謂"可與爲友者",是指在學術上可常討教者。時先生正多讀哲學、心理學書籍(詳見下文),故名單中多哲學、心理學家。

11月29日,長子偰第三女元旻出生。

12月9日,晤羅家倫,接洽史學系請教員及搜輯抗戰史料經費事。

12月16日,受教育部之託,開始審閱中山大學研究院文科研究所歷史學部江應梁碩士論文《雲南僰夷民族研究》及王興瑞《海南島黎人研究》。

12月17日,赴汪東宴。

1938年12月17日日記:

午刻汪旭初邀至沙坪壩金剛飯店午餐,同席皆國文學系教員。旭初擬創辦《學林月刊》,邀余撰稿。旭初新爲監察院監察委員兼中央大學國文系講師,故有此舉。

12月30日,被選爲嘉興六邑旅渝同鄉會常務理事。

1938年12月30日日記:

五時至青年會訪沈衡山先生,同至嘉興六邑旅渝同鄉會即在青年會禮堂,余被選爲常務理事。九時開理事會。理事共十九人,到者九人,常務理事三人,余及許靜芝、吴祥麟。

12 月 31 日,訪張繼,暢談保存政府檔案及籌設國史館事。

1938 年 12 月 31 日日記:

> 至曾家巖五十四號訪張溥泉先生,暢談保存政府檔案事。欲委余作提案一篇,以備提出五中全會,余允之。

有關中央古物保管委員會事

本年中央古物保管委員會因委員星散,工作基本停止。本年日記中對中央古物保管委員會僅有三次記載。

7 月 16 日,中央古物保管委員會召開留渝委員會,然通知遲到,未能赴會。

9 月 13 日,至内政部開中央古物保管委員會,到會者有馬衡、袁同禮、陳念中、李安。陳念中代主席報告各省古物遷移避炸情況,並令各省古物皆應籌備遷移保存。

11 月 2 日,接中央古物保管委員會信。

有關刻印章太炎遺稿及整理章太炎手札事

因爲戰亂,蘇州章氏國學講習會遷至上海,章太炎的一批未刊手稿由孫世揚保管,且已攜至武昌,準備在武昌印行。

1 月 1 日,偕太炎先生之婿朱鐸民訪汪東,朱鐸民等以爲武昌非安全地,深恐遺失,乃請先生致函孫世揚,請其攜至重慶以備集資印行。

1 月 11 日,接孫世揚武昌來信,報告章師母湯國梨已率眷屬由吴興避難義烏。

1 月 18 日,接孫世揚信,言太炎先生文稿決在漢口付印,囑通告朱鐸民、汪東諸君。

1 月 22 日,致信孫世揚,力勸其將太炎先生文稿送重慶付印,信曰:

> 先師手稿,一生心血所寄。兄不避艱險,不顧家難,攜走武昌(時從蘇州危城出),藉得保全,功績甚偉。然武昌亦非安全之地。此項手稿,世間瓌寶,兄當徹始徹終,善爲拱護,置之鞏固之地,方爲正道。此間同學及先師故舊,殷望兄攜之入川,藏之名山,正爲此也。萬一江漢告危,不幸炸毁,兄爲德不終,辜負海内之望,弟竊爲兄危之。來電謂:先將詩文之部就漢上付印。萬一付印將半,而漢上緊急,進退維谷,不如徑赴此間付印,較爲從容安全。且此間同學較多,集資較易,襄校亦便。詩文之部固當先印,然書牘及論醫之作,亦可同時付印,不宜作爲緩圖。以此之故,極望兄速行赴渝。

2月15日,接孫世揚信。

1938年2月15日日記:

接孫鷹若信,謂先師章太炎先生一切手稿,凡已刻入《叢書》者,其稿皆在章夷吾處;其未刻者,皆在彼處。此次選詩文兩部,急付石印,已在漢口付印。其餘雜稿,擬郵寄余處,託余保存。重慶亦非安全之地,此責實難負荷,且郵寄途中亦不無危險,萬一遺失,何以對人。憂慮無已,只好待其寄來,再行設法妥爲保存。

編者按:章夷吾,章太炎長子,名章導,字孟匡。至於章導爲何又字夷吾,太炎弟子姚奠中2012年1月2日來信告知:"章夷吾是指章導,是太炎先生的長子。夷吾是管仲的字,王導被人稱作江左夷吾。章導也名導,因此取夷吾爲字。"但姚先生不敢肯定這個字是否爲太炎先生親取。

4月7日,收到孫世揚從武昌寄來《章氏叢書三編·太炎文録續編》卷一及卷六、卷七,二册。

4月16日,收到孫世揚寄來《章氏叢書三編·太炎文録續編》卷二至卷五,二册,連前共四册八包。

4月21日,接孫世揚武昌來信,云國學講習會贈《章氏叢書三編·太炎文録續編》二十部,每部四册,已先後寄出。

7月9日,接孫世揚寄來太炎先生書札數百通,先生擬集款付印。

7月27日,訪康心如,商量集款印太炎先生書札事。

11月24日,訪朱鐸民,商量集款印太炎書札,並晤太炎先生僚婿沈致祥,及太炎蘇州國學講習會弟子徐復。

1938年11月24日日記:

十一時至至聖宫十九號訪朱鐸民,商量集款印先師書札,並晤沈致祥,名志翔,桐鄉人,先師之僚婿也。又晤徐士復,名復,常州人,蘇州國學講習會同學。即在鐸民處午餐。

11月27日,徐復來,同編太炎先生書札目録。

1938年11月27日日記:

上午十時徐士復來,同編先師書札目録,預備審定去取。午後三時徐君去。

12月22日,訪徐復、沈致祥,談抄校太炎書札事。與朱鐸民談刻書札事。

1938年12月22日日記：

三時至至聖宫訪徐士復、沈致祥，言第一次交去先師書札已抄校完畢，擬將第二次交去。旋見朱鐸民，略談刻書札事即别。

12月29日，訪徐復，談抄校太炎書札事。

1938年12月29日日記：

三時至至聖宫訪徐士復君，收回先師信稿六本，又付彼七本，共存彼處十本。又晤沈致祥及朱鐸民二君。

1939年1月16日，訪朱鐸民、沈致祥、徐復，言太炎書札已將抄畢。

1939年1月16日日記：

渡江乘轎至至聖宫税務局，訪朱鐸民、沈致祥、徐士復三君，知税務局將遷至嘉定。先師書札已將抄畢，仍擬刊印，不致作罷。

編者按：此後，先生日記中未再提及此事。這批書札不知何故後來未能刊印。據湯志鈞《章太炎年譜長編》第474頁，現温州圖書館藏有鈔本《章太炎書札》。這鈔本《章太炎書札》可能即是當年那批書札，太炎先生之婿朱鐸民，温州人氏，其"詠莪堂"在焉。可能是抗戰勝利後朱鐸民攜這批鈔本章太炎書札回到温州，1949年朱鐸民去臺，將這批鈔本留在大陸，後入温州圖書館。

本年學術研究及著述

一、巴蜀古國歷史的研究

2月3日，閲《華陽國志》，知陳壽《蜀志》外尚有王崇《蜀書》，録《華陽國志》中《王崇傳》於日記。

2月4日，閲《華陽國志》，考巴蜀古國疆域。

2月20日，撰《〈華陽國志〉蜀建國始末》，並撰《〈華陽國志〉秦伐楚取商於之地爲黔中郡辯》。

2月21日，補寫《〈華陽國志〉蜀建國始末》。

2月22日，撰《常璩〈華陽國志〉所載巴蜀史志考》。

2月25日，閲《華陽國志》，搜集所載巴蜀史志材料，並補《十六國舊史考》"蜀史"一條。

5月18日，翻檢"蜀國爲蠶國"之佐證。

5月20日，繼續翻撿"蜀國爲蠶國"之材料，閲宋羅泌《路史》，録《路史》所載"蜀侯蠶叢古記"兩則。

5月24、25兩日,撰《古蜀國爲蠶國説》。

6月13日,至高級商業職業學校講演《古蜀國爲蠶國説》。

8月9日,在中央大學史學系講演《古蜀國爲蠶國説》。

8月28日,修改《古蜀國爲蠶國説》。後該文遭人駁詰,先生作詩答之:

大禹原來是一蟲,何須更欲説蠶叢。楚徐吴越皆夷狄,蜀國當然一例同。

編者按:上述先生有關巴蜀古國的撰述,除《古蜀國爲蠶國説》登載於1939年1月重慶《時事新報·學燈》外,其餘均未刊,其中《〈華陽國志〉秦伐楚取商於之地爲黔中郡辯》手稿藏國家圖書館,《〈華陽國志〉蜀建國始末》録於日記中。

二、姓氏學的研究

3月2日,閲《潛夫論·志氏姓篇》。夜作《志氏姓》提要。

1938年3月2日日記:

《世本》有《氏姓篇》,《風俗通》亦有《氏姓篇》,此乃兩漢氏姓學之總彙;惜兩種《氏姓篇》今皆亡佚,惟《志氏姓》一篇巍然獨存,此亦治姓氏學之瓌寶矣……夜作《志氏姓》提要。

3月3至5日,校録《潛夫論·志氏姓篇》。

3月5日,開始録《國語》姓氏,至16日,《國語》姓氏録畢,成《〈國語〉姓氏録》。

3月10至11日,閲顧棟高撰《春秋大事表》中《姓氏表》、《諸國疆域表》、《世系表》,以見各氏之起源。

3月12日,閲《通志·姓氏略》、《日知録·集釋·言姓氏》,及鄭樵《氏族略》。

1938年3月12日日記:

閲《日知録·言姓》一卷。顧寧人因明初禁姓胡姓,於是二字以上姓皆改爲一字,並中國固有之二字姓亦多改爲一字,於是華夷混淆,永樂時,又賜胡人以漢姓,於是淆亂益甚,乃發憤欲著姓氏書,略舉其目:姓本第一、封國第二、氏别第三、秦漢以來姓氏合併第四、代北姓第五、遼金元姓第六、雜改姓第七、無徵第八。此《言姓》一卷,即其姓氏書之發凡起例也,惜其書不成。先師章先生亦嘗撰《序種姓》一篇(在《訄書》中),欲繼顧氏之志而有所作,惜亦未有專書。午後及夜閲鄭樵《氏族略》,觀其序文知樵尚有《氏族志》五十七卷,又有《氏族源》、《氏族韻》幾七十卷。樵謂:"凡言姓氏者,皆本《世本》、《公子譜》二書,二書皆本《左傳》。然左氏所明者,因生賜姓,胙土命氏,及以字,以謚,以官,以邑五者而已。今論得姓受氏者有三十二類。"余案:其書分類,雖太瑣碎,然亦不無可取,而考訂粗疏,於得姓受氏之源,往往未能探其本。此則不逮顧氏之精審矣。

3月15日,閱宋邵思《姓解》、宋鄧名世《古今姓氏書辯證》及《校勘記》。

3月21日,開始録《左傳》姓氏。

3月28日,續録《左傳》姓氏。

1938年3月28日日記:

憶余十四歲上半年,先君授余《左傳》,詳細講解,甚有興味。其年夏,先君得病,至七月末竟棄養,以致余不克卒業《左傳》,抱恨終天,常不忍温讀《左傳》。今録《左傳·襄公十年》,以前幼時所讀如舊相識。每聯憶舊日家庭狀況,及鄉里故人情好,漢高祖所謂"吾魂魄猶思故鄉"誠至情之語也。

5月12日,《左傳》姓氏全部録完,成《〈左傳〉姓氏録》。

5月15日,閱陳奂《詩經傳疏》。

1938年5月15日日記:

上午閱陳奂《毛詩傳疏》,所載古國有爲《春秋》内外傳所未見者,擬録出以補國姓;並陳氏詳考地理,録之以便確知其所在。

5月18日,《詩經》國名、地名録完。

6月1日,閱武進莊鼎彝編《兩漢不列傳人名韻編》。

1938年6月1日日記:

余嘗欲撰《兩漢氏族志》,於各姓得姓之原及每姓分佈地域尋其源流,羅其族望。於朱氏、張氏、李氏、陳氏曾試編,尋兩《漢書》摘録數紙,亦費半月之勞,仍有遺漏。得此書而衆姓皆備,所謂事半功倍,欣喜過望。

6月8日,開始録《國策》姓氏。後成《〈國策〉姓氏録》。

編者按:此段時間先生先後成《〈國語〉姓氏録》、《〈左傳〉姓氏録》、《〈國策〉姓氏録》,手稿藏國家圖書館。另,關於姓氏學,先生尚有《兩漢姓氏學》,其手稿亦藏國家圖書館。

三、宋代鐵錢的研究

對古代錢幣史,先生向有研究,入川後,常於古玩鋪搜集宋代鐵錢,於是有宋代鐵錢之研究。

3月9日,閱《文獻通考·貨幣門》,與長子偰談歷代貨幣制度。

1938年3月9日日記:

晚餐後與大兒談歷代貨幣制度。略閱《文獻通考·貨幣門》。別有《中國商業史》説及"大唐寶鈔",謂起於唐高宗永徽間,而不注出處。案:或謂出於《唐書·食貨志》,此乃中國紙幣之起源。前賢謂起於唐之飛錢,故《文獻通考》亦不載"大唐寶鈔"。此史可謂發前人所未發矣。

3月25日,閱長子偰新作《兩宋信用貨幣》。

3月26日,閱《唐書·食貨志·貨幣章》。

1938年3月26日日記:

閱《唐書·食貨志·貨幣章》,人言内有"大唐寶鈔"一條,實無其事。

4月1日,閱《文獻通考》宋代鐵錢記載。

4月2日,閱《蜀中廣記》中元費所著《錢幣譜》,節録《文獻通考》宋代鐵錢史料,預備撰《兩宋盛行鐵錢之因果》。

1938年4月2日日記:

元費著《錢幣譜》,亦專記蜀錢,而鐵錢特詳,因鐵錢取攜不便,而蜀乃特行交子,遂爲中國紙幣之權輿。《譜》中特載交子式樣十張,自來考交子者所未見,此亦珍貴之史料也……節録《文獻通考》宋代鐵錢史料,迄夜十時,得數十條,預備撰《兩宋鐵錢特盛之原因與結果》一文。

4月4日至11日,廣搜宋代鐵錢史料,並整理所搜集之宋代鐵錢。

4月12日,開始撰《兩宋盛行鐵錢之因果》。

5月4日,《兩宋盛行鐵錢之因果》脱稿。

編者按:《兩宋盛行鐵錢之因果》載《東方雜誌》第35卷第10號,1938年5月。又按:先生因收藏鐵錢,得識鐵錢收藏者張鐵英、羅伯昭二君。摘録先生兩則日記於下:

1938年4月9日日記:

午後三時,至校場口古玩鋪購宋代鐵錢十餘枚,計銀六元,中有嘉定興寶、嘉定新寶等。遇中央軍官學校教官張鐵英號保華,亦購古錢,導至其寓(桂花街42號最後進樓上),出宋代鐵錢供賞鑒。張君購錢標準,可疑者不購,不精者不購,頗可爲法。因余時有犯此二病也。余最愛其紹興通寶小平錢背上有"邛"字者,余亦新得二枚背上有"利"字者,惜一缺"利"字之半,一模糊,實犯張君第二戒。張君此錢則甚精也,可以爲師矣。張君收集之勤,積二十年矣。張君所藏宋代鐵錢,云有三百枚以上,然重慶有羅君者,云有千枚以上,他日當詳審一觀,以增鑒别之力。蓋鑒别古錢,如鑒别書畫、金石、古陶等,非博覽比較不能辨别真僞精粗也。此後,余當先求博覽他人藏錢,以煉眼力,購買則不可求速求備。紹興小平錢背有"利"字、"邛"字者,《宋史·食貨志》云:"紹興十五年置利州紹興監鑄錢。二十三年復嘉州之豐遠、邛州之惠民二監鑄小平錢。"據此,則紹興小平錢背文當尚有"嘉"字者,蓋四川自北宋時已專鑄鐵錢矣。又購淳祐通寶大銅錢,背有"當百"二字;嘉定元寶大銅錢,背有"折十"二字;其他尚有七枚,共銀三元。夜,將所購鐵錢反復細玩,犯張氏二戒者頗多,然心不悔,蓋此亦增進學力也。

1938年4月22日日記:

余乃獨至古玩鋪購古錢。遇羅伯昭君(信昌號經理,二牌坊生利洋行,住宅在上大梁子十一號隆康衣裝店内),爲四川收藏古錢最富有者,宋代鐵錢有千餘種,推爲海内第一。與談頗爲投契,擬造其寓參觀鐵錢,並慫恿其撰一鐵錢譜。

有關學術思想狀況

9月以後,大量閲讀哲學、心理學書籍,學術思想有較大變化。

9月2日,開始閲讀黑格爾《歷史哲學》,至18日閲畢。

1938年9月2日日記:

略覽《歷史哲學》,頗多啟發。余謂今後治歷史當創一歷史心理學以爲研究方法,而以價值哲學爲評批方法。

9月19日,開始閲陳百年《心理學大綱》。

1938年9月19日日記:

夜閲《心理學大綱》。近因閲黑格爾《歷史哲學》,其中關於哲學與心理學專門名辭偏於抽象者多未瞭解,致全書雖閲一過,終不能徹底領會,故擬先閱心理學及哲學書,以爲根底,然後再閱讀《歷史哲學》,庶不致隔閡。

1938年9月22日日記:

閱《心理學大綱》畢,然略得大概,其中術語内容及通例界説多未能記憶,而其實驗以數理説明尤難明瞭,故擬以朱筆標記,重閱一過,不求速效,以略能徹透瞭解爲度。

9月23日,開始閱高覺敷的《現代心理學》等著作。

10月,繼續大量研讀哲學、心理學著作。

1938年10月14日致羅香林:

余近來閱譯本德國郎泊雷希脱《歷史學》及黑格爾《歷史哲學》,深感治歷史必須從社會科學入手,且最初須從心理學入手,以歷史爲人類心理過程也。余輩向治歷史,僅爲斷片的考證,用力多而收穫少,若僅數人爲之猶尚可也,驅全國學子出於一途,於社會實際進化無甚影響,此實大謬。然若朱謙之輩,不治歷史而空談歷史哲學,此又謬之謬者。余近閱心理書多種,最喜讀高覺敷《現代心理學》及其所譯諸書,而《現代心理學》中有《現代德國文化科學的心理學》一篇,與治歷史尤有關係,惜此種心理學尚無譯本。今高君聞在廣州襄勤大學爲教授,乞代爲一訪,深致敬意。高君於心理學造詣極深,將來深願與之爲友,以便領教。余將來思欲轉移中國歷史學風氣,故先治心理學,繼治社會科學,然後用以治歷史,必於史學别開生面,若仍沿舊習治史,雖略有所得,於人類所補實尠,此余所以欲提倡新史學及新文學也。

10月18日,開始閱李石岑《超人哲學淺説》。

1938年10月19日日記:

午後及夜閱《超人哲學淺説》。李石岑文筆簡潔犀利,寫尼采思想來源及其獨到之處深有見地,非苟而已也。現在吾國哲學界中能介紹歐美有價值之學説者甚少,有之則膚淺,而不足以動人,此書名爲淺説,而所説甚深,不過以淺顯之筆達之云爾。現在不學哲學而著述哲學書者甚多。李君則湛深哲學,著作甚多,有《哲學概論》(世界書局出版),《哲學大綱》(同上),《中國哲學十講》(同上),《希臘三大哲學家》(商務印書館出版),《人生哲學》(同上),《人生之價值與意義》(良友社出版),將來須一一購讀之。

1938年10月20日日記：

閲《超人哲學淺説》，心頗劇烈感動，蓋其所説與舊道一切相反，而卻有至理，如：舊以無我爲最高理想，而此則極端主張惟我；舊以救弱濟貧爲善，此則以爲貧弱不足救濟，而反欲扶强濟富；舊日最重犧牲自我，此則主張自我勝利，犧牲乃爲弱者之所爲，蓋人人努力向上爲超人，則人類乃能進化，乃有救濟，否則相率沉淪於貧弱愚賤之淵海而後已。此對於吾國萎靡腐敗之民族實爲對症之良藥。

午後二時半陳百年、沈士遠二兄來。百年新撰《因明大疏蠡測》初稿兩鉅册，携一部贈我。因叩以李石岑其人。據士遠言李君嚮在上海某大學爲教授，已逝世三四年矣。百年言與李君亦未曾相識。嗚呼！若李君者而早逝，實爲吾國哲學界一大損失。學哲學者大都奄奄無生氣，傾向於頹廢一途。若李君而永年，吾知其必不如此也，惜哉惜哉！

1938年10月21日日記：

重閲《超人哲學淺説》。案：超人哲學爲極端的個人主義、自由主義……相反者則有俄國託爾斯泰之人道主義，爲社會主義、平等主義……余於尼采及託爾斯泰兩家全集皆有日本文完全譯本，惜均存於北平，未能澄心研究耳。余治學無恒，十餘年前購讀之書棄置如此之久，游心瑣碎之考據，所得皆斷片之知識，於身心家國皆無所損益。今仍回頭治科學有系統之知識，重理舊籍，蓋已浪費十餘年之光陰矣，能無感慨？今吾國家垂危，人才不足以救濟，未始非學術不興之咎也。今若再……不自主自由，竊恐人種將滅亡，吾恐爲尼采所唾駡爲奴隸之主義矣。

1938年10月25日日記：

近來閲各種譯本書，心理學以高覺敷爲最佳，哲學以李石岑爲最佳，此二君之書皆能引人入勝。

11月25日，宗白華代先生向哲學系學生借《歷史哲學派别》筆記，該筆記爲宗白華之授課筆記。

11月27日，閲宗白華《歷史哲學派别》授課筆記，並札記於日記。

1938年11月27日日記：

蓋歷史哲學以經濟的爲根本條件，惟經濟基礎立於個人的與社會的之上，其結果大不相同耳。以個人爲基礎則必主張自由的、唯心的資本主義；以社會爲基礎則必主張平等的唯物的共産主義。於是有所謂階級鬥爭,無産階級與資本階級戰,共産國與資本國戰,换言之即自由論與平等論戰,唯心論與唯物論戰,結果世界各國必分成兩大系統。以理言之,資本主義集中於少數人之手,而無産階級人數最多,起而反抗則資本階級立敗。然無産階級之所以不肯齊心反抗者,其意志亦希望漸躋有産階級,蓋人類意志自由終思向上,必不甘平凡而死,平等云者實束縛人之自由耳。歷史上終古戰爭不已者,皆此兩大潮流之激蕩耳,階級鬥爭之説可謂一語破的。極端的個人主義、自由主義、資本主義固召戰爭,極端的社會主義、平等主義、共産主義亦召戰爭。蓋人類稟賦不齊,身體之强弱、勤惰,心性之智愚、賢不肖,爲有産與無産之先決條件,雖有政治教育爲之齊一,然自由的意志總難消滅,即人之個性甚難消滅耳。人生個性消滅即無生趣,故將來兩大潮流爭鬥不知統一於誰手。今日資本主義國家以美與英爲最富,而德、意、日三國較貧,故資本國與資本國尚須鬥爭,共産國羽毛未豐,尚須利用資本國間之矛盾以扶植勢力,及資本國間有一二滅亡之國或尚須折入共産國,以平均勢力。將來最大戰爭乃爲資本國與共産國最終決勝負之戰而歸於統一,於是國與國之戰爭絶,戰爭之方式乃易爲團體與團體之戰爭,蓋戰爭必與人類相終始也,人之生也戰勝無數之精子而得獨生,其生存也亦賴於戰爭而生存,故歷史者實一戰鬥之歷史而已矣。

一九三九年(民國二十八年己卯)　先生六十一歲

編者按:去年歲末,因受張繼委託撰寫保存政府檔案及籌設國史館提案,先生頗留意中國歷史上各朝保存檔案方法及修史制度。

1月6日,閲《史官沿革》及《明代撰史成案》。

1月7日,日機轟炸重慶。

1月8日,因海鹽海塘決口,與褚輔成、吴福徵商酌,由嘉興六邑同鄉會常務理事致電浙江省主席黄紹竑,請撥款修理,以救民生。

1月9日,檢尋《周禮》中保存政府文卷方法,鈔録天府、大史、小史、外史所藏各種法令、案卷副本制度。

1月10日,録《周禮》中司會、司書、小宰各職藏副制度。同日,姚薇元、郭即述偕史系新聘之中國通史教授周培智來接洽所任課程,周培智爲先生清華時弟子,留學英國,其時剛從英國畢業歸國。

1月11日,撰《唐宋兩代修史成法成時政記》一章。

1月12日,閲《玉海·歷代起居注制度》。

1月13日,中央大學史學系新聘教授周培智來接洽課程,先生問其英國保存檔案方法。

1939 年 1 月 13 日日記：

我國檔案，當局既不注重歷史，故亦不注重檔案。此次遷都避難，外交部檔案遺失甚多，國府圖書館保存之《清實録》及重要史料亦未遷出，淪爲敵有，行政等五院及各部會檔案恐亦不免有散失者，至於各院各部各會之成績報告書，平日亦未見印刷流傳者。史料淪亡，史館虛設，將淪爲無歷史之民族，可哀孰甚？此後宜將檔案及報告書，將可以發表者擇要發表，改良政府公報内容，儘量發表，仿英國藍皮書之意。其不可發表者，多録副本，正藏該管各機關鄭重保存，副藏於行政院或國民政府之特設保存庫，如周官之天府，視同國寶。國可亡，而此歷史不可亡，則我民族或不致於淪滅乎。藍皮書内鴉片戰爭史料甚多，可見其報告甚多。

1 月 15 日，日機轟炸，率家人避於山上叢林中。

1939 年 1 月 15 日日記：

十二時敵機來襲，率家人避於山上叢林淺沼間。敵機盤旋於上約一刻鍾。聞重慶城廂有被轟炸聲，後聞人言在朝天門及江南彈子市，炸死數十人，傷甚多。而昨日萬縣亦被大轟炸，焚毀、死傷甚多。同類之獸不相食，此輩以人食人，實獸類之不如矣。

1 月 16 日，開嘉興六邑同鄉會理事會，擬電行政院及浙江省政府，請撥款修理海鹽傾圮海塘使咸水不致浸灌内河，致明年不得耕種，並請賑濟災民。

1 月 17 日至 21 日，代張繼先生擬《建立總檔案庫籌設國史館議》。

《建立總檔案庫籌設國史館議》（《朱希祖文存》，上海古籍出版社，2006 年，173 頁）：

中國國史不可自吾黨而絶，猶中國國祚不可自吾黨而亡，良由民族之所以悠久，國家之所以綿延，全賴國史爲之魂魄。美洲之紅種、非洲之黑人，中國之蠻蜒，日本之蝦夷，惟其無歷史，所以不能建立國家，蕃衍種族。周之玁狁、漢之匈奴、唐之突厥，清之準噶爾，其建國不可謂不大，其種姓不可謂不强，惟其無歷史，所以故國永淪而不復，人種華離而日衰。中國在宋末曾滅於元，不百年而復，在明末又滅於清，不三百年而復，蓋吾族自有其歷史，決不甘屈服於他族之下。是故亡史之罪，甚於亡國。亡國而國史不亡，則自有復國之日。何則？其魂魄永存，決不能消滅也。自古以來，滅人之國，必以其歷史爲先務，端由於此。古人有言，國必自伐，而後人伐之，則史亦必自滅，而後人滅之。自滅者，蔑棄史料，不修國史，如玁狁以至準噶爾是也。人滅者，尊重史料，常修國史，雖爲敵國禁毀，而終有副本流傳，不可終滅，如清乾隆禁毀明季歷史以及史料是也。德國大哲黑格爾不喜讀中國歷史，以其篤守舊常，不務進化，人類邁進之精神，讀此反爲其阻滯，此則吾人當改革群化，創造新史，以一雪此恥。然黑格爾之撰歷史哲學，則又以吾國爲首創歷史，排列有史國家，終擢吾國爲第一。且謂蒙古雖統一亞洲，侵蝕歐土，然於歷史無其地位。印度之亡，亦以不重歷史。惟中國綿延不絶者，端賴歷史悠久，取精多而用物宏，其勢然也。然則自吾祖宗締造歷史，歷代賡續，未有中絶，垂四五千年而光照天壤，世界各國無與倫比，國土之大，人口之衆，皆受歷史精神融鑄，斷然不可分割。爲子孫者，豈可妄自菲薄，不爲之繼續撰述，傳之無窮，而自儕於無史之國家乎。夫欲續歷史，不可不設國史館，欲保存史料，不可不設檔案總庫。蓋國家檔案，爲史料之淵海，國史之根柢，實爲至高無上之國寶，當局締造經營之苦心寄焉，國民勞苦建設之精神繫焉。故保存之方，尤宜盡力講求，今分别規劃如下。

中華建國以來，南北政府檔案，以不甚重視，散佚不少。國民政府成立以後，行政院曾在南京設檔案庫，以收藏北政府之内閣及各部殘存檔案。抗戰以來，行都設於重慶，當倉皇播遷之時，自國府以及各部院會檔案聞亦有散佚棄去者，淪陷區之省府檔案，更無論矣。其北平舊閣部檔案，恐又不免遺失，以國家如此重寶，付之於不知愛惜者之手，宜其棄之如敝屣也。吾國歷代史官制度，史籍撰輯，記載頗詳，惟平日保存政府檔案，以爲史料淵源者，略而不記，惟《宋史·職官志》有主管架閣庫，掌儲藏帳籍文案，以備用，選擇人有時望者爲之。舊有管幹架閣庫官，宣和罷之。紹興十五年，復置，吏户部各差一員，禮兵部各差一員，刑工部各差一員，以主管尚書某部架閣庫爲名。嘉定八年，又置三省樞密院架閣官。案架閣庫，即今之檔案庫，各部檔案共設一庫，所以使專職保存，遷移無失。蓋南宋當紹興初年，金人南侵，行都播遷無定，故有此制，誠善法也。惜其制度尚未完備，蓋其時三省樞密院文書尚未加入也。嘉定八年，雖增設三省樞密院架閣官，然於六部架閣官，各司其事，未嘗併爲一庫。金之尚書省架閣庫管勾，元之中書省架閣庫管勾，清之内閣典籍，皆僅管宰輔文書，其他各部院文書，皆别設官掌之，其保管之法，皆未盡善。惟《周禮》春官天府一職，掌祖廟之守藏（案老聃爲周守藏室吏，即爲此官所屬之書記官），凡國之玉鎮大寶器藏焉。凡官府鄉州及都鄙之治中受而藏之，以詔王察群吏之治。案治中之中，即册字之篆寫省文。册，篆文作𠕋，省作中，即今之文書案卷也。後人誤認爲中正之中，非是。《鄭注》謂"治中謂其治職簿書之要”,其説是也。漢有治中官,即後世之主簿。若遷寶則奉之(案王者遷都,則寶亦遷,所藏文書案卷亦奉以俱遷),此則爲保存檔案最善之法。檔案保存於祖廟之守藏,與國之大寶器同掌於天府,則視檔案亦如國之重寶,尊之至、重之至也。若遷都,則檔案與國之大寶器隨祖廟之遷移,則莫敢不視爲先務,而有遺棄散佚之事也。且其檔案保存之範圍甚廣,數量甚多。所謂凡官府鄉州及都鄙之治中受而藏之者,賈公彦疏謂:“此自王國以至四疆,皆有職司治事文書。”群吏,即百官府,通内外鄉大夫士言之。又合官府檔案,至少必録二本,一本登於天府,一本藏於本署。如《小司寇》:大比,登民數及訟獄之中(案此中字,亦册之省文),皆登於天府也。則户口册訟獄册,既藏於小司寇,又藏於天府也。《司勳》注謂“功書亦藏於天府”,則考功書既藏於司勳,又藏於天府也。又有多録副本,藏於他官府者,如《鄉大夫》云,鄉老及鄉大夫群吏,獻賢能之書於王,王再拜受之,登於天府,内吏貳之(案貳謂藏於副本),則賢能書既藏於鄉大夫,又藏於天府,又别藏於内府也。《大司寇》云,凡邦之大盟約,涖其盟書,而登之於天府,大史、内史、司會及六官皆受其貳而藏之,則大盟約既藏於天府,又别藏於大史以下諸官府也。副本既多,則此官府之檔案失,尚有他官府之副本或正本存,則其保存之法,可爲周密之至矣。由今觀之,周官保存檔案之術,雖可師法,然尚嫌太繁,宜採英國藍皮書制度,將全國重要案卷分爲二期,一爲當時可發表者,即印於藍皮書(案藍皮書之名,可取唐、宋政記之名易之,説詳下),而公佈發表,使國民咸知。則此類檔案已保存於藍皮書,藏於圖書館,可以不煩再爲録副,特别保存。一爲秘密檔案,一時不可發表者,則存於特别檔案庫,而嚴密保存,將來即可用爲史料。如此,則保存檔案之法,簡而易守。今擬取英國藍皮書之法,將多數可發表之要案,印於時政記公佈。又取《周官》天府之法,設一總檔案庫,將少數秘密及重要案卷藏入此庫,既易嚴密保守,又易全部遷移。兹擬具體條例於下:

總檔案庫設於國民政府,所藏皆各院部會之機密重要檔案正本,國府文官長管其鑰。更師古代金匱石室遺意,特造鋼骨水泥之地下庫,而以鐵匱藏其中,國之重寶可同藏焉。各院部會自藏其副本,俟時效已過,或取出發表於時政記,或終藏於檔案庫,將來擇其宜者,作爲史料。

至於國史,則中華建國廿八年矣,國史之館,未嘗設立。然而政府命令,每當大員捐館,必云宣付國史館立傳,夫既無史館,於何宣付,既無史職,誰爲立傳。原當局之意,未嘗不知國史館之重要,嘗冀建立,以揚耿光。故必垂之命令,豈欲徒託空言。徒以倡導無人,規劃無術,貽誤蹉跎,遂爲缺典。及至抗戰,又視爲不急之務。不知存亡繼絶之交,史務尤宜重視,捐軀報國,毁家紓難,以及内政外交,軍務戰績,非有專職記載,何以鼓舞群倫,宣徽來禩。宋高宗艱苦中興,不廢史職。紹興二年,詔汪伯彦等編類元帥府事蹟,以付史館。六年,史館修纂大元帥府事蹟十卷,上之。其他鉅著,咸有可觀。南明弘光、隆武、永曆,崎嶇南國,亦設史臣,多所撰紀。是以南宋南明,史蹟最多,流傳至今,不致中絶,類皆發憤於夷狄之侵,奮筆於兵興之際,揚腥臊之穢蹟,表忠烈於千秋,國家至急之務,孰有過於此者。今國體改革,史職亦宜變通。吾國史務最完備者莫如唐宋,書榻前議論之辭,則有時政記;(案今中央黨部重要會議録,及行政院重要會議録,足以當此。)記柱下見聞之實,則有起居注;類而次之,謂之日曆;修而成之,謂之實録。於是宣付史館,匯爲史料。旁稽野史外記,博採文集奏疏,分朝撰進,謂之國史。今起居注、實録宜廢,時政記、日曆、國史宜復。惟有二事宜顧慮者,史官位望較輕,高級衙署不受約束,難以取會史料,一也。事關機要,須守秘密,行政當局不敢盡情供給史料,二也。此類史例,史不絶書,是以唐、宋二代,多以宰相監修國史,時政記房、日記所、國史院往往直隸中書、門下二省。今擬時政記、日曆、國史統歸國史館撰輯,而國史館直隸於國民政府,其館即設於府内,與總檔案庫相近,而以監察院院長爲監修國史。《詩》云:"既立之監,或佐之史。"雖詩所詠别爲一事,然監與史性質稍相近,可相輔而行,且位尊而事易集也。惟國史與黨史必宜劃分界限,蓋二者性質迥不相同,必不可混而爲一。今擬具體條例於下:

時政記,仿宋三省於樞密院各撰彙送史館之例,可由五院及軍事委員會各撰輯重大政要可以發表者,月成一册,各送史館。其事簡之院,可季成一册送之。史館總合其事蹟,月撰一册或二册,由監修核定排印,公佈發賣,使國民咸知。此即英國藍皮書之成法,且可代替每月報告之政績書。其機密重大事件,俟時效已過,則每季或每年總撰一册或二三册以補之。黨史編纂處所編纂黨部重要史記亦宜月送或季送年送國史館,以備採入於時政記及日曆、國史。唐、宋時政記,亦有月送、季送、年送三種。至於時政記之體例,當别擬。唐、宋時政記之流傳於今者,惟有宰相李綱《建炎時政記》,可參考其成法,而變通之。

日曆,按日記載軍國政要,積而成編年史,與國史爲正史體裁分爲紀傳表志者不同。然二者各有所長,故前代未嘗偏廢。今國史體裁,或宜參酌新史,略爲變通。蓋本紀之名,今不適用也,而日曆則不能變。唐、宋二代,每彙集時政記及起居注而成日曆。起居注月成二册,日曆則倍之。今既廢起居注,則撰日曆者,除憑藉時政記外,必宜日訪政要而記録之,月終呈於監修核定,發表時期,當别規定。

國史體例,已如上述,平日編纂典章制度,如前代之會要、會典等,以備修撰史志。日記職官除授及統計提要,以備修撰史表。撰宣付國史館所立名人傳,以備撰修史傳。除黨史編纂處所送黨史及本館所撰時政記、日曆外,内採國民政府總檔案庫之檔案爲史料,又當特設史館藏書所,以採集政府各種公報及内外日報、週報、月報,以及私人筆記、日記、文集、詩集,與夫統計年鑒、私史、外史(外國人記載中國史籍)、專史(如中國外交史、財政史之類)等,以補公家史料之不足。前代如唐、宋二朝,每帝必修一正史,今當以十年或二十年修一正史,民國元年以來,至國民政府成立以前之國史,必宜先修。其體例視舊史必須變通,當别擬。

國史館既特設監修官,以修國史、日曆及時政記,其下當設修撰官若干人,編修官若干人,纂修官若干人,以分修國史、日曆、時政記,以明於政治、深於史學、優於文藝而有聲望之人充之,其制度職掌,當别擬。

上列保管檔案方法及監修國史條例,謂宜將總檔案庫及時政記二事急速先行創辦,以減少檔案之數量,改輕保管之繁重,即偶有遷移,亦輕而易舉,而機要檔案必宜分録副本,各司收藏,以備萬一之遺失。其次劃清黨史國史界限,俾各盡其職。否則,黨史或過於龐大,或過於狹小,必茫無頭緒,無從措手,俟各項略有端倪,規模粗立,然後規劃日曆及國史,如此則次序井然,有條不紊,實施既易,成效可期,是否有當,伏祈公決。民國二十八年一月二十二日。

編者按:此《議案》於1月22日交張繼,後經國民黨五届五中全會審議通過,提案人爲張繼、吴敬恒、鄒魯、王用賓、焦易堂、丁惟汾、程天放、夏斗寅、茅祖權、覃振、方覺慧、梁寒操、王子壯等十三人。

1939年1月22日日記:

晨七時起,即乘人力車至曾家巖五十四號訪張溥泉先生。適赴五中全會開會,晨六時即去。留函在家,約余十時頃晤談,届時將《建議案》商議提出辦法,由張先生提出於五中全會。即細讀一過,無有異議,即乘車回化龍橋。

1939年2月7日日記:

午後香林自城中回寓,言余所撰《請建立總檔案庫籌設國史館議案》由中央委員張溥泉先生繼提出,第五届五中全會議決通過,可望實行,聞鄒海濱先生魯言之。前日洪君陸東亦云已通過,惟未見張溥泉先生,故未知其詳,當擇暇日至張宅一問,並索回原稿。

1939年3月6日日記:

本日接繩先族孫寄來監察院印刷《建立檔案總庫籌設國史館提議》，此稿即用余所擬撰者，而提案人則爲張繼、吴敬恒、鄒魯、王用賓、焦易堂、丁惟汾、程天放、夏斗寅、茅祖權、覃振、方覺慧、梁寒操、王子壯十三人。

上附抄國民政府文官處公函云：

逕啟者：中央執行委員會渝儉機字第三零七號公函，開本會第五届第五次全體會議關於張委員繼等十三人提建立檔案總庫籌設國史館一案，經決議，原則通過，交國民政府妥籌辦理在案，相應録案並檢同原提案，函請查照辦理。又奉總裁指示，此次全會決議案之實施，必須規定開始與完成之期限，以及主辦機關與負責人之姓名，並由中央黨部指定人員負責考核其實施之成績與程度，呈報於常務委員會，以期綜核名實等因，並希查照，將指定籌辦之機關及負責人姓名函復備查等因一案，奉國民政府批"先徵詢五院意見"等因。查建立檔案總庫及籌設國史館兩事，關係重大，總檔案庫爲庋藏各機關秘密及重要案件之所，值兹全面抗戰期間，是項庫房應如何興建，地點應如何選擇，檔案應如何定期送庫，及其庋藏保管之方法，均宜妥爲籌商。而《時政記》之印行，須由各機關録送彙編。其庋藏總檔案庫之秘密案件，並應由各機關録存副本，自行保管，似亦宜釐訂章則，有所規定，以資遵守。至國史館應於何時成立，是否即應制定條例明令公佈，以便着手組織，尤須統籌辦理。奉批前因，除函復並分函外，相應抄同原提案函達查照，即希詳加研究，將所得意見函復過去，以便轉陳核辦。

1939年4月1日日記：

十一時汪旭初以五中全會張繼等十三人《建議建立總檔案庫籌設國史館案》印刷原稿見遺，張溥泉所託也。

1940年4月5日日記：

步行至馬鞍山繩先處晚餐。繩先言監察院監察委員劉成禺讚美長者所撰《建立檔案總庫籌設國史館議案》爲中華建國以來第一大文字（余於沈監察員尹默處亦聆此言），並賦詩一首紀之，繩先爲録出如下：

紀事詩　　劉成禺

廢絶梨洲徵季野，忽開史館雜旌旄。十年建國無文字，今日行都見鳳毛。

案：第一句蓋指太炎先師與余，末二句即指議案言也。劉君曾撰《太平天國戰史》，搜集海外史料頗多貢獻，又撰《民國紀事詩》，亦富史料，實爲當世有心人物。

編者按：日記中"繩先"爲先生族孫，名朱宗良，時爲國民政府監察院監察委員。

1月21日，宴汪東、劉石函、沈剛伯、繆贊虞、金毓黻、張致遠、郭量宇、姚琴友，二時開史學教授會，討論教育部新定史學系課程。

1月24日，參加嘉興六邑同鄉會常務理事會，宴浙江省政府主席黄紹竑、全國賑務委員會副主席屈文六，請修理海鹽海塘並振救海鹽災黎，以工代賑。同席有褚輔成、沈鈞儒、陳百年等。

同日，得知錢玄同於本月17日病逝於北京。

1939年1月24日日記：

聞同學錢玄同確因腦衝血逝世，昔日謡傳，竟成真事，可悲也！

1月27日，撰《〈教育部新定史學系課程表〉審查意見》。

1939年1月27日日記：

十時至二時撰《〈教育部新定史學系課程表〉審查意見》，余主張教育部只宜定課程原則，不宜定劃一課程表，使各大學無伸縮餘地。

1月28日，次女朱倓、婿羅香林一家四口抵達重慶。

編者按：時羅香林任教中山大學，爲避日寇，中山大學西遷雲南澂江，羅香林一家取道廣西、貴州抵重慶。3月28日，羅香林隻身離開重慶赴雲南澂江中山大學。8月26日，次女朱倓率女、兒赴雲南澂江。

2月1日，致信廣益中學校長楊芳齡，推薦徐復爲該校國文教員。

2月4日，萬縣、貴陽兩地遭大轟炸，死傷甚多。

2月5日，傳言日機將來轟炸，重慶市區百姓紛紛至南岸避難。

2月11日，赴中央大學文學院院長婁光來宴，同席有方東美、繆贊虞、郭量宇、金毓黻、張致遠、周培智等。

2月23日，寫徐復信，談廣益中學國文教員事。

2月24日，金毓黻來談學，先生慫恿其專治南宋史以繼邵晉涵之業。

3月1日，六十一歲初度，家人爲之慶祝。

3月3日，審閲劉節《中國古代氏族社會研究計劃書》，時劉節受中英庚款資助，至中央大學研修。

3月5日，滕固、常任俠商議召開中國藝術史學會年會，以先生及馬衡、裘善元、劉節、宗白華、胡小石各會員均在此地。

編者按:中國藝術史學會年會,1939年3月12日於重慶腴味餐館召開,先生未克出席。

又按:常任俠在日記中,對"中國藝術史學會"名稱的表述前後不一,有中國藝術史學會、考古美術史學會、中國美術史學會等三種,據中央戲劇學院沈寧先生考證,該會的準確名稱爲"中國藝術史學會"。

常任俠1939年3月5日日記(常任俠《戰雲紀事》,郭淑芬、沈寧整理,海天出版社,1999年,174頁):

滕固來談良久,云預備召開考古美術史學會年會,以馬衡、朱希祖、裘善元、劉節、宗白華、胡小石各會員均在此地也。

常任俠1939年3月12日日記(同上,174頁):

下午……五時半赴腴味餐館參加中國美術史學會,到有會員馬衡、胡小石、宗白華、滕固、劉節、金靜庵、陳之佛、盧冀野等人。

3月13日,中山大學吴康來訪,導其游塗山。
本月28、29兩日連續有空襲警報。
4月12日,録1910年章太炎《答〈問古文疑事書〉》一通,附先生《問古文疑事書》一通,夜撰此信跋文。
4月14日,撰《錢玄同師承記及評論》,録於日記。

1939年4月14日日記:

借得顧頡剛等《古史辨》,第五册中有故友錢玄同所撰《春秋左傳考證書後》、《重論經今古學問題》。

案:《春秋左傳考證書後》篇玄同自言:我是極佩服劉逢禄申受這部《左氏春秋考證》。記得一九零一年,我那年十五歲,《春秋》三傳都早已讀過了。覺得同是一條經文,而三傳的記事和説義可以極不相同,乃至完全相反,實在有些古怪。因此常常翻《皇朝五經彙解》中關於《春秋》的一部分,要看清代學者對於三傳的考證和批評。在此書中,見到了引劉氏的《左氏春秋考證》,於是向《皇清經解》中找到原書來讀。看他所考證得非常精當,從此我就不信任《左傳》了。一九零八年從吾師章太炎先生受聲音訓詁之學,見到太炎師的《春秋左傳讀叙録》之稿專對劉書攻擊,心竊懷疑。再取劉書細讀,終不敢苟同太炎師之説。一九一一年謁崔觶甫師,讀其《史記探源》之稿,見其考辨較劉氏更近一步,並《左氏春秋》之名而亦不認爲本有,與太炎師之説成爲兩極端。觶甫師對於康長素之《新學僞經考》推崇極至,來信告我説:“《新學僞經考》字字精確,自漢以來未有能及之者。”

又《重論經今古學問題》篇玄同自言:玄同於一九一一年二月謁崔君(崔適字觶甫,浙江歸安人,受業於俞曲園先生,著《史記探源》、《春秋復始》)請業,始得借讀《新學僞經考》,細細籀繹,覺得崔君對於康氏之推崇實不爲過,玄同自此也篤信古文經爲劉歆所僞造,認爲崔、康兩君推翻僞古的著作,在考證學上的價值較閻若璩的《尚書古文疏證》猶遠過之。自一九一一(辛亥)至一九一三(民國二年),此三年中,玄同時向崔君質疑請益。一九一四年(民國三年)二月,以札問安,遂自稱弟子。

此是玄同自白兼從章、崔兩師之歷史。玄同又有根本之議論一段,録之如下:

我從讀《新學僞經考》及《史記探源》以後,深信孔壁古文經確是劉歆僞造的,康、崔二君所辨僞證昭昭,不容否認。我近來取殷之甲骨刻辭及殷、周兩代銅鼎款識,與三體石經中之古文相較,更了然於孔壁古文經中之字體(三體石經中之古文,即根據孔壁古文經者),一部分是依傍小篆而略變其體勢,一部分是採取六國破體省寫之字,總之,絶非殷周之真古字。由此更知孔子書“六經”、左丘明述“春秋傳”皆以古文之爲讕言。而孔壁古文經本無此物,全是劉歆僞造,實顛撲不破之論也。

玄同根本錯誤以爲孔壁古文爲殷周之真古字。須知文字體勢隨時代而變改,孔子、左丘明之文字,乃春秋末戰國初之文字,非殷周(西周)之文字,其體勢當然有異。現孔壁之古文經及張蒼所獻之《左氏傳》,未必爲孔子、左丘明所親寫,輾轉迻録,至戰國末年,離孔子、左丘明又二百餘年,其文字體勢必又不同。本爲六國之古文,非殷周之古文,王國維《漢代古文考》中有“戰國時秦用籀文,六國用古文”説最爲通達。然核實言之,六國所用爲戰國時代之東方文字,秦所用爲戰國時代之西方文字(亦王説),兩種文字不同。漢承用秦文(由籀文而變爲篆文,即由大篆變爲小篆),六國文字廢而不用,故漢人稱之爲古文也。《漢書·河間獻王傳》謂:“所得書皆古文先秦舊書。”“古文”下又申以“先秦舊書”四字,即言此古文爲先秦古文也。此“古文”二字之由來也。玄同誤解孔壁古文爲殷周古文,彼見殷周之甲骨刻辭、鐘鼎款識與孔壁古文不類,遂不特疑孔壁古文經記爲劉歆所僞造,即孔壁古經之文字亦爲劉歆所僞造,較康、崔二氏又進一步。數年前余至北平,玄同親爲吾言“《説文》中之古文全爲僞文”,此實玄同之創見也。彼自名“疑古玄同”,即以此自詡也。劉歆一人,今文家竟視爲能力通神。彼既欲僞造《古文尚書》及《周禮》、《春秋左氏傳》、《逸禮》及記,且必篡改群書以爲佐證,又欲先僞造一種古文字,此真太重視劉歆矣。錢穆撰《劉向及其子劉歆年譜》,以駁劉歆僞造古文經之謬説。至於劉歆僞造古文字,尚未有人注意及之,余故著其説於此。玄同已於今年逝世,蓋棺論定,其學已不能再變,故敢放言也。

治學不可有先入之見。玄同自十五歲時已有先入劉逢禄之見,至老而不化。余以史學治經學,以論理學方法解決一切疑難,最鄙視今古文家門户之見。舊時以汲冢古文書爲晉人僞造,今治晉史,知其不然。蓋孔壁、汲冢、殷墟甲骨刻辭,實爲吾國三大發見,信甲,不得不信乙、丙。章師不信甲骨刻辭、鐘鼎款識(以有一部分作僞,然究能辨别,不可因噎廢食),而信孔壁古文經;玄同不信孔壁古文經,而信甲骨刻辭、鐘鼎款識。同是埋藏古物,何以信甲而不信乙,信乙而不信甲?是皆不合於論理方法者也。蓋真僞之事,須爲客觀判斷,不宜偏任主觀憑空臆説。上列三事,皆客觀條件具足確實可信,非大言虚説所可推倒者也。

4月21日,與劉節談《竹書紀年》。

4月23日,史學系學生會提議組織史學會,邀先生出席並指導。

4月27日,劉節來閲先生新作《周書兩大臣篇釋疑》。

4月28日,金毓黻來訪,索閲先生新作《汲冢書篇目考》並《周書兩大臣篇釋疑》。

4月29日,至中央大學柏溪分校史學系講演《徵兵制在中國歷史上之勝於募兵制》。

5月3、4、5三日,日機連續轟炸重慶,先生時正撰寫《汲冢書考》。

1939年5月3日日記:

上午謄寫《汲冢書考》第一篇《汲冢書來歷考》。午後一時有空襲警報,旋聞重慶市有轟炸聲及高射炮聲,又見煙焰數起,及飛機墜落聲。二時餘敵機始去。聞人言儲奇門至太平門一帶房屋多爲燒夷彈焚毁,其他尚有數處,尚未確知,火光至五時餘始熄。續寫《汲冢書考》。

1939年5月4日日記:

上午續寫《汲冢書考》。午後二時步行至黄桷埡,乘轎至海棠溪,渡江至儲奇門,沿江低地房屋全部焚毁,輪渡躉船亦炸沉粉碎,死待渡者百數十人。其沿江住户、商店死者傷者盈千,軍事委員會亦炸去一角,附近亦有炸毁及震倒者，此爲余所目睹者，其他若蒼坪街等處亦有炸毁者。至磁器街待車，四時餘街上行人奔走，云有空襲警報。五時乘工校車赴沙坪壩，駛至兩路口又傳有警報，車急行過上清寺，沿江急行過化龍橋，聞飛機聲甚厲，乃停車江干，上山至林木中暫避，約半小時，見空中飛機十三架盤旋巡視，並不投彈，且漸歸機場，知是本國飛機，乃更上車啟行。至小龍坎則又聞緊急警報，軍警攔車不準開行，乃急下車，趨至山下防空洞暫避，遥見敵機二十七架飛來，高射炮聲大起，旋聞投彈聲，則重慶市上已起火矣。旋出外遥望，紅光漫天，佇立半小時，始解除警報。欲上車，則已開行矣，時已七時許，乃步行至中央大學，八時始抵宿舍。天熱甚，步行衣厚，汗濕夾襖，口渴不堪，偃卧稍憩，乃略食晚餐，倞兒始來視。十時睡。三時頃，倞兒來敲門，云有空襲警報，乃與倞兒趨至防空洞，此余在校第一次，洞上雖有大石二丈餘，泥土一丈餘，且有樹木，洞内又有木架支持，然余仍有戒心，以爲不如在野外樹林中或溝渠中較安全也。四時許敵機不來，乃歸寢。

1939年5月5日日記：

上午八時至十時授課。十時半又有空襲警報，至防空洞，約半小時，天微雨，至教員休息室小憩。午餐後略睡，三時至五時授課，夜沐浴早睡。

1939年5月6日日記：

晨五時半起，擬早行歸家，六時半倞兒送余至小龍坎乘商人汽車進城，車價漲至銀二元。過七星崗，則通遠門下一帶皆已爲燒夷彈焚毁，七星崗西亦落一彈，焚去數家，自此至教場口車站無恙，惟雞街至柴家巷一帶均焚毁，中央大學辦公室亦焚去。余自教場口下車，步行至儲奇門上渡輪，時人擁擠不堪，幾至落水，努力前擠，汗透衣裳，始上輪船。渡江後至海棠溪，乘轎回家，轎資亦漲至銀二元，聞有至四元者，十時抵家。自小龍坎至城内，沿途遷家者相接，自海棠溪至黄桷埡同，扶老幼，負行李，踵相接，而無屋租住，沿鄉市門簷露宿者甚多。茅屋一間，無窗户者，每月租金十六元，洋房每間百元，磚房每間五六十元，尚無從覓得。袁家花園住户平均每户至少有兩家親戚朋友來同住，余家亦有客兩家來住，患難之中不能拒絶也。一户爲嘉興新篁鎮老友程子良令媛，率一男一女一僕；一户爲菊女朋友，一家三人並一女僕。十一時半又有警報，本國飛機二十餘架升空防禦，敵機未來。午後因身體疲倦休憩，夜考正荀勖《穆天子傳叙録》。

5月11日，中央大學文學院成立史學研究會，選舉先生爲會長。（南開大學王愛衛博士論文《朱希祖史學研究》第214頁，未刊。）

1939年6月15日日記：

中央大學史學系學生集一史學會選舉余爲會長來函報告。

5月12、13兩日，日機連續轟炸重慶。

1939年5月12日日記：

傍晚六時餘有空襲警報，旋有敵機二十七架飛向重慶市空。高射炮彈儼如紅色飛機向敵機猛衝，因夜色而顯紅光也。惜相距稍遠，未能命中。旋聞炸彈聲，則重慶市中又投燒夷彈矣。真武山前煙焰充天，又不知燒去多少房屋，死傷多少人命，心甚不怡。

5月17日，太炎先生之婿朱鐸民自樂山來信問安好否。

1939年5月17日日記：

接朱鏡宙自嘉定樂山來信，問重慶被炸安好否。朱君時爲財政部川康區税務局長。時敵機空襲，無一定時刻，道途行役，常生戒心，故暫向中央大學請假一星期，在寓無事，憂患攖心，聊借著述以安心神。

5月20日，與金毓黻、繆鳳林、劉節、常任俠渡嘉陵江至盤溪，考察漢石闕。

1939年5月20日日記：

晨八時至十時授課，十時十分偕金靜庵、繆贊虞、劉節、常任俠渡嘉陵江，至磐溪上山陂下大道旁觀漢石闕，殘柱上有雕刻人物，而字模糊，且在水田中，不能逼近細視，亦無照相機，不能攝影，其旁又有漢磚殘片，花紋全係漢式，上有偉大墳山，將來擬再來考察。歸途至中央黨部黨史編纂處暫駐地休息，並參觀磐溪中央大學水利系實驗所。渡江至秀野飯店聚餐，劉節君作主人。

5月25日，日機又來轟炸，中央公園防空壕震毁，死人甚多。

1939年5月25日日記：

午後一時至二時授二年級課，三時半請校醫楊君醫便血，據云非痔瘡。六時方進晚餐，有空襲警報，乃偕同事入防空壕，約半小時聞敵機群飛聲，旋聞投彈聲甚厲，至七時半傳言第二隊敵機又來，待至九時始解除警報。在壕中三小時，空氣惡濁，人聲吵雜，汗出頭痛腹饑，疲憊不堪。出外購麵包，回房與倞兒分食。稍休息即睡。

1939 年 5 月 26 日日記：

> 據救護團壁報，謂昨晚敵機投彈燬陝西街口重慶銀行、世界書局、廣益書局、四川省銀行，而美豐銀行、川鹽銀行略破第一層，而中央公園防空壕震毀，死人甚多，而過街樓亦投數彈。

6 月 4 日至 12 日，痔瘡便血，靜卧修養。

6 月 9 日，敵機轟炸重慶，先生危坐山中石孔中。

1939 年 6 月 9 日日記：

> 七時敵機襲重慶城，有十二架，逾一刻鐘又來十二架。余在山上石孔中危坐，時已將暗，見空中酣戰，高射炮火彈密集，敵機惟未知中否，八時始解除警報。

6 月 12 日，敵機又來轟炸。

6 月 17 日至 24 日，因病休養。

6 月 25 日，接教育部長函，邀請參加全國大學文學院課程討論會議。

6 月 26 日，出席全國大學文學院課程討論會議。

1939 年 6 月 26 日日記：

> 六時赴海棠溪過江，雇人力車至教育部，開文學院課程討論會議。中央大學方面有校長羅家倫，文學院長樓光來，哲學系主任宗白華，教授方東美，國文學系教授盧冀野。余主任史學系，故與羅家倫討論史學並參加國文學討論。其他余所相知者有武漢大學校長王星拱而已。本日所討論者中國語文學系、外國文學系、史學系、哲學系各課程。主席部次長張道藩、高等教育司長吴某亦列席報告。

6 月 29 日，教育部長陳立夫於川東師範學院宴請出席會議諸位先生。

7 月 5 日至 9 日，因病休養。

7 月 5、6 兩日，日機連續兩夜空襲重慶。

7 月 11 日，與長子偰談杜詩源流，因朱偰將撰《杜詩評論》。

7 月 17 日，閱李石岑《超人哲學淺説》，以振作精神。

1939 年 7 月 17 日日記：

> 閱李石岑《超人哲學淺説》，以振作精神。自六月五日因痔瘡初發，靜卧七日，以期自然。療養以來，精神萎靡不振，不看書，不寫字，日日思卧，頗近頹廢。《記》云“莊敬日强，安肆日偷”，此自然之理也。此後務期由漸振作，蓋精神不佳，飲食亦少進，雖欲勉强振作，亦不能支持也，故宜

外調飲食,内和心神,然物資缺乏,環境日劣,此二事甚不易致。

7月18日,與校長羅家倫晤談。與金毓黻談史學系事。

1939年7月18日日記:

四時與校長羅志希晤談,覺有意督責,頗萌退思。蓋年年當暑假時,必有一番風波,盍去之,已覺晚矣。夜……與金静庵談史學系事。

7月22日,分别致信長子偰、婿羅香林信,述己"萌退志意"。

1939年7月22日致羅香林:

余年漸老,頗思從事研究撰著工作,不願從事講演事務工作,中央大學方面既無史學研究院或研究所,不能遂我意志,蓋余之著作時期暫臻成熟,置之消耗意志、頽廢精神之地,亦甚可惜,故擬決然捨去。現惟中山大學、北京大學有史學研究院,此二方若知研究指導需人之重要而誠意來聘,余皆願就。

……現在中山大學有研究院,最好專門擔任指導工作,院内或可開一中國史學史研究班,有時亦可講演,則史學系三四年級生亦可入院聽講,如此則可以解除困難,北京大學方面亦有人如此提議……余個人第一志願擬返徽州隆阜戴宅,一方整理所藏書籍,免爲蟲蝕(此項書籍雖將現額薪金全部積二十年亦不可得,故必需去保存),一方著作戰國史以餉學子。然路途難行,故尚遲疑,如可通行無阻,則雖上述二處亦不願去。

7月23日,致信姚從吾,述己"萌退志意"。

7月24、25兩日,日機連續轟炸重慶。

7月31日,敵機空襲重慶。

8月1日,規劃此後事業以爲補牢之計。

1939年8月1日日記:

本日規劃此後事業以爲補牢之計,乃擬日作警語數則以自鑑。

理想以啟來世,現實以淑當世。

理想必爲世界主義,現實姑存民族國家主義。

讀現代之政治、經濟、社會學,以爲現實學問。

作現代之史傳、論議,以爲現實文章。

讀古今哲學以爲理想學問,求安心立命之地。

作古代之史傳考證以爲現實文章先聲(如戰國史或南明史等)。

多作藝術文章,少作考證文章。

居住城市山林並營交游,政治學術兼求。勿離國家,勿離社會,以孤立而墮於空想。

與其周濟窮乏,不如培植英俊。

8月2、3、4三日,敵機連續三夜空襲重慶。

8月5日,接中央大學下學年史學系主任聘書及教授聘書,其中主任聘書注明"本年請假"。

1939年8月5日日記:

接中央大學校長史學系主任聘書(注明本年請假)及教授聘書。余頗擬辭去主任,專爲教授,擬定辭職書一通,旋恐發生誤會,致起糾紛,按而不發。

1939年8月5日致羅香林:

接七月二十九日復函,知北大、中大形勢如此,余亦決不願再作馮婦矣。中央大學方面現在仍未擺脱,當局者好植黨而排異己,多疑忌而鮮誠意,權則集中於己,責則全歸於人,故主任一職不但有名無實,而且有過無功,然彼所以仍聘余爲主任者,以系中雖有金、郭(彼私人)、張、姚、周(清華系)爲之羽翼,然資望學皆未深。而沈、繆二君實爲異己,沈則不管閒事,彼尚可容;繆則外有軍人勢力爲之後盾,彼亦不敢排斥。余與彼雖略有關係,然郭、張、周頗多讒言取媚,故深有疑忌之心。今年姚公書要求改講師加薪水而不得,怒而他就,有人讒爲余排斥姚而欲進君;周之來也,亦深疑余排斥彼而欲進君,此二事當局者頗深信之,而對余竟於言語之間顯露譴責之意,然所以不解除余職者,以系内尚無適當之人繼任主任而可以壓服沈、繆者,故此次聘書雖仍聘余爲主任及教授,然心中實剌謬不然。彼現在頗屬意於金,以金曾爲安徽省政府秘書長也(樓光來本英文系教授,然一任浙江省秘書長,而一躍爲文學院長。童貫賢本爲經濟系教授,然一任銓敘部次長,而一躍爲教務長。彼辦學校完全用官僚式,故喜用官僚)。故余擬本學年内專任教授,而主任職請假一年,請金暫行代理,業已與當局當面接洽妥當。蓋金爲余北大舊學生,其人尚可親,爲學亦頗忠實。學校爲國家公共事業,務望其能逐漸締造,而不希望拆臺,故余雖欲退,當以漸退而不以急退也,將來戰局告終,余則擬全部退職矣。今枉道事人,到處仰人鼻息,不如暫仍舊貫,徐圖退出,爲獨立自營之生活以樂餘年,決不再俯仰隨人矣。

編者按:信中"當局者"或"彼",指羅家倫;"金",指金毓黻;"郭",可能指郭量宇;"張",指張貴永;"姚",指姚薇元;"周",指周培智;"沈"指沈剛伯;"繆",指繆鳳林。

8月6日,製定今後事業九等標準及下學年工作計劃。

1939年8月6日日記:

製今後事業九等標準表,擇性之所近者,專力以赴,並擬定下學年工作。

九等標準:

1、不顧身家,不事著作,而專從事政治,而實現其理想。

2、不顧身家,不事著作,而專從事政治,而救濟本國本民族。

3、不顧身家,不事著作,而專從事教育,辦一特殊大學,以造成特殊人才。或專從事政治批評,辦一刊物(月報或週刊)指導國家或社會。

4、兼顧身家,亦事著作,爲國史館以造成現代完善之史。

5、兼顧身家,亦事著作,從事教授,以光大其所學之專科。

6、兼顧身家,亦事著作,稍治田園,改良鄉里,造成模範社會。

7、不顧家國社會,都會山林各營美麗住宅,從事著作專史,亦作現代碑傳。

8、不顧家國社會,舍都會而營山林,從事理想文章,追求生平專好。

9、不顧家國社會,不營家庭,漫游全世界,隨地取財、隨地取樂,又隨地發揮美感文章。

(不顧家國社會者,不直接營國家社會事業,然著作中仍不能外國家社會。)

本學年工作計劃:

一、藝術　多作藝術文章,少作考據文章。

碑志傳狀　讀《詩經》、《書經》,以取其辭藻。讀《爾雅》。讀《史記》、《漢書》、《三國志》,韓文、章文,以爲碑志傳狀模範。擬作碑志傳狀。

二、讀社會科學書,政治、經濟、社會學。

三、指導學生研究戰國史。

8月9日至12日,爲招考新生監考、閱卷。

8月8日,開讀日本高橋清吾撰、王英生譯的《政治學概論》(至20日閱完)。

8月21日,常任俠寄中國藝術史學會緣起通告及會員名録與先生。

常任俠1939年8月21日日記(常任俠《戰雲紀事》,郭淑芬、沈寧整理,海天出版社,1999年,207頁):

上午赴小石先生家,取來滕固寄來中國藝術史學會緣起通告及會員名録二十份。有空襲,即返舍。下午將信封寫寄中國藝術史學會會員。計嘉定方壯猷、吴其昌,成都徐中舒、黄文弼、商錫永、李小緣,重慶朱希祖、宗白華、馬叔平、胡小石、陳之佛、傅抱石、劉節、金靜庵等人。又郭寶鈞、裘善元兩函。晚間均寄出。

8月23日,蘇德簽訂互不侵犯條約,知世界政局將爲之大變。同日,敵機空襲重慶。

8月26日,開讀高橋清吾所撰《政治思想之變遷》(至9月9日閲完)。

編者按:據先生日記,此段時間,先生心緒不佳,常讀漢魏古詩以自遣。

8月28日,敵機濫炸重慶沙坪壩、磁器口、小龍坎一帶。

8月30日,接考試院考選委員會委員長陳百年來函,聘先生爲本年度高等文官考試典試委員。同日,日機襲擊重慶。

9月3日,夜十一時半,日機空襲重慶。

1939年9月3日日記:

十一時半有空襲警報,敵機三十六架,分五批來襲,聞在城内太平門等處及城外化龍橋、小龍坎、沙坪壩、池溪口一帶投彈數百枚。三時半始解除警報。

9月6日,赴中央大學開史學系教授會,確認下學年授秦漢史及元史。

9月10日,開讀高橋清吾所撰《現代政治之科學的觀測》(至12日閲完)。

9月11日,日機空襲重慶。

9月13日,開讀史盤撰、陳清華譯《經濟學説史》(至15日閲完)。是日接長子僎來信,言所住化龍橋一帶被炸,寓所門窗玻璃皆被震碎。

9月16日,至考試院,開二十八年高等文官考試初試典試委員會,並訪沈尹默,暢談書法及用筆用墨法。

1939年9月16日日記:

二時偕沈士遠至陶園對面訪沈尹默,渠新任監察院監察委員。出其新詩十首見示,暢談書法及用筆用墨法,甚有見地。其書法大進,自言近數年遍臨唐碑,尤愛褚書。今遍臨晉帖漢碑,謂唐代大書家皆從漢碑出也。

9月17至19日,爲高等文官考試出題。

9月30日,作《贈錢賓四教授》詩一首:

學府何須用碩儒,吞舟駕浪勢堪虞。高官退作儲胥館,捷徑資爲利禄途。著作等身徒覆瓿,讒諛鼓舌勝吹竽。荒江老屋容君住,點綴由來可有無?(録於先生當日日記)

1939年10月致羅香林:

錢賓四教授已回北大未?甚念。余近作七律一首,擬贈賓四先生,録於下,並望轉致爲荷。

1939年10月26日致羅香林:

贈錢賓四詩,如賓四仍在北大,請不必送他,因文不對題也,且詩亦不佳,故亦不必寄至他家中。

編者按:錢賓四,即錢穆先生。此詩爲錢穆離開北大而作。關於錢穆離開北大,胡宗剛《顧頡剛與錢穆的一段交往》(《温故》之六,廣西師範大學出版社,93頁)有詳細交代,録於下。

胡宗剛《顧頡剛與錢穆的一段交往》:

1939年,抗戰軍興,他們同流寓昆明,顧頡剛得中英庚款董事會之聘,在雲南大學和北平研究院兩所機構任職;錢穆屬北大歷史系教授,執教於西南聯合大學。時山東齊魯大學遷校至成都,欲恢復該校國學研究所,重顧頡剛之名,請爲研究所主任。顧頡剛接受聘請後,在網絡人員時,首先想到的是錢穆,念其在大學教書,卻住在宜良,奔波勞累,頗爲辛苦。若邀往成都,不僅可以解決錢穆的生活不便,亦可共創事業。

……

其時,正逢暑假,錢穆已回無錫,探視老母,允秋後往成都就任。至於錢穆如何辭去北大教職,則頗費一番心思。顧頡剛以爲可以利用這次回里省親之機,向北大提出辭職,但並不急於往成都,而在無錫工作一年,藉以擺脱北大。

……

錢穆向北大辭職之所以這樣謹慎,是因爲當時把持北大的是傅斯年,他素有天才縱横學林霸才之稱。其人扮演多種社會角色,時而學者,時而政論家;既是國家學術機關的主事者,也是清流知識份子的發言人。在史學上開闢史料學派,在治學上與錢穆有不協之處,這也是錢穆思走的另一原因。即便是敬而遠之,也要不留痕蹟,可見傅斯年能量之大。當抗戰結束,傅斯年代理北大校長,當時舊北大不在昆明者,均接到信函,邀請返回北平,但錢穆卻没有得到邀請,殆與此次辭職有關。

張維華(編者按:顧頡剛學生,顧頡剛任齊魯大學國學研究所主任的推薦人)對顧頡剛爲錢穆辭北大職所設計的方案,也甚爲贊同,在其致劉世傳(編者按:齊魯大學校長)函亦有云:"錢先生處顧先生已與之談過數次,其困難點在怎樣擺脱北京大學,而不致開罪同人及傅孟真先生,以免增加齊魯將來之困難。顧先生所想之辦法,實屬周全之至。"……

9月28、30兩日,日機空襲重慶。

10月1日至5日,日機連續空襲川、渝。

10月8日,開考試委員會議,定新生口試辦法,並口試新生。同日,金毓黻來談,欲請假一學期,至東北大學(四川三台)暫就文學院院長。

10月9日,接考試院函,云明日舉行典試委員、監試委員就職典禮。

10月10日,因途遇空襲,不克參加就職典禮。

10月11日,作《弔長沙》五律一首。

弔長沙(去年長沙縱火,近有人來談詳情,作詩弔之)

一炬長沙火,云防敵騎來。嬰城燔父老,掣電燬樓臺。博士倡焦土,將軍播劫火。運籌何草草,不爲孑遺哀。

10月12日至19日,撰《金兆豐〈中國通史〉評論》。

10月13日,途遇空襲,至中央大學防空洞暫避。

10月14日,常任俠來訪,並送《治史》雜誌一册。

常任俠1939年10月14日日記(常任俠《戰雲紀事》,郭淑芬、沈寧整理,海天出版社,1999年,215頁):

將《治史》雜誌一册,送交朱希祖先生。

10月20日,訪宗白華,將《金兆豐〈中國通史〉評論》交彼,請在《時事新報》"學燈"欄内發表。

10月25日,日機空襲。

10月30日,至考試院,開閱高等文官考試試卷。

11月1日至5日,閱卷。

11月19日,赴嘉屬六邑同鄉會。

1939年11月19日日記:

二時至公園路青年會赴嘉屬六邑同鄉會。是日歡迎浙江省黄主席並省黨部主席谷正綱,且開年會。三時半黄主席報告浙江全省並淪陷各縣(約三十縣)軍政近況,谷報告浙江黨政。而此會又兼歡送褚輔成參政赴萬縣,聆褚君演説甚詳。繼開年會。

11月20日,訪沈鈞儒,沈先生曉眠未起。是日作《贈褚慧僧參政赴萬縣任川康建設期成會主任》七律一首。

1939年11月20日日記:

贈褚慧僧參政赴萬縣任川康建設期成會主任

避地山村共一廬,聆君緒論勝籀書。驚人碩劃匡時策,曠代才猷使者車。越國廿年儲遠略,巴江千里試鴻圖。會看九宇澄清後,功業應多記象胥。

慧僧參政頗抱大志,謂光復失地後,生聚教訓,不數年即可恢復元氣,更十數年即可凌駕敵國,故有"越客廿年儲壯志"之句,即用越十年生聚教訓之義。蓋確有經世才,非苟爲大言而已也。參政又言巴蜀民衆頗追念舊軍閥,而非薄中央政府。蓋舊軍閥雖横徵暴斂,預徵租賦至八九十年,商税亦甚重。然平民大抵租田耕種,租賦由田主納,商税亦係間接出之,平民故無直接利害衝突。中央政府來此,既須徵兵役,而所辦新政如保甲、兵役以及其他,中央只有命令而無經費。縣知事奉令辦此等新政,既無經費,只好責成保甲長,保甲長欲成其事,只好按户派捐。平民無不受其勒索。政令愈多,勒索亦愈多。故徵兵捐款即至民恨也。

編者按:褚慧僧即褚輔成。

本年詩歌創作

本年9月之後,作詩不少,12月份日記幾爲詩作記録。

1939年12月26日致朱倓:

近作詩目附寄,以鈔寫太煩,故未將詩寄來,他日擇可傳之作油印,當寄來一份……

近作詩目:

五古:司水、大霧、詠史、登歌樂山、新戰國(七首)

七古:次韻贈汪旭初沈尹默、贈旭初、贈尹默、再贈旭初尹默、酬尹默、登巴山、酬方東美、偶感、酬馬叔平、酬章行嚴、答旭初、答行嚴、天都烈

士歌

五律:避地(四首)、弔長沙、儒冠

七律:秋思用杜工部《秋興》韻(八首)、贈諸慧僧

七絶:感舊(八首)、有感(二首)

1939年12月26日致羅香林:

因近來作詩牽出許多詩人來作詩戰,如汪旭初、沈尹默、章行嚴、方東美、汪辟疆(此五人皆老手,甚佳)、歐陽翥、沈士遠、盧前(亦佳)、馬叔平及大兒伯商(次之),日來挑戰,應接不暇。余向不作詩,此次詩興頗好,愈作愈覺有味。因平生作考據文,埋没性情,不能發抒抱負,詩則言近旨遠,大可發揮性情,而後朋友以及世人皆可瞭解余衷情。沈、汪、章等咸謂余詩一鳴驚人,壓倒儕輩,此雖繆贊,然余亦頗不自菲薄,因此之故遲遲作答。而詩則已積至四五十首矣。近因同門吴檢齋因鼓吹抗敵,寓居天津,始則名捕,繼則利誘,皆不爲動。近津局既變,吴爲敵支解以死,余爲作《天都烈士歌》七言二十韻并序,尤爲得意之作。

編者按:吴檢齋,名承仕,字檢齋,太炎弟子,中共地下黨員,1939年9月21日病逝。1937年北平淪陷後十日,在中共地下組織安排下,吴承仕化名汪少白,化裝轉移到天津,秘密從事抗日救亡運動。1939年7月,吴承仕致電同門汪旭初,言"始遭名捕,繼復利誘。夙承師訓,義不辱身,兩年以來,日撰抗敵文告及秘密撰稿,不下三十萬言。誠恐津局一變,音問將絶,故略陳近况。"吴承仕病逝,全國誤傳其爲日寇肢解而死。12月21至23日,先生作《天都烈士歌》以悼之,此爲先生最爲傳誦之作。此詩最初以油印件形式流傳,後登載於《制言》第六十期,因在敵佔區,故《制言》發表時未能將詩序一併印出。詩如下:

天都烈士歌(有序)

天都烈士歌,爲同門吴教授檢齋作也。檢齋諱承仕,歙縣人。中華建國四年,爲司法部僉事,始受業本師餘杭章先生。時先生幽居京師,檢齋喜治内典,常往質疑。既而筆受先生緒論,題曰《菿漢微言》。名始彰。嘗與先生筆札往復,深求《春秋》答問作意;旋撰《經籍舊音辯證》,欲紹明江戴諸公舊藝。嗣研覈《三禮》,去官,教授於北京師範大學、私立中國大學及東北大學十餘年,時以三禮名物教弟子,蓋承其鄉先輩金輔之、程易疇絶學也。檢齋初志,實以昌明皖學自任。瀋陽既陷,國難日亟,乃棄去,談時政,以抗敵濟民爲志,精擇所宗政制學説,騰爲文辭,薰陶弟子無倦。蘆溝變起,自北平移寓天津,與其家人絶音問者二年餘。二十八年七月,致其同門汪旭初電報於行都,言始遭名捕,繼復利誘,夙承師訓,義

不辱身，兩年以來，日撰抗敵文告及秘密撰稿，不下三十萬言，誠恐津局一變，音問將絶，故略陳近況。至十一月《重慶日报》載檢齋已爲敵人支解以死，嗚呼，慘哉！爰作此歌，以彰厥烈。

東南第一天都峰，曾凌絶頂擴心胸，俯視歙州沉雲海，地靈人傑秀氣鍾。洸洸烈士生其地，少年已具瑚璉器。鼓篋期成撥亂才，登車夙負澄清意。瑜伽師説感人深，濟世須懷出世忱，無畏獨超生死海，有情還契涅盤心。書生結習未能革，皖學風微深自責，古音江戴溯淵源，禮制金程加考覈。一編葑漢記微言，師説親承大義存。商略春秋傳賈護，攘除夷狄企劉琨。遼陽擾攘風雲起，蠶食鯨吞不能已。乞師寧向西鄰哀，蹈海願由東帝死。匡時致遠改經綸，政制無須陳復陳，默運天鈞陶胄子，大張漢幟振斯民。蘆溝戰起名捕始，黄金白刃均無視，文檄紛披萬國橋，網羅密觸天津市。誓死不辱氣吞胡，拚將粉碎千金軀。請看志士四支解，足抵揚州十日屠！吁嗟乎，墨翟已死滑釐繼，弟子三百氣尤厲！烈士精神不滅磨，大名永與天都儷。

又按：與羅香林信中所謂“詩戰”，是指當時重慶一批學者作寺字韻七古詩互相唱和。先生作寺字韻詩有十二首。

1939 年 11 月 18 日日記：

近來用寺字韻唱和詩，章行嚴有四五十首，沈尹默有二三十首，汪旭初有十餘首，其他尚有多人，詩亦甚多，余亦已有七首，强事就韻，究非正當作法，以後作詩和詩不擬步韻，擬人必於其倫，毋涉阿諛標榜之習，則詩品乃尊。且詩不可苟作，作必於身世兩有裨益，乃可動筆。

本年學術研究及著述

一、關於雲南民族研究。

編者按：去年 12 月 16 日，先生受教育部之託，審閱中山大學研究院文科研究所歷史學部江應梁碩士論文《雲南僰夷民族研究》，及王興瑞《海南島黎人研究》。江應梁的《雲南僰夷民族研究》引起先生研究濮夷的興趣，爲之查閲了大量的史料。

1 月 13 日，録僰夷調查材料，並閲《南詔德化碑》全文。
1 月 19 日，購《雲南史地叢考》。
1 月 23 日，録江應梁《雲南土司沿革表》。
1 月 25 日，録江應梁《歷代征撫僰夷表》，夜移録《唐南詔德化碑》。

1月28日,撰《江應梁〈雲南僰夷研究〉審查報告書》及《王興瑞〈海南島黎人研究〉審查報告書》。

2月2日,閱《元史·地理志·雲南行省》全篇,並閱夏光南《元代雲南史地叢考》中《東爨西爨考》,並録《華陽國志·南中志》中爨姓事實,考古籍中爨氏史實。

2月4日,閱《貴州文獻季刊》創刊號中任可澄《牂牁江考》、萬大章《貴州史地叢考》、鄒國彬《貴州土司沿革考》、楊萬選《苗族考》等文。

5月10日,接婿羅香林來信,言江應梁《雲南僰夷調查報告書》擬在商務印書館出版,擬將先生所撰審查報告書印於其上。

1939年5月10日日記:

午刻接香林來信,言江應梁君之《雲南僰夷調查報告書》,擬在商務印書館出版,擬請將余所撰審查報告書印於其上。而余報告書中言别撰文一篇,言雲南濮夷變遷,因循未果,今擬整理材料以撰成之,兹先撰《雲南兩爨氏族考》。

編者按:所謂"因循未果",是因爲這段時間先生一直忙於撰寫《汲冢書考》。詳見下。

5月10日、11日,撰《雲南兩爨氏族考》。

5月13日至18日,撰《雲南濮族考》。

5月23日,致信羅香林。

1939年5月23日致羅香林:

《江應梁君〈雲南僰夷研究〉審查報告書》可附刊彼書。别有《雲南濮族考》一篇,長萬餘言,擬登《東方雜誌》,略得稿費以購參考書。然昆明如有偉大學術刊物(中央研究院刊物除外),亦可以犧牲稿費供彼登載,以備滇人之參考。而江君書中亦可轉載此篇……江君如有意見發表,最所歡迎。

5月28日,將《雲南濮族考》寄羅香林轉江應梁。

1939年5月28日日記:

迻寫《雲南濮族考》,寄香林,轉交江應梁君,作爲彼《雲南僰夷研究》之序,刊登書首。

編者按:先生《雲南濮族考》載1939年9月《青年中國季刊》創刊號,《雲南兩爨氏族考》載1943年9月中山文化教育館《民族學研究集刊》第 3 期。金毓黻於 1940 年 1 月 1 日致信先生,談《雲南濮族考》,並在其 1 月 1 日日記中有相同記録。信云:

近見吾師所作《濮族考》,可謂名世之文,前人未經道過。嘗謂吾師之史學,可在國内自樹一幟,發前人所未發者甚多,而世人多不自省,何也?近撰《史學史》,引用師説甚多,即緣此故。蓋史學之功用,在能披斬荆榛,重發瑾瑜,一如考古家之發掘地下遺物,以今日言,未發之秘,不知幾何,惟好學深思,讀破萬卷者乃能得之,若吾師者,真其人也。然世人未必盡知,每當面錯過,此毓黻所以不能無言也。(録自先生 1939 年 1 月 13 日日記)

金毓黻 1940 年 1 月 1 日日記(《静晤室日記》,遼瀋書社,1993 年,4445 頁):

寫致羅志希校長、朱逷先師二函。又致郭量宇、朱建章各一函。

致朱先生函略云:近在《青年》期刊得見先生所作《濮族考》,可謂名世之文,前人未經道過。嘗謂吾師之史學,可在國内自樹一幟,發前人所未發者甚多,而世人多不自省,何也?近撰《史學考》,引用師説甚多,即緣此故。蓋史學之功用在能披斬荆榛,重發瑾瑜之光,一如考古家之發掘地下遺物。以今日言,未發之秘,尚不知幾何,惟好學深思,讀破萬卷者,乃能得之,若先生真其人也。然世人亦未必盡知,往往當面錯過,此愚所以不能無言也。

7 月 26 日,作《答羅香林〈僰人不可稱羌種書〉》(未刊,原件藏國家圖書館)。

二、戰國史研究。

2 月,開始潛心戰國史研究。

1939 年 2 月 8 日日記:

午後及夜點閲《太炎文録》。偶憶古人言作史須具三長,曰才、曰學、曰識,而姚姬傳言作文亦須具三長,曰詞章、曰考據、曰義理。詞章屬於才,考據屬於學,義理屬於識,二者本相通也。今後欲治史學,第一宜致力於文章,以司馬遷、班固、陳壽、范曄、韓愈、章太炎先師爲則,而以蔡邕、司馬光輔之;第二宜專治一代歷史而考據其全體,庶不流爲瑣碎之考證;第三宜治社會科學及哲學、論理學,則義理不致於偏頗寡陋。避地山城無參考書,擬將戰國一代作爲實驗。蓋今日世界一戰國也,非有如秦國者出而統一,而專一縱横之術治國,生民幾無噍類亦!吾國學術思想亦以此代爲最發達,整理戰國史,其價值等於歐洲之希臘史,秦史則等於羅馬史,此二史若成，則在中國史界可推爲最大之偉業，而文章亦可以周秦文出之，誠一舉三得者也，所謂“三長”可措手矣。戰事方殷，改革社會及政治亦無從着手，不必舍所長而就所短也。

2月10日，閱《戰國策》、《吕氏春秋》。

2月11日，開始閱錢穆《先秦諸子繫年》。

1939年2月12日日記：

閱《先秦諸子繫年》序，其書爲北京大學史學系教授錢穆撰，統考戰國各國年代，頗多糾正《史記》謬誤，謂《竹書紀年》真爲魏史，西周以前雖多臆測，不可據，而戰國時事年紀實最正確，其論頗有見地。蓋以《史記》各本紀、世家紀年，多與諸子所記時事繫年相抵牾，而以《竹書紀年》言之，則多密合，故不可以爲僞書視之。他若《蘇秦考》謂《史記》、《戰國策》多本僞蘇秦、張儀之書，故蘇、張游説各國之辭皆不足信，證據頗確實。然其他臆測附會之辭亦不能免，如以老子爲老萊子，而又以老萊子爲荷蓧丈人是也。

2月15日，撰《東西二周年表》，考《史記·周本紀》與《戰國策》東西二周異同。

2月16日，續撰《東西二周年表》，夜閱《竹書紀年》。

1939年2月16日日記：

今本《紀年》與和嶠、郭璞本有異同否？待考。而《竹書》只有一本，何以晉時束晳、杜預所見與和嶠、郭璞本不同？若是，是亦可疑之甚者，皆宜考其原由以明真相。

編者按：先生由是開始研究《竹書紀年》，考證汲冢古書。西晉初年，不準於汲縣盗掘戰國魏安釐王墓，出土大量竹簡，後人稱這批竹簡爲汲冢古書。經當時學者整理，發現了失傳的《穆天子傳》和被後人稱之爲《竹書紀年》的魏國史書。

2月17日，從中央大學圖書館借得《春秋戰國異詞》、《戰國策校注》、《國策地名考》，並從金毓黻處借得《七國考》。

2月18日，至中央大學圖書館，翻閱舊藏書目録，摘録有關戰國時代史籍及考證諸書名及版本，交館長洪範五，託其檢出以備用。

2月19日，正月初一，補考《東西二周君年表》。

2月20日，補《年表》並撰《東西二周君世系考》及《周最事蹟考》。

2月25日,於中大史學系二年級學生中組織一戰國史研究團體。

1939年2月25日日記:

史學系二年級生七人,令其分治戰國時七國史,各治一國,余爲導師,均欣然從命,記其名於下:

秦	竇宗義	甘肅人
齊	蘇誠鑒	安徽人
楚	黄少荃(女)	四川人
韓	邵則雲	江蘇人(碭山)
魏	孫吉壽	四川人
趙	楊賢銘	四川人
燕	曾祥和(女)	河南人

編者按:這種團體類似於現在的課題組性質,據先生日記,先生每星期對這批學生進行一次指導。

1941年8月16日致朱倓:

余前年本擬研究戰國史及秦史,此二女生(編者按:指黄少荃、曾祥和)即在此團體之内,分任楚史、秦史,最有成績。余因此撰成《汲冢書考》五卷。後因此團體内五男生分任齊、韓、魏、趙、燕五史,太懶惰,無成績,因此解體。

2月26日,閱王國維《古本竹書紀年輯校》及《今本竹書紀年疏證》。

2月28日,集録《戰國策》人名,仿《春秋名號統一圖》之意,撰《戰國策人名考》。

3月1日,録戰國地理郡縣。

3月5日,撰《〈竹書紀年〉雜記》三則。

3月6日至11日,撰《秦大事年表》,以《秦本紀》、《始皇本紀》附録《秦記》、《六國表》、《古本竹書紀年》爲據,以他書參考。

3月12日至16日,撰《古本竹書紀年考異》。欲考明汲冢古文七十五篇,究竟經過若干歲月、若干人士編綴寫定。

1939年3月17日日記:

欲考明汲冢書編綴寫定始末,山居無書,《晉書》等亦未攜來,僅據林春浦、徐文靖等所引《晉書》,略爲詮次,記於上日日記中。女婿羅香林在城代爲購得:《先秦經籍考》(江俠庵選日本人撰著四十一篇編譯，商務印書館印行於民國二十年）三册（1.80），中有神田喜一郎《汲冢書出土始末考》，小川琢治《穆天子傳考》，適與余研究《竹書紀年》有關，乃先閲此兩篇，得益頗多，然神田之作關於編綴寫定始末毫無發明。今吾所欲知者，此汲冢古文七十五篇，究竟經過若干歲月、若干人士編綴寫定之耳。

3月17日至27日，廣讀相關各書，做讀書札記。
3月28日至29日，撰《汲冢書編校寫定年月考》。
3月29日至4月6日，撰《汲冢書編校寫定人物考》，先後成荀勖、和嶠、摯虞、衛恒、華嶠、繆徵、虞浚、賈謐、束皙等人小傳。
4月9日，撰《汲冢書出土地方及年月考》。
4月10日至11日，撰《汲冢書文字考》。
4月17日至26日，撰《汲冢書篇目考》。
4月26日至27日，撰《周書兩大匡篇釋疑》。
4月30日，撰《汲冢書簡册制度考》。
5月1日至2日，撰《汲冢雜考》，共成《汲冢古書之外有古物》、《汲冢發掘人不準姓氏》、《汲冢或言魏襄王冢或言魏安釐王冢皆無確證》、《魏今王及周隱王釋疑》等則。至是，《汲冢書考》一書基本完稿。
5月6日至8日，考荀勖《穆天子傳叙録》。
5月8日，依劉向《戰國策》等各叙録之格式，爲古文《穆天子傳》重爲寫定叙録。
5月9日，撰《臣瓚姓氏考》。

編者按：先生《汲冢書考》一書，生前未能刊印，至1960年由其長子朱偰整理，中華書局出版。具體篇目爲：

汲冢書來歷考第一　1、得年。2、出地。3、盜姓。4、冢主，附：魏哀王、魏令王考，周赧王、周隱王考。5、葬物。6、書制。

汲冢書文字考第二

汲冢書篇目考第三

汲冢書校理年月考第四

汲冢書校理人物考第五

中華書局編輯部《〈汲冢書考〉出版説明》（《汲冢書考》，中華書局，1960年，第3頁）：

我國近代學者如朱右曾、王國維，曾對《汲冢書》做過一些研究。他們的文章都有一些可取的見解,但多着重於某一個方面。比較系統、全面地來考證這個問題的,要算朱希祖先生這部《汲冢書考》,因此我們把它整理出版,以供研究古代史或從事古典文獻整理工作的讀者參考。

又,本年還撰《漢代蜀布考》一篇。(載《國立中山大學文科研究所集刊》第1期,1943年10月)

朱希祖先生年譜長編卷十一

一九四〇年(民國二十九年庚辰)　先生六十二歲

1月9日,張繼爲國史館籌備委員會事來訪。

1940年1月9日日記:

一時張溥泉及陳餘甫(名慶之,河北滄縣人,中國工業合作協會總務組組長)來。溥泉言政府現決議設立國史館,今先設立國史館籌備委員會,已派定張繼、葉楚傖、鄒魯、楊庶堪、鄧家彦、胡毅生、王伯群七國府委員爲委員,而以張繼爲主任,籌備期間一年,一年後即設國史館,直隸國民政府。故特來委余計劃,最要者爲三事:

一、本會内部組織如何。

二、本會應籌備之事爲何。

三、檔案庫是否即應設置。

1月10日,致信張繼,允爲謀劃,以十日爲期,並提出籌辦原則。

1940年1月10日致張溥泉(録自先生1940年1月10日記):

昨蒙光降,暢談國史,甚慰甚慰。國府既特派執事爲國史館籌備委員會主任,而執事又鑒於黨史編纂處之荏苒,深以國史館之組織非破除情面綜覈程功不能奏效。希祖竊爲國家慶得人矣。自唐宋以來,若《宋史》,若《元史》,若《清史》,皆蕪雜寡要,惟《明史》較爲傑構,則以歷任明史館總裁皆虚心延攬真才,清廷又特開博學鴻詞科,網羅全國積學能文之士置之史館,從容撰述,不責程期,故能各奏所長,蔚爲國典;而其尤爲扼要之圖,則以歷任總裁皆能專任。萬斯同爲無名義之總裁,鴻詞科五十名纂修官之撰稿,皆歸斯同一人去取、整理、考訂、修飾,故《明史稿》皆爲斯同一人部勒而成,此則歷任總裁之卓識爲前代之所不可及也。自明史設館至今已三百年,執事身當此非常重任,必以千秋事業爲最榮幸之圖,蓋今日之籌備主任,必爲他日之國史館總裁,若籌備得宜,此事所必至也。竊謂籌備之際,必先求得若萬斯同其人者,專任以提調一切事宜,若今秘書長之職。則其人乃能負責赴事,不致爲其同儕所掣肘,破除情面,綜覈程功,此其最要矣。凡調查材料,籌劃事業,審核要件,決定大計及奉行委員會決議案,皆惟彼一人是賴,如此則主任乃可不勞而成,無爲而治。至於庶務、會計及奔走人員,則隨便羅致幹練者足矣。若學術之事,則非統一指麾不可,否則,人自爲政,反致衝突推諉,一事難成。此成敗之樞機,故特先提出以告執事,以爲籌備先決條件。委擬組織法及所問六七事,十日内當擬就奉告。

1月11日,至康心如寓所,弔其母喪,遇汪東、沈尹默、曾通一等。

1月19日,重慶大學教授張聖奘來訪,張聖奘北京大學經濟系畢業,後留學美國六年,專習史學與經濟。是日,常任俠來訪,爲馬衡六十壽辰紀念文集事,先生允署名爲發起人。

常任俠1940年1月19日日記(常任俠《戰雲紀事》,郭淑芬、沈寧整理,海天出版社,1999年9月,235頁):

若渠提倡爲馬叔平刊印六十還曆紀念論文集。渝方由我邀人署名。今日晤及者,有朱逖先、商錫永、宗白華、傅抱石等,均贊同。

1月20日,至張繼處商談國史館籌備委員會事。是晚,擬定《國史館籌備委員會組織大綱(草案)》十三條。

先生1940年1月20日日記:

至張溥泉家。張君欲余負國史館籌備全責,請余爲秘書長,下設秘書及總務、採訪、設計三組主任,總務組設文書、會計、庶務等幹事;其他二組設採訪專員、設計專員,别設顧問與秘書齊列。余允之,惟須辭去中央大學史學系主任及教授,而舊所任課則仍兼授。乃同至汪旭初處商談此事。乃請旭初及國民政府秘書但燾爲顧問,二人皆餘杭先師弟子,又擬請金毓黻爲秘書兼採訪組主任,余别薦張聖奘爲設計組主任。此乃草草計劃,俟本會成立通過後乃可正式從事,或亦有所變更也。四時半,張君以汽車送余至儲奇門,且委余擬《組織大綱》。渡江回家已六時餘矣。晚餐後,同吴紱徵同擬定《組織大綱》十三條。

編者按:該《組織大綱》經籌備委員會七委員多次討論,最後定名爲《國民政府國史館籌備委員會組織大綱》,共十二條。

《國民政府國史館籌備委員會組織大綱》(朱希祖《史館論議》,臺灣學生書局,1978年):

第一條,國史館籌備委員會直隸於國民政府,掌管國史館成立前各種籌備事宜。

第二條,本委員會設主任委員一人,委員六人,由國民政府主席就國民政府委員中指定之。

第三條,本委員會每月開會一次,開會時以主任委員爲主席,主任委員如有事故,得推請其他委員代理之。

第四條,本委員會設總幹事一人,副總幹事一人,由委員會聘定之,承主任委員之命,處理本會一切事務。

第五條,本委員會設第一、第二兩組,每組設主任一人,幹事三人,由主任委員派充之,承主任委員之命及總幹事、副總幹事之指導,分掌各組事宜。

第六條,第一組掌規劃國史體例、史料整理及起草有關國史館法規,並採訪事宜。

第七條,第二組掌文書、會計、庶務,及不屬於第一組事宜。

第八條,本委員會設顧問六人,由委員會聘請之,掌審擬第六條所列各項重要稿件,及主任委員囑託事項。

第九條,本委員會開會時顧問均須列席。

第十條,本委員會因事需要,得酌用事務員六人至十人。

第十一條,本委員會辦事細則另定之。

第十二條,本大綱自呈請國民政府核準備案後實施。

1月23日,擬定《國史館籌備委員會應調查事項》十六條。

1月24日,撰《滇南碑傳集叙》一篇,爲雲南方臞先作。

1月25日,張繼約見,言籌備委員會七委員共推先生爲秘書長,並由國府主席簡任。

1940年1月25日日記:

至張宅,溥泉先生述開成立會經過,公推余爲秘書長。組織法略加修改:秘書長本爲會中聘任,改爲由國府主席簡任,月薪六百元七折;裁去採訪組;改設計組爲第一組,下設專員二人,一任採訪,一任設計;餘依原擬。並提出薪水預算表示余。余乃推薦金靜庵爲顧問,張聖奘爲第一組主任,並約專員二人,須物色史學系畢業高材生爲之。於是又至汪旭初處,託接洽會所房屋事。

1月26日,與張聖狀談國史館籌備委員會事宜及搜輯史料方法。

2月2日,金毓黻自成都回,與之談國史館籌備委員會事,談調查史料事宜。

1940年2月2日日記:

三時金靜庵自成都回來見,與之談國史館籌備會事,請彼爲顧問。暢談調查史料事宜。五時至六時授課。夜,張聖奘來,介紹靜庵與之相見。

2月5日,至張繼寓,談國史館籌備委員會事。張繼言國史館籌備委員會第二次會議將上次會議決議全行推翻。

1940年2月5日日記:

三時半乘輪船至曾家巖,見溥泉,則言國史館籌備委員會已開第二次會,將第一次決議全行推翻,改秘書長爲總幹事,不支薪,僅支辦公費月二百六十元,仍爲余擔任,可不辭中央大學教授,支原薪。秘書改爲副總幹事,國民政府秘書但燾兼任,辦公費月二百四十元。顧問三人加爲六人,每人月二百元。一、二組主任以下支薪,專員改爲幹事,一、二組各三人。委員會委員原不支辦公費,今亦每人支二百元。總經費月五千元,今增爲八千元。又議決另聘名譽顧問若干員。余以爲籌備委員會聘人愈多,將來國史館人愈雜,必無好結果。如此重要機關,其中重要人員皆係兼職,無專職辦事之人,亦屬兒戲。顧問人多而無明定職掌,而組主任又非能採訪、設計之人,如何指揮?總幹事不預聞組織大計,有其名而無其實,將來外人批評則叢罪於其身。又兼職而又責以專職辦事,終日坐辦於會中,亦屬笑談。總幹事豈可爲哉?五時溥泉先生偕余至旭初處,並約但植之攜議決案來,略談即别。

2月6日,與金靜庵談國史館籌備委員會事。

2月7日,欲寫信與汪東,表示將不就總幹事,旋又止。

1940年2月7日日記:

寫汪旭初信,表示將不就總幹事,旋思組織大綱之敗壞,全由張主任遷就彼顧問而然,故對旭初説,反使旭初不安,我二人感情素好,不忍爲也,不如默而不就,較爲乾淨。

2月8日,舊曆除夕。致信張繼。

1940年2月8日日記:

午後寫張溥泉先生信,表示不就總幹事之意。然若有補救辦法,仍願助理,玉成其事。

2月9日,籌劃《國史館籌備委員會組織大綱》補救法數條。

2 月 11 日，長子偰之次子元暉生。

2 月 13 日，張繼來訪，對先生表示慰留。

1940 年 2 月 13 日日記：

十一時溥泉來慰留，請仍爲總幹事，允余補救辦法三條，余乃允勉爲其難。

2 月 15 日，金毓黻來談，認爲籌備國史館須提出籌備大綱，先生以爲然。

2 月 16 日，至重慶大學訪張聖奘，金毓黻亦來。

1940 年 2 月 16 日日記：

上午八時半至重慶大學訪張聖奘，金靜庵亦來，暢談籌備國史館事。十一時回校，聖奘送至校中，余囑其搜輯歷代國史館事蹟，備編中國國史館史以備參考。

金毓黻 1940 年 2 月 16 日日記（《靜晤室日記》，遼瀋書社，1993 年，4474 頁）：

張君聖奘貽我二律，午前訪於重大文字齋八十六號，屋内攤書頗多，腹笥亦富。適逖先師在座。君出示唐六如畫王鏊題眉，又出示李太白書四條幅，有文徵明、楊繼盛等題字。細審皆贋品也，以此知君頗疏於鑒别。

2 月 18 日，六十二歲初度，家人爲之慶祝。

2 月 19 日，撰《國史館籌備大綱》四綱十三目。並撰《鑒别史學人才條例》一篇。

2 月 21 日，接考試院考選委員會委員長陳百年來函，謂將推選先生爲考選委員。

1940 年 2 月 21 日日記：

接考試院考選委員會委員長陳百年來函，擬推余爲考選委員會委員，徵求同意。余因新允就國民政府國史館籌備委員會總幹事兼職，而中央大學史學系主任、教授學年方半，中途頗難停頓，尚須考慮。

2 月 23 日，致信陳百年，允就考選委員之職。

2 月 24 日，爲長子偰作《〈杜少陵評傳〉序》。

2 月 25 日，至張繼寓，共閱《籌備大綱》。又至但燾寓，談籌備事。本日，參加嘉屬六邑同鄉會理事會，會間與陳百年談考選委員會事。

1940 年 2 月 25 日日記：

上午九時半乘輪船至牛角沱,再乘轎至張溥泉家,共閲《籌備大綱》,並詢進行狀況。乃同至但植之寓,在國府路大德里二號樓上。示以《籌備大綱》,彼亦列一《辦事細則》,主張以顧問列總幹事之上。謂顧問等於翰林院修撰,不知總幹事等於何職;又添簡任以上官任免年表、授勳年表於籌備編撰條中。案:《辦事細則》系統不明,主客不分,牽掣孔多。所添二表,非籌備會所應編。又欲編《民國大事記》,亦非籌備期間所能成,不若表之易成,尋檢亦較便也。二時辭出,即在外午餐。乘汽車至校場口石灰市百子巷姜琛寓,開嘉屬六邑同鄉會理事會。陳百年、許靜芝、吴紱徵、沈衡山等十餘人蒞會。百年言接到余信,故特来接洽。謂若就委員,仍可兼國史館籌備委員會總幹事。余乃允就此職,將中央大學史學系主任、教授辭去。

2月26日,接三子僑自金華來信,言農曆十二月初五生一女,先生爲之取名元曼。

2月29日,至張繼寓談國史館籌備委員會事。張繼託先生代撰《〈張天如年譜〉序》。《張天如年譜》爲鹽城蔣逸雪撰。

3月5日,與金毓黻、張聖狀談國史館籌備委員會事。本日蔡元培逝世。

3月7日,與張繼、但燾及各組長、幹事等開會,商議籌備會開始運行諸項工作。本日,國史館籌備委員會正式開始運作,會所暫設李子垻嘉陵新村十六號張繼寓所。

1940年3月7日日記:

午後一時至李子垻嘉陵新村十六號國史館籌備委員會與張溥泉、但植之及組長、幹事等開談話會。因本會呈請備案及預算案皆由國防最高會議通過,故商議開始進行一切。

3月8日,代張繼撰《〈張天如年譜〉序》。

3月11日,擬《國史館籌備委員會辦事細則》。

3月14日,國民政府國防最高會議,通過考試院《請簡任朱希祖先生爲考選委員議案》。同日午後,在國史館籌備委員會,與張繼、但燾、金毓黻、張聖奘談國史館事。

1940年3月14日日記:

午後一時,至籌備會,溥泉、植之均來。商定《辦事細則》。金靜庵、張聖奘亦來,靜庵仍要求會中史料先給中央大學史學系學生整理,溥泉未允。溥泉言,渠本日上午出席國防最高會議,已通過考試院請簡任余爲考選委員。

金毓黻 1940 年 3 月 14 日日記(《靜晤室日記》,遼瀋書社,1993 年,4507 頁):

午後同張聖奘詣國史館籌備處新址,晤張公溥泉及朱逖先、但植之兩先生。……凡作一事不可不熱心,亦不可過於熱心。不熱心則無以感人,事固難成;過於熱心則不爲人所諒,亦於事無補。今日有一事,以過於熱心而徒勞無補,余於是知其緩急之故矣。

編者按:先生日記中"静庵仍要求會中史料先給中央大學史學系學生整理,溥泉未允"一説,金毓黻日記中所謂"過於熱心"一事,與金氏 1940 年 3 月 3 日日記可相互印證,金毓黻該日日記云:"詣曾家巖,晤張溥泉先生,談國史館之組織。余謂從事史料之徵訪,非史館與中央大學合作不可。史館籌設之始,圖書人員皆不敷用,惟有利用中大之人員及圖書,乃易致功。愚意應將徵訪史料之工作,全置於中大,與之聯絡一氣,不必史館本部同在城内,否則雖從事徵訪,決難收效。張先生頗以余議爲然,俟再與逖師商之。"

3 月 17 日,國民政府任命先生爲考選委員的命令送達考試院。

3 月 19 日,擬《年表條例》二十二條,並與張繼、但燾二先生商談籌備會進行事宜。

3 月 21 日,考選委員會委員長陳百年、副委員長沈士遠邀先生赴考選委員會就任。先生於是日開始赴考選委會辦公。即日出普通文官考試史地題目。

1940 年 3 月 21 日日記:

上午九時,陳百年、沈士遠來校,邀余到考試院考選委員會赴委員任,且奉院長令爲普通考試典試委員,國民政府命令已於十七日到院云云。十時至十二時授課。午後二時由校乘滑竿攜行李至歌樂山考試院考選委員會報到。四時餘抵院,有微雨。與百年、士遠談本會狀況,並派余所作事,並請晚餐。夜出普通考試史地題目。

3 月 22 日,爲國史館籌備委員會租用辦公用房,偕辦事人員至歌樂山向家灣看房。

3 月 23 日,與張繼再次前往向家灣看房,並決定租用。同日,正式接到國民政府考選委員簡任狀。

3 月 27 日,辭去中央大學史學系主任及教授職務。

1940年3月27日日記:

十時半訪羅志希於校長室,因有成都來客,候至十二時始接談。余婉商辭去主任及教授。志希仍留兼課至暑假時止。余言因三處兼事,年老精力不濟,加以交通不便,只好暫作結束,指定參考書,使學生自修,暑假時再來舉行年考一次可也。午餐後與金靜庵談辭職事,並勸其不必强留。

編者按:此後,先生以考試院考選委員爲本職,以國史館籌備委員會總幹事爲兼職。時先生家住重慶南岸袁家花園,大兒朱偰住城内化龍橋,國史館籌備委員會在城内李子垻,考選委員會在重慶西北郊歌樂山。從南岸袁家花園至歌樂山考選委員會幾八十里,所以先生常住歌樂山與化龍橋,往來李子垻與歌樂山之間。舟車勞頓,加之日機轟炸,往往喘息未定,即須入防空洞以避空襲。此種情況直到一個月後國使館籌備委員會遷至歌樂山方止。

4月9日,與張繼、金毓黻至軍令部戰史編纂委員會調查史料,訪部長徐永昌,徐言該部史料純爲軍令與前線報告,大都不便立即發表。

4月10日,至國使館籌備委員會辦公,處理籌備會運行事項。

1940年4月10日日記:

晨八時半自化龍橋至國史籌備會。會中因開辦費及二、三兩個月經費牽於財政部、審計部、主計處、公庫等處拘泥法式,批准已一月又二旬尚未領到,以致房屋不能租定,書籍紙簿不能購得,一切無從進行,所訂計劃不能施行,實覺棘手。又所聘顧問大半未來,來者亦不能動筆,調查員亦不甚得力,頗感困難。計自委員會發表以來,已虚度三月又半月矣,乃決定先將房屋租定。與何主任承天,陳幹事靜瀾進城定印年表、月表格紙六千張,名片一百張,又至舊書店購定石印《十三經注疏》及《經籍纂詁》。午餐後,由七星岡乘公共汽車至池溪口,改乘滑竿至歌樂山考試院,察看所借考試院副院長官舍,以便修理作爲會員寄宿舍。又至向家灣察看所租朱姓房屋,以便佈置辦公,並商定押租、行租辦法。何、陳二君回去,余回考試院。

4月12日,參加考選委員會會議,研究考試院考銓組織法擴充及人事行政會議議案實施辦法。

4月16日,再至軍令部訪戰史編纂委員會主任張某,接洽採訪史料,允將可發表者隨時供給。並與但燾討論民國史體例問題。

1940年4月16日日記:

四時回李子壩會中，適但植之副總幹事來，偶談及民國史不宜用本紀之名。余申説《史記》本紀之本，唐劉知幾已不得其解（見《史通·本紀篇》）。余謂本者，追述其祖先；紀者，尊奉其正朔（見余所撰《中國史學概論》）。不特此也。本者，追述其祖先，或本身本於天命，如"天降玄鳥，降而生商"之類，劉知幾不知此義，妄謂天子祖先不得列入本紀。然謂"天子爲本，紀其言"，尚非盡謬也。而植之謂民國正史，仍須用本紀之名，謂本者，本於革命也。此等理論真是匪夷所思。晚至化龍橋大兒處住宿。

4月22日，日機大肆轟炸重慶，先生在上清寺考試院遇空襲，急入防空洞暫避，遇錢海岳，時錢海岳正著《南明史》，先生與之在防空洞中並坐漫談南明舊事。十二時半解除警報，乃至國史館籌委會，下午與國史館同人至歌樂山看房，準備遷入。六時，在歌樂山又遇空襲，不及晚餐即入防空洞，至十一時乃解警。

4月24日，日機兩次空襲重慶。

4月25日，國史館籌備委員會遷至歌樂山向家灣。

編者按：至此，考選委員會、國史館均在歌樂山，相去不遠，先生暫住考選委員會，每星期回南岸袁家花園家中一次。

4月28日，至張繼處，薦羅香林爲顧問，朱焕堯爲幹事，張繼允之。旋張繼遣人持信至，婉言不聘羅香林。信曰：

今日承教甚多，本會即可開始工作。惟羅香林君聞係貴婿，弟意似應位置其他機關，以免非議。特希諒察。（該信原件藏香港大學圖書館）

編者按：先生推薦羅香林入國史館籌備委員會，被人攻擊。陳垣先生爲其鳴不平，陳垣先生在1941年9月22日致陳樂素的信中説："朱逖老薦其婿羅香林入國史館，竟爲人所攻，拂衣去。奇也，婿不能薦耶？"（陳智超編注《陳垣來往書信集》，上海古籍出版社，1990年，674頁）

5月2日，至國史館籌備委員會開分配任務會議。

1940年5月2日日記：

上午，至國史館籌備會辦公。午後，顧問王獻唐（山東日照人，山東省立圖書館館長）來。二時，開分配工作會議，到主任委員張繼，總幹事即余，副總幹事但燾，顧問金毓黻、張聖奘、謝汝霖、王獻唐，主任何、余二君，幹事蔣逸雪、李菊田等。主任委員言民國以來國史館略史，一爲民國元年胡漢民等七十二人請設國史院,孫大總統批准有案,至袁世凱爲總統,任命王闓運爲國史館館長,(希祖案:王當時戲爲聯以譏當局:"民尤昔也,國尤昔也,何分南北;總而言之,統而言之,不是東西。"時楊守敬亦延至北京,拖小紅辮子,游於街衢。)不久即消滅。至黎元洪爲總統,將國史館並於北京大學,蔡元培主其事,聘屠寄、張相文、葉瀚等修國史,不久亦散。吾輩奉命籌備國史,當慎重將事,勿蹈前轍。繼爲余陳述籌備經過。即分配工作:余任草國史館官制及史例;幹事朱焕堯佐檢材料及季刊編輯校對;但燾自任史例,又請其助調查檔案;張聖奘任檢查歷代史官制度,又任譯外國各種史例並檔案之收藏整理及發表方法;金毓黻任調查檔案及採訪史料,自辟用助理幹事一人助之;王獻唐任民國元年以來至國民政府成立時年表,亦用助理幹事助之,又請王助訪史料;謝汝霖病,恐不能任事;幹事蔣逸雪任民國政府成立以來至抗戰開始時年表,李菊田任抗戰開始以來之月表。刻期至十月底三種表及官制、史例均告成。顧問汪東任編輯季刊。乃散會。晚餐後,於溥泉、植之等步行至考試院閱所借房屋,擬作寄宿舍。又至余卧室飲茶而别。

5 月 4 日,考選委員會開勵志學會,先生作《科學的歷史意義》講演。

5 月 8 日,與沈士遠、監察院監察委員朱宗良三人開會商定非常時期特種技術人員考試、監試問題。同日,向張繼推薦傅振倫爲國史館練習幹事,以編民國元年以來至民國政府成立時大事年表。

1940 年 5 月 8 日日記:

午後一時至張溥泉寓,推薦傅振倫爲練習幹事,編民國元年以來至民國政府成立時大事年表。

傅振倫《蒲梢滄桑——九十憶往》(華東師範大學出版社,1997 年,143 頁):

抗戰既起,1931 年 1 月,國民黨五中全會通過張繼等"籌辦檔案管理總庫及國史館"一案,次年 2 月,國府始於重慶歌樂山設籌委會,由張繼主持。適余自蘇聯返國,因北大同學、冀六同鄉、地下黨員、故宫博物院文獻館科員棗强劉官諤爲同事謀害,投嘉陵江而死,寃案未白,5 月 10 日,因憤而辭職。張繼以河北同鄉之誼,憐我失業,並由朱希祖先生之介,委爲額外幹事。報到後,我除參修《中華民國大事記長編》(辛亥革命前部分)外,又翻譯了《歐美檔案學》、《檔案館論叢》論文 10 篇,撰《檔案與檔案館概論》,並擬定《全國檔案館組織條例》(今存南京國家第二檔案館)。

5 月 17 日,與張繼、但燾共同議定下一年度(1941 年)工作計劃及預算。

5 月 18 日,謁考試院院長戴季陶。同日,日機空襲重慶。
5 月 20 日,至重慶大學主持教育部體育行政人員考試。
5 月 21 日,至重慶大學閱檢定考試試卷並口試。晚九時,日機空襲,時先生在重慶大學張聖奘臥室,與張聖奘、金毓黻談國史館事,聞警乃即入防空洞,至夜半二時乃解警。
5 月 24 日,撰《國史館籌備會三十年度工作計劃》。
5 月 26 日,撰《國史館籌備會二月至五月報告書》。是日,日機 136 架來襲,72 架入重慶轟炸。

1940 年 5 月 26 日日記:

撰《國史館籌備會二月至五月報告書》。十時半有空襲警報,十一時四十分緊急警報,敵機一百三十六架襲川,七十二架至市空化龍橋,復旦中學一帶轟炸最烈。化龍新村大兒寓中亦有彈片洞屋,幸人物皆無恙。下午二時四十分始解除警報,入防空洞三小時。午餐後略睡。撰《報告書》,夜九時始成。

5 月 27 日,上午赴國史館籌備委員會,付印《報告書》及《三十年度工作計劃》。是日,日機 160 餘架先後至重慶市上空轟炸,歷五小時始去。
5 月 28 日,簽注獎學考試議案。是日,日機 98 架分三次轟炸重慶。

1940 年 5 月 28 日日記:

上午八時至國史館籌備會辦公,九時半回考選委員會,半途有空襲警報,十時半放緊急警報。敵機九十八架,分三次來襲,北碚、池溪口轟炸最烈,復旦大學在北碚,其教務長孫寒冰死焉,平民死傷二百餘人。二時四十分解除警報……夜簽注獎學考試議案……是日,兩路口一帶被炸,財政部秘書處炸破,大兒幸無恙,所集財政史料半佚。

5 月 29 日,日機 63 架空襲重慶,沙坪壩重慶大學工學院大廈被炸,中央大學周圍亦落彈多枚。
5 月 30 日,至國民政府開國史館籌備委員會。是日,日機襲擊重慶。

1940 年 5 月 30 日日記:

九時半有空襲警報,偕溥泉至國民政府防空洞,遇監察院長于右任先生,略談。溥泉以臨時證章來導入洞,遇繩先夫婦。余暫避於辦公處,遇文書局長許靜芝,印鑄局長周仲良及秘書但植之,統計朱君毅、聞亦宥等。十一時半解除警報,偕溥泉回其家午餐。二時至國民政府會議廳開國史館籌備委員會,溥泉主席,葉楚傖、鄧家彥、胡毅生三委員出席,余與但植之及謝顧問、余、何二主任列席。余報告二、三、四、五月工作情形及財政狀況。討論《籌備大綱》，通過原則；又討論《三十年度工作計劃及概算》，決議籌備延長一年，或三十年度正式成立國史館須請示國府主席林後再開臨時會議決定。散會後偕溥泉、毅生、植之謁文官長魏懷（字子杞，福建閩侯人），請其請示林主席，

同日，常任俠寄出《馬衡教授六十年紀念論文集徵文啟事》一紙與先生。

常任俠1940年5月30日日記（常任俠《戰雲紀事》，郭淑芬、沈寧整理，海天出版社，1999年，第259頁）：

將馬衡教授六十年紀念論文集徵文啟事分寄朱逖先、胡小石、郭沫若、于右任、法領事楊格維、楊仲子、羅志希、汪旭初、唐蘭、商錫永、徐中舒、顧頡剛、劉衡如、吴其昌、方壯猷等。

6月3日，文官長魏懷轉達國府主席林森批示：從容籌備，庶可盡善，盡可延長。

6月6日，日機126架空襲重慶。

6月8日，與張繼等至山洞西雅光寺及吴家大洞黨史史料編纂委員會查閱史料。

6月9日，由考選委員會委員室遷入考試院副院長鈕惕生官舍居住，時國史館籌備委員會借該官舍爲會員宿舍，居住條件稍爲改善。

6月10日，至國史館籌備會參加紀念周活動，先生代主席報告工作計劃。午刻回考選委員會午餐，途遇空襲，急避竹林中。

6月11日，因昨日沈尹默寓所一帶爲日機轟炸，與陳百年、沈士遠至沈宅探問。是日，日機117架轟炸重慶，率家人避於山洞中。

1940年6月11日日記：

晨七時偕百年、士遠乘汽車至陶園，知昨日兩路口重慶新村被炸，乃驅車至沈尹默寓探問，則其對户防空司令部分部被炸，尹默寓雖有碎片洞穿牆壁，然人物均無恙。乃渡江至南岸，陳、沈二君至南温泉，余回家已十時餘。十時半有空襲警報，十一時，午餐未半而緊急警報至，乃偕内子、越娟、佑兒至東北北峰坡下天然防空洞，一時許敵機分四批共一百十七架，轟炸新市區，兩路口有燃燒彈焚去房屋數十棟，化龍橋西又被炸，此就余後所經過親見者也，其他尚多，不能備述。

6月12日，日機154架空襲重慶。心緒煩亂，閱《漢書》以銷憂。

1940年6月12日日記：

九時三刻有空襲警報，十時一刻放緊急警報，適開飯，未食，即偕百年、士遠上防空洞。敵機一百五十四架，分數批來襲，我空軍擊落敵機七架。午後二時一刻解除警報，始用午餐。時因防空洞外熱内冷，忘帶棉襖，覺受寒氣，士遠飲余大麯酒一杯，頗暢快。飯後疲倦略睡。三時起，精神疲乏，心緒繚亂，乃閲《漢書》解愁。

6月13日，修改《國史館籌備委員會三十年度工作計劃》，以呈最高國防委員會。

6月16日，日機117架瘋狂濫炸重慶，甚於去年五月四日。

1940年6月16日日記：

敵機一百十七架分四批來襲，投彈甚猛，更甚於去年五月四日。陝西街起火四段，火勢綿延，竟相接連，焚燒一空。國民政府會議室被炸毁一隅，府之前後左右投彈甚多。府後曾家巖張溥泉寓被炸，府東炸後起火，但植之寄存防空洞衣箱等物被毁。惟我空軍又擊落敵機六架。三時餘解除警報……晚溥泉及其夫人來，供其晚餐。

6月18至20日，撰《改國史館爲國史院議》。

6月22日，接次女朱倓來信，報告外孫女玲兒於六月十六日病夭。

6月26日，接教育部史地教育委員會信，請編二十萬言之明史。

1940年6月26日日記：

接教育部史地教育委員會信，請編二十萬言之明史，以一年爲期，余擬復書辭之。蓋重慶無參考書，此等急就章何能成佳史。此等設計皆不知史學之人爲之，付之一笑可矣。

6月29日，至青木關主持教育部體育行政人員補考，途遇空襲，避於林中。

1940年6月29日日記：

上午八時，購車票至青木關補考教育部體育行政人員，連過兩班車，皆人滿不能上。遇鄧家彦，至茶室略談，十時始上車。至賴家橋附屬車站而車壞停止。十時半有空襲警報，與同車人同至村落樹林中暫避。敵機連過四次，我機且與空戰，勢甚危險。同避者有江西女士離余甚近，在竹林中驚懼特甚，余則不自知其危險矣……四時口試，至五時半畢……本日敵機九十架來襲，轟炸兩路口、牛角沱、小龍坎，而中央大學亦炸去辦事處一部分。擊落敵機兩架。

6月30日,主持考試,考國文。

7月3日,開高等考試財政、金融人員初試典試委員會,先生爲歷史地理典試委員,夜出歷史、地理試題。

7月4日,代沈士遠出國文試題。與陳百年討論《籌劃邊族人才甄任訓練議案》中考詢、考試辦法。

7月16日,遷居向家灣國史館籌備委員會。因考試院陶園辦公處被炸,索回國史館籌備委員會借用爲宿舍之副院長鈕惕生官舍。

7月17日,開始撰《國史長編釋例》,與張繼談民國史事。

7月18日,筆録國民政府印鑄局長周仲良所談民國十年至二十六年親歷史事。

7月21日,至考選委員會開會,討論《學術審議機關案》。

7月22日,至考選委員會開二十九年普通考試典試委員會,時先生被簡派爲普通考試典試委員,掌本國史出題、閱卷。

7月23日,出普通考試歷史試卷。

7月28日,至國民政府行紀念周禮。出席國史館籌備委員會會議。

1940年7月28日日記:

> 七時行紀念周禮,蔣大元帥爲主席,訓勉愛民恤下,節制汽車汽油,並報告外交,八時禮畢。借國民政府會議室開國史館籌備委員會,九時半散會。

7月31日,讀但燾《國史事例雜議》,以爲其間議論乖張,史實錯誤,擬作文駁之。

8月1日,開始撰《〈國史事例雜議〉駁議》。

8月12日,在國史館籌備會行紀念周禮,先生報告會刊準備情況。因國史館諸事掣肘,計劃難行,撰《增進效率三原則》以諫張繼。

1940年8月12日日記:

> 八時在史館行紀念周禮,報告會刊辦法。與植之談館事,並閱其《史議》……夜撰《增進效率三原則》以諫溥泉。蓋溥泉用人不擇才只徇情面,又不給人以權,動輒掣肘,而大權反旁落,用財只知節省不知發展事業,以致史館難奏績。

> 編者按:關於會刊,黄稚荃在其《前國民政府國史館籌備及成立經過》一文中曾經提及。

黄稚荃《前國民政府國史館籌備及成立經過》(黄稚荃《杜鄰存稿》,四川人民出版社,1990年,156頁):

(1947年)12月15日午後二時在館長室開國史館創刊號會議。我按時前去,出席的人,有館長張繼,副館長但燾,纂修柳詒徵、商藻亭、汪辟彊、汪東、尹公石和我……汪辟彊説:"第一期館刊稿件,大致收齊,擬將内容分爲論著、專著、國史擬傳、史料、文藝、館務、附録等七項。"……我因汪辟彊有"文藝"一欄爲詩詞之説,遂發言。我説:"我不同意辟'詩詞'這一欄。國史館刊,不同其他文學刊物,有論著、專著就好了。若加入詩詞,難免有些應酬作品或無聊作品。有這一欄,將使國史館刊減其鄭重價值。從前朱希祖先生所主持編印的國史館籌備委員會創刊號很好,很多地方值得仿效。"……

8月13至18日,在考選委員會閲普通考試歷史試卷、高等考試財政金融人員史地試卷以及代沈士遠閲高等考試國文試卷。

8月27日,《駁議》全文告成,共分三篇,一、《史館制度駁議》,二《國史史體駁議》,三、《國史史例駁議》。夜撰《〈國史事例雜議〉質疑序》,並改"駁議"爲"質疑"。

編者按:此三篇收入《史館論議》。《史館論議》,最初發表於《文理學報》(第1卷第1期,1946年6月),後1978年臺灣學生書局出版單行本。學生書局本《史館論議》,錢穆作序,末附《廣東通志略例》、《廣東通志總目》、《廣東通志總目説明書》等文。該書細目如下:《建立總檔案庫籌設國史館議》、《國史館籌備委員會組織大綱》、《改國史館爲國史院議》、《史官名稱議》、《駁宋書晉制著作佐郎始到職必撰名臣傳一人説》、《史閣考》、《駁史通元魏著作局及修史局説》、《國史事例雜議質疑(一)》、《國史事例雜議質疑(二)》、《國史事例雜議質疑(三)》、《廣東通志略例》、《廣東通志總目》、《廣東通志總目説明書》。

8月28日,撰《上王委員伯群書——討論〈國史館籌備大綱意見書〉》。

編者按:時王伯群撰《〈國史館籌備大綱(草案)〉意見書》,先生撰文與之商榷。

9月16日,夜避空襲,略受微寒,咳嗽加劇。

9月18日,發熱出汗,恐係瘧疾,至中央醫院診治。醫生謂仍是感冒未愈。

9月22日,熱仍未退,加之"館中食品太劣,起居亦不適意",擬回家調養一周。

9月25日,回重慶南岸家中調養。

9月28日,德意日三國簽訂軍事同盟協定,是夜撰《德義日軍事同盟論》及《中國將來局勢論》。

1940年9月28日日記:

於是世界大局又將一變,戰爭局勢又將延長,美與英必聯合對抗德、義、日,蘇聯爲三國包圍,其勢已陷於孤立,遂目前可相安無事,然預聯與國,如中國與美國必不可少。日本勢必侵略南洋,取英、法、荷屬地,以完成其大東亞領導地位,一面加緊解決中國,我中國雖被德、義犧牲,然與英、美聯合抗戰日本,又必得蘇聯之助,戰事及財政均可較有利益,惟時間又較加長,公私兩方均須放大眼光,訂立計劃,不能再自因循矣。

夜撰《德義日軍事同盟論》及《中國將來局勢論》。

9月29日,撰應付困難環境計劃四種:一、南北寄存書籍計劃;二、國史館計劃;三、家庭安頓計劃;四、生計計劃。

10月3日,回歌樂山向家灣國史館視事。

10月4日,日機空襲,與張繼、張聖奘、朱焕堯、李菊田、傅振倫、蔣逸雪等避至馬家小溝,於空襲聲中談籌備會内部事務。

1940年10月4日日記:

十時半有空襲警報。與張聖奘、朱焕堯、李菊田隨溥泉先生至馬家小溝,離向家灣約四里,暢談會内事,約定二事:一以後用人專用史學專家;二會刊内設討論欄,登但植之之文及余討論文。

傅振倫《先師朱逖先先生行誼》(《朱逷先先生紀念專號》,《文史雜誌》第5卷第11、12期合刊,1945年):

廿九年十月四日上午,敵軍空襲重慶,張溥泉先生與先師避空襲於歌樂山馬家小溝二號,余與蔣逸雪、朱建章、李菊田諸兄偕往。對於史館官制,多所討論。

10月5日,撰《元魏著作局釋疑》,並受張繼之囑,審查中央研究院歷史語言研究所所編《中華民國革命史》。是日,日機空襲,與張聖奘至山野處暫避。

10月6日,日機繼續空襲,仍與張聖奘避至山野,商略史館名稱及官等、官俸等事。是日,撰《史館筆記》三條:一、著作郎漢末已有,二、後魏、後齊、後周稱修史之所曰史閣,三、晉著作郎初蒞任必撰名臣傳一人。本日次女倓由昆明抵重慶。

編者按:本年8月,中山大學由雲南澂江遷回廣東樂昌、乳源等處,羅香林先期前往,朱倓於10月6日率子羅文自昆明飛重慶,11月12日,朱倓飛赴桂林,轉道廣東與羅香林會合。

10月7日,摘録《史通》文,撰成《修史三戒》,並加按語,以警愚妄。

10月8日,又開始生病發熱。

1940年10月8日日記:

近日因與張聖奘夜談,竟有至深夜一時者,略受微寒,身體至午後發熱,夜出汗,飲食少進,乃力事休養。

1940年10月10日致朱倓:

余近來身體多病,精神不佳,不能看書作文,其原因有三:身體微熱,連十餘日或數日不等,一也。國史館飯菜太壞,食不下咽,每餐必減少食量,加以心中不樂,食易停滯,以致營養不足,不特身體消瘦,且易滋生疾病,二也。史館中余之卧房向北,風特别多,身熱畏風,風侵加熱,三也。前日起余因飲食太劣,且須快食,緩則無菜,又致停食發熱,今仍未退。此事須想根本辦法,否則,長此下去恐要送命。本擬今日回家,因畏風而止。大約下星期一進城開會,或於此日回家,或於下日回家。此次回家擬多住幾天,稍食滋補物以資調養。

10月14日,回南岸家中休養。

編者按:據先生日記,一直到12月10日先生均在重慶南岸袁家花園寓中休養。此次所患爲惡性瘧疾。

10月31日,金毓黻來問疾。

金毓黻1940年10月31日日(金毓黻《靜晤室日記》,遼瀋書社,1993年,4600頁):

又至袁家花園謁朱師逖先,見其形容憔悴,令人吃驚,其病情甚重,不言可知矣。蓋患惡性瘧疾,以至於此。

11月4日,國民政府簡任長子偰爲財政部秘書。

11月9日,褚慧僧來問疾。

11月11日,致信張繼,辭去國史館籌備委員會總幹事。

11月15日,張繼造訪問疾並慰留。張聖狀來問疾。

11月16日,再次致信張繼辭職。同日,接國史館籌備委員會蔣逸雪、傅振倫、李菊田、朱焕堯四幹事挽留信。寫考選委員會陳百年、沈士遠信。

11月24日,接陳百年、朱家驊信,委託出高等文官考試試卷。

11月26日,接張繼第二封慰留信。

11月27日,第三次致信張繼辭職。同日致信朱家驊,允任本年度高等考試典試委員。

編者按:先生爲何突然要辭去國史館籌備委員會總幹事一職,具體原因不詳。但從其致女兒朱倓、女婿羅香林的信以及金毓黻的日記可見大致原因。

1940年12月18日致朱倓:

國史館方面余仍堅辭總幹事,已三留三辭,至今尚未解決。以事業言,固不宜舍置;以人事言,實早應離開。以彼輩敗壞事業則有餘,襄成事業決不能,徒然使余日受惱耳。

1940年12月18日致羅香林:

國史館事大失所望,造成一支乾薪送人情營私利之局面,故急擬辭去要職。

金毓黻1941年7月24日日記(金毓黻《靜晤室日記》,遼瀋書社,1993年,4747頁):

日前遏先師寫示《詠松》二絶句"凌雲只作爭天想,布陰全無奪地思。多謝主人勤剪我,蒼然獨剩最高枝。""不與棟梁爭效用,寧同桃李鬥芳菲? 深山自有千秋意,肯學蚪龍孟浪飛。"兩詩皆有寄託,而首作猶佳。蓋師在國史館主持修史,頗爲人所持,因而辭職。所謂"布陰全無奪地思"者,言無與人爭席之意也;所謂"寧同桃李鬥芳菲"者,言不屑與人爭短長也。

11月28日,出二十九年高等考試初試本國史及中外歷史試題正副各一道。

12月8日,接國民政府二十九年高等考試典試委員簡派狀。

12月11日,至歌樂山考試院,寓沈士遠外室。是夜,國史館籌備委員會蔣逸雪、傅振倫、朱焕堯、李菊田、王獻唐、張聖奘六人來看望先生。本日,次女朱倓之次子羅武出生。

12月12日,蔣、朱、傅、李又來看望。

12月13日,張聖奘、王獻唐來。本日考選委員會委員長陳百年、副委員長沈士遠特爲先生在第二官舍辟一大居室,待先生遷入,以爲其辦公期間生活起居之所。

12月21日,舉家從南岸袁家花園遷入城内和平路199號暫住。

有關中央研究院選舉評議員及蔡元培逝世事

1月26日,接中央研究院院長蔡元培聘書,聘先生爲該院歷史語言研究所通信研究员。

> 編者按:後蔡元培又親自來函,先生1940年2月15日日記:"接中央研究院院長蔡孑民來函,聘余爲歷史語言研究所通信研究員。"

2月21日,接中央研究院信,約當日中午在中央大學選舉該院評議員。

1940年2月21日日記:

> 接中央研究院信,約今日中午在中央大學選舉該院評議員,史學評議員定三人,余因不及赴選,放棄選舉權。

2月29日,接國立中央圖書館籌備處主任蔣復璁來函。

> 逷先、毓黻先生大鑒:
>
> 頃接昆明姚從吾先生來函,擬請先生等對於此次中央研究院改選評議員,關於史學方面仍請推舉胡適之、陳援庵、傅孟真、陳寅恪爲評議員。並謂適之先生近雖任駐美大使,實係發於一時救國救民之不忍心,最近尚有長篇論文在北大紀念刊發表,固未變其治學初衷,尤望一致推選,敬爲奉懇。
>
> 蔣復璁敬啟 二月廿六日
>
> (録自先生1940年2月29日日記)

1940年2月29日日記:

> 中央研究院歷史科第二屆評議員候選人名單開列朱希祖、張爾田、湯用彤、顧頡剛、金毓黻,蔣廷黻六人,下注本科第一屆評議員爲胡適、陳垣、陳寅恪三君,現仍有被選爲候選人之資格。
>
> 堂堂中央研究院學術機關之評議員乃出乎運動情面之選舉,其污辱

學者可謂甚矣。上屆評議員已匙史學專家充爲評議員,此次又謀連任大肆運動。各學校史學系皆接到運動書,且選舉時又有種種舞弊情形,如不給以選舉票,或給票而故遲寄,如下日投票而上日始將票封於信中寄至各選舉人家中,使彼不及選舉,而彼等乃將未投票者冒名代投。黑暗如此。中央大學史學系各教授此次皆未投票,或不屑投票,或無票,或有票而未及投,結果無一人投票。

3月5日,蔡元培先生病逝於香港。

3月16、17兩日,作《哀中央研究院院長蔡孑民四絶句》。

1940年3月17日日記:

賦詩四首,幾經修改,二日乃定。

哀中央研究院院長蔡孑民四絶句

革命起詞林,上庠尊祭酒。愧煞吴駿公,華夷未分剖。
陳李恣左傾,劉胡任右邁。豈爲眉睫謀,學術求其大。
識拔惟才雋,翩翩李奕流。深謀貽國學,傳統足千秋。
穆生機早見,夫子竟居夷。庠序悲風起,蒙涓百世師。

編者按:原詩有注,第二首中"陳李",指陳獨秀、李大釗;"劉胡"指劉申叔、胡適。

3月24日,公祭蔡元培。

1940年3月24日日記:

十時半偕百年至美術專門學校祭蔡孑民先生,遇舊日北京大學同事蔣夢麟、朱家驊、沈尹默、陳啟修、陳源、譚熙鴻、沈士遠,及同學段錫鵬、羅家倫、傅斯年、李光宇、伍家宥等。十二時赴生生花園北京大學同學會讌。一時半回陶園,三時再赴蔡孑民先生追悼會,張溥泉爲主席,吴稚暉演説,四時散會。傳聞昨日中央研究院評議會選舉翁文灝、朱家驊、胡適三人爲中央研究院候選院長。

一九四一年(民國三十年辛巳)　先生六十三歲

1月6日,將行李攜至歌樂山考選委員會考試院第二官舍居住,與沈尹默爲鄰。是夜國史館籌備委員會朱焕堯、蔣逸雪、李菊田、傅振倫四幹事來談。

1941年1月6日日記:

抵考選委員會已五時許。乃將行李携至第二官舍,與尹默鄰居。六時與三君同在第一官舍晚餐,自此爲常。夜朱焕堯、蔣、李、傅四君來談一小時去,九時睡。

1941 年 1 月 6 日致朱倓:

余於一月五日至考選委員會,足雖未全愈,擬在此療養。飯食與陳、沈二公同食,尚好。房屋一大間,向南,余獨住,亦適意。且試院附近有住宅一所,已租定房四間,廚房、下房各一間,洋式,有地板,每月租金六十元,大約二三月内可遷來。遷定後南岸及城内屋皆退租。自一月分起學校及衙署薪俸皆十足發。國史館籌備委員會總幹事一職四上辭呈未准,以余現在精力,少任繁劇事最宜,蓋總幹事及顧問所得辦公費相差不過五十元,宜張主任不肯允改也,可見待遇不公,勞逸又相差太遠,何以能服人心? 辦事又荒謬絶倫,使我精神不快。若改顧問,甚善。不改而仍舊職,余亦只好取消極態度矣。

1 月 8 日,晚國史館籌備委員會朱焕堯、張聖奘來談。

1 月 9 日,國史館籌備委員會朱焕堯、蔣逸雪、傅振倫、李菊田、王羲元五人宴先生,王獻唐同席。是夜與沈尹默談國史館籌備委員會事,訴以辭職之故。

1 月 10 日,與沈士遠、沈尹默訪考試院副院長鈕惕生。宣城烏以鳳來考選委員會任編輯。

1941 年 1 月 10 日日記:

偕士遠、尹默謁鈕副院長永建惕生。午刻與士遠、尹默、百年劇談大笑,亦人生難得之樂……四時,烏以鳳來會,任編輯,北大哲學系畢業,舊在宣城頗爲余奔走照料,晚餐時去。

1 月 13 日,沈士遠六十歲生日,贈以方時舉《箋注編年韓昌黎詩》十二册,香煙一筒。

1 月 14 日,日機空襲重慶。

1 月 18 日,四辭國史館籌備委員會總幹事之職。

1 月 27 日,正月初一。訪張繼、陳百年、沈士遠、沈鈞儒。

1 月 28 日,訪鄒魯,談國史館籌備委員會事。

2 月 3 日,至國民政府就二十九年度高等文官考試典試委員職並宣誓。

1941 年 2 月 3 日日記:

至國民政府就二十九年度高考典試委員職並宣誓。先參加紀念周。是日朱家驊就中央研究院代理院長及典試委員長職,陳百年就高考試務處長職。禮畢,即至陶園休息,即偕百年、士遠回歌樂山午餐。

2月6日,國史館籌備委員會正式同意先生辭去總幹事,改任顧問。是日,國史館籌備委員會張繼與張聖奘發生衝突,先生極不悦。

1941年2月6日日記:

至國史館籌備委員會謁張溥泉,約定余辭總幹事,改爲顧問。余專任撰《史館制度》、《國史體例》及指導傅、蔣、李三幹事撰長編,調朱焕堯幹事助余搜集材料。是日張聖奘受溥泉無禮語,憤而辭職。余初不知也,王獻唐談及,余始知之。乃晤但植之、何子皇及蔣、傅、朱、李四幹事及聖奘。約一時許即回會,而聖奘來哭訴何子皇出不遜語,故憤而辭職。余勸其離此會,自己努力作史,不必灰心,乃去。余心頗不悦。夜朱焕堯來,表示張、何如此無禮,余亦不願任顧問矣。

2月7日,王獻唐、但燾、何子皇來,解釋昨日之事。

1941年2月7日日記:

二時半王獻唐來,旋但植之、何子皇亦來,四時去……何聲明並未出無禮語,乃聖奘直接與溥泉衝突云云,余亦意解。

2月8日,修改完成《改國史館爲國史院議》。傍晚,國史館籌備委員會第一組主任何子皇及蔣逸雪、傅振倫、朱焕堯、李菊田四幹事宴先生於歌樂山飯館,張繼、但燾、王獻唐同席。晚蔣、傅、朱、李四幹事來談館中事,先生勉勵四人繼續編《國史材料編年長編》。

2月9日,撰《史官名稱議》,並開始撰《國史分三體議》。

編者按:先生《史官名稱議》最初發表於《説文月刊》第3卷第8期,1942年9月。

2月10日,至國民政府開國史館籌備委員會,籌備委員鄧家彦、胡毅生及主任委員張繼到會。通過先生辭總幹事改爲顧問案及所提其他議案。

1941年2月10日日記:

七時偕沈士遠、張忠道同乘汽車至上清寺陶園,十時半步至國民政府,十一時開國史館籌備委員會。到委員鄧家彦、胡毅生及主任委員張繼。通過余辭總幹事改爲顧問案。余報告二十八年籌備情形,並余所作

《史館制度》議案兩篇,《國史體例》議案兩篇,及其他議案雜著五六篇,十二時散會。

1941年2月19日致朱倓:

國史籌備會余四上書辭總幹事,上星期始准許改爲顧問,僅任起草官制、史例,不管他事,亦可不到會,每月支公費二百元,原來總幹事亦不過二百五十二元,任重而有名無實,且多受氣,常常住會,自己不能看書作文,犧牲太大,現在省力許多,又可看書作文矣。余現在常住歌樂山考選委員會新造屋,吃飯與百年、士遠在一處,尚堪適口。

2月11日,爲考選委員會撰《〈授予學位法〉意見書》,並撰《中國博士制度考》以爲參考。

2月12日,考選委員會開會討論《授予學位法》。午後傅振倫來,先生詢問故宫博物院嘉定沉古書古物一船事。

1941年2月1日日記:

午後傅振倫來,詢其故宫博物院嘉定沉古書古物一船事。云此事甚秘密,劉官諤投江而死亦與此事有關。余不便再問。

編者按:劉官諤之死,後來傅振倫在《蒲梢滄桑——九十憶往》(華東師範大學出版社,1997年)一書中多次提到,録於下:

1940年在莫斯科辦理中國藝術展覽,公畢返國,在蘭州得故宫博物院院長函,知好友劉官諤因精神病慘死樂山凶耗……(該書5頁)

我自1934年離開北大後,即與同學棗强劉官諤租房同住,先後住沙灘東皇城根28號……劉早年在陜西西北大學由同學介紹加入共産黨,與武鳴鈞、李鳳橋、易縣楊潔斯做地下工作。抗戰時,與我同去後方,受人迫害投樂山江中致死,故宫院長未及時善後,我憤而辭職,離開了故宫博物院。(該書25頁)

余自蘇聯返國,因北大同學、冀六同鄉、地下黨員、故宫博物院文獻館科員棗强劉官諤爲同事謀害,投嘉陵江而死,冤案未白,5月10日,因憤而辭職。(該書143頁)

2月15日,接國史館籌備委員會顧問聘書。

2月20日,至考試院閱高等文官考試試卷,至3月5日閲畢。

3月5日,參加蔡元培先生周年祭。

3 月 9 日,張聖奘來談。

1941 年 3 月 9 日日記:

張聖奘來談此後擬專攻元史,現先譯英霍氏所撰《欽察汗國史》,三時半去。

3 月 13 日至 15 日,至考試院開考試院及考選委員會、銓叙部聯席會議,討論改革院、會、部組織法。

3 月 14 日,考試院院長戴季陶宴中央研究院代理院長朱家驊及中央研究院評議員,先生作陪。

3 月 18、20 日兩日,日機空襲重慶。

3 月 21 日,開高等考試典試委員會,朱家驊委員長主席,通過録取及格人員案。

3 月 22 日至 31 日,腹瀉,在家休養。

4 月 4、5 兩日,編《新得民國抗戰史料》目録,共得一百七十種。

編者按:這批民國抗戰史料爲先生替國史館籌備委員會所購。據先生日記,自 3 月 6 日開始,先生經常至重慶米亭子各書肆購買抗戰史料。《新得民國抗戰史料》目録原件現藏先生後人處。

1941 年 4 月 3 日日記:

夜結算自三月六日至本日共購抗戰史料一百六十種,雜誌零本十種,國學書八種,共費國幣二百十元左右。

4 月 7 日,又開始生病。

4 月 12 日,回城内寓所休養。

4 月 20 日,回歌樂山考選委員會辦公。

4 月 22 日,開考選委員會。晚國史館籌備委員會蔣逸雪、傅振倫等來。

1941 年 4 月 22 日日記:

上午九時至十一時開考選委員會。午後一時朱焕堯來,代購《東北月刊》八本。二時續開考選委員會,三時半散會休息。傍晚王文櫝、蔣、傅二幹事來。今日朱、蔣、傅三幹事均有倦勤意,余力勸忍耐赴功。昨日、本日報載浙江敵攻佔寧波、紹興、台州三府城,瑞安、黄巖、諸暨淪陷,温州亦瀕淪陷。巴爾幹英、希軍敗訊頻傳。時局不寧,心緒頗惡。夜早睡,醒時出汗。

4 月 23 日，又生病，且右腿膝蓋以下疼痛。
4 月 24 日，再次回寓休養。
4 月 26 日至 28 日，閱《養雞學》。

1941 年 4 月 26 日日記：

寓中無書，且時局危殆，擬研究農民治生之術，以爲歸耕退隱之計，乃閱世界書局出版之《養雞學》。

4 月 29 日至 5 月 3 日，在家閱《生理衛生學》，因多病也。
5 月 3 日，家中絶糧。

朱偰 1941 年 5 月 3 日日記：

敵機八十一架來襲……赴至聖宫省親，該處無恙，惟因平價米不到，食糧不繼，市上又無法可買，真令人焦急。

1941 年 5 月 4 日日記：

上午七時寫百年（信）告絶糧，請速將會中平價米送來，並告脚痛，腫至胸腹情形。以二元飭胡德智送去。晚陶園送米五斗來。

1941 年 5 月 13 日致朱倓：

時局日非，戰期綿延，何日可了，不能預測。此間米荒，朝不保暮。我家五月初平價米不來，市中又無米可糴，幾乎斷炊，好容易在鄰家商購五升（合市升七升半），費洋四十五元，蓋市石每石須三百六十元矣。

編者按：當時重慶供應緊張，生活非常艱難，往往是有錢而無東西可買，故有斷糧之事，此類事，8 月 16 日又遇一次，幸虧沈尹默幫忙，才過難關。

1941 年 8 月 16 日日記：

沈尹默第二女率一女一子代購麵粉（半包二十斤，洋四十八元，袋二元，送力二元）送來。

5 月 5 日，沈尹默來視脚疾。
5 月 10 日，致信考選委員會，繼續請假。
5 月 13 日，致信次女朱倓。

1941 年 5 月 13 日致朱倓：

余自四月初旬以來，初受感冒，繼又瘧疾，旋又脚痛，去年冬天各病均重演一回。瘧疾雖改爲隔日瘧，已服藥阻住，而脚痛則比去冬今春加重，兩腿皆腫，又腫至腹部、胸部、面部，今腫雖漸除，而痛尚未止，蓋已醫治三四星期矣。

5月14日，山西衛立煌二十萬軍爲敵包圍於中條山，且有潼關失守之謡。時局危殆，夜與夫人談善後，以備滄桑變幻時退隱也。

5月26日，遇狄君武之弟鄒三，德國醫學博士，言先生之足痛是肌肉瘤麻乞斯病。

1941年5月26日日記：

上午八時半空警，九時緊急警報，入防空洞。遇狄君武之弟鄒三，德國醫學博士，言余之足痛是肌肉瘤麻乞斯，是慢性的，遇寒及濕即發，慢性即轉遞他處肌肉腫痛。十時解警。午後寫陳百年信，請明日院務會議代爲請假，内子持至大兒處專人送去陶園。

5月27日，長子偰受聘爲經濟會議專門委員。

6月1日，全家遷居歌樂山向家灣39號劉宅。（《年譜》）

編者按：自此，寓所與考選委員會、國史館籌備委員會相近，可免跋涉之苦。

6月5日，日機轟炸重慶，發生大隧道慘案，傷亡慘重。

7月15日，金毓黻來謁。

金毓黻1941年7月15日日記（金毓黻《靜晤室日記》，遼瀋書社，1993年，4744頁）：

晨往拜謁先師於向家灣。朱、蔣、李、傅邀早餐於市上。

8月1日，開會討論檢核縣參議員及鄉鎮民代表委員。

8月2日，太炎先生之婿朱鐸民來，爲其題《詠莪堂記》五律一首。

1941年8月2日日記：

上午八時半朱鐸民來，送藥酒一瓶，詢章師幽居錢糧胡同始末。九時有空襲警報，鐸民去，未説完。十時解除警報。作《題鐸民詠莪堂記》五律一首：

千秋雁蕩月，百代蓼莪詩。堂構能俱永，名聲豈浪垂。王褒黄卷淚，束晳白華辭。錫類傳嘉則，瓶罍願不虧。

……傍晚鐸民又來,續詢章師錢糧胡同幽居始末。鐸民並勸余辭官回家著作,渠可供給雁蕩山地備構别墅,暫可住彼詠莪堂内。余亦本有此意,擬先回休寧,曬書捉蠹,兼整理著作。能請假半年最好,否則設法講座維持生活,乃可達到目的。

8月3日,簡派爲三十年度高等文官考試典試委員。

8月5日,任考選委員會學術會議主任,並受命主講考試制度史。蔣夢麟來訪。許壽裳到考選委員會任職。

1941年8月5日日記:

三時蔣夢麟來。許季茀初到會,任薦任秘書,乃又至百年、士遠處聚談一小時……時百年派余爲會内學術會議主任,並指定余爲第一組第一系系長,主講考試制度史,乃取回鄧嗣禹所撰《中國考試制度史》,午後及夜細閲《考試制度史》,並録梁代考試一節於筆記内加以考補。覺鄧氏斷制甚疏也。

8月7日,至考選會審查縣參議及鄉鎮民代表十五人。

8月9日,至考選會開三十年度高等文官考試會議。

1941年8月9日日記:

上午九時至考選會開三十年度高等考試會議,沈士遠爲高考典試委員長,余爲典試委員史地組主任。十時開會,十一時有空襲,登山入防空洞,未得午餐。至午後四時解警,重開會議,約一小時,五時始讌會典、襄、監試等委員。

8月15日,至考選委員會開三十一年戰時建設計劃設計委員會。

8月19日,至考試院開院務會議。並至許壽裳房間談天。

1941年8月19日日記:

上午七時乘滑竿至考試院開院務會議。十時空襲,上山入防空洞,午後一時解除。在鑒齋午餐,略睡。至許季茀房間談天,即歸鑒齋。

編者按:所謂"鑒齋",是先生爲自己在考選委員會辦公室起的堂號。又按,據先生日記,本月9日至19日,日機天天(除18日)空襲重慶,其中10至13日,晝夜不停,每日四次轟炸,令人無有喘息之時。

9月10日,將自己收藏多年的《宋拓定武肥本蘭亭序帖》(有洪筠軒跋,柯九思、朱之赤、畢澗飛鈐印)、《汪承沛花卉山水畫册》分别贈予沈尹默、汪旭初,並作詩記之。

《洪筠軒題藏宋拓定武肥本蘭亭序帖贈尹默》(朱希祖《酈亭詩稿》,《文史大家朱希祖》,學林出版社,2002 年,139 頁):

臨摹意所需,投贈心方愜。聊紀卅年交,豈貴千金帖。

《汪承沛花卉山水畫册贈旭初》(朱希祖《酈亭詩稿》,《文史大家朱希祖》,學林出版社,2002 年,140 頁):

一

物宜投所好,心許不須延。豈望淮陰報,終慚季子賢。

二

尹默真書妙入神,旭初山水秀無倫。蘭亭舊帖汪家畫,得所還應慶得人。

9 月 14 日,將自己收藏的宋淳熙銅、鐵錢五枚及河南出土宋碗、元高麗錢牌及北平出土元碗分别贈予陳百年、沈士遠並作詩記之。

《宋淳熙銅、鐵錢二枚背文"慶當二十文"又二枚背文"當百"大銅錢一枚背文"當百"並河南出土宋碗贈百年》(朱希祖《酈亭詩稿》,《文史大家朱希祖》,學林出版社,2002 年,141 頁):

愛錢如愛命,保碗如保身。割捨酬知己,逍遥物外人。

《元高麗錢牌並北平出土元碗贈士元》(朱希祖《酈亭詩稿》,《文史大家朱希祖》,學林出版社,2002 年,141 頁):

一碗復一錢,投貽如乞丐。相知不用驚,脱略形骸外。

本月,囑王獻唐編《漢畫像石目》,23 日,王獻唐編成《漢畫像石憶録》交先生。

王獻唐在《漢畫像石憶録·附記》(録自王獻唐《漢畫像石憶録》原稿,該稿藏先生後人處):

逷先先生屬編漢畫石目,篋中無書可參,勉就記憶所及草録爲此。就中以山左出土者爲大宗,自趙宋迄清,先後各石,均已著録。民元以後,至二十六年,所出數百石,半藏民間,半霾地下,十九爲余發現。除以一部份移藏山東圖書館編入《金石志》外,餘多未有著録也。昔於館中闢漢畫堂,專儲漢石,繼擬編撰《山左漢畫圖録》,遍訪魯南畫石,荒煙蔓草間,幾隨處皆是。《目》中所列,祇十之七八,餘已不復省記。當時訪碑,每以拓工自隨，所集齊魯畫石墨本，凡兩鉅篋。喪亂以來，久置濟上，存佚未卜，書成更無期日。追維舊業，百感交集。時民國三十年九月二十三日，獻唐贅記。

10 月，又患病。

10 月 10 日，回向家灣寓所休養。(《年譜》)

10 月 22 日致羅香林：

惟近患痢疾半月，頗疲乏，現已愈，惟瘦損未復原，胃口甚好，不久將復初。

10 月 25 日，國民政府頒佈《各機關保存檔案暫行辦法》八條，對其第五條，先生極爲不滿，嘆曰："是無異下令銷毀檔案矣！國家制法，安可忽乎哉？"

傅振倫《先師朱逖先先生行誼》(《朱逷先先生紀念專號》，《文史雜誌》第 5 卷第 11、12 期合刊，1945 年)：

三十年十月廿五日，國民政府頒佈《各機關保存檔案暫行辦法》八條，先師睹第五條"國史館籌備委員會退回清册内，未注明與國史有關之案卷，可由各機關主管長官，派員點明焚毁之"之文，嘆曰："是無異下令銷毁檔案矣！國家制法，安可忽乎哉?"先師對於檔案等問題之關切，又如此。

10 月 31 日至 11 月 2 日，孫世揚、陳行素來，客居先生寓，談醫學及經史。

11 月 1 日，朱焕堯來談陳百年受小人排擠事，先生乃有退隱之意。

1941 年 11 月 1 日日記：

本日孫鷹若、陳行素客吾家之第二日，鎮日與談醫學及經史，因而寒甚。晚飲酒，快甚。朱建章亦來。暢談將來擇居善地以終天年。因建章來言昨日百年受小人陰謀排擠，辦事棘手，神經大受刺激，因之錯亂失常，余乃有退隱之意，決定居地兩處。

一爲海鹽永安湖，爲太平時居住之所。其地有湖山江海之美觀壯觀，離澉浦城僅二里餘，購物便利，且有山珍海錯之佳餚，有公路通杭州、上海，或二點鐘，或五六點鐘即達，購書、購藥、就醫皆便。本近家鄉，余爲一邑之望，人情歡戴，居之必吉。惟須延二三同志者共居，乃不寂寞，詩酒往還，亦樂事也。可構一藏書樓，購石印《叢書集成》、《四部叢刊》、《醫學叢書》、《萬有文庫》、佛藏、道藏、新譯歐美科學書及海鹽人一切著述與掌故，以供衆覽，設一中小學校，或專門講習會，以成聚落。舜所居處，一年成聚,二年成邑,即此意也,化盜賊爲良善,變荒傖爲文雅,豈非快事? 一爲徽州城内山上。前面山臨江,後背城帶市,黄山、白嶽爲東南最美之勝景,黄墩、婺源爲祖宗卜居舊地,風俗醇美,人情誠樸,江、戴之淵源未昧,程、朱之風尚猶存。卜居此域,樂既無涯。況徽郡四面環山,羊腸鳥道,各通一徑,戰爭之際,不易攻入,故歷代戰爭,此境獨全。現代雖有飛機炸彈,山崖石壁,易鑿防空之洞,既非戰爭必爭之地,則無事大施轟炸。其地物産豐盈,人民富裕,東通杭州,北達宣城以至江寧,南至景德鎮以達南昌,皆有公路鐵道,交通亦甚便利。惟僻陋之俗,亦須以文雅化之。此戰爭時居住之所也。惟此志不知何時償耳。

11月3日,讀《老子》以收斂心思,晚作《老子》筆記。

1941年11月3日日記:

上午以俞曲園《諸子評議》中《老子》一卷,改正王弼注本《老子》,且略閲一過。下午以第五十四章"修身、修家、修鄉、修國、修天下"立爲條目,分條采輯全書,依類歸納,乃知老子之學乃帝王之學,反與儒家《大學》條目相似,惟正心誠意之事,别立道體一門以包括之,而與莊子、列子等糠秕世事反相遠,而老子之學較儒家爲深遠扼要。晚作《老子》筆記,以矯正吾錯誤成見,蓋憤世嫉俗、疾惡如仇等見,正老子所深戒。老子云,無棄人,無棄物;善人者不善人之師,不善人者善人之資;善者吾善之,不善者吾亦善之;信者吾信之,不信者吾亦信之。度量包天地,吾乃深悔成見之誤事業,今後當痛改之。

11月4日,閲《老子》,輯"道體"、"法天地"、"法水"等篇,作《釋一》一篇。

1941年11月4日日記:

鎮日閲《老子》,輯"道體"、"法天地"、"法水"等篇,尚擬輯"法嬰兒"一篇未成。午後及夜作《釋一》一篇,尚擬作《釋反》一篇未成。王弼之注《老子》,雖甚精美,然牽於文藝,反致義晦者甚多。魏源《老子本義》採輯衆家斷以己意,取精用宏,發揮甚多,作爲參考,庶無蒙焉。

11月5日,閲《老子》,輯《釋反》材料數十條。夜翻閲《困學紀聞》,作《説天球河圖》。

11月6日,點閲《老子本義》。夜爲四子朱倞講《大學》,時朱倞休學在家。

11月7日,閲《老子》撰《釋父母母子》一篇。夜爲朱倞講"大學爲大人之學”,引孟子言“養其大體爲大人,養其小體爲小人”等數章,以激發其志氣。

11月8日,閲《論語》、《孟子》,搜集中庸材料爲《大學疏證》,夜撰《疏證》第一篇《大學爲大人之學》,並集《孟子》言大人者十余章叙次之。

1941年11月8日日記:

> 老子言“智者不博,博者不智”,余生平陷於此弊甚深,又余數子,除小者外,大兒、三兒治經濟學,二兒治農學,余治史學,倞兒將治地理學,皆偏於一曲而不治大人之學,余故將由博反約,引倞兒入此道也。故將治古史之業暫緩,擬編成《大學疏證》及國文中用字、造句、謀篇三端定成條理,試教倞兒一月,以觀其成效如何,並擬以此法傳授多人,屈原所謂“畦留夷與揭車兮,願俟時乎吾將刈”也。

11月10日,撰《黄老傳授源流考》。

11月11日,撰《〈老子〉釋道》。爲四子倞講《大學》,擬作《新五福論》。

1941年11月11日日記:

> 上午爲倞兒講《大學》分己與人兩種,自格物、致知、誠意、正心、修身皆對己之事也;自齊家、治國、平天下皆對人之事也。己,則須先定標準,欲作一何等人。《大學》者,大人之學也,標準固已定矣;然初學者驟然聽之,恐有畏難之心,故先就人人心中所欲求而不得者羅列五種人格,如富者與貧者,貴者與賤者,智者與愚者,强者與弱者,善者與惡者。富貴智强善五者,人人之所欲也,得之則爲福爲樂;貧賤愚弱惡五者,人人之所惡也,得之則爲禍爲苦。人苟得備富貴智强善五者,而後乃可謂完全之人格,而後乃可爲大人。擬作《新五福論》以補《洪範》五福之偏闕。午後爲倞兒講完《污者王承福傳》。撰《〈老子〉釋道》及《黄老傳授源流》。夜爲倞兒講“慎言語”。

11月12日,撰《〈老子〉釋德》及《釋常》二篇。接教育部公函,委託審查譚戒甫《諸稽考》。

11月13日,訪張繼,觀其從西安、成都新購書籍之書目。

11月15日,撰《〈老子〉釋有無》、《〈老子〉釋反》、《老子之學出於黄帝證》。爲四子倞講《史記·貨殖列傳》、《漢書·地理志》大意。

11月16日,在家爲朱焕堯、蔣逸雪、李菊田、傅振倫、王羲元以及四子倞講《大學》。

是月,患痢疾,常腹瀉。25日,竟又患惡性瘧疾。

1941 年 11 月 25 日致朱偰：

余痢疾二十天，服貴藥始愈，愈後消化不良，腹瀉時作時輟，飲食至今未復原，竟至不能執筆寫信，故遲遲作復，今日勉强寫此數語，聊以塞責。

11 月 29 日致朱偰：

余自去年二月以來，一年有餘疾病纏綿竟未間斷，近日重發第三次惡性瘧疾，今已第五日，狼狽不堪，故余決定明年陽曆一月初全家遷至屯溪轉地休養，否則必至斷送性命。

12 月 7 日，日軍偷襲珍珠港美海軍基地，太平洋戰爭爆發。

編者按：日軍在偷襲珍珠港之後，短時間内席捲東南亞，矛頭直指緬甸。緬甸在東南亞半島上具有重要戰略意義，它西屏英屬印度，北部和東北部與中國西藏和雲南接壤。滇緬公路是中國重要的國際交通線。原中國另有一條國際通道，即滇越鐵路，中國許多軍用物資從此路運入國内。1940 年春，日本對滇越鐵路狂轟濫炸；1940 年 6 月迫使法國接受停止中越運貨的要求。1940 年 9 月，日本侵入越南，並與泰國簽訂友好條約，滇越線全面中斷。滇緬公路成了唯一的一條援華通道。

12 月 16 日，撰致蔣介石書。

1941 年 12 月 16 日日記：

上下午撰《上委員長書》。

《上委員長書》（録自 2010 年嘉德秋拍圖片）：

委員長麾下：

竊觀日寇自侵略吾國以來，始則特立僞滿，而德國承認之；繼則特立僞汪，而德國又承認之，於是吾國對德絶交。今則日寇南進，直接危害吾反侵略各友邦，間接將杜絶吾國際之通路，於是我國對德、義、日宣戰，與英、美、澳、荷、蘇聯等國共同對抗三國同盟侵略之害。行見日寇陷於重圍，必將自斃，吾國自積弱垂危之國，將一躍而爲獨立自主之國，此皆由於麾下堅苦卓絶、忍辱負重，抗戰四年有半，羈縻百萬日寇軍，以成今日包圍之局。使日寇斃於甕中，吾國振威宇内，樹千秋不拔之鴻基，揚萬世無疆之偉烈，可蹻足而待，拭目而俟矣。希祖從事史學四十餘年，方將珥筆執簡以記不朽盛事。蓋有漢武之豐功，而後有司馬遷之《史記》；有唐太宗之鉅業，而後有温大雅之《創業起居注》。希祖生於浙西海鹽，長乃留學倭國，始則在早稻田大學專研史學，繼則從章太炎先生精治國學。回國以來，在北京大學爲國文學系教授、主任五年，史學系主任十五年，中山大學文史研究所主任一年，中央大學史學系主任七年，前後共二十有八年，潛心文史，著述孔多，方彼前賢，何敢多讓？值此大業千載難逢，此雖有待於將來，已立素願於今日矣。

自日寇建立二僞國以來，内則摇亂民心，外則迷惑國際。在昔北宋之際，金寇侵宋，封建張邦昌僞楚國、劉豫僞齊國。不圖今日寇全襲其法，以成此僞滿、僞汪。希祖發憤之餘，撰成《僞楚録輯補》六卷、《僞齊録校補》四卷，冀以發日寇之奸心，昭二僞之逆蹟。業已脱稿，正在謄寫。一月以後擬恭呈睿覽，聊資參照，明其用心，成吾對策，付之刊刻，昭示國人，亦可以破二僞之逆魄，警日寇之迷夢。

抑更有進者。吾國對德、義宣戰，以彼二國承認二僞，助日寇侵略我也。今法國維琪已許安南與日寇聯合侵略吾國，助其南進。泰國亦已投降日寇，許其借道。南指則攻英馬來，西指則攻英緬甸，冀以斷絶我國際唯一通路，覆滅吾邦國。竊謂此二國者，既已與日寇共同侵略吾國，亦宜對之宣戰。以安南言，法國與亡清所締一切條約，實以安南爲根據圖吞滅吾西南，與日寇圖吞滅吾東北如出一轍，若對之宣戰，則此一切條約宣告作廢。以消極言，則西南一切禍患從此消滅，廣州灣軍港亦可以收回；以積極言，我大兵屯駐安南沿邊，可以牽制日寇西進。以泰國言，日寇假道以攻馬來，馬來失則緬甸危，我國際通路塞，日寇獨霸太平洋，荷印、斐烈賓次第擊破，英海軍不能東進，美海軍不能西來，於是日寇可以從容擊破吾國。今者美國關島既失，其海軍雖龐大，然無作戰經驗。故今日而欲美海軍西來共守馬來，不特緩不濟急，且亦無濟於事。英軍獨力扼守馬來陸路，其危殊甚。我若對泰國宣戰，派屢勝日寇先聲奪人之大將統兵以進泰邊，與英馬來陸軍夾擊日、泰二寇，則英必以飛機、大炮、坦克車爲我先鋒，此亦擒賊擒王之妙算。九龍、安南作爲牽制之師，則日寇必無倖勝之餘地。此則吾國義聲昭著天壤，而實則亦以救人自救耳。夫救九龍果含無窮妙算，然香港失尚非致命之傷，馬來失則反侵略局勢瓦解。德寇北守南進，日寇東守西進，夾擊英軍，吾國反被包圍，則至危之事也。此救馬來所以爲今日至急至要之圖，生死存亡之所繫焉。伏祈以此愚策交付外交當局，權其利害得失，以定去取。至於軍機利害，麾下必已籌之熟矣。愚者千慮，或有一得；狂夫之言，聖人擇焉。伏祈亮詧。恭頌　勛安！

考選委員會委員朱希祖謹呈

三十年十二月十六日

12月17日,託同鄉吴立帆將此信面呈蔣介石。

1941年12月17日日記:

請傳振倫乘公共汽車至重慶中三路115號,託吴立帆鄉兄代爲面呈。

12月23日,中英雙方在重慶簽署《中英共同防禦滇緬路協定》。

北平藏書及房産之危機

4月20日,接内侄張叔範來信,報告北平僞政權欲占先生房産。

1941年4月20日日記:

接張叔範來信,言三月十九日,余家北平房屋忽有所謂"公私産業委員會"來調查,約於次日請叔範夫人至會,携帶房契執照去接洽。會中人云,房主不在,當由彼會保管。答以房主即回,則云房主若自住則不成問題。

編者按:先生全家離開北平後,其在北平的房産及藏書皆託内侄張叔範照管。抗戰後,張叔範到了昆明,北平房産由張叔範夫人負責照管。

4月21日,致信張叔範夫人,指示周旋對策。

1941年4月21日日記:

晨六時起,寫張叔範夫人信,航空快遞。以内子出面説明三事:一、北平房屋内一切器具書籍屬張姓,非屬朱姓;二、房契如已繳回,可請朱旭辰、戴雨農商議,將北平四處房屋賣絶與張叔範;三、房契若被扣留,則速來信通知,擬使内子乘飛機至香港轉北平,以房主自己居住條件請發還房契。又寫張叔範信,問明房契被扣與否,航空快遞。

4月23日,招長子偰面商對策。(《朱偰日記》)

5月12日,接北平張叔範夫人信,催速回北平以保房産。

1941年5月13日致朱倓:

北平張二嫂來信,言北平僞組織派公私産業保管委員會來查吾家房産,二嫂老實,均以實告,連四所房産契據均行獻出。該會委員乃言房主不在北平房産須歸該會保管,大有没收之意,惟言限兩個月房主回來自住則無問題(此言三月二十七日説,二嫂來信已在四月下旬)。然要我回去,我情願不要房屋,汝母等去又無用,因房契上用我真名。我小有名聲,彼會必更作梗。我意若能保全書籍,則比房子較貴,然二嫂老實,自言不説謊話,彼會很相信她,恐一切書籍二嫂亦明言是我所有,則書籍恐亦不能保矣。身外之物得失無常,本不足介意,惟費過一番心血分類搜集之書籍及善本尚多,不無可惜耳。

5月16日,又接張叔範夫人北平來電,催先生速歸,保存房産。長子偰即回電,託叔範夫人與彼會協商,暫緩歸期兩月,以便另行對策。

編者按:先生的對策之一是名義上將房産及藏書捐爲某公紀念圖書館。

1941年5月17日日記:

擬致錢□□信。午後又擬捐贈證,將房屋書籍均捐贈爲某公紀念圖書館之用。

編者按:先生日記原稿未寫人名,只寫姓,名以雙圈代替,可能是錢稻孫;日記中"某公"不知何人,可能是錢稻孫之父、錢玄同之長兄錢念劬。

6月10日,接北平族祖朱彭壽來信,言先生所存北平書籍已由張叔範夫人運出十四大號書箱、十二中號書箱。

1941年6月12日致朱偰:

北平房屋□□消息,惟前日小汀叔祖來信謂吾家所存北平書籍已由叔範夫人運出十四大木箱、十二中號書箱,此二十餘箱即余在二十五年夏至北平親自選擇重要者裝入釘好要運至南京而未果者,小汀叔祖又謂當可代爲選擇十之三四運出。此皆寄存人家,可守秘密。此信若確,則房屋内書籍雖尚有十分之七,由價值上講則已過半矣。

編者按:北平房産事,最後賴周作人出面周旋,直到1942年2月才得圓滿解決。

1942年2月27日致周作人:

啟明學長兄惠鑒:

住宅事承大力保全,不勝感謝。本擬遵命使内人回來居住,因此間限制家眷出境甚嚴,江浙交界非有兩種證書不能通過,遂不能成行。現已有舍妹朱福嬿住於敝宅内,已可作爲房主,煩再設法懇請通融。至禱

至禱。專此敬頌　撰安

弟朱希祖敬啟
二月廿七日
（周作人哲孫周吉仲提供）

關於梁史、上古史研究

一、關於梁史研究

編者按：先生對蕭梁史素有研究，撰一部《新梁書》是其夙願，除公開發表的多篇論文外，從1921年開始他還寫有多部論著及讀書札記，現知共有《補梁書藝文志》四卷、《蕭梁史叢考》（17篇），《蕭梁史人表》、《梁代氏族略》、《蕭梁雜記》、《梁事札記》等，均未刊，手稿現分藏國家圖書館和南京圖書館。1941年夏，先生有重撰《梁書》之意。

8月3日，撰"何遜聊作百一體詩及應璩百一詩確解"筆記一條。

8月4日，撰"隋志内梁樂志所載樂歌有録無辭者四十五曲可據樂府詩集補入"筆記一條，始有重撰《梁書》之意。

1941年8月4日日記：

晨至國史館託借齊、梁、陳、隋、南、北六史。閱《隋書·樂志》，與《全梁詩》對勘，夜撰"隋志内梁樂志所載樂歌有録無辭者四十五曲可據樂府詩集補入"筆記一條，於是始有重撰《梁書》之意。

8月10日至13日，撰《梁代氏族略》。

8月15日，撰《梁皇弟皇子都督刺史考》。撰《陳代氏族略·南族》。又撰《梁初二十三州治所今地考》。是日，召國史館籌備委員會蔣逸雪、朱焕堯、李菊田、傅振倫來，組成一研究小組。

1941年8月15日日記：

撰《梁皇弟皇子都督刺史考》成臨川王宏、安成王秀兩人。夜召蔣、朱、李、傅分認研究吴、晉、宋、齊四史。

1941年8月16日致朱偰：

余近因居近國史館，有四幹事皆能研究史學，皆余所介紹，願受余之指導，積極進行，余乃指定吴、晉、宋、齊、梁、陳六朝史試行研究，仿余舊所擬《新梁書》辦法，各人認定一代，今定蔣君任吴史，朱君任晉史，李君任宋史，傅君任齊史，余任梁、陳二史，已開始着手，汝若能來可分任一史。

別有中央大學史學系畢業二高材女生亦願受余指導。先是,余前年本擬研究戰國史及秦史,此二女生即在此團體之内,分任楚史、秦史,最有成績,余因此撰成《汲冢書考》五卷。後因此團體内五男生分任齊、韓、魏、趙、燕五史,太懶惰,無成績,因此解體。此次六朝史中恐亦有一二懶惰者,然受余之約束,且此後如有成績,可希望入正式史館,故或可成就。

8月18日,摘録魏、晉、宋、齊兵制。

1941年8月18日日記:

上午摘録魏、晉、宋、齊兵制,因梁代無兵制記載,大都因前代之陳規也。午後閲《通考·六朝南北兵制》。

8月20日,閲《社會學》,撰《陳代氏族略·北族》。

編者按:先生之欲撰《新梁書》,因時、因事、因人、因病最終未能成功,其研究小組也無形中散去。

二、關於上古史研究

本年,因研究戰國史,而上溯至上古時期。

1941年10月22日致羅香林:

近來因發見上古史偉大事蹟,前人從未注意,且與歐洲人地下所發掘、德國人地面調查所得事蹟相印證,決非空言想像,如徐旭生所爲(徐旭生在北平研究院撰一《中國上古史》,近日來渝,與余談其大概,推翻書本上一切傳説,然多推想臆説,無一確證)。因此喜而不能寐,蓋精神太興奮,發明甚多,外似失眠,其實不然,近已能睡矣,決非神經病也。惟近患痢疾半月,頗疲乏,現已愈,惟瘦損未復原,胃口甚好,不久將復初。余本欲君與仲嫻來助我整理上古史,將戰國史擴大至上古,規模宏大,證據確實,然非一人所能奏功,故希望勤謹而有興趣者助我爲之。前接兩次來信,均言整裝待發,已將余所租屋增租兩間以待汝二人來,以便同居,共同研究。最近來信作罷,乃大失望,蓋汝等來此自有位置,中央大學方面顧夢漁接辦後,史學系主任已换沈剛伯,惟彼尚在宜昌家中未來,即來擔任與否未必定,故現在史系竟無從接洽。研究古史有重要參考書竟無從借得,然已得百分之九十矣。因前年購得石印《十三經注疏》及兩《皇清經解》、《諸子集成》及《四部叢刊》零本古經、子等尚可用,今欲需用郝懿行《山海經箋疏》、吴承志《山海經地理今釋》(劉承幹叢書本)、楊守敬《水經注圖》竟不可得,《山海經》二種中山大學圖書館如有,乞用汝名借出寄來,急備參考(由郵局航空寄,郵費不嫌大,即寄還),圖太大不必寄。

1941年10月24日致羅香林:

昨晚有友人來言中央黨部已發表君爲秘書處專員,此友爲北京大學畢業生,亦在秘書處爲專員。據云此職甚空閒,每月連津貼及米亦有四五百元,余以爲此職君大可就,君來可率仲嫻同來助我整理古史。余之希望將來設法成立一古史館,編纂之外注重調查古史區域,及發掘地下埋藏古史遺蹟遺物,尤以西及西南爲最重要,人皆未注意,望守秘密,其詳千言萬語不得説盡,蓋實爲驚動全世界之發現也。君若來可將古史參考書竭力多帶些來,如馬氏《繹史》、《水經注圖》、畢刻《山海經》(經訓堂叢書本)、郝懿行《山海經箋疏》、吴承志《山海經地理今釋》、近人《水經注索引》(或稱引得)等,又《古經解彙函》、《小學彙》、善本子書(尤以《列子》、《文子》、《新序》、《説苑》等爲最要),《叢書集成》、《四部從刊》三集本,景宋本《太平御覽》(最要)、《初學記》、《藝文類聚》、《北堂書鈔》等重要類書,此皆余所未能借得者也,《全上古三代秦漢六朝文》亦須帶來。中央黨部既已發表君職,不可失信,不宜辜負,有關將來信用。且君來兼可爲余奔走運動成立古史館,或附設於國史館内,然權在外行而注重私利之人,實難成事,此事惟君來可詳商。

編者按:信中所謂其發現的"上古史偉大事蹟"、"驚動全世界之偉大發現",大概與《穆天子傳》、《山海經》中某些内容有關,因此段日記散失,詳情不知。但在其零星日記中有簡單記録,如10月22日日記:"集古代地理學及天文地理學筆記。"10月23日日記:"節録黄帝事蹟,其中有黄帝明堂圖。"在先生日記中也夾有許多散頁,記録的内容大多與上古史有關。但是,對此先生長子朱偰在《先君逖先先生年譜》中則另有一説:"時公患神經衰弱,幻想特多,往往長夜不能成眠。"朱偰日記中也有類似記録。

朱偰1941年9月21日日記:

抵向家灣二十九號,母親在堂,相見極歡。談家君日來神經反常,精神過於興奮,爲之戚然心憂。午後遂赴考選委員會謁家君。據云在古史上有驚天動地之大發明。我國古代黄帝以前實統轄歐亞兩洲,穆王西巡實欲收復祖宗故地云云。但證據不足,蹟近幻想。蓋因連夜失眠,過於興奮,朝思夕索,遂以幻作真……余力勸少事休息一二星期,並往中央醫院檢查身體。幾經解釋,始蒙採納。

編者按:關於先生的説法,可提供兩部專著以爲參考:鄧實《穆天子西征講疏》、丁謙《穆天子傳地理考》。對穆天子與西王母會於瑶池之"瑶池",這兩部書一則考在波斯德黑蘭之南,一則考在尼尼微。

一九四二年(民國三十一年壬午) 先生六十四歲

1月5日,赴重慶市内上清寺參加考試院會議,並至長子偰處。(《年譜》)

朱偰1942年1月5日日記:

家君自歌樂山來談久之,同往附近清真館進午餐。

1月31日,次女倓及婿羅香林率文、武二外孫抵渝。時羅香林將就中央黨部專門委員之職。

朱偰1942年2月2日日記:

羅香林姊丈來訪,謂全家已於上星期六(按:1月31日)到渝,逕赴歌樂山,暫寓家君處,渠則寄宿上清寺中央黨部内云云。

1942年2月2日日記:

上午香林進城至中央黨部就專員職,託其帶信一封付大兒。

2月1日,烏以鳳、王羲元來,烏以鳳述安徽天柱山狀況,先生頗爲神往,擬在彼處買山構屋,從事林墾畜牧,爲退休著述之計。

2月3日,教育部派人送來試卷十一本囑閲,係國府主席林森七十壽辰派送赴美留學生試卷。

2月6日,王獻唐來談國史館籌備委員會擬出半年刊,請先生作文。

2月9日,進城至上清寺考試院參加院務會議。

2月22日,與羅香林談《〈僞齊録〉校補》、《〈僞楚録〉輯補》兩録出版及家藏地方志歸於公家事。

1942年2月22日日記:

上午與香林談《僞齊》、《僞楚》兩録及地志歸於公家事,蓋其時教育部頗有此意也。

3月1日至7日,按清代地方行政區劃,分府編寫所藏各省地方志目録,共有浙江、河北、河南、山東、山西、陝西、甘肅、江蘇、安徽、江西、湖北、湖南、四川、廣東、廣西、貴州、雲南、東三省、新疆共21省，一千二百二十七種。

編者按：上述所編目録即《海鹽朱氏地方志目録》，原稿藏南京圖書館。

3月4日，中央圖書館籌備委員會主任蔣復璁來信，索閱地方志目録。
3月8日，蔣逸雪、王羲元、王獻唐、衛聚賢、董作賓來訪。
3月13日，致信蔣復璁，告知地方志目録已經編就。
3月15日，參加族曾孫壽麟婚禮，于右任證婚，同席者于右任、張聞聲、沈士遠、沈尹默、許靜芝等。
3月28日，至考選委員會講演"新五福論"。

1942年3月28日日記：

搜集《新五福論》材料，以備講演。午後至考選委員會講演《新五福論》，三至四時半講了，五時回家。

侯紹文《朱逖先先生之遺範》(《朱逷先先生紀念專號》，《文史雜誌》第5卷第11、12期合刊，1945年12月)：

原《尚書·洪範》列舉五福，一曰壽，二曰富，三曰康寧，四曰修好德，五曰考終命。其所認定之五福，多屬對己身而言，如長命百歲，康福安樂等，至對人群社會，則不重視，未免偏於自私，對於抗戰時代，此種見解，實有修改之必要。故先生辟舊五福之非福，而另提倡新五福。新五福者，一曰智，二曰强，三曰富，四曰貴，五曰善。智的來源，由讀書經歷得來，由競爭比較而來。莊子謂智者爭也，主張出其聰明智慧，能進取，能競爭，不落人後，方算第一福。强，指身體健康而言。人之身體健康者，在平時自可無疾病，享高年；在戰時更能應徵服役，抵禦强敵，救己救人，自衛衛國，那才算第二福。富，要取之有道，故先生取古人名言：本富爲上，末富次之，奸富最下。囤積居奇，發國難財者，雖富亦不過奸富而已，先生認爲最下流也。再古人云，富潤屋，德潤身，"多文以爲富"，俗言"家財萬貫不如薄技在身"，先生之意亦非以多金爲富有也。貴之爲福，其解釋亦與常人不同。常人言貴，定謂與富相連，如做大官發大財，故貴爲福。但先生講貴則引《尸子》之解釋，謂貴者所以利天下也，分天爵、人爵之别，天爵可貴，人爵則末焉者也。於以見先生之胸襟爲何如耶？善，是相對的，由比較而來，爲惡之反面。一個人能存善心，行善事，種善因，結善果，其福氣自無邊也。先生在學術講席上，講此新五福時，旁引博證，議論精詳，余之所述一鱗一爪,未盡先生意見於萬一也。

編者按:先生《新五福論》醖釀於1941年11月。

1941年11月11日日記:

《大學》者,大人之學也,標準固已定矣;然初學者驟然聽之,恐有畏難之心,故先就人人心中所欲求而不得者羅列五種人格,如富者與貧者,貴者與賤者,智者與愚者,强者與弱者,善者與惡者。富貴智强善五者,人人之所欲也,得之則爲福爲樂;貧賤愚弱惡五者,人人之所惡也,得之則爲禍爲苦。人苟得備富貴智强善五者,而後乃可謂完全之人格,而後乃可爲大人。擬作《新五福論》以補《洪範》五福之偏闕。

3月29日,錢海岳來信,問南明永曆帝謚號事。

1942年3月29日日記:

又接錢海岳自黨史編纂委員會來信,問:"永曆帝崩,臺灣遺臣上尊謚號曰昭宗匡皇帝,李蒓客日記載此事,又見於他書否?"案,此事余前已考過,忘其出於何書。

編者按:先生在1928年3月28日致錢玄同信中對此問題有考證。可查本《年譜長編》1928年3月28日條。

4月5日,中央大學學生黄少荃來辭行,其將赴成都爲錢穆研究生。

1942年4月5日日記:

十一時,黄少荃女生來,持其《楚史編年稿》第一卷及凡例來請指示,並辭行,將赴成都齊魯大學研究院就錢穆研究。乃録《荀子·勸學篇》一節贈之。

4月7日,致信休寧隆阜戴伯瑚,託其曬書除蟲。

1942年4月7日日記:

上午寫戴伯瑚信,託其曬書除蠹,並編草目。午後及夜擬定曬書除蠹辦法六條。

1942年4月7日致戴伯瑚(録自2010年嘉德秋拍圖片):

伯瑚先生左右:

三月七日接到二月十六日大札,不勝欣喜,蓋不能通信者近一年,以不知貴寓在江或在浙也。本擬即日奉復,因正擬設法親率家眷來隆阜,乃遇二種阻力,游移未定,故不能決定辦法奉復左右。一因賤軀去年常患疾病,時而瘧疾,時而痢疾,時而足疾,綿延不斷,精力漸衰。今年春初,身體尚健,故擬攜眷回住貴處,乃自三月初旬又患腹病,雖非痢疾,常多瀉,以故家人、朋友阻我勿就長途,恐有所不□者也。二因旅費太貴。據自金華來人言,每人自金華至重慶旅費須三千元,若有三四人則非萬金不辦。此或言之過甚,然非七八千不可。本欲移家節省用度,乃反多費,以故至今日始決定暫仍舊貫,不作歸計。遲遲奉復者以此,伏祈原宥。

去年擬寄款前來託曬書籍,嗣得程管侯先生信,知大駕尚未旋里,以故作罷。然自二十六年冬將書籍寄存府上至今已四年半,恐蠹魚爲患,書籍大損,則平生嗜好、精力將付諸流水,故曬書除蠹之事常懸於心。曬書以暑天爲佳。現在爲之,則四五月間黄梅時節潮濕氣盛,恐仍孕育蠹魚,不能經久,然以前蠹魚急須除去。已寫信三小兒叔鄭(在金華擔任保安隊會計),從金華詣府上曬書捉蟲,務祈大力幫持,指示機宜。拜託先將寄存東原先生圖書館樓上之十茶箱書籍(前年曾蒙鈔寄目録)逐本翻檢,除去蠹蟲,因此十茶箱書較重要也。又,去年秋間寄上一函託曬書籍,並附畢震東君寄存書箱收條一紙。本擬匯上洋三百元,以數十元付畢宅,憑收條領取各書箱、皮箱等,一併寄存尊處,後因大駕未回,款亦未寄。惟畢收條想仍保存尊處,因此收條極重要也。今仍將款使三小兒帶來,擬持收條至畢宅取回書箱,一並寄存尊府,以便曬書除蟲。想此辦法定荷贊許。其他曬書辦法詳致三小兒函中,將來到達府上時當奉呈商酌。惟屢費清神,□□不安,好在患難之交較尋常格外敦篤。前讀大作詩數首,一往情深,實深感佩。弟自到渝以來亦已賦詩七八十首,將來定當呈政。管侯先生近數年來想亦增加詩不少,乞代致候。專此敬頌
撰祺!

曬書除蟲辦法

一、書共六十木箱,第一至第十號木箱已改裝茶箱二十個,十個寄在東原圖書館樓上;其他十個寄在凹下畢宅,内已取出二茶箱帶至重慶。尚存五十木箱十八茶箱。每日曬二木箱或四茶箱,約需一個月曬了。

二、潮濕之書要曬,不潮濕之書不必曬,但攤在籮簾上風吹一次。每本書必須翻檢一遍,有蛀蟲及蠹魚必須除去弄死。裝箱時必須寫一目録。蟲傷太甚之書在書名上做一記號,最甚者三圈,次者兩圈,稍有傷者一圈,無傷不必圈。

三、潮濕之書必須曬,每本將中間攤開覆曬、仰曬各一次。翻轉來曬

時,將每本書間蛀蟲、蠹魚弄死。曬好之書收進編目,仍攤在簾或板上風吹,待熱氣退盡乃可裝箱,否則熱氣積於内仍變爲濕氣。

四、原裝之箱甚滿,最好取出十分之一另裝他箱。然必須取整部書,不可將一部書分裝兩箱,致將來難尋。然大部書可分裝兩箱,目録上注明。如此裝箱敲釘不致傷書。舊騰出一號至十號大木箱可爲分裝書籍之用。

五、地方志書不可與他書混亂,分裝箱時必須各歸其類。

六、海鹽人著作約有二三箱,若裝不下可購一茶箱分裝,不可與他書混亂。

編者按:此信録自2010年嘉德秋拍圖片,原件爲草稿,未署姓名與日期。稿中難辨之字用□代替。抗戰中,先生一直牽掛他存於安徽戴宅之藏書,日記中常有此記録。現在所能見到他與戴伯瑚的信僅此一封。據先生日記,此信於4月10日寄出,同時匯款伍佰元作爲曬書除蟲之經費。

5月1日,與張繼談國史館籌備委員會陝西所購之書及南明史實。

張繼1942年5月1日日記(《張溥泉先生回憶録・日記》,文海出版社,1985年,93頁):

訪遏先,據云:此次由陝西購得之書籍,其《路史》係嘉靖本,内録趙清美、張賓之校語頗佳……晚遏先來談南明概況。深慨當時士大夫之不識大體,無遠見,不知經略廣東、四川,不善用澳門西人;爭意氣,鬧門户,有可開南宋局面之形勢,而忽略之,不勝痛惜也。

附注:《路史・國名記》卷己後載筆録兩行云:偶鈔本,只此一卷,校之凡譌三十六字,可疑者二十四字。時萬曆卅六年八月初八日之中刻,清常道人校於清溪衙齋。據遏先云清常道人係明代藏書家,即趙清美筆録,乃轉抄,非本人也。

5月21日,浙江金華淪陷,三子僑攜眷避地雲和、景寧。

1942年8月12日日記:

接復兒自浙江松陽來電,言闔家已安抵雲和,其發電日期僅書二十一日,蓋爲七月二十一日也。然近日報載松陽已淪敵手,南及仙霞嶺,則雲和亦已淪陷,蓋又不知避難何處矣。時復兒闔家五人,復兒夫婦及孫男孫女外,尚有彼外姑也,雖隨軍轉徙,生計必艱。通信無地,相見無期,心滋憂慮。

朱偰1942年8月26日日記：

叔鄭(按:朱倩字叔鄭)有電報來,全家住景寧,爲之一慰。

1942年9月1日日記：

接復兒七月二十七日自雲和來信,言五月二十一日自金華狼狽退出,經龍游、溪口、遂昌、松陽、碧湖、雲和各地至景寧,前後達兩月之久,家住景寧縣前街十八號,大小均健,彼隨處住雲和。此次浙東敵人前進神速,吾軍撤退更速,頗受敵人譏笑。且浙東並無大會戰,然軍隊損失慘重,軍將不協調,作戰計劃臨時變更;政界不得知,各機關倉促後退,損失更大。金華、蘭溪一帶商店,大宗存貨先退江山,後浙贛路東西夾擊,江山隨金華淪陷,商品一掃而空。宣處長僚婿孫某,兩月前尚爲三百二十萬富翁,今日已成窮人,幾至瘋狂,類此者多不勝計。浙東經此騷擾,抗戰意志消沉,遣散之公務人員大部無法生存,頗多變志欲東。省府各機關跼處西南一角叢山之内,生活艱苦,人多糧少,來源斷絶,均將成餓殍云云。讀此,則浙主席黄紹竑罪不容誅矣。

7月1日,長子偰赴財政部專賣事業司司長任。

編者按:朱偰財政部專賣事業司司長一職於6月25日發表,6月26日見報,7月1日赴任。

朱偰1942年6月25日日記：

上午到部辦公。白純告以專賣事業司司長已發表,並向余致賀,且爲籌劃幹部,語重心長,至爲感激。

朱偰1942年6月26日日記：

閱《時事新報》,見《財政部增設專賣事業司,財政專家朱偰出任司長》一則,無怪消息傳遍四方也。

朱偰1942年6月30日日記：

上午赴外匯管理委員會視事。十時赴錢幣司結束幫辦事。計余以四月十日奉命就錢幣司幫辦,至此共兩個月零二十天,與立庵等相處甚爲融洽,彼等亦極相敬重。余交代一切,歡送而別。

朱偰1942年7月1日日記：

上午搭公共汽車進城到部辦公。赴小園視察，尚未佈置就緒，乃赴部辦公。在次長室商討三十一年度菸類專賣業務計劃，與參事廳、秘書處、國庫署、會計處會簽意見書一件。

7月15日，開始點閱《詩》毛傳鄭箋，至8月29日止。

1942年8月1日日記：

點閱《詩》毛傳鄭箋，至卷十二《小雅·節南山之什》畢。蓋自上月（七月）十五日起點閱，至是日晚始完十二卷也。

7月24日，張繼來，談南明史。

張繼1942年7月24日日記（《張溥泉先生回憶録·日記》，文海出版社，1985年，98頁）：

天氣亢暑，已十餘日矣，起居甚苦。晚到逷先處，談南明往事。開端誤國者爲錢謙益。自崇禎帝殉國後，繼承問題有立近立賢之爭。錢主立賢，即立魯王也。史可法良而庸，爲錢所惑，贊之。赴鳳陽，説馬士英，並述福王七大罪，不當立。馬時握兵權，四鎮惟馬是瞻。馬陽雖諾，迫決定時期，而馬士英擁福王至南京。史無可如何，只得順之。福王自然親馬而疏史。

史爲首輔，乃劉宗周所薦。史退居揚州，出於勢之所迫，而大權落馬士英手矣。

東林黨徒之在安徽者，利用僞太子事件，多走至武漢，運動左良玉反對馬士英，以致興兵攻南京，馬撤四鎮兵以禦之。内閧既成，滿賊得乘虛而入。

如史可法等初即贊成福王，福王亦不致尋隙。史得當國，多引用清流，朝廷不至於爲奸人所把持。明之實力，據黄河左右，則大勢仍可挽回，至少可造成南宋局面。

福王覆滅後，明之士夫，多集杭州，將擁戴魯王，重開新局面。魯王怯弱不敢出，而願降，以是知錢謙益、史可法、黄宗羲等之所賢者，並不賢也。（黄梨洲撰弘光紀實，頗詆福王，可知梨洲亦偏。更可知當時之東林，多爲私而忘公也。）福王乃萬曆寵妃所生；萬曆歿時，有主張立福王者，東林反對，因而立天啟，東林是也。

崇禎殉國，天啟無後，當□立近者，而東林挾昔日之嫌，仍持異議，則爲不知大體，而昧時勢矣。

劉宗周正人而愚腐。當弘光時,西教士欲以造炮之術取得朝廷歡心,以便於傳教,劉宗周拒之曰:向聞中國用夏變夷,未聞用夷變夏者。因是明之兵器不敵胡清。亦自亡之道也。

袁崇煥用西洋火器以斃努爾哈赤及皇太極。洪承疇亦用西洋火器而敗李自成。明清之戰,前後異效,視火器屬於誰手,以分勝敗。南明之亡,亦由於我之刀槍不敵胡之火器。

李自成之死,後人雖有傳其未死者,恐不確。李雖敗,然未必肯棄士卒數十萬而隱者,且李之人品,亦非隱遁之人。昔太炎以李自成梅花詩相示,乃好事者爲之也。

李自成之惡,未必如清人所言之甚。當其破山西,入北直隸,明之士民望風迎降,則當時之號召與行動,必有異於人者。惜文獻無留耳!牛金星或係謀士之特出者。明之遺民,以忠君熱忱力宣其惡,是誠可原,若與滿清比,如以降賊爲不忠,豈不勝於降胡乎?

8月6日,赴考選委員會開特別會,討論考試與教育聯繫辦法。

1942年8月6日日記:

委員長提出節略四條,略申意見。其第一條考試專門以上學校畢業考試,此條實侵入行政院教育部許可權,蓋考試院只管任用考試,其他學術等級考試不在本院範圍以內。蓋自院長別有政策,力主此條考試,余曾著文説明許可權及根本大法所規定,以爲規諫,頗遭白眼,故余亦不欲再事力爭。其他真正考試與教育之聯繫,余亦頗有建白。自上午九時至下午四時,討論始畢。

編者按:先生日記中夾有二紙,内容與此有關,録於下:

獎學考試條例草案(第二次稿)

凡考試最終目的在考選官吏者,當屬於考試院考選委員會;若考試最終目的僅在品定學術高下以爲升學獎勵之用者,似宜屬於教育部及學校。

國父五權憲法有云:"如果實行五權憲法以後,凡是我們人民的公僕,都要經過考試,不能隨便亂用。"然則,考試院之考試自當以考選官吏即公僕爲限。現行考試法第二條"公職候選人任命人員及依法應領證書之專門職業或技術人員均應經考試定其資格。"是考試院之考試其職掌已規定於此,與五權憲法之意相合也。

近有主張一切考試均須歸考試院,凡教育部及學校之考試均包括在内,於是有主張教育部宜屬於考試院者。然五權憲法實已明白規定,教育部屬於行政院,蓋教育政策須根據行政政策而定,不宜屬於他院,以互歧其宗旨也。獎學考試亦僅估定學術高下以資獎勵,不涉選舉。前代書院,不歸主考、學使考試,而歐洲諾貝爾獎金亦未必與考選官吏並爲一談。最近,教育部成立學術審定委員會,即有獎學審定之規定,若考試院行使獎學考試,必將與教育部抵牾。育才與掄才權限宜分,獎學屬於育才範圍,考選官吏屬於掄才範圍。育才之職,教育部掌之,掄才之職,考試院掌之。本案成立與否,應先尋出法律根據,此應審慎顧慮者也。

退一步言,獎學考試必須歸考試院主辦,亦須顧及此次人事行政會議所提《會商籌設中央學術審議機關案》,該案“評議會職掌”乙項有獎學審查事項,其辦法二、三、四條與本草案第二條第二、三、四項全相抵牾,是無異取消前提案也。其他疑點尚多,因此案根本發生問題,故不備言其枝葉。

8月11日,至國史館晤張繼,後至考選會開第二次特別會及委員常會。

8月14日,至考選委員會開特別會。

8月17日,開考試院法規委員會,並閱許壽裳所制《周官官職系統及統計表》。

8月19日,至考選委員會開會,討論專科以上學校畢業考試全由考試院主持案,各委員咸以爲不能實行。

8月25日,至考選委員會開會,討論考試院主持高等以上畢業考試案。

1942年8月25日日記:

上午八時半,赴考選委員會,九時至十一時半開委員會,討論考試院主持高等以上畢業考試案。余以爲畢業考試乃學校行政,與入學考試、學期考試、學年考試性質相同,教育部且不宜干涉,何況考試院?若以考試之權屬於考試院,凡名考試皆當歸院主持,則自小學以至大學一切考試皆宜包入,無論無此政體,即其事實勢亦有所不能。蓋考試院職權惟在任官考試,其目的在澄清仕途,所謂任官惟賢才也。今考試院當局不能認清目的,專欲攫教育權入己,甚至主張教育部改屬考試院,皆誤以一切考試均宜屬之考試院也,不知育才與用才宜分掌,目的實不相同。今宜認清任官考試乃考試院之專職,欲考試制度之健全,而爲人所注重,宜在銓叙部方面想法,不宜在教育部方面想法。當時立法以銓叙部屬考試院,實有深意。今考試院當局放任銓叙而擴張考試,所謂不揣其本而齊其末,又所謂本末倒置者也。何以謂放任銓叙?例如公務員非經過考試不得入官(政務官今在例外),换言之即官吏非經過考試,銓叙部不得叙官,即已入官,亦不承認其資格。此五權憲法所由生,而考試院之所由立也。今銓叙部一概承認,又變本加厲,如大學畢業未經過任官考試,其叙官等級反較大學畢業經過任官考試(即考試院之高等考試)者高,此皆違反考試憲權精神。一院之中自相矛盾如此,而院當局反不措意,此實有溺職之嫌。至欲主持高等專門以上學校畢業考試,則又有越職之嫌。余將秉此意逐漸格其非也。本日議此案至日午,余與張委員忠道立論皆婉言剖判利害,言外實欲取消此案。陳委員長亦明瞭此意,大會席上不宜明言,乃約星期五開談話會,盡一日之長,各暢所欲言,以謀根本改良。

8月28日,舊友馬寅初來訪,述其被捕放逐之由。

1942年8月28日日記:

晨,馬寅初來,述其被捕放逐之由,及在外經歷。初,寅初屢揭發財政當局之非,又陳改革財政、防遏物價高漲之策於蔣委員長,不報,寅初乃於重慶大學商科講演財政當局之陰私不法,謗及蔣公,曰:“非民族偉人,爲親族偉人。”於是被捕,押放貴州龍場驛附近,時張學良亦羈於驛,惟二人隔離二十餘里,不相見也。居八閲月,又遣至江西鵝湖書院幽居,因學生訪問太衆,乃移至上饒顧祝同别墅。日人侵上饒。又隨軍避地福建邊境。八月二十二日,乃自福建抵重慶,途中延滯月餘乃達。綜計出外二十有一月,今暫居歌樂山私宅,俟見蔣委員長後再定行止云。

8月30日,回訪馬寅初。

1942年8月30日日記:

上午至歌樂山木魚堡五號訪馬寅初。寅初被幽時撰《經濟哲學》,其稿盈尺,然尚未部勒成書,云須淘汰十分之七八,所存不過十萬字左右。與談法幣及物價問題,甚有獨到之處及根本解決辦法。

9月5日,赴考選委員會開會,討論升等考試辦法。

9月7日,接姚薇元自貴陽來信,言其新改爲貴州大學教授。

9月11日,次女倓率文、武二外孫隨羅香林遷居重慶兩路口巴縣中學内行廬。

朱偰1942年9月13日日記:

午後,送仲嫻(按:朱倓字仲嫻)姊歸巴蜀(縣)中學内行盧,竹籬茅舍,别有風味,惟規模殊嫌狹小,舉手可以及頂,戰時生活亦無可奈何者也。

9月14日,至國民政府補行宣誓就職典禮。是日,馬衡及其弟季明來訪。

1942年9月14日日記:

上午七時,乘考選委員會汽車至國民政府宣誓就職,同就職者有外交部次長傅秉常,考選委員盧毓駿、陳念中,余與盧君同於民國二十九年三月簡任爲考選委員,至此已兩年有半,政治之弛緩可知。本日監誓者爲國府委員王寵惠。九時回陶園。午後,馬叔平及其弟季明來,季明新自香港抵渝,已八九年不見矣。

9月27日,接考選委員會委員長陳百年信,言許壽裳擬交出公職候選人檢覈委員會委員長及學術會議主席事,仍歸先生主持。

1942年9月27日日記:

接陳百年信,言許季紱擬交出公職候選人檢覈委員會及學術會議兩主席事仍歸余主持。乃復信百年,學術會議即當恢復,檢覈事煩請設副主任委員,以防會議間斷。

編者按:先生原任考選委員會公職候選人檢覈委員會主任和學術會議主席,自去年病後,此二職由許壽裳代理。此後,凡先生病,此二職仍由許先生擔任。

10月6日,赴國史館送張繼赴河南視察旱災、籌備賑災。

10月15日,至考選會開公職候選人檢覈委員會。

10月20日,開始點煤油燈以替代菜油燈。

1942年10月20日日記:

夜,開始點煤油燈以替菜油燈,覺光明多矣。此物已十餘年不用,而菜油燈則已三四十年不用,避難之時,困苦備嘗,即此一事亦可知矣。

10月22日,至考選會開檢覈委員會,並討論升等考試法。

10月27日,至考選委員會開委員會,討論自由職業考試條例。

10月29日,至考選委員會討論專門職業及技術人員考試法施行細則草案。

10月30日,至考選會開法規委員會,並修改專門職業及技術人員考試法施行細則草案。是日,昔日中山大學研究生朱傑勤來。

1942年10月30日日記:

朱傑勤來,時供職僑務委員會南洋研究所,舊時中山大學文史研究所學生也,四時半去。

11月5日,赴考選會討論任命人員及專門技術人員檢定考試規程。
12月4日至11日,因病休養。
12月14日,購得商務印書館影印《永樂大典》本《水經注》。

1942年12月14日日記:

午後一時,至香林行廬,託購永樂大典本《水經注》(明嘉靖重抄《永樂大典》本,商務印書館景印大本)八册。此書原訂價洋二十五元,兩路口三友書店有此書,白宣紙印,大本加套,索洋一千二百元,香林乃以一千一百元購得。非書貴,而國幣貶值也。

12月15日至20日,以永樂大典本《水經注》校勘自己所藏《明抄宋本〈水經注〉》。

1942年12月15日日記:

夜以永樂大典本《水經注》校勘余所藏明抄宋本《水經注》,始知此兩本同出一本,佳處及誤處皆同。兩本又各有誤處,可以互相補正。大典本合四十卷爲十五卷,多酈氏原序一篇,經文字略大,注文字略小,均不提行,連接而下。明抄宋本則行款卷數全依宋本。又以戴校聚珍本及王先謙合校本對勘,始知戴、趙兩派爭論之真相,蓋未閱原書,不能判斷也。戴校本雖依據大典本而稱爲原本,然所采用者不過十之二三,而宋本佳處尚遺漏十之五六也。

12月16日,張繼新從西安回,贈褚遂良《同州聖教序》拓本。
12月24日,請許壽裳、汪東題明抄宋本《水經注》。
12月27日,與汪東聯名致信國史館籌備委員會,請改顧問爲名譽顧問。

本年學術研究和著述

一、關於《酈亭藏書題跋記》

1月19日,長子偰受中央圖書館籌備委員會主任蔣復璁之請兼任中央圖書館《圖書月刊》總編輯。

朱偰1942年1月19日日記:

接中央圖書館聘函,聘爲《圖書月刊》編輯委員會副主任委員兼《月刊》總編輯。

2月2日,致信長子偰,談《酈亭藏書題跋記》發表事。

1942年2月2日日記:

晨,香林進城至中央黨部就專員職,託其帶信一封付大兒,囑其將日前所寄《酈亭藏書題跋記》十二篇登於中央圖書館《圖書月刊》上。

朱偰1942年2月11日日記:

赴中央圖書館月刊編輯室辦公,改寫《本刊一週年》並校對家君《酈亭藏書題跋記》。

編者按:《酈亭藏書題跋記》實際發表爲13篇,先後登載於1942年《圖書月刊》第2卷第1、2期,篇目如下:《跋譚復堂先生校本意林》、《校本意林跋》、《宋浙本尚書孔傳附釋文跋》、《再跋宋浙本尚書孔傳附釋文》、《舊鈔本長安志跋》、《舊鈔本長安志圖跋》、《元刊本玉隆集跋》、《元刻明嘉靖廣東崇正書院補本兩漢書跋》、《抄宋紹定本武經總要跋》、《建文刻本漢唐秘史跋》、《自鳴鐘表圖説跋》、《周二年寫本黄石公素書明解跋》、《鴨江行部志跋》。

3月29日,點校南明史籍跋文五篇交《圖書月刊》登載。

1942年3月29日日記:

夜點校南明史籍跋文五篇……交香林轉付大兒登載《圖書月刊》。

編者按:該五篇跋文後登載於1942年《圖書月刊》第2卷第4期。篇目如下:《弘光實録鈔跋》、《校鈔本思文大記跋》、《鈔本存信編跋》、《原稿本魯之春秋跋》、《鈔本明延平忠節王始末跋》。

8月30日至9月1日,撰南明史籍跋文。

9月2日,將近來所撰跋文,和以前所撰部分跋文裝訂成册。

1942年9月2日日記:

上午,補抄南明史籍跋文,訂成《酈亭藏書題跋記》十篇、《南明史籍跋文》七篇,共一萬五千二百餘字,擬登於中央圖書館《圖書月刊》。寫信與大兒,囑其送去。

1942年9月3日日記:

寄出大兒信並題跋文。

朱偰1942年9月5日日記:

接家君信及文稿。

朱偰1942年9月7日日記:

發家君信。

1942年9月9日日記:

接大兒來信,言《酈亭藏書題跋記》及《南明史籍跋文》可在《圖書月刊》八月一期登載。

9月27日,又將跋文16篇裝訂成册,交《圖書月刊》登載。

1942年9月27日日記:

裝訂《酈亭藏書題跋記》七篇,《南明史籍跋文》九篇,共一萬三百餘字。並寫信與大兒,囑其送至《圖書月刊》登載。

編者按:據先生日記,自9月2日至9月27日,先生共交給朱偰跋文33篇,但這批跋文最終未能登載於《圖書月刊》。現南京圖書館藏有先生《酈亭藏書題跋記》手稿兩册,跋文二十篇,上册(第一卷)封面先生題"酈亭藏書題跋記、南明史籍跋文";下册(第二卷)封面先生題"酈亭藏書題跋記十篇、南明史籍跋文七篇",但在兩册目録頁上,先生則僅題"酈亭藏書題跋記"。此二十篇跋文目録如下:上册,《舊鈔本〈錢幣考〉跋》、《舊鈔本〈吴越王金塗銅塔考〉跋》、《鈔本〈吴越王鐵卷考〉跋(附記洪瞻墉〈錢王鐵卷考〉)》、《鈔本〈吴越王銀簡考〉跋》、《鈔本〈畚庵手境〉跋》、《鈔本〈半生自紀〉跋》、《鈔本〈漢槎友札〉跋》、《鈔本〈畿輔紀聞〉跋》、《鈔本〈湖濱匪災紀略〉跋》、《鈔本〈半淞詩存〉跋》;下册,《明永曆刻本〈稽古篇〉跋》、《明嘉靖補宋蜀刻本〈宋書〉跋》、《明嘉靖補宋蜀刻本〈齊書〉跋》、《明弘治本〈忠獻韓魏王家傳〉〈别録〉〈遺事〉跋》、《鈔明萬曆本〈行人司書目〉跋》、《原寫本〈湖州陸氏捐資建閣歸公書目〉跋》、《明初鈔宋本〈百川學海〉跋》、《鈔〈文津閣本元六十家文集目録〉跋》、《明崇禎刻本〈皇明經世文編〉跋》、《明萬曆刻本〈梅墟雜稿〉跋》。這二十篇跋文,與南明史籍幾乎無關。

又按:南京圖書館所藏先生手稿本《酈亭藏書題跋記》兩册,係南圖"文革"中從朱家抄家所得。此兩册《題跋記》未收入《朱希祖文稿》(影印本,鳳凰出版社,2010年)。後中華書局2012年版《朱希祖文集·明季史料題跋(外二種)》將其全部收録。

二、關於《酇亭讀書記》

本年,修訂舊作十篇,成《酇亭讀書記》,交汪辟疆主編之《中國學報》登載。

1942年4月20日日記:

金靜庵來,言《中國學報》(汪辟疆辦)要余撰稿寄去。

1942年4月26日日記:

本日接金靜庵信,言《中國學報》歡迎我投稿。

1942年12月3日日記:

倞兒回家……帶來汪辟疆信及繳還《酇亭讀書記》、《臣瓚姓氏考》兩篇,且言此兩篇已分載於《中國學報》第二期、第三期。

編者按:《酇亭讀書記》19篇登載於1943年10月出版的《中國學報》第1卷第2期,目録如下:《舊鈔宋本〈金石録〉》、《錢王鐵券考》、《鈔本〈前秦書〉》、《大金弔伐録》、《僞齊録》、《蒙古源流作者世系考》、《安南書録》、《懲毖録》、《〈從政觀法録〉稿本》、《華嶽全集》、《李勤襄公奏議》、《撫吴疏草》、《南臺遺疏》、《誠意伯文集》、《雙遂堂遺集》、《林屋文稿》、《醉經樓存稿》、《唐音統簽》、《啟禎兩朝遺詩》。

朱季海《〈朱逖先先生著述目〉校補、續補》(《江蘇文史研究》2002年第4期):

《酇亭讀書記》,一九四三年《中國學報》第一卷第二期(五十頁至六一頁)……十九篇中《啟禎兩朝遺詩》亦見北京中華書局《明季史料題跋》,原注"一九三二年九月十三日",想從《日記》中鈔出。一九三二年實中華民國二十一年,《中國學報》發表此文在民國三十二年,校中華本篇後更有"閱歸莊《玄恭文續鈔》"云云七行,蓋先生於發表時已有所增訂。首尾十年,人事萬端,流離巴蜀,舉目有山河之異。戎馬餘生,猶以國史自任如此。其邁往之志,治學之勤,蓄德之宏,考辨之精,即此可見。鯫生横議,故屬無知,同門輕觸,難與爲仁乎?一九九四年十二月十九時二十分記於燈下。

三、關於《孫吴佚史輯校》

編者按:1935年,居南京時,先生曾指導女兒朱倓輯録東吴舊史數種,先生1935年11月23日日記云:"指導菊女就《三國志》中輯出吴舊史六種,即韋曜《吴書》、胡沖《吴曆》、張勃《吴録》、虞溥《吴志》及《江表傳》、環濟《吴紀》是也。"1937年4月29日日記云:"《吴時外國傳》今已散佚,余前年曾遣二女倓由《初學記》、《藝文類聚》、《北堂書鈔》、《太平御覽》等書中輯出二十四條,置諸篋中,未嘗考訂整理,暇時當表彰斯書,爲之揄揚焉。"1942年朱倓隨羅香林來渝,先生又重拾舊稿,作《東吴佚史輯本跋》。

2月2日至2月9日,先後完成《韋曜〈吴書〉跋》、《胡沖〈吴曆〉跋》、《〈吴時外國傳〉跋》。

2月10日,爲《吴時外國傳》,致書康寶忠(心孚)之弟康心如、心之二人。

《致康心如、心之書》(録自2010年嘉德秋拍圖片):

心如、心之二兄足下:

前在北平,與令兄心孚談三國時吴康泰、朱應出使扶南國(在今安南中部)歸,康泰撰《吴時外國傳》,朱應撰《扶南以南記》及《扶南異物志》,此三書雖已亡逸,然唐宋以前史書、類書引此三書頗多。心孚頗欲搜辑《吴時外國傳》逸文加以考證以成一書,弟亦欲搜辑《扶南以南記》及《扶南異物志》二书加以考證以成一書。因康、朱二人爲開發南洋之先驅,其所經及傳聞則有百數十國,西迄大秦。康又發現通印度洋海道,與張騫發現通印度洋陸道媲美。於中國文化史及商業史皆有重大貢獻也。後心孚輯成《吴時外國傳》三十餘條略加考證,並製當時外國國名表附於後。弟當時因朱應二書後世引者較少,僅輯得數條不能成書,乃抄録付心孚附於康泰書後,未曾呈本師章太炎先生,請增補遺漏,並求作序。未幾太炎先生倉卒南旋,一切書稿皆託人携歸南方,增補與否不得而知,序亦未成,其書恐亦未交還心孚。心孚逝世後,弟南旋時曾問太炎先生有此稿否,先生言未見,蓋已遺失矣。今府上所藏心孚手稿中未知有此草稿否,如能檢出,弟願代爲整理。蓋心孚此書頗費心血,且於學術甚有價值,不可埋没也。前年見二兄時,忘卻提及,弟今正研覈此類史料,因而追憶及此。心孚書弟當時曾節録大綱,兹當避難之時,所携書籍甚少,頗難重輯,若得原稿,弟心慰矣。弟又擬撰《章氏弟子記》,以有著作爲限。心孚家傳碑志作者必多,乞亦檢出賜示,以供撰述,將來可列入民國史也。尊府若有家譜,亦擬拜觀,因康氏得姓頗欲知其源委,以便撰傳記時有所依據。弟於上年春間辭去中央大學史學系主任,改就考試院考選委員,兼國民政府國史館籌備委員會總幹事,後因不耐繁劇,辭去總幹事,改任顧問,專事修撰。試院、史館皆在歌樂山,故敝寓亦由黄桷埡移至歌樂山史館附近。然一年以來常罹疾病,故未能趨府暢談,今已康復。二兄如有暇晷,祈約示期日以便趨府一談,並欲觀心孚其他著述,以爲《弟子記》取材。民國三十一年二月十日弟朱希祖白。

編者按:先生與朱倓輯録的《孫吴佚史輯校》,共六卷,未刊,篇目如下:張勃《吴録》、胡沖《吴曆》、環濟《吴紀》、康泰《吴時外國傳》、韋曜《吴書》、虞溥《江表傳》。此六卷殘稿現藏國家圖書館。

四、關於《〈僞齊録〉校補》、《〈僞楚録〉輯補》、《中國史學通論》之出版

編者按:此三部專著均爲先生舊作,一直未曾公開出版。此次出版,均重新做了修訂和增補。《〈僞齊録〉校補》、《〈僞楚録〉輯補》作於1934年,《〈僞齊録〉校補》最初名《〈僞齊録〉校證》;《中國史學通論》爲北大講義,作於1919年,最初名《中國史學概論》。

8月29日,羅香林來,言獨立出版社擬出先生未刊舊作《〈僞楚録〉輯補》、《〈僞齊録〉校證》。

1942年8月30日日記:

香林昨晚回家,言《僞楚》、《僞齊》兩録,獨立出版社可出稿費出版。

9月2日,開始修訂舊作《〈僞楚録〉輯補》。

9月6日,將《〈僞楚録〉輯補》裝訂成兩册,由羅香林交獨立出版社。

1942年9月6日日記:

撰《〈僞楚録〉輯補》目録後記一篇,並抄録編次,計算字數共五萬零三百餘字。至午後四時,裝成二册,付香林交獨立出版社出版。

1942年10月5日日記:

本日收到《〈僞楚録〉輯補》稿費二千元。

9月12日,開始修訂舊作《〈僞齊録〉校證》。

1942年9月12日日記:

開始寫《〈僞齊録〉校證》文四葉,《校勘記》八葉。

11 月 19 日,《〈僞齊録〉校補》全部完成,由羅香林交獨立出版社。

1942 年 11 月 19 日日記:

以《〈僞齊録〉校補》及附録三册交香林,託其轉交獨立出版社經理盧某。

編者按:該書分《〈僞齊録〉校補》正文,《〈僞齊録〉校勘記》、《〈僞齊録〉附録》、《讀〈僞楚録〉〈僞齊録〉筆記八則》四部分。《〈僞齊録〉校補》遲至 1944 年 8 月,方由獨立出版社出版發行。

11 月 2 日,將舊作《中國史學通論》及附録《太史公解》、《漢十二世著紀考》兩篇與羅香林,交獨立出版社。

11 月 24 日,補撰《中國史學通論》自序一篇。

1943 年 2 月 1 日,收到獨立出版社《中國史學通論》稿費兩千元。

編者按:該書 1943 年 4 月獨立出版社出版。

五、其他論著

2 月 5 日,撰《夷越夷濮考》。(未刊)

2 月 18 日至 20 日,撰《蜀王本紀考》。(載《説文月刊》第 3 卷第 7 期,1942 年 8 月)

2 月 22 日,應教育部之請,撰《編纂周史、秦史、南明史計劃書》。

3 月 22 日,爲中央圖書館《圖書月刊》撰新書介紹一篇,介紹日本瀧熊之助撰,陳清泉譯《中國經學史概説》。

3 月 25 日、26 兩日,重撰《審查〈諸稽考〉報告書》。

編者按:去年 11 月 12 日,先生曾接教育部公函,委託審查譚戒甫《諸稽考》,後又受教育部委託審查陳恭禄《中國史》第一册。因嫌前撰之《審查〈諸稽考〉報告書》太繁,又重撰之。

4 月 3 日、4 日,撰《審查陳恭録〈中國史〉報告書》。

1942 年 4 月 6 日日記:

十時寄譚著《諸稽考》,陳著《中國史》,並兩種審查分數單、報告書至教育部學術審議會。

4 月 14 日,改寫舊作《恭謁南明紹武君臣冢記》。

4 月 15 至 18 日,撰《廣州征訪南明史料記》。(載《中國學報》第 1 卷第 1 期,1943 年 1 月)

《〈廣州征訪南明史料記〉序》(《中國學報》第 1 卷第 1 期):

南明史料迭燬於亡清康熙、雍正、乾隆之際，始於康熙初年莊廷鑨之《明史》獄，繼而康熙六年顧炎武之《啟禎兩朝遺詩》獄，誅夷牽連，實繁有徒。於是文字之獄接踵而起，海内遺黎，咸惴惴於藏明季史籍詩文之被禍也，於是著述之觸忌者，不敢刊刻；收藏犯禁者，輒自焚燬。至乾隆時，修《四庫全書》，搜羅愈廣，禁燬彌多，致編成書目，懸爲厲禁。清社既屋，於是此等禁書稍稍流衍。然未刻稿本，孑遺既寡，已刻初版，流傳亦稀。蓋當時刊刻之書，多在弘光、隆武、永曆三朝，南方之淪陷，較遲一二十年，故南獻遺書，刊刻者初無忌諱之懼也。其後禁網愈密，刻書而用三朝年號者誅，著書而記三朝抗虜者滅，於是已刻者刓去年號，剔除忌諱；翻刻者删薙連篇，空匡滿紙。此清季以來重撰南明史者所以絶少成就，而成就者亦不足觀。何也？以史料未備也。民國肇造，余即蓄志於斯，始在北平，積二十年，或徵訪收購，或丐借傳抄，稿本必求其舊，刻本必求其朔，貯之篋司，已數百種，稀有之籍，亦且盈百，如萬斯同之《明史稿》、張岱之《石匱書》其最著者也。竊思南明三朝，皆在南方，弘光奠都於南畿，隆武偏安於福京，永曆轉輾於西南，魯、唐局促於浙、粵，此數地者，乃三朝史料之淵藪，不可以坐致於北方，乃擬次第親歷其地，以憑弔其遺墟，徵訪其遺著。二十一年冬，就廣州國立中山大學教授之聘，乃得謁紹武君臣之冢，求張、陳先烈之書，爲時一年有半，每有所得，輒記之日札。兹者避地東川，藏書南皖，存亡聚散，不可預期，用特薈萃日札，造成斯記，聊以攄鑒往之蓄念，抒憂危之遐思云爾。中華民國三十一年四月二十五日作於重慶歌樂山向家灣寓廬。

4月21日至25日，撰《屈大均著述考》。（載《文史雜誌》第二卷7、8期合刊，1942年8月）

6月1日，重新撰完《西夏史籍考》。（載《説文月刊》第3卷第11期，1943年11月）

《〈西夏史籍考〉序》（《説文月刊》第3卷第11期）：

余嘗謂史學家應超然於國家民族、政治黨派、宗教、學術流别、文藝、風俗習尚之上，至公無私，了無偏倚，乃可盡其天職，合於科學。而吾國史家，好持正統偏安之論，對於己國，則自居宗主，妄事鋪張；對於别國，則儕之藩屬，過於删損。南稱北爲索虜，北稱南爲島夷，觀於南北朝之史，而歎當時史官任情筆削，毁滅史實不少。蓋此等態度在政治家固可權宜偏私，在史學家不宜隨人短長也。

編者按：先生《西夏史籍考》最初撰於1929年，此次重新修訂發表。

9月9、10兩日，改寫舊作《太史公解》，作爲《中國史學通論》的附録。

朱希祖先生年譜長編卷十二

一九四三年(民國三十二年癸未)　先生六十五歲

1月1日,元旦,家人賀年。

1943年1月1日日記:

> 午後二時,大兒來,於是叔範、菊女、大兒、倞兒行賀年禮……傍晚聚餐。夜,大兒爲我整理歷年各種照相片及住處、游歷處風景片,分類包貯,以防遺失。

1月2日,出席考試院院長戴季陶五十二歲生日禮,同出席者爲考試院各委員、專門委員及各部處、司長以上官員,蔣介石亦出席。

1月3日至6日,閱《大學》、《中庸》、《論語》、《孟子》。

1943年1月4日日記:

> 儒家言樂,必先不惑不憂不懼,仰不愧於天,俯不怍於人,不怨天不尤人,而後可臻樂境,所謂君子坦蕩蕩矣。

1月18日,至國民政府開擴大紀念周會。會後,訪沈尹默。下午,參加考試院院務會議。

1943年1月18日日記:

> 晨七時半,乘百年車至國民政府開擴大紀念周會,凡簡任以上文武官員皆到。九時,蔣委員長訓誡三事……二時,至陶園,在沈尹默處晤蔣爲[緯]國,問寫字執筆用墨法,蔣君爲蔣委員長次子。三時開院務會議,五時散會。晚餐後與百年等回山,八時抵家。

1月20日,太炎先生婿朱鐸民來訪,一請作《樂清朱氏家譜序》;一請寫汪辟疆信,欲捐國幣一萬元于中央大學國文學系,爲章太炎先生獎學基金。是日,羅根澤來訪。

2月4日,除夕,物價大漲。

1943年2月4日日記:

本日,因限價之故,陰曆除夕農工商過年買不到牛羊豕肉,一切物價反爲漲價。

2月7日,爲設章太炎獎學基金,致信中央大學校長顧孟餘及中文系主任汪辟疆。

2月11日,馬寅初來訪。

1943年2月11日日記:

傍晚馬寅初來,託寫信黄桷埡廣益中學校長楊芳齡,介紹其長子本善,欲插入高中二年級。

2月14日,接中央大學校長顧孟餘、中文系主任汪辟疆復函,及太炎先生獎學金規則。

2月15日,六十五歲初度,家人設宴慶祝。是日,寫朱鐸民信,並附去獎學金規則。

2月18日,閱《方望溪文集》。中央大學校長顧孟餘辭職,蔣介石自兼校長。

1943年2月18日日記:

閱《方望溪文集》。望溪之文,晦澀而無氣;亭林之文,理達辭潔而氣軒舉,惟間有駢句,覺稍雜耳……本日,中央大學校長顧孟餘辭職照准,蔣委員長自兼校長。

2月28日,考選委員會行紀念周禮,先生講演"慎言條理及知言方法"。

3月2日,訪弟子王調甫,時王將赴安徽屯溪,任浙江皖南專賣局長,先生亦擬隨其赴屯溪隆阜曬書。

1943年3月2日日記:

晨八時,至重慶村八號王調甫處,談約半小時,因調甫將赴安徽屯溪爲浙江皖南專賣局長。問其乘軍用機去,抑由公路去。余亦擬赴屯溪隆阜曬書也。

編者按:先生"擬赴屯溪隆阜曬書"後未果。

3月3日,接朱鐸民夫人章太炎女兒章㠭來信。

3月5日,孫世揚、王仲犖來訪,宿於先生寓。

1943年3月5日日記:

孫鷹若、王仲陸偕倞兒來，時有小雨，乃補行午餐。仲陸亦嘗從太炎先生問學，浙江餘姚人，今爲中央大學國文教員，著有《後周六典》。後周官名，舊史記載不全，仲陸以《周書》、《隋書》、《唐書》、《通典》及周、隋、唐文集、碑版補之，用工甚勤。午餐後，相與談至夜深始睡。

編者按：先生日記中，王仲陸實爲王仲犖。

3月6日，孫世揚爲先生診脈，時咳嗽兼有腹疾。同日，被簡派爲三十二年(1943年)高等文官考試初試典試委員。

3月9日，開三十二年高等文官考試初試典試委員會，陳百年爲試務處長，陳立夫爲典試委員長。

3月10日，致信汪辟疆，説明太炎獎學金辦法，並附去章珏信。

3月11至13日，摘録《入華耶穌會士傳》中南明史料。

3月14日，抄録陳垣所撰《陳于階傳》。

1943年3月14日日記：

抄寫《益世報》副刊所載陳垣撰《陳于階傳》，約四千餘字，亦南明至重要史料也。

3月15日，至考試院開院務會議。出高等文官考試及普通文官考試本國史地考試題。

3月16日，繼續出題，並親自謄寫，密封交與考選委員會。

3月18日，患眼疾，至醫院診治。

編者按：據先生日記，從3月18日至4月3日，幾乎每日都有"醫眼"的記録。

3月24日，中國史學會成立於重慶，先生被選爲理事，但因病未出席。

1943年3月24日日記：

上午九時至醫院醫眼疾。本擬乘車至兩浮支路中央圖書館開史學會成立大會，因心中不豫，不果。閲韓昌黎五古消遣。午後賦詩一首録於下：

觀群兒放紙鳶

紙鳶得時捷，浪逐春風高。一兒綰其繩，箏聲鳴九皋。群兒爭慕之，仰視翔以翱。歸家剪綵紙，綆短不能豪。如鳥或如獸，如鯨或如鼇。名同製已異，標新譽時髦。雲路縱空闊，衆繩若競艚。有時勢交互，翻跌相怒號。挑達在城闕，疇能將其曹。時過氣已變，誰與順鴻毛。真鳶正冥冥，萬里逞游敖。

1943年3月25日日記：

閲報，知昨日史學會開成立大會，余亦被選舉爲理事二十一人之一。政客藉以招權，不過拉老夫爲其張旗傘、裝門面而已。

桑兵《二十世紀前半期的中國史學會》(《歷史研究》2004年第4期)：

(3月24日)由大會選出的中國史學會職員，有理事21人：顧頡剛、傅斯年、黎東方、雷海宗、徐炳昶、陳寅恪、金毓黻、錢穆、朱希祖、吴其昌、胡適、繆鳳林、柳詒徵、姚從吾、沈剛伯、黎錦熙、衛聚賢、蕭一山、張其昀、陳安仁、陳訓慈。候補理事9人：羅香林、陳衡哲、王芸生、方豪、賀昌群、陸懋德、丁山、張西堂、向達。監事7人：吴敬恒、方覺慧、張繼、蔣廷黼、吴俊升、蔣復璁、鄒魯。候補監事3人：陳東原、王訓中、蒙文通。3月26日下午2時，如期召開中國史學會第一次理監事聯席會議，共選舉常務理事9人(照章只應5人)：顧頡剛、傅斯年、黎東方、朱希祖、繆鳳林、陳訓慈、衛聚賢、金毓黻、沈剛伯；常務監事3人：吴敬恒、方覺慧、蔣復璁，並推定黎東方兼任中國史學會秘書。

……

組建中國史學會以統一學界，推動學術，原是顧頡剛的夙願，然而，當這一天終於來臨時，他卻感到極其不快，在日記中寫道："此次中國史學會之召集出於教育部，電滇黔粤各校教授前來，花費殆十餘萬。説教部提倡學術，殆無此事。有謂延安正在鼓吹史學，故辦此以作抵制，不知可信否？予與今教長(按：陳立夫)惡感已深，本不想參加，又恐其作强烈之打擊而勉强出席。然開會結果，予得票最多，聘作主席，揭諸報紙，外人不詳其實，遂以爲我所倡辦矣。使教部肯出錢、許作事，則我擔負其責固無不可，若只爲掛牌子計，並不想作事，更不許我作事，則我代人受過亦何必。觀黎東方此次搶作秘書，致演笑柄，真使我寒心也。以我猜測，此事恐係蔣委員長發條子與教部辦者，條子上舉我名，故彼輩不能不推我出來，俾好向委長報銷。觀於史地教育會部發新聞，不列我名，可知部中仍排斥我。"

顧頡剛的不滿，有與陳立夫不和的背景，固然是一面之詞，但也反映出當時學術團體存在着成爲黨派政治工具和個人爭權奪利的砝碼的危險，爲後來學界的演變開啟惡端。……

胡逢祥《現代中國史學專業學會的興起與運作》(《史林》2005年第3期)：

從官方的立場看,出錢推動這樣一個全國性學會的成立,實現對學術界控制的目的自然要較發展學術本身重要得多。這一點,明眼人都看得很清楚。事實上,對官方操縱此事表示不滿的,在當時遠不止顧頡剛一人……

3月27日,弟子、北京大學史學系主任姚從吾來謁。同日報載先生被推舉爲中國史學會理事會常務理事。

1943年3月27日日記:

上午九時,姚從吾、傅振倫來。姚君新從昆明來,與開史學會及三民主義青年團代表大會。暢談别後狀況及爲學經驗,共進午餐,三時去。閲孟東野詩一卷。閲報,知余又被選爲史學會常務委員九人之一。

3月28日,作《太史公》詩兩首。詩如下(引自先生日記):

太史公

馬談次舊聞,欲大春秋軌。古史已放紛,漢興復無紀。平心論六家,公道昭千祀。史事所網羅,必然到百氏。秉此良史才,多聞必協理。惜哉漢家封,留滯周南趾。恨不與從事,發憤且爲死。封禪何足道,直屬兒戲耳。棄兹千秋業,殉彼一朝恥。

馬遷何不肖,乾没父舊聞!暖姝守一師,斠若鴻溝分。不協於六藝,考信必鋤耘。道家史大宗,終始陰陽存,皆以不經斥,搢紳所難言。墨子百春秋,徵引豈無源?三晉多良史,名法亦有根。皆以異端棄,並其事弗云。五家既如此,百氏更何論?其言不足取,其史應可尊。抹殺百代事,何異秦皇焚?卓哉班孟堅,人表抉其樊。

4月1日,接衛聚賢信,請加入説文社發起人,復信允之。是日,接中國史學會信,定4月5日午後二時開常務理事會。本日賦詩兩首,詩如下(引自先生日記):

自　嘲

不與人物接,不爲山海游。終生伏几案,天地一書囚。

有　感

一堂合仇讎,權勢甘於醴。低頭向小兒,不值五斗米。

4月2日,賦詩一首,詩如下(引自先生日記):

看　山

風静山黏天,雲湧山浮海,變態任風雲,山形終未改。

4月4日,撰《建議教育部請在國立各大學分設中國分代史講座以備完成中國通史案》,以備在中國史學會常務理事會議上提出。

《建議教育部請在國立各大學分設中國分代史講座以備完成中國通史案》(《朱希祖文存》,上海古籍出版社,2006年,342頁):

中華建國,已三十餘年,而國内無一部完善之中國通史,斯固吾史學界之遺憾,抑亦過去設備未完善,而又無計劃以培植人才之所致也。蓋中國歷史甚悠久,而史料甚豐富,非一人之精神財力所能網羅整理。自民國初年以來,國立各大學史學系畢業者,人才非不多,約計當有數百人,散在各方。奔走衣食者,無暇及此,往往改業;有志史學者,又因國内無完善之圖書館,以供參考,既分心於職業,又無力以聚書,望洋興歎,因而輟業者多矣。此所以能勝此任者少也。且欲整理通史,非先整理分代史不可,國人亦多注意及此。然有三難:其一,一代史料,欲藉一人之力,網羅無遺,勢有所不能,即能矣,則其人積數十年心力,幸而粗備,其人已耆而憊矣;欲加整理,成而爲史,則已歲不我與。如韓泰華之於元史,張金吾之於金史,韓僅成《元文選》十集,刊未成而其目已佚,張僅成《金文最》一百二十卷。不特元史、金史終未告成,即其所得史料,亦散失靡遺。若蒐羅史料之事,國家爲之負擔,則其史成就匪難。即此人不能成,而史料具在,他人亦能接踵繼起,則安有不成之理?其二,不能分工合作,往往同時重疊爲之,各廢全力,而所得史料皆不完備。如柯劭忞之《新元史》,屠寄之《蒙兀兒史記》,敝帚千金,各以自享。若國家爲之提倡,群策群力,供給史料,則史料既能完備,而彼二人即可各成一不同時代之史,事半功倍,而作史之年限,亦可縮短矣。其三,今之史學,已成爲獨立之科學,非有四種條件,不能成爲完全之史學家:非學過社會科學及歷史哲學與史學方法,則歷史觀點無由建立,而史料之去取無標準,所重所輕,往往失宜;非專學過本國、外國通史,則歷史進化之階段無以明;非專通一時代之史,而讀此時期之書十年二十年,則所見不廣不深;非有相當之文章修養,則不能爲信達雅之撰述。今之學者,能多讀書,或不明社會科學;能明社會科學,或未能多讀書;能多讀書兼通社會科學,或未能貫通中外通史以資比較;又或文章蕪濫不足以任撰述之責。此真正史學人才,所以非由國家特别培植,不能一旦突然發達也。前賢所做歷史,都不能密合社會科學之標準,所以今日必須重加整理。而整理之人,非具備上述四條件,決不能奏效。及今不籌備培植,則再過十年、二十年,依然不能多得史學完全之人才,則中國分代史及通史之整理,一二十年内,依然不能臻於完善之域。當今東西洋文明各國國史,皆經數百年、數十年之培植人才,蒐輯史料,故另整理就緒;而吾國歷史最悠久,史料最豐富,反瞠乎其後。人世可愧之事,孰有甚於此者?此本建議案所以提出之理由也。

辦法:

(一)中國歷史約分爲十期左右。

説明:中國史之分期俟本會同人討論後,别作議案。

(二)在國立各大學史學系,設備較完善者,分設中國分代史講座。

説明:每一個中國分代史講座,設教授一人、副教授或助教一人。教授所任教課,專任本分代史,每星期三小時,不任其他教課,以便專事蒐集研究撰述。副教授或助教專受教授之指揮,佐理蒐集或編輯史料。所以限於國立大學者,期教育部有特别補助也。

(三)教授資格,須曾畢業於國立各大學史學系之高材生,或留學外國專習史學得有畢業文憑者,而並有相當著作、曾在國立大學任教授三年以上者。副教授或助教,亦須以國立各大學史學系畢業,已有相當成績者爲限。此等人才,將來亦可升教授者也。

説明:上述完全之史學家,須具備四條件。第一條件,即學過社會科學及歷史哲學者。第二條件,即學過中外通史者,此二事尚可於三五年速成。今國立各大學史學系畢業生及留學外國專習史學者,此兩條件大抵粗備。惟第三、第四條件,讀專門書一二十年之久,不可速成,今有補救辦法列後。此項教授、副教授或助教延聘辦法,别作議案。

(四)國立大學既設置分代史講座,須將某分代史之史籍,及其時代之一切書籍與各工具書,儘量設備,其經費不足者,得請教育部特别補助,且各大學須有無互通,互相借閲。其刻本、鈔本難得者,得借以傳抄。各大學設置分代史講座時,宜酌由地理分配,如漢、唐之史最宜於長安、洛陽,六朝之史最宜於南京,宋史宜於汴、浙,元、明、清史宜於北平,然亦不必專拘於此,惟總以相近能直接參觀考察者爲宜。

(五)任分代史之教授、副教授、助教,至少須有五年計劃,循序漸進,不可躐等。

説明:例如第一年,須將二十五史中本分期史句讀一過,其無表志者,須兼閲補志、補表。第二年始分類蒐集材料,製成目録,以備整理。第三年加以精深考訂,融會貫通。第四、第五兩年始編纂成史,以後可逐年補充修正。其歷年成績報告及各項論文,由本會《史學雜誌》發表。教育部每年須派史學家考察其成績一次或二次。

(六)中國分代史,須由本會設一委員會,編一共通條例,以期編纂時體裁劃一,匯爲《中國通史》。

説明:此共通條例,須以社會科學要義爲經,以外國最完善之通史條件爲緯,以立選擇史料之標準。使任教授者,不致浪費精神,不致輕重失宜,去取無法。

(七)本會宜别籌辦法,先編一中國史學論文及史學專著目録,以供各分代史教授等參考。

説明:中國及東、西洋各國各種雜誌中之關於中國史學之考證或論文,依分期史劃定時代,編成目録。其他單行著述之有關中國史學者亦然。其辦法當别作議案。

以上(四)、(五)、(六)、(七)條辦法,即所以補救第三條件之缺陷,蓋(四)讀書不須自己訪求購買,已可省去精力歲月大半。(五)讀書規定次叙,不致躐等欲速,不致徘徊歧路。(六)讀書撰述皆得要領,不致博而寡要,勞而少功。(七)史中各項重大重題,前人已有考訂研究,擇善而從,既省精力,又擴心胸,馴致别有心得,深造而集大成。如此讀書,則前人須費一二十年時間,今得四五年,已可駕乎前人之上矣。

依上計劃,則五年以後,即可造就較爲篤實完全之史學人才一二十人,可成中國分代史十部左右,可合而爲一大部《中國通史》,蓋其編纂體例相同也。然後各大學、各高級中學編中國通史教科書者,乃可提要鉤玄,再加以新意,以成完善之通史。如此,則於中國教育及中國政治、經濟等社會科學,皆有極大之貢獻,此不特中國史學界之幸,亦中國全社會之幸也,所關甚大,未可忽視。本會成立伊始,允宜樹此弘規,以期發揚中國史學,可否由本會建議於教育部,於下學年起,即施行此案,以助國家精神建設。伏祈公決

建議者:朱希祖
三十二年四月五日

4月5日,出席中國史學會常務理事會,提出上述議案。

1943年4月5日日記:

午後二時,至中央圖書館開中國史學會常務委員會,同人推余爲主席,余力讓顧頡剛爲主席,提出《建議案》。時徐旭生、陳安仁、姚從吾、雷海宗、陳嘯江、羅香林亦列席。五時半散會。

4月9日,計劃今後進退取捨之計。

1943年4月9日日記:

計劃此後進退取捨之計,均以積極替消極,具體代空想……閱明代選舉法,此後擬忠於厥職,研究選舉及歷代職官。

4 月 10 日，請許壽裳出普通文官考試地理試題。

4 月 14、15 兩日，出普通文官考試歷史試題。

4 月 18 日，在考選委員會作"研究《通考・選舉》"報告。

4 月 16 至 21 日，點閱蔣介石《中國之命運》。

編者按：時國防最高委員會發出代電，要求全國各級機關、各級黨部、各大中學校、各戰區官兵研讀《中國之命運》，考試院要求本院工作人員於月底前交出研讀報告。

4 月 19 日，晤沈兼士於考試院，並詢北平舊友狀況。

編者按：沈兼士抗戰期間滯留北平，秘密組織抗日團體——"炎社"（後改名爲"華北文教協會"，受國民黨教育部領導，沈兼士爲主任），公開身份則是輔仁大學文學院院長，後爲避日寇抓捕，1942 年 12 月秘密從北平出，輾轉取道西安，於 1943 年 4 月到達重慶。

4 月 22 日，陳百年邀宴沈兼士、沈士遠、許壽裳及先生等。

1943 年 4 月 22 日日記：

與堅士、季茀暢談。六時，百年邀夜讌，同席者有季茀、士遠、堅士。

4 月 24 日，宴沈兼士。

1943 年 4 月 24 日日記：

十一時，讌沈堅士，並請百年、士遠、季茀作陪。

4 月 25 日至 28 日，撰《恭讀〈中國之命運〉後的感想和建議》。

5 月 1 日，至考選委員會交《恭讀〈中國之命運〉後的感想和建議》。開法規委員會考選組委員會。

1943 年 5 月 1 日日記：

上午，至考選會交前作，乃同僚多未撰成，乃暫收回。始歎官場之怠惰敷衍竟有如此者。十時，開法規委員會考選組委員會，在會午餐。二時續開，四時散會回家。

編者按：先生《恭讀〈中國之命運〉後的感想和建議》草稿殘頁存其後人處。

5 月 3 日，至考試院開法規委員會，審查《保舉議案》。

5月18日,接弟子姚薇元自貴州大學來信,請爲其《北朝胡姓考》作序。

5月21日,至考選委員會,開會審查《考選處組織條例》。

5月24日,與長子偰游北碚。

5月25日,至考選委員會開會,通過《考選處組織法案》。

6月14日,長子偰之長子、先生第二孫元曜夭折,年僅六歲。

1943年6月15日日記:

大兒述昨日下午六時,渝孫夭逝,病爲結核腦膜炎,已逾二十日左右矣,爲之悲淚。

6月15日,至中央黨部講演"中庸中和説"。

6月17至20日,閲高等文官、普通文官考試試卷。

6月21日,至資源委員會,講演"新五福論",又至中央黨部講演"孟子仁義説"。是日,徐道鄰來談《唐律》。

6月22日,點閲《漢書·西域傳》。

1943年6月22日日記:

閲《漢書·西域傳上》,因此次高等考試國史題《漢代經營西域之原因及其事略》,閲卷時引起研究西域興趣也。

編者按:此後十餘日,先生閲《漢書》中張騫、李廣利傳及趙充國傳,以及《水經注》中西域水道,考見漢西域各國位置,並讀《禹貢》雜誌中有關西域的内容。

7月9日,作《贈兼士》,詩如下(引自先生日記):

新詩流豈弟,舊侶豁胸襟。屯厄邠卿第,經綸賈傅心。蜀山千疊遠,燕樹萬重深。一洗無窮滯,聊爲梁父吟。

7月12日,至考試院開高等文官、普通文官考試典試委員會,填榜揭曉。同日,羅香林、朱焕堯先後來談。

1943年7月12日日記:

晨七時半乘考選會車至陶園(兼士同車進城),開高、普考典試委員會,填榜揭曉。中午讌典試委員。香林來談,有人擬推舉我爲國立南洋研究院長……夜朱焕堯來,談中大蔣以"先生不像先生,學生不像學生"面辱教員、院長,辭職者多。

7月16日,致信三子僑,爲新生孫取名元景,元景爲朱僑次子。

7月26日,四子倞患傷寒入醫院治療。同日,接次子侃來信,報告已與周姓女結婚,且已生一女一男。

1943年7月26日日記:

午後一時,倞兒似傷寒,因進中央醫院第六病室治療。收……備兒信,報告已取周氏,生女一男一。

1943年8月3日日記:

上午,寫備兒信,爲其長女取名元晏,字孟姬,小名婉;長子名元昕,字孟熹,小名汶。

7月31日,長子偰第三子元昊夭折。

8月1日,國府主席林森逝世。

8月7日,參加公祭。

8月8日,顧頡剛來訪。

顧頡剛1943年8月8日日記(《顧頡剛日記》,臺灣聯經出版公司,2007年):

到朱逷先先生處。

8月14日,三子僑自浙江來重慶,就緝私署會計主任職,上山省親,先生頗爲欣慰。(《年譜》)

10月2日,次女倓舉孿生子,先生賜名曰成、曰康。(《年譜》)

11月26日,張繼來訪,閒談史學。

張繼1943年11月26日日記(《張溥泉先生回憶録·日記》,文海出版社,1985年,136頁):

晚間到逷先處閒談,逷先示以倭覆刻宋崇寧本《大唐西域記》,極佳。伊現在研究"唐代吐蕃"。《新唐書·西域志》詳於《舊唐書》。《新唐書》多取材於《大唐西域記》。(党項,音貢,即唐古特。)逷先推崇漢文帝爲喪禮革命家。兩漢不行三年喪,不止帝家而已,即士大夫家亦然。翟方進所云,即其證。又云陳寅恪雖精於史學,立異好奇,以唐太宗、明成祖非中國人之類,正其短處。

12月2日至5日,長子偰受任爲高等文官考試典試委員,赴歌樂山閲卷,時來省親。(《年譜》)

12月4日,與長子偰談將來設置圖書館之事。

朱偰1943年12月4日日記：

午後赴向家灣謁父母，談將來設置"滌軒圖書館"，仿天一閣制，以垂久遠計劃。吾家藏書極富，將來決繼續搜集，以成一家之言。

朱偰《先君逖先先生年譜》(《文史大家朱希祖》，學林出版社，2002年)：

(十二月)四日，(偰)請命於公，擬於將來聚集南北藏書，設立酈亭圖書館，仿天一閣制，以垂永遠，公頗表贊同。

12月15日，張繼來訪，論當時之歷史學者。

張繼1943年12月15日日記(《張溥泉先生回憶録·日記》，文海出版社，1985年，143、144頁)：

訪逷先，論今日之歷史學者，約分兩派：一、致用派，亦謂教育派，如柳貽謀、繆鳳林等；一爲考證派，内分兩支，一爲懷疑派，如顧頡剛、陳寅恪等；一爲證據派，如錢穆等。兩者比較，以錢穆爲穩妥。至若文學的歷史家，自太炎、壬秋歿，未見繼起。有史識而兼能文，不易得也。爲國史館計，當先開訓練班，陶養史才幹部，方可勝任。

本年，常在病中。

本年論著(凡在上文中提到者不贅)：

一、《中國最初經營臺灣事略》

1月7日，閲《大公報》，該報言美國人主張劃臺灣爲委任統治地以防禦日本，該報主張勝後宜歸還中國，但所舉史實不充分，先生撰《中國最初經營臺灣事略》以補充之。(載1月9日《大公報》)

1月16日，作《補充中國最初經營臺灣事略》。(載2月2日《大公報》)

二、《朱氏源流》等有關姓氏的論著

1月20日，朱鐸民來，請爲浙江樂清朱氏宗譜作序。

1月21日，尋檢朱鐸民家譜稿件並舊考朱氏得氏原始筆記。

1月22日，開始撰《朱氏源流考》，至31日始成，共上中下三篇。(收入臺灣版《朱希祖文集》)

2月3日，爲朱鐸民撰《〈瑶川朱氏宗譜〉序》。

2月21日，作《邾事雜考》，考史上邾國歷史。

1943年2月21日日記：

司馬貞不特補《三皇本紀》，且補《許邾世家》矣，惜《世家》今已不傳，余頗擬補《邾世家》。

3 月 9 日，撰《越王勾踐之後姓騶氏非姓駱氏辨》。

三、《吐蕃國志》、《吐蕃種族考》及其他西南地理研究的論著

7 月 28 日，閲《通鑑》中有關吐蕃事。

7 月 30 日，集唐吐蕃併吞各國，如吐谷渾、黨項、羊同等。

7 月 31 日，集《通鑑》吐蕃材料。

8 月 1 日，繼續集《通鑑》吐蕃材料。

8 月 2 日，開始撰《吐蕃國志》初稿。

1943 年 8 月 2 日日記：

午後寫《吐蕃國志》初稿四葉。

編者按：羅香林在其《朱逷先先生著作目録》中有《吐蕃國志(初稿)》四卷，並加按語曰："此書未及完成，即以病擱筆。"後此四卷未完稿於 1973 年由香港珠海書院以油印本形式刊行。

又按：先生另有《吐蕃種族考》未完稿，後經羅香林整理收入臺灣版《朱希祖文集》。

羅香林《〈吐蕃種族考〉附識》(《朱希祖文集》，臺灣九思出版有限公司，1979 年，1949 頁)：

先外舅朱逖先先生於民國三十二年着手撰《吐蕃國志》，未及成書，遽嬰病擱筆。《吐蕃種族考》爲筆記式之短文，亦僅寫至駁《蒙古源流》一段爲止。兹以整理朱先生遺著，爰將當日朱先生所示未完成之稿，爲補綴二段。其能與朱先生原意相符否，實未敢知。如不符焉，則香林之過也。三十七年五月二十日羅香林敬識。

編者按：在先生的未刊文稿中，與吐蕃有關的還有：《西藏文字製作時代及人名考》、《西藏名土伯特考》，《唐代出使與征討吐蕃人物考》、《党項山即雪山考》、《黑党項所居地域考》、《黑党項所居赤水爲洮水考》、《雪山党項地域考》、《唐白狗國地域考》等。

11 月 10 日，撰成《新唐書西域傳東女國疆域辨誤》、《駁唐會要誤合東女羌女二國爲一國又分東女一國爲二國辨》二文。

編者按：先生後將此二文合爲《唐代西南地理研究》，登載於《説文月刊》第4卷合刊本《吴稚暉先生八十大慶紀念專號》(1944年5月出版)。

四、《黄花崗烈士傳》

《黄花崗烈士傳》，未刊，手稿101頁藏國家圖書館。分爲《目録》、《黄花崗七十二烈士碑記考》、《辛亥三月二十九日廣州革命之役烈士傳》、《辛亥三月二十九日廣州革命失敗後黄興、胡漢民之海外報告書》。

編者按：張繼1943年12月7日日記、先生1943年12月15日致羅香林信，均提到此事。

張繼1943年12月7日日記(《張溥泉先生回憶録·日記》，文海出版社，1985年，141頁)：

晨，朱逷先來訪，云擬撰三月廿九日七十二烈士之考訂，因藏有南洋當時刊物二種，記載該役最詳，與海濱所撰之内容多不相同，欲爲校正。容暇時尋出，甚幸事也。

1943年12月15日致羅香林：

近晤張溥泉，談及辛亥三月二十九日廣州革命事，余以爲黄花岡所葬七十二烈士碑所載者有不葬於此中，葬於此中者其名有不列於碑，當重爲考訂，撰一傳記，彼允由黨史編纂處供給材料。

五、其他論著

1月13日，撰《答汪旭初代柳亞子問南明史事書》。

5月11日至14日，撰《我對於愛恨悔的看法》，以駁蕭一山。

1943年5月10日日記：

傍晚，閲《大公報》社論，有蕭一山文一篇，中有貴少年而賤老年語，竟斷章取義引孔子"老而不死是爲賊"，此種不通之小子謬妄如此，而《大公報》爲之登載，真所謂一丘之貉矣。

1943年5月17日日記：

香林來，囑其將《我對於愛恨悔的看法》一文交《大公報》登載。

編者按：先生《我對於愛恨悔的看法》草稿存其後人處。

一九四四年（民國三十三年甲申）　先生六十六歲

1月1日，赴考試院參加新年團拜，因體力不支，始悉患腸胃病，亟歸向家灣休養。（《年譜》）

朱偰1944年1月2日日記：

Ella及寧、靜二女本日上歌樂山賀年……燈下Ella偕二女歸來，據談家君除夕患腸胃病，尚未痊癒。侃、僑、倞三弟皆在山上云。

1月8日，張繼來訪，談整理中國歷史原則並漫談史事。

張繼1944年1月8日日記（《張溥泉先生回憶録·日記》，文海出版社，1985年，146頁）：

八日，由亞光寺來國史館，關於整理中國歷史，擬具數條原則。

一、本諸春秋大義，内中國而外夷狄。

二、本諸顧亭林、章太炎史學精神，宋明之亡，直書爲中國亡。

三、北魏、北周、遼、金、元、清之史，列於正史之外，只可於事實上認爲閏史。明江西鄧元錫著《函史》，不列遼、金、元，是謂良史。

四、凡不在異族朝廷任官職者，方得謂世家。

五、民國歷史，以總理孫先生爲正統。

六、本春秋：夷狄進於中國者則中國之，中國而進於夷狄者則夷狄之。（如朝鮮、安南乃以夷狄而進於中國者，劉豫、張邦昌、汪兆銘則以中國而進於夷狄矣。）

持之訪朱逷先君，與之商榷，彼以爲然，惟第四條目下中國去封建已遠，無世家可言。國史立傳，凡其先人或其本人，曾在異族政府供職者，不必提及。所見亦妥。互談史事。余曰司馬温公《資治通鑑》，朱子《通鑑綱目》，對於夷夏之辨不清楚。以二公之賢，尚且如斯，其他可知。故終亡於胡元。朱以爲然。余曰宋亡之後，九十年間，不多見漢人起義抗胡。朱曰清朝人已毀滅之矣。明季學者，對於種族之見，格外認真。如魯王時代，吏部尚書吴錫人，著《正統論》，謂亂臣賊子勝於强盗，强盗勝於夷狄，列夷狄爲最下最賤，直盗賊、亂臣賊子之不如。如王莽、曹操等亂臣賊子，固勝於夷狄，李自成、張獻忠等强盗，亦勝於夷狄。余曰以司馬温公、朱元晦之賢，修史而不辨别華夷，推其原因，君主思想，入毒太深，以爲國家不可一日無君，中國正統雖亡，夷狄爲君，亦可得一日之安。如王通之類，持此謬見,故見斥於顧亭林。逷先亦以爲然。談及夷狄之有君,不如諸夏之亡也。逷先曰:皇侃《論語正義》,解爲夷狄雖有君,不如諸夏之無君。其書由倭傳來,後經清人削竄。素夷狄,行乎夷狄,僅可講爲到夷狄去,只好隨其風俗。後儒之媚異族者,認爲夷狄爲君,只好變爲夷狄了。余曰這是大笑話。朱子引程子解"夷狄之有君不如諸夏之無",曰:夷狄且有君長,不如諸夏之僭亂,反無上下之分也。正屬曲解。且抑華而揚夷。余又曰:今之撰行述,或撰墓碑志者,或贊揚其先人如何在異族朝廷任官職,無異於漢奸之子孫稱揚其祖若父如何爲倭奴效力,而背叛國家民族也。不爲貳臣,則爲貳民;不爲賊子,則爲賊孫。余又曰:明季學者對於民族認識清楚,由於朱洪武驅逐胡元。明亡之後,二百餘年,文人之口誅筆伐,文字之獄,層出不窮。民間會黨結社,舉義旗,謀光復,前仆後繼。如朱一貴臺灣之役,林清闖官之役,王倫清水之役,王三槐川楚之役,洪秀全太平之役,僅其著者,其他東鱗西爪,仁行義舉,二百餘年繼續不斷,皆有線索可尋。逷先允鈔明人某之《正統論》遺我。逷先曰:太炎爲人撰墓銘,亦有叙其清代官職者,然墓志文不過應酬文字,稍爲通融耳。余意乃美中之不足。

1月9日,長子偰來省。

朱偰1944年1月9日日記:

上午搭長途汽車赴歌樂山視家君病。山上寒甚,空氣稀薄,老人貧血,心脏衰弱,故感呼吸困難。擬勸請入城小住兼就名醫診治。

1月11日,因心肺病入中央醫院治療。

朱偰1944年1月13日日記:

接母親來信,家君已於一月十一日進中央醫院,據診查係肺病引起心脏病,須住醫院治云。

1月16日,醫院方面抽出積水,病果稍愈。(《年譜》)

1月20日,病癒出院。(《年譜》)

1月上旬,接教育部學術審查會議委員會來函,委託審查朱文長所著《史可法傳》。先生因病住院,未能立即審查,出院後完成審查報告。

教育部學術審查會議委員會來函(原件,藏先生後人處):

兹據朱文長君呈送《史可法傳》著作品一件,來會申請學術獎勵。素仰臺端對於此項學科研究湛深,特檢同原件及審查意見表隨函奉上,敬請惠予審查。酬金另行匯送。審查完竣,並祈填具審查意見,連同原送作

品，一併擲還爲荷。此致
朱希祖先生。

附著作一份，審查意見表一份。

教育部學術審查會議委員會啟
十二月卅一日

回函（草稿，未署時間和姓名。藏先生後人處）：

逕啟者：一月上旬接到貴會十二月卅一日所寄朱文長君之《史可法傳》一册，囑代爲審查。時僕適患病住中央醫院，出院後病未復原，遂致延擱。今已審查完畢，用特填具審查意見表，連同原作一併寄上。此致
教育部學術審查會議委員會

《對朱文長〈史可法傳〉的審查意見》（草稿殘頁，標題爲編者所加。藏先生後人處）：

朱文長《史可法傳》，商務印書館三十二年初版。

朱文長爲朱經農之子，《傳》首有經農序，稱是書爲其子一本處女作。

本傳分七章：

一、左光斗與史可法　二、外患與内憂　三、崇禎與弘光
四、南朝之不振　五、内有紛爭外來壓迫　六、鞠躬盡瘁
七、死而後已

附録：一、史可法世系表　二、史可法生年考　三、史可法鄉試獲售年代考　四、史可法家書年代考　五、史可法夫人姓氏考　六、史可法薦衛胤文總督高傑遺部辨

一、史可法世系表

據咸豐十一年史致康重刻本《史忠正公集》書末所載保悠編輯《史公本支譜系考》

二、史可法生年考

彭孫貽《甲申後亡臣表》有《史可法傳》

揚州梅花嶺下史公祠内石刻拓本共二十一張。

同□十年趙承恩刻《史忠正公集》卷末第五十二頁《家祭文三》史公元孫於乾隆四十六年辛丑（編者按：下有缺頁）

研究史可法重要參考書尚嫌不足。史可法重要事業全在南都弘光時。弘光時史，以黄宗羲《弘光實録鈔》四卷、李清《南渡録》五卷、温睿臨《南疆逸史》四十六卷爲最要，他若《續明紀事本末》、《明季五

藩實録》、亦多必須參考。書除《南渡録》無刻本(北平圖書館早有鈔本)外,其他清末已多有刻本、排印本,均非難得之書。研究史可法,而不見此數書,何能深刻瞭解?本傳所注引書,無一及此,且誤以李瑶《南疆繹史》爲温睿臨作,不知李僅得温氏《逸史》不全本二十卷而自補之者,遜於温氏遠矣。

《史可法傳》應屬於史學範圍,或用文言或用白話都可。不可作爲小説體,小説屬於文學,不必事事徵實,且可穿插毫無關係文字。現代講學,文學與史學,應嚴格分家,不應真事混合。此《傳》爲小説體,僅能表面描寫,成爲一種通俗讀物,於史學實不能爲深刻分析及綜合之發揮。附録六篇雖有小小考證上之發見,然僅關於生年及家庭等瑣事,於南朝全局興亡關係無所闡明。其分章法,"六、鞠躬盡瘁,七、死而後已",如此分法,亦太幼稚。

研究史可法而不明東林黨與復社之歷史,則其對於馬、阮關係之因果及應付之得失,皆不能明。史公在南朝,因主張拒立福王,遂招致本身政治上之失敗,不能立足於朝,雖督師而受人遥制。因贊成樹立四藩,小之適以鞏固馬、阮之勢力,大之則軍政、民政不分,養成擁兵專主,尾大不掉之勢。南明三朝諸帝,皆爲强藩挾制,不能自有作爲而至於滅亡,遂使南明終於失敗,此史公一生最大之失敗。本《傳》於此種重要諸點,皆不能扼要發揮,實於史學上無大貢獻。認爲不必予以獎勵。

2月4日,陰曆正月十一日,六十六歲生日,家人爲設宴慶祝。(《年譜》)
2月6日,病情加重。(《年譜》)
2月7日,長子偰來省。

朱偰1944年2月7日日記:

上午接叔鄭弟信謂家君病危,因搭長途汽車赴歌樂山,以午刻抵向家灣。家君乃患心脏病,夜間呼吸困難。惟服藥後精神尚佳,余安慰之。勸以静卧養神不可過多思慮。

本月,撰《全唐詩之來源及其遺佚考》(載《文史雜誌》第3卷第9、10期合刊)。
3月5日,病轉趨沉重,再進醫院,施行手術,抽出積水四管,病情略見好轉。(《年譜》)

朱偰1944年3月6日日記:

接復弟信以家君病又趨沉重,囑上山一行。

朱偰 1944 年 3 月 7 日日記：

晨六時三十分起。上午搭長途汽車赴歌樂山，逕往中央醫院第六病室探家君病。至則方在啜粥，精神尚佳。據叔鄭弟言，前日施行手術，從心包絡抽水四管，當時極爲危殆，幸今已好轉云。午偕叔鄭弟至向家灣三十九號……下午仍至醫院勸家君保重身體，弗多憂慮。一切事由吾輩負責，不必勞神，家君首肯。

3 月 18 日，長子偰赴黔桂湘三省，視察專賣業務。4 月 11 日歸。(《年譜》)
3 月 20 日，病小愈出院。(《年譜》)
3 月 30 日，病又轉劇，三度入院。(《年譜》)
是月，四子倞畢業於中央大學地理學系，政府徵爲翻譯，隨軍往駐雲南保山。(《年譜》)
4 月 10 日，病又轉劇。

朱偰 1944 年 4 月 15 日日記：

十時赴七星崗車站搭長途汽車赴歌樂山，先至向家灣謁見母親，午飯後赴中央醫院省家君病。據云本月十日最爲危險，一切後事皆已咐囑，母親在旁痛哭不已，聞之傷心。幸現已好轉，當請其安心修養毋勞心神，以圖痊癒。

4 月 24 日，病小愈出院。(《年譜》)
是月，三子僑入鹽務總局供職。(《年譜》)
5 月 3 日，長子偰來省。

朱偰 1944 年 5 月 3 日日記：

上午乘汽車赴歌樂山視家君病，現已康復甚多，惟尚未痊癒仍須休養。

6 月 13 日，病又趨沉重，四進醫院。(《年譜》)

朱偰 1944 年 6 月 14 日日記：

仲嫻姊從歌樂山來，言父病又趨沉重，已入醫院，爲之焦灼不已，擬日内上山探視。

6 月 18 日，長子偰來省。

朱偰 1944 年 6 月 18 日日記：

(借會計處車與也徽)逕駛歌樂山。先駛向家灣登堂拜見老母,繼駛中央醫院視家君病。日來腫脹漸消,病況已趨好轉……爲之欣慰。余勸以静卧養神,勿操心勿勞力,過夏至節後當趨康復,家君首肯。

6月21日,病小愈出院。(《年譜》)

6月24日,長子偰來省。

朱偰1944年6月24日日記:

上歌樂山赴向家灣謁雙親。家君病已轉佳,爲之欣慰……燈下談天早睡,輾轉難眠。聽家君呻吟聲,更令人難入睡。至二時始朦朧睡去。

6月25日,爲舊曆端陽節,家人聚宴。

朱偰1944年6月25日日記:

午在家君處共餐,同慶佳節。並談今後辦法。家君年老多病,母親亦已六十有七……擬於暑後遷至化龍橋(就余),或山洞(就叔鄭弟)云。

朱偰《朱逷先先生訃告》(朱氏家印本):

本年農曆端陽節,猶共家人談笑,籌劃抗戰勝利後聚集藏書及卜築退休之計。

6月29日,氣喘復發,五進醫院(上海醫學院附屬醫院)。

朱偰1944年7月2日日記:

接叔鄭弟信,家君病又趨危急,五度入醫院,心中爲之焦灼。

7月1日,二子倓率眷自北碚來省。(《年譜》)

7月5日,病情惡化,下午五時四十分逝世於上海醫學院附屬醫院。

朱偰1944年7月5日日記:

下午六時十分,忽接歌樂山上海醫院來電,告家君已於本日午後五時四十分逝世……嗚呼傷哉。念家君一世辛苦,未稍享受,終生勤勞,訓誨余等成人立業。今余弟兄幸能各自成立,而家君竟捐棄余等長逝,欲報之德,昊天罔極,嗚呼痛哉。乃急赴菸類專賣局覓車不得,遂先歸化龍橋寓,失聲痛哭,夜悲哀過度,失眠。

7月6日,下午四時,親屬及好友至上海醫學院附屬醫院送先生入殮。

朱偰1944年7月6日日記:

四時赴上海醫學院太平房爲先君大殮。考選委員會自陳、沈二委員長以下來者數十人。家族瞻仰遺容,慈祥宛如睡去,蓋先君德業文章皆無遺憾,故生死之際亦無戚容也。殮畢來賓公祭。

許世瑛《先君許壽裳年譜》(陳漱渝《現代賢儒》,台海出版社,1998 年,324 頁):

七月六日,下午四時,赴上海醫學院附屬醫院,送朱逷先先生入殮。

侯紹文《朱逖先先生之遺範》(《朱逷先先生紀念專號》,《文史雜誌》第 5 卷第 11、12 期合刊,1945 年 12 月):

先生歿於歌樂山上海醫學院附屬醫院,患心脏病,余曾探視於醫院。時先生終日靠背而坐,已不能卧,相見之下,慈祥滿面,和煦如春,諄諄告語,似恐人離去者。余恐先生過度勞神,抽身欲走,而先生頻頻點首留坐不已,至今思之,不禁黯然。大殮之日,會中同人均往弔唁,歸途與陳念中先生説:賢者國之寶也,天不憖遺,不使爲國人傳道解惑,在國家今後似應規定凡耆儒碩彦,每至晚年,則勿使其參加政府或地方工作,應厚其廪餉,供應於清雅場所,將其一生經歷或特殊心得,認爲係屬發明,可以信今傳後者,盡筆之於書表,後人觀書覽表,得其經驗,免再自已嘗試,多耗一番精力,是亦國家發揚文化,增進學術之一方法也。先生學貫大人,發明至富,惜以播遷關係,未克將所擬著之國史與南明史等及時完成,言念及此,彌深景悼也!

7 月 7 日,本定本日出殯,因大雨未果。(朱偰日記)

7 月 8 日,家人及親友陳百年、沈士遠等至醫院送先生出殯,暫奉厝於歌樂山向家灣公路南面山上。

朱偰 1944 年 7 月 8 日日記:

晨六時起,上午部署一切,九時偕仲陶弟攜坪兒、婉兒、佑弟先往(醫院),賓客已陸續來到(陳百年、沈士遠等),家屬後至。在靈前設祭,時家母以下余夫婦、仲陶弟夫婦、叔鄭弟、佑弟、仲嫻姊夫婦、坪兒、婉兒、汶兒、成甥皆在場。繩先侄亦至。祭畢乃扶柩出發,穿行田間,余奉靈位,仲陶弟執幡前導,樂隊開路,執紼者三十餘人。暫奉厝於向家灣公路南山上,面向歌樂山,地頗高燥。午刻歸向家灣安設靈堂。

先生逝世後,友朋及門弟子紛紛表示哀悼。

張繼 1944 年 7 月 5 日日記(《張溥泉先生回憶録·日記》,文海出版社,1985 年,164

頁)：

朱希祖(逷先)病逝上海醫院。良友喪失,史家凋謝,不勝慨歎。

汪東1944年7月24日致馬君武(原件藏香港大學圖書館)：

書祇悉逷先先生凶聞,得訊較遲,過歌樂山時尚欲往候,而不知其已作古人也。心中哀疚,如何可言。

中央圖書館籌備委員會主任蔣復璁分別於7月6日、7日致函朱偰、羅香林唁問,並慨允在中央圖書館舉行公祭。

蔣復璁1944年7月7日致羅香林(《羅香林論學書札》,廣東人民出版社,2009年第378頁)：

香林尊兄大鑒：

昨日閱報,驚悉令岳病故,曷勝惋悼,當即致函伯商兄慰唁。承枉顧,失迓爲歉。伯商兄欲定八月六日在敝館設奠,自當遵辦,惟過去在此設奠多用公祭方式,故乞兄轉商伯商兄,用公祭啟事,不用訃聞,如用訃聞,則不寫設奠,而另登公祭啟事,以敝館只能借作公祭場所,而不便借作弔奠之所,如廟宇飯莊。想伯商兄必能瞭解也。匆匆復,即請

大安

弟蔣復璁拜

七月七日

傅斯年1944年7月12日致信朱偰、羅香林(《羅香林論學書札》,廣東人民出版社,2009年第379頁)：

伯商、香林兩先生□□：

報載逷先先生遽作古人,何勝驚悼。緬想逷先先生在史學上之建樹,當世無多,誠足以上追前賢,下示來許。今竟不及見中原之定,傷何如之。讀報震悼,言不盡意,敬乞代向師母大人及諸師兄、姊前致鄙意,無任感荷。專此奉弔。敬問禮安。

弟傅斯年謹啟

七月十二日

金毓黻1944年7月14日日記(金毓黻《靜晤室日記》,遼瀋書社,1993年,第5601頁)：

用快郵唁問朱逖先師遺族。

中央研究院歷史語言研究所7月15日專函唁問。

朱偰1944年7月15日日記：

接中央研究院歷史語言研究所唁信。

陸詠沂(懋德)1944年8月17日致羅香林(《羅香林論學書札》，廣東人民出版社，2009年第382、383頁)：

香林老弟：

□覽手書，得悉令岳仙逝，老成凋謝，驚悼何如。奉上哀詩一首，以表微意而已。容再撰文紀念，送登《説文》或《文史》可也……令岳有南明史，如已定稿，可以問世矣。專復，即頌

公祺！

詠沂敬復

八月十七日

悼朱逖先教授

卅年講授聲名遠，七載流亡老病侵。國土未還身已渺，一編明史見深心。

陸懋德

8月8日，友好假中央圖書館舉行公祭。國民政府主席蔣中正特頒輓詞"淵衷碩學"，各界贈送輓聯凡三百餘幅，考試院院長戴季陶親臨主祭，與祭者有吴敬恒、陳百年、沈士遠、沈鈞儒、陳立夫、張忠道、潘公展、狄膺、梁寒操、俞鴻鈞、張繼(代表)、朱家驊(代表)等三百餘人，極一時之哀榮焉。

《公祭朱希祖》(《中央日報》1944年8月9日)：

【中央社訊】公祭史學家朱逷先先生希祖典禮，八日上午九時，在中央圖書館舉行。蔣主席特頒輓詞，題曰"淵衷碩學"，兩旁懸掛各界輓詩輓聯奠帳三百餘幅，及誄詞花圈等，並陳列朱氏遺著遺墨等多件，並歷年照片。到戴院長傳賢、吴委員敬恒、潘委員公展、狄副秘書長膺、梁部長寒操、陳部長立夫等。

朱偰1944年8月7日日記：

(下午)四時開始赴中央圖書館公祭先君會場佈置一切。正中懸先君遺像，上懸蔣主席頒"淵衷碩學"輓聯，左右懸戴、于、孔三院長及張繼、許堪、俞鴻鈞、朱家驊等輓聯。

朱偰1944年8月8日日記：

上午乘人力車進城到中央圖書館公祭先君會場佈置一切，八時祭者先後來場，九時佈置完畢。戴院長季陶親臨主祭，與祭者有吴敬恒、陳大齊、沈士遠、張忠道、潘公展、狄膺、吴俊升、梁寒操、俞鴻鈞、沈鈞儒……會場佈置莊嚴肅穆，公祭開始後，主祭上香、獻花，全體與祭人員行三鞠躬禮，讀公祭祭文：考試院及考選委員會祭文，國史館籌備委員會祭文，中國史學會祭文。再由家屬（參加者有余、Ella、也徽，仲陶，叔鄭二弟，香林姊丈、仲嫻姊，寧、靜、淑三女，坪兒，文、武二甥）答禮。本日天氣炎熱，吴稚老年逾八十，親自前來並親書挽聯，滿頭大汗，不稍畏縮，情尤可感。先君一生努力於學，生前辛苦，卒後得此哀榮，爲人子者稍盡寸心，惜乎先君不克睹矣，嗚呼痛哉……下午到者二人，陳立夫（親至，上午派吴俊升）、王煜。

考試院祭文（《朱希祖文集》第六册附録《朱逷先先生哀輓録》，臺灣九思出版有限公司，1979年）：

維

中華民國三十三年八月八日，國民政府考試院院長戴傳賢等，謹以香花清酌致祭於

朱逖先先生之靈曰：

嗚呼！士風凌替，滄海横流。斯文將喪，有識同憂。緊惟先生，海濱崛起。品重珪璋，質懷杞梓。紫陽餘澤，堂構相承。家傳詩禮，世代簪纓。負笈遠游，扶桑東渡。飽飫新知，勤研國故。餘杭授業，高密傳經。升堂覩奥，致遠鈎深。辛亥鼎革，躬親縣政。惠溥枌鄉，頌興棠蔭。燕都講學，馬帳宏開。殘膏賸馥，霑丐靡涯。咀嚼六經，逍遥百世。光大師門，徽音克嗣。鳩探亡缺，網羅舊聞。批隙導窾，體大思精。考史發微，談經奪席。靈扃既開，壼奥獨辟。懷鉛握槧，提要鈎玄。孳孳終日，兀兀窮年。攬勝關中，尋幽白下。學類梨洲，識同季野。南明博證，汲冢詳徵。名山絶業，炳爍日星。抗戰軍興，播遷入蜀。治學益勤，嗜古彌篤。蘭陔孝養，梓舍崢嶸。東床妙選，玉潤冰清。魯殿靈光，蘭陵祭酒。學究天人，望隆山斗。時方多難，天不憖遺。道山遽返，溥海同悲。一代儒宗，千秋永式。敬薦馨香，靈其鑒陟。尚饗！

國史館籌備委員會祭文（《朱希祖文集》第六册附録《朱逷先先生哀輓録》，臺灣九思出版有限公司，1979年）：

維

中華民國三十三年八月八日,國史館籌備委員會主任委員張繼率全體職員敬以香花清酌之儀致祭於

朱顧問逖先先生之靈曰:

嗚呼!强寇凌逼,奸僞未弭。華夷之防,磨滅誰紀。憶自南都,播遷西蜀。典籍簿書,横失其庫。用是憫之,議續國史。曰維先生,闡精史事。師紹餘杭,稱四巨子。窮覽博搜,以宏奥旨。矜體慎名,斥飾崇質。籌設之局,職事維艱。建立標的,手自探研。改廢連斷,衡其偏全。豐取精擇,起例發凡。督率僚佐,義醇而嚴。嗚呼!國史魂魄,發若朝曛。云胡遷化,寂其無音。群將安仰,怛惻吾心。前思未已,後感傷神,想魂靈兮尚饗!

國民政府考試院考選委員會祭文(《朱希祖文集》第六册附録《朱逷先先生哀輓録》,臺灣九思出版有限公司,1979 年):

維

中華民國三十三年八月八日,國民政府考試院院長戴傳賢、副院長朱家驊、考選委員會委員長陳大齊、副委員長沈士遠率同全體職員,謹以庶羞清酌致祭於

朱故委員逖先先生之靈:

嗚呼!亹亹朱公,名德世師。砥行績學,窮源汎涯。雄文炳蔚,馬諾班唯。溯維壯年,東瀛負笈。章君傳薪,聲華煜熠。殫見洽聞,尤精史籍。上庠講學,多士陶甄。兼綜新舊,覺世牖民。剽剥電擊,淵默雷聲。蠢彼倭夷,大邦構釁。毒痡中原,神人共憤。公曰救國,端賴選才。轉持玉尺,衡鑑增輝。式是同僚,沖襟雅躅。寢饋丹鉛,老而彌篤。僞齊僞楚,援古證今。口誅筆伐,激濁揚清。薙獮凶仇,收京有日。云胡不弔,溘然長逝。典型永閟,梁木實摧。鄉關阻闊,遠邇興哀。詩禮過庭,克家有子。死而不亡,老氏之旨。陳詞奠斝,謦欬如親。英靈不昧,歆此犧尊。尚饗!

中國史學會祭文(《朱希祖文集》第六册附録《朱逷先先生哀輓録》,臺灣九思出版有限公司,1979 年):

維

中華民國三十三年八月八日,中國史學會常務理事顧頡剛等暨全體會員等,謹以清酌庶饈之奠,致祭於

故史學大師朱逷先先生之靈曰:

翳維先生,派衍婺源,學追涑水,志邁龍門。餘杭章氏,講論扶桑,先生從之,相得彌彰。辛亥之秋,翊贊光復,歸宰鹽官,政通人睦。解組入京,掌教大學,濟濟多士,如磨如硏。惟時史學,俗喜飣餖,先生矯之,實證是聽。惟時文學,俗慕浮誇,先生藥之,寧朴無華。科學治史,風會爲開,文藝興復,厥效以恢。春風廣被,教澤無窮,幽燕粵蘇,桃李青蔥。寇紛東起,黌舍西遷,濟時唯學,抱道彌堅。中華卅載,國史闕修,大庭建議,史館綢繆。政府曰公,爲民之坊,授公新職,考政是勖。如何昊天,遽奪賢者,風雨飄摇,誰支大廈?嗚呼哀哉!戰國與秦,世無專書,先生發憤,方欲爬梳。蕭梁舊史,實疏而略,先生補之,新書用作。季野撰著,清人屢更,先生積慮,矢續南明。千秋大業,萬流景暉,一朝化鶴,誰竟芳徽。嗚呼哀哉!唯文與物,爲國之寶,隳突寇軍,踐踏如草。惟彼倭國,既衰而竭,收復河山,旦夕可決。歸還圖籍,考覈攸資,先生遽逝,誰與主持?勝利告功,棋成定局,九京不作,誰爲實録?嗚呼哀哉!文章經國,世運所徵,大雅云亡,誰贊中興?群言龐雜,鮮克執中,先生去矣,誰與折衷?乙部之書,浩如淵海,先生之歿,津梁何在?前思未歇,後感復集,四顧茫茫,臨文於悒。嗚呼哀哉!尚饗!

是日,所贈輓聯、輓詩,重要者尚有如下(《朱希祖文集》第六册附録《朱逷先先生哀輓録》,臺灣九思出版有限公司,1979年):

輓　詩

顧頡剛輓詩(四首)

拔木狂風驚驟侵,向家灣裏起哀音。及身未見中原定,辜負僞齊編纂心。

萬卷藏書任取資,焚膏矻矻是生涯。大封合畀西王爵,堪驗餘杭戲謔詞。

入粵爲尋紹武來,金陵舊院撥蒿萊。平生心事南明史,歷劫終教志不灰。

叔皮有子述先人,又産曹昭筆有神。得月樓高鐘秀甚,九原應喜看傳薪。

沈尹默輓詩

劬學忘年歲,尋常有發明。思來因述往,救國勝談兵。筆勢參歐老,詩悰並子京。昆侖猶未至,何以慰平生。

沈兼士輓詩

十載經離亂,千秋隔死生。詩篇新悰寄,杯酒未能傾。柱史藏山業,楹書絶代名。猿啼三峽暮,戚戚若爲情。

輓　聯

戴季陶

愴懷哲匠凋零急，

感念儒林沾慨多。

吴稚暉

人間據失先生從此南明無史，

天上爲言疑古仍未統一讀音。

于右任

稽古證今東漢儒林兼許鄭，

傳薪革命西王封號比汪吴。

張　繼

國失黎洲兼季野，

誰來東觀續班書。

吴鐵城

謂三大發現，爲孔壁經，汲冢書，殷墟甲骨，考證息紛爭，學説有功文化史；

記九度播遷，續自北燕，曆南粤，西上蜀道，凱旋在指顧，儷林忽失老成人。

鄒　魯

一代名師，國内棟粱多學子；

廿年知己，巴山風雨哭先生。

丁維汾

功在作人，續著衡才，桀驁超超垂百世；

嚴同斧鉞，榮如華衮，褒貶字字足千秋。

潘公展

天地空播首，

干戈送老儒。

馬　衡

追隨京洛風塵，金石論交將卅載；

傳受餘杭薪火，名山盛業足千秋。

汪　東

史識宏通，記先師所稱有如干事；

交游零落，爲寢門之哭今幾何人。

陳百年

蜚聲乙部，著績春官，大義託微言，課士選才欽老宿；

避地巴山，縈懷浙水，中原看底定，旋歸作伴失鄉賢。

朱家驊

史家三長兼才學識，
遺著一帙見行義年。

沈士遠

老友無多又與兄傷永別，
大師有子能以史世其家。

沙孟海

集七百種南明軼著，擬纂專書，以我爲季野鄉人，相識屢欷歔，九徙流離難卒業；

主三十載史學講壇，暢開風氣，自道是章門别墨，立言關法度，四王出入不攖心。

陳曼若

百代興亡歸寶鑒，
一門兒女各專家。

陳立夫

一代蔚儒宗，時雨春風追鹿洞；
兩楹驚噩夢，門牆桃李哭河汾。

梁寒操

南明博證，汲冢詳徵，百世仰鴻儒，鹿洞承風朱元晦；
西蜀播遷，道山遽返，千秋傳絶業，龍蛇厄運鄭康成。

俞鴻鈞

東海大師胡安國，
南雷弟子萬斯同。

當日致祭的弟子輩尚有孫世揚、段錫朋等。孫世揚作有長篇祭文，段錫朋所送輓聯爲：望重士林。

10月20日，國民政府頒佈《褒揚朱逖先先生令》。

《國民政府褒揚朱逖先先生令》(《朱遏先先生紀念專號》，《文史雜誌》第5期第11、12合刊，1945年)：

考選委員會委員朱希祖持躬清峻，學術淹通。早歲留學東瀛，傾心革命。嗣歷任國内各大學教授，倡明實學，澤及膠庠。生平覃研歷史，旁搜遠紹，考證精勤。著述留傳，成就甚偉。比年以來，任考選委員會委員，贊襄試政，獻替尤多。遽聞溘逝，良深悼惜。應予明令褒揚，交考試院轉飭銓叙部從優議卹，用彰碩學，而資矜式。此令。

國民政府三十三年十月二十日命令

參考資料

一、日記類

1. 朱希祖日記:

(1)《留日日記》(1906、1908,未刊,藏國家圖書館)

(2)《癸丑日記(一)》(1913 年 2 月 5 日至 4 月 15 日,未刊,藏國家圖書館)

(3)《十八年日記(一)》(1929 年 1 月 1 日至 3 月 25 日,未刊,藏國家圖書館)

(4)《粵行日記》(1932 年 10 月 5 日至 1933 年 8 月 6 日,《朱希祖文集》,臺灣九思出版有限公司,1979 年)又:1932 年 9 月 15 日—9 月 24 日(未刊,藏家人處)

(5)《南京日記》(1934 年 2 月 21 日至 1937 年 5 月 8 日,未刊,藏家人處)

(6)《抗戰前夕之南京日記》(1937 年 6 月 9 日至 8 月 4 日,未刊,藏家人處)

(7)《宣城日記》(1937 年 8 月 13 日、14 日;8 月 19 日至 24 日;9 月 15 日至 28 日;未刊,藏家人處)

(8)《由歙縣遷屯溪鄉間日記》(1937 年 10 月 11 日至 10 月 21 日,未刊,藏家人處)

(9)《由隆阜赴重慶日記》(1937 年 10 月 22 日至 12 月 30 日,未刊,藏家人處)

(10)《重慶日記》(1938 年 1 月 1 日至 1943 年 8 月 4 日,未刊,藏家人處)

2. 朱倩　《孟婜日記》(朱希祖長女,《魯迅研究月刊》2010 年 9 月)

3. 朱倓　《朱倓 1928 年日記》(朱希祖次女,日記未刊,藏北京大學圖書館)

4. 朱偰　《朱偰日記》(朱希祖長子,日記未刊,藏家人處)

5. 魯迅　《魯迅全集・魯迅日記》(人民文學出版社,1981 年)

6. 周作人　《周作人日記》(鄭州大象出版社,1996 年)

7. 錢玄同 《錢玄同日記》(北京魯迅博物館編,福建教育出版社,2002 年)
8. 黄侃 《黄侃日記》(中華書局,2007 年)
9. 張繼 《張溥泉先生回憶録・日記》(文海出版社,1985)
10. 張元濟 《張元濟日記》(商務印書館,1981 年)
11. 胡適 《胡適的日記》(中華書局,1985 年)
12. 胡適 《胡適日記全編》(曹伯言編,安徽教育出版社,2001 年)
13. 吴虞 《吴虞日記》(四川人民出版社,1984 年)
14. 常任俠 《戰雲紀事》(郭淑芬、沈寧整理,海天出版社,1999 年)
15. 金毓黻 《静晤室日記》(遼瀋書社,1993 年)
16. 顧頡剛 《顧頡剛日記》(臺灣聯經出版公司,2007 年 5 月)

二、年譜類

1. 朱偰 《先君逖先先生年譜》(《朱希祖文集》,臺灣九思出版有限公司,1979 年)
2. 章太炎 《章太炎先生自定年譜》(上海書店,1986 年)
3. 湯志鈞 《章太炎年譜長編》(中華書局,1979 年)
4. 姚奠中、董國炎 《章太炎學術年譜》(山西古籍出版社,1996 年)
5. 張樹年 《張元濟年譜》(商務印書館,北京,1991 年)
6. 馬朝軍、王文暉 《黄侃年譜》(湖北人民出版社,2005 年)
7. 許世瑛編撰、許世瑋修訂《先君許壽裳年譜》(陳漱渝主編《現代賢儒》,台海出版社,1998)
8. 萬仕國 《劉師培年譜》(廣陵書社,2003 年)
9. 羅敬之 《羅香林先生年譜》(臺灣國立編譯館 1995 年)

三、回憶録類

1. 朱偰 《天風海濤樓札記》(中華書局,2009 年)
2. 朱偰 《回憶録》(未刊,藏家人處)
3. 朱偰 《朱逷先先生訃告》(朱氏家印本)
4. 周作人 《知堂回想録》(香港三育圖書有限公司,1980 年 11 月)
5. 許壽裳 《亡友魯迅印象記》(陳漱渝《現代賢儒》,台海出版社,1998 年)
6. 汪東 《寄庵談薈》(莊華峰編纂《吴承仕研究資料》,黄山書社,1990 年)
7. 楊樹達 《積微翁回憶録・積微居詩文鈔》(上海古籍出版社,1986 年)

8. 陳平原、夏曉虹編 《北大舊事》(生活 讀書 新知三聯書店,2003 年)
9. 陳平原 杜玲玲編 《追憶章太炎》(中國廣播電視出版社,1997 年)
10. 沈永寶編 《印象書系——錢玄同印象》(學林出版社,1997 年)
11. 劉如溪編 《印象書系——周作人印象》(學林出版社,1997 年)
12. 茅盾 《我走過的道路》(人民文學出版社,1997 年)
13. 徐一士 《章炳麟被羈北京軼事雜記》(陳平原 杜玲玲編《追憶章太炎》,中國廣播電視出版社,1997 年)
14. 謝興堯 《紅樓一角》(《子曰叢刊》第 2 輯,1948 年 6 月)
15. 黄稚荃 《杜鄰存稿》(四川人民出版社,1990 年)
16. 張世林編 《學林往事》(朝華出版社,2000 年)
17. 王興瑞 《朱先生與國立中山大學》(《朱逖先先生紀念專號》,《文史雜誌》第 5 卷 11、12 期合刊,1945 年)
18. 侯紹文 《朱逖先先生之遺範——朱逖先先生在中央古物保管委員會與考試院考選委員會之遺範》(《朱逖先先生紀念專號》,《文史雜誌》第 5 卷 11、12 期合刊,1945 年)
19. 傅振倫 《蒲梢滄桑——九十憶往》(華東師範大學出版社,1997 年)
20. 朱師轍 《清史述聞》(上海書店出版社,2009 年)

四、學術專著、論文類

1. 朱希祖 《朱希祖先生文集》(臺灣九思出版有限公司,1979 年)
2. 朱希祖 《朱希祖文存》(周文玖選編,上海古籍出版社,2006 年)
3. 朱希祖 《朱希祖文稿》(鳳凰出版社,2010 年,此書係南京圖書館所藏朱希祖文稿影印)
4. 國家圖書館藏朱希祖未刊手稿
5. 南京圖書館藏朱希祖未刊手稿
6. 朱氏家藏朱希祖未刊手稿
7. 朱偰 《先君逖先先生對於史學之貢獻》(《東方雜誌》第 40 卷第 16 號,1944 年 8 月)
8. 朱偰 《北京大學的復校運動》(《文化史料》第五輯,文史資料出版社,1983 年 2 月)
9. 羅香林 《朱逖先先生行述》(《朱逖先先生紀念專號》,《文史雜誌》第 5 卷 11、12 期合刊,1945 年)
10. 羅香林 《朱逖先先生四周年祭》(《子曰叢刊》第 5 輯,1948 年)

11. 高叔平編 《蔡元培全集》(中華書局,1984 年)
12. 歐陽哲生編 《傅斯年全集》(湖南教育出版社,2003 年)
13. 袁同禮 《朱逖先先生與目録學》(《朱逖先先生紀念專號》,《文史雜誌》第 5 卷 11、12 期合刊,1945 年)
14. 傅振倫 《先師朱逖先先生行誼》(《朱逖先先生紀念專號》,《文史雜誌》第 5 卷 11、12 期合刊,1945 年)
15. 張國華編 《文史大家朱希祖》(學林出版社,2002 年)
16. 陳以愛 《中國現代學術機構的興起——以北京大學研究所國學門爲中心的探討》(臺灣政治大學歷史系,1999 年)
17. 周文玖 《史學史導論》(學苑出版社,2006 年)
18. 周文玖 《朱希祖與中國史學》(《史學史研究》1998 年第 3 期)
19. 周文玖 《朱希祖史學略論》(《史學史研究》2004 年第 4 期)
20. 周文玖 《傅斯年、朱希祖、朱謙之的交往與學術》(《史學史研究》2006 年第 1 期)
21. 周文玖 《朱希祖與中國現代史學體系的建立》(《煙臺師範學院學報》(哲學社會科學版),2006 年第 3 期。)
22. 盧毅 《整理國故運動與中國現代學術轉型》(中央黨校出版社,2008 年)
23. 盧毅 《章門弟子與近代文化》(廣西師範大學出版社,2009 年)
24. 錢理群 《周作人傳》(北京十月文藝出版社,2005 年)
25. 耿傳明 《周作人的最後 22 年》(中國文史出版社,2005 年)
26. 榮新江、朱玉琪輯注 《倉石武四郎中國留學記》(中華書局,2002 年)
27. 倪墨炎 《章太炎的弟子與文字學》(2004 年 8 月 4 日《中華讀書報》)
28. 王愛衛 《朱希祖史學研究》(博士論文,未刊)
29. 姜勝利、王愛衛 《朱希祖與〈明季史料題跋〉》(華僑大學學報(哲學社會科學版)2008 年第 3 期)
30. 王愛衛 《朱希祖與章太炎》(《德州學院學報》2008 年第 5 期)
31. 劉召興 《朱希祖與胡適》(臺灣《傳記文學》第 19 卷第 3 期)
32. 劉召興 《朱希祖與"史學二陳"》(《魯迅研究月刊》2008 年第 6 期)
33. 張越 《五四時期新的歷史教學建制與課程設置》(《歷史教學》,2001 年第 12 期)
34. 葛信益,啟功整理 《沈兼士學術論文集》(中華書局,1986 年)
35. 胡逢祥 《"五四"時期的歷史教學改革述評》(《歷史教學問題》1994 年第 3 期)
36. 桑兵 《二十世紀前半期的中國史學會》(《歷史研究》2004 年第 4 期)

37. 桑兵　《東方考古學協會述論》(《歷史研究》2000 年第 5 期)
38. 朱樂川　《辨析〈積微翁回憶録〉中有關朱希祖的記述》(《南京師範大學文學院報》2007 年第 4 期)

五、書信類

1. 朱希祖致張元濟(1921 年至 1930 年,70 封信札,上海王翠蘭女士整理,先後刊載於上海圖書館《歷史文獻》第 7、8、9 輯)
2. 張元濟致朱希祖(1921 年至 1930 年,60 封信札,刊載於張樹年、張人鳳主編的 1997 年商務印書館出版的《張元濟書札(增訂本)》)
3. 朱希祖張元濟往來信札(1934 年至 1937 年,朱 16 封,張 8 封,共 24 封,藏上海檔案館)
4. 朱希祖致女兒朱倓、女婿羅香林(123 封,藏香港大學圖書館《乙堂函牘》,未刊)
5. 馬勇編　《章太炎書信集》(河北人民出版社,2003 年)
6. 中國社會科學院近代史研究所中華民國史研究室編　《胡適往來書信選》(中華書局,1979 年)
7. 耿雲志編　《胡適遺稿及秘藏書信》(黄山書社,1994 年)
8. 杜春和、韓榮芳、耿來金編　《胡適論學來往書信選》(河北人民出版社,1998)
9. 陳智超編　《陳垣往來書信集》(上海古籍出版社,1990 年)
10. 廣東省立中山圖書館、香港大學馮平山圖書館編　《羅香林論學書札》(廣東人民出版社,2009 年)

五、檔案資料類

1. 劉國銘編　《中國國民黨百年人物全書》(團結出版社,2005 年)
2. 王學珍　郭建榮主編　《北京大學史料》第二卷(北京大學出版社,2000 年)
3.《北京大學評議會議事録》(北京大學檔案館藏檔)
4.《北京大學日刊》(人民出版社影印合訂本,1981 年)
5.《國立中央研究院歷史語言研究所十七年度報告》
6.《國立中央研究院歷史語言研究所十八年度報告》
7.《國立中央研究院歷史語言研究所十九年度報告》

8.《國立中央研究院歷史語言研究所二十年度報告》
9.《國立中央研究院歷史語言研究所二十一年度報告》
10. 歷史語言研究所十九年度上届第一次所務會議記録
11. 歷史語言研究所十九年度下届第一次所務會議記録
12. 國立北平研究院《院務彙報》第1卷第1期(國立北平研究院,1930年5月)
13.《文學研究會資料》(河南人民出版社,1985年)
14.《考試院公報》(考試院秘書處編印,1935年10月)
15.《考試院公報》(考試院秘書處編印,1936年11月)
16.《中央古物保管委員會議事録》(中央古物保管委員會編,共兩册)
17. 臺北中研院傅斯年圖書館藏傅斯年檔案

六、朱希祖著述目録

1. 朱元曙 《海鹽朱逖先先生著述總目》(《江蘇文史研究》2006年第1、2期)
2. 國家圖書館藏朱希祖手稿目録
3. 南京圖書館藏朱希祖手稿目録
4. 羅香林 《朱逷先先生遺著總目》(手稿本,藏家人處)
5. 朱偰 《朱希祖著作目録》(殘稿,手稿本,編於上世紀六十年代初,該目録記録了捐給國家圖書館的朱希祖手稿篇目,及部分手稿篇目的頁數,藏家人處)
6. 中國社科院歷史所 《八十年來史學書目(1900—1980)》(中國社會科學出版社,1984年)
7. 劉萬全 《全國高等院校社會科學學報1906—1949年總目録》(吉林大學出版社,1984年)
8. 中央編譯局研究室 《五四時期期刊介紹》第1—3集(三聯書店,1978—79年)。
9. 中國社科院歷史所資料室、北大歷史系 《中國史學論文索引》第一編(上、下)、第二編(上、下)(中華書局,1979—1980年)。

編者按:編此《年譜長編》時,先生日記及部分書信尚未刊。後,2012年8月,中華書局出版《朱希祖文集》,將先生日記及書信全部收入,並同時收録了朱倩《孟堅日記》、朱倓《1928年日記》。特此説明。

後 記

這次跟隨父親爲曾祖父朱希祖先生編纂《年譜長編》，對我來説是一種幸福，也是一種責任。

對曾祖父的認識是一個漫長的過程，在這個過程中我得到成長。

小時候，我只知道他是我爺爺的爸爸、或者説是爸爸的爺爺，因爲那時的我，腦子裏還没有“曾祖父”這麽一個抽象的概念，對我來説，甚至連“爺爺”都是一個抽象的概念，爺爺因爲歷史的原因逝世於十年浩劫中，所以對於一個連“爺爺”都没見過的孩子來説，“曾祖父”更是一個太過遥遠的符號。隨着年齡的增長，我對曾祖父的認識漸漸多了起來，知道他是一個歷史學家，知道他曾留學過日本，知道他在不少大學歷史系當過教授，知道他有令人刮目的藏書，所知僅此而已。直到進了大學，開始隨着父親一同整理有關曾祖父的材料，我才開始真正瞭解他——一個長我108歲的家族長輩。

大學本科我讀的是中文，暑假中，父親要我和他一道整理曾祖父的日記，老實説，最初吸引我的是父親開出的條件，每整理一萬字兩百塊錢。就這樣，我走進了曾祖父的世界。起初，比起日記中的“學術”問題來，我更喜歡看曾祖父日記中的日常瑣事，一是因爲讀起來容易，二是因爲整理起來也容易，没有那麽多煩人的學術術語、没有那麽多斷不開的古書引文、没有那麽多看不懂的讀書心得。而閲讀整理這些瑣事是我最初與曾祖父的對話，而這種對話更像是聊天、拉家常，他告訴我，他每天做了什麽事，還有什麽事没有來得及去做，每天又有什麽新的發現與收獲……這樣的對話拉近了我和曾祖父的距離，我發現他會欣喜若狂，爲善本的尋得、爲觀點的突破；會吹鬍子瞪眼，爲學術的辯論、爲古跡的保護；會焦急異常，爲國土的淪陷、爲藏書的安危；會悲痛萬分，爲女兒的夭折、爲朋友的去世；會時常抱怨，爲廣州潮濕的天氣、爲重慶難走的山路；會高談闊論，對時局的分析，雖然在現在看來不少分析是那麽得不靠譜。這一切的一切，都讓我覺得他漸漸地從一個遥遠的概念變成了一個有血有肉、有愛有恨、有點可愛又有點迂腐的老頭兒。

隨着整理的深入，漸漸地發現曾祖父帶領我走進了學術。在曾祖父的材料中，有很多人、很多事、很多書、很多學習的體會、很多來往的信件、很多學問的探討、很多思想的交流……而整理這些材料遠比整理日記中的家長裏短要困難得多，有時洋洋灑灑卻没有句讀、有時隨手引録卻不標出處、有時只標篇名卻未標書名。面對這些,只有硬着頭皮,一字一句地猜,一字一句地點,一字一句地查。慢慢地,工作開始變得順暢。同時經過對各書的確認,這些書名也記在了腦子裏,没想到這些原本看起來枯燥的工作竟然會對我現在的專業——漢語史——有着如此大的幫助。曾祖父引導我認識了許慎、顧野王、陸法言、戴震、段玉裁、王念孫、章太炎、黄侃、錢玄同、沈兼士;指點我閲讀了《爾雅》、《方言》、《説文》、《釋名》、《廣韻》、《段注》、《文始》、《新方言》、《廣雅疏證》;帶領我接觸了乾嘉學派、新文化運動、整理國故運動。這些都讓我視野大開,受益匪淺,我也從一個讀中文的本科生,成長爲一個專門研究漢語史的碩士生、博士生。

關於《説文》想多説幾句。在整理曾祖父的相關材料時,我知道他早年在日本入章太炎先生門下學習小學,《説文》是其中最爲重要的一門。對於一個研究漢語史的學生來説,《説文》的魅力是無法抗拒的,看到曾祖父日記中這麽多關於《説文》的記載,更是令我嚮而往之,可惜一直無法看到他當年所記《説文》的筆記。幸運的是,中華書局於 2008 年年末出版了《章太炎説文解字授課筆記》一書,作爲朱希祖後人的我也得到了中華書局贈與的《筆記》。從那以後,我就決定好好研究這本書,一是因爲《筆記》中的每個字都有自己的故事,都有自己的歷史;二是因爲《筆記》中每個字下都有曾祖父認真記録的影子,這百年前的身影與我現在求索於中國傳統文字音韻訓詁之學的樣子是何其的相像。是巧合?是冥冥?

在學術的探索中,我經常會遇到不大不小的困難,這時候有一個念頭會經常出現在我的腦海中,“如果是曾祖父的話他會怎麽解決,也許這些問題在他看來都是小菜一碟”。這時我會打開電腦裏整理過的曾祖父的材料,看看裏面會不會有些線索,有時還真會有所發現,但更多的不是點到爲止就是不曾提及,然而也不是一無所獲,我會在字裏行間中看見一個慈祥的長輩在向我點頭微笑,爲我加油鼓勁,而這些都是對我莫大的支持。我知道我之所學,不入時調,但在這種微笑的支持下,我堅持前行。今年我獲得了國家獎學金,被列入江蘇省博士創新計劃和南師大博士新人培養計劃,國家專門爲我的研究計劃撥了經費。

以上就是我這幾年來跟着父親整理曾祖父日記、資料,編纂曾祖父《年譜長編》的收獲。如今,《朱希祖先生年譜長編》即將在中華書局出版,我們不僅希望大家能在這本書中找到對自己有用的東西,哪怕只是隻言片語,更希望大家能認識這個有血有肉、有愛有恨、有點可愛又有點迂腐的老頭兒。

最後,感謝我的導師董志翹先生,在整理、編纂曾祖父《年譜長編》的過程中,他積極支持我、指點我,讓我在這過程中受到鍛煉,得到成長。

二〇一三年八月,朱樂川謹記。